国家社会科学基金项目"秀水朱氏家族研究"（12BZW057）成果

秀水朱氏家族研究

王利民 彭玉兰 程丽丽
雍琦 杨燕 吴春 著

A Study on
the Zhu Family
in Xiushui

中国社会科学出版社

图书在版编目（CIP）数据

秀水朱氏家族研究/王利民等著.—北京：中国社会科学出版社，2024.8
ISBN 978-7-5227-3427-9

Ⅰ.①秀⋯　Ⅱ.①王⋯　Ⅲ.①家族—研究—浙江　Ⅳ.①K820.9

中国国家版本馆 CIP 数据核字（2024）第 073671 号

出 版 人	赵剑英
责任编辑	张　林
责任校对	季　静
责任印制	戴　宽

出　　版	中国社会科学出版社
社　　址	北京鼓楼西大街甲 158 号
邮　　编	100720
网　　址	http://www.csspw.cn
发 行 部	010-84083685
门 市 部	010-84029450
经　　销	新华书店及其他书店
印　　刷	北京君升印刷有限公司
装　　订	廊坊市广阳区广增装订厂
版　　次	2024 年 8 月第 1 版
印　　次	2024 年 8 月第 1 次印刷
开　　本	710×1000　1/16
印　　张	40
插　　页	2
字　　数	659 千字
定　　价	239.00 元

凡购买中国社会科学出版社图书，如有质量问题请与本社营销中心联系调换
电话：010-84083683
版权所有　侵权必究

目　　录

绪论　浙西地域文化和嘉兴望族群落 ……………………（1）
　　第一节　浙西地域文化 ………………………………（1）
　　第二节　嘉兴望族群落 ………………………………（10）
　　第三节　秀水朱氏的家世 ……………………………（20）
　　第四节　秀水朱氏的姻亲 ……………………………（31）

上编　人物传

第一章　太医院院使——朱儒 ……………………………（40）
　　第一节　弃儒学医 ……………………………………（40）
　　第二节　行医民间 ……………………………………（41）
　　第三节　供事禁中 ……………………………………（43）

第二章　武英殿大学士——朱国祚 ………………………（48）
　　第一节　状元及第 ……………………………………（48）
　　第二节　供职翰林院 …………………………………（51）
　　第三节　摄篆礼部 ……………………………………（57）
　　第四节　假归田里 ……………………………………（64）
　　第五节　入直内阁 ……………………………………（67）

第三章　侍郎父子——朱大启、朱茂时 …………………（74）
　　第一节　刑部侍郎 ……………………………………（74）

第二节　贵阳知府 …………………………………………… (89)

第四章　知府一门——朱大竞、朱大定及大竞诸子 ………… (94)
　　第一节　楚雄知府 …………………………………………… (94)
　　第二节　工部主事 …………………………………………… (99)
　　第三节　书画妙手 ………………………………………… (103)
　　第四节　大竞余子 ………………………………………… (109)

第五章　朱门余彦 ……………………………………………… (112)
　　第一节　尚宝寺卿 ………………………………………… (112)
　　第二节　监生之门 ………………………………………… (118)
　　第三节　宜春知县 ………………………………………… (121)

第六章　翰林检讨——朱彝尊 ………………………………… (125)
　　第一节　塾师生涯 ………………………………………… (125)
　　第二节　幕客岁月 ………………………………………… (132)
　　第三节　博学鸿儒 ………………………………………… (153)

第七章　词科征士——朱稻孙 ………………………………… (160)
　　第一节　随侍祖父 ………………………………………… (160)
　　第二节　客居京华 ………………………………………… (164)
　　第三节　落拓里居 ………………………………………… (175)
　　第四节　旅食淮扬 ………………………………………… (180)

第八章　儒学教谕——朱嵩龄 ………………………………… (192)
　　第一节　早岁艰辛 ………………………………………… (192)
　　第二节　任职太平 ………………………………………… (197)
　　第三节　平生交游 ………………………………………… (205)

第九章　候选训导——朱丕戢 ………………………………… (215)
　　第一节　生平著述 ………………………………………… (215)

第二节　广东之行 ………………………………………（220）

第十章　商河秀才——朱辰应 …………………………（228）
　　第一节　秉承儒教 ………………………………………（228）
　　第二节　以文交友 ………………………………………（233）
　　第三节　表彰节烈 ………………………………………（240）
　　第四节　书画之缘 ………………………………………（243）
　　第五节　文章传世 ………………………………………（247）

第十一章　城固知县——朱休承 …………………………（252）
　　第一节　羁栖南北 ………………………………………（252）
　　第二节　作客山东 ………………………………………（259）
　　第三节　任职陕西 ………………………………………（265）

第十二章　广灵知县——朱休度 …………………………（269）
　　第一节　蹉跎科场 ………………………………………（269）
　　第二节　清冷学官 ………………………………………（276）
　　第三节　掌教书院 ………………………………………（281）
　　第四节　作宰山西 ………………………………………（285）
　　第五节　退居故里 ………………………………………（293）

第十三章　村塾教师——朱声希 …………………………（303）
　　第一节　半生枯守 ………………………………………（303）
　　第二节　老被饥驱 ………………………………………（312）

第十四章　朱氏家族的妻妾 ………………………………（321）
　　第一节　茂时侧室——黄媛贞 …………………………（321）
　　第二节　嵩龄之妻——顾氏 ……………………………（334）
　　第三节　德庆之妻——沈氏 ……………………………（338）
　　第四节　辰应之妻——徐锦 ……………………………（340）
　　第五节　休度之妻——沈氏 ……………………………（343）

下编　文学论

第一章　朱国祚诗歌论析 …………………………………………（350）
　　第一节　淳正本真的士大夫意识 ……………………………（350）
　　第二节　风流儒雅的文人情趣 ………………………………（354）
　　第三节　清旷和婉的语言意象 ………………………………（358）

第二章　朱茂暄词论析 ……………………………………………（362）
　　第一节　悲怆失意的主旋律 …………………………………（364）
　　第二节　隐逸终老的人生选择 ………………………………（370）
　　第三节　凄婉蕴藉的旖旎情怀 ………………………………（377）
　　第四节　岭南之游的羁旅愁思 ………………………………（382）

第三章　朱彝尊的文化成就 ………………………………………（387）
　　第一节　文献学成就 …………………………………………（387）
　　第二节　史学成就 ……………………………………………（392）
　　第三节　文学成就 ……………………………………………（402）

第四章　朱彝爵诗歌论析 …………………………………………（410）
　　第一节　紧缩之心 ……………………………………………（410）
　　第二节　诗写我心 ……………………………………………（418）

第五章　朱昆田诗歌论析 …………………………………………（424）
　　第一节　性亦勤著书 …………………………………………（425）
　　第二节　作诗亦似寒虫号 ……………………………………（429）
　　第三节　有时嫣然出秀句 ……………………………………（434）
　　第四节　兴酣盘空出硬语 ……………………………………（439）
　　第五节　亦欲窃比元江陵 ……………………………………（443）

第六章　朱嵩龄诗歌论析 (447)
　　第一节　山水清音 (447)
　　第二节　灵床哀韵 (454)
　　第三节　花香鸟语 (457)

第七章　朱稻孙诗歌论析 (462)
　　第一节　世谊亲友之酬赠 (464)
　　第二节　山水田园之清吟 (476)
　　第三节　花鸟树果之咏赞 (478)
　　第四节　娉婷美女之艳羡 (483)
　　第五节　醇雅清丽之风格 (486)

第八章　朱休承诗歌论析 (489)
　　第一节　赠答倡酬诗 (489)
　　第二节　游览行旅诗 (494)
　　第三节　题画诗 (496)

第九章　朱休度诗歌论析 (501)
　　第一节　朱休度的诗学主张 (501)
　　第二节　朱休度诗歌的题材 (504)
　　第三节　朱休度诗歌的艺术手法 (511)

第十章　朱声希诗词论析 (523)
　　第一节　亚凤巢试帖 (523)
　　第二节　山矾山房吟稿 (528)
　　第三节　吉雨词稿 (532)

附　录 (540)

主要参考文献 (626)

绪　论

浙西地域文化和嘉兴望族群落

第一节　浙西地域文化

元至元十三年（1276），立两浙都督府于杭州。至正二十六年（1366），置浙江等处行中书省，而浙江始以省称。当时太湖流域的嘉兴、湖州与苏南同属一区，不在浙江省境内。明洪武九年（1376），罢行省之名，置浙江承宣布政使司，辖境仍旧。洪武十五年（1382），割南直隶之嘉兴、湖州二府属浙江。清初延续明朝建置。康熙六年（1667），改浙江承宣布政使司为浙江省，辖十一府。杭州、嘉兴、湖州三府在钱塘江的北岸，称为浙西。宁波、绍兴、台州、金华、衢州、严州、温州、处州八府在钱塘江的南岸，称为浙东。省与府之间设置了四道，即杭嘉湖道、宁绍台道、金衢严道和温处道。[①] 本书所说的浙西主要指杭嘉湖道所辖三府。

浙西处于杭州湾与太湖之间，地貌以平原为主。相对于浙东而言，浙西开发较晚，但后来居上。在隋代，京杭大运河的开凿给浙西的发展加足了马力。京杭大运河由杭州至京口（今江苏镇江）的一部分名为江南河，又名浙西运河。它与横贯浙东平原的浙东运河相连接，成为浙江的交通大动脉，也是沿途两岸大片农田的主要灌溉水源。[②] 元明以来，浙江的经济结构发生变化，由比较单一的稻作农业向商品化的经营方式转变。浙西因为有杭州这样的商业都市，繁荣程度远在浙东之上。杭州商

---

① 参见佘德余《浙江文化简史》，人民出版社2006年版。
② 参见陈国灿、奚建华《浙江古代城镇史研究》，安徽大学出版社2000年版，第62页。

贾云集，每至夕阳在山，则樯帆卸泊，百货登市。晚明时入杭州之境，可见城内外列肆几达四十里。

明清时期，嘉兴、湖州两府以纺织为主业的市镇也蓬勃发展起来。湖州南浔镇"间阎填噎驵侩忙，一牍大书丝经行。就中分立京广庄，毕集南粤金陵客"。①秀水的王江泾"俗最刁顽，多织绸，收丝缟之利，居者可七千余家"。新城镇"其民男务居贾，与时逐利，女攻纺织，俗尤浇而健讼，居者可万余家"。陡门"廛居尽二百余家，较诸镇最为闃寂，民务耕桑，女纺织，颇多朴茂之风"。②嘉兴也有专门从事棉花、棉布的加工和集散的市镇，如新丰塘"民务农贾，专聚棉花及布，而商来贩之"。③嘉兴府所辖嘉兴、秀水、嘉善、桐乡、石门、海盐等县，都出产麻布和苎布，如澉浦就是苎布的著名产地。朱国桢在《涌幢小品》中说："澉浦俗善绩苎，更以织苎布为业，然地实不产苎，市之他方。"④

浙东、浙西虽只是一江（指钱塘江）之隔，民风却有较大差异。浙西民俗喜好繁华，浙东民风较为淳朴。苏轼曾出任过湖州、杭州两地太守，他谈到浙西风俗时说："其民至于老死不识兵革，四时嬉游，歌鼓之声相闻。"⑤海宁人陈确在致知府的揭中说："西湖楼舫，选伎征歌，昼夜不辍。"⑥地方志中也多有关于浙西奢靡之风的记载。

从建筑上也可以看出浙西人士对奢华的追求。陈确的母亲曾回忆家庭经济变迁情况，在谈到住宅时说："尔父至四十九，始自出海买木，构中所、前所及墙门侧屋共二十间，约费二百余金。"湖州南浔，据镇志记载，颇多佳园。一园之设，少则花费白银千两，多则耗至万金。

章学诚论清代学术，有"浙东贵专家，浙西尚博雅"⑦之说。两宋时

---

① 同治《南浔镇志》卷二十二《农桑》引董蠡舟《卖丝》。
② 万历《秀水县志》卷一《舆地》。
③ 《古今图书集成·职方典》第九百六十六卷《嘉兴府部》。
④ （明）樊维城修，胡震亨、姚士粦纂《海盐县图经》卷四《风土记》，明天启四年（1624）刻本。
⑤ （宋）苏轼：《钱氏表忠观碑》，郎晔注《经进东坡文集事略》卷五十五，民国八年上海商务印书馆《四部丛刊》景宋刻本。
⑥ （清）陈确：《乾初先生文集》卷十五，清陈敬璋餐霞轩钞本。
⑦ （清）章学诚撰，叶瑛校注：《文史通义校注》卷五，台北里仁书局1984年版，第523页。

期，浙江所修地方志的数量为全国之冠。其中临安（即今杭州）最多，有46种，湖州有24种，嘉兴有15种。① 在明代，浙西出现过多位有影响的史学家。仁和（今杭州）邵经邦著有唐宋史《弘简录》。海盐郑晓仿照《史记》而撰明史著作《吾学编》。秀水卜大有著《史学要义》《续通记》。海宁谈迁著有编年体的明史著作《国榷》。海宁查继佐著有纪传体的明史著作《罪惟录》。到了清代，浙西史学与方志编纂更是进入鼎盛时期。其代表人物有嘉兴钱仪吉，著有《三国晋南北朝会要》《补晋兵志》《碑传集》。

浙江地区在吴越国时就有了发达的印刷业。宋代有汴京、杭州、四川、福建四大印书中心，就刻书精良而言，首推杭州。北宋国子监刻印的监本书大半在杭州镂版。宋室南迁后，杭州成为南宋最大的印书中心。绍兴十三年（1143），南宋朝廷在杭州重建国子监，由杭州工人翻刻了许多书版，总数达20万版以上。在北宋时，杭州已有书坊。活字印刷术的发明人毕昇就是北宋庆历年间杭州书坊的刻印工。南渡后，杭州书坊呈繁荣态势，内棚北大街、中瓦子街、众安桥、太庙等处书铺云集。据王国维考证，至今尚能找到店铺名号的书铺有16家。钱塘人陈思、陈起父子编辑刻印了唐宋名人诗文集与杂记小说100余种。嘉兴的刻书业也颇为繁荣。王国维《两浙古刊本考》列举的古刊本中有18种为嘉兴刻印。

在元代，杭州和大都、福建建宁、山西平水、新疆吐鲁番并称五大刻书中心。由国子监察院改成的西湖书院是元代的印书中心之一。黄溍在《西湖书院田记》中说："杭之西湖书院，实宋之太学，规制尤盛，旧所刻经史群书有专官以掌之，号书库官。宋亡学废，而板库具在。"② 西湖书院初建时，曾大规模修补南宋国子监所存书版。由于有朝廷的支持和民间的捐助，西湖书院得以主持刻印《元文类》《文献通考》等重要典籍。明代中后期，杭州、湖州是刻书业的重镇。明末的湖州彩色套印本，将各种鲜艳的颜色，印在雪白的连史纸上，最适合刻印有评注的作品及有各种符号的地图。

---

① 佘德余：《浙江文化简史》，人民出版社2006年版，第184页。
② 陈谷嘉、邓洪波主编：《中国书院史资料》上册，浙江教育出版社1998年版，第433页。

浙西历来有藏书的传统，特别是私人藏书的传统。晋钱塘人范蔚，有书7000余卷。沈约藏书至2万卷，京师莫比。北宋时，贺铸居吴兴，藏书达10万卷的规模。嘉兴人赵衮以殿中丞致仕，建赵老园为归隐藏书之处。海盐人卫公佐聚书数千卷。宋室南渡后，浙西成为行在所在地，文事增多，私家藏书更入佳境。南宋时期，浙江的65名藏书家中，浙西人占了很大一部分。在丰富的藏书基础上，陈振孙编撰了家藏书目《直斋书录解题》。岳飞的孙子岳珂以奉议郎权发遣嘉兴军府兼管内劝农事，遂定居嘉兴，其刻《九经》《三传》，用家塾所藏的建本、江西本、越本、蜀本反复参订。海盐人许棐在南宋嘉熙年间隐居秦溪，种梅于水南，室名"梅屋"，储书数千卷。湖州德清人丁安议建家塾，聚书万卷。南宋末年，周密流寓吴兴，藏书极丰。其他湖州藏书家，如齐斋倪氏、月河莫氏、竹斋沈氏、程氏、贺氏，各家藏书均不下数万余卷。

元代的统治者在政治上虽然采取了民族压迫和民族歧视政策，但藏书活动在当时仍很兴盛。吴兴（今湖州）赵孟頫不仅藏书极富，而且所藏多精品，如有宋刻本前后《汉书》、元本《大广益会玉篇》等。杭州赤山埠浴鹄湾有张雨"黄箓楼"藏书处。海宁有贾执中所建储藏经史百家的义塾。海宁人马宣教建看山楼于黄湾，藏书万余卷。

明代是我国古代藏书史上的一个兴盛期与繁荣期。据王河《中国历代藏书家辞典》统计，明代知名的358位藏书家中，有114名浙江人。吴晗《两浙藏书家史略》统计的399名藏书家中，浙西三府有255人。其中，杭州、海宁、海盐、吴兴、嘉兴最多。比较著名的藏书家有9位。

茅坤，归安（今湖州）人，其藏书处名白华楼，于慎行《酬寄茅鹿门先生》称赞其风流云："倚马应闲青玉杖，藏书欲满白华楼。"[①]范锴《吴兴藏书录》说："鹿门茅先生藏书甲海内，练市新构书楼，凡数千卷，至于充栋不能容。"[②]

项元汴，秀水人。由于本人能画，工山水，所以其天籁阁收藏以法书名画及鼎彝古玩著称。姜绍书《韵石斋笔谈》称："项元汴墨林，生嘉

[①] （明）于慎行：《穀城山馆诗集》卷十三，明万历三十二年刻本。
[②] 见徐雁、王燕均主编《中国历史藏书论著读本》，四川大学出版社1990年版，第550页。

隆承平之世，资力雄赡，享素封之乐。出其绪余，购求法书名画及鼎彝奇器，三吴珍秘，归之如流。"①

高承埏，秀水人。其父高明水在万历年间购南园于白苧村，喜蓄图书鼎彝。高承埏继承父志，对于书籍是求之勤而嗜之笃，他的"稽古堂"聚书多至7万余卷，可与项氏"天籁阁"逐鹿一时。稽古堂所刻之书十分精美。叶德辉将《稽古堂丛刊》的7种书籍列为《明人刻书之精品》。高承埏从弟高以正，亦藏书5000卷。

吕坤，杭州人。其别墅吕园在塘栖镇北。何春渚《塘栖志略》称：塘栖镇藏书之富，推吕坤和卓据。

高濂，仁和人。在跨虹桥旁筑山满楼，收藏古今书籍。著有《遵生八笺》19卷。

沈节甫，乌程（今属浙江湖州）人。平生独爱藏书，凡有所购，即藏之"玩易楼"。沈节甫曾编有《玩易楼藏书目录》、大型丛书《纪录汇编》等。

胡彭述，海盐人。"性好书，见异册至典质买之不靳。吴兴书贾每一来，欣然予之饮食。有一贾病疫舟中，不能归，命老苍头摇橹送归去。"②家藏近万卷，分经史子集藏于"好古堂"，有《好古堂书目》。其子胡震亨继续扩大藏书量，并且在收藏大量唐人诗集的基础上编纂了《唐音统签》1000余卷。

沈南垼，平湖人。在清溪畔建"殖学斋"，藏书万余卷。

沈懋孝，平湖人。在"滴露轩"中藏书万卷，读书寒暑不辍。

清代是中国私家藏书的巅峰期。据不完全统计，在清代浙江有350余位藏书家，出现了一批藏书楼。清初私家藏书，嘉兴首屈一指，其次是海宁。嘉兴有曹溶"静惕堂"、朱彝尊"曝书亭"、钱泰吉"耆英堂"、庄仲芳"映雪楼"、张廷济"清仪阁"、计光炘"泽存楼"、沈德鸿"介石楼"等，海宁有查慎行"得树楼"、陈邦彦"春晖堂"、马思赞"道古楼"、吴骞"拜经楼"、吴煦"清来堂"等。浙西其他地区也有名闻遐迩的藏书楼，如杭州有龚翔麟"玉玲珑阁"、吴农祥"宝名楼"、赵昱兄弟

---

① （清）姜绍书：《韵石斋笔谈》卷下，《笔记小说大观》本。
② （明）董斯张：《吴兴备志》卷二十九，民国吴兴刘氏嘉业堂刻《吴兴丛书》本。

"小山堂"、鲍廷博"知不足斋"、孙宗濂"寿松堂"、汪启淑"开万楼"、吴氏"瓶花斋"、瞿世瑛"清吟阁"、汪曰桂"欣托斋"、孙宗濂"寿松堂"、汪宪"振绮堂"、丁丙"后八千卷楼"及"小八千卷楼"（总名"嘉惠堂"）、冯文昌"快雪堂"，湖州有陆心源"皕宋楼"、刘桐"眠琴山馆"、严元照"芳椒堂"，海盐有张氏"研古楼"，平湖有陆陇其"三鱼堂"、葛金烺"守先阁"、黄凤"万卷楼"、葛氏"传朴堂""守先阁"，桐乡有金檀"文瑞楼"、汪森"裘杼楼"、汪文柏"古香楼"等。

浙西藏书家之间常有交流，有的甚至能将自己的藏书公之于众，这在很大程度上促进了藏书业的发展。西晋杭州藏书家范蔚是将私藏向公众开放的先行者，其家"有书七千余卷，远近来读者恒有百余人，蔚为办衣食"[1]。至明清之际，仁和人胡文焕构文会堂，藏书设肆，流通古籍，刊刻三四百种《格致丛书》。曹溶撰《流通古书约》，希望有财力的藏书家"出未经刊布者，寿之梨枣"。曹溶实践了自己的主张。他曾将自己的藏书借给钱谦益、朱彝尊等抄录。朱彝尊也和曹溶、曹寅等互抄藏书。曹寅所藏《复社姓氏》就得之于朱彝尊。《楝亭书目》中著录有抄本《读书敏求记》四卷二册，其来源也是朱彝尊曝书亭。据陈心蓉考证，秀水朱氏家族在嘉兴地区与25个科举及藏书家族建立了48桩姻亲关系。[2]

嘉庆年间，仁和人宋咸熙有《借书诗》云："金石之物亦易泐，况兹柔翰历多年。能钞副本亟流播，劫火来时庶不湮。翳予老病子犹痴，过眼云烟看几时。浊酒一瓻何用报，先公泉下亦怡怡。"诗前有序曰："藏书家每得秘册，不轻示人，传之子孙，未尽能收；或守而鼠伤虫蚀，往往残缺，无怪古本日久湮没也。先君子藏书甚富，生时借钞不吝。熙遵先志，愿借于人。有博雅好古者竞持赠之，作此以示同志。"[3]随着这种借书、抄书活动的普遍开展，各家藏书品种益富，数量更多，规模愈大。

---

[1] （唐）房玄龄等：《晋书》卷九十一《列传》第六十一，中华书局1984年版，第2347页。

[2] 陈心蓉：《善择姻亲衍书香——明末清初秀水朱氏家族与嘉兴科举及藏书家族联姻考述》，《嘉兴学院学报》2017年第5期，第26页。

[3] 见吴晗《江浙藏书家史略》，中华书局1981年版，第29页。

浙西素有文人结社酬唱的传统。北宋景德三年（1006），释省常与士大夫在杭州结西湖白莲社。自此以后，整个宋元时期共有近20个文人团体在西湖或杭州结社。元代末年，侨居海盐的姚桐寿与流寓嘉兴的杨维桢等人曾结浙西诗社。嘉兴濮乐闲举聚桂文会于家塾，五百余东南文士携文卷赴会。杨维桢和李一初主评裁。明清时期，浙西同样是文人结社的中心地区之一，杭州社事尤盛。明嘉靖四十一年（1562），福建人祝时泰和朋友在杭州西湖结诗社，"凡会吟者八，曰紫阳社，曰湖心社，曰玉岑社，曰飞来社，曰月岩社，曰南屏社，曰紫云社，曰洞霄社"。[1]这是明清之际浙西文人结社之风的先兆。万历年间，党政中的失意者纷纷归里结社。如张瀚被勒令致仕，在杭州结怡老会；金学曾罢官归里，结孤山吟社；虞淳熙罢归后，与僧莲池、冯梦祯、邵重生、朱大复、徐桂、屠隆、陆振奇、郑之惠、葛寅亮等结西湖放生社。卓明卿、汪道昆、王世贞、屠隆、王稚登、潘之恒等人则结有南屏诗社。万历二十六年（1598），严调御、严武顺、严敕三兄弟在西湖旁创立小筑社，成员有杨兆开、郑瑞卿、邹孟阳、闻启祥等。天启年间，张岐然、闻启祥、严调御等人在杭州又结读书社，黄宗羲也来入社。西湖边星罗棋布的园林为文人雅集提供了场所。其中有专供文人社团举办活动的别业，如湖南吟社和大雅堂等。西湖胜莲社则将雅集之处定在舟中。据何宗美初步考证，明代杭州社团的数量有31家。[2]

就海盐一地而言，明末清初，顾钟瑛、顾钟瑞和同邑朱国华、俞之泰、沈胤芳、张季文、祖重奕会文讲学，人称七名公社。吴麟祥、吴麟瑞兄弟与余鹏等人结适园诗社。彭孙贻与吴蕃昌创瞻社。沈黄玉与彭孙贻兄弟结诗文社。俞霈、俞震兄弟等结同雅社。清康熙间，马维翰、朱权、许一涣、朱作楫、朱谟烈结五子社。杨中讷晚年在武原构筑拙宜园，与查慎行、许汝霖等立耆英会。道光、咸丰年间，杨埰、朱葵之与嘉兴张廷济等人结续小瀛洲社。方溶、杨逢南、朱毓文与吴世堂、吴世培兄弟等9人，举九老登高会。黄燮清在拙宜园筑倚晴楼，与吴廷燮、陈作

---

[1] （清）永瑢、纪昀等纂：《四库全书总目》卷一百九十二《西湖八社诗帖提要》，清乾隆五十四年武英殿刻本。

[2] 何宗美：《明末清初文人结社研究》，南开大学出版社2003年版，第27页。

敬、孙谋、何岳龄等结社联吟。①

成化年间，湖州有沈政等人的乐天乡社，乌程有吴燧等人的续耆英会。弘治十一年（1498），项忠、金礼等9人结橋李耆英会。万历时，湖州的逸老续社有社员40余人。万历二十五年（1597），郭子直在桐乡语溪发起殳山社。万历、天启之际，嘉兴人李日华结竹懒花鸟社；李日华之子李肇亨和谭贞默同主鸳水社。此外，嘉兴还有广敬社，海宁有澹鸣社、萍社、彝社，海昌有观社，龙山有经社。崇祯二年（1629），张溥等统一各地的文人社团，浙西的读书社、闻社、庄社并入复社。崇祯十一年（1638），郁起麟、钱咸、吕愿良、徐廷献、孙爽等，在语溪组织澄社，与应社、复社、几社遥相呼应。明亡以后，浙西遗民相率结诗社，抒写旧国旧君之感。如归安钱价人兄弟创孚社，海宁朱一是等结濮溪社、临云社，嘉善曹勋等结小兰亭社。顺治七年（1650）和顺治十年（1653），江南文人在嘉兴南湖两度社集，时称"十郡大社"。

明清文人结社的重要特点是文社的兴起。杭州的芝云社、小筑社、攻玉堂社都是文社。这些文社为科举考场输送了大量的精英。有明一代，全国共产生了89名状元，其中杭州、嘉兴、湖州各占2名。

自东汉以来，我国学术文化与各地的望族盛门有着密切的关系。浙西在东汉至南朝阶段，出现了声显江左的习武强宗吴兴沈氏家族，到唐代沈氏已由习武将门变为儒学世家。五代十国时期，临安人钱镠建立了吴越国，从此开始了两浙第一世家吴越钱氏的辉煌历史。钱氏名人集中在唐至宋以及清至民国这两个时期。宋代之前的钱氏名人以政治官僚为主，清代以后以文人学者居多，如清代以后嘉兴地区的钱氏名人中，画家、文学家占70%以上。钱塘沈氏发迹于吴越国，历代都出显宦，出自这个家族的沈括被英国学者李约瑟誉为"中国整部科学史中最卓越的人物"②。钱塘海盐张氏世家系出张九成，明洪武初年，张留孙从钱塘迁至海盐，其后裔遂为武原著姓。现代著名出版家张元济即其族人。湖州赵氏文化世家是宋朝皇族的后裔。南宋亡后，赵氏家族由政治家族转化为文化名门。到元代，赵孟𫖯夫妇及其子赵雍、赵奕以书画名世。国际天

---

① 海盐县志编纂委员会编：《海盐县志》，浙江人民出版社1992年版，第780—781页。
② ［英］李约瑟：《中国科学技术史》第1卷，科学出版社1975年版，第289页。

文组织以世界文化名人命名水星上的环形山，中国入选15人，赵孟頫为其中之一。明代钱塘于氏世家，以于谦为代表，他用自己的一生践行着"粉身碎骨浑不怕，要留清白在人间"的铮铮誓言。湖州的吴氏世家在嘉靖朝出现了"吴氏父子四进士"的现象，即吴麟、吴龙与吴麟之子吴维岳、吴维京四人都是进士出身。海宁查氏世家以查继佐、查慎行为代表，在史学和文学领域均有卓越的建树。钱塘袁氏文学世家以袁枚为代表，提出"性灵说"，具有反对正统儒家文学观的进步意义。仁和（今杭州）龚氏文学世家以龚自珍为代表，为近代改良运动起了启蒙作用。钱塘许氏世家有"七子登科"（即许乃普、许乃济、许乃钊及他们的四个儿子）、"五凤齐飞入翰林"（即许乃普、许乃济、许乃钊与他们的堂兄弟许乃庚和许乃安）之美谈。

　　自古浙西多才俊之士，而嘉兴人更以巧慧崇文著称。《明一统志》称其风俗曰："慕文儒，勤农务，风俗淳秀，信巫鬼，重淫祀，素诱鱼盐之利，人性柔慧，民俗殷富。"① 千百年来，号称泽国秔稻之乡的嘉禾大地以沃土绣壤、烟雨水云，孕育了无数文贤人物。汉朝有严忌、严助，晋代有干宝，唐朝有陆贽、顾况，宋朝有岳珂、朱敦儒，元代有吴镇，明朝有李日华、项元汴，清代有朱彝尊、李良年等。这些人在各个时期的辞赋、小说、奏章、诗词、书画领域里，无一不享有全国性的声誉。

　　就词学领域而言，浙西自宋代以来出了不少著名词人。清代"浙西词派"中的大多数词人产生在嘉兴。《浙西六家词》所选为嘉兴人朱彝尊、李良年、沈皞日、李符、沈岸登和仁和人龚翔麟之词。薛时雨《梅里词辑序》曰："浙西多词家，而盛于嘉禾。其地本水乡，烟波渺弥，极鱼蟹菱藕之饶，而城南鸳鸯湖澄莹如镜，尤占其胜。水泽之气，灵秀钟焉，故词人往往杰出，自长水塘而南为梅会里，国初以来，号称词薮，呜呼盛矣。"

　　嘉兴深厚的文化底蕴也使这个地区科甲鼎盛，冠盖如林。明清两代，嘉兴有会元24人、状元7人、榜眼13人、探花4人，进士730余人。科举业绩如此辉煌是以绵延不绝的文化世族为根基的。如项元汴之兄项笃

---

① （明）李贤纂：《大明一统志》卷三十九，明弘治十八年建阳慎独斋刻本。

寿一门三世出了5位进士，嘉兴钱陈群家族五代题名金榜，海宁查慎行兄弟3人均获进士。

第二节　嘉兴望族群落

明清时期，嘉兴被称为"浙西大府""江南雄郡"，形成了一个庞大的望族群落。嘉兴的文化精英有很多出自世家大族。潘光旦的《明清两代嘉兴的望族》记有91家书香门第、簪缨世家，以及70家附丽家族及60家零星血系（或称单子家族）。据潘氏统计，复社会员2240人，而嘉兴的复社会员有140人，出自望族的有59人。秀水朱氏鼎盛于明清两代，是嘉兴望族中最引人瞩目的一族，这里依据潘光旦这本书，结合龚肇智《嘉兴明清望族疏证》等其他资料[①]，将嘉兴府境内与秀水朱氏家族交往甚密或有姻亲关系的望族、附丽家族及单子家族略作介绍。

海宁查氏。查氏祖籍徽州府婺源。元至正十七年（1357），查瑜避兵乱迁至海宁县袁花镇。因居花园里龙山之东南，称龙山查氏。后子孙散居杭、嘉两郡，以海宁为多。查氏是海宁望族，科举成功是其一大特征。据统计，明代查家中进士者6人，中举人者17人，清代中进士者16人，中举人者59人。特别是在康熙年间，有"一门十进士，叔侄五翰林"的佳话。明代顺天府尹查秉彝、南京兵部侍郎查志隆、差巡江西饶九南道按察司副使查培继、历史学家查继佐，清代著名诗人查慎行、翰林院侍讲查嗣瑮、内阁学士兼礼部侍郎查嗣庭，现当代著名人士查良铮（穆旦）、查良镛（金庸）均为其族人。此家族和秀水朱氏代有婚姻。朱彝纮是查慎行妹婿。查慎行和朱彝尊是中表兄弟，两人相交36年，时常一同游览，诗文唱和。

秀水张氏。由来不详，世居秀水。四世七人，皆见《府志》。清顺治年间兵部右侍郎张天植、与平湖陆奎勋齐名的学者张仁浃为其族人。顺

[①] 本节望族资料除源自潘光旦《明清两代嘉兴的望族》、龚肇智《嘉兴明清望族疏证》等出版物外，还采用了百度贴吧《嘉兴主要氏族》《【海宁主要氏族】讲几个主要世家大族》、嘉兴故事《南渡衣冠遍嘉禾》、嘉论网《历史上嘉兴的名门望族，来看看有没有你们家族》、网易新闻中心《盘点历史上嘉兴的名门望族》等网络资料。

治十四年（1657）丁酉科场案，以顺天、江南两案为著。《望族》中张天植、张旻父子，郁之章、郁乔李父子，皆次第就逮，卷入顺天乡试案。秀水张氏有四次婚姻对象为秀水朱氏，张仁浃娶朱建子女，张仁浃孙张光娶朱应麟女，张天植曾孙女适朱丕諴、张本立女适朱休明。

秀水陈氏。由来不详，宋参知政事文龙之后；世居郡城，作秀水籍。曹宪来娶于陈，子四人皆从外祖姓。自九德始，八世21人，皆见《府志》。昂是孝子，"子孙多驯行孝谨"（见秀水《孝义传》）。明朝陈懿典、陈惏、陈忱、陈泰交为其族人。秀水陈氏婚姻可知者四次，其中陈忱妻为秀水朱彝尊妹妹。陈忱，顺治十一年（1654）甲午中式副榜贡生，工诗，常与朱彝尊相倡和，与犹子尧天并有诗名。

海盐陈氏。由来不详，世居海盐。七世13人，其中11人见《府志》。婚姻可知者两次，一次对方为太仓王氏，一次为陈琠娶秀水朱茂晖女。

海宁陈氏。本高氏，明永乐初，有自临安出赘于海宁陈氏者，因姓陈氏，并入海宁籍。自明末叶以迄清中叶，陈氏子弟十有六七以海盐籍应科举。陈祖苞父子三人及陈世克等辈若干人，皆见于《嘉兴府志》的选举志。陈诩、陈世侑、陈世倕、陈克镐等，则并入海盐一县的传记。其为嘉兴望族可与查氏并观。海宁陈氏是典型的官宦家族。有清一代，海宁陈氏甲第蝉联，有"一门三阁老，六部五尚书"之誉。据说是精于"青乌术"有以致之。明代陈与郊、陈祖苞，清代陈之遴、陈诜、陈元龙、陈世倌等均为其族人。陈诩支陈世儆子陈克铉室为秀水朱嵩龄女朱逵。朱逵，字虔斋。工诗。著有《慈云阁诗存》（集中附刻其女陈品闺诗作32首）。

海盐郑氏。由来不详，世居海盐。郑氏先后见《府志》者至少有13人。元总兵别驾郑元璠、明广东布舶提举郑延、遵化县学训导郑儒泰、刑部尚书郑晓、光禄寺少卿郑履淳、南京刑部郎中郑履准、应天府治中郑心材、布政司经历郑端胤是其族人。明代正德、嘉靖年间，重经轻史，崇尚诗文和心学，"袭缛辞，侈清谈"之学风盛行。一些有识之士认识到这种无补于政治实用、无益于国计民生的风气必加以扭转。郑儒泰、郑晓父子就在这环境下登上学术舞台，并实践这一活动。其儿孙郑履淳、郑心材、郑忠材等也步其后尘，同时影响其姻家项笃寿、项皋谟、项世平、张允淳、彭绍贤等。海盐郑氏的婚姻对象大都为同郡的望族，其中有两次对象为秀水朱氏，郑履淮子郑琮娶朱大观女，朱彝尊嗣父朱茂晖娶郑端允女。

秀水郑氏。先世自浙东迁来，后占籍秀水。六世6人，四人见《府志》。清代秀水派诗人郑虎文、郑炎为其族人。清末学者金蓉镜《论诗绝句寄李审言》自注："竹垞不喜涪翁，先公（金德瑛）首学涪翁，遂变秀水派。篛石、梓庐、柘坡、丁辛、襄七皆以生硬为宗。后来吞松阁、雪杖山人兼擅长吉，其词益恣，然宗径不异竹翁也。"其中吞松阁、雪杖山人即郑虎文、郑炎二从兄弟。可见郑氏在清代乾嘉诗坛占有重要一席，严迪昌先生在《清诗史》中也有所论述。

嘉善蒋氏。由来不详，世居嘉善。五世7人，皆见《府志》。天启时福建副使蒋英是其族人。秀水朱茂晭娶蒋英之女。

秀水钱氏。先世本何氏。明初有贵四者，以赋役事全家遣戍贵州；次子裕生未弥月，不能从行，归同里钱富一翁抱养，遂承钱姓。祖居海盐半逻村，至陈群始迁秀水。钱氏在嘉兴各望族中自是最大之一族，在年代上亦最长久，自明代正德间（琦为正德戊辰进士）以迄清代末叶，似乎始终能保世滋大。明代思南府知府钱琦、永州知府钱芹、德庆州同知钱萱、礼科给事中钱薇、蓬州知府钱应晋、福建松溪县知县钱嘉征，清西安教谕钱瑞征、刑部左侍郎钱汝诚、礼部左侍郎钱载、翰林院检讨钱世锡、山西布政使钱宝甫、工部尚书钱应溥、翰林院侍讲钱骏祥、户部员外郎钱锦孙，以及现代数学家钱宝琮、中华人民共和国水利电力部部长钱正英均为其族人。钱氏是江南典型的诗画结合的文化世族。以乾隆帝文学侍从钱陈群领衔，以诗人钱载为旗帜，以钱仪吉、钱泰吉、钱楷、钱世锡为中坚的"秀水派"诗群，驰骋于乾嘉文坛。其家族画家群体以陈群之母南楼老人陈书为核心，其表侄张庚，钱氏族人钱载、钱元昌、钱维城及后裔钱善言、钱善章、钱善扬、钱善继、钱聚英、钱聚朝、钱宝甫、钱宝鈢、钱清炤、钱官俊、钱青，以及女画家钱聚瀛、钱韫素、钱卿篴、钱卿藻、钱与龄等皆传南楼老人家法，流芳遗韵，百年不绝。钱珍支钱炌之女适秀水朱振万，钱琦支钱千秋女适朱彝勋。

嘉善钱氏。钱氏为吴越之后。初居杭州。至元至正年间，钱国冯始迁居嘉善。钱氏至钱贞始大。钱贞是一个"博学积行"的人，居官有惠政。钱士升、钱士晋两支都很繁荣，钱士晋一支后劲尤大，尤以钱黯的后辈为甚。钱黯弱冠即成进士，登第后70年尚健在，年95始卒，论者说是"史册罕见"。广东按察使佥事钱楝、归安教谕钱启锟、刑部主事福建候补知县钱鸿文为士升一支后人。吴中"应社"倡始人钱栴、钱棻及江南池州府推官钱黯、礼部尚书钱以垲、"柳州词派"重要词人钱继章等为士晋一支后人。钱继章子钱士贲女适秀水朱德馨。

归安茅氏。由来不详，世居归安之华豀（现湖州市练市镇花林）。先世有茅藘（千三）者，元末为池州路总管。当时天下纷乱，茅藘弃官归隐于埭溪，以治竹筏为业。一天，途经华豀，饭后洗刷而碗沉溪底，以为天意，遂徙家焉。故华豀之有茅氏，自茅藘开始。明代大名兵备副使茅坤、南京工部郎中茅国缙、"苕中四子"之一茅维为其族人。茅元铭，顺治末，岁贡生，年六十，授朝邑知县。有文名。南浔庄廷鑨招撰《明史》，茅元铭与子次莱参预编撰，明史案发，皆罹于祸，次莱妻黄氏，殉其夫。茅氏一门被杀7人，家属或为奴，或流徙，家产抄没。茅氏家族遭此灭顶之灾，从此败落。茅氏没落前与秀水朱氏曾结为姻亲。茅国缙女适朱国祚子犀生大烈。

秀水金氏。本休宁程氏，元代至元年间，程庭嚢入赘休宁瓯山之金氏，遂改姓名为金眉。金章奇于清初寄籍仁和，三传至金德瑛，娶桐乡汪文桂孙女，迁居嘉兴，居汪氏金陀园读书，后中乾隆丙辰科状元。自金德瑛后，金氏家族又出进士4人。清末民初学者金蓉镜、金兆蕃即其族人。乾隆后期，浙西有"秀水派"之称，金德瑛是首创者，而其姻亲钱载是此派的旗帜，金德瑛的坤孙金蓉镜在《论诗绝句寄李审言》十一中说："先公手变秀水派，善用涪翁便契真。"

秀水黄氏。先世为江西新淦人，洪武中谪戍黄洋卫，旋改隶嘉兴千户所，后入籍秀水。八世21人，17人见《府志》。明代礼部司务黄盛、湖广副使黄琮、詹事府少詹事兼侍读黄洪宪、安徽凤阳府推官黄承乾、右副都御史黄承玄、广东按察使黄承昊即其族人。秀水黄氏多次与秀水朱氏有婚姻关系。黄琮子黄正宪娶朱国贤女，黄承乾子黄源楾娶朱茂晖女，黄承苍女适朱彝教，黄承昊孙女适朱彝性。此外，朱茂时娶黄洪宪族女黄媛贞为侧室。

石门吕氏。宋建炎初，吕希哲子好问为尚书右丞，后以资政殿学士知宣州，封东莱郡侯，随宋高宗南渡，卜居金华。其子吕本中，宣和中为枢密院编修官，累官中书舍人兼侍讲。六世孙吕继祖，尉崇德，阻兵不得归，因家于邑西二里许。明末清初思想家吕留良为其族人。吕留良长兄吕大良娶秀水朱大启女。

嘉兴项氏。由来不详。项冠以商起家，《府志·孝义传》说项冠"以富称，散财，助婚丧，益蜀逋负，江浙称长者"。项氏以明末叶与明清之交最为繁荣，当时海内的收藏家与赏鉴家，必推项氏为第一。但清初以后，便归式微，收藏亦四散。朱彝尊的《怀乡口号》有诗："墨林遗宅道南存，词客留题尚在门。天籁图书今已尽，紫茄白苋种诸孙。"元代翰林学士项相、淮西廉访司副使项衢，明代陕西按察使项衡、兵部尚书项忠、江南右参政项经、锦衣卫指挥项绶、南京光禄寺正卿项锡、刑部主事项钶、吏部员外郎项治元、韶州府通判项桂芳、吏部主事项承芳、景陵令项玉笥、广东参议项笃寿及其弟元汴，清代项圣谟、项奎等均为其族人。项氏与秀水朱氏至少有四次婚姻关系：项德明女适朱彝哲，项德明子项庙谟娶朱茂晖女，项声国娶朱国祚女，项元深外孙周吉亥娶朱茂曙女。

慈溪赵文华家族。赵文华，子元质，号甬记，慈溪人。幼随父客投嘉兴府郡兵部尚书项忠。忠有女孙，眇一目，适文华。嘉靖八年（1529）己丑进士，授刑部主事，官至工部尚书、太子太保。与严嵩结为父子，后失宠削籍归，腹破死。聘名士撰编《（嘉靖）嘉兴府图记》（是书体例严整，附大量插图，在宋明志书中少见）。赵文华长子赵怪思曾任锦衣卫千户。赵文华孙赵昌期为万历三十八年庚戌（1610）进士，授直隶徽州婺源知县，官至南职方主事、兵部主事。赵昌期娶朱国桢女。

嘉兴高氏。原籍安徽萧县，南宋建炎初年，高世则扈跸南渡，初家温州。高坦思避地居徐州，及高德为浙东宣慰司都事，始迁郡城，作嘉兴籍。自高铭始，七世10人，九见《府志》。高林入嘉兴《孝义传》。高氏富收藏，书籍之多，可与项氏的"万卷楼"相颉颃。明代高道素、高承埏，以及清代高佑釲均为其族人。高氏在明清两代是"文宦之家"。高佑釲博闻强识，善书法，曾与朱彝尊同行北上，颇有唱和，朱彝尊曾有信寄高佑釲，倡论历代诗风，以同道相砥砺。

嘉善柯氏。由来不详，世居嘉善。六世11人，其中9人见《府志》。柯耸、柯崇朴、柯维桢、柯煜为其族人。柯崇朴工词，曾协助朱彝尊选编《词综》。柯维桢曾为朱彝尊词集《蕃锦集》作序。

桐乡孔氏。由来不详。当自曲阜孔氏南宗分支。世居桐乡。六世 13 人，悉见《府志》，女子占 8 人。孔传忠支孔宪乔为朱休瑞婿，孔宪乔女适朱休瑞孙朱畅生。

秀水（梅里）李氏。先世本江阴人，明洪武初（一说元末）官提举、行十四者始迁嘉兴、秀水两县籍。李良年曾一度袭虞姓。李宗潮后徙江苏宝山。李氏自明中叶以后始大。李寅、李明嶅等著声复社。明代李应征、李士标，清代李绳远、李良年、李符均是其族人。李氏家族虽在科举方面并不显赫，但该家族"诗礼传家"，是一个以"诗"为主要特色的文化世族，其代表人物李良年与朱彝尊善，二人并称"朱李"。李忠纯少子李光基娶朱茂时女。

嘉兴李氏。初贯洺州（今河北永年），赵宋南渡时随跸入江浙。其中一派后隶嘉兴县籍。明代学者书画家李日华、李肇亨是其族人。李肇亨孙女李新枝女适朱彝叙子太学生建子。

嘉兴陆氏。明清时，陆氏有"秀州十二支"之说，即盐官支、枢密支、朝奉支、神童支、吏部支、尚义支、郡守支、靖献支、乐耕支、万石支、锦衣支、南陆支。其中平湖陆氏（靖献支）相传为唐陆宣公贽之后，世居平湖。靖献支于明景泰以后始盛，明亡后即阒寂无闻。明代锦衣卫指挥佥事陆松、太保兼少傅陆炳、太常侍卿陆炜、济南府推官陆灿、清代理学名臣陆陇其都出自靖献支。陆珪支陆淪原为秀水朱国祚女婿。平湖陆氏（南陆支）由来不详，世居平湖。陆珂、陆文典、陆长春三世，俱见《孝义传》。清兵部右侍郎陆长庚、直隶宣府推官陆浚睿、南雄知府陆世楷、礼部侍郎陆葇、翰林院检讨陆奎勋、永州府知府陆纶均出自南陆支。陆长庚女适朱大烈。

平湖陆氏（当湖支）。先世似为江西金溪人，有陆启桢者（象山四世孙），宋理宗时任嘉兴路巡检使，道梗不得归，遂居盐官，后籍平湖。明朝南康府同知陆鼇淹贯名理，人称"小象山"。福建福宁知州陆万垓也为其族人。陆启濛女适朱茂晙。

嘉兴包氏。由来不详，世居郡城，作嘉兴县籍。包柽芳举进士比其父包汴反而高一科，后世论者有"父子同登，遇固奇矣，父后子登，父之志亦壮矣哉"的话。柽芳孙女包世杰女适朱国祚子朱大猷。包世杰曾孙包惟浤娶朱大治女。

秀水卜氏。先世获嘉人，元至正间卜官三始赘居嘉兴，遂为郡人；至明隶秀水籍。后又迁平湖。明朝福建巡海按察副使卜大同、韶州知府卜万祺、著名史学家卜大有、刑部主事卜大顺，明末清初间戏曲家卜不矜、清康熙年间吏部验封清吏司员外郎卜陈彝为其族人。据《秀水朱氏家谱》载：朱茂曘"继配卜氏，不疑稽之女"。据龚兆智先生《嘉兴明清望族疏证》中的补充材料，卜陈彝子卜彭颐娶朱彝勋女。

平湖（石庄里）沈氏。石庄是宋江淮总管石都尉的赐庄。元末，有沈氏自武康迁平湖。明两淮盐运司判官沈懋孝、西平知县沈棻、《槜李诗系》编辑者沈季友系其族人。陆奎勋曾将《槜李诗系》出示朱彝尊，朱彝尊说："南疑是书，汲汲乎表微阐幽……虽曰一郡诗林，是又千秋文献资也。"① 沈懋莊曾孙女适朱彝宪。

嘉兴（姚埭）沈氏。由来不详。初居海盐。明代成化年间，沈用霖迁居嘉兴福星桥内，入嘉兴县籍。嘉兴沈氏历来以耕读为务。沈璜有善行，入嘉兴《孝义传》。清吏部主事沈叔埏、礼部左侍郎沈维鐈、近代学者沈曾植即其族人。沈璜女适朱彝典。

嘉兴（西河）沈氏。沈氏先为江都人，元末有沈礼者避乱来嘉兴，子孙分别在秀、嘉两县著籍。明朝右都御史兼兵部侍郎沈思孝、清朝刑部主事沈昌寅、广东督学沈昌宇、泰州知州沈应明、吏部验封司郎中沈孚先为其族人。沈昌寅和沈昌宇兄弟二人曾同授业于同里贺光烈，后又同登雍正八年（1730）庚戌进士，有"鸳湖双沈"之目。沈氏与秀水朱氏两家有婚姻关系，又同时与华亭徐阶家族有婚姻关系。沈应明女适朱大竞三子朱茂曋，沈玄华女适徐阶孙、徐元春子徐有庆，徐阶孙女、徐元普女适朱国祚子朱大竞。

嘉兴（长溪）沈氏。祖籍汴梁，宋室南渡时迁至会稽。明洪武年间沈庭芝徙松江，再徙善乡，为秀水沈氏始迁祖。沈庭芝之子沈瑾赘居秀水长溪村。瑾生璘，璘生渊，渊生度，度生复，复生谧。沈谧与其子沈启原、其孙沈自邠三世联袂进士及第。复、谧、启原三世以富称。沈自

---

① （清）朱彝尊：《槜李诗系序》，王利民、胡愚、张祝平、吴蓓、马国栋校点《曝书亭全集》，吉林文史出版社2009年版，第948页。

邠之子沈德符著《万历野获编》。沈大詹和沈大遇兄弟为沈自邠孙，二人并有文名。沈大遇女适朱德机，沈大詹孙女适朱德机子朱丕襄。

秀水盛氏。宋枢密使盛度之后，靖康时盛瑄扈跸南渡，初居临安，传至盛辕，赘于朱张氏，适徙居嘉兴乡间。十传至盛万年，又徙郡城北郭，入秀水籍。自第三世起，盛誉为闻湖西派，盛敬为闻湖东派。清代盛枫、盛百二，近代盛沅等均为东派族人。盛士元女适朱茂曝，盛士元孙女、盛以约女适朱彝训，盛枫女适朱稻孙，盛枫孙女、盛熙祚女适朱赐书，盛枫孙、盛熙祚子盛百一娶朱嵩龄女。

秀水施氏。由来不详。永乐初年，施茂至施容三世曾因事遣戍武清卫，至万历初赦归。世居桐乡，自施博起迁秀水。施鉴范女适朱丕武。

秀水谭氏。谭氏的由来有二说：一说唐时有谭峭居盐官澉浦后仙去，子孙著籍，遂为嘉兴谭氏之始；二说明初有谭定者，因躲避戍役从山阴出亡到嘉兴乡间，后入秀水县籍。前一说谭氏子孙也自以为不经。谭氏自第六世起，分为两大支：谭可贤一支，盛于明末清初，后渐式微，子孙不娶者甚多，明代谭贞默、谭贞良和清谭吉璁均为此支族人；谭可教一支，盛于清末与现代，现代学者谭新嘉、谭其骧即为此支族人。秀水谭氏可贤一支与同邑秀水交往甚密，且有多次婚姻关系。谭贞良为朱彝尊姑夫。谭吉璁为谭贞良和朱彝尊姑姑之子，谭吉璁与朱彝尊常有书信来往，朱彝尊《鸳鸯湖棹歌》一出，和者甚多。其中就有谭吉璁的《鸳鸯湖棹歌》88首和续和《鸳鸯湖棹歌》30首。谭贞良孙、谭吉璁子谭有年娶朱彝勋女。谭吉璁玄孙谭子泰娶朱振万女。

嘉兴陶氏。由来不详，世居郡城，隶嘉兴县。陶造图有义行，宋亡后，尝召集义兵以拒元，隐居于王江泾之雁湖。与同邑赵孟僴、华亭殷澄称"秀州三义"。避地嘉兴者亦多以为依。陶钲入《孝义传》。陶钲兄弟三人，尝筑同心楼，"以示友恭之谊"。至明代陶楷，科名始盛。清末，两广总督陶模一房迁居于嘉兴南门报忠坊。已知两次婚姻关系都是与秀水朱氏。陶瑞桢女适朱彝六，陶濂娶朱茂晹女。

平湖屠氏。先世陈留人，建炎初南渡，兄弟二人，一居鄞，一居嘉兴，初家海盐，后徙平湖，屠应埈又迁秀水。屠敬中留居湖北孝感不返。屠机有善行，入平湖《孝义传》。从科举视角看，屠氏是一个兴盛于明代的家族，入清后科举不显。明代刑部尚书屠勋、湖广提刑副使屠英垻、云南参政屠应坤、礼部右春坊右谕德屠应埈、南京御史屠仲律、山东副使屠叔方、翰林院检讨屠象美、遵义府同知屠明弼为其族人。屠明弼曾孙女、屠庭芝女适秀水朱龙。

嘉善曹氏。由来不详，世居嘉善。曹穗见嘉善《列传》，是一位律身极严的塾师，明代"东林前六君子"之一的魏大中就是其门生。嘉善曹氏是柳州词派的重要成员，曹尔堪更是该词派中最有影响的词人。曹尔堪是清初"江村唱和""红桥唱和""秋水轩唱和"三次重大词学活动的发起者和重要参与者。曹氏和秀水朱氏、秀水盛氏有婚姻关系。曹源郁女适盛百二，朱嵩龄女适盛百一。盛百二和盛百一为亲兄弟。

桐乡汪氏。原籍安徽休宁，汪可镇始迁桐乡，后入籍秀水。汪文桂有善行，见桐乡《孝义传》。汪氏至迁桐后第三世汪文桂三昆仲走上文坛，名声始大。汪文桂与弟汪森、汪文柏并负时名，世称"汪氏三子"。汪森与黄宗羲、朱彝尊、潘耒游，手抄经籍数百家，帮助朱彝尊选编《词综》，为"浙西词派"重要成员。汪孟鋗、汪仲鈖、汪如洋均为"秀水派"重要诗人。朱彝尊《小方壶存稿序》曰："休宁汪晋贤氏，徙居梧桐乡，营碧巢当吟窝，筑华及之堂以燕兄弟宾客，建裘杼楼以藏典籍。其曰小方壶者，郡城东甪里之书屋也。"①

海盐吴氏。先世浙东天台人，本姓胡，明洪武初迁嘉兴，为海盐人，并改姓吴。吴氏到芸的一世是以农为世业的，至霁的一世始服贾，吴霁的子侄辈才读书入仕，而吴霁子中伟，即以政绩著称，吴麟徵更以忠节彪炳史册。到仪洛、有榆两世以医术见称于时。吴麟徵孙吴孝贻娶朱彝叙女。

秀水吴氏。由来不详，世居秀水。吴洪珍入秀水《孝义传》。洪珍妻钮氏，寿至99岁。吴光昭为清朝贡生，博学工诗文，与同郡李集、董潮齐名。吴光昭子吴麟增娶朱振振孙女、朱休槱女。

秀水姚氏。由来不详，世居秀水。盛枫《嘉禾征献录》曰："始祖成一，洪武初入直妆銮司为内匠。成一孙敬，有女名妙庄，年十五，宪庙选淑女于江南，以名上籍中入宫，生九皇子祐楎，拜安妃。"② 姚思仁为

---

① 王利民、胡愚、张祝平、吴蓓、马国栋校点：《曝书亭全集》，吉林文史出版社2009年版，第447页。

② （清）盛枫辑：《嘉禾征献录》卷十一，民国二十五年嘉兴金氏刻《槜李丛书》本。

万历十一年（1583）癸未进士，除行人，选江西道御史，巡按山东、河南，升通政司参议、大理寺少卿、应天府尹，入为通政使，转工部右侍郎，历尚书、太子太傅。朱彝尊还曾见过姚思仁，朱彝尊的《姚氏族谱序》曰："忆予八龄时，犹及见公。公时尚健步，里居乐善好施，病者给以药，寒者给以衣，死者给以棺椁。今所传《菉竹堂医方》，皆公手自抄。又尝注律，以律文简而易晦，乃用小字释其下。顺治初，颁行《大清律》，实依公所注本也。"①姚思仁孙女、姚以高女适朱彝宗。姚深子姚曾秉娶朱茂㬢女。姚思孝孙女、姚以亨女适朱国祚子朱茂暉。

海盐虞氏。本杭州人，至虞勋始迁海盐，至迟当在明天顺以前。盛百二《柚堂续笔谈》说："虞伯生之后，明初分为四派，一在金坛，一在四明，一在钱塘，一籍吾郡之海盐而居秀水。"②大约即是此虞。虞赞尧子幼育于赵翁，改姓赵，亦见盛氏《笔谈》。婚姻关系可知者四次，其中虞相尧两度与秀水朱氏朱彝叙结为亲家，虞相尧子虞兆清娶朱彝叙女，虞相尧女又适朱彝叙子朱德辨，可谓亲上加亲。

嘉兴贺氏。本山东宁阳人，伯颜元末镇守嘉兴，管军万户，始为嘉兴人。明贺万祚为朱彝政外祖父。朱彝尊的《叔母贺太君八十寿序》曰："叔母生长富贵，幼随父孝延公遍历济南、建南、左江、岭北诸官舍，不以父钟爱而女职有阙。"③《中奉大夫分守岭北道江西右布政使贺公祠堂碑》曰："彝尊之再从父弟彝政于公为外孙。"④由此可知，朱彝尊的这位叔母是贺万祚的爱女，并生有一子朱彝政。

海盐胡氏。由来不详，世居海盐。海盐胡氏是藏书世家，从胡彭述、胡震亨到胡夏克三代都是著名的藏书家。藏书室曰"好古堂"，藏书万卷。胡震亨除了是有名的藏书家还是著名学者，唐诗研究功力尤深，一般学者认为其成就远超同代人杨慎、王世贞、胡应麟等。其代表作为

---

① 王利民、胡愚、张祝平、吴蓓、马国栋校点：《曝书亭全集》，吉林文史出版社2009年版，第458页。

② （清）盛百二：《柚堂续笔谈》卷三，清光绪四至九年嘉善孙氏望云仙馆刻《槜李遗书》本。

③ 王利民、胡愚、张祝平、吴蓓、马国栋校点：《曝书亭全集》，吉林文史出版社2009年版，第467页。

④ 王利民、胡愚、张祝平、吴蓓、马国栋校点：《曝书亭全集》，吉林文史出版社2009年版，第678页。

《唐音统签》，另有《李诗通》《杜诗通》《唐诗丛谈》等。胡震亨子胡夏克女适朱彝叙。

秀水郁氏家族。由来不详，世为嘉兴人。七世祖郁正二当入明时，徙居永乐乡之商陈村，宣德间析永乐乡隶秀水，遂为秀水人。清南都刑部主事郁兰为其族人。郁大同为郁兰长子，国子生。郁大同孙女、郁重庆女适朱茂曦。

乌程潘氏。先世自荥阳侯赐姓以来，历三十六传至伯民公，为晋代猛烈将军，始迁吴兴之乌程。又七传至纯孝公综，元嘉中举孝子，诏旌曰纯孝里，即今之汇沮。自孝子综三十八传为宫保潘季驯。明朝员外郎潘大复为其族人。潘湛为潘大复次子，庠生，荫入太学，任都察院照磨，升都事，历刑部河南司郎中。潘湛一女适都察院都事、浔溪朱鉴，即相国朱国桢次孙。潘大复子潘启纯娶茅国缙女，茅国缙另一女适朱国祚子朱大烈，潘启纯和朱大烈为连襟。朱国桢作《工部员外见所潘公墓志铭》，墓主为潘大复。

平湖孙氏。源出宋太子少傅孙奭。其大易支因始迁祖千八于洪武初年迁居海盐大易乡而得名。湖田支因始迁祖贵二迁居当湖镇湖田里而得名。华亭支因一世祖孙固居于华亭县胥浦乡而得名。孙氏在明代有进士7人。明山东按察司佥事孙玺、工部尚书孙植、按察副使孙成泰出华亭支。孙植之后百年，朱彝尊还称道孙氏华亭支家风。

平湖金氏。世居平湖虹霓堰。在明代，有金汝砺、金汝谐兄弟登进士第。清初，金南瑛校刻沈季友著《槜李诗系》，为朱彝尊所推重。

第三节　秀水朱氏的家世

朱彝尊曾在《〈刘介于诗集〉序》中说："予家吴中四姓之一。"这就把自己的家族渊源远溯到东晋时期吴中四姓中的朱氏。朱辰应在《族谱小序·世系表》中言道："宋考亭文公手定婺源茶院朱氏世谱。时别有朱氏，存南唐时谱牒。文公以是非不可考阙焉，截自唐镇守婺源制置茶院讳环以下为十一世。吾家亦出自茶院公后。"[①] 这两种说法缺乏文献依

---

① （清）朱辰应：《清谷文钞》卷二，上海图书馆藏嘉庆元年（1796）刻本。

据。可以确知的是，浙西望族秀水朱氏的先世是从下邳（今江苏邳州市）渡江迁到苏州的。后来，苏州朱氏中的一支落脚在吴江盛泽三佳村饭字圩。吴江朱氏在明代初年出过一位御史，一位内阁中书[1]。还有一位右拾遗朱逢吉，建文二年（1400）曾充任会试同考官。燕王朱棣起兵发动靖难之役后，朱逢吉遁走江湖，不知所终。因为苏州和秀水接壤，支庶渐繁的吴江朱氏在这两个地方居住的渐渐多起来。

秀水本是嘉兴城北丽桥东的一条河。相传水浮五色，见者获庆，亦称绣水。明宣德四年（1429），析嘉兴县置秀水县。自此嘉兴城一府两县，同城而治，城的西北部分属秀水县。秀水朱氏始祖朱煜于明代初年迁秀水。第五世的朱儒因精湛的医术和高尚的医德而声名大振，后入太医院。朱儒之子朱国祚于明万历十一年（1583）中状元，后官至大学士，秀水朱氏遂跻身于嘉兴著名望族之列。徐嘉言《辰始公族谱稿序》曰："我禾以世胄华阀称于闾里者，指不能多屈。而百年以来，实惟朱氏。"[2]朱彝典《族谱稿序》说："我朱氏卜居秀水，盖三百年于兹矣。郁然而乔木者，人指为朱氏宅焉；伟然而衣冠者，人指为朱氏子姓焉。"[3] 此序写于康熙三十年（1691）。至康熙年间，秀水朱氏已根深叶茂。

秀水朱氏家族的历史大致可以分为四个阶段：一是初兴崛起期。从一世祖朱煜至四世祖均以务农维持生计，虽说在经济积累和文化素养等方面没有什么突出的表现，但也算得上耕读传家，为秀水朱氏奠定了最初的基础。至五世祖朱儒，凭精良医术，以医士的身份进入太医院，不仅为家族的发展积聚了资产，而且建立了相对广泛的人脉，为后世走向辉煌奠定了比较坚实的基础。二是仕宦鼎盛期。秀水朱氏盛于科甲是从明代万历年间开始的，而衰于清代乾嘉以后，状元宰相朱国祚代表着这个家族科举仕宦的巅峰。三是文化鼎盛期。大致从明崇祯年间始，秀水朱氏出现了一大批诗人、词人和散文作家，文坛宗师朱彝尊代表着这个家族文化成就的顶峰。四是衰落期。秀水朱氏作为嘉兴望族在清嘉庆年

---

[1] （清）朱彝典：《族谱稿序》："国初一拜御史，一拜中翰。家谱遭火，不可考。"国家图书馆藏《秀水朱氏家谱》卷首。

[2] 国家图书馆藏《秀水朱氏家谱》卷首。

[3] 国家图书馆藏《秀水朱氏家谱》卷首。

间开始走向衰微，朱休度是最后一位杰出人物。就人品和文品而言，朱氏家族的文人普遍注重修身立德，非常值得称道。

一　初兴崛起期

秀水朱氏出自吴江盛泽。据《秀水朱氏家谱》载："煜，号西湾，明初自吴江盛泽镇之东南三家村赘居秀水南黄字圩商陈里陈氏，是为秀水朱氏始祖。"朱煜以务农为业，敦睦乡里。

朱煜生子福缘。朱福缘享年80多岁，"给冠带，禊旌"[1]，有"恩例寿官"之称。朱氏后世子孙中也多有长寿者，家族成员多长寿在一定程度上也是家族能够兴盛的原因之一。

朱福缘生有一子，名恭。朱恭字文美，号月梅，娶商氏为妻。晚年被推举为里老，进入了地方绅士和乡村精英的行列。朱恭能写诗，享年83岁。以曾孙仕，累赠光禄大夫、柱国、少保兼太子太保、户部尚书、武英殿大学士。其妻商氏，寿八十四，两赠一品夫人。正德三年（1508），朱恭将其产业一分为二，给了长子朱敬、次子朱彩各10亩田。在当时的社会条件下，10亩田实在不算什么大额资产，由此也体现出朱家"传德不传富"的良好家风。

朱敬，号慕椿。分家后，迁居商河荡西偏的水坞村桥，离老家有二里。朱敬生殁年月失考，配郁氏，生有一子，名衮，号守山。朱衮，生子名国士，号侍山。"侍山生三子：长悦山公，讳大勋；次怡山公，讳大业；次怀山公，讳大绩。悦山生二子：长茂暄，字耀山；次茂曛，字望山，无后。耀山生彝庆，字君玉。君玉生德秀，尚幼。怡山生茂旺，字思山。思山生彝芳。怀山生二子：长茂盼，字顺山，顺山生彝瑞；次茂昀，字见山，见山生一子，尚幼。"[2]朱敬这一派以农穑为业，世居水坞村，在国家图书馆藏《秀水朱氏家谱》上称作水坞桥西大分派。

朱彩，号慕萱。正德元年（1506）娶秀水本地女子王氏为妻。分家后，朱彩迁居郡城南门，在乡里做教书匠。他并不富有，却能不等人请求，就把衣服器具送人，还说：多余的东西要烦人求乞吗？人们都把他

---

[1] 国家图书馆藏清钞本《秀水朱氏家乘》。
[2] 国家图书馆藏清钞本《秀水朱氏家乘》。

济人之急的行为称为侠义之举，而他说：行侠不是我的职责。朱彩以诗酒自娱，且为人好客，家中常常高朋满座，以致"所受耕田存不什一"①。其所生四子：长子朱袍，号爱山；次子朱裳，号乐山，无子；三子朱儒，号东山；四子朱俸，号近山，无子。

朱袍生有一子，名国贤，字少山。自朱国贤迁居月河后，他这一派在国家图书馆藏《秀水朱氏家谱》上称作月河派。朱国贤为人"尚气节，少所降屈"。万历二十五年（1597），以事携妻沈氏之楚。"抵禁徙粤西，后得恩贷，归至湘潭，遇疾而卒"②，其妻亦客死，合葬于湘潭县洗面岭。朱国贤生有四子。其次子大节以诚信待人，"有豪气，尝周赡困穷。晚岁皈依瞿昙氏，茹素讽呗。一夕病笃，仿佛见紫府神曰：'上帝念汝虔修，更锡余龄。'遂脱然愈。后寿登七十三，有司给冠带，无疾而终"。朱大节生有三子。长子茂晔，字子蔚，邑庠生，"长厚谦抑，临事周详，颇敦宗族谊"③。朱茂晔生有四子。长子彝璜，字介臣，邑庠生，醇谨好学。

朱儒是秀水朱氏起家的关键人物。明世宗嘉靖十一年（1532），朱儒学医于杨时升，六年后正式悬壶济世，不久以医术精湛和医德高尚而名声大振，后被太医院院判朱恭推荐为太医院医士。太医院的最高医官是院使，官阶为正五品。万历八年（1580）五月，朱儒出任这一职务，经常以奇方验药进呈朝廷。朱儒不仅医术高明，而且乐善好施，救死扶伤，继承了朱氏家族良善仁和的传统。朱儒生有四子，长子国祯，次子国祥，三子国祚，四子国礼。

朱国祯，字兆亨，号凤川，唐夫人所出。生于嘉靖二十二年（1543）四月二十一日，卒于万历二十二年（1594）四月十一日。秀水县庠生。以子仕，历赠文林郎、奉政大夫、中宪大夫、大中大夫，晋赠通议大夫、刑部左侍郎。

朱国祥，字冲宇，号瑞寰。邑庠增广生。以嗣子仕赠承德郎、工部营缮司主事。嘉靖二十八年（1549）十二月十七日生，万历二十二年（1594）十月十八日卒。无子，以国祚次子大烈为嗣。

---

① 国家图书馆藏清钞本《秀水朱氏家乘》。
② 国家图书馆藏清钞本《秀水朱氏家乘》。
③ 国家图书馆藏清钞本《秀水朱氏家乘》。

朱国礼，字兆嘉，号养浩。钟孺人出。太医院吏目。"坦直无城府，好剧饮。"① 万历五年（1577）十月十七日生，天启元年（1621）九月七日卒。

国礼长子大任，字君弘，号拙安。以邑庠廪贡生入太学。"天资聪悟，不拘礼法。有别业在北郊，名曰樾馆，取卢鸿嵩山十志之一也。掠友人，一二日觞咏其中，人羡其能行乐焉。"② 万历二十六年（1598）八月十四日生，顺治五年（1648）十二月二十七日卒。无子，以大赍长子茂昳为嗣。国礼次子大赍，字君万，庠生。"养浩公无遗业，能劳苦经营，以成丰产。居恒简约自将，至治具邀轩冕，则不为纤啬态。课子操觚，未尝少懈。"③

在初兴崛起期中，秀水朱氏家族的成员多拥有比较健全的生理和心理状态，多以孝义之行或人品端方著称，铸造了良好的族风、家风，为子孙树立了奋发上进的榜样。

二 仕宦鼎盛期

秀水朱氏盛于科甲是从明代万历年间开始的，朱国祚代表着这个家族科举仕宦的巅峰。秀水朱氏之所以能在明清时期持续兴盛，除依靠家族成员自身的不懈努力外，还与两个因素密切相关：一则"宦"，二则"婚"。"宦"是保持其政治地位不变的基石，"婚"则是社会地位的可靠保证和重要表现。

朱国祚于万历十一年（1583）中状元。此后历任翰林院修撰、日讲官、侍讲、礼部右侍郎、吏部左侍郎、礼部尚书兼东阁大学士、太子太保、文渊阁大学士、户部尚书兼武英殿大学士等职。

朱国祚为人方正宽厚，敢言力谏，廉洁自律。这在贪腐成风的明代中后期，实属难能可贵。在秀水数清廉之门，首推朱氏。不过这种清廉门风在成就秀水朱氏的家族美名的同时，客观上也导致了家族最终的衰落。因为在农业经济占主导地位的社会结构中，充盈的资产和丰厚的田产无疑是维持一个贵胄世家繁荣不衰的重要保障。

---

① 国家图书馆藏清钞本《秀水朱氏家乘》。
② 国家图书馆藏清钞本《秀水朱氏家乘》。
③ 国家图书馆藏清钞本《秀水朱氏家乘》。

朱国祚有6个儿子：大竞、大烈、大猷、大观、大治、大定。

朱大竞，云南楚雄知府。生平见本书上编第四章第一节。

朱大烈，字君扬，号佑予。过继给国祚仲兄国祥做嗣子。邑庠廪生。自少警敏，读书五行并下，工于骈文，文词醇正。曾聘归安茅氏为妻，该女是广西兵备副使茅坤的孙女、礼部郎中茅国缙的女儿，不幸早殁。万历二十八年（1600）八月，朱大烈娶通政司使津阳陆长庚之女为妻。万历三十四年（1606），中乡试副榜二名。泰昌元年（1620），承本生父荫入太学。崇祯四年（1631），选授前军都督府都事署经历司事。崇祯五年（1632），任太仆寺协理东路马政寺丞。丁本生母忧。崇祯八年（1635）服阕，起补原官。崇祯十年（1637），巡察近畿顺义等18州县的寄养马匹，升工部营缮清吏司主事，管理小修，掌缮工司印务。负责修理贡院、太庙、神灶，督造安定门外清河镇烽台2座，经4个月才竣工。题差监督帮城。自永定门至东便门，六七里的城墙，原来宽1丈、高2丈余，奉旨上加宽1丈，下加宽1丈5尺，掘地深3尺筑基，役事浩繁。朱大烈经营瓴甓材木，鼓励徒佣，辛劳操持3年，加固了都城城墙，并且节省帑金10余万，本部叙工，加服俸一级。崇祯十一年（1638），署台机厂印务。京师戒严，任协守东直门纪录，门应军需，无不立办。兼造30余座炮台，30副炮槽，忧劳成疾。崇祯十三年（1640），覃恩敕授承德郎，奉旨抽分荆关。当时，张献忠率领的农民军出没于湖广、四川一带，督师杨嗣昌屯兵沙市，故而商旅寥寥，竹木舟航，至者甚少，况且额外又增加了1万3千两饷银。朱大烈殚力招徕，仅足国赋。这一年，"两遭寇警"，朱大烈负责制造火药、旗帜、器械，操练壮丁。崇祯十五年（1642），其嗣母杨安人去世，朱大烈丁内艰回籍。朱大烈对嗣母一向很孝顺，他在工部时，"覃恩，封杨为安人。从都门遣人奉制词，并制翟冠、锦帔，椟装以献"。甲申之变，因悲愤过度，疽发于背而去世，终年65岁。朱大烈为人乐易不苟，"以直道自持，与人交推诚无二，尤笃于故旧，菁簪跻履，恋恋不忘也"。①

朱大猷，字君升，号广何。太学生。万历二十八年（1600），娶贵州提学使包柽芳孙女、泗州知州包世杰之女为妻。万历四十年（1612），乡

---

① 国家图书馆藏清钞本《秀水朱氏家乘》。

试中式第 59 名。万历四十七年（1619），中会试副榜第 10 名。为人通达趋义，笃信佛法，曾缮修寺院，冶铸紫金妙相，并刻镂贝叶之文，诚为僧侣们的一大施主。民国九年刻《嘉兴藏》目录《经值画一》中就有"喜悦居士朱大猷"所作"恳免赊请经典说"的记载。嘉兴掩盖路尸的善事，也是由朱大猷倡议实施的。为了使道无遗骸，他还募置了农田，为久远之计，有人说他能中举实是冥报。朱茂旸《阐德录》曰："广何公倡掩骼之举，从之者众。然必以身历，虽风雨毋惮。以阴功举于乡，有先兆焉。"① 朱大猷后徙居苏州。著有《芦村诗稿》。年近四十卒。无子，兄子茂曈嗣。

朱大观，字君容，一作君颙，号秀颂。府庠生。万历二十九年（1601），娶上饶县知县李鸿之女为妻。天启元年（1621），承父荫入太学。崇祯元年（1628），授左军都督府都事。崇祯二年（1629），升后军都督府经历。"居庸关商民出入，给票惟谨。"崇祯四年（1631），诰授奉直大夫，升南京工部虞衡司员外郎，铸钱如式。崇祯五年（1632），丁母忧。崇祯八年（1635）服阕，补工部屯田司员外郎。不久，升虞衡司郎中，晋授奉政大夫，"所掌诸务，时奉严旨，无不立办"。崇祯九年（1636），升广西思恩军民府知府，"善抚土司，得其欢心。先是一举人横行里闾，太守恶之，坐以奸妹，男女皆承死罪，举人已毙狱中。然所淫女，实后母在他姓时所生，非其妹也。公知其冤，为理出太平司李，深刻吏也。治狱连染思恩人数十名，勾对不已。公曰：此辈悉系贫民，无莫大之衅，裹粮行数百里置辞，不绝命笞楚下，有死于道耳。力拒之，事竟寝"。年五十四，卒于官。朱大观"倜傥好交游，不作寒素态。为文尝法先辈，中岁入京师，名声藉甚，为南起曹，迎母一品夫人何太夫人至署，孝养甚笃。未几，太夫人以疾亡，士大夫执绋者以前数。公号泣治丧，情文兼备云"。②

朱大治，字君平，号修能。府庠生。万历四十四年（1616）九月，娶右都御史洪瞻孙女为妻。天启二年（1622），承父荫入太学。崇祯十年（1637），考授五军都督府京职，不仕。迁居都城南门外曹圩，曰绿雨庄。

---

① 盛枫：《嘉禾征献录》卷一引，民国二十五年嘉兴金氏刻《槜李丛书》本。
② 国家图书馆藏清钞本《秀水朱氏家乘》。

"公材识甚周，能谨人所忽，勤于理事，有古人运甓风。朱氏数叶不知治生产，至公始节用度，精研桑心计，卒称素封。"①

朱大定，尚宝寺卿。生平见上编第五章第一节。

秀水朱氏的家族组织形式是个体小家庭聚族而居，家族内部各分支有着贫富不均的情况。相对于朱国祚的子孙而言，朱国祯之子朱大启这一支是比较富裕的。

朱大启，刑部右侍郎。在任清正无私，多次拒绝顾秉谦、冯铨等人的请托。生平见上编第三章第一节。

从秀水朱氏的整个发展脉络来看，这一时期体现了封建时代的典型特征，即政治上的强势地位促进家族的蓬勃发展并走向繁荣的顶峰，也印证了封建时代"士、农、工、商"的社会排序和官本位思想，即家族成员通过科举走上仕途，整个家族的政治地位、经济利益和文化传统才有保障。

三　文化鼎盛期

秀水朱氏以儒雅文德传家，世有文人，有成就者不少，其中朱彝尊厚茂渊深的著述文字代表着这个家族文化成就的顶峰。清初王士禛序朱彝尊之《竹垞文类》云："秀水朱文恪公（国祚）以名德著万历中，诸子姓彬彬继起，号能文章。四十年来，浙西言文献者，必首朱氏。"王士禛此序作于清康熙十六年（1677）。由此上溯四十年即明崇祯年间。这一时期朱茂晖、朱茂旸名著复社。秀水朱氏在第八世，即"茂"字辈，开始进入文化鼎盛期。朱彝尊的伯叔人各有集，在诗文创作领域形成了规模效应。

朱大竞长子茂晖著有《晦在先生集》《棘闱记》，辑有《禹贡补注》。生平见上编第四章第二节。

朱大竞次子茂曙著有《两京求旧录》《春草堂遗稿》。生平见上编第四章第三节。

朱大竞第四子茂皖著有《颐领集》《猎碣考异》。生平见上编第四章第四节。

---

① 国家图书馆藏清钞本《秀水朱氏家乘》。

朱大烈长子茂曜撰有《两朝识小录》《惟木散人稿》《征梦录》。

朱大观长子茂旸著有《阐德录》《药园诗稿》。

朱大治长子茂暻著有《春台考政》《绿雨庄稿》。

朱大启长子茂时著有《河政纪》《北河纪略》《咸春堂遗稿》。

朱大启第二子茂昭著有《闲敞轩诗稿》。

朱大启第四子茂昉著有《山楼诗稿》。

朱大启第五子茂晒著有《石门遗稿》。

朱大启第六子茂晭著有《镜云亭集》《东溪草堂诗余》。

家族内诗人的群体性出现，标志着秀水朱氏家族已由政治官僚型家族向文学世家转变。从秀水朱氏这样的"诗书望族"中，走出朱彝尊这样一位文坛巨匠，是不会让人感到奇怪的。朱彝尊的后辈中也不乏英才。如彝尊之子昆田，"喜读书，勤著述，游京师，有'小朱十'之称。与同里范民章、浦樗图、朱求侯、蔡懒人、李时夏、许方谷为'省斋七子'。其《摭韵》五编，艺苑珍为拱璧"。[①] 此外，其诗集《笛渔小稿》得附《曝书亭集》以传。

朱昆田次子稻孙以例入太学。考授州判。康熙五十四年（1715），荐充《春秋》馆、《子史菁华》馆纂修。雍正中，聘修《浙江通志》。乾隆改元，召试博学宏词。著有《六峰阁诗稿》《烟雨楼志》。

朱彝尊玄孙休承于乾隆十八年（1753）中乡试第三名。乾隆十九年（1754）会试，以第六名登明通榜。登明通榜者，可用为教职、知县、内阁中书等。乾隆三十一年（1766），朱休承奉旨以知县用，分发陕西。历署三水、武功、郃阳、富平、白水等县及西安府同知。乾隆三十五年（1770），授城固县知县。乾隆五十三年（1788）归里。著有《居官随笔》二卷和《集益轩诗草》。

朱茂时的长孙建子，勤于治学，著有《阙里记》《史事纪原》《历代正闰考》《历代建元考》《丧服志考》《禹贡汇注》《春秋占验》《明季遗书》《两浙人才考》《禾郡见闻记》《蜀行日记》《秀水朱氏家乘》《鹤洲杂著》等。

[①] （清）杨谦纂，李富孙补辑，余楙续补：《梅里志》卷十，影印华东师大图书馆藏清光绪三年（1877）刻本。

朱茂时五世孙休度于乾隆十八年（1753）中乡试第33名。乾隆三十一年（1766），大挑二等，奉旨以教谕用。乾隆五十四年（1789），选授山西广灵县知县。五十七年（1792），护理大同府理事同知。在任有循吏之誉。著有《梓庐旧稿》《壶山自吟稿》《俟宁居偶咏》等。《清史稿》有传。

朱休度的侄子声希是邑庠生。著有《亚凤巢试帖》《山矾山房吟稿》《吉雨词稿》。

就数量而言，秀水朱氏留存下来的文学作品形成了这样一个等差序列：诗第一，词第二，文第三。

秀水朱氏由官宦家族转型为文学世家，除了源于其耕读传家的优良传统外，与当时的社会环境也有着密切关系。崇祯年间，明代政权正处于内忧外困时期，皇权和官僚队伍又出现整体腐败。当时的官员们普遍是"不求做好人，只求做好官"。这样的官风与朱氏廉洁自律的门风显然是格格不入的。朱氏"茂"字辈人物和文化鼎盛期的代表人物朱彝尊更是生活在明清易代的风口浪尖上。明亡时，朱彝尊年仅17岁，但由于他是明代宰辅后裔，且参与过抗清复明活动，想在清廷出仕，首先要克服重重心理障碍。迫于生计，他经历了十余年的游幕生涯。在此期间，他广交文友，考察古迹，搜集遗文，匡正史实，使"幕僚岁月"成为他一生中积累知识最多、创作诗文最丰的人生阶段。总之，从"茂"字辈、"彝"字辈和上两代人的代际差别来看，他们表现出政治史上的断裂关系和知识史上的继承关系。

四 衰落期

在明清时期，家族之隆替，端视人才之兴衰；人才之兴衰，以科场上的成就为标杆。由科举构筑起来的荣耀往往因举业后继乏人而消褪。清代乾嘉以后，朱氏家族衰落了，家族成员鲜能由进士晋身国家政权系统，簪缨不替渐成明日黄花。既然仕途上难有表现，那么，充任幕宾、书院教习、塾师等角色也就成为他们不得已的职业选择。作为家族文化财富的图书文献也逐渐流散了。如秦瀛《己未词科录》卷二所说："今其后人不振，曝书亭藏书多散佚。"在整体的颓势中，朱声希算是最后一位较有文采的人物了。

举业需要投入大量的人力、物力和财力，但朱氏家族成员普遍不善治生，可以说，经济实力不足是朱氏衰落的重要原因。秀水朱氏世代清廉，即便是官至宰相的朱国祚，留给朱大竞的遗产也仅有70亩墓田。到了朱茂曙手上，朱家家道中落，家益贫困，若遇荒年，经常乏食，故朱彝尊做了赘婿。朱彝尊《十月二十一日丧子，老友梅君文鼎归自闽中，扁舟过慰，携别后所著书见示，部帙甚富。余亦以〈经义考〉相质并出亡儿〈摭韵〉遗稿观之，成诗百韵。次日送之还宣城，兼寄孝廉庚》一诗回顾家族的清贫状况说："吾家太傅公，清德逾冰凌。王父守滇郡，得归赖赠行。先人失旧业，耻为尘垢撄。负郭无遗田，八口一豆羹。"

此外，秀水朱氏从十世起，人口迅速增多，但出家为僧、终身不娶、无子嗣及年少夭折者也很多，这恐怕与朱氏的经济状况不无关系。如果说望族的兴起与壮大，与有选择的婚姻、人丁活力的长久维持有关系的话，那么家族成员中出家为僧，终身不娶，或虽已成婚而不生子女，或生而夭殇，必然削弱家族的新生力量。家族中少数成员不婚未必会造成家族的重大损失，但是由于时难年荒的环境和窘迫的家境逼迫相当数量的家族成员不能婚配，从而使得家族的一些优良基因得不到遗传，就不能不说是望族衰败的重要原因。朱氏十世德修、德宁、德永、德高无子，德亦、德成、德万殇，德玉、德经未娶，德枳出家为僧，十一世廷恒不娶，成恒、丕升、丕彰、丕鍠出家为僧，丕禄殇。人丁不旺是朱氏家族辉煌不再的重要原因。

据国家图书馆藏《秀水朱氏家谱》，笔者将秀水朱氏十世至十三世的男丁数及损失数统计如下：

表1　　　　秀水朱氏十世至十三世男丁及损失统计　　　　单位：人

世系		十世	十一世	十二世	十三世
男丁实数		114	130	150	116
损失方式	夭殇	9	15	14	16
	不娶	9	10	27	4
	为僧	4	3	5	2
	无嗣	8	18	17	11
损失总数		30	46	63	33

政治形势、经济状况与文化风气都会不可避免地对家族的兴衰造成一定影响。在政治上,处于衰落期的秀水朱氏远离当时的权力中心,家族内已无显宦,基本上不可能再从朝廷内获取政治资源。在经济上,自嘉庆年间开始,清朝的农业经济受到巨大冲击,原有的经济格局逐步发生变化,原有的生产生活方式受到影响,导致很多的封建世家在经济上走向没落,而朱氏本就不善经营,其经济状况更是每下愈况。在文化上,清帝国统治者实行高压政策,大兴文字狱,当时各地世家的文化传承都遭受了严重打击,枝繁叶茂的朱氏家族也不可避免地花果飘零。

第四节 秀水朱氏的姻亲

世家大族的婚姻基本上是门当户对的。纵观秀水朱氏十七代千余桩婚姻,其婚配对象的选择与其家族发展的不同阶段有密切关系。从姻亲的地域分布来看,秀水朱氏首先考虑的是与同地域、同阶层的家族结亲,婚姻论门第使姻亲关系成为维系或提升家族地位、垄断知识权力的重要方式。

一 秀水朱氏早期的姻亲状况与其家族平凡的社会地位紧密相关

朱氏自一世至四世都以务农为生。五世朱儒虽被荐为太医院医士,但他娶妻时的家境并无实质性改变。因此,秀水朱氏早期结亲的对象大都是些平头百姓。如朱煜入赘于秀水商河荡南黄字圩陈氏,而朱福缘之妻吕氏、朱恭之妻商氏、朱敬之妻郁氏、朱彩之妻王氏、朱衮之妻张氏、朱袍之妻金氏、朱裳之妻陈氏、朱俸之妻怀氏、朱儒之妻唐氏及侧室王氏都是出身平凡的女子。

二 由于朱儒官居五品,朱国祚位至宰相,秀水朱氏遂成为嘉兴有名的望族,故而开始与一些名门联姻

在潘光旦《明清两代嘉兴的望族》记载的90余家书香门第、簪缨世家中,与秀水朱氏联姻者至少有25家。如朱彝叙之女朱魏云嫁给曹溶之子曹彦栻为妻,朱茂时之子朱德遴娶了曹溶兄弟曹清之女。此外,秀水朱氏也与嘉兴境外的望族缔结婚姻,如与华亭钱氏、唐氏、徐氏,吴江周氏,钱塘王氏,长洲何氏都有"秦晋之好"。朱氏家族的婚姻除了从政

治、经济上考虑外，特别重视对方的文化背景。朱氏的母系一方多具有相当的德行和文化修养。正是有贤淑守礼、知书达理的家庭主妇主持中馈，侍奉公婆，教养子女，才保证了朱姓男子能够专心学术和文学，保证了朱氏家族的箕裘不坠。

朱国祚的妻子出自名门，乃长洲人、太医院吏目何岳之女。朱国祚有二女，一适雅州知州项声国，二适临安县儒学教谕平湖陆瀹原。项氏以商起家。《嘉兴府志》称："项冠，字仪甫。以富称。散财，助婚丧，蠲逋负，江浙称长者。至元二十年（1283），境内饥，输粟数万赈之，全活无算。元世祖闻而旌之，授以将仕郎、少府丞。力辞，隐胥山，筑胥山草堂。子衢授淮西廉访副使。"①项氏至明末可称豪富，当时数海内收藏家与赏鉴家，必推项氏为第一。朱国祚爱婿项声国，初名鼎爱，字仲展，后改名声国，字敉公。崇祯三年（1630）顺天中式，次年成进士。廷对，授雅州知州，"布悃忱，厘积弊，爱民造士，州人作《四清歌》纪之。拂上官意，引疾归。卒年四十二"。②朱茂晭《阐德录》称项声国"操选政，能为月旦评。随文恪在都，文恪戒董无异诸子，先生奉教惟谨。然颇立崖岸，岳岳如也。为雅州守，以循良著。与抚军忤，罢归。然德泽在民，雅人至今尸祝焉"。③朱氏与项氏有多次联姻的记录，如朱彝哲配中书舍人项德明之女，朱茂晖之女适项德明之子项庙谟。陆瀹原相传为唐代宰相陆贽之后。陆氏自明景泰以后，科第不绝，明亡后即阒然无闻。而朱氏与之结亲之时，陆氏当处于兴盛期。

朱国贤之女适湖广按察副使黄锃之子。除此之外，朱氏和黄氏还有三次联姻：朱彝教娶黄锃之曾孙女、黄承苍之女，朱茂时娶黄媛贞为侧室，朱茂晖之女适黄锃之曾孙黄源棹。

朱茂晖之妻郑孺人是嘉靖年间刑部尚书郑晓的曾孙女、应天府治中郑心材的孙女、布政司经历郑端胤之女。郑晓字窒甫，海盐武原镇人。23岁以第一名中举，次年中进士。官至南京吏部尚书、刑部尚书，撰有《九边图志》《吾学编》《古言》《征吾录》《禹贡图说》《今言》《奏议》

---

① （清）许瑶光等修，吴仰贤等纂：《嘉兴府志》卷五十一《孝义传》，光绪四年刻本。
② （清）盛枫辑：《嘉禾征献录》卷六，民国二十五年嘉兴金氏刻《槜李丛书》本。
③ （清）盛枫辑：《嘉禾征献录》卷六，民国二十五年嘉兴金氏刻《槜李丛书》本。

《文集》《史论》《策学》等。他一生廉洁自守,作风和秀水朱氏的门风极为相似。海盐郑氏名列《府志》者至少有 13 人,与之结亲的全是同郡的望族。朱大观也有一女适郑琮。

朱茂晲娶万历三十八年(1610)进士、江西右布政使贺万祚之女。贺氏本为山东宁阳人。元末贺伯颜镇守嘉兴,管军万户,始为嘉兴人。从时间上看,贺氏是一个比朱家起家更早的家族。

朱茂曜娶郁重庆之女为妻,朱茂皖之女适庠生郁自岐,郁重庆、郁自岐均来自秀水郁氏。

朱德庆娶于嘉兴凤池里沈氏。其妻的高祖是赣州知府沈振龙,曾祖是广州知府沈耀辰,祖父是县学生沈映日,父亲是府学生沈瓒曾。

优良的婚姻有助于产生贤妻良母,孕育优秀子弟,朱氏家族的文集中对女性的勤苦持家、课子课孙有不少翔实的记述。士大夫家族间的联姻也使得彼此的成员在功名之途上有更多的入仕资源,更有竞争力。笔者根据国家图书馆馆藏《秀水朱氏家谱》,作了一张《朱氏家族功名及联姻情况表》。

表 2　　　　　　　　朱氏家族功名及联姻情况　　　　　　　　单位:人

项目世系	男	国学生	庠生	贡生	举人	进士	官员	封赠官职者	男娶士绅女	女	女嫁士绅
三世	1						1				
四世	2						1				
五世	5					1					
六世	7		2			1	2	2	4		
七世	16	3		1	2		6		8	6	6
八世	26	6	7	1		1	4		18	17	10
九世	61	7	18		4	1	4	1	38	54	33
十世	105	16	16		1		3	1	32	56	34
十一世	115	19	11	1	1	1	9		30	46	21
十二世	136	7	12				3	5	27	51	24
十三世	100	6	15		2		6		17	52	30

续表

项目世系	男	国学生	庠生	贡生	举人	进士	官员	封赠官职者	男娶士绅女	女	女嫁士绅
十四世	98	8	14		1		7	2	24	55	17
十五世	86	1	10			1	6		13	49	16
十六世	62		3					1	8	38	5

说明：（1）获数种功名者，按最高功名统计。

（2）各代男女数以成年人口统计。

（3）庠生一栏，含附监生、荫生、附贡生、奉祠生、佾生、天文生。

（4）进士一栏，含博学鸿儒。

（5）男娶士绅女中，含继室、侧室。

从表2中，可以看出，秀水朱氏从六世到十五世处于仕宦和文化的双重鼎盛期，而这一时期朱氏与官宦士绅家族联姻也处于一个高峰期。六世男者共7人，娶士绅女者4人。七世男者16人，娶士绅女者8人；女者6人，嫁士绅者6人。八世男者26人，娶士绅女者18人；女者17人，嫁士绅者10人。九世男者61人，娶士绅女者38人；女者54人，嫁士绅者33人。十世男者105人，娶士绅女者32人；女者56人，嫁士绅者34人。十一世男者115人，娶士绅女者30人；女者46人，嫁士绅者21人。十二世男者136人，娶士绅女者27人；女者51人，嫁士绅者24人。十三世男者100人，娶士绅女者17人；女者52人，嫁士绅者30人。十四世男者98人，娶士绅女者24人；女者55人，嫁士绅者17人。十五世男者86人，娶士绅女者13人；女者49人，嫁士绅者16人。

三　朱氏姻亲中的几个特殊群体

在婚姻关系中，有所谓婚姻类聚一说。婚姻类聚包括的范围很广，凡智力的高低、兴趣才能的分别、政治价值的取向、文化氛围的浓淡，都可以导致因类相聚，成为婚姻的张本，由此在姻亲中形成较为特殊的群体。

（一）拥有巍科人物的家族间的联姻

在科举时代，科甲门第中人通婚是屡见不鲜的事，而一些出了巍科人物的家族间自然也有结为朱陈之好的机会。所谓巍科人物指的是会试第一名、廷试一甲三名和二甲的第一名，即会元、状元、榜眼、探花、传胪。秀水朱氏由于朱国祚曾中状元，不折不扣地属于出了巍科人物的望族。这个望族与华亭探花徐阶家族、华亭状元唐文献家族、秀水传胪谭贞良家族、嘉善状元钱士升家族、平湖传胪陆光祚家族、秀水探花张天植家族等，都有婚姻关系。

朱大竞之妻徐氏是嘉靖、隆庆朝内阁首辅徐阶的曾孙女，中书舍人徐元普之女，也是都察院左都御史潘恩的外曾孙女。徐阶于嘉靖二年（1523）以探花及第，授翰林院编修。嘉靖四十一年（1562），取代严嵩而为首辅。嘉靖帝死后，继续辅佐穆宗，成为两朝元老，人称"徐阁老"。潘恩官至都察院左都御史和刑部尚书。其家族是上海的望门大族，被誉为"东南名园之冠"的"豫园"即为潘家的私家园林。

朱大竞有一女，嫁给五经进士南京礼部主事谭贞良。朱、谭两氏世为婚姻。此后尚有朱彝勋之女适谭有年，朱振万之女适谭子泰，朱振升娶谭子泰之女。谭氏可分为两支，可贤一支盛于明末清初，可教一支盛于清末及今日。朱氏与谭氏结亲之时正值谭氏可贤这一支的兴盛时期。由当时朱氏的家族地位推测，谭贞良应属这一支。

朱茂曙，工部司务吕克孝为他做媒，娶了华亭状元唐文献的孙女、董其昌的外甥女唐氏。唐文献于万历十四年（1586）丙戌科举进士第一，任翰林院修撰。官至礼部右侍郎，掌翰林院事。

（二）复社成员家族之间的联姻

复社是明末清初以江南士大夫为核心的政治、文学团体，复社成员一般具有相近的政治观念及兴趣才能。朱彝尊的嗣父朱茂晖就被复社第一集同盟奉为伦魁。而朱氏的姻亲家族也不乏复社成员，如朱国祚的女婿项声国及其同族的项浚元，陆瀹原及同族的陆清原（陆瀹原之兄）、陆洽原、陆浚原，朱大竞女婿谭贞良及其侄子谭吉彭，朱茂曙女婿陈忱家族中的陈恂、陈恪，朱彝勋儿媳家族中的钱继振、钱继章、钱枏、钱棻、钱默、钱杙、钱熙，朱国贤亲家黄鯨家族中的黄子锡、黄涛，朱茂曈、朱彝宗之妻族瓶山支姚氏的姚瀚、姚澄，朱茂晖三女婿陈璵家族中的陈梁、陈光缜、陈许廷，都名隶复社。

（三）循回交错的血缘姻亲网络

婚姻关系中存在类聚匹配的原则，经常出现两家多次联姻及若干个家族之间有循回交错姻亲关系的现象。潘光旦在《明清两代嘉兴的望族》中记载了20多家与秀水朱氏结亲的望族，包括秀水黄氏、平湖陆氏、嘉兴沈氏、平湖沈氏、秀水姚氏、秀水盛氏、秀水谭氏、嘉善钱氏、秀水钱氏、嘉兴贺氏、嘉善蒋氏、嘉兴项氏、秀水陈氏、郡城陶氏、桐乡施氏、秀水张氏、海盐虞氏、嘉兴李氏、海盐吴氏、嘉兴包氏、平湖陆氏、嘉兴卜氏、秀水沈氏、海盐陈氏、海盐郑氏。其中，存在循回婚姻关系的至少有17家，比如秀水谭氏与秀水黄氏、嘉兴沈氏、秀水沈氏、秀水姚氏、秀水盛氏、嘉兴项氏、桐乡施氏、嘉兴李氏、平湖陆氏、秀水钱氏也存在婚姻关系，且秀水朱氏和秀水谭氏之间有过三次婚姻关系；嘉兴项氏与海盐吴氏、秀水谭氏、平湖沈氏、秀水沈氏、海盐郑氏也存在婚姻关系，且秀水朱氏和嘉兴项氏之间有过四次婚姻关系，其中项德明之子项庙谟娶朱茂晖之女、项德明之女适朱彝哲、项德明侄子项声表娶谭昌言之女，而谭昌言之子谭贞良娶朱大竞之女。再如，朱大治长子朱茂曔女适秀水姚思仁之孙姚曾秉，朱大治仲子朱茂暲娶姚思仁孙女；朱休瑞女适桐乡孔昭灿子孔宪乔，朱休瑞孙朱畅生娶孔宪乔女；朱应麟女适秀水张仁浃之孙张光，朱休明娶张天植曾孙、张本立女；朱彝六娶嘉兴陶朗先侄女，朱茂旸女适陶朗先之孙陶濂。

这种望族之间循回交错的姻亲关系形成了一种血缘姻亲网络、一种望族姻亲集团。这个具有相当的恒固性和继承性的集团，除了能带来政治和经济上的利益，还可以在学术传承、文化交流、诗文唱酬、知识团体认同方面产生增值效应。特别是姻亲集团的长辈久经历练，地位崇高，可以在仪范和学识等方面成为时人的榜样，在社会交往中提携姻亲后辈，从而带来整个姻亲集团成员的共同发达。

秀水朱氏家族具有很强的家族向心力和凝聚力，不断修纂家谱就是家族认同意识的表现。正是因为朱氏家族历代成员对于本族历史和宗族文化的重视，才使得笔者研究这一家族的血脉有了相当充分可靠的资料。本章的写作主要依据国家图书馆藏朱荣续修《秀水朱氏家谱》、清钞本《秀水朱氏家乘》以及嘉兴图书馆藏的两种《秀水朱氏家乘》。秀水朱氏第八世的朱茂晥始创族谱,"谱分十二卷,恩纶、世次二帙"①。第十世的朱建子利用朱茂晥《族谱》草本,由朱彝尊、朱彝六、朱彝政帮助提供资料,于康熙三十年(1691)修辑族谱告成。此《族谱》"分十二门,曰恩纶,曰荣哀,曰世次,曰编年,曰碑传,曰杂文,曰家集,曰轶事,曰第宅,曰坟墓,曰姻党,曰世讲"②,未及付梓,朱建子即去世,稿本亦因他人借阅而遗失。

乾隆二年(1737)间,朱建子的从弟朱嵩龄又师从朱建子《族谱》大意而变通体例,补辑族谱,"首列世次图,次为年表。其图则支分派衍,凡生卒字号、子女嫁娶,悉载焉。有官勋名秩者详之。其年表则釐为六层,凡承恩于朝者,隽两闱者,隶国学入胶庠者,生卒之先后,宅兆之区域,及著作之或刊布或藏家者,分胪于六层之中"③。第十一世的朱源刊刻朱建子《族谱》而未竟。20余年后,朱嵩龄的侄子守葆对朱建子《族谱》加以补辑,"自辛巳之秋至癸未之春,细加考核,而续稿初就,义例悉遵前人,详略不嫌互见"④。朱守葆族子振仁首出资金,合族协力分任,于乾隆二十八年(1763)夏间,将朱嵩龄、朱守葆补辑《秀水朱氏家乘》刊刻告竣。

至道光二年(1822),朱声希又带领其从弟朱声颂等取《秀水朱氏家乘》旧本,加以续纂,"前例或未尽善,稍稍变通,于生卒嫁娶,缺者补之,讹者正之,搜佚考信"⑤。朱声希等续订的《秀水朱氏家谱》,首列清朝诰敕暨明朝诰敕恤典,其次为世系表,再次为传志,最后图其坟墓。此谱稿凡三易,因缺乏资金而未付梓。咸丰癸丑,朱声希之子朱荣又据家藏稿本续修族谱,并在其族父朱声蛰的倡议下,将《世系表》先行刊刻。国家图书馆所藏此刻本于《世系表》六《少保公四房》仅存一页,后俱缺。

朱荣续修《秀水朱氏家谱》,资料珍贵可靠,具体翔实,记载了秀水朱氏17代共800多人的信息,包括字号、生卒年月、科举、仕宦、著述

---

① (清)朱彝典:《族谱稿序》,国家图书馆藏《秀水朱氏家谱》卷首。
② (清)朱守葆:《重修族谱自序》,国家图书馆藏《秀水朱氏家谱》卷首。
③ (清)徐元肃:《予斋公族谱序》,国家图书馆藏《秀水朱氏家谱》卷首。
④ (清)朱守葆:《重修族谱自序》,国家图书馆藏《秀水朱氏家谱》卷首。
⑤ (清)朱方增:《秀水朱氏重修族谱序》,国家图书馆藏《秀水朱氏家谱》卷首。

及婚姻状况等内容。嘉兴图书馆所藏朱德遴《秀水朱氏家乘》是据朱建子《族谱》重修的，为清钞本，仅存第四卷。它以编年志的形式记载秀水朱氏家族的科举仕履、生婚丧祭等事迹，线索清晰，内容明了。嘉兴图书馆所藏朱嵩龄、朱守葆补辑《秀水朱氏家乘》为清乾隆二十八年（1763）刻本，主要收录一些序文和封赠诰命。这些家谱文献展示了秀水朱氏崛起、发展、鼎盛和衰落的历史及家族成员的科举、仕宦、著述、婚姻情况。

上 编

人物传

第 一 章

太医院院使——朱儒

第一节 弃儒学医

朱儒字宗儒，号东山。生于正德十年（1515）十月十四日，王夫人所出。少年朱儒很有胆识，嘉靖八年（1529）曾赴提刑按察使司鸣冤，为自家打赢了一场官司。《秀水朱氏家乘》记载了此事的原委："先是慕萱公（朱彩）雅好吟咏，不事生产。比邻施监生暄，好利人也。公推诚不疑，时与杯酒酬和。暄貌为交好，阴谋公产以便己私。偶乘公急，薄为假贷。未几倍算其息，将公田产居室，尽取以偿其逋。公情不能堪，控之有司。暄复以贿胜，公抑郁无伸。东山公（朱儒）乃发愤子身赴省，鸣冤于臬司。臬司异公年稺，檄府提解，亲鞫于庭，悉白其状，置暄于法。稍复故业。"[①]

朱儒少时想走读书中举的道路，小试不售，"去为诗歌，独工。喜赒人之急，家益落"[②]。有位叫戴双梧的老先生爱惜朱儒的才华，劝他学医济世，并且将其家所藏医书悉数拿出，供朱儒纵观。嘉靖十一年（1532），朱儒又拜僧人杨时升（石溪）为师。杨时升寄居金明寺，以教授蒙童、给人治病为业。他没有儿子，视朱儒如己出。朱儒把他当作养父，将自己的名字改为杨景龙。嘉靖十三年（1534），金明寺被废弃，杨时升在南门毛家坊建屋居住。朱儒朝夕奉事，尽传其术。南门崇道宫在朱家的右偏，崇道宫的道士张复阳特别看重朱儒。有一天，他突然送给

[①] 嘉兴图书馆藏（清）朱建子辑、朱德遴重修《秀水朱氏家乘》卷四。
[②] 国家图书馆藏清钞本《秀水朱氏家乘》。

朱儒两帙医书和一轴文昌像，并说："愿你医道大行，子孙一品。"朱儒拜领了。①

嘉靖十五年（1536），住在杨时升家的朱儒娶16岁的唐氏为妻，婚娶之费都是杨时升出的。唐氏也是秀水人，生于嘉靖元年（1522）七月一日，卒于万历十二年（1584）十一月十八日。

嘉靖十六年（1537）八月，朱彩因官府催收租税急如星火，卖给杨时升三亩三分田。杨时升当即转送给朱儒。朱儒为人讲孝悌，想到父亲生活不富裕，仍旧把这三亩三分地还给朱彩，作为赡田。

第二节 行医民间

由于医术精良，朱儒在嘉兴的名气很响，行医所得足以赡养亲人。嘉靖十七年（1538），朱儒把祖宅让给了长兄朱袍，将父母和仲兄朱裳、小弟朱俸请到位于嘉兴南门毛家坊的杨宅居住，以便奉养双亲。嘉靖二十一年（1542）二月，朱彩与妻子王氏在同一天去世。为了治丧，朱儒恢复了本宗姓名。鉴于两兄一弟都很穷，朱儒打算独自承担丧葬费用。兄弟们则表示要共襄其事。由于朱儒坚决不让兄弟出钱，兄弟们就将三亩三分赡田归还给朱儒。

朱儒不愧是幼读诗书，他能将对父母兄弟的一份挚爱推之于他人。嘉靖二十三年（1544）九月，朱儒与陈策、张参、周行、戚煌、林卿、许天爵、戚焯、戚炳、孙仪，捐金置办义田，以备救济抗灾之需，"仍以所余租粒，累岁续置，以垂永久"②。戚煌作有《议记》，记载了这件事。

嘉靖二十七年（1548）五月，杨时升去世，享年73岁。遗嘱中讲到了朱儒对自己的殷勤侍奉。朱儒以孝子之礼为杨时升治丧，将杨时升的牌位供奉在朱氏家庙，命后世子孙四时享祀。同时，他还让自己的第四子朱国礼嗣续杨氏的香火。

家业日渐兴隆，朱儒开始考虑扩建住宅。嘉靖二十九年（1550）二

---

① 明代朱茂时《医家四书跋》说：朱儒13岁时，万寿宫形解炼师张复阳赠予两册方书给朱儒。

② 嘉兴图书馆藏（清）朱建子辑，朱德遴重修《秀水朱氏家乘》卷四。

月，他打算在毛家坊的住处建大厅。夜里梦见神仙吹吹打打，将一方匾额迎入家门，上书"咸春"二字。醒来以后，朱儒颇感惊异。大厅落成那天，朱儒就用"咸春"作为堂名，请吏部尚书吴鹏题榜。这一年，朱儒娶王氏为侧室。王氏是嘉兴人，生于嘉靖十五年（1536）正月初七，嫁给朱儒时才15岁。她为"状元宰相"朱国祚之母。

嘉靖朝实行严格的海禁政策，一些走私商人和失去衣食来源的市井小民与日本浪人相勾结，在中国沿海地区武装走私，抢劫烧杀，造成严重的倭患。嘉靖三十二年（1553）四月，倭寇围海盐，陷乍浦，进而来犯嘉兴。嘉兴城四郊的房屋多被毁坏。朱家的亲戚朋友避寇入城，都来投靠朱儒，饮食起居得到朱儒的悉心照料。朱儒又明于阴阳，善于望气，听说倭寇来犯，马上登高眺远，指示趋避之法。照他的话而行，就能安然无恙。这不是他那所谓的"占候术"灵光，而是应对时事之变的智慧使然。

朱儒的高祖父朱煜娶的是秀水商河荡南黄字圩陈天然的三女儿，陈天然的长女嫁给了同郡郁氏。陈天然没有儿子，他把入赘于家中的大女婿和小女婿当儿子看待，朱煜和郁氏之间也相处和睦，不分尔我。他们三姓合于一门，同作一家骨肉。

郁氏有个孙子叫郁兰，当过南京刑部郎官。有一次，朱儒做了一个太阳落在怀中的梦，郁兰解梦说："这是近君之象。"他认为朱儒懂医术，到京城可能有机会接近皇帝，便劝朱儒入都。于是，朱儒在嘉靖三十三年（1554）二月北上京都行医。当时正值疫病流行，他救活了不少人，名震一时。郁兰有位叫朱恭的朋友是太医院院判，行医颇有名气。他将朱儒请到家中相叙。因为朱恭本人也是嘉兴人，与朱儒又是同姓，两人便序为叔侄。朱儒不仅从朱恭那儿学得了不少医术，而且凭朱恭的关系以医士的身份进入了太医院。

嘉靖三十五年（1556）三月，朱儒长子朱国祯补秀水县庠生。朱国祯，字兆亨，10岁即能属文。嘉靖三十五年（1556）八月，朱国祯侍奉唐夫人和王夫人到京城。嘉靖三十八年（1559），朱国祯娶秀水王江泾镇少女杨氏为妻。3年后，杨氏去世，年仅19岁。当年，朱国祯娶平湖施氏为继室。

朱儒初入太医院的前几年，没有给皇室成员治病的资格。嘉靖四十年（1561），朱儒奉命到重城工所给工役治病，治疗2000多人。嘉靖四十二年（1563），朱儒"读戴氏书，益得其奥。药饵所投，靡不立效，名称藉藉"①。嘉靖四十四年（1565），朱儒供事会同馆，为各国陪臣远使看病，治疗1200余人，劳绩称最。隆庆元年（1567）十月，奉诏到江南催办药物的朱儒，同妻子唐氏从京城回到嘉兴。次年十一月还朝，唐夫人留在家中。

第三节　供事禁中

隆庆五年（1571）正月，朱儒在礼部考试中获得第一名，授太医院吏目，供事圣济殿。九月，朱儒次子国祥补秀水邑庠生。但到十月份，朱儒长子的学生身份被督学除掉了。《秀水朱氏家乘》记载其事源委说："府司李以小过庭责庠生某，赠侍郎公（朱国祯）不胜忿，集诸生进公堂面诘之。司李怒，诬为鼓噪，申详督学，黜公名。"②隆庆六年（1572）七月，朱儒以太医院吏目覃恩，授阶登仕佐郎，赠父如其官。

秀水朱氏家族最早从事塾师职业的是朱国祯。万历元年（1573），朱国祯北游塞外，"览遍九边形胜，边帅某公，留公为弟子师，从游甚众"。万历三年（1575）、四年（1576），朱国祯设教于京师显灵宫、朝天宫，"顺天诸生姜宗周、刘时宪等来受业。时宪酷贫而志坚苦，公为解衣推食，朝夕谈经，课艺者二年，遂为知名士，卒登贤书"。万历九年（1581），"易州大宗伯刘公峨山，延赠侍郎公于家塾，训其子弟。京师名士，咸来受业"。③

万历四年（1576）九月，朱儒以6年考满，升为太医院御医。万历五年（1577）九月，内阁首辅张居正的父亲张文明在湖北江陵病逝。按照礼法，张居正必须离任回乡，服丧3年。张居正暗中示意太监头子冯保让神宗朱翊钧挽留。年轻的神宗立即下诏，命张居正"夺情视事"。刑部主事沈思孝与吴中行、赵用贤、艾穆伏阙上书，要张居正回乡守丧。

---

① 上海图书馆藏《太傅文恪公年谱》。
② 嘉兴图书馆藏（清）朱建子辑，朱德遴重修《秀水朱氏家乘》卷四。
③ 嘉兴图书馆藏（清）朱建子辑，朱德遴重修《秀水朱氏家乘》卷四。

神宗降旨，吴中行、赵用贤各杖六十，削职为民；艾穆、沈思孝各杖八十，发配充军。据说，一顿廷杖下来，这几个人屁股和大腿上的肉整块整块地往下掉。

　　沈思孝是嘉兴人，明隆庆二年（1568）的进士。他受杖之后，被关在刑部大狱，镣铐加身，气息奄奄，没人敢出手相救。朱儒在半夜时分，穿着内臣的衣服，牵着一头羊来到监狱中，询问沈某的关押之处。狱官疑惑是不是又下了圣旨，于是引朱儒入内。朱儒亲手交给沈思孝两枚药丸，并刮杖疮，刲羊股贴在沈思孝屁股上。沈思孝服药以后，很快有了精神，杖疮的疼痛也有所缓解。过了几天，沈思孝被遣戍边疆。后来，朱儒为沈思孝疗伤一事败露。张居正把朱儒唤来，怒气冲冲地问道："救沈思孝的是谁？"朱儒回答说："国法已尽，乡情动念。救他的是朱某，任凭相公处分。"张居正怒气冲天，不知拿朱儒怎么办好。过了好一会儿才说："不是东山，无此大胆。"就此放过了朱儒。

　　万历六年（1578）五月，朱儒以御医覃恩，晋阶修职郎，赠父如其官。八月，大学士吕调阳因病致仕。他是广西临桂人。神宗命朱儒护送他回乡。次年九月，朱儒自广西还朝。船行至淮阴，朱儒看到一个年幼的驿卒，样子很奇怪，就把他唤到船上，询问他的情况。驿卒说自己是山东人，随父亲到扬州，因迷路，流落于此。朱儒带他到山东，找到他的家。驿卒的父母都已60多岁，丢失独子后，日夜痛哭。见到儿子，如获再生。

　　万历八年（1580）四月，朱儒授奉议大夫。五月，朱儒出任太医院院使。院使是太医院的最高医官，官阶为正五品。明神宗朱翊钧是个荒淫的好色之徒，他在沉湎女色的同时，还让10名俊秀的小太监，"给事御前，或承恩与上同卧起"[①]，所以年纪虽轻，身体却被掏空了，经常头晕眼黑，不能视朝。左右近臣中有人进献奇秘方，神宗向朱儒咨询。朱儒极力劝阻神宗服用此类方药。回到家中，朱儒还上疏说明药性燥热，非至尊所宜服；反复陈说利害。他的意见被神宗嘉纳。

　　礼部祠祭司主事卢洪春听说神宗因病不能祭祀太庙，上疏要皇上"慎起居"，并说："以目前衽席之娱，而忘保身之术，其为患也深。"神

---

　　① （明）沈德符：《万历野获编》卷二一《十俊》，清道光七年姚氏刻同治八年补修本。

宗对外宣称他是骑马受伤，而不是酒色所致，因此对卢洪春揭他的底十分恼火，命锦衣卫将卢洪春拿到午门前打了六十大杖。

万历八年（1580）八月，潞王患脾疾，朱儒疗治奏效，神宗赏赐了白金二十两、彩缎二表里。万历十一年（1583），朱儒的第三个儿子国祚中了状元。朱儒着绯色朝服侍班，观看了胪传仪式。礼部进登科录，神宗看到朱国祚的名字，知道是朱儒的儿子，惊喜地说："是朱儒的儿子啊。这是此老积善所致。"朱国祥听说弟弟蟾宫折桂，"聚所习举子艺焚之，曰：'吾弟已贵，何复求仕进为？'"①

朱儒供事禁中，"神宗特赐上厨珍馔，殊邀宸眷，名闻遐迩，一时学者多北面质疑，许君培元，其翘楚也"。② 许培元名兆祯③，是朱儒太医院同事许龙渊之子。许龙渊与朱儒共事内廷，虽不能朝夕缔交，但双方关系不错。万历七年（1579）春，朱儒奉使广西，便道返归嘉兴家中。许兆祯负笈而来，请求拜朱儒为师，朱儒叩问其医术水平，许兆祯说："道尚纯全，学贱偏驳。小子束发时，即承庭训，凡彭之攻、跗之涤、长桑君之方、缓之为、和之视、豹之熨、太仓公之诊，何弗究也？然而炎帝、轩装尚已。"朱儒开玩笑道："子将谁师？"许兆祯说："羲轩，吾师也，使之登坛，余将属橐鞬，退处偏卑焉。彭、跗而下，当与雁行，过此且奴隶之矣。"④ 朱儒虽然对其大言不以为然，但也因此对其人印象十分深刻。万历十二年（1584）秋，许兆祯著成《诊翼》2卷、《药准》2卷、《方纪》2卷、《医镜》2卷，寄给朱儒。朱儒读后，赞叹道："巫咸鸿术与儒家虽殊，而大显厥旨，如日中天，则是编犹之四子书也。自高阳《脉诀》不合经义，厚诬叔和，即王常阐微论，讥其论表不及里，然

---

① 国家图书馆藏清钞本《秀水朱氏家乘》。

② （明）朱茂时：《医家四书跋》，严世芸主编《中国医籍通考》第2卷，上海中医学院出版社1991年版，第2598页。

③ 许兆祯字培元，号吴兴山人。浙江南浔镇人。初习儒业，后承家传以业医。取家藏善本历代医书，细研潜玩，明悟医学奥理。出而行医，上自王侯大臣，下至里井百姓，凡有疾者，治之辄效。勤于著述，博采诸医书，审脉论证，辨名察经。著有《伤寒解惑》《女科要论》《衍嗣宝训》《痘疹笔议》《外科集验》《素问评林》等书，均佚。唯所著《医家四书》赖朱茂时刊行而存。

④ （明）朱儒：《医家四书序》，严世芸主编《中国医籍通考》第2卷，上海中医学院出版社1991年版，第2597页。

长、数、细、短,各增二脉,脉之变化犹未尽于此,《诊翼》出,万古不传之妙宜矣。列五脏,详六腑,君臣佐使,逆从反正,七方十剂,别户分门,起岐伯而尝味,不精于《药准》一书也?病机药例、风寒暑湿、痰火气血,备载诸方,秘侔《金匮》《肘后》,非《方纪》耶?至《医镜》上卷之分诸症,下卷之包伤寒、痘疹、外科、女科、幼科,取平生著述诸种,约而成歌,以便人之记诵,旨邃而言简,名之曰镜,无异龙驹持月,有疾者照之即愈矣。此《四书》者,余即白首穷经,其何能赘一辞以答培元之就正乎?后学者挟此以行,将民厍夭札之虞,而世跻仁寿之域矣。于是始信培元向者之言大而非夸,而龙渊有子传其家学,为可羡也。"[1] 朱儒将《诊翼》《药准》《方纪》《医镜》修改后,合编为《医家四书》,又名《医家四要》,申时行、李廷机、朱国桢等大学士为之作序,益其声价,使其得以流行四方。朱茂时称该书"索隐钩深,非浅见可及,且篇帙甚简,巨细毕罗,洵医家之神丹"[2],将其镂版刊行。

太医院志书年久失修,无从考其故典。万历十三年(1585)二月,朱儒利用自己掌管院事的机会,将《太医院志》重新修辑成书。

万历十四年(1586)正月,朱儒被召入文华殿东暖阁,为神宗诊脉。朱儒奏称:"陛下肝气未平,肾脉微滞,是以痰壅眩晕,宜宽平以养气,安静以益精,则气血调,康豫臻矣。"神宗很高兴,同意他的看法,立刻命御药房左少监陆敬将朱儒的话书写在屏风上。其实,朱儒所指出的病症,与卢洪春上疏中所说"肝虚则头晕目眩,肾虚则腰痛精泄",意思没有什么不同。不过,朱儒说得委婉妥帖,照顾了皇帝的脸面,因而得到神宗赏识。朱儒随即进药,圣躬得安。二月,光禄寺设宴款待各位太医,神宗传旨说:"朱儒勤劳,专赐一席。"

万历十六年(1588)的春天,神宗感寒疾,病情多日无起色,于是召朱儒到乾清宫西暖阁诊视。朱儒进药奏效。自此以后,不仅神宗时时召见朱儒,让他察脉体,和药剂,而且两宫太后、皇后及嫔妃、公主生

---

[1] (明)朱儒:《医家四书序》,严世芸主编《中国医籍通考》第2卷,上海中医学院出版社1991年版,第2597页。

[2] (明)朱茂时:《医家四书跋》,严世芸主编《中国医籍通考》第2卷,上海中医学院出版社1991年版,第2598页。

了病，都让太监把症状告诉朱儒，让他开药方。吃了他开的药后，疗效颇佳。士大夫家对朱儒也是倒屣相迎。《两浙名贤录》称朱儒：身处公卿间，自论病议方外，语不及私。同乡子弟入都，每每对其恋恋桑梓。

朱氏家族良善仁和的遗传性特征在朱儒身上也有表现。他常拿俸禄周济困厄之人。来看病的穷人不肯接受他给的药资，他就将钱暗地里放在药帖中。有同乡客死京城，他主动料理后事。据《嘉兴县志》记载："宫中用蟾蜍锭，于每岁端午日修合，各坊车载虾蟆至医院者亿万计。往时取用后率毙，盖为两目俱废，不能跳跃也。东山朱公典院事，命只刺其一偏，得苏者甚多。此事似微，然发念甚真，为德不浅。"①

万历十七年（1589），朱儒以太医院院使考满，晋阶奉政大夫，赠父如其官。万历十九年（1591）九月十日，卒于京师，享年77岁。以子仕，累赠光禄大夫、柱国、少保兼太子太保、户部尚书、武英殿大学士，崇祀乡贤。其墓在梅里之北的昃二圩俸禄港。

民国《重修秀水县志稿》称朱儒"学术靡不旁通"。武英殿大学士申时行志其墓说："余与君言，每竟日不厌。色温而气和，恂恂如也；视其息，深深如也。时或称引典故，衡事当否，扬扢当世，事婉而曲中，益知君蕴抱，盖古有道者。"②朱儒撰有医书《立命玄圭》16卷，可惜在战乱中轶失，留下的著述只有《太医院志》。③

---

① （清）杨谦纂：《曝书亭集诗注》之《朱竹垞先生年谱》引。
② 许瑶光修，吴仰贤等纂：《嘉兴府志》卷五十二，光绪四年刻本。
③ 雷梦水《贩书偶记续编》著录说：《太医院志》一卷。明檇李朱儒撰。万历丙辰刊。近见旧抄本。

第 二 章

武英殿大学士——朱国祚

第一节 状元及第

朱国祚以状元出身而终获内阁大学士之位，代表着秀水朱氏家族"学而优则仕"的最高境界。中国人有着崇元归一的文化心理。状元为士子之元，大学士为百官之首。朱国祚以其在科举仕途上的杰出表现使"状元宰相"这一读书人最为神往的理想境界，在朱氏家族变成了现实，其荣耀和光彩对其家族也有着经久不衰的感召力。

朱国祚，字兆隆，号养淳，别号介石。明嘉靖三十八年（1559）八月二十五日丑时，朱国祚出生于嘉兴府秀水县南门内毛家坊咸春堂之正室。朱国祚是朱儒次配王夫人所生。由于王夫人身体柔弱，难以抚育亲生儿子。朱儒元配唐夫人对朱国祚"觳翼煦濡，不啻己出"[1]。朱国祚生而颖异，头角崢嵘。4岁时，有一位衣冠伟然的道士给他相面说："当大贵。"又给朱儒看相说："公骨贵，亦当大贵，然贵由此君乎？"

5岁时，朱国祚随父入京，和唐夫人、王夫人住在安福衚衕。嘉靖四十三年（1564），王夫人去世。朱国祚由长嫂杨氏抚育，他视长嫂如母。嘉靖四十五年（1566），唐夫人携朱国祚扶王夫人棺柩归里，厝于长水塘之俸禄港王氏地内。隆庆元年（1567），朱国祚寄居在俸禄港舅氏王宅。他晚年谢政归里时曾回忆说："余年尚幼，又早失母，寄居俸禄港舅

---

[1] 上海图书馆藏《太傅文恪公年谱》。

家。"① 朱国祚自幼就表现出不凡之处。否则申时行也不会对他另眼相看。就在这一年，朱国祚见到嘉靖四十一年（1562）的状元公申时行，申时行特地起身避席相待，并留朱国祚在自己的邸第读书。一天，朱国祚随申时行出游，失足踏入污泥中。申时行命一个童仆回去取双鞋，结果误拿了申时行上朝的官鞋。朱国祚不敢穿，申时行笑道："履之，终当践我迹耳。"以状元而为宰相，申时行和朱国祚走过了相同的仕宦生涯。论才学见识，申时行在当时的廷臣中可称佼佼者，诗也能显出宰相的气度。朱彝尊说他"不以诗见长，然钜篇长律，铺扬典丽，足令操觚者缩手。如云'老去空悲千里骥，秋来真忆四腮鱼'，风度可想也"。②

隆庆二年（1568）、隆庆三年（1569）年，朱国祚从长兄朱国祯读书。隆庆六年（1572），朱儒命长子朱国祯与长媳施氏侍奉唐夫人携朱国祚进京。舟过黄河，朱国祚曾坠入水中。这年六月，唐夫人一行到达京城，在安福衚衕置房居住。八月，朱国祯设书塾于邸第，朱国祚和朱国祯之子朱大启入塾读书。朱国祚作文曾就正于黄蔡阳先生。万历元年（1573），"延山阴贡士陈公捐于家"，朱国祚和朱大启从其受业。朱国祚作文又就正于徐检庵。万历二年（1574），朱国祚受业于方世德。万历三年（1575），申时行"延王中柱先生讳国昌于家"，③ 朱国祚与申时行长子申用懋、次子申用嘉及申时行之甥婿李鸿从王国昌受业。

明代中期以后，朝廷的户口管理制度逐渐放宽，允许附住居民入籍本地。而太医院的医生往往是世袭的，故而往往单独占籍。万历四年（1576），朱国祚以太医院籍，"就顺天试，下笔墨二千余言，为学使傅公所赏拔"，补顺天府庠生，"名噪都下。试辄冠其曹偶"。万历五年（1577），朱国祚开始"从游于琢吾冯先生之门，凡二年""又与温陵李九我、项玄池辈切磋"。④

徐检庵与太医院吏目、长洲人何岳为忘形交。何岳请徐检庵为其觅婿。徐检庵对何岳说：朱国祚真是公辅之器，可称快婿。万历五年

---

① （清）盛枫辑：《嘉禾征献录》卷一引朱茂旸《阐德录》，民国二十五年嘉兴金氏刻《槜李丛书》本。
② （清）朱彝尊：《明诗综》卷四十四，清康熙四十四年（1705）六峰阁刻本。
③ 上海图书馆藏《太傅文恪公年谱》。
④ 上海图书馆藏《太傅文恪公年谱》。

(1577)十二月，朱国祚在京城入赘于长洲何氏，"夫妻相敬如宾，坐必以次"①。其妻时年14岁。何氏在苏州的住宅靠近临顿里门，西向临河，其地即后来顺治年间朱彝尊寓居过的朱衙场。万历七年（1579）八月，朱国祚乡试下第，与朱大启闭门力学，朝夕切劘。万历八年（1580），朱国祚以岁试第一，成为廪生。这一年四月，朱国祯的长子朱大启补上了顺天府庠生。每次考试，顺天府丞赵焕多举朱国祚为第一，而朱大启也不出三名之外。

万历十年（1582）正月，朱国祚、朱大启与安福周鹤山、长兴丁长孺、昆山王孟夙、姚江邹志显、景陵李增华、山石张从龙等结文社。五月科试，朱国祚仍居首列。是年赴顺天乡试，朱国祚举第19名。房考官是国子监博士陆观德，主试为左春坊左庶子朱赓、翰林院侍讲韩世能。

朱国祚参加癸未科会试，中第204名。这一榜中共有嘉兴学子9人。岳飞第十四世孙岳元声是其中之一，后官至南京兵部右侍郎。朱国祚的同学方从哲也在这一榜中。汤显祖也以第三甲第211名赐同进士出身。

胪传之日，神宗御文华殿，服批弁，陈设仪仗，奏中和韶乐。传制官传制，赐朱国祚等341人进士及第出身有差。消息传到嘉兴，不管是白发老人还是黄发小儿，无不欢呼雀跃。

万历十年（1582）三月十九日，由定国公徐文璧主持，在礼部设恩荣宴款待新进士，内阁大学士张四维、申时行与宴。宴罢，朱国祚率新进士们赴鸿胪寺习仪。二十一日，朱国祚接受了朝服和冠带的赏赐，每一名新进士都分发到名为"宝钞"的纸币。二十二日，朱国祚率新进士拜表谢恩。二十三日，到国子监拜孔子，行释菜礼。经礼部奏请，皇帝命工部在国子监立石题名，朱国祚写了题名记。二十七日，授朱国祚翰林院修撰。此官职例授一甲一名进士。翰林院虽然只是小九卿衙门之一，但它是储养人才的机构，地位显要，清望极高，明代非翰林官出身即没有入内阁的资格。入翰林等于让朱国祚走上了通往内阁大学士宝座的红地毯。中状元后，朱国祚特地走谢申时行及诸世兄。

这一年，嘉兴知府龚勉在修葺烟雨楼时，将隆庆年间兵宪沈煃筑的一座石台增高，取名钓鳌矶，并亲自书写"钓鳌矶"三个大字，勒石嵌

---

① 上海图书馆藏《太傅文恪公年谱》。

于石台下，以期望嘉兴的举子能在春闱中独占鳌头。当时，彭辂作《湖上新筑钓鳌矶》诗："高台春满碧江村，一片风烟接海门。鳌气半侵云壑溟，钓丝乍卷雪涛奔。三山捧出芙蓉剑，五马闲开桂子樽。却笑蟠溪垂白老，何如年少是王孙。"朱国祚中状元，使得钓鳌矶名声大噪，"青帘白舫，翠袖黄衫，醉壶觞而斗笙管者，纷纷纚纚，踵趾不绝。一游一娱，尽入骚咏"。① 多年后，秀水县凤池坊建起了朱国祚和岳元声、黄承玄等人的牌坊，题额为"魁元独盛"。嘉兴知府曹代萧还在秀水县西丽坊专门建了朱国祚牌坊，题额为"状元及第"。

第二节　供职翰林院

朱国祚入翰林后，又知起居注，"读天禄诸书，古文辞日益精进"②。他曾游览北京及其近郊的庙观，赋咏风景，表现了他的翰院风流。在香山，朱国祚游览了正德年间御马监太监于经所造的碧云寺，即当地人所称的"于公寺"。朱国祚作《碧云寺》一诗讥刺了于经攫取通州船舶商税的行为："银榜高悬宝地赊，游人只爱寺前花。不知贾舶征求尽，旧鬼年年哭潞沙。"于经以便给得幸，曾在通州张家湾收取商贾舟车之税，岁入银8万多，除自饱私囊外，拿出其中的一部分在香山修造碧云寺，并在寺后为自己建造生圹。嘉靖初年，于经被抄家，死在监狱里。后来，魏忠贤以于经旧墓道为基础，拓建为自己的坟墓。

碧云寺的金银宫阙像王者之居，朱国祚的《中峰晚望》对此有所描写："中官丙舍即花宫，松柏林前梵磬风。试上精庐高处望，楼台金碧夕阳中。"墓地的房屋称丙舍。朱彝尊在《西山碧云寺记》中说："西山佛寺百数，多建自内官。其最闳丽者，曰碧云寺。因山下上筑台殿，金碧露松栝之表。其北内官坟墓数十，镌石为阑，穷极纤巧。翁仲、羊虎夹侍，墓碑林列，其文俱宰辅所制。中立穹碑二，具书总督东厂官旗魏忠贤爵秩。"

万历十二年（1584）二月，嫡母唐夫人生病，朱国祚侍汤药，衣不

---

① （明）彭辂：《烟雨楼志后序》，（清）黄宗羲辑《明文海》卷二百十三，涵芬楼钞本。
② 上海图书馆藏《太傅文恪公年谱》。

解带，连续数月。这期间，唐夫人想要朱国祚到涿州向东岳神祷告，恐当官不便，朱国祚"微服策蹇，抵庙，刺血书疏，愿减算益母寿，唐果瘳"。① 十一月，唐夫人旧疾复发，医药无效，于十八日在京邸去世，终年63岁。第二年，朱国祚和长兄朱国祯夫妇护送唐夫人的棺木回到嘉兴，权厝于长二十都的俸禄港。因为朱家在北京居住的时间久了，嘉兴老家中家徒四壁。朱国祯的继配施氏亲自动手，布置整理一番。万历十四年（1586）十二月，唐夫人被安葬于俸禄港。朱国祚的生母王夫人也祔葬于此。晋江李廷机为唐夫人撰写了墓志铭。万历十五年（1587）八月，朱国祚服阙北上，朱大启一路相送，直到京口。十二月，朱国祚至京城，补翰林院修撰。次年夏五月，以翰林院修撰考满，授阶儒林郎。五月十七日，赠生母王夫人为安人。闰六月，充起居馆编纂官。七月馆课，拟《治安要务疏》。八月，充经筵展书捧敕官，纂修《孝宗敬皇帝实录》。6年后，神宗批准礼部尚书陈于陛关于撰修国史的请求，诏工部修葺史馆，开局纂修纪传体国史，礼部官员分门授事。朱国祚分撰《孝宗大纪》。因为陈于陛的去世，这部国史最后没有完成。康熙十八年（1679），明史馆开馆后，这部《孝宗大纪》被朱彝尊送到明史馆中。

按明代制度，只有翰林官才能充任会试、乡试考官。万历十七年（1589）二月，朱国祚充会试同考官，分阅诗一房，取郝敬、李培等31人。三月廷试，朱国祚充掌卷官。次年四月，朱国祚奉命册封周藩应城、东会两郡王。礼部侍郎于慎行有《送朱养淳太史册封周藩》诗云："蓬莱阙下五云飞，桐叶封函出帝畿。汉苑花香随使节，河桥柳色上征衣。天临玉署恩偏渥，星近银河夜更辉。试向汴京城里望，六街何处不朱扉。"② 右春坊右中允兼翰林院编修余继登作《送朱太史养淳册封周藩》诗："昔予祗行役，驱车向中原。中原饥馑余，氛祲日以烦。白骨乱如麻，黯然销神魂。朱门郁萧条，哀哀诸王孙。君今复持节，翩翩过夷门。不知周子遗，今有几家存。况今旱为虐，五月黄尘昏。知君负经济，雅志念黎元。当其授简时，应为废朝餐。莫以董贾笔，虚负邹枚言。愿赓云汉篇，

---

① 上海图书馆藏《太傅文恪公年谱》。
② （明）于慎行：《榖城山馆诗集》卷十三，明万历三十二年刻本。

归来达至尊。"① 余继登诗以旱灾为忧，不失古人赠言之义。传说：余继登前此使周藩时发生过一件怪事。他在渡黄河时，舟胶柁折。于是，余继登向河神恳告说："使臣纵有罪，神敢震惊龙节，亦有佚罚，维神实图利之。"祷毕，则河波平静，"若有翼舟以济者"。②

朱国祚到开封后，应城郡王还没有受封就去世了。朱国祚"会同河南抚按臣，题请即封其世子。世子以金帛为寿，峻却之"。③ 完成使命后，朱国祚从开封回到嘉兴，先租房住，后与朱国祯、朱国祥、朱大启一同住在祖上的旧宅里。因为家中人口多，老宅显得很逼仄。一个做县令的门生知道后，派人送来300两银子。他担心朱国祚不收，说是暂时借给老师，让老师有个舒适的住所。朱国祚谢绝道："犹有先人之敝庐在。"他不仅坚决将银子退还，还责问此人当官不久，钱从何来。

万历十九年（1591）六月，朱国祚充江西乡试正考官。副主考是户科右给事中叶初春。其人字处元，吴县人，世居洞庭，自号吴西主人。万历八年（1580）进士。朱彝尊说："先太傅文恪公（朱国祚）两主乡闱。辛卯江西，则吴西叶公为副；丁酉南畿，则福清叶公为副；皆齐心一契，关节不到者。"④ 朱国祚出都时，翰林院编修吴道南有《送朱养淳太史典试江右》诗云："紫陌新轺夹道看，词臣分命出金銮。片帆左蠡乘新涨，一榻秋屏对早寒。南国文裁运斤手，西江派重采诗官。何当更问闾阎苦，归与君王策治安。"⑤ 典试期间，朱国祚染上了疟疾，"而以朝廷大典，与叶公检阅评骘，不少倦"。⑥ 九月里，取陈幼良等95人。

典试完毕，朱国祚与叶初春同游南昌铁柱观。铁柱观井与江水相消长，中有铁柱，相传是晋代许真君所铸。真君名逊，字敬之，南昌人。太康元年，任旌阳令。那时候，江西有蛟为害。许逊和他的徒弟吴猛仗剑杀蛟，并说豫章（今南昌）滨水之地，百怪丛居，我上升之后，怪物或许会害人，于是铸了大铁柱以镇压其处。朱国祚想到李白《下浔阳城

---

① （清）朱彝尊：《明诗综》卷五十三，清康熙四十四年（1705）六峰阁刻本。
② （清）朱彝尊：《明诗综》卷五十三，清康熙四十四年（1705）六峰阁刻本。
③ 国家图书馆藏清钞本《秀水朱氏家乘》。
④ （清）朱彝尊：《明诗综》卷五十三，清康熙四十四年（1705）六峰阁刻本。
⑤ （清）朱彝尊：《明诗综》卷五十五，清康熙四十四年（1705）六峰阁刻本。
⑥ 上海图书馆藏《太傅文恪公年谱》。

泛彭蠡寄黄判官》中的诗句:"浪动灌婴井,浔阳江上风。"据说,浔阳(今九江)城内有井,与滏江通,江上有风浪,井水就漂动。当地人给这口井起名为"浪井"。此井是颍阴侯灌婴在汉高帝六年(前201)所开,因此又叫"灌婴井"。而朱国祚认为豫章城是灌婴所筑,怀疑此井就是灌婴井。叶初春也同意他的看法。于是,朱国祚赋《同叶给谏过铁柱观》诗,以纪其事:"微澜远通江,水黑照无影。谁锁戟尾蛟,缭以千丈绠。神州八柱外,于此得堑穿。地户辟赵尊,真灵位陶景。人言毋支祁,神禹昔钳颈。要当去民患,不在远方屏。冻铁断绣花,终古但严冷。九派浔阳流,有时风力猛。潮生浪亦动,疑是灌婴井。比于渴马匼,术可验糠蘖。我言殊怪牒,给事默心领。请诵白也诗,可以发深省。"

朱国祚回京复命,行至凤阳濠梁驿,得到父亲的死讯,日夜兼程,北行奔丧。朱儒临终之前,只有四子朱国礼及其生母钟氏在他身边服侍。朱儒死后,"橐中所有,悉不知所之",[①] 他的书被烧掉了,连方书也都毁了。有人议论此事,朱国祯说:"先大夫所以遗子孙甚厚,安忍问此,以伤先大夫清德,而使寓中不安也。"这件可能引起兄弟阋于墙的事就不再提起了。

万历二十年(1592)四月,朱国祯、朱国祥和朱国祚护送父亲的棺柩回到嘉兴。五月二十六日,将父亲与唐夫人合葬。大学士申时行为撰墓碑,礼部左侍郎韩世能撰墓志铭,吏部右侍郎徐显乡作传。朱国祚将父亲留下的田产让给了兄弟们。朱国祯则将父亲在京城的邸第给了朱国祚。

在嘉兴守孝期间,朱国祚取国家典故,朝夕讨论,屏迹公府,片楮不投。闲暇时,督课子侄辈举业,求其精进。又因为子姓日繁,定名号各16个字:"大茂彝德,丕振休声。忠贞亮节,奕叶俊英。号曰君子峻行,吉人慎辞。端庄凝懿,渊嘿冲夷。"以次相传。

万历二十二年(1594),朱国祚读《礼》甚勤。朱大启与项于玉、戴升之、邵思卿等结社,三六九作文,朱国祚为他们的文章评点甲乙。四月二十一日,朱国祯去世。十月十八日,朱国祥去世。两丧并开一堂,朱国祚经营其事。朱国桢除生子大启外,还有一女,嫁慈溪赵昌期。此

---

① (清)朱建子辑,朱德遴重修:《秀水朱氏家乘编年志》卷四,钞本,嘉兴市图书馆藏。

人实为秀水县人，万历三十八年（1610）18岁时登进士第，曾任婺源、丹徒知县，官至南京兵部主事。可惜26岁时英年早逝。

万历二十二年（1594）、万历二十三年（1595）二月，朱国祚服阕北上。三月，至京师，补翰林院修撰。七月，进司经局洗马，负责掌印。八月，朱国祚充皇长子朱常洛的经筵侍班官，位居诸讲官之上。朱国祚又奉命清理官员的人事档案。永乐帝的诸功臣旧署"奉天征讨"，朱国祚全部改为"靖难"，"识者服其卓见"。①

万历二十四年（1596）三月，朱国祚升为右春坊右谕德，兼翰林院侍讲，掌右春坊篆。朱国祚《东朝侍直二首》写到了他教导未来皇帝的情形，记录了皇长子对讲官的尊重和爱护：

> 殿庭香霭接云平，一道炉函夹陛行。肃肃讲臣齐鹄立，金莲影里唤先生。

> 东华疏雨净雾埃，夺玉阶平埽碧苔。犹恐侍臣侵履湿，宣从殿侧左边来。

这一时期，神宗对朱国祚也颇有好感，曾赐给他藕鲜时菜。朱国祚任右谕德不久，为了封日本丰臣秀吉的事情，神宗将广东道御史曹学程关进大牢里。

事情的起因要从万历二十年（1592）说起。这一年日本关白丰臣秀吉率行长、清正等入犯朝鲜。朝鲜承平日久，武备松弛，国王李昭闻变，魂飞魄散，束手无策。很快，朝鲜三道俱陷，太妃及世子被日军俘虏。李昭向北逃到义州，向明廷告急。明廷派遣祖承训率军援朝，结果全军覆没。明神宗十分震怒，以侍郎宋应昌为经略、都督李如松为提督，领明军精锐东征。兵部尚书石星募人侦探日军情形，嘉兴的市井无赖沈惟敬应募，假游击将军衔，至李如松麾下。

李如松先是取得平壤大捷，后在碧蹄馆一役中失利。万历二十一年（1593），石星力主和议，派通晓日语的沈惟敬与日进行"封贡"和谈。

---

① 国家图书馆藏清钞本《秀水朱氏家乘》。

朱国祚上疏说："倭性狡，恐辱国。"他还曾就重用沈惟敬一事，面诘石星道："此我乡曲无赖，因缘为奸利耳，公独不计辱国乎？"而石星无动于衷。兵部侍郎李桢对朱国祚说："君之言太危言耸听了吧？"朱国祚回答说："我为我，也是效忠于石星。"万历二十二年（1594），沈惟敬在日本一口答应了丰臣秀吉提出的"大明、日本和平条件"，但向朝廷诈称丰臣秀吉已同意向明朝称臣，请求封贡，退出侵朝日军，并上呈了捏造的日本降表。神宗非常满意，决定册封丰臣秀吉为日本国王。万历二十三年（1595），明廷派遣临淮侯李宗城为正使，都指挥杨方亨为副使，往行册封礼。使臣尚未到达日本，沈惟敬的话已经显得诡诈百出，分明不可靠。万历二十四年（1596），正使李宗城因调戏对马岛太守仪智之妻，事情败露，先逃了回来。神宗惑于石星之言，打算派遣一名给事中充任使臣，前往察视情实。不少朝廷大臣反对"封贡"，其中督畿辅屯田刚回京城的曹学程，不知盈廷议论的具体情形，听说对倭封贡，觉得大损堂堂天朝的国体，便向神宗进呈《谏封倭疏》，开宗明义道："倭情已变，封事宜停，恳乞殛贼臣，止册使，以存国体，以安宗社。"他指责神宗在抚剿两端中没有主见，一会儿令九卿科道会议战守机宜，一会儿又派科臣一员与杨方亨册封，"讵知石星、方亨同条共贯，转相附和，词不足凭。且三臣共使异域，宗城出亡，惟敬就缚，倭奴何德，方亨独安然无事哉？方亨且生死未卜，乃请添册使，禁治流言，即三尺童子亦知其诈；非石星矫诬以欺陛下，必狡倭设计以陷中朝，望陛下详察而熟计之也"。他进一步奉劝明神宗警惕日本的侵略野心，以南宋"秦桧、史弥远力主和议，终移宋祚"为前车之鉴，不能一误再误。好谀恶直的明神宗为之大怒，称曹学程与人暗通关节，受人指使，将他逮下锦衣卫严讯，拷打得体无完肤，但终究一无所得，遂移刑部，命以逆臣失节之罪斩。曹学程前此在"建储"等事上好几次批逆龙鳞，早就是神宗的眼中钉，据说神宗已将曹学程的名字写在御屏之上，以示刻骨铭心。

为了将曹学程从秋决的刀下救出来，朱国祚趋走大臣之间，并拉了几位同乡去见吏部尚书沈一贯，合疏申救曹学程。朱国祚还在朝廷上宣言道："上原无杀谏臣心，特以此觇群情何如耳。稍迟，则事去矣。"于是，九卿科道齐跪午门，力救曹学程，使他暂免一死。后来，神宗得知自己被沈惟敬所蒙骗，即把石星下狱问罪，将沈惟敬斩首于市集。

王德安上《安中宫疏》，"再杖阙下，居萧寺"①，朱国祚慰劳甚至。及王德安复起，朱国祚已拜大学士，两人回忆往事，相对泣下。

万历二十五年（1597）三月十六日，朱国祚升左春坊左庶子，兼翰林院侍读。七月，升左春坊左谕德兼侍读。八月，充正考官，与詹事府左中允叶向高同典南京应天府乡试，共录取吕克孝等145人。看到华亭人吕克孝的卷子时，朱国祚打算定为第一，叶向高说："这份卷子文章虽然高妙，恐怕会试不能及第。"叶向高想以所拟的第二人作解元。朱国祚说："我也知此人不能及第，但此人必以学行闻名。"于是，定吕克孝的卷子为第一。正如叶向高所预言的，吕克孝每次应礼部试，都是名落孙山。最后走了谒选之路，当了工部司务。此次乡试试题中"御倭一策与河南试录雷同，言官劾之"②，朱国祚和叶向高上疏认罪，俱被罚俸。

第三节 摄篆礼部

万历二十六年（1598）朱国祚超擢礼部右侍郎，兼翰林院侍读学士。三月十一日，神宗命朱国祚分祀山陵。十五日，朱国祚充廷试受卷官。十月，朱国祚晋阶嘉议大夫。

就在这一时期，神宗向各通衢大邑派设税监。陈奉被派到湖广地区，受命征收荆州店税。他僭称"千岁"，恣行威虐，十分专横，常假托巡历，鞭笞官吏，剽劫行旅，商人市民恨之入骨。朱国祚写信给巡按御史曹楷，让他把陈奉的罪状都揭发出来。神宗大怒，几乎要逮治曹楷。不过，陈奉也因此被撤还。

万历二十七年（1599）五月三日，朱国祚充经筵讲官。朱国祚所进的经书讲章没有废话套语，评论东晋、宋、齐、梁、陈之事，反复详悉，"兼规时政，务动圣聪"③，神宗每每称好。六月，礼部尚书余继登以病乞休，朱国祚署礼部尚书篆。当时，首辅赵志皋已去世，统率百僚的内阁由沈一贯当家。七月，神宗枚卜相臣。吏部会聚有关廷臣，廷推出九人，

---

① 国家图书馆藏清钞本《秀水朱氏家乘》。
② （明）周晖：《金陵琐事》卷四，明万历三十八年刻本。
③ 国家图书馆藏清钞本《秀水朱氏家乘》。

朱国祚排名第五。神宗决定简用朱国祚和吏部侍郎冯琦，正待宣麻拜相，天字第一号的大滑头沈一贯上了封密揭说："上属意二臣，允合群情。第二臣年未及艾，曷少需之，先用老成者。"于是改命前礼部尚书兼翰林院学士沈鲤、朱赓并兼东阁大学士，入直文渊阁，参预机务。朱国祚也认为朱赓资历老，入阁应该在自己之前。他说："山阴，我师也，谊不当先。尼我者，实成我。"他本来准备在命下之日，拜疏固辞。这一年，朱国祚41岁，冯琦42岁。

冯琦属于东林清流，而朱国祚的名字不列东林之籍。处在门户纷争的时代，朱国祚能中立不倚，自安于无咎无誉。钟渊映评朱国祚说："文恪处门户之日，中立不倚，人所难能。"但也正因为朱国祚没有任一政治集团作依靠，行事常常被党人掣肘，政治上的影响力不够大。像他弹劾郑国泰这样的事迹，也没有被东林党后裔撰著的《先拨志始》所记载。

冯琦在接受域外文明方面比朱国祚的胸襟要开阔，他曾向耶稣会士利玛窦问学，而朱国祚对耶稣会士持拒斥态度。利玛窦携贡物进入北京途中，路经天津，天津河御用监少监马堂截留了利玛窦准备进贡的宝物，最后献上朝廷的只有天主像及天主母像。代理礼部尚书朱国祚上疏说："《会典》止有琐里国，而无大西洋，其真伪不可知，又寄住二十年，方行进贡，则与远方慕义特来献琛者不同。且其所贡天主天主母图，既属不经，而随身行李有神仙骨等物。夫既称神仙，自能飞升，安得有骨？则唐韩愈所谓'凶秽之余，不宜令入宫禁'者也。况此等方物，未经臣部译验，径行赏给，则该监混进之非，与臣等溺职之罪，俱有不容辞者。又既奉旨送部，乃不赴部译，而私寓僧舍，臣不知何意也。乞量给所进行李价值，照各贡译例，给与利玛窦冠带，速令回还，勿得潜住两京，与内监交往，以致别生支节，且使眩惑愚民。"[①] 朱国祚认为利玛窦所称大西洋，为《会典》所不载，难比长久以来一直向明朝进贡的诸夷，主张量赏遣还利玛窦。神宗喜欢自鸣钟，担心利玛窦离开北京后无人修理，因此朱国祚三次上疏要求遣送利玛窦出京，都没有得到批复。朱国祚仿佛有先见之明地说："此辈小智，足以惑人，将来必有助之更历法者。"

朱国祚的思想是比较正统的，他不仅排斥西学，而且深疾禅学和阳

---

① （明）沈德符：《万历野获编》卷三十，清道光七年姚氏刻同治八年补修本。

明心学。明代自正德以后，讲学者多师从王阳明。一些士大夫对此极为不满，指责王阳明的弟子流入禅学一路。南京通政使杨时乔受业于湛若水的高弟永丰人吕怀，学术宗旨近于程朱，与阳明之学意趣迥异，尤其厌恶泰州学派的罗汝芳。他上疏纠弹罗汝芳："佛氏之学初不溷於儒，乃汝芳假圣贤仁义心性之言，倡为见性成佛之教，谓吾学直捷，不假修为，于是以传注为支离，以经书为糟粕，以躬行实践为迂腐，以纲纪法度为桎梏。逾闲荡检，反道乱德，莫此为甚。请敕所司明禁，用彰风教。"[1]代理礼部尚书的朱国祚在覆疏中，提出要以去邪说、正人心为先务。后来，朱彝尊受到朱国祚思想意趣的影响，也将王学左派视作伪学，痛斥罗汝芳"拾禅宗之余唾，惑世诬民，益无忌惮"[2]。

朱国祚的学问以实践为宗，曾说："与子言孝，与臣言忠，便是讲学，何必高谈性命。"他在日常生活中躬行礼教，"仆妇辈供馔，必离席数武，俟其置几案讫，乃就食。凡宴客，即朝夕过从者，亦不废酬献礼。与何夫人相敬如宾，坐坐以此，即子姓亦不冠不见也。享祀以四仲五箆三献焚祝文，遇讳日，尤尽哀。敬外神，祭中霤门户井灶而已"[3]。

万历二十七年（1599）八月，朱国祚进《通鉴》讲章，讲六朝之事，反复陈说治乱兴亡之由。神宗悚然倾听。九月，陕西狄道县发生山崩，下冲成沟，其地之南又涌出五座大小山头，朱国祚上疏请求皇帝修省："陵谷变迁，高下易位，请痛自修省，定宗社之本，广听言之益，蠲无艺之征，积饷练兵。宁绸缪于无事之时，勿周章于多事之日。"尚宝司印绶监发生火灾，社稷坛枯树生烟，朱国祚复陈"安人心，收人望，通下情，清滥狱"四事，指出"消弭之计在实政，不在空文"。这一年，地震雷火之灾无地不有，而畿辅、蓟辽等处灾情尤重。朱国祚又上疏请求：早建元良，深思政本，无壅言路，无旷庶官，罢开矿，撤税使。其言极为切直。

朝廷会推大僚，巡抚如黄克缵、白希绣、黄嘉善，吏部侍郎如赵世

---

[1]（清）永瑢、纪昀等纂：《四库全书总目提要》卷一百二十四，清乾隆五十四年武英殿刻本。

[2]（清）朱彝尊：《书先文恪公覆杨通政劾罗近溪疏后》，王利民、胡愚、张祝平、吴蓓、马国栋校点《曝书亭全集》，吉林文史出版社2009年版，第556页。

[3] 国家图书馆藏清钞本《秀水朱氏家乘》。

卿都由朱国祚推荐，但他"绝不以告，有十年后始贻书致谢，谓公远胜祁奚者"。① 同乡贺灿然任行人司行人时，在有关朝廷仪节的事情上和朱国祚意见相左，后来朱国祚竟然将贺灿然荐入吏部。吏部主管全国官吏的升降任免，其地位要高于其他五部。从此事中可以看出朱国祚的雅量。

万历二十八年（1600）正月二十九日，神宗命朱国祚主持宴会，接待琉球国进贡陪臣郑道等人。二月十日是孝贞纯皇后王氏的忌辰，神宗命朱国祚祭于茂陵。

庚子科的乡试，朱国祚认为实际上主要是从南北国子监的贡生中选拔人才。贡生一般是由府、州、县学考选出来的，学行较为优秀。因此，朱国祚建议增加中式的名额，北京国子监增加15名，南京国子监增加5名。中秋后才下旨批准，此时已近乡试放榜的日期，稍稍迟缓，南京国子监就要少录取5名举人。朱国祚催促兵部将此旨日夜飞递到南京。其为国荐贤，一向如此锐敏。朱国祚还曾奉旨同中贵选择皇宫内侍，12天内办完差事，不至滋议掣肘。

万历二十八年（1600）八月，云南巡抚陈用宾奏解额贡，附进地方特产，朱国祚上章弹劾说："进贡自有常额，附贡则不经。以远方馈送之仪，为尚方服用之具，非所以昭德而塞远也。人臣爱君，必防其间。倘以今日附贡为他日旧规，以滇南一省为各边常例，媒进者相率效尤，贪婪者藉口科敛矣。乞赐却回，以端好尚。"他又上疏请求严禁书坊刊刻含有离经叛道新说的书籍，要士子写文章务必依据《四书集注》《五经大全》。此外，他还上疏"请御殿，请开讲，请止采榷"②。凡和他职掌攸关的事情，即危言侃论，不稍讳避，明神宗也对他直谅的行为表示嘉许。

万历二十九年（1601），朱国祚以礼部左侍郎兼翰林院侍读学士代理尚书职务。当时，神宗偏爱皇三子朱常洵，而官僚士大夫们坚守长幼有序的儒家伦理，推戴皇长子朱常洛。皇长子是神宗与一位宫女的露水姻缘结下的果，皇三子则是神宗与宠妃郑贵妃真爱的结晶。从万历十四年（1586）皇三子朱常洵出生之日起，大臣们与神宗就储位展开了持

---

① 国家图书馆藏清钞本《秀水朱氏家乘》。
② 国家图书馆藏清钞本《秀水朱氏家乘》。

久战。

在臣僚们看来，储位是国家的根本所系，不可轻忽。万历十八年（1590）正月初一，神宗在毓德宫召见申时行、许国、王锡爵、王家屏等内阁辅臣，申时行等请求册立东宫，神宗说："长子身体还弱，要等他壮健以后，才放心。"礼部不久上疏请定建储大计，神宗派宫中文书太监传来一个赌气的明谕："朕不喜激聒。近诸臣章奏概留中，恶其离间朕父子。若明岁廷臣不复渎扰，当以后年册立，否则俟皇长子十五岁举行。"首辅申时行与同僚约定：遵奉圣上旨意，耐心等一年。每当接见诸司官员时，也把这番意思告诉他们。因此，万历十九年（1591）自春及秋，没有臣僚上言建储。而这年八月，工部主事张有德突然上疏请求预备册立东宫的仪物。当时，申时行有病告假，听说张有德犯了"激聒"之戒后，大吃一惊，正想和许国、王家屏商议应对办法。次辅许国好像忘记了神宗的明谕，仓猝具疏。申时行叹息之余，另外密上封事说："臣谓册立之事圣意已定，谕旨已明，向来兢兢恪守不敢违越，以俟来春举行。小臣愚妄，不谙大计，惟上宸断裁，勿因小臣妨大典。"本来，阁臣的密揭都要留贮阁中，而申时行的这封密揭却与其他诸疏一同发到科臣手中。新任的礼科给事罗大紘立刻上疏，指责申时行表面上附和群臣之议，请求册立太子，而暗地里迎合皇上意旨，以固相位。由贽入官的中书舍人黄正宾看到罗大紘的奏章，便抓住了这个依附清流的机会，抗章痛诋申时行排陷同官、巧避首事之罪。申时行看到人情世局如狂澜沸鼎，万万不能久安，连上十一疏，辞去了首辅之职。

万历二十一年（1593）年初，省亲归朝的王锡爵出任内阁首辅，密请举行册立东宫大典。神宗派遣内侍将自己的亲笔手谕送到王锡爵私邸，说是皇后年纪还轻，有可能生出嫡子。等几年，皇后无出，再行册立。中宫没能生出嫡子，神宗又推托说，册立并加冠礼要等到乾清、坤宁两宫重建完工之日。皇长子的储位久久不能确定，冠礼和婚礼逾期不能举行，令大臣们十分忧虑。

明太祖、成祖、仁宗即位初年，即建储贰。宣宗、英宗册为皇太子时只有2岁，宪宗、孝宗，包括神宗自己为皇太子只有6岁。朱常洛18岁时，大臣们迫切要求册立皇长子为太子，并为其举行冠婚之礼。神宗责令户部进银2400万两，作为采办珠宝、举行册立分封等典礼的费用。

他想以此漫天要价的一手难住廷臣，借机拖拉。接到这张账单，廷臣们瞠目结舌。朱国祚上疏说："册立之事，理不可缓。初谓小臣激聒，故迟之。后群臣勿言，则曰待嫡。及中宫久无所出，则曰皇长子体弱，须其强。今又待两宫落成矣。自三殿灾，朝廷大政令率御文华殿。三礼之行，在殿不在宫。顷岁趣办珠宝，户部所进，视陛下大婚数倍之。远近疑陛下借珠宝之未备，以迟典礼。且诏旨采办珠宝，额2400万，而天下赋税之额乃止400万。即不充国用，不给边需，犹当六年乃足。必待取盈而后举大礼，几无时矣。"这份奏章揭露了神宗在册立太子一事上所玩的太极云手。

万历二十八年（1600）十一月，郑贵妃的弟弟郑国泰疏请先为皇长子举行冠婚之礼，后册立为太子。朱国祚认为郑国泰颠倒其词，与明旨有背，会酿无穷之祸，因而抗疏言道："本朝外戚不得与政事。册立大典，非国泰所宜言。况先册立，后冠婚，其仪仗、冠服之制，祝醮、敕戒之辞，升降、坐立之位，朝贺拜舞之节，因名制分，因分制礼，甚严且辨。一失其序，名分大乖。违累朝祖制，背皇上明纶，犯天下清议，皆此言也。"如此犯颜强谏，可谓不畏强御。虽然贵妃亲懿，为之侧目，但神宗终如朱国祚所请。20多年后，朱国祚重入都城。在拜谒神宗的陵墓时，他回忆当年，觉得神宗对外戚没有一味袒护，其《谒定陵有感述》诗云："乞归自放潞河船，息偃江湖二十年。往事句胪成梦寐，重来弓剑莫攀缘。要知孝为慈闱尽，谁道恩从贵戚偏？犹记南宫封事入，听言终似转圜然。"

万历二十九年（1601）正月，朱国祚提出"皇长子茂龄二十，淑女习礼逾年"，要求为皇长子行册立、冠、婚三礼，神宗称"谕旨旦夕即下"。① 不过，这个"旦夕"可够长的，竟然有10个月。朱国祚代理尚书近二年，为争国本，"先后建储疏揭凡七十余上，语极淳切"。②

万历二十九年（1601）二月六日，神宗命朱国祚知贡举，朱国祚拜疏请敖文祯共事，而让其居左。三月十六日廷试，朱国祚充提调官。七

---

① （明）张惟贤、顾秉谦等纂修：《明神宗实录》卷三五五，"中研院"史语所影印本，1962年。

② 国家图书馆藏清钞本《秀水朱氏家乘》。

月，以礼部右侍郎兼翰林院侍读学士考满，晋阶通议大夫，荫一子入国子监读书，并赐羊酒宝钞。九月，转礼部左侍郎。这一年的中秋节和万寿节靠得很近。朱国祚请求早些举行册立东宫的大典。九月十八日夜里，漏下二刻，神宗派了名太监，急急忙忙地把朱国祚召唤到乾清门，传谕说：择日册立皇太子，并册封福王、瑞王、惠王和桂王。"海内臣民跂望莫必者，竟自公得之"①，可谓精诚所至，金石为开。后代史家评论朱国祚此时的作用说："公翼储副，定国本，厥功大矣。"②

因为仓促得旨，朝廷大臣们还担心礼仪没有准备好，会耽搁册封。朱国祚立刻从衣袖拿出一卷册立仪注，原来，他已经预先研讨过先朝典故，将册立仪注汇集成册。他上疏神宗说："国朝册立东宫无谒谢贵妃四拜之礼，宣德、嘉靖旧仪与今有别。"贵妃四拜礼就此被全部裁革。南京国子监祭酒郭正域写信给朱国祚，称赞他的议礼之疏闿闿侃侃，百折不回，如同中流砥柱。

先前，仪制郎中王纪因为与朱国祚在是否给10余名士子以罚停三科的处分一事上意见不合，杜门不出。册立命下之时，朱国祚认为盛典在迩，仪制郎中责无旁贷。他托同事劝解，王纪才出来办事。吏部侍郎冯琦先前也被廷推为吏部尚书，但神宗久不点用。朱国祚认为，册封大典必须有正卿主持，于是在万历二十九年（1601）九月二十二日拜疏题请冯琦为礼部尚书。神宗最终同意了。

万历二十九年（1601）十月十五日，册立皇长子为皇太子，册封皇三子为福王，皇五子为瑞王，皇六子为惠王，皇七子为桂王，诏告天下。十七日，以册立礼成，朱国祚同群臣上表称贺。二十七日，上圣母慈圣宣文明肃皇太后徽号。二十九日，以徽号礼成，朱国祚同群臣上表称贺。十一月九日，皇太子加冠，福王、瑞王、惠王和桂王并冠；十五日，以册立礼成，进朱国祚太子宾客，朱国祚固辞不拜。

万历二十九年（1601）十一月二十二日，神宗命朱国祚选内侍三千人。同时受命的司礼监文书房少监李寿故意推迟办事，以待贿赂。朱国

---

① 国家图书馆藏清钞本《秀水朱氏家乘》。
② （清）陈廷敬：《朱文恪诰命书后》，《午亭文编》卷四十八，清康熙四十七年林佶写刻本。

祚洞悉其意，急于遴选，于是一秉至公，十来天就办完差事，使得李寿不能逞其私意。

万历二十九年（1601）十二月四日，因任礼臣劳勚，朱国祚得钦赏银30两，进日讲官、礼部左侍郎兼翰林院侍读学士，阶仍通议大夫。

万历三十年（1602）二月八日，册封锦衣卫指挥使郭维城女郭氏为皇太子妃。九日，朱国祚充皇太子纳征礼副使，持节行礼。十一日，皇太子大婚礼成，赐朱国祚白金40辆、彩缎二表里。十六日，神宗谒奉先殿告谢，赐朱国祚及辅臣沈一贯等金币有差。闰二月初一，朱国祚随大学士沈一贯等诣仁德门行庆谢礼，神宗赐众臣银币，并以朱国祚是讲官，加赐银30两、纻丝二表里。

第四节　假归田里

万历三十年（1602）闰二月十五日，廷推吏部右侍郎。神宗钦点排名第二的朱国祚为吏部右侍郎兼经筵日讲官。御史汤兆京摭拾浮词，弹劾朱国祚"纵酒逾检"，朱国祚上疏辩解，神宗说朱国祚文行兼优，要求他勿以人言自阻。朱国祚认为皇帝没有为他澄清事实，于是连上十一疏，称病乞休。神宗优诏慰留，还派遣太监赐下羊酒白米，以资调摄。沈一贯进揭言说："本官才品不愧科名，诚宜留之，以备顾问，人言不足为累，而本官以为必重其身后可以行其志，汲汲求去。皇上爱惜人才，宜俯顺其情。本官年富科尽，召用未晚。"于是，神宗降旨：朱国祚准暂给假调理。伊系日讲官，着驰驿去，仍赐纻丝二表里、路费银20两，痊可之日，抚按官具奏起用。

朱国祚于十月回到嘉兴。因为穷，他的几个儿子只好分家过日子。十二月，朱大启用自己教书的束脩买了40斛大米，送到叔父家中。朱国祚笑道："侍郎吃秀才饭，他日何以报乎。"

万历三十二年（1604），王国昌先生归鄞县，道经嘉兴，朱国祚迎谒留饮，师生相聚甚欢。王国昌信宿而别。

万历三十六年（1608）八月二十五日，门生吕克孝、文震孟、倪元珙、瞿汝稷诸人，为朱国祚制屏祝寿。三十八年（1610），黄克缵来信问起居。

万历三十九年（1611），朱国祚至杭州，同郁如川、黄楚源寓西湖之上。其时，朱大启携家眷赴江西南昌府推官任，到杭州后，和朱国祚他们相聚于法相寺，促膝交谈，竟日而别。

归里后，朱国祚读书不辍，间或饮酒自娱，还曾和同里郁伯承一起，纵游天台、雁荡诸山，吟咏唱和。海盐人姚士粦《送郁伯承同朱太史游天台》诗云："多君慕雄胜，贾勇向仙山。抽毫染霞气，题诗苍翠间。胸中别会生烟树，眼青如山口瀑布。见藏太史几函书，掷碎兴公一篇赋。君看天台我看君，看君衣上归来云。"姚士粦，字叔祥，海盐人。与胡震亨同学，以奥博相尚。

朱国祚和同乡中的一些前辈大僚如大学士吕原、兵部尚书项忠、刑部尚书屠勋一样，虽然也花心思写诗，但无意在诗坛争名。他的诗多自抒性情，不事沿袭，风格婉秀，高雅脱俗。朱士稚评论朱国祚诗说："诗亦非肉食人语，正如冰荷在壑，冷香袭人。"[①]

朱国祚为人有一种方正醇雅、严谨自律的君子风范，这种儒者品格也表现在其文学主张中。朱国祚认为，嘉隆以降，士子的文章日趋堕落。他说："今天下之文竞趋于奇矣。夫文安所事奇为哉？古圣贤所为文，若典谟训诰风雅礼乐之辞，明白如日月，正大如山岳，浑乎如大圭，冲乎如太羹玄酒，而其和乎雅畅，如奏英韶于清庙明堂之上，金石相宣，宫商相应，清浊高下，莫不中节者也，恶睹所为奇者哉？"[②] 在他看来，那种薄简易、卑平淡，以"奇"为尚的文风乖离了古圣贤的传统，患了杂取异端之说的"理病"、晦涩难读的"意病"、佶屈聱牙的"声病"和离而不属的"气病"。据陆圻说：竟陵诗派开始流行的时候，朱国祚看了钟惺、谭元春等人的诗，惊呼道："安得此亡国之音？吾不忍见之也。"朱国祚这种斥淫哇、崇雅正的文学观念可以说为朱彝尊的醇雅说起了导夫先路的作用。朱彝尊的《静志据诗话》批评竟陵派说："《诗归》既出，纸贵一时，正如摩登伽女之淫咒，闻者皆为所摄，正声微茫，蚓窍蝇鸣，镂肝鉥肾，几欲走入醋瓮，遁入藕丝，充其意不读一卷书，便可臻于作者。此先文恪斥为亡国之音也。"

---

① （清）朱彝尊：《明诗综》卷五十四，清康熙四十四年（1705）六峰阁刻本。
② （明）张萱：《西园闻见录》卷四十四外编，民国二十九年哈佛燕京学社印本。

万历四十二年（1614），独自主持内阁事务的叶向高见皇帝不理朝政，朝臣分朋结党，皇族互相倾轧，感到国家面临积重难返之势，"时不可为"，结束了自己的"独相"生涯，告老还乡。据说，叶向高在回福清的途中，绝不会客，独独在经过嘉兴时，过访朱国祚，话旧三日，然后才继续踏上返乡之路。临离开嘉兴前，朱国祚在景德寺设宴饯别，赠诗三首：

自我辞京阙，公今亦避贤。一舟旋泛宅，万事且归田。西日云仍蔽，东溟海未填。无由慰朝野，把酒强陶然。

烧尾偕通籍，扬眉共校文。由来真臭味，相逐比龙云。拙免书钩党，衰犹话典坟。相留三日醉，离袂忍轻分。

景德前朝寺，经过路旧谙。到门三贝塔，负郭一龙潭。别思花重驿，离筵酒半酣。平泉新草木，须满道山南。[①]

朱国祚与叶向高很有渊源。他们是同龄人，同榜进士，同年入翰林院，同典应天乡试，后来还同在内阁辅政。

万历四十四年（1616）三月，吏部左侍郎上书推荐朱国祚，廷推朱国祚为南京礼部尚书，后屡推屡格，朱国祚毫不介意，家居19年，"无片牍通公府，甘足枯槁，袍带时在质库，中人终不敢以居间请"。即便有人来请求撰写墓志铭，朱国祚也一概谢绝，坚决不取谀墓钱。至于主持乡里大事，朱国祚则甚为起劲，"如罢郡城赛会，拒武塘争田，可见抚按如吴公崇礼、金公忠士、高公举各疏"。[②] 他还推荐杨时乔为吏部侍郎，并称杨氏为海内人望第一。

[①] （明）朱国祚：《叶进卿出都访予里第话旧三日临行景德寺饯别三首》，《明诗综》卷五十四，清康熙四十四年（1705）六峰阁刻本。

[②] 国家图书馆藏清钞本《秀水朱氏家乘》。

第五节　入直内阁

由于神宗病魔缠身，荒怠政务，到万历朝晚期，中央政府陷于半瘫痪状态。内阁中仅有首辅方从哲一人，部院堂上官只有八九人，科道官只有十几人。万历四十七年（1619），杨镐四路出师辽东，被后金军队打得大败。礼部主事夏嘉遇连上两疏弹劾方从哲，要他为辽事之坏负责。吓得方从哲一度不敢到午门内侧东偏的内阁办公，只在皇极门内的朝房视事。不久，清兵连下开原、铁岭。方从哲为了有人能分担自己的责任，连上十道奏疏，哀求增补内阁辅臣，甚至不惜在文华门外候旨六天，终于使得神宗在廷推的六七名候选辅臣中，批红点用了史继偕、沈㴶，没有等这两位在籍的大臣到任，神宗又命何宗彦、刘一燝、韩爌为辅臣。第二天，又命朱国祚和前首辅叶向高入内阁。这时候，何宗彦、朱国祚、叶向高都在原籍，唯有刘一燝、韩爌能入直。

万历四十七年（1619）七月，神宗驾崩，朱国祚"北向悲号，感动闾里"。[①] 八月，光宗朱常洛即位，起用废官，升朱国祚为南京礼部尚书，覃恩予荫。光宗因朱国祚曾是教他的谕德官，遂在吏部会推内外大僚20人后，又谕内阁："朕思旧辅叶向高，匡时伟器，经济宏才。今国家多事，正赖辅臣协赞。新升南京礼部尚书朱国祚，讲幄旧臣，忠谠素著，著改礼部尚书兼东阁大学士，与向高一并差官照来夹辅，协恭佐理。"内阁大学士是"百官之表率，朝廷之观瞻"，朱国祚进入内阁，意味着攀上了官僚机构这个巨大金字塔上的顶点。朱国祚对光宗的感情是相当深厚的。他在《恭谒庆陵作》中说：

> 讲幄频趋鹤御深，重来就日惨棠阴。十年始受东朝册，一月真倾下土心。视椑尽收中使节，披沙罢采卝人金。最愁日历书难既，龙去乌号涕不禁。
>
> 枚卜才宣三殿麻，深宫遽晏五云车。翠微色映长陵树，金粟堆开景帝洼。北去重关遮鸟道，西来一水抱龙沙。白浮村下园官近，

[①] 国家图书馆藏清钞本《秀水朱氏家乘》。

未夏雕盘已荐瓜。

"讲幄频趋"说明朱国祚当年做皇长子的老师时，他们之间的接触还是相当频繁的。朱国祚回忆了朱常洛被册封为太子的艰难过程，认为他虽然只做了一个月的皇帝，但很得人心。光宗即位后，遵照神宗的遗诏，采取了尽停矿税、撤回税监等一系列新政措施。可惜的是，朱常洛仅仅坐了一个月的龙椅，由于每天"琴瑟在御"，很快就鹤驾西归。泰昌朝可谓昙花一现。听闻光宗驾崩的哀诏，朱国祚形神为之枯槁。

熹宗即位，两度派遣行人司行人袁弘勋带着诏令宣召朱国祚入阁，敦促他就道。朱国祚多次上疏恳辞，不获允。考虑到当时辽佐沦丧，京师戒严，做臣子的义当效命，朱国祚治办好行装，便乘船出发。行至桃源，接到兵部差官带来的谕令，朱国祚于是兼程入京，从陆路抵达山东平原县，与湖北随州人何宗彦相遇。此时，何宗彦也奉召为礼部尚书兼东阁大学士，参预机务。按照内阁的规矩，内阁大学士名次上的排列以入阁办事的先后为序。朱国祚说："我的科第要先于何公十二年，同到京城，必推让无已。"于是，他停车数日，等何宗彦入阁后再启程。如此一谦让，科场辈分高出许多的朱国祚在内阁中反而居于何宗彦之后。

天启二年（1622），朱国祚与何宗彦同典会试，自然只能做何某的副手。天启元年（1621）五月，朱国祚还朝。六月三日陛见，六日入阁办事。在谢疏中，他有这样的话："精白一心，对扬休命。苟有利于社稷，岂敢爱夫须发。"天启初年，正人盈廷，皇帝也励精图治。朱国祚与内阁同僚同佐维新之政，内宫和政府尚有一种肃然气象。

朱国祚一入内阁，便有大量边事需要处理。这时明王朝的主要忧患是后金政权的威胁。朱国祚在内阁忙着搜求研究军事情况，筹措安排边防物资，常常披星入直，批答文件到三更时分。进入内阁才10天，朱国祚首先提出发金济辽。熹宗同意发给200万两。

后金攻破沈阳、辽阳后，自塔山至闾阳200余里，烟火断绝，京师震动。熊廷弼被召入朝，晋封为兵部尚书兼右副都御史，驻山海关，再次经略辽东军务。朝廷同时擢王化贞为广宁巡抚，拥13万重兵守广宁。王化贞轻信叛将李永芳，抢功妄战，兵败后弃广宁退走，而驻右屯的熊廷弼手下只有5000援辽兵，见到大势已去，只好随王化贞撤至关内。朝廷以经略、巡抚不和,将王化贞逮问,以熊廷弼听勘,而熊廷弼希望澄清是非,自诣诏狱。刑部尚书王纪认为,熊廷弼守辽有功,足以赎罪,应从末减。阁臣沈㴶劾王纪袒护罪臣,例应同坐。熹宗将王纪削籍。起初,朱国祚票拟不究,御批褫职。圣旨一下,人们多怀疑朱国祚修怨,因为王纪当礼部侍郎时,曾经得罪过朱国祚。王纪说:"朱国祚,秀水长者,不至如此,是沈㴶构陷我。"朱国祚联合朝臣,上疏力救王纪,又具私揭论王纪无罪,甚至以掼纱帽相争,熹宗都不听。他叹息道:"撤免一大臣如小吏,国事不可为矣。"于是上疏告病说:"臣知识短浅,福过灾生,荏苒数时,驰驱罔效。如近日王纪一本,天威震叠,力不能回,无所短长,已见于此。"熹宗下旨说:"卿猷望素隆,深切倚仁,如何忽有此奏?殊非朕所望于卿也。"朱国祚力救王纪,并非想卖好于王纪,而是为了维护国体。

天启元年(1621)十月,以两朝梓宫升祔玄堂山陵襄事大典礼成,加朱国祚太子太保、礼部尚书,进文渊阁大学士,晋阶光禄大夫,勋柱国,封原配何夫人为一品夫人。

在保全忠直之臣方面,朱国祚也起了不少作用。天启元年正月,诏给奉圣夫人客氏20顷土田,为护坟香火之赀。又诏魏进忠侍卫有功,待陵工告竣,并行叙录。御史王心一抗疏说:"陛下眷念二人,加给土田,明示优录,恐东征将士闻而解体。况梓宫未殡,先念保姆之香火,陵工未成,强入奄侍之勤劳,于理为不顺,于情为失宜。"不报。后来,给事中倪思辉、朱钦相等又弹劾客氏,王心一言之尤切。熹宗大怒,下旨重谴,朱国祚力促首辅叶向高具揭申救,最终保全了王、倪、朱三人。

熹宗喜欢手操斧锯,制造轻车小屋。作为木匠,熹宗可说是天纵巧慧。由于沉迷于此道,竟导致万机不理,威权下移。不过,熹宗刚登上皇位的一段时期,尚能勤政。朱国祚在内阁时所奉熹宗批答还比较多。这些批答虽然书法拙劣,却没有假手司礼内监。

在同榜进士中,朱国祚与叶向高相交甚厚,因此在处事上能够恳切地进忠告。有一天,早朝结束后,叶向高和几个宦官立谈公务,谈了很长时间,朱国祚说:"阁体不可亵。古者坐而论道,今立而议政耶?"太监传旨有不当之处,叶向高必定与之大声争辩。朱国祚说:"不用如此,只要坚持按自己的意见办就行。"

党朋不解也是国势日衰的重要原因。当时朝廷内一些官员借红丸、移宫两案排除异己，闹得乱哄哄。韩爌请承顾命，对此不以为然。朱国祚对韩爌说："先生既目击其真，何不以一言洗两朝之诬。"韩爌第二天就上疏将红丸、移宫两案的经过情形说得非常明切。御史徐锦濂也对李可灼进献两粒红丸的事情作了详细说明。朱国祚说："此疏保全善类多矣。"他催促韩爌拟旨，宣付史馆。

天启二年（1622）二月，京师戒严。朱国祚与大学士何宗彦一同被任命为会试总裁。按照旧例，会试只用一名内阁辅臣为总裁，以一名詹事或翰林为副总裁。本来内阁题名何宗彦和礼部尚书、掌詹事府事顾秉谦为考试官，熹宗特旨命朱国祚与何宗彦一同为总裁。朱国祚上疏推辞，熹宗说："今岁系朕首科，特用二辅臣以光重典，卿不必辞。"因为会试日期迫近，不容许再上辞呈，朱国祚只好入闱典试。从此以后，用两位辅臣典试成为常例。顾秉谦很不高兴，怀疑朱国祚玩了什么花招。三月，朱国祚充廷试读卷官。卷子还没有看完，给事侯震旸上疏论三辅臣，最后说到朱国祚头上："朱某恬淡人，典试事何以由中旨？"朱国祚于是杜门不出，具疏辩明心迹并乞休。结果，三天内两奉圣谕说："点用断自宸衷，宜速出佐理。"朱茂旸《阐德录》还记载了这样的一件事："壬戌殿试，文恪（朱国祚）得陈公仁锡卷，已拟作第三人。故事：胪唱日，首甲三卷读卷官例于上前朗诵数行乃已，然必以次。文恪次第三。孙高阳（孙承宗）执陈卷向文恪曰：'此卷奥衍，几不能句。公于上前得无独当其难否？'文恪曰：'爱其宏览博物，不忍弃也。'越日，给事侯公震旸疏参诸辅，末及主试一事，文恪即引嫌归寓，而福唐诸公亦以人言出。高阳适读第三人卷。相见时，诧以为异。陈公仁锡，丁酉南场文恪所取士也，八上公车不第。辛酉北行，梦一人谓曰：'尔遇旧师，即大魁矣。'至都，知拟何随州及顾秉谦主试，郁郁不得志。至期，上以文恪代顾与随州分阅闱卷。陈以《易经》为文恪所得，置之前列，廷对拔作第三人，符前梦焉。"[①] 此前明代宗室无就试者。万历二十三年（1595），郑世子朱载堉上疏请宗室得儒服应试，始诏奉国中尉以下可入试。天启二年（1622）壬戌科，宗室朱慎鋈登进士。朱国祚请依常选法以为例。壬戌这

---

① （清）盛枫辑：《嘉禾征献录》卷一引，民国二十五年嘉兴金氏刻《槜李丛书》本。

一科取贡士刘必达等400人，倪元璐、卢象升、黄道周、吴鳞征、徐石麒、张国维、傅冠等一大批名贤做了朱国祚的门生。朱国祚先后四掌文衡，得人称盛。

内阁实在是很繁忙的，朱国祚经常五鼓入直，为同事先行佐理。如此二年，积劳成疾，朱国祚屡次请假调摄，蒙皇帝派遣中使至朱家赐酒米珍馔。

朱国祚不仅气质端雅，风神凝远，很有宰相风度，而且素行清慎，临事能持大体。在内阁的两年中，他辞免大捷加恩一次，陵工加恩两次，从来不滥膺爵赏。有一个大暑天，他的一个儿子张伞走在街坊中，打伞的仆人不注意，损坏了一个小户人家的店篷，还骂骂咧咧的，"小户莫敢言。后数日，邻人以其事闻于公。公呼其仆责之，且遗小户金，慰以善言。嗣是其子出，竟不张盖。李临川先生时称其事，为士大夫勖"①。朱国祚教子有方，东南地区的高门巨室把他写的家训奉为圭臬。

天启三年（1623），玉牒修成，朱国祚进少保兼太子太保、户部尚书，改武英殿大学士，晋授光禄大夫、勋柱国，予荫。这时，内廷势力日渐扩张。朱国祚敢与外戚势力对抗，但对宦官集团颇为畏忌。他向熹宗密陈阉党之害，遭到魏忠贤的衔恨。抱着明哲全身的念头，加上遘疾渐深，朱国祚坚请告老还乡，熹宗特遣大鸿胪及文书房官至朱家宣谕，温旨慰留，至再至三，或说："卿屡疏求去，负朕委任之意。"或言："已有屡旨留卿，如何恳请，眷倚方切，宜即出赞襄。"或道："卿屡疏控恳，朕岂不体念，但卿偶恙易平，何至坚意求去？"甚或诉诸辅臣之义、君臣之谊。虽然朱国祚仰感圣恩，至于泣下，但去意已决，连疏恳辞，并托韩爌进揭言："朱某清慎端恪，登第四十载，不治生产，家计萧然。入参机务，未及二年，雅多未竟忠献。臣等亦欲留之，以相资助，但其病真辞恳，宜暂令回籍养疴，异日不妨大用。"至四月上旬，上到第十三疏，才得旨："卿忠亮清勤，受知皇考。简佐朕躬，属以时事多艰，赞襄密勿，献劳茂著，倚任方殷。乃连章控陈，情词恳切，勉从所请，成卿雅志。着加少傅兼太子太傅，荫一子中书舍人，仍遣行人护送，驰驿归里。加赐银一百两、彩段四表里、大红纻丝、坐蟒一袭，称朕优礼至意，卿

---

① （清）杨谦纂：《朱竹垞先生年谱》引《志林》。

宜为国爱身，善自调摄，伫俟召还，以究大用。"朱国祚辞免加衔、荫子，未获允。是月望日，辞朝，朱国祚在谢疏末尾说："宫府当为一体，政本攸关，勿传琐屑之细务；天子守在四夷，边氛稍息，无烦禁旅之喧。呼召才望大臣，以究经纬之用；复敢言直谏，以作謇谔之风。"

天启三年（1623）六月，朱国祚回到嘉兴，迁居北门内钟秀坊。归里后，朱国祚杜门谢客，精神气色逐渐有所好转，虽然间或咯血，但卧起如常。抚按如苏茂相、冯三元、张养素等曾各自疏荐朱国祚，而朱国祚以"叨恩过分，惭无报称"之言推辞。

天启四年（1624）四月，朱国祚送朱大观、朱大治赴乡试，至苏州，惓惓以尽心职业及攻苦文艺为勉。七月，往杭州，阅长孙朱茂晖乡试闱牍，非常高兴。九月十五日，朱大启第六子茂晭出生，朱国祚盛服往贺。朱大启邀游鸳鸯湖，欣畅竟日，并订明岁看菊之约。朱国祚向来没有什么大病，十月二十四日凌晨，他忽然对何夫人说："昨宵梦驺从甚盛，欲迎我他适，令其暂迟一日，此何兆也？"到晚上，他与何夫人对饮至半夜，端坐而逝。死时鼻中玉柱双垂，与朱熹的情形相同。身后，"简橐中不满三十金，遗表一通，忠爱惓惓"。朱大启为叔父经办了丧事。乡里人听说朱国祚去世，"皆为流涕，辒辌所经，家设香案"。[①]

天启四年（1624）十一月四日，朱大启至省城，以朱国祚遗疏致巡抚都御史王洽上闻，熹宗为之震悼辍朝，并说："是惟我皇祖讲幄旧臣，羽翼皇考，有大勋劳，追恤之典，其从殊厚。"内阁阁臣拟谥"文恪"，吏部议赠太傅，得皇上允许。又从礼官之议，赠荫一子中书舍人，赐祭九坛，上命加祭二坛，遣分守浙西道布政司右参政张国柱捧玺书，临丧谕祭。工部议葬，葬以一品礼。赐造坟工料银三百两、夫匠银二百两、棺木一副、葬地一区，差行人司行人寿成美造坟安葬。熹宗《首七御祭文》称赞他："忠著三朝，清师百世。大魁名辅，今古罕俦。"行人司行人寿成美督理造坟。乌程朱国桢志其墓。照例，他的神道碑应该由宰相撰写。但当时，阉寺擅政，正人去位，因此其神道之碑阙而未书。

天启六年（1626）十二月二十九日，朱国祚葬于嘉兴城北十五里的思贤乡正水字圩百花庄。

---

① 国家图书馆藏清钞本《秀水朱氏家乘》。

朱国祚有很强的政治参与意识，其从政风格表现为"清"与"勤"。他当官后，没有用过书记，生平疏牍都是自己起草。朱彝尊小时候，看见自家"有容堂"的西庑，有四个柜子装着曾祖父的奏疏尺牍。在明末清初的战乱中，这些奏疏尺牍都遗失了。后来经过 50 年的搜访掇拾，朱彝尊将曾祖父的手迹装界成六册，并在册后题写跋语："先公万历中，以礼部左侍郎掌本部尚书事，清德著闻。是时朋党纷争，先公中立不倚，惟力持谠议，抗疏建储。迨册立旨下，出仪注于袖，信宿而大典行。他若劾郑国泰外戚不当预国事，利玛窦宜勒其归国，琉球遣使，当仍依会典差给事行人，不可失信外蕃。在政府日，救邹公元标、王公纪，皆存朝廷大体。即如尺牍草稿，十九多与封疆大臣论边防，绝不及私也。《明史》开局，同官已为先公立传。……留此六册，贻我子孙，庶几他日有览彝尊跋尾，知不诬其祖，稍见先公立朝之大节焉。"[1]

朱国祚由词林至入内阁，从来不讲排场，表现出恬退宽简的生活作风。在家，他只用奴婢五六人；出门，肩舆后只跟一人持名刺。居室中唯有数千卷图书，没有其他珍玩。服饰也很俭朴，贴身内衣都是布做的，不用丝绸。平日自己用餐只有一荤一素，尝不掩豆。每有轩冕过从，也欣然张筵。尽管自己生活不富裕，朱国祚仍然能够分俸周济寒士，说是"遂使渊明之樽不空，史云之甑顿暖"。有人称赞他心如止水之不波，性如乔松之必直，夷犹自得如醇酒之共醉，孤介不苟如姜桂之独辛。有人说："贤者谅公之心，而不肖者亦不能不畏公之贤。其谅者不能以其谅而曋就，而其畏者亦不能以其畏而弃捐。"而朱国祚自言："生本洁白，何必以清骄人；世本平坦，何必以峻拒人；事本平易，何必以机械迎人；遇本康娱，何必以酸俭矫谲示人。"这些话其实就是朱国祚的人生信条。

朱国祚熟悉明朝典故，精研经史，专攻《尚书》，尤长于《毛诗》，丹铅叶释，终身诵之不厌。他的书法学的是虞世南，笔力遒劲，为文力追西汉，醇雅宏畅，所作诗歌轩轩霞举，一无俗尘。其著作有《介石斋集》20 卷、《孝宗大纪》1 卷、《册立仪注》1 卷，编有《皇明百大家文选》17 卷。

---

[1] （清）朱彝尊：《书先太傅奏疏尺牍卷后》，王利民、胡愚、张祝平、吴蓓、马国栋校点《曝书亭全集》，吉林文史出版社 2009 年版，第 556 页。

第三章

侍郎父子——朱大启、朱茂时

第一节 刑部侍郎

秀水朱氏家族内部各分支有着穷达、贫富不均的情况。就仕途和文学成就而言，自以朱国祚这一支为最盛，因朱国祚官赠太傅，所以他这一支在《秀水朱氏家谱》上称为"太傅公派"；其次则为朱大启这一支，因其官终刑部侍郎，所以《秀水朱氏家谱》称他这一支为"侍郎公派"。朱大启是朱国祚长兄朱国祯之子。相对于"太傅公派"而言，"侍郎公派"所出人才数量更多，经济上也比较富裕。论所出人才数量之多，朱大启的子孙在秀水朱氏家族中当居首席。

朱大启是秀水朱氏家族"大"字辈中的显宦。其人字君舆，号广原，初名应麒。嘉靖四十四年（1565）九月十四日辰时出生。他父母去世早，又没有同胞兄弟，《秀水朱氏家乘编年志》说他"实教育于叔父先太傅文恪公"[①]。其实，他比朱国祚仅小6岁，早年与朱国祚是同学关系。隆庆六年（1572）八月，朱国祯设书塾于京城邸第，朱应麒和朱国祚一同入塾读书。万历元年（1573），朱氏"延山阴贡士陈公掴于家"，朱应麒和朱国祚从陈氏受业。万历七年（1579）八月，朱国祚乡试下第，回家后与朱应麒闭门力学，朝夕切劘。万历八年（1580），朱国祚以岁试第一的成绩成为廪生。同年四月，朱应麒补顺天府庠生。每次考试，顺天府丞赵焕多举朱国祚为第一，而朱大启也不出三名之外。万历十年（1582）正月，朱国祚、朱应麒与安福周鹤山、长兴丁长孺、昆山王孟夙、姚江

[①] （清）朱建子辑，朱德遴重修：《秀水朱氏家乘编年志》卷四，钞本，嘉兴市图书馆藏。

邹志显、景陵李增华、山石张从龙等结文社。据项玉笋的《樵李往哲续编》记载，万历十一年（1583）至十三年（1585），朱应麒曾主持"鸳水之社"。万历十三年（1585）八月，举顺天乡试副榜第一名。十二月，有位大太监的侄儿落第，"疾南方冒籍者，出揭攻之"①。于是，有旨命黜革非顺天本籍的考生。朱应麒属太医院籍，本来可以题留，但他决意回南方，故以寄籍除名。万历十四年（1586），朱应麒改名大启，补嘉兴府庠生。

朱大启与朱国祚叔侄感情甚深。朱国祚于万历癸未科中状元，授翰林院修撰。万历十五年（1587）八月，朱国祚为嫡母唐夫人守孝期满，服阕北上，朱大启一路相送，直到京口。万历十九年（1591），朱大启中本省乡试副榜。万历三十一年（1603），朱大启与朱大猷赴省乡试，朱国祚买舟至省，阅毕朱大启试卷，便说："命中无疑。"谁知朱大启又中副榜，朱国祚在舟中斟酒相慰。

万历三十三年（1605），朱大启、朱大烈、项穆、岳元声等人与嘉兴知府车大任、知县郑振先共建嘉兴府仁文书院。万历三十六年（1608），朱大启援例入太学。万历三十七年（1609），以秀水籍举顺天乡试，中第65名。万历三十八年（1610）二月赴会试，中第16名，出书四房户部主事张涛之门，主考官为吏部右侍郎、翰林院侍读学士萧云举、王图。三月廷试，朱大启为三甲第75名。

当时科场弊窦颇多，议论频数。万历三十八年（1610）的春闱就很有一些故事。国家图书馆藏清钞本《秀水朱氏家乘》说朱大启与试，"闱中已拟元，卒为韩求仲所夺"。韩求仲即韩敬，此人是浙江归安（今浙江吴兴）人。其授业老师汤宾尹是此次会试的同考官，领《易》一房，"敬卷为他考官所弃。宾尹搜得之，强总裁侍郎萧云举、王图录为第一"②。其实，与其说韩敬从朱大启手中夺走了状元，不如说他攫取了钱谦益的囊中之物。钱谦益出钱买通宦官做内线，本以为状元是自己的禁脔，谁料到韩敬居然独占鳌头，自己只捞了个探花。这次状元之争，其实质是朝廷的党争，是政治派系的较量。右春坊右庶子兼翰林侍读学士汤宾尹

---

① 国家图书馆藏清钞本《秀水朱氏家乘》。
② （清）张廷玉等撰：《明史》卷二三六，中华书局1974年版，第6153页。

是宣党的魁首，钱谦益的后台是东林党人。而朱大启的叔父朱国祚已辞掉了礼部左侍郎一职，正在家中过清闲日子。即便朱国祚在礼部还留有一片余荫，也不足以将状元的桂冠投在侄儿的头上。因为他在官场一向独立不倚，因而也势单力薄，无力与结党者抗衡。

万历三十八年（1610）谒选，朱大启除江西南昌府推官，在任屡决大狱。当南昌府缺知府时，即由朱大启署理，"查盘各邑，清白自将。考试首拔，皆知名士"①。"有徽商杀人，法当抵。以要路请托，抚军发县审释。大启覆招时竟置之法。临江有大姓，狱数年不决，片言定之。永宁为吉安支县，前司理皆不临其地。大启至，厘其积弊，清仓谷千石。"②万历四十年（1612），充江西乡试同考官。万历四十二年（1614），敕授文林郎。万历四十三年（1615），应广东聘，充乡试同考官。

朱大启在南昌府推官任内，与汤显祖有书信往来，《玉茗堂尺牍》中有《答朱广原》曰："癸未仕人，最早零落。子弟象贤者，亦不数家。而门下以天授之姿，拓天属之绪，为年籍光重，可以激厉顽钝，喜倍恒情。顾念门下鼎盛华贵，不佞沉痼衰委，未敢遽以世好通也。而良书已跫然岩壑矣，佳扇以扬清风，奇香以袭余馥，明镜以曦末照，美人之贻，感诵无极。至若瑶华之言，精博婉丽，不佞蹇恶，无能仰酬，率意鸣谢，惟大雅炤原。"③汤显祖和朱国祚为万历十一年（1583）癸未科同榜进士，早在万历二十六年（1598）汤显祖就弃官归里，后来被吏部和都察院以"浮躁"为由给予罢职闲住的处分。因此，他在信的开头自叹在同榜进士中"最早零落"，同时这也是在向朱大启称述世谊，接着说自己家族内的子弟能效法先人者不多，这种自谦是为了反衬作为晚辈的朱大启的才华和门第，然后说明自己之所以没有主动写信给朱大启，是因为顾虑到双方地位不等。最后称赞朱大启来信的文采，表达自己的谢意。汤显祖写这封回信措辞客气，而才藻斐然，文风与"精博婉丽"的来信相称。

万历四十四年（1616），巡抚和巡按举朱大启本省卓异第一。次年，

---

① 国家图书馆藏清钞本《秀水朱氏家乘》。
② 雍正《江西通志》卷五十九《名宦》。
③ （明）汤显祖：《汤显祖全集》诗文卷四十七，北京古籍出版社1999年版，第1457页。

朱大启以考选第一，拟暂授礼部主事。四十六年（1618），补为吏部验封清吏司主事，"调考功，力却馈遗。次年，乞假归，行李仅两驮尔"。天启五年（1625），起升吏部考功司员外郎，调文选司。六月，升为吏部验封清吏司郎中。十一月，调为文选清吏司郎中。当时，阉党势力正盛，请托纷纭，朱大启一概加以拒绝。"首揆移笺嘱选人，且云出大珰意。公谓其人曰：'内官向有陋例，司礼尽革之。今忽有此，是陋例自我开也，岂司礼以此觇我也？'其人口塞而去。首揆甚衔之。"①

到明代中叶，明朝的北部边疆长城沿线已经形成9个固定的防御重镇，称为九边。魏忠贤谋划派遣太监分镇九边，王永光等大臣极力反对，打算上公疏言其不便。此公疏应当由吏部草拟，于是，首辅让朱大启起草。在所拟公疏中，朱大启"为论辩甚切"，大忤魏忠贤之意。

诏封魏忠贤弟侄魏良乡为肃宁伯，巴结者还想让魏家世袭这个爵位。朱大启坚决不同意。大学士冯铨跑来警告朱大启，说他的行为已经惹恼了魏忠贤，随时会有危险，要他去向魏忠贤请罪。朱大启就是不肯。冯铨拂衣而去。在推升大选中，朱大启秉公行事，人情帖然，魏忠贤从中挑不出毛病，"乃以他司事巧诋，祸且不测"②。这时明熹宗朱由校遣官赐朱国祚祭葬，朱大启以为叔父营葬之名，得以陈情乞假。去官当日即出宣武门南行。魏忠贤衔恨不已，派遣了数十缇骑，沿途侦视，一直跟到淮安，找不到机会下手才离开。朱彝尊有《书〈曼寄轩集〉后》一文，认为朱大启为叔父之丧辞官是能行"古之道"："东汉风俗之厚，期功之丧，咸得弃官持服。如贾逵以祖父丧，戴封以伯父，西鄂长杨弼以伯母，繁阳令杨君以叔父，上虞长度尚以从父，渤海王郎中刘衡以兄，思善侯相杨著以从兄，太常丞谯玄、槐里令曹全以弟，广平令仲定以姊，王纯以妹，马融以兄子，皆以忧弃官轻举。至晋而嵇绍拜徐州刺史，以长子丧去职。陶潜以程氏妹丧自免，作《归去来辞》。自是而后，古之道莫之行也。先伯祖君舆公掌铨东曹，闻先文恪公之讣，请于朝，乞归持服。德陵允焉。当时典礼者不以为过。斯国史所当附书于礼乐志者。此事尚未百年，今人父母之丧，有不去其

---

① 国家图书馆藏清钞本《秀水朱氏家乘》。
② 国家图书馆藏清钞本《秀水朱氏家乘》。

官者矣。"①

崇祯初登大宝仅 13 天，朱大启就起升翰林院提督四夷馆太常寺少卿。当时朝政一新，"起废之典，公实首膺焉"。②岁末年初，朱大启正在入京途中。辞旧迎新的那一天，按崇祯纪元是立春，他在顺天府良乡县作《良乡除夕》诗："古驿逢今夕，他乡对故人。椒盘囊底旧，霜鬓客中新。守岁刚辞腊，乾元早布春。圣恩方浩荡，何必叹风尘。"崇祯元年（1628）二月，以登极覃恩，朱大启进阶中宪大夫。三月，崇祯帝命朱大启祭告河南中岳诸神及宋太祖、太宗、真宗、仁宗四陵。四月，朱大启陛辞，领香帛制文于皇极殿。五月，朱大启祭汉光武帝陵、首阳山，并渡洛水至巩县，祭宋四帝陵。巩县有宋代皇帝的九座陵墓，但只有宋太祖、太宗、真宗、仁宗四陵载在祀典。过虎牢关后，朱大启又祭周世宗陵。随后至登封嵩山庙，祭中岳嵩山。过胎簪山至桐柏县，祭淮渎。六月，自河南回里。九月，朱大启升太仆寺卿，摄添注少卿事。十二月，朱大启拜疏辞职，有旨命朱大启以新衔前来供职，不准控辞。

崇祯二年（1629）正月，朱大启启程，闰四月抵京城。六月，崇祯帝命朱大启署理库藏堂事，"时京师戒严，借支太仆马价无算。公昼则发帑，夜则巡视，随例进马。复派守宣武门，公练兵犒赏，悉出己赀，半载不归私寓。赵淑人在寓，以大义激励家人，日夜同诸女结束内衣，以备危急投井殉节，义不受辱"。③十月，边警告急，清兵迫近都城。朱大启上疏说："城守必需战兵，督兵必须宿将。从来城守，未有不列营郊原而能退敌者。臣曾闻寺省诸臣，与阁臣力言之。昨房薄城，向非袁崇焕、满桂等一战，更无所拦。昔己巳之变，各营精锐，十不存一。于谦分头招募义勇，出城列营操练，亲督石亨、孙镗等背城而阵，虏竟夜遁。夫当残败之余，尚能驱新聚之众而鼓之壮，况今全盛之日，独不可属宿饱之师而摧其焰哉？凡远近有兵所在，乞命枢臣飞檄催取，列营城外。至于边镇可旦夕入援者，暂提而至，亦可旋撤而还。事至今日，手足之捍

---

① （清）朱彝尊著，王利民、胡愚、张祝平、吴蓓、马国栋校点：《曝书亭全集》五十二卷，吉林文史出版社2009年版，第547页。
② （清）朱建子辑，朱德遴重修：《秀水朱氏家乘编年志》卷四，钞本，嘉兴市图书馆藏。
③ （清）朱建子辑，朱德遴重修：《秀水朱氏家乘编年志》卷四，钞本，嘉兴市图书馆藏。

头目，子弟之护父兄，岂待告戒者？第重赏之下，必有勇夫。激劝当机，人谁不奋？更望皇上分别赏赉，不拘恒格。惟其功，不惟其官。并敕计臣，各给本色粮草，以济燃眉，使士饱马腾，援兵厚集，而军威立振矣。又京师为天下根本，人心为京师根本，今当戎马在郊，安危交迫，群臣叩阍，不获一对，人心皇皇。伏乞皇上召见如常，则人人得尽其谋，举国皆有固志，而城守益严矣。"① 崇祯帝报闻。十一月，清兵东去，京师解严。十二月，以皇太子出生覃恩，朱大启得荫一子。

崇祯三年（1630）正月，朱大启出都城到江西催饷。二月，渡长江，命家人乘小舟归里，自己孑身西行。三月，至江西，将朝廷不得已之意布告郡邑。前后4个月里，征得正饷宿逋及金花等赋百余万两，输入京师。朝廷因用度不给，有旨额外搜刮。各差承旨，搜刮唯恐不逮。而江西淫雨为灾，朱大启上疏说："臣自畿南入江右，商旅萧条，生理艰苦。政当春熟，淫雨不止，菜麦失望，民情皇皇。臣所以忧心如焚，食不下咽。幸赖皇上威灵，数月以来，京边军饷，所输不下百余万，民间已无不倾髓，有司已无不呕心，而地方从来贫瘠，粒米外无他货物。正额尚且不支，何由搜之额外？臣心无穷而力有尽，实难展施。夫民生者，财赋所从出也。民生遂，则财赋自足矣。"② 于是一无所进。崇祯帝对他也未苛责，而是从其所请。朱大启又奏蠲积逋30余万两，江西人特别感激他。崇祯帝命饷差像巡按一样举劾地方官员，朱大启举荐廉吏张采、梁士济等9人，而一无所劾。江西布政司因添设催饷衙门，让各府协济500金，作为朱大启的费用。朱大启节省各种开支，待到办完饷差，起行回京，他仅支用了150两，还存350两。当时因为京师戒严，江西勤王兵马半途撤回，军费无处可出，势必向民间摊派。朱大启移文军院及布政司，将所余银两全部留佐勤王军饷。十二月，朱大启回至京城，停驻城外报国寺，"具疏报完，具疏举劾，得旨，乃入城，见朝视事"③。

崇祯四年（1631）四月，朱大启以资治少尹、太仆寺卿考满，晋阶大中大夫，封赠父母妻室，并荫一子入国子监读书。九月，朱大启夙疾

---

① （清）朱建子辑，朱德遴重修：《秀水朱氏家乘编年志》卷四，钞本，嘉兴市图书馆藏。
② （清）朱建子辑，朱德遴重修：《秀水朱氏家乘编年志》卷四，钞本，嘉兴市图书馆藏。
③ （清）朱建子辑，朱德遴重修：《秀水朱氏家乘编年志》卷四，钞本，嘉兴市图书馆藏。

陛发，万难供职，上疏恳乞照例回籍，以保余生。因为政务需要人料理，崇祯批复说："朱大启着照旧供职，不准请告。"① 朱大启再次拜上《臣病日深，臣心日苦，再恳天恩允放归籍疏》崇祯帝下旨说："朱大启患病情真，准回籍调理，病痊起用。着驰驿归。"② 十一月，朱大启回到故里。

　　崇祯六年（1633）十月，朱大启起升大理寺卿。崇祯七年（1634）三月，廷试天下贡士，朱大启充读卷官，与恩荣宴。四月大旱，朱大启上《时雨愆期，圣心垂悯，谨循职掌，俯沥愚衷，少裨仁政疏》，论时政之失，请施仁政："国家既设刑部，专司谳覆，而复设大理寺为评驳之官，犹恐天下有冤民。惟钦惟恤，至再至三，求其生而不得，则死者与我皆无憾也。臣蒙皇上两拔田里，洊历理卿，或念臣司李起家，持心颇恕，一长足效，臣即肝脑涂地，无以仰答皇上知遇之恩。今臣理官也，大理为古廷尉，持天下之平，凡狱有不平者，臣皆得而平之。乃目击二三近事，臣愿陛下弘三面之网，不愿陛下有一成之用也。古者人臣犯法，犹励之以廉耻，非为犯法者宽，正以士大夫以廉耻为重也。比者河臣朱光祚，河患不能预防，安所逃罪，然漕事已竣，一线可宽，倘皇上早允部臣之请，俾得出械而死，皇恩岂不浩荡？而垂白老臣，竟毙狱中，在陛下亦必恻然。然而事不可追矣。今累臣尚满囹圄，使皆得原情结案，庶几不为光祚之续，此臣所痛心而吁者也。又如项珍走空一案，牵累铨省诸臣王三重、曹履泰等。刑部覆讯，证据未确，此岂欺罔，而雷霆之威不解。屡奉严旨，竟以初招结案。累臣甘罪矣，而司寇大臣不能见信于皇上，谁复可信者？冤狱不申，中外雷同，岂朝廷之福？此又臣所痛心而吁者也。夫兵为民驱寇，而兵无纪律，所过驿骚，每闻民之苦兵也，甚于畏寇。近见汝州知州胡公胄，以州民杀伤官兵被逮，皇上不敕抚按，一勘情实，安知非兵扰民所致？恐州官逮，兵益骄，为民牧者不敢复恤其民，而惟兵鱼肉矣。此又臣所痛心而吁者也。臣职在平反，目击有未平者而不能申理，臣职旷矣。敢曰事未到臣寺而隐忍坐视，臣之罪也。臣既职在平反，使旁观者皆称其冤，而臣敢谓狱情重大，非一寺臣所宜言，尤臣之罪也。臣是以不避斧钺，披沥指陈，伏望皇上采择施行，则

---

① （清）朱建子辑，朱德遴重修：《秀水朱氏家乘编年志》卷四，钞本，嘉兴市图书馆藏。
② （清）朱建子辑，朱德遴重修：《秀水朱氏家乘编年志》卷四，钞本，嘉兴市图书馆藏。

幸生之累囚脱诸水火，而已死之枯骨亦沾润泽矣。天心感召，捷于影响，有不澍甘霖而回亢旸者，臣未之前闻。"① 崇祯帝不报。五月，崇祯帝赐朱大启鲫鱼一尾。此后鲫鱼之赐，岁以为常。

明朝和历代封建王朝一样，其法律的特点是皇权至上。凡重大案件的判决都必须经过皇帝的批准才会生效。有许元吉一案，刑部奉旨移文立决，朱大启予以评驳，使许元吉得附矜款。朱大启任大理寺卿，十分体恤民命，务以宽仁为怀，崇祯七年（1634）七月朝审重囚，朱大启开释了20余人。

当时吏部尚书缺人。崇祯七年（1634）八月二十一日，崇祯帝在平台召内阁九卿科道及翰林院等官员，命各举堪任吏部尚书者。大学士温体仁欲推用谢升、唐世济，他上奏道："若臣等先举，则诸臣或有瞻顾。东西班立，各自为举。"崇祯帝命给笔札，书名立奏。朱大启迎合同乡温体仁之意，推举谢升、唐世济。崇祯帝点用谢升为吏部尚书，用唐世济为都察院左都御史。朱大启和温体仁来往较密。黄裳曾在上海收得顾獬《桃花里集》，"大题下三行云：'西吴温体仁长卿父批评，长水朱大启君舆父校阅，长水顾獬若昔父著。'天启刻。八行，十八字。白口，单边。前有万历乙卯菰城友弟温体仁书于文似斋序，次万历己未京兆社弟米云卿序，次天启癸亥同郡友弟朱大启刻顾若昔诗小引"②。

崇祯七年（1634）八月，崇祯帝御经筵，朱大启充侍班官，赐宴。九月，朱大启的妻子赵淑人从东华门入紫禁城，在慈宁宫朝见懿安张皇后，奉懿旨赐茶。入宫前，赵淑人先待漏于成国公朱纯臣夫人的宅子。同月，朱大启升刑部右侍郎。

崇祯七年（1634）十二月二十四日是万寿圣节，照例在奉天殿里举行朝贺，文武大臣都献上表笺恭祝皇帝生日。朱大启担任展表官。在崇祯八年（1635）元旦的朝贺仪式上，朱大启仍然充任展表官。不过，元旦这一天，雷电大作，似乎是不祥之兆。过了15天，农民军就攻下凤阳，焚烧了皇陵。三月，朱大启拜上《恭承修省之旨，敬循职掌条议，仰佐钦恤至意疏》，请求皇帝"沛天地之弘恩，为修弥之实政"，对拘囚

---

① （清）朱建子辑，朱德遴重修：《秀水朱氏家乘编年志》卷四，钞本，嘉兴市图书馆藏。
② 黄裳：《来燕榭读书记》，辽宁教育出版社2001年版，第246页。

累臣施法外之仁。崇祯帝报闻。

为了在暑热之季及时疏理牢狱，明朝规定，每年小满后十日起，至立秋前一日止，凡被判流徙、笞杖的犯人，例从减等处理，称为"热审"。崇祯八年（1635）五月的热审中，朱大启开释了30余人。六月，崇祯帝赐给朱大启九柄川扇、二尾鲥鱼。

崇祯八年（1635）八月，朱大启转刑部左侍郎。有旨命九卿各自举荐才堪牧民、可任郡守之人，朱大启举荐海盐胡震亨为定州知州。[①] 胡震亨不仅敏练清勤，身怀济世之志，而且才高学博，是著名的藏书家和唐诗学的巨擘。他积20年而后编成《三唐五季诗统签》，这部巨著后定名为《唐音统签》，是清修《全唐诗》的蓝本之一。《唐音统签》编纂成书后，胡震亨又对李白、杜甫的诗歌作深度阐释，撰成《李杜诗通》。崇祯十二年（1639），胡震亨擢兵部职方司员外郎。朱大启在《李杜诗通序》中曰："时戎事孔棘，大司马察茂才异等、夙谙边务者，将擢以不次，龃龉者顾尼之，不竟其用。"[②] 所谓"龃龉者"指崇祯十三年（1640）正月代傅宗龙为兵部尚书的陈新甲。

崇祯八年（1635）十月，朝审重囚，朱大启又开释了30余人。明朝锦衣卫监狱由镇抚司掌管，直接听命于皇帝，故而又被称为诏狱。此时，有位叫郭昭封的官员才品卓荦，却身系诏狱达4年之久。刑部拟将郭昭封遣戍，崇祯帝以为定罪太轻，命刑部尚书冯英回话。朱大启对冯英说："我辈宜以去就争。"冯英面有难色，朱大启从袖袋中抽出一张纸说："试以此判入，上或不驳。"判文是这样写的："法者，皇上之法，祖宗之法，臣安敢以意为出入也？如罪不至是而漫置之重典，倘皇上以故入之罪罪臣，将何辞以对？今郭昭封之罪，事权非主律所不载，惟有仰承上意，层累加等而已。"此判奏上，崇祯帝释然允成。

崇祯八年（1635）十一月，崇祯帝因为军饷匮乏，命群臣捐助。朱大启进银80两，又另外捐助100两作为凤阳陵工银。次年二月，崇祯帝

[①] （明）朱大启：《李杜诗通序》曰："会今天子诏仿古，公卿各举所知，储文武兼才、牧民御寇之选，余备员廷尉，职得荐吏，辄表副侧席之求。"（清）黄宗羲辑：《明文海》卷二百二十七，涵芬楼钞本。

[②] （清）黄宗羲辑：《明文海》卷二百二十七，涵芬楼钞本。

命群臣助马价，朱大启进银40两。刑部狱灾，朱大启助工银30两。四月，崇祯帝召朱大启同九卿至平台，给笔札，票拟章奏。

崇祯帝自恃英明，刚愎自用，性格多疑，好刚尚气，对臣下苛刻寡恩，举措处置往往急遽失措。在位17年，内阁宰辅、六部长官、封疆大吏更替之频繁，史无前例。拿刑部尚书这个职位来看，17年间就换了17人[①]。朱大启在给海盐人吴麟征的信中说："主上英明天纵，遇一事穷索到底，则难在发言。"[②]

崇祯九年（1636）七月，边警告急，清兵从西山破昌平，京师戒严。崇祯帝命朱大启协守朝阳门，朱大启上《战守目前急着，仰祈圣明采择疏》说：

> 臣待罪西曹，忽闻虏警，方惴惴以安戢狱囚是惧。随接吏部咨，奉旨协同城守，臣即飞骑到朝阳，见老幼狂奔，士女仳离。及登堞东望，居民绝少，不觉泪下。窃念敌兵深入，犹釜中鱼耳，猖狂数日，曾无一旅问罪之师，驱逐斩馘，必待后援而后徐为之计，居重驭轻之谓何？且闻虏马虽入，尚在阙外，斋堂等处阑入者，亦已堵截，何以哗然若不宁晷？俄云贼营沙河，俄云贼抢西山，俄云贼围昌镇，绝无的据。臣素不知兵，愤懑欲绝，略陈固陋，条列急着五款，惟皇上垂听焉。一、拱护陵寝，以固根本；一、联络援兵，以便运掉；一、立营城外，以完城守；一、严赏罚，以明哨探；一、预备煤米，以固人心。

崇祯帝采纳了朱大启的意见。当时四方逃难之人争先恐后地想入城，而奸细不可不防，难民又不得不放入，盘诘稽查，极其焦劳，朱大启在

[①] （清）张廷玉等：《明史》卷二百五十六："计崇祯朝，刑部易尚书十七人。薛贞以奄党抵死。苏茂相半岁而罢。王在晋未任，改兵部。乔允升坐逸囚遣戍。韩继思坐议狱除名。胡应台独得善去。冯英被劾遣戍。郑三俊坐议狱逮系。之凤论绞，瘐死狱中。甄淑坐纳贿下诏狱，改系刑部，瘐死。李觉斯坐议狱削籍。刘泽深卒于位。郑三俊再为尚书，改吏部。范景文未任，改工部。徐石麒坐议狱，落职闲住。胡应台再召不赴。继其后者张忻，贼陷京师，与子庶吉士端并降。"中华书局1974年版，第6616页。

[②] 见（清）朱辰应《先尚书年谱后序》，《清谷文钞》卷二，上海图书馆藏嘉庆元年（1796）刻本。

所管辖的城墙上昼夜绕行，自七月至九月，寝食俱废。九月，京师解严，朱大启才得到崇祯帝的允许，回到私寓。十月，朱大启因城守有功，加俸一级。十一月朝审，朱大启上应决及矜款单，崇祯帝命停刑。十二月，崇祯帝命九卿推荐边才，朱大启以太仆寺少卿张玮清真有品，晓畅兵要，拜疏保荐。先前张玮任湖广巡道，"帅师勤王，治军严整，清名伟略，倾动一时，举朝皆服公得人"①。

　　崇祯十年（1637）元旦，朱大启又充展表官。三月，朱大启的妻子赵淑人从西华门入宫，在坤宁宫西面的隆道阁朝见中宫周皇后，奉懿旨赐银豆果鲜，命同嘉定伯周奎夫人遍游大内。当时执掌六宫之事的是明神宗的皇太妃刘老娘娘，她在思善门赐茶，礼数优渥，时称旷典。朱大启以正三品考满，晋阶通议大夫，赠其元配陆淑人，封继配赵淑人仍为淑人。朱大启拜《恳乞改给诰命，以弘孝治，以光泉壤疏》："臣生而食贫，力不能具修脯，凡句读以至行文，字字皆臣父口授，臣母亦篝灯课读，以励有成。是臣父以父而兼师之功，臣母以母而兼父之教，较他人父母之劬劳更万倍者，况又不幸早世，不及申一日之禄养。臣每追思，终天抱恨。先是臣官太仆，幸际覃恩，蒙赠臣父中大夫太仆寺卿，例应及祖，而臣祖以臣叔父叨在内阁，累赠少保大学士，既无可进之阶，无繇申尊祖之念。臣今现任刑部左侍郎，臣父仍列衔从三品，此臣心之所不自安也。查得旧例，多有改给诰命者，伏乞皇上推广孝思，恩普一视，敕下该部，俯赐施行，岂惟先臣衔结九原，臣世世子孙永戴皇恩于无穷矣。"得旨，赠其父朱国祯通议大夫、刑部左侍郎，赠其前母杨淑人、母施淑人仍为淑人。

　　崇祯十年（1637）四月，刑部尚书冯英因为监狱囚粮供应不足，请求把应服诚旦的囚犯量刑改赎，结果遭崇祯帝严谴，以"亵玩"下法司拟罪，冯英自行赴狱。崇祯帝命朱大启掌吏部尚书篆，署理部事。朱大启念冯英以改赎事获罪，又与冯英是同堂之官，应当分担过失，他上疏请辞说："四月二十一日，奉圣旨：印着朱大启署掌，吏部知道，钦此。臣叨贰刑曹，三载于兹，仅守尺寸，无补涓埃。顷者尚书冯英回奏冒干严谴，臣谊切同官，朝夕共事，英之罪，亦臣之罪也。既不能匡救其愆，

---

① （清）朱建子辑，朱德遴重修：《秀水朱氏家乘编年志》卷四，钞本，嘉兴市图书馆藏。

少诒旷瘝之责，又独荷圣恩垂宥，暂宽斧钺之诛。臣方跼蹐自惭，何敢冒昧署事，伏乞皇上简用别部诸臣暂署，敕下吏部，即日会推尚书，则部事无误。而臣分亦少安矣。"崇祯帝报以"朱大启署篆已有成命，着祗遵受事，不准辞"。朱大启代理刑部尚书的第二天，即援前官之例，上疏请求让冯英出狱，崇祯帝令冯英在私邸待罪。

山西督学佥事袁继咸被巡按御史张孙振列款纠劾，被逮下狱，尚未审讯，被牵连的百余证人也被迫羁栖旅邸一年多。朱大启素知袁继咸的冤情，于是在都城城隍庙讯问，逐案详鞫，澄清事实，然后条列袁氏冤状上奏。得旨，袁继咸得以昭雪，并补湖广参议，被波及连累的证人也都得到释放，天下称快。

崇祯十年（1637）五月，朱大启上《加增囚粮疏》说："迩来系狱日增，额设囚粮不给。原任尚书冯英万不获已，请量行改赎，每月增米二十石，聊以敷狱食，实以广皇仁。今蒙严谴，则狱食苦于无出，将来毙狱更多，此提牢官不得不亟为虑也。增粮既不可减，而无米何以为炊？现在容臣等捐俸接济一月，今后或于各司赃罚银内酌量烦简，共凑前数，永为定例，庶囚粮不致缺乏，而狱情亦得少安。"崇祯批复说："该部堂司取罪情由，全在站配蒙溷私改，与囚粮何涉？辄称以此蒙谴，明系借端代为饰卸。朱大启、王盐鼎着吏部议处。其囚粮不敷，准于各司赃罚银内设处凑给。"吏部议朱大启降一级。崇祯帝改为降五级，仍令其掌刑部篆。

崇祯帝因为亢旱，特谕复行热审。朱大启搜括卷案，悉心清理，将留滞狱中的40余名轻罪犯人，不管是已经结案还是尚未结案，全部原情开释。朱大启又上疏请求开释关在狱中的左都御史唐世济、云南巡抚钱士晋、吏部文选司郎中刘廷谏等人及案内牵累诸人，得到崇祯帝的允许。

崇祯十年（1637）六月，新刑部尚书郑三俊莅任，朱大启交付篆事，后偕三法司及锦衣卫的官员会同钦差司礼监审录重囚，朱大启多所开释。事竣，钦赐朱大启鲜羊1牷、酒10瓶、宝钞50贯。朱大启因为清理审录囚犯积劳成疾，饮食呕逆，便注籍请假。

朱大启在给吴麟征的一封信中说："慕爵禄，爱身家，此两念虽贤者不免。而慕爵禄之念，又能夺人爱身家之念。迩者主上以英严御下，使人慕爵禄之念轻，爱身家之念重。此岂好消息耶？"①

崇祯十年（1637）七月，朱大启上《君恩未报，臣病日深，恳乞天恩，俯容休致，以免瘝旷，以遂首丘疏》，崇祯帝报以"职佐邦禁，正需早允，着即出供职，不必引请"。朱大启再上《臣病痊可无期，再恳天恩允放，以冀生还疏》，崇祯帝有点不高兴，批复："前谕已明，如何复上请疏，着调理供职，不必又行引请。"而朱大启去意已坚，他又上《微臣实老实病，万难供职，三恳天恩放斥，以警旷官，以明勿欺疏》，崇祯帝下旨道："朱大启病真辞恳，勉从所请，准回籍调理，员缺速推才望堪任的来用。"朱大启与其叔父朱国祚"皆宦成知止，告老而去"②，当时海内人士将他俩比作"二疏"③。辞朝时，朱大启上《恭谢天恩并陈愚悃，仰祈圣鉴疏》说："法者，所以禁奸塞邪。今法司五城而外，有锦衣，又有东厂，有京营，又有总捕。毛附椻比，可谓密矣。而干有司者弥众，何与？盖讹棍因缉奸而生奸，捕役又因图功而买功。奉法者或溢意于法之外，受法者不得不横罹于法之内，乃知法非为治之本也。臣愿皇上体好生之德，独持大纲，与其以严治平，毋宁以宽治平。凡谳狱上闻，或有矜疑，不妨出自圣恩，特为昭雪。至于两造未备，单辞炫听，或系一人之偏见，或属一时之风闻，而被逮之家立见破碎，被逮之人或毙囹圄。即至究明，所伤已多。臣愚以为皇上秉几先之哲，操钦恤之权，与其雪之于后，毋宁慎之于始。"④他还利用奏谢之机上言：大热审之法宜遍行省直，以广皇仁。

朱大启为人厚重宽和，以诚待物，终始不渝，尤切于孺慕之情，即便年逾七十，遇父母生辰，仍然虔诚礼拜梁皇宝忏。他当官30余年，位至亚卿，置田不过数顷。但他对比朱国祚，还感到惭愧。朱国祚以宰辅的身份归里，留下的遗产仅有70亩墓田。朱大启名下的田产是朱国祚的5倍。他自惭道："我官阶三品，而恒产倍蓰于保傅，死何以见叔父地

---

① （清）朱辰应：《先尚书年谱后序》，《清谷文钞》卷二，上海图书馆藏嘉庆元年（1796）刻本。
② 国家图书馆藏清钞本《秀水朱氏家乘》。
③ 二疏指汉宣帝时名臣疏广和其兄之子疏受。疏广为太傅，疏受为少傅，叔侄二人同时以年老乞致仕，时人贤之。
④ （清）朱建子辑，朱德邃重修：《秀水朱氏家乘编年志》卷四，钞本，嘉兴市图书馆藏。

下？"他的话被乡里传为美谈。

朱大启归田后与胡震亨时相过从，相得甚欢，每每扬榷诗文。有一天，胡震亨向朱大启出示自己编定的李白、杜甫诗集说："李、杜大篇，寄意深婉，何可不为通？"胡震亨针对李杜诗的旧注"参而伍之，务探其原委。复为之胪次其体，佐以评骘""于李、杜诗尤加意训纂"①。崇祯十五年（1642），胡震亨将他完成的这部李杜诗注本命名为《李杜诗通》，并请朱大启作序。朱大启作《李杜诗通序》慨叹说："胡子以其才浮沉于世，亦足身致高位。遭时陷排，如轴摧牙折，不求更振，偃息林谷，托意于讽咏，以视李杜宗工，沦废流贬，遭遇又何殊乎？嗟乎！兹亦所以自见也夫。"②朱大启长子朱茂时与胡震亨之子胡夏客是儿女亲家。③清顺治七年（1650），朱茂时、胡夏客刊订的《李杜诗通》行世。

秀水朱氏家族有崇佛的传统。万历年间，朱大启曾与王肯堂等人邀请廓庵观公主持径山大殿。崇祯三年（1630），嘉兴金明寺僧智舷圆寂，朱大启为智舷料理后事，将他葬于嘉兴城西三塔之南黄叶庵后。④崇祯七年（1634）仲秋，朱大启为嘉兴楞严寺捐资刊刻《嘉兴藏》。⑤

朱大启晚年爱与方外人士结社，与秋潭、萍踪、雪峤等和尚交游，更唱迭和，因此，他的《曼寄轩集》中，禅诵之言居多，如《西溪梵隐志》所录朱大启的《游花坞》云："秋杪山深心地凉，携筇信步入禅房。默然坐月两相照，添说无生却渺茫。"⑥《槜李诗系》

---

① （清）黄宗羲辑：《明文海》卷二百二十七，涵芬楼钞本。
② （清）黄宗羲辑：《明文海》卷二百二十七，涵芬楼钞本。
③ 朱彝叙娶胡夏客之女。国家图书馆藏《秀水朱氏家谱》："继配海盐胡氏，兵部郎中震亨孙女，太学生夏客宜子女。"（明）朱茂时《李杜诗通》跋："先君子……独与胡孝辕先生结廉范之好，申潘杨之睦。"
④ 智舷，梅里人，俗姓周。（清）朱彝尊《鸳鸯湖棹歌》第87首云："桑边禾黍水重围，时有秋虫上客衣。三过堂东开夕照，满村黄叶一僧归。"诗后自注云："黄叶庵，释智舷所筑。"
⑤ （唐）释不空译《大宝广博楼阁善住秘密陀罗尼经》卷下："嘉兴府秀水县信官朱大启捐赀刻此《大宝广博楼阁善住秘密陀罗尼经》卷下，计字五千八百二十，该银二两六钱二分。襄楚释宗镜对。仲秋楞严寺般若堂识。"崇祯七年嘉兴楞严寺刻本，故宫博物院藏《嘉兴藏》正藏第79函，第17a页。
⑥ （明）吴本泰撰，褚树青标点：《西溪梵隐志》卷三，杭州出版社2006年版，第72页。

说朱大启："其人温谨，不作崖岸，然亦不苟同于人，故值门户方张，独称完节。"并选其《游马城神台寺》诗："白云看不尽，迤逦到神台。路踏千松入，碑残一藓开。廊风惊鸽起，山雨报僧回。坐久生幽思，名心半已灰。"①

朱彝尊撰《明诗综》选有朱大启四首诗，除《良乡除夕》外，还有《经海印废寺》："我行海子桥，不见镜光阁。惟有青莲花，凉风吹又落。"《自信州还贵溪》："小艇恰容膝，轻帆下溜滩。忽闻津吏语，斜月挂江干。"《黄岩道中》："万树梨云白满山，桃花几点破红颜。春风谷日黄岩里，数遍峰头不肯还。"《四朝诗·明诗》还录有其《寓龙湾清明日同张明宇踏青思乡》《题集影阁》。朱大启曾游雁荡山，写有《台荡游记》，其《双鸾峰》云："紫雾青霞只并栖，从来不肯别东西。雁山岩壑春深好，不学鸳鸯趁别溪。"②蒋叔南重修《雁荡山志·艺文存目》录有朱大启《五老峰》《双笋峰》。朱大启的文章也曾雄霸一时，当过南京国子监祭酒的大学者冯梦祯评论其文说："纵横驰骋，与云间张君一足双建旗鼓。"

崇祯十五年（1642）六月二十二日，朱大启辞世，年七十八，赠刑部尚书，赐祭葬，葬秀水县西北的腾字圩范滩成功浜口。江阴人张有誉为撰墓志铭。朱大启著有《考工记辑注》1卷、《曼寄轩集》12卷、《东曹笔疏》《自叙年谱》，又工书，《上海图书馆藏明人尺牍》第六册中有朱大启与朱国祚的一通尺牍。

乾隆初年，《明史》问世。朱辰应见自己五世祖朱大启的传仅附于朱国祚传末，于是为朱大启写了家传并在朱大启年谱的后序中说：朱大启一生处事，"门户无倚傍，权珰无错趾，历宦无弹射，居乡无揶揄，全节完名，与国终始"。③朱大启生有六子五女。长女适石门吕大良，此人是吕留良长兄，其父吕元学是万历二十八年（1600）顺天乡试举人，泰昌元年（1620）至天启四年（1624）间任繁昌知县；次女适秀水庠生沈宏敷；三女适海盐庠生曹元祎；四女适秀水贡生姚灏；五女适秀水庠生项

---

① （清）沈季友辑：《槜李诗系》卷十七，《景印文渊阁四库全书》第1475册，台湾商务印书馆1986年版。
② 戚永根主编：《温州市风景名胜区志》，线装书局2014年版，第86页。
③ （清）朱辰应：《先尚书年谱后序》，《清谷文钞》卷二，上海图书馆藏嘉庆元年（1796）刻本。

睿谟，此人是项梦原之子，过继给项元汴之子项德成，项梦原是万历四十七年（1619）进士，仕至刑部郎中，项德成尝捐资国子监，授文华殿中书。

第二节　贵阳知府

朱大启长子朱茂时，字子葵，号葵石，生于万历二十三年（1595）七月初八。先为钱塘县庠生，后改嘉兴府庠生。崇祯四年（1631），朱茂时承父荫入太学。可以说，荫官制度和科举制度的相互补充，为朱氏家族的发展和兴盛提供了制度层面的支持。崇祯六年（1633），朱茂时于北闱落第后，谒选得授国子监典簿，专掌春秋二祭，及刊行典籍，考课诸生。崇祯七年（1634）春，江西进贤人傅冠为国子监祭酒，东粤人黄絅存为国子监司业，此二人都是朱国祚天启二年（1622）任会试总裁时所得门下之士。傅冠更与朱大启"有雅素"。因此，朱茂时极受傅冠、黄絅存知爱。他董理春祭事宜，"凡祭品牲口，分送从厚，翕然见称于僚友"。[①] 崇祯七年（1634）六月，朱茂时升顺天府督粮通判，当月视事。宛平令忽然奉旨提问，顺天知府蔡韫令朱茂时摄宛平县，九月受事。崇祯八年（1635），朱茂时升工部都水司主事，署本部员外郎。

崇祯九年（1636），朱茂时提督张秋河道。张秋为漕运咽喉，有城无濠，不设防御，亦无别项钱粮可支，昔年几乎被清兵攻陷。在这连年闻警的时期，朱茂时拨挑河夫，为张秋修城浚濠，并设置义田义仓，选百姓中强壮有力者，练为民兵，还铸造了30余门火炮，以及数以千计的神枪、荔枝炮、万人敌等，预蓄了万余斛火药。崇祯十一年（1638），清兵直入内地。十一月，渐逼临清。十二月，警报益急，听说清兵前哨已过东昌，朱茂时请总河侍郎发兵救援，总河侍郎虽然批发详文，但无兵无饷，也无可奈何。至十六日，朱茂时不得已，率张秋民兵上城分防固守，誓与孤城同存亡。时值大雪，登陴之士不免饥寒。夜分时刻，朱茂时督催火具上城，将姜酒面食分给守城百姓。张秋城有南北两水口，漕渠中贯，"先是，绅衿议设木寨，恐难御火器。思补筑如城，一时不得完工。

[①] 上海图书馆藏朱茂时《秀水朱氏日记》。

且填塞水口，日后开挑为难"。朱茂时命水底用大椿木铺以石板，外砌砖石，内用枋木筑紧，使之屹然如城上，可以走马，"三昼夜报竣，远望不知其为新筑也"。又于城外掘坑堑，周以枣寨，用铁索纠缠，使清兵马队不便长驱。至二十一日，清军拔营离开东昌府李海务，搭桥过河，东西抢掠。二十二日猝至张秋，扎营于城之东北、张家坊西北、富安镇正西、骆駞巷东南，早夜焚杀。二十六日，清兵哨马至城下，当时城内有新调集的回兵，愿意出城打仗。捕河厅从城上缒下200余名回兵，擒获周大功等5名清兵及其盔甲马匹。从审讯中得知，清军将即日攻城。从来清兵攻城，见城中百姓扰乱，次早便破城，如东昌府、武城、清河、清平、夏津故城等处都是这样被破；如见城内寂然不动，称为哑城，或舍去，或攻而旋止，如馆陶、东河、东平、济宁州等处都是这样得以保全。张秋城内百姓预知清兵情形，静以待之。清兵疑心城内有备，于二十七日早晨，拔营南行。崇祯十二年（1639）元旦，因张秋城得以保全，朱茂时捐俸万余金，备办米面、猪羊、果酒，犒赏守城人员。每两人一桌，摆了500百余桌。上自府厅县佐，下至民兵家丁，任其醉饱。二月，清兵出关。

崇祯十二年（1639）八月六日，朱茂时入京。其时神机营将台旗的旗杆多年前已烧毁，需要重建，但难得长10丈、围7尺的木料。当事命朱茂时置办，朱茂时屡辞不获允。在朋友的劝说下，朱茂时接下了这件难办的差事。经过一番周折，在通津觅得10丈长的虎尾杉，花160金买下，总监王示期亲验可用。朱茂时又花百金雇了200余头驴马，用大车，将此木料盘入京营。为了竖旗，搭木架又花费百二十金。夹板石、底石、两旁填筑大石的运价亦费百金。铁箍18道，用铁8000余斤，锻炼半月，费百余金。购买石灰、糯米粥、麻皮、生漆之类，费百余金。置办大斗、黄旗、绒索，费百余金。总计竖此大纛，朱茂时花费家资1000余金。

不久，朱茂时以考最擢贵州贵阳军民府知府。崇祯十三年（1640）上元前一日，朱茂时回到嘉兴家中。三月初四，登舟赴贵阳任。四月上旬，朱茂时一行人经过江西南昌。南昌是他的旧游之地。万历年间，他曾随司李南昌的父亲到过南昌。重登滕王阁，一眺龙沙古迹，朱茂时感慨系之。接着自长沙过天心湖，至常德换乘小船，逆流而上，达镇远。六月十日，抵达贵阳衙署。"贵阳，黔之会城，半属外省寄籍，土著止三分之一"①，而贵阳城外居住的大多是苗民。朱茂时认为，苗民性悍而直，不尚虚浮，可以恩抚，不可以威慑，可以情动，不可以法绳，故而开诚化海，以不扰为治，刚明果决，摘伏如神。朱茂时还很重视教育，每月必集诸生会课。一些贫寒人家的子弟，经其奖拔，卒成令器。

天启二年（1622），水西土同知安邦彦挟持水西宣慰使安位造反。崇祯二年（1629），总兵官侯良柱、兵备副使刘可训击斩安邦彦于红土川。崇祯三年（1630），安位出降。此后余党未靖，总督李若星发兵进剿，委任朱茂时为监军，战于凉水，生擒巨魁老乌。朱茂时虽未亲历行间，而调兵督饷，颇著劳绩。论功，加服俸一级，举卓异。

贵州素有"地无三尺平"之说。朱茂时看到花蛮女子走摇摇晃晃的铁索桥，一点也不害怕，曾作《黔中曲》描述道："叠嶂曾无三尺平，盘江狭处铁桥横。短裙窄袖花蛮女，宛在秋千索上行。"崇祯十五年（1642），朱茂时入觐，至平越，听闻父亲去世，见星而行，归里奔丧。朱茂时在贵州曾置得枏椁一具，已合成灰漆，此时万里携归，以安葬其父。《嘉兴府志·秀水列传》称朱茂时"以忧去，黔人祀之"。②

朱茂时回籍后，不再出仕。早在万历四十四年（1616）秋，朱茂时就买下了西南湖畔的放鹤洲，拓地百亩，剪荆芟茅，筑堤栽树，开始营建"鹤州草堂"。放鹤洲是嘉兴的名胜。唐德宗时，宰相陆贽在西南湖中的小洲上建宅园，因园中有放鹤亭，故而称为鹤渚。相传在唐文宗时，宰相裴休又在洲上建别业，改名为裴岛。然而，朱彝尊考新、旧《唐书》，不见裴休流寓吴下之言。《至元嘉禾志》、柳琰修《嘉兴府志》、于凤喈修《嘉兴志补》，也没有相关记载。南宋初年，朱敦儒辟裴岛为放鹤洲，陆游曾和朋友来访。朱彝尊在《鸳鸯湖棹歌》第一首中写道："侬家放鹤洲前水，夜半真如塔火明。"自注云："宋朱希真避地嘉禾。放鹤洲，其园亭遗址也。余伯贵阳守，治别业于上，真如塔峙其西。"③董其昌曾为鹤州草堂题匾，李日华为之作画，朱茂时和他弟弟茂晥写了《放鹤洲

---

① 上海图书馆藏朱茂时《秀水朱氏日记》。
② 《嘉兴府志·秀水列传》卷五十二。
③ 王利民、胡愚、张祝平、吴蓓、马国栋校点：《曝书亭全集》卷第九，吉林文史出版社2009年版，第143页。

记》。有许多江南名流先后在放鹤洲饮酒赋诗，题壁淋漓。进士汪挺作《朱太守鹤洲草堂落成同诸公燕集》诗云："双栖烟岛昂藏鹤，独唳风林断续莺。"诗中所说的双鹤，丹顶白翎，昂藏饮啄，是朱国祚五十大寿时收到的寿礼。万历四十七年（1619），这对鹤生下三只小鹤，一雄二雌，光彩耀目。后来有人说，这是朱国祚入阁拜相的吉兆。

入清以后，朱茂时甘为逸民，放情丘壑，与邑中不愿仕进的诸老友结耆老社，次第款洽，风雨联吟。每举诗会，"轮一人为主。主人有诗，诸老从而和之……坐中或有女郎，期于善歌侑酒"，善饮者羽觞无算，不善饮者亦陶陶其乐。朱茂时觉得"此种洒脱，不可不形于绘事也"①，遂绘有《五老联吟图》等。顺治九年（1652）春，吴伟业来到嘉兴，舍馆万寿宫，着手编辑《绥寇纪略》。上巳那天，朱茂时、朱茂昉、朱茂晭兄弟请吴伟业到放鹤洲饮酒。有道开和尚与沈孟阳、张南垣父子及妓女畹生、楚云作陪。畹生、楚云小字同为庆娘。而楚云最为明慧可喜，吴伟业即席口占数诗赠楚云②。

嘉兴的真如寺塔始建于宋嘉祐七年（1062）。宣和三年（1121）罹战火，焚荡无遗。淳熙十年（1183）仲冬，真如寺主僧智炬重建宝塔。顺治二年（1645）闰六月，清兵抵嘉兴。城内守军担心清兵登真如寺塔，窥探城中虚实，将此塔纵火烧毁。顺治七年（1650），江阴僧印白立愿重造真如寺塔，志虽坚锐而不得要领。至顺治八年（1651），得到寺前三位居士的帮助，建塔之事才渐渐有所准备。印白请朱茂时出面邀请僧文节主持真如寺。朱茂时起初感到为难，后见印白态度坚决，遂邀三居士拜请僧文节飞锡真如，得到文节的许诺。在建塔之事上，文节亦大费心力，而朱茂时首倡布施，远近响应。建成后的真如寺塔飞梯螺旋，丹楹凤翥，金涂宝瓶，璀璨夺目。

朱茂时与曹溶也颇有交往。顺治十四年（1657）中秋节，曹溶和陈煌图等过访鹤洲草堂，冬日又到鹤洲探梅，作诗纪事。康熙十五年（1676）后，曹溶仍有《葵石招饮鹤洲二首》《葵石招同迈人、楚玉、右吉，看柴氏垂桂二首》等诗作。

---

① 上海图书馆藏朱茂时《秀水朱氏日记》。
② （清）吴伟业：《楚云》八首，《梅村家藏稿》卷八。

徐嘉言《辰始公族谱稿序》曰："郡守葵石先生居官为循良，居乡为名德。睦姻任恤，著于乡里。敦本砥行，笃于伦常。推为长者，人无间言。"[1] 康熙年间，朱茂时四举乡饮大宾。康熙二十二年（1683）九月二十八日，朱茂时去世，寿八十九。崇祀乡贤。他一生著有《河政纪》《北河纪略》《咸春堂遗稿》。朱茂时娶万历三十四年（1606）举人戴灏之女为妻，生有九子四女，其中五子早殇。其女婿都是庠生。长女适沈子木之孙沈咸，沈子木是归安人，嘉靖三十八年（1559）进士，曾任当涂令、工部主事，历南太常卿、通政使，进南京右都御史，刻印过吴遵《初仕录》1卷、唐白履忠《太上黄庭内景玉经》1卷、《外景经》3卷、《黄帝内景五藏图说》1卷、宋沈与求《沈忠敏公龟溪集》12卷；次女适沈兰苕；三女适李衷纯少子李光基，此人工诗，曾编撰同时代人的诗为《梅里诗钞》21卷，著有《澹园集》，其父是万历四十年（1612）举人，选授如皋知县，历任南京工部主事、兵部员外郎，知邵武府，终两淮运使，著有《激楚斋草》；四女适陆文炳。

真如寺西侧，离放鹤洲不远是朱茂时的二弟茂昭的园宅"邻峰草堂"。入园只见紫藤夹岸，翠竹森寒。春来梅花盛开，不减苏州邓尉、杭州西溪。朱茂昭字子藻，号藻水。万历二十七年（1599）六月四日生。天启初年，补秀水县庠廪生。后承父荫，入太学，除南京都察院照磨。不久，报升常州府通判，遭乱不赴职，迁居南门外邻峰草堂。著有《闲敞轩诗稿》。他性柔质直，和易可亲，和那位将李香君之血点染成折枝桃花的杨龙友交好，其《杨明府龙友以山水画扇见寄并订游吴之约以诗代答》颇有清越之韵："杨君黔州客，爱写吴下山。沙中群雁起，天末孤云还。橘柚经冬树，杨梅销夏湾。扁舟何日共，吹笛到吴关。"顺治四年（1647）三月初一，朱茂昭忽然呕血，病势危笃。至六月十二日，遂殁。

---

[1] 国家图书馆藏《秀水朱氏家谱》卷首。

第四章

知府一门——朱大竞、朱大定及大竞诸子

第一节 楚雄知府

万历六年（1578）十月一日，朱国祚的正室何氏在京城生下第一个儿子，这就是朱彝尊的祖父朱大竞。朱大竞，字君籥，号忱予。万历二十五年（1597）冬，由吕原做媒，娶华亭徐氏为妻。徐氏时年二十，其父徐元春是万历二年（1574）进士，官至太常寺卿，其曾祖父是嘉靖、隆庆朝内阁首辅徐阶，其外曾祖父是都察院左都御史潘恩。[①]谈起外家的这两位先祖，朱彝尊很引以为自豪，其《明诗宗·诗话》"徐阶"条说："先祖妣徐安人为文贞公曾孙。余少日登世经堂，睹永陵手敕罗列梁栋间，盖得君久而不衰，罕有过焉者。当日袁懋中于西内撰青词，湛元明为钤山作诗序，贻笑士林，而公不露所长。读《少湖文集》有醇无疵，非诸公所易几矣。"徐安人曾将自己外曾祖父潘恩所订《诗韵辑略》授予朱彝尊，使他知道如何分别四声。《明诗宗·诗话》"潘恩"条说："先大母徐安人为恭定公女孙所出。予七龄时，塾师课以属对，不协。安人述旧事，谓公六岁能调四声，因以公所订《诗韵辑要》授予，自是知别四声矣。公诗凡风雅什乐府五言杂体靡不拟，又与高子业、田叔禾相酬和，知其用力深而取友之善也。"

朱大竞初名大谟。万历二十七年（1599），朱国祚寄家信云："大谟

[①] （清）翁方纲撰：《经义考补正》卷九："潘恩，字子仁，上海人，明嘉靖癸未进士，南京工部尚书，谥恭定，竹垞祖母徐之祖父也。"误将朱彝尊祖母徐氏认作潘恩的外孙女。

可改名大竞。盖有御史张大谟,为内官鹰犬。不可与之同名也。"① 万历二十九年（1601）,朱大竞承荫入太学。万历四十五年（1617）,入都候选。万历四十七年（1619）,由荫生除授都察院照磨所照磨,署经历司事。照磨是正八品,掌管文书案卷的核对。天启元年（1621）春,朱大竞代理都察院都事厅都事一职。都事厅都事"司天下直省巡方告纸银,委官采办各色纸张送京中诸衙门用,例有奇羡"②,朱大竞一毫不取。四月,授阶修职郎。十一月,署理都察院经历司。

当时,京师首善之地,道宫梵宇,鸱吻相望,而独独没有儒生敬业乐群的书院。同掌都察院院事的左都御史邹元标、左副都御史冯从吾,奉上谕在宣武门内大时雍坊十四铺辟建首善书院。朱大竞负责管理工匠,挑选建材,和御使周宗建、工部司务吕克孝一同协力营造。首善书院建成后,叶向高在所撰《首善书院记》中说:"经纪其事者,司务吕君克孝、御史周君宗建。"没有提到朱大竞的名字。这是因为朱大竞已转任后军都督府经历司都事,进阶文林郎。首善书院在当时有些像东林书院在京师的分院。邹元标、冯从吾于朝退公余,不通宾客,不赴宴会,一有空就到书院讲学。那些有志于倡明理学的士大夫及青年学子大多围坐静听,一时转相传说,读书人都知道顾名义,重廉耻,京城的士风为之稍变。

天启二年（1622）,朱大竞升前军都督府都事,授阶文林郎,署前军都督府及宗人府经历司事。不久,又升太仆寺提督库藏协理京营马政寺丞,"凡马之孳牧者,选良健,汰羸劣,给京营者,省其肥脊。收马价银两,无苛政,常盈库,一岁赢累千金。吏昇至便署,力拒之。"③ 天启三年（1623）二月,奉上命催马价于河南。十月,从河南回朝廷复命,便道归里省父。不久,迁工部营缮清吏司主事,授阶承德郎。次年四月,摄工部清匠司篆。

父亲去世,朱大竞奔丧回籍。天启七年（1627）,皇极、中极、建极三殿重建工程尚未完全竣工,府帑空虚,魏忠贤擅权已久,决定给不依

---

① 上海图书馆藏《太傅文恪公年谱》。
② （清）朱建子辑,朱德遴重修:《秀水朱氏家乘编年志》卷四,钞本,嘉兴市图书馆藏。
③ 国家图书馆藏清钞本《秀水朱氏家乘》。

附自己的官员罗织些贪污巨款的罪名,并将追赃所得贴补重建三殿的巨额将作费用。河南道御史梁梦环秉承魏忠贤的意旨,上章弹劾了数十人。朱大竞尚未起复,也以"协理马政边饷亏额"的罪名被诬控。刑部郎中唐世涵、尚书白薛贞急切地想逮他入狱,由司法官吏审问。缇骑行至中途,因为生病,留在旅馆里。朱大竞对此还懵然无知,服除入都,准备补官,结果被关进大牢。适逢崇祯登基,朱大竞上疏自讼,称"魏忠贤诛灭忠良,梁梦环为之爪牙。凡忠贤所忌者,必以文纳之。前后槛车捕鞫,以万千计。今曲法及臣。臣职帑藏,知发金而已"。疏入,上命昭雪,朱大竞得以重见天日,官复原职。但谄事魏忠贤的营缮司郎中汤某不让朱大竞就职视事。不久,崇祯乾纲大振,汤某人被削掉了太仆寺加衔,梁梦环也以动摇中宫的罪名弃市,朱大竞终于履任工部营缮清吏司主事,进阶承德郎。

辽东沦丧时,朝中官员的家属纷纷治装南奔,朱大竞看着妻子徐氏和儿子们说:"我为人臣,宜尽节,无论若等,妇从夫,子从父,为何要离开?"崇祯二年(1629),都城被清兵包围,朱大竞分守西直门。他戴着破帽子,穿着旧衣服,登上城墙与将士一起巡逻,"昼夜治事,巨细立办"①。他还捐出俸银200两,制造炮石,用来轰击进入城郭范围的敌方游兵。崇祯皇帝御下严苛,不时派身边的近臣侦察臣僚有无疏漏松懈,一旦发现,立杖阙下,有的官员受到革职处分,有的则被下了大牢。

一天,朱大竞在门楼中正吃午饭,一位太监拿着令箭突然而至。他知道朱大竞是贵公子,打算好好需索一番。可他向朱大竞碗里一瞧,见到的是发红的陈仓米和臭鱼,不禁叹息而去。从此,侦察者互相传语,不再为难朱大竞。

朱大竞善于预测北地天气的阴晴变化。有一次,他买了上千条苇席,数百把铲子和扫帚。半夜时分,雨霰交集,其他八门的守卫者都喧闹不已,只有西直门能平静地打扫盖蔽。

崇祯三年(1630)四月,朱大竞升工部营缮清吏司员外郎。八月,奉命疏浚西直门城濠,兼提督神木场,维修禁城。所谓神木是指直径5

---

① (清)朱建子辑,朱德遴重修:《秀水朱氏家乘编年志》卷四,钞本,嘉兴市图书馆藏。

尺以上的木材。皇家宫殿、坛庙、陵寝所用的木材，都贮藏在朝阳门外运河一侧的神木场。十一月，崇祯命朱大竞监修德陵明楼，落成后，钦赐银10两，彩缎二表里。

第二年正月，崇祯要到太庙祭祀，朱大竞等官员前往助祭。行至承天门下，突然遇到皇上车驾，群臣或跪或伏，只有朱大竞鞠躬不拜。在他看来，道路之中不是行礼之地。崇祯对他的举动也表示欣赏。五月，朱大竞升为云南楚雄府知府。

在赴任之前，朱大竞回到嘉兴。兵部尚书申用懋听说朱大竞没钱准备行装，送来一百两银子。八月，朱大竞乘船溯长江西行。十二月，朱大竞抵达楚雄视事。楚雄府旧设卫所官员70多名，并且因为近几年地方不宁，屯有客兵，由副将、参将、游击等率领。这些文武官员到年终照例要送礼给知府，朱大竞一概加以拒绝。

楚雄领二州五县，土地肥沃。但兵燹之后，讼繁盗炽，家户虚耗。朱大竞说："此时应与民休息，官吏必须廉洁公平才能抚慰百姓。"云南是僻远之地，宪令宽松，官吏受贿狼藉不堪，只有朱大竞清清白白。他的生活全部仰仗俸禄，不收属下官吏的任何礼物，"所隶卫所官及副将参游等职听臧否者，至献菜茹，亦不许"。① 因此，他的上司都很看重他。云南巡按御史姜思睿说："朱守可谓身处脂膏，不肯自润，实乃今之孔奋。"孔奋是东汉初年以廉洁著称的官员。他在富庶地区为官四年，财产却无所增加。姜思睿称朱大竞为先生，为之废拜庭礼。

在朱大竞莅任之前，有强盗到楚雄府城北的羖䃲山一带抢掠，老百姓逃窜于山谷之中，有的流寓至周围郡县。崇祯五年（1632）三月，朱大竞派遣乡吏，招集邹联芳、郭卫民等200余家流民，归里复业。同时，还恤养陆文明、刘氏等数十余孤寡之人。

楚雄生员施以敬的妻子李氏守节50年，教子就学。贫民之妇韦氏、万氏害怕被贼人玷污，一自焚，一赴河。朱大竞经采访证实，为她们请来旌表。楚雄的狱中向来没有囚粮，贫穷的犯人往往难以存活。朱大竞捐出俸禄，买粮置谷。钱不够，朱大竞的妻子徐安人脱下簪珥，变卖换钱。朱大竞下令每天给没有家人送饭的囚徒5合米，狱中再也没有囚犯饿死了。审

---

① 国家图书馆藏清钞本《秀水朱氏家乘》。

案时，朱大竞时或好言温色，求得实情，"终日罕闻榜责声"。①

楚雄府土官自郡臣以下有20余名，职掌缉捕盗贼，类多骄悍，不循要束。上官每年岁时节日都收受土官的礼物，因而也遭到土官的轻视。结果是大盗满山，却没有人去讨捕。朱大竞的清节使得土官们心悦诚服，多降心奉职，山林中也就少有抢劫财货之事。

姚安府土官被楚雄卫所官兵所辱，便联合当地的一帮酋长，声言要报复。城郭之外骚动不宁。朱大竞谕告城外居民，使他们安堵如常，同时急调裨将统领劲旅，据守要害，严阵以待。土官知道城中有备，全都解甲而归，事情就这样平息下来。

楚雄百姓阿龙等人在农民军中被官兵抓住，即将正法。朱大竞知道他们是被裹挟进去的，将他们开释了。又有一位妇女迷了路，走过官军营垒旁，营将诬指她侦探虚实，将她痛打一顿，绑缚知府衙门，朱大竞没有审问就将她放回家。当时各营官兵捉拿少数民族百姓，常指作间谍，施以酷刑，解府请功，少数民族百姓往往蒙冤被杀。朱大竞在任，严令参将、游击以下官兵不得生事邀功，陷无辜者于死地。

府中库吏们历年来牟取站银不少，朱大竞令他们互相举告，一一认罪。起解银两过去多有亡匿，府县狡吏互相容隐，朱大竞"请文符，序甲乙，先行者不得后至。更置循环簿二扇，县登所解，月一上府；府登所收，月一下县。藩司与府亦如之"。② 巡抚认为他的方法很好，推广到全省。

楚雄县令爱护百姓，与推官不协，因而被诬告，几乎获罪，经朱大竞力救乃免。楚雄府同知一向贪图财利，因对朱大竞的清廉望而生畏，也收敛不少。

崇祯六年（1633）五月，楚雄大旱，朱大竞闭阁斋戒3天，步行几十里外，向潭水之神祈祷。他人还没有回到官署，大雨已经降临。

朱大竞在任招徕流民，平抑谷价，体恤狱囚，杜绝争讼，宽限马户的欠债，免除妇女的鞭杖之刑，是一位少见的循吏。当地百姓安居乐业，对他深为爱戴。

---

① 国家图书馆藏清钞本《秀水朱氏家乘》。
② 国家图书馆藏清钞本《秀水朱氏家乘》。

在任 8 个月，朱大竞母亲何太夫人的讣告就到了云南。他连忙辞去官职，回家奔丧。由于他政尚静简，廉节自砺，以至于几乎拿不出治装、雇车船的钱，随身行李"仅敝衣一簏而已"。巡按御史姜思睿对同僚说："万里长路，岂能步还？"于是，姜思睿和督学佥事邵名世等捐资聚粮，为朱大竞赠行。朱大竞也卖了些衣服饰物，这才有了旅费。楚雄府城的百姓作歌谣："清贫太守一世难，百鸟有凤凤有鸾。"赞颂朱大竞，并绘成图画，题名为《郁林石》。"郁林石"取自三国时吴郡人陆绩的故事。陆绩仕吴为郁林（今广西梧州、玉林一带）太守，罢官归里，行李仅有几卷图书，以至于归舟太轻，不胜风浪，只好找了块巨石压舱。人们钦佩陆绩的清廉，把这块镇船石称作"郁林石"。

朱大竞离开云南的那一天，"士民攀辕号泣，数十里不绝。立碑道旁，以志遗爱。滇省在天末，民性朴直，苟非感深入骨，从无植碑之事，植碑志爱，实惟公一人而已"。①

崇祯六年（1633）九月，朱大竞回到嘉兴。崇祯九年（1636）六月，在元配夫人徐氏去世后 3 个月，朱大竞也在家中去世，卒年 59 岁。

朱大竞生性长厚，行己端方，生平无所嗜好，被服俭素，无人可比。虽然寡于言笑，不妄缔交，但以诚接物，遇人谦恭，"虽后辈，必为尽礼，里中首推盛德。有巧诈忮害事，不敢使闻也"。②

在京城内外当官 15 年，朱大竞廉不沽名，勤能治剧，务持大体，而行以宽和。朱国祚在内阁期间，不纳鞭靴，朱大竞也是"洁己服官，以成父志，时论韪之"。③ 和父亲一样，朱大竞生平也不营田舍，所得俸禄常分施给他人。

朱大竞生有五子：茂晖、茂曙、茂曈、茂晥、茂暽。

第二节　工部主事

自宋元以来，诗流结为诗社，代代有之。到了明代隆庆、万历年间，

---

① （清）朱建子辑，朱德遴重修：《秀水朱氏家乘编年志》卷四，钞本，嘉兴市图书馆藏。
② 国家图书馆藏清钞本《秀水朱氏家乘》。
③ 国家图书馆藏清钞本《秀水朱氏家乘》。

南都诗社发展到鼎盛时期。至于晚明江南文社的涌现是以天启四年（1624）应社的成立为发端的。应社起初的成员是张溥、张采、杨廷枢、杨彝、顾梦麟、朱隗、王启荣、周铨、周钟、吴昌时、钱栴，他们分主五经文字之选，而由嘉兴府学生孙淳效奔走之劳。应社刚成立时，自矜门户，取友尚隘，而吴昌时、钱栴主张扩大交友范围，广纳四海文士，于是有了广应社。贵池人刘城、吴应箕，泾县人万应隆，芜湖人沈士柱，宣城人沈寿民咸来相会。崇祯元年（1628），湖南嘉鱼县人熊开元来吴江做县令，召集秀才们讲论时艺。利用这个机会，孙淳结交吴翻、吴允夏、沈应瑞等，开始成立复社。崇祯二年（1629），张溥在吴江主持召开"尹山大会"，把各地文社统合到复社中。第二年，复社在南京举行金陵大会。崇祯六年（1633），又有虎丘大会。从此，复社名动朝野。

秀水朱氏家族在社集中颇为活跃。朱茂晖、朱茂旸曾立"士品社"，为艺林主盟。茂旸字子药，号药园。万历三十四年（1606）十一月十日生。府庠生，以例入太学。其人被服儒雅，性脱略，不修小节，不以家世自矜。"尝明辨文体，为艺林主盟。性脱略，不修小节。"朱国祚去世的时候，朱茂旸年未弱冠，即措意祖德。自少至老，数易其稿，著成《阐德录》一卷。书中所记朱国祚言行，可以补充史传碑版的阙漏。朱茂旸明辨文体，而不屑以科举自见。明朝覆亡，他隐居塘桥村舍，著述自娱，有《药园类稿》若干卷。因为常常济人之急，丰产消尽，但他结茅课子，未尝忧悒。康熙十六年（1677）九月十四日，朱茂旸去世，终年72岁。

复社第一集同盟奉朱茂晖为伦魁。朱茂晖字子若，号晦在，生于万历二十六年（1598）十二月四日，为朱大竞原配夫人徐氏所出。万历四十三年（1615）二月，补秀水县庠生。万历四十五年（1617）十月，娶海盐郑氏为妻。郑氏是嘉靖年间刑部尚书郑晓的来孙，布政司经历郑端胤之女。郑晓在嘉兴城东北角建有别业"百可园"，此园中央凿有一长方形池塘，环塘四面遍种蔬菜，芋魁芥孙，豆棚瓜堰，恍若深村。来了宾客，郑晓就在百可亭里设宴。朱彝尊后来在此处读过书。其《明诗综·诗话》说郑晓"锐意经史学，韵语不多作，然曾刊《鸣唐万选绝句》以行，非不留心风雅也"。郑晓精通经学、术数，著有《九边图志》《吾学篇》等著作。

天启四年（1624）二月，朱茂晖以科试第 13 名，补增广生。督学为临川人吴之申。天启五年（1625）九月，承朱国祚之荫，朱茂晖得授中书科中书舍人。崇祯六年（1633）四月，北上乡试。后官工部营缮主事。朱茂晖著有《晦在先生集》《棘闱记》，辑有《禹贡补注》。徐孚远称赞《禹贡补注》可以和程大昌之《禹贡论》《禹贡山川地理图》，傅寅之《禹贡说断》并垂不朽。朱茂晖写文章力求取法乎上，以六义为本源，作诗最厌恶的是剿袭前人。后七子、公安派、竟陵派先后领诗坛风骚，朱茂晖皆不屑于依附，而"昌黎、眉山之席，直欲踞之"。① 其《移居百可园即事二首》云：

十亩墙东地，新编六枳篱。上番移竹便，辰日种瓜宜。稚子解行药，邻翁邀揲蓍。忽闻蜃楼见，策杖往观迟。

梓树层阴合，莓墙一径穿。亭开三面水，地占十弓田。书籍虽亡矣，犁锄幸有焉。晨朝鼠姑放，并坐许衔蝉。

这些诗淡淡几笔，便具一洗俗尘的风韵，可见其胸中自有山水。朱茂晖没有生子，以弟弟长子彝尊为嗣子。

崇祯元年（1628），朱茂晖在杭州西湖上看到魏忠贤的生祠被捣毁，颇有感慨。因为西湖毁祠之日，正值他父亲忧患之余。为此，他写了一首四十六韵的长诗《崇祯戊辰湖上观毁逆奄祠纪事》：

先王定群祀，旧典犹可询。功宗纪自周，大享配有殷。或以劳定国，或法施于民。或捍大灾患，勤事丧厥身。非此族不与，议礼恒谆谆。亦惟身后然，未闻存者均。于公县狱吏，创祠东海滨。王堂莅巴郡，任延守九真。继此广都韦乂，复有安阳荀勉。比于甘棠爱，但许末俗循。云何承平日，坏法自朝绅。悉索民膏脂，献媚一寺人。始由节使潘汝桢，建祠西湖滨。嘉名锡普德，过者莫敢瞋。群

---

① （清）陶元藻辑，蒋寅点校：《全浙诗话》第 4 册，浙江古籍出版社 2017 年版，第 896 页。

小齐效尤，遑惜耗金银。初时自吴楚，渐乃遍晋秦。迢迢极关塞，各各逞斧斤。高官及大帅，将作何纷纶。经营拟官室，究度侈堂陈。或为九楹殿，升降雕采鳞。或公门三涂，伏颐辟层闉。或树一丈碑，褒颂满坚珉。黄金渗厥像，丹漆涂其唇。青丝绾倭髻，茉莉花斩新。金呼九千岁，拜手稽首频。爰有陆上舍万龄，跖犬吠喑喑。孔子作春秋，鲁史盖有因。诛一少正卯，不足惧乱臣。岂若颁《要典》，其言醇乎醇。东林宜显僇，以仁杀不仁。是诚上公德，至圣亦至神。允宜瞥宗祀，俎豆垂千春。邪说虽未遂，闻之啮齿龂。恨乏斩马剑，断头擢其筋。悲皇忽徂落，我后新政勤。爰书别六等，国法崇朝伸。纵有百千儿，安能赎其亲。我来泊湖曲，诏下交欢忻。一夫为之倡，童叟咸来臻。碧瓦碎作砾，画栋摧作薪。刀劙莽头秃，土盗鯀壤堙。成之累岁月，毁之不终晨。世间快意事，败谋在逡巡。除恶莫若尽，古训信可遵。白日重光昭，平湖自涟沦。长留关与岳，终古配明禋。

康熙十八年（1679）八月，朱彝尊在史馆与同事谈及明末旧事，心有所感。回到家中，他写下《先君子五言诗书后》一文说明了此诗所叙写的事实。建魏忠贤生祠的始作俑者是浙江巡抚潘汝桢，他把祠建在西湖畔的关公庙和岳庙之间。祠建成后，朝廷赐题额曰"普德"。由是封疆大吏，纷纷效尤。魏忠贤生祠甚至建到了内城东街，工部郎叶宪祖私下对人说："这是天子幸辟雍的驰道。驾出，泥人难道能起立？"马上有侦探把他的话报告给魏忠贤，叶宪祖当天就被削籍为民。魏忠贤生祠以宏丽相尚，瓦用琉璃，像加冕服。有些魏忠贤像用沉檀木塑造，眼耳口鼻手足，宛转一如活人，肠腑则用金玉珠宝填充，发髻中凿有一孔，簪以四时花朵。其褒颂之辞说："至圣至神，中乾坤而立极；乃文乃武，同日月以长明。"每建一祠，必上闻朝廷，内阁辅臣总是以骈语褒答。尤其悖逆的是，国子监生陆万龄，将魏忠贤颁《三朝要典》，比作孔子作《春秋》，将魏忠贤虐杀杨涟、左光斗、袁化中、周朝瑞、顾大章、魏大中"六君子"，比作孔子诛少正卯，请求在国学右侧建祠，题扁额曰"配圣"。适逢熹宗宴驾，陆万龄的建议才没有能够施行。而江西巡抚杨邦宪，在崇祯已经登基的情况下，仍然毁掉周敦颐、二程和朱子及澹台子羽的祠庙，捣碎儒家先贤的塑像，疏请建魏忠贤生祠。随着魏忠贤的伏诛，这些生祠都被士民拆毁。凡主持建祠的官员，都名入逆案。朱彝尊在《先君子五言诗书后》一文，引《小雅·十月之交》爱列皇父、家伯、仲允暨番、聚、蹶、楀字爵之义，表示自己职在国史，不能因为佞人有后代而隐其恶。具书佞人之名，意在使闻者足戒。

甲申、乙酉以后，朱茂晖遁处郊野，闭门著书，"炊无盛烟，晏如也。以方幼安高风、渊明大节，殆不愧焉"。① 康熙年间，朱茂晖曾与钱汝霖等隐士在海盐澉浦西边的永安湖讲学。永安湖环水皆山，一条小堤把此湖分为南北两部分，故而又名南北湖。明代正德年间，兵科给事中许相卿邀孙一元等在八月十六日晚上，宴饮于永安湖中。许相卿仰视明月说："昔日李白与张渭游汉阳湖，于是改名'郎官湖'，先生今日至此，可以把此湖称为高士湖。"因此，永安湖又名高士湖。钱汝霖本姓何，初名青，号商隐。浙江海盐人，明诸生。年轻时多结交名流。晚年倾心程朱理学，隐居澉浦紫云村，学者称紫云先生。有《紫云遗稿》。康熙八年（1669），清廷政局因鳌拜被捕而出现动荡，钱汝霖、吕留良等人曾从桐乡来永安湖密议举义大事。

康熙十四年（1675）六月二十九日，朱茂晖辞世，终年78岁。以嗣子仕，赠征士郎、日讲官、起居注、翰林院检讨。朱辰应在《阐德录序》中称："予家自先太傅以清慎知名，子若孙得力庭训，凡忠孝大节，各表表志乘，而舍人昆弟当革代后，安贫守志，读书谈道，湛如也。以故时人为之语曰：朱公诸孙，食祖之贫，施约庵氏，亦谓醇谨朴茂，一家中穆然三代之遗。迨后太史竹垞氏出，发扬前人之业，尤遐哉。"②

第三节　书画妙手

朱茂曙是大竞的次子，字子蘅，一字子蔚，生于万历二十九年（1601）十二月二十日，其生母为大竞侧室蔡氏。天启元年（1621），受知于县令范文若，补秀水县增广生。嗣后，广西右参议曹学佺、应天巡抚郑瑄、南京礼部侍郎顾锡畴、工科都给事中何楷、户部尚书倪元璐、

---

① 国家图书馆藏清钞本《秀水朱氏家乘》。管宁，字幼安，三国魏高士，北海朱虚人。
② （清）朱辰应：《清谷文钞》卷二，上海图书馆藏嘉庆元年（1796）刻本。

都御史吴之屏对朱茂曙都很推赏。

南京作为明王朝的建都之地，住着许多宗室王孙、开国公侯的后代和公卿子弟。每年秋天乡试时，2万余考生云集于此，更促使南京娱乐生活异常繁荣。朱茂曙虽然在乡试考场上屡战屡败，但这期间也留下了反映秦淮风光的诗篇，如《秦淮河春游即事》云："桥下溪流燕尾分，湾头新水惯湔裙。六朝芳草年年绿，双调鸣筝户户闻。春雨杏花虞学士，酒旗山郭杜司勋。儿童也爱晴明好，纸剪春鸢各一群。"这首诗虽然以放风筝的儿童为特写镜头，但那湾头新水流淌着佳人的脂粉，双调鸣筝奏响在烟花妙部、风月名班的窗口，明末的文采风流于此可见一斑。

朱茂曙与姐夫谭贞良过从甚密，其《京口别元孩后登楼作》就反映了两人间的深厚情谊："西楼昨夜露为霜，枫叶新红槲叶黄。愁绝江南望江北，雨铃风铎正郎当。"谭贞良，字元孩，崇祯十六年（1643）以五经中式，赐进士出身第一。李自成攻进北京后，谭贞良穿着乞丐的衣服，徒步逃回南京。弘光朝，任礼部精膳司主事，受命典广东乡试。

朱茂曙弱冠之年，在京邸侍奉祖父。当时朱国祚"方秉国政，声望赫然，而是时东南全胜，吴越贵公子孙争以结纳宾客相高。或溺于声色饮食玩好，为游闲之风。其最下者往往把持有司，为人关说，以夸耀其乡党。而君皆耻不为也，布衣蔬食，怡然自适。非雅相故者，骤见之，不知其为文恪公孙也。……为人恂恂儒雅，笃于孝友，所交皆贤士大夫。与之处者，未尝见其喜愠。而至于取予进退，则又毅然介而有节"①。朱国祚当荫一孙，给予茂曙，而茂曙不接受。他的一位叔叔富而无子，按次序应当由茂曙承嗣，茂曙又不接受，全部推让给弟弟们。万历四十七年（1619）三月，由工部司务吕克孝为媒，朱茂曙娶华亭状元唐文献的孙女、董其昌的外甥女唐氏为妻。

唐文献，字元征，号抑所，生于明嘉靖二十八年（1549）。其人为诸生时家境清寒，他说："我往时做秀才，每至岁残，则有贫窘奔波之苦……至新春开卷，甚觉粗疏。"② 万历十四年（1586）丙戌，唐文献举进士第一，任翰林院修撰。

---

① （清）汪琬：《朱君子蘅墓志铭》，《钝翁前后类稿》卷四十四，《清代诗文集汇编》本。
② （明）唐文献：《唐文恪公集》卷十六《家训》，明杨鹤、崔尔进刻本。

晚明禅风流行，士大夫动辄谈禅言心性，万历十六年（1588）冬，唐文献与董其昌、袁宗道、瞿洞观、吴应宾、吴本如、萧玄圃会于北京德胜门东的龙华寺，和憨山禅师夜谈。董其昌在《画禅室随笔》中说："唐文献、袁宗道等人在这天晚上初依法门。"

唐文献出自赵用贤门下，好以名节相称许。在他当太子讲官时，太监气焰熏天。可唐文献为太子讲学时，看见大太监进来，仅一揖而已，不通一言。给事中李沂因弹劾专权的太监张鲸，被逮捕受廷杖，打得血肉横飞，无人敢为他说一句话。唐文献却上前扶李沂起来，并亲调汤药喂服，把李沂从鬼门关口拖了回来。荆州推官华钰触忤税监，被逮下诏狱，唐文献极力周旋，保住了华钰的性命。

万历三十一年（1603）十一月，有人在京师散发揭帖（时称妖书），传播神宗想更易太子的流言。神宗下诏，在京师五城追查。大学士沈一贯指使给事中钱梦皋上疏诬陷礼部右侍郎郭正域和大学士沈鲤。神宗也认为妖书出自郭正域，授权沈一贯大肆搜索审讯。唐文献曾与郭正域同为皇长子讲官，皆三迁至庶子，不离讲帷。于是，他和同僚杨道宾、周如砥、陶望龄去见沈一贯说："郭公将不免，人谓公实有意杀之。"沈一贯表示没有此意，甚至以酒酹地，做出发誓的样子。唐文献说："我等知道公无意杀之。但是台省承风下石，而公不早早结束此狱，何辞以谢天下。"因为司礼监太监兼提督东厂太监陈矩鼎力平反，礼部左侍郎李廷机以自身前程为郭正域担保，郭正域才幸免遇害。朱彝尊在《静志居诗话》中说："（郭正域）坐妖书系狱，九死不悔，可谓骨鲠之臣。"唐文献等人替郭正域仗义执言，当时人称长者，但大失执政者欢心。一年冬天，他对人说：家乡薛山上梅花盛开了，扑鼻刺眸。何时能徜徉在薛山梅花间，比在"长安陌上，受辎尘十斛"强多了。其《长安春日感怀》云："已觉吾衰久，行藏未自由。江乡千里思，梦醒五更愁。鸟自吟清昼，花应笑白头。初衣频取拭，肯负竹林游。"

唐文献仕途 20 年，历中允、谕德、右庶子、掌詹事，升礼部侍郎、翰林院学士，教习庶吉士。卒赠礼部尚书，加太子少保，谥文恪。著有《占星堂集》16 卷（又名《唐文恪公集》《唐宗伯公文集》），以及《青宫进讲经义》1 卷。

晚明的松江府是江南文化世族会聚的地域之一。从东汉后期开始，此地的陆氏家族就代有闻人，如汉末庐江太守陆康和他的儿子陆绩，东吴名将陆逊，西晋名士陆机、陆云，唐代名臣陆贽。到了宋代，此地更是科举鼎盛之处。因为松江僻处海隅，宋、元末期频仍的战火，也不曾破坏这片土地的安宁。随着宋室南渡、元灭南宋、明朝统一天下等重大历史事件的发生，许多士族之家避居松江。在明代，由于聚集了沈易家族、何良俊家族、董其昌家族、陆深家族等文化世族，松江文风之盛，不下于孔子、孟子的故乡。在这样的人文环境中，明末还诞生了以云间三子陈子龙、宋征舆、李雯为骨干的云间派文人群体。[①] 朱茂曙结亲于华亭北门外唐氏家族，使得他的儿子们能借随母归宁的机会，受到松江文化传统的熏陶。

朱茂曙是个书画家，"少善属文，文恪公于诸孙中最爱异之，工行楷书，能画山水竹石"[②]。"董尚书其昌见而叹曰：'不出十年，子当乱吾真矣。'"[③] 朱彝尊《论画和宋中丞》中所谓的"先子韶年写云壑，当时心折董尚书"[④]，就是指的这件逸事。

崇祯年间，两浙地区久旱无雨，飞蝗蔽天，饥荒随之而来。朱茂曙的妻子唐氏带着两个女儿忙着刺绣衣裙，靠女红挣钱买点米。日色偏西，朱家才有炊烟飘起。而朱茂曙"绝无忧色，奕谱画鉴，覆局开图，不改其乐也"[⑤]。浙江巡抚董象恒是茂曙的连襟。有人劝他前往拜见，他坚持不往见，"其好远权执多此类"[⑥]。

入清后，嘉兴频遭盗劫，朱家避地栖真寺南，不久搬到诸城之西，转而移居新胜堂北，沈驾也曾将自家住宅东北角的"霁容阁"让给朱茂曙一家住。朱家先后迁徙九次，最后定居梅里。明朝对在监的生员"厚给廪饩，岁时赐布帛文绮、袭衣巾靴。正旦元宵诸令节，俱赏节钱"。[⑦] 此外，还有免除杂泛差徭、不受地方官吏责罚等待遇。而清廷在顺治元

---

① 姚蓉：《明末云间三子研究》，广东高等教育出版社2004年版，第19—20页。
② （清）汪琬：《朱君子葡墓志铭》，《钝翁前后类稿》卷四十四，《清代诗文集汇编》本。
③ （清）朱彝尊：《静志居诗话》卷二十二，人民文学出版社1990年版，第713—714页。
④ 王利民、胡愚、张祝平、吴蓓、马国栋校点：《曝书亭全集》，吉林文史出版社2009年版，第220页。
⑤ （清）朱彝尊：《静志居诗话》卷二十二，人民文学出版社1990年版，第714页。
⑥ （清）汪琬：《朱君子葡墓志铭》，《钝翁前后类稿》卷四十四，《清代诗文集汇编》本。
⑦ （清）张廷玉：《明史》卷六十九，中华书局1974年版，第1676页。

年继续给予生员廪膳和免丁粮的优待，也让他们继续保有免派官役差徭的特权。① 朱茂曙叹息说："吾老矣，尚奚以诸生为哉?"② 断然放弃了生员身份。朱茂曙丢掉秀才的头巾，意味着拒绝享受清政府给予的优待，表现出不食周粟的高尚气节。

朱茂曙暮年鳏居，"经史之外，旁习天文、医卜诸家书逾数十万言，尽通其术。晚虽书画亦屏不复为"③，"敝衣破帽，口不谈天下事，惟与里中耆老，枯棋一局，浊醪数杯，以消暇日"。④ 朱茂曙喜欢下棋，有一次在福建，约见一位老朋友，途中遇到一位棋坛高手，便在旅馆中对弈，错过了约定见面的时间，窘迫而归。

朱茂曙在京城侍奉祖父时，从祖父那里听说不少朝廷掌故。嗣后，在游学南京期间，谭贞良引以相助，博稽旧典，撰写了《两京求旧录》。这部书稿在朱茂曙避居栖真寺南时，被小偷偷走了。为了教授学生，朱茂曙还曾抄撮过《韩诗内外传》章句。他生平诗作不多，偶尔写上几首小诗，诗稿不是扯烂，就是烧掉，不刻意保存。黄虞稷的《千顷堂书目》著录有朱茂曙的《春草堂遗稿》，不过，这个集子在朱彝尊编《明诗综》时，已经不见踪影了。

从朱茂曙留下来的不多几首诗看来，遣词造语相当工妙。如《牵牛花》："金飚初动露华滋，最爱娟娟竹尾垂。多少红楼昏梦里，不知秋色到疏篱。"牵牛花日出即萎，令耽于酣睡而起床晚的人来不及观赏。这首诗写出了花色在风露中呈现的韵致。再如《鹤洲对酒》云："已收桥下钓，复此石上酌。百尺凌霄花，纷纷落红萼。"给人一种月华凝露、清辉自流的感觉。

康熙二年（1663）十一月十四日，朱茂曙去世，终年63岁。乡人私谥为"安度先生"。其墓在梅里娄家桥，长洲汪琬为作《朱君子葕墓志铭》。康熙二十年（1681），以子仕，貤赠征士郎、日讲官、起居注、翰林院检讨。朱茂曙有三子三女。长女适南京刑部尚书周用之孙周吉亥；

---

① 姚蓉：《明末云间三子研究》，广东高等教育出版社2004年版，第140页。
② （清）汪琬：《朱君子葕墓志铭》，《钝翁前后类稿》卷四十四，《清代诗文集汇编》本。
③ （清）杨谦纂，李富孙补，余楙续补：《梅里志》卷十，清光绪三年（1877）刻本。
④ （清）朱彝尊：《静志居诗话》卷二十二，人民文学出版社1990年版，第714页。

次女适秀水陈懿典之孙、陈泰宁之子陈忱,陈懿典是万历七年(1579)浙江解元,万历二十年(1592)进士,仕至中允,有《读左漫笔》《读史漫笔》;三女适御史吴弘济的曾孙吴周瑾,此人是秀水县人,占嘉善籍,字虎文,庠生,著有《葬经广义》三卷,朱彝尊《曝书亭集》卷三十五有该书之序,略谓:"周瑾集诸家之说,旁证曲据,为《广义》三卷,其说只以避祸,不计求福,无戾乎儒者之言。既成,谋镂刻行之,予乐为之序。夫以葬师之所欲秘者,布诸通都大邑,凡为人子,可一览而得其测量候验之法,兆基考降,始以无惑,终以勿悔,信夫言之不可废,世之居丧未葬者,虽与丧礼并读焉,奚不可也。"①

朱茂曙次子彝鉴,字千里。崇祯八年(1635)四月二十四日生。工书善画,于秦汉篆法,不假师授,辄得神解。在诗歌创作方面,受长兄朱彝尊的熏陶,长于送别的题材,有《笏在堂遗稿》。朱彝鉴还兼工手艺,曾听经师讲解《诗经·秦风·小戎》章,心里嘲笑这位经师不懂车的规制,于是用木头做了辆兵车,买来绢人绢马,执鞭驾车。有人想看,他就拿出来展示。他的岳父沈章居住在嘉兴白苎村。其人字宗玉,是国子监生,诗风颇为奇崛,著有《苎庄集》。沈章的"苎庄"有鱼梁、藕花、潋水、竹湾诸胜,朱彝尊曾读书其中。

朱彝鉴常参与彝尊及其诗友的倡和活动。顺治十六年(1659),为了配合郑成功、张煌言的军事行动,屈大均一直在南京一带活动。朱彝尊、朱彝鉴、周筼、徐善以诗代笺,作有《寄屈五金陵》,朱彝鉴诗点明了南京的形势,流露出亡国之感:"军容屯朔骑,风物话南朝。庾信伤心地,江关入望遥。"

康熙元年(1662),朱彝尊为避"通海案"之祸,随新任永嘉县令王世显赴任。次年,朱彝鉴远行千里至永嘉,告知朱彝尊,魏耕一案已经缓和,追查的风声逐渐平息。朱彝尊有《舍弟彝鉴远访东瓯喜而作诗》云:"急难逢令弟,访我自江东。顿喜羁愁豁,兼闻道里通。晴江空翠里,春草乱山中。知汝南来日,西陵定遇风。"

康熙四年(1665)四月初五,朱彝鉴病故,年仅31岁。朱彝尊再过

---

① 浙江省通志馆编,浙江省地方志编纂委员会整理:《重修浙江通志稿》标点本第8册《著述考》,方志出版社2010年版,第4830页。

雁门关时，听说弟弟去世，悲吟道："雁门关北雁初飞，万里征人泪湿衣。回首秋风行已断，天南消息到应稀。"① 最后两句隐含着兄弟亡故，家乡音杳两层含义，失去亲人的悲痛和怀乡的愁思就这样交织在一起。彝鉴无子，以其弟彝玠之子德铉为后。《梅会诗选》录有朱彝鉴《送家兄之会稽》等诗9首。

朱茂曙第三子彝玠，字彦琛，为人醇谨。崇祯十二年（1639）六月二十四日生，康熙三十七年（1698）十二月十八日卒，寿六十。

第四节 大竞余子

朱大竞第三子茂㬙字子苣，嘉兴庠生。天启三年（1623），承祖荫，授中书舍人，未赴任。"性狷直，外似柔弱而中有主持，志愿甚宏，不欲以阀阅得官也。"② 茂㬙子彝器，字夏士。嘉兴府庠生。承曾祖荫袭父职，入北雍，授中书科中书舍人，未就职。"宽和修整，有文名。"③ 其妻是平湖王建中的孙女。王建中是万历十四年（1586）进士，累官参议。

大竞第四子茂睆字子苐，号苐园，又号萧闲、明农。万历三十五年（1607）正月初八生。崇祯初年，补嘉兴县庠增广生。年轻时，曾远游燕赵。朱大竞任楚雄知府，朱茂睆万里随行，周览西南山水之胜，所至以诗笔自娱。他还把父亲的治迹记录下来，撰成一卷《忠贞服劳录》。嗣后，朱大观出任广西思恩府知府，朱茂睆又随叔父由楚入粤，担任幕僚。清兵攻破嘉兴城，朱家避兵于嘉善夏墓荡之北，有老朋友邱岳把儿子托付给朱茂睆，自己浮海入粤，转徙闽广，最后客死他乡。朱茂睆将邱岳之子视若己子，为他娶妻，教以学文。

朱茂睆30岁丧偶，此后不得不自己料理生活。他常乘赤马船去市场，有的市侩故意抬高物价，他从不还价，如数付钱。后来，市场上的

---

① （清）朱彝尊：《再度雁门关》，王利民、胡愚、张祝平、吴蓓、马国栋校点《曝书亭全集》，吉林文史出版社2009年版，第117页。
② 国家图书馆藏清钞本《秀水朱氏家乘》。
③ 国家图书馆藏清钞本《秀水朱氏家乘》。

商人都说："这是位长者，不应该欺骗他。"朱茂晥这才得以平价购物。当他徒步走在市场中，手里抓着菜把，陌生人根本想不到他竟然是宰相的裔孙。客人来访，走进朱茂晥的三楹居室，就会看见他的几案上零乱放置着书籍、炊具、盐豉、蒜果，有时客人得自己动手煮饭烧菜。他的《颠颔集》中有一首诗写了这种情况："三十即悼亡，所苦米盐并。有时宾客至，手自调吴羹。"

朱茂晥勤于治学，终日里忙着雠经纠史，不肯放弃一点空闲时间，家中的蚕头细书，盈箧满笥。作为里中的一位学术精英，朱茂晥教授生徒30余年，先后有上百人著录在他门下。朱彝尊及其表兄弟谭吉璁、谭瑄、陆世楷、陆莱都是朱茂晥的学生。

崇祯末年，浮华骈丽的文风盛行一时。朱茂晥远浮名，务实学，最欣赏嘉定黄淳耀的文章。他把黄淳耀的文章拿给朱彝尊看，继而对朱彝尊说："河北盗贼，中朝朋党，大乱将成，学时文有何用？不如舍之学古。"他抛弃八股时文，摆脱晚明士子急功近利的风气，用《周官礼》《春秋》《左传》《楚辞》《文选》《丹元子步天歌》教授朱彝尊。人们笑他迂腐，但这种教学内容为朱彝尊筑下了传统学问的扎实根基。朱彝尊曾不无自负地说："予少而学诗，非汉魏六朝三唐人语勿道。选材也良以精，稍不中绳墨，则屏而远之。"①

鼎革后，朱茂晥不复干进。康熙十一年（1672）五月十五日，朱茂晥去世，终年六十六。朱茂晥有着强烈的敬祖睦宗的意识，他是朱氏家族修纂族谱的第一人。族谱的撰修标志着嘉兴一个新的世家大族已经发展到相当成熟的阶段，有了总结家族发展历史的需要。除《族谱》《忠贞服劳录》《颠颔集》外，朱茂晥还著有《甲申绝句》《西南游记》《投烽集》《自娱集》《考工记达解》，以及关于石鼓文的著作《猎碣考异》。

茂晥子彝六，字有舟，号花屿。崇祯六年（1633）六月三日生于云南，在襁褓中被带回嘉兴，"早岁即舌耕，文词为同学推许"。② 著有

---

① （清）朱彝尊：《鹊华山人诗集序》，王利民、胡愚、张祝平、吴蓓、马国栋校点《曝书亭全集》，吉林文史出版社2009年版，第448页。

② 国家图书馆藏清钞本《秀水朱氏家乘》。

《诗学绪余》《千字文蒙告》《有思居诗稿》。朱彝六的妻子是嘉兴陶朗先侄女。陶朗先是万历三十五年（1607）进士，官登莱巡抚。

朱大竞第五子茂瞵，字子荃，号俞间。府庠生。性格放达，与时寡合，喜欢读陶渊明、韩愈的诗文集，"乱后，蓬楹背郭，以酒德全其真"①。

---

① 国家图书馆藏清钞本《秀水朱氏家乘》。

第 五 章

朱门余彦

第一节　尚宝寺卿

在天地板荡、陆沉沧海之时，朱大竞的六弟朱大定怀忠抱艺，乘城扞敌，最后英勇就义，可谓忠烈之士。朱大定字君永，号寄畅。生于万历三十三年（1605）二月七日，朱国祚侧室周宜人所出。天启二年（1622）九月，娶云南布政司参政王建中之女为妻。后又娶侧室张氏。其妻王氏诰封宜人，著有《怀旧阁诗余》。

朱大定身长七尺，风姿秀美，膂力过人，是位文武全才。他既擅长画山水，曾为汪砢玉画《摩诘诗句图》，又精究长枪之法。天启三年（1623），朱大定承父荫授中书舍人，未就职。因为天下多故，所以他请求授予外职以自效。崇祯十二年（1639），改授四川成都府管粮通判。张献忠入四川，成都戒严，朱大定兼程赴任，"下车之日，即擐甲登陴，直指大喜。公更为筹画备御方略"①，他用计斩杀过张献忠农民军的将领，使得农民军解围撤走。崇祯十三年（1640）十月，张献忠部渡昭河，百姓汹汹，奔入成都城中，薪米骤贵。朱大定请蜀王及各司出钱，购买了500石米，施粥救济难民。朱大定夜里巡视各粥厂，周咨劳苦，发现踪迹可疑的人，就另外关押。不久，张献忠部攻至成都。总督、巡抚等大吏惶惧失措。朱大定与布政使侯安国守北门，看见城下有一位农民军将领，穿着红色的衣服，跨马巡视军队。擅长骑射的朱大定"操强弩射之，落其胄，众拥去"②。朱大定对诸

---

① 国家图书馆藏清钞本《秀水朱氏家乘》。
② 李聿求《鲁之春秋》卷十一，《明末清初史料选刊》，浙江古籍出版社1984年版，第109页。

大吏说:"听说贼寇连续三昼夜挖掘城墙,至地下一丈多,全是石头。贼寇锐气稍挫,人虽多而部伍不整,出奇兵攻击,可以把他们击退。"诸大吏认为不行。朱大定说:"诸公不必担心,我看他们如探掌中之果。"当即率80名壮士,乘夜里缒下城墙出击,杀敌5人,俘3人,夺马10匹。获胜后,入见巡按陈良谟时,朱大定手提敌人首级,头血淋漓堂上。陈良谟离席说道:"别驾是贵公子,乃能亲手杀贼啊!"这天夜里,农民军退屯柳沟浦。朱大定请乘势出击,没有吃早饭就提兵奋往,斩首30余级,生擒7人,农民军卷营遁去。朱大定"服官不受馈遗,两造理其曲直,无金氏之人。民有死不能殓者,给以棺木。岁值不登,设鬻以食饿人"。①

第二年,朱大定以功署重庆州知州。重庆百姓苦于征敛,朱大定下令说:"你们遭寇蹂躏,已经很苦啦。我宁愿丢官离开,不忍以催科再使你们穷困。"百姓们因感激而争输钱粮,使得重庆所收税赋为一郡之最。崇祯十五年(1642),朱大定升成都府同知,诰授奉政大夫,未赴任。十六年(1643),因生母病,假归。福王立,朱大定起为职方主事,累转南京尚宝卿。他上书史可法,请正君心,收人望,锄奸佞,慎名器,足兵食,通民情,凡六事。史可法感叹道:"这是救时之才啊。"打算引用朱大定。因为马士英乱政,朱大定拂衣归里。

朱国祚旧藏"米海岳砚山",原本是南唐砚官李少徽为后主李煜雕刻的,是"宝晋斋"的遗物。南唐国破后,砚山流转数十家后,归米芾所有。米芾卜居丹阳,看中了苏仲恭家位于北固山甘露寺下的一块竹木丛秀的古宅基地,于是用砚山与苏仲恭换了地。宋代宣和年间,砚山被宫中收藏。后来流落民间,为台州戴氏所有。明代时,砚山一度归于新安人许国。此物在朱家阅经三传,传到朱彝尊手上,被他携至京师,王士禛见到后,叹为奇物,作长歌《米海岳研山歌为朱竹垞翰林赋》以纪之。在这之前,朱大定曾经要把"米海岳砚山"赠给朱国祚的门生黄道周。黄道周因为这是先师所宝,不敢接受,只为砚山题写了四章断句。朱茂暘《阐德录》记载了此事,并且说黄道周行笈中只有断碑一砚。弘光朝覆灭后,黄道周随唐王朱聿键间关浙东期间,曾有信给朱大定,以"隆

---

① 国家图书馆藏清钞本《秀水朱氏家乘》。

中有子，昼锦有孙"为勖。而朱大定的所作所为也无愧于其名父。朱辰应《记黄石斋断碑砚后》曰："宋王伯厚得士如文文山，千古传为盛事。先太傅主天启二年会闱，是科先后自靖者凡二十有三人，石斋实不愧文山。后死尚论者即以先太傅海岳研山拟王氏校士之砚，而石斋之断碑以之并文山玉带生，夫何歉哉？是日既展阅吾友张苕堂所摹拓本，适拜扫先太傅赐墓暨尚宝碧血埋藏之所，仰见松柏烈烈，不啻亲聆石斋鬼门相候云云也。"[1]

顺治二年（1645）四月，清兵渡淮。朱大定等谋守嘉兴，商议奉弘光朝前吏部尚书徐石麒举兵主事，没有成功。朱大定遂与虞廷陛、黄承昊散财起兵，扬言定王朱慈炯嗣统，"驰诏南直恩例十九款。开读新诏，听者数万人"[2]。朱大定守嘉兴南门，招募水师，自成一军。六月，嘉兴义军攻破了嘉善县，擒住清廷委署的知县，斩于嘉兴三塔。清军在杭州闻讯，回军攻嘉兴。十三日，清兵驻扎在陡门。嘉兴总兵陈梧派遣中军帅郡兵为先锋，朱大定率水师及乡勇为后劲，在陡门镇西迎战清兵，杀伤相当。数百清兵忽然绕到郡兵之后，前后夹击，郡兵大败，大半被砍死或赴水而死。朱大定救之不利，急忙收兵，率水军返棹。战至二十五日，守城义军支撑不住。二十六日，天还没亮，总兵陈梧打开嘉兴东门，口称亲自出城领兵，率家丁出逃，百姓也蜂拥争出，朱大定手持宝剑，当门护持，救活了不少人。然后，他和陈梧逃往平湖，藏身于白沙湾。

嘉兴城破后，有名望的嘉兴殉难者有数十人。弘光朝前吏部尚书徐石麒原本在城外募兵。城破前，他在城下大呼："我是大臣，不可野死，当与城共存亡。"他与和州同知张龙德一同由东城缒城而入，城上人呼道："我公来矣！"他的仆人祖敏、李升跟从在他身边。城破时，徐石麒穿上朝服在自家"可经堂"的后廊自缢而死，祖敏、李升随他自尽。张龙德死于金陀里项氏池亭，他的妻子侯氏投河而死，女儿自缢。与徐石麟相约同日赴死的还有兵科给事中李毓新，其仲子抱着父亲尸体，被清兵戕害。知府钟鼎臣上吊自杀。在这之前，前吏部郎中钱栴率义军在震

---

[1] 东山县地方志编纂委员会整理：《东山县志》（民国稿本），1987年版，第387页。
[2] 钱海岳：《南明史》第十册，中华书局2006年版，第3941页。

泽尾随邀击清兵，清兵杀了个回马枪，义军溃散，钱棅被杀。海盐庠生汤云章，守卫西门19天。城陷时，题诗扇头："书生守孤城，城破无完雉。殚力极千计，尽心惟一死。非敢博后名，聊以成吾是。伦纲亘千古，后人视效此。"被清兵抓住后，不屈而死。府学生张次柳带着儿子张玉立奋力巷战，英勇牺牲。项嘉谟将生平所著诗文束于怀中，自沉于天星湖中。同时有汤成先、王象贤两家父子，慷慨相随而死。抱阳生于《甲申朝事小纪》中还记载了一位无名英雄："三塔寺前石牌坊上缚一长大人，不知姓名，捆而射死，身上箭如猬毛，其血浸于石柱，身首手足毕具，面向外，一足微屈，凛立如有生气。阴雨时则色黑，天晴时则色赤，舟行过者往来无不见之。要亦忠义之流欤。"

清知府命令城内外的各座寺庙，收化死者的遗骸。钟鼎臣的尸体悬挂在知府衙署后堂，当即被通城寺的真实和尚等收殓。第二天，真实和尚来到徐石麒的府第，看见徐石麒的尸体，面色微黑，须发怒张，还没腐烂。真实和尚与徐家仆人李茂找来一米高的柜子，将尸骸扶入其中，放置到中堂；又从书房中拿来有"宝摩图书"字样的二柄书扇，分别放在左右衣袖里；然后写了"忠孝宝摩徐公"牌位，"宝摩"是徐石麒的字。三天后，他的嗣子化装入城，把父亲尸体从水门运出城，葬在嘉善县南杨林村舍的祖茔里，后改葬于海宁袁花镇的龙山。

顺治二年（1645）夏，嘉兴的故明遗臣相率前往福建，投奔唐王朱聿键在福州建立的隆武政权。如吴统持参加嘉兴起义破家后，和堂弟吴虎文一起，于顺治三年（1646）正月泛海入闽。吴统持原本打算约前南京国子监丞陈龙正同行，没料到这位讲理学的朋友已经饮鸩自尽。去福建的还有吴志开、徐柏龄等。可惜赴闽以后，大局已不可为，这些人后来又回到嘉兴。当时，浙东方面拥立了鲁王朱以海。嘉兴的有志之士有一部分参加了鲁藩的监国政权，另一部分伤心之人则薙发为僧。前工部郎中叶绍袁此时已经遁入空门，释名木拂。髡发为僧的还有丁元公、沈起等人。另有一部分文人从此开始了治学讲学、艺术创作生涯。如自比管乐的俞汝言在鼎革后，游历燕赵、闽粤、云中、雁门，广搜载籍，回家后闭门著书。爱好藏书的蒋之翘躲在家里编选《甲申前后集》《檇李诗乘》。庠生施博升座讲学，两浙学子闻声踵至。举人褚廷珀以草书自给，和以画兰闻名的前知州何其仁有"褚草何兰"二绝之称。

在嘉善、吴江地区，当时有长兴伯吴易等率领的义军数千人，屯兵长白荡。嘉兴陷落后，朱大定由泖湖航海前往绍兴，朝见鲁王，备陈方略。鲁王命他以原官兼监军副使、职方员外郎，参赞吴易军务，钱重以诸生为监军佥事，张贲自中书舍人迁职方主事，副总兵徐桐、沈镇为将。他们率兵往援吴易。长兴总兵金国雄、德清总兵庞元培、太湖总兵沈泮、双林总兵陈恭贤、乌镇副总兵杨维明及海宁查继佐、董延贞，各领数百条船响应。"监纪孙爽、海盐参将朱民悦，结海盐中后二营澉浦、乍浦；曹广报宜兴、长兴恢复，吴江、嘉善底平，与易剋师期。"① 由于朱大定强武多智略，指纵之力为多，被擢升为左佥都御史，扎营于凫山。朱大定"精于驾御，而又饷以家财，故其军不扰"②。

顺治二年（1645）闰六月二十八日，岱山屯田都司方明起兵克复广德，斩清同知任佐君。陈君才在建平起兵响应。清兵至，屠建平，死者数千人。宗室朱议沥败于溧阳，方明迎入其军，号召义旅，接连克复孝丰、临安、宁国等县，军声颇振。朱大定到绍兴朝见监国途中，曾路过广德，方明与朱议沥附表以闻，并向监国鲁王乞师求援。苏州、常熟、嘉兴、湖州等地义军，都瞻望官兵。朱大定打算率军到广德策应方明所部，但因兵少力弱，没能前往。鲁王又命朱大定辅佐督师熊汝霖出兵攻打海盐。朱大定到熊汝霖军中后，请熊汝霖定下进兵日期，并说："嘉兴、长兴、吴江、宜兴间皆密有成约，而瑞昌王朱议沥在广德引领相望。"他建议由海宁、海盐直捣芜湖，截断清军运道；又担心海宁、海盐二郡可取不可守，建议引太湖诸军为犄角，踞浙西肩背。熊汝霖兵单饷匮，也不能进兵。朱大定建议会合陈万良部，间袭嵩江、嘉兴，如此则杭州可不战而屈。

鲁王命诸将西进，但这些人都逗留不前，朱大定对他们痛切论责，自己请鲁王发给千金，招募了300人。他们尚未西进，海口兵溃，部下不肯渡钱塘江而西。朱大定于是孑然一身，秘密渡钱塘江，进入浙西。适逢吴易所部白头军为清兵所败，朱大定于是回到浙东。

---

① 钱海岳：《南明史》第十册，中华书局2006年版，第3942页。
② （清）李聿求：《鲁之春秋》卷十一，《明末清初史料选刊》，浙江古籍出版社1984年版，第110页。

顺治三年（1646）五月，鲁王政权计议渡杭州湾出击浙西。时任尚宝寺卿的朱大定受命率所部数百人，与监察御史黄宗羲部"世忠营"及监察御史王正中、太仆寺卿陈潜夫、兵部主事吴乃武、职方主事查继佐等部会师，驻扎在坛山，其时烽火达于杭州。他们准备由海宁攻取海盐。百里之内的百姓，听说明军到来，天天送来酒肉慰劳他们。朱大定、黄宗羲等整军急趋，直抵杭州湾的海口重镇乍浦，并约崇德人孙奭作内应。由于清军戒严，朱大定等不得前进，于是复议再举。这一年，浙江大旱。五月底，钱塘江水位下降，清军趁明军主将恃险无备，在二十七日夜晚策马涉江而过，鲁王政权总兵方国安拔营逃至绍兴，明军沿江防线一触即溃。鲁王逃往海上避难，朱大定等撤师而回。八月，朱大定名下的田产被清政府籍没。

浙东一带的抗清根据地遭到清军严重打击后，吴易率白头军计划攻打嘉善，清嘉善知县刘肃之假装投降，约吴易赴宴。吴易赴宴前，在城外开会。刘肃之闻讯，率兵突然前来，捉住吴易，解到杭州。六月中旬，吴易被清军磔于草桥门外。朱大定又入太湖招兵，吴易旧部重新聚集，推朱大定为盟主，据守太湖。鲁王擢朱大定为太仆卿、副都御史。一天，朱大定痫疾发作，遂屯兵于父亲墓舍。当时有朱大定的仇家，引清浙江嘉湖兵备道佟国器、副将张国兴率兵邀击朱大定所部，两军相拒了几天。朱大定力竭，不禁叹息道："臣打算在海上延续主上一线之祚，现在已经力竭，再也无能为力，不如赴死，让那些不死的人感到惭愧。"他大呼道："我就是大明副都御史，快快杀掉我吧。"朱大定被俘后，被押至杭州，不饮不语。清浙江总督张存仁再三劝降，朱大定说："我家世受国恩，不能偷生以负臣节。我杀身成仁之志已定，不必多言。"张存仁将他下到狱中，又说以利害，朱大定始终不屈服。七月七日在钱塘门外受刑时，朱大定挺立不屈。监刑者知道他是宰相之子，死而为忠臣，也不勉强他。于是，朱大定伸首就义，神色如常。殉难时年仅42岁。其事迹载于郡志及黄宗羲《行朝录》。

李聿求《鲁之春秋》评论朱大定之死说："昔欧阳公作唐宰相世系表，诚以宰执之家，与国同休戚，故特详之。然而终唐之仕，累遭大难，以暨天复天祐革命之交，宰相子孙殉国者，盖亦寥寥无多，未尝不叹与国同休戚者之难其人也。明之亡也，吴桥范文忠攀髯殉国，高阳孙忠定、江夏贺忠宪帅子弟群从合门从死。而昆山顾文康家，有咸正，有咸建，有咸受，有天达，有天遴；铅山费文宪家有曾谋；华亭徐文贞家有念祖，有孚远；江陵张文忠家有允修，有同敞；商邱沈文端家有试；太仓王文肃家有湛、有淳；东阿于文定家有元煜；余姚孙文恭家有嘉绩；长洲文文肃家有震亨，有乘；蒲州韩相国家有承宣，有昭宣；长山刘相国家有孔和；嘉善钱相国家有棅，有梅。而大定为文恪第五子①，侧足焦原，不死不休，其死与诸相国之子孙比烈，吁，盛矣！与夫乌程温氏之有璜，宜城邱氏之有之陶，一死以洗相门之玷，是皆唐宰相世系表所逊也。"②

朱大定有3个儿子，1个女儿。长子茂諴，字子芹，大定侧室张孺人于崇祯十二年（1639）二月十四日所生。茂諴"规矱自守，少即舌耕"。③ 娶嘉善举人叶维修之女。康熙五十一年（1712）正月十三日，茂諴去世。大定次子茂昕为王宜人所出，早殇。三子茂暾，字子薇，张孺人所出，娶吴江太学生丁士龙女。朱大定的女儿许配给广州府知府沈耀辰的儿子，笄年夭折。

第二节　监生之门

朱茂曜，字子蕃，号惟木。万历三十年（1602）八月十四日生。配郁氏为刑部主事郁兰孙女。继配卜氏为庠生卜不疑之女。④ 天启年间，补嘉兴府庠增广生，承本生祖朱国祚之荫入国子监。性格坦直，接物不疑，"尝哀人之穷，己无以赈，则曲为之地。明于宗教，郡中掩骼事，实仔肩焉"。⑤ 崇祯十四年（1641），饿莩遍野。为了赈灾，朱茂曜奔走在焦烟赤日中，挚挚为善，唯恐不足。他舍田给寺院，嘱咐纳心上人收葬了几千具无主之骨，并让止观上人收养流离失所的儿童。此外，还在香花桥寺

---

① 朱大定实为朱国祚第六子。
② （清）李聿求：《鲁之春秋》卷十一，《明末清初史料选刊》，浙江古籍出版社1984年版，第111页。
③ 国家图书馆藏清钞本《秀水朱氏家乘》。
④ 潘光旦《明清两代嘉兴的望族》认为朱茂曜娶卜不矜之女，误。国家图书馆藏本《秀水朱氏家谱》曰："茂曜……继配卜氏，庠生不疑稽之女。"
⑤ 国家图书馆藏清钞本《秀水朱氏家乘》。

院施粥，救活了1000余人。同里施博喟叹道："在路上遇见子蕃，觉得满街都是圣人。"

朱茂曜胸无城府，嫉恶如仇，但又很诙谐。他曾经客居扬州，有个出自同一师门的士大夫来访。因为此人名列逆案，朱茂曜拒不接见。他把廪粟庖肉放入寺庙中所寄存的空棺材里，写了篇祭文生祭此人，扬州人把这件事当笑话说。有新贵人对他的客人说："人家子弟不可不令读《庄子》，只如《养生主》一篇，文已绝妙。"朱茂曜从旁边说："以言《庄子》，不若《逍遥游》更佳。"

鼎革后，朱茂曜以诗学自娱，不出仕，并且告诫其长子彝又"勿干进，以辱先世"。[①] 到了晚年，朱茂曜栖心禅悦，认为人世如大梦，于是从古今史传和自己的见闻中搜集有征验的梦兆，编纂了一部不下二百卷的《征梦录》。此外，还著有《两朝识小录》《惟木散人稿》。闲暇之时，他喜欢写六言诗，积累了成千上百首，可惜他死后，这些诗稿几乎亡佚了。《檇李诗系》中载有他的两首六言诗，其《人日过伯兄贵阳守放鹤洲别业，是宋朱希真园林旧址，壁上题高工部诗，戏作》云："旧业朱三十五，曾种梅花满枝。恰喜草堂人日，高三十五题诗。"朱三十五是指朱敦儒，高三十五是指高承埏，两人都在堂兄弟间排行三十五。高承埏，字寓公，一字泽外，崇祯十三年（1640）进士。历知迁安、宝坻、泾县。弘光初年，量移工部虞衡司主事。归里后，遭乙酉之变，"痛愤不欲生，念太夫人春秋高，终鲜兄弟，未能即自引决"[②]，隐居竹林村窝。在干戈俶扰之际，高承埏低回结辀，不辍吟哦。其《病中述志》云："和陶书甲子，吊屈赋庚寅。唯将前进士，惨澹表孤坟。"读者比之泽畔行吟，西台痛哭。嘉兴高氏在明清两代可谓"文宦之家"。

康熙五年（1666）九月二十五日，朱茂曜去世，寿六十五。从弟茂晭志其墓。

茂曜长子彝又，字峻臣。府庠生。"好古，善属文。年未三十，能承父志，不赴考试。"[③] 康熙四年（1665）二月二十六日卒。海宁举人朱一

[①] 国家图书馆藏清钞本《秀水朱氏家乘》。
[②] 钱谦益：《牧斋有学集》卷十六，《四部丛刊初编集部》本。
[③] 国家图书馆藏清钞本《秀水朱氏家乘》。

是志其墓。茂曜次子彝哲，字燠若。迁居南巷，庠生。"质辨慧，少即舌耕。"① 其长子德机，字虞省，号江民，太学生，著有《据梧遗稿》，其妻子是修撰沈自邠的孙女、庠生沈大遇的女儿。德机子丕襄，字吉思，号泉明，又号东轩。嘉兴庠生。乾隆十七年（1752），曾向钱载②索题画扇。翌年，钱载有《长歌代书复朱大丕襄》云："春风六度遥相忆，长公来时书未得。去秋寄扇索诗画，屡阖频开怳情话。我久不画荒墨池，有诗牵率如无诗。多谢乡园诸老辈，道载犹存故时态。读书悔失山中年，滔滔东流殊惘然。翁之壮盛常为客，谅复能知其可惜。扇留又过元宵灯，今晨微寒砚水冰。梅花一枝偶学写，窗外俄闻雪飘洒。"③ 朱丕襄工楷隶，钱载赠丕襄诗云："八分集千文，体括冰斯长。"丕襄卒于乾隆三十七年（1772）正月二十六日，寿九十二。著有《白雪窝诗稿》。其妻子是沈自邠的曾孙女、太学生沈迈人的女儿。

丕襄长子朱麟应，初名振麟，字梁在，一字潜起，号梧巢。邑庠廪生。雍正五年（1727），与钱载、万光泰同补博士弟子员。品端而学优，乾隆元年（1736），郡县举博学鸿儒，未赴。麟应热衷于学道。乾隆四年（1739），钱载作《题朱大振麟〈松岩采药图〉》曰："朱髯学道何清癯，病起独与画者俱，身不入山山梦纡。苍岩抹云云色腴，石梁一径岩阴趋。泉南老松三四株，株株子结骊龙珠。蓁蓁者草甘露濡，荆篮手挈松下孤。髯乎偃蹇大游戏，安期偓佺非尔徒。汉庭侏儒饱欲死，监河不贷鱼无水。只应米晡凶年恃，神女消摩信有诸。先生镜局难逢矣，穷愁穷愁恒自奢。呼吸玉液嗤仙家。夜遥只惯然松节，酒尽还休把葛花。"④ 乾隆九年（1744），麟应以优行选贡。十五年（1750），中乡试第十名。翌年，钱载有《过汪孟鋗、仲鈖两孝廉寓斋夜话，呈祝舍人维诰并简朱孝廉麟应十

---

① 国家图书馆藏清钞本《秀水朱氏家乘》。
② 钱载，字坤一、爰昕、根苑，号萚石，又号匏尊、抱尊、晚号万松居士，浙江秀水人。幼年从族曾祖母陈书习诗文绘画。雍正十年，副榜贡生，举博学鸿词、举经学，就试皆未入选。乾隆十七年，成进士，改庶吉士，授编修。七迁内阁学士，直上书房。四十一年，督山东学政。四十五年，命祭告陕西、四川岳渎及帝王陵寝。不久，擢礼部侍郎，充江南乡试考官，举顾问为第一。四十八年，休致。五十八年，卒。诗宗韩愈、苏轼、黄庭坚、孟郊，与王又曾、万光泰等开创秀水诗派。
③ （清）钱载：《萚石斋诗集》卷十四，清乾隆刻本。
④ （清）钱载：《萚石斋诗集》卷二，清乾隆刻本。

首》，其七云："弟子员同趋博士，而今存殁信怜渠。朱髯何苦髯如雪，才上公车五十初。"①

诗词之道是朱氏家族的世业。朱麟应也工于诗词。乾隆八年（1743）夏，朱麟应客居桐溪（今温州瑞安），想起曾伯祖朱彝尊创作《鸳鸯湖棹歌》百首的往事，"率笔续吟，征材无间旧闻，下语自羞仍袭，汇计成数，亦得百篇"。其《续鸳鸯湖棹歌》一百首在前贤荟萃之余，"仅存里巷琐鄙之事"②。乾隆二十二年（1757），朱休度认为朱麟应的永嘉纪游诗写得绝佳，曾抄写一册，打算付梓，可惜此诗册被一位达官拿走，刊刻诗稿之事就无果而终。乾隆四十年（1775）十二月二十四日，朱麟应卒，寿七十四。所著之《耘业斋诗词稿》为座主裘曰修、举主彭启丰所赏，谓能不愧家学。今上海图书馆藏有朱麟应《耘业斋诗稿》手抄残本。

朱麟应亦工隶书，完整而秀，得汉碑之法。朱休度之《追怀十一咏·梧巢从伯》有云："诗派宗家法，隶源讨汉碑。飘飘髯蕴藉，介介骨清奇。幸有仲容祀，终嗟伯道儿。八分惭阿买，曾写永嘉诗。""仲容"指朱麟应三弟振飞的长子基瑞。朱麟应没有亲生儿子，以基瑞为嗣。朱麟应有四个女儿：长女适嘉兴庠生王镔；次女笄年而夭；三女适秀水举人张仁浃之孙、庠生张光，张仁浃是经学家，著有《周易集解》54卷、《周易集解增辉》80卷，后者稿本今藏复旦大学图书馆；四女适沈禹卿。

第三节　宜春知县

朱大治长子茂暤，字子庄，号旭序。生于万历四十六年（1618）八月十二日。府庠生。娶云南布政司使盛万年孙女、内阁中书舍人盛士元女。朱茂暤与黄子锡、何刚、吴梦白、巢鸣盛、吴祖锡为同学。"性豪迈，不拘绳简"，早年曾与同里之人曹溶、俞汝言、谭贞良等结诗社，扬名文坛。在朱茂暤中进士前，曹溶作有《送朱子庄北上赴选二首》，其一略云："辞家北指蓟台云，射策恢奇海内闻。楚上大夫多作客，晋诸公子

---

① （清）钱载：《箨石斋诗集》卷十三，清乾隆刻本。
② （清）朱麟应：《续鸳鸯湖棹歌》自序，《鸳鸯湖棹歌》，浙江人民出版社1985年版，第182页。

尽能文。筵前夜醉葡萄酿，马背朝穿貔虎军。重忆先朝遗烈在，芝兰今日又逢君。"①"晋诸公子尽能文"是对秀水朱氏"茂字辈"人物的推许。"遗烈"指朱国祚。曹溶和朱茂暚年龄相当，总角相逢即同游共砚。在崇祯九年（1636）的乡试中，朱茂暚中第73名，与曹溶、万泰、金堡、王庭、蒋薰、李毓新、钱继章等有了同年之谊。这个关系成了他们维系人际交往的重要纽带。崇祯十年（1637），朱茂暚与曹溶联袂入京应试，在京师同作狭邪之游，即所谓"并辔越承明，直入邯郸市。挟瑟燕姬床，容貌若桃李"②。这一年回到江南，两人又一同拜倒在柳如是的石榴裙下。

朱茂暚风姿潇洒，豪气纵横。柳如是的《戊寅草》中有七古《朱子庄雨中相过》，对朱茂暚甚为恭维：

> 朱郎才气甚纵横，少年射策凌仪羽。岂徒窈窕扶风姿，海内安危亦相许。朝来顾我西郊前，咫尺蛟龙暗风雨。沉沉烟雾吹鸾辂，四野虚无更相聚。君家意气何飞扬，顾盼不语流神光。时时怅望更叹息，叹吾出处徒凄伤。天下英雄数公等，我辈杳冥非寻常。嵩阳剑气亦难取，中条事业皆渺茫。即今见君岂可信，英思俱俶人莫当。斯时高眺难为雄，水云寥落愁空蒙。鸳塘蓉幕皆寂寞，神扉开闉翔轻鸿。苍茫幽梦坠深碧，朱郎起拔珊瑚钩。风流已觉人所少，清新照耀谁能俦。高山大水不可见，骚人杰士真我谋。嗟哉朱郎何为乎，吾欲乘此云中鹄，与尔笑傲观五湖。

朱茂暚一大早就到嘉兴西郊访柳如是，初见之下，两人即惺惺相惜。"少年射策凌仪羽"指朱茂暚19岁应试中举。"扶风姿"是用马融来比拟朱茂暚。《后汉书》卷九十上《马融传》曰："马融字季长，扶风茂陵人也。……为人美辞貌，有俊才。……博通经籍。"看来朱茂暚不仅才高学博，而且是一位风度翩翩的美男子。"时时怅望更叹息，叹吾出处徒凄伤"，说明柳如是向朱茂暚讲了自己的身世，引起了他的同情。"鸳塘"指朱茂暚在放鹤洲的"南园"别业。入园可见四株数百年树龄的桂树，

---

① （清）曹溶：《静惕堂诗集》卷二十九，清雍正三年（1725）李纬钧刻本。
② （清）曹溶：《静惕堂诗集》卷三《挽朱子庄二首》，清雍正三年（1725）李纬钧刻本。

铁干霜皮，有蛟龙蜿蜒之象。八月浓花满林，天香横飞，使游者如坐广寒宫。朱彝尊的《鸳鸯湖棹歌》有句云："最好南园丛桂发，画桡长泊煮茶亭。"自注云："南园，余叔宜春令别业，有桂树四本，高俱五丈。""蓉幕"用的是王俭的故实。据《南史》记载，王俭用庾杲之为卫将军长史，萧洒给王俭写信说："盛府元僚，实难其选。庾景行泛绿水芙蓉，何其丽也。"当时人以芙蓉幕称王俭幕府。从"鸳塘蓉幕皆寂寞"一句来看，朱茂暻似乎有过佐幕生涯。"骚人"和"杰士"并称，是赞许朱茂暻兼擅诗赋与政事。在结句"吾欲乘此云中鹤，与尔笑傲观五湖"中，柳如是流露出以身相委之意。

崇祯十三年（1640），朱茂暻中会试第 180 名，廷试三甲第 169 名。十四年（1641），选授江西袁州府宜春县知县，随后带扬州妓女赴任。曹溶《送朱子庄令宜春二首》其一云："昔年同学荷情亲，重喜明时早致身。家世汝南冰是镜，丰姿江左璧为人。庞公百里才无限，韦相三传道又新。遥卜讼庭清似水，画帘双燕拂轻尘。""庞公百里才无限"，用的是鲁肃评庞统"非百里才"的典故；"韦相三传道又新"，用的是汉代韦贤及其子韦玄成父子宰相之典。前句喻朱茂暻个人之才无可限量，后者指朱茂暻为宰相之孙。金圣叹《送朱子庄赴任宜春》云："定拟凌云备上方，却教列宿试为郎。晨朝着舄因辞帝，秋日鸣琴不下堂。从此果能为父母，彼中先已诵文章。自惭无楫犹桃叶，不及清樽渡浙江。"① 诗中用司马相如献赋而被重用的典故，暗示朱茂暻虽赴外任而终将大用。

在宜春县令任上，朱茂暻不仅精勤莅治，剔奸戢豪，擒拿宋子凤、蔡全六等强盗，而且喜欢延揽人才，与秀才们整日课文品题，毫无倦容。崇祯十五年（1642），朱茂暻充浙省乡试同考官，所得之士如王师夔等都是名流。崇祯十六年（1643）秋，万载天井窝的邱仰寰、卢南阳等响应张献忠的农民军，率众来攻宜春。朱茂暻和袁州知府霍子衡婴城而守，同时向巡抚郭都贤告急。郭都贤移镇袁州，听说农民军迫近，又转回了南昌。官吏和百姓一片恐慌，纷纷逃窜藏匿，袁州城在十来天里成为一座空城。左良玉部下的副将吴学礼督兵 5000 来援，邱仰寰等退走。也就在这一年，朱茂暻被罢官。总督袁继咸力请弃瑕录用。弘光元年

---

① （清）金圣叹：《金圣叹全集》，江苏古籍出版社 1985 年版，第 840 页。

(1645)，报升朱茂曘为南京兵部职方司主事，遇乱未赴任。回到嘉兴故里的朱茂曘和曹溶等老友再续旧好，即所谓"与子执前欢，绸缪古莫比"①。

在我国传世佛教木刻大藏中，《嘉兴藏》最具特色，主持刻藏者制定了每种书印刷装订的价格表——《经值画一》。顺治四年（1647），朱茂时、朱茂曘作《重订经直画一缘起》，称《嘉兴藏》"印装之工食滋增，纸值之涌腾倍蓰，加以往来双径人力之劳，舟船之费迥别曩时，……我辈檀护商于白法老人，议重酌订画一"。这一年八月二十八日，朱茂曘下世，年仅三十，卒祀宜春名宦祠。他去世的时候，适逢当年录取的门生王师夔来任嘉兴知府，王氏捐俸葬之。曹溶的《挽朱子庄二首》其一云："有子仅垂髫，世业行复振。醲酒泛元席，哀挽盈四邻。大运讵终否？丧此经国宾。"朱茂曘的儿子彝性此时年仅 10 岁。《秀水朱氏家乘》说彝性"少即修整，能自立，志愿亦卓"，后来娶福建按察使黄承昊孙女、贡士黄子锡之女。在曹溶看来，朱茂曘是经国大才，他的死亡可能就意味着明朝大运的终结，其推崇可谓至矣。这和柳如是《朱子庄雨中相过》所云"岂徒窈窕扶风姿，海内安危亦相许"，显然口气相同。曹溶挽诗还说："惜哉青春姿，独处重帏里。服药媚红颜，终为悦己死。"这就点出了朱茂曘的死因，即为壮阳药所误。②

朱茂曘著有《春台考政》《绿雨庄稿》，曾参阅徐孚远、陈子龙、宋徵璧、吴培昌选辑的《皇明经世文编》。

朱大治次子茂暲，字子萃。府庠廪贡生。娶云南曲靖府知府姚以亨次女。"有材能，以勤约自励。"③

---

① （清）曹溶：《静惕堂诗集》卷三《挽朱子庄二首》，清雍正三年（1725）李纬钧刻本。
② 谢正光：《清初诗文与士人交游考》，南京大学出版社 2001 年版，第 223—237 页。
③ 国家图书馆藏清钞本《秀水朱氏家乘》。

第六章

翰林检讨——朱彝尊

第一节 塾师生涯

朱彝尊，字锡鬯，号竹垞，晚号醧舫、金风亭长、小长芦钓鱼师，族中排行第十。

明崇祯二年（1629）八月二十一日未时，朱彝尊出生于秀水香花桥东的碧漪坊旧第。6岁入家塾读书。崇祯十一年（1638），开始跟随叔父茂晥学习。家境清贫，天灾连年，也不能动摇朱彝尊的向学之志。

顺治二年（1645），清军铁蹄南下，南明弘光朝覆灭。嘉兴士民举义抗清，惨遭屠杀。朱家的藏书大多毁于兵火。17岁的朱彝尊在此年入赘于冯镇鼎家，与冯福贞成亲。为避兵乱，随冯家迁徙到练浦塘。据朱彝尊自述，他于此年开始学诗[1]，《曝书亭集》诗编年就始于这一年。

顺治六年（1649），朱彝尊带着妻子冯福贞离开岳家，迁到塘桥。因为住地狭小，随后又迁到梅会里（今王店镇），迎来生父朱茂曙一同居住。一家人虽然贫苦，至此总算有了一个安身之地。

朱彝尊在梅里，同朱一是、王翃、王庭、周筼、沈进、缪泳谋、李良年、李绳远、李符、李麟友等人为诗课，以切磋诗艺为乐，遇到见解不同的时候，必定要细细探究诸家之说，分析透彻才肯罢休。在这个以朱彝尊为首的梅里诗人群体中，周筼之诗诗格老成，超超拔俗，不轻袭前人片语。李良年作诗清峭洒落，颇得江山之助，而持格律又甚严，曾

---

[1] （清）朱彝尊：《荇溪诗集序》："予年十七，避兵夏墓，始学为诗。"王利民、胡愚、张祝平、吴蓓、马国栋校点《曝书亭全集》，吉林文史出版社2009年版，第428页。

经抄撮诗中禁字一卷，授予学诗者。沈进早年诗尚清丽，有"梅花高馆落，春草断垣生"这样的佳句。朱彝尊和李良年被合称为"朱李"，和沈进被合称为"朱沈"。后来，朱彝尊南度庾岭，沈进与周筼赋古今诗，合成一帙，乡里人又将沈进与周筼合称"沈周"。梅里诗人群体的作品多反映动乱的社会现实和个人的穷困失意。如周筼《晓行曲》吟道："城头月落鸡初鸣，鼓四起坐鼓五行。霜华满野马蹄滑，出门莽莽云山阔。闺人挽衣双泪流，子啼女号愁复愁。谁能骨肉更相顾，万里扬鞭且西去。"可谓字字沉着，凄人心脾，催人泪下。沈进称此诗"极类高青丘"[1]。同筼《乙丑季秋将游都下过别当湖诸公饯予南疑草堂用昌黎山石诗韵》反映了清廷对遗民的高压："云罗天网日加密，隐沦岩壑今诚稀。"[2] 沈进在《赞山庙述事》中借赞山庙中一位老翁之口描绘了明清易鼎造成的人间悲剧："兹宫初构时，禋祀盛村农。椎牛宰肥羊，珍错山海充。旗旐耀五采，箫鼓鸣三冬。红裙曳妇女，彩髻挽儿童。千家富甘脆，百室殷朽红。一朝桑海变，世事如转蓬。自酉迄卯辰，盗贼恣斥冲。其初掠黄金，倾橐亦不容。次及鸡犬豕，釜甑时一空。妇女载后船，丁男陷其胸。草木杂锋镝，雉兔悲榛丛。及乎剪渠魁，走险势则穷。良民亦罹祸，余殃告灾凶。从此无孑遗，流离各西东。所以神乏祀，血食难再崇。我宁守兹宇，偷生实罢癃。"[3] 其《过拂水山庄》乃为钱谦益之妾柳如是红杏出墙而作："苍岩拂水水烟荒，红豆歌辞罢女郎。碧叶有阴都碍日，暮云无雨独归廊。津梁谩说能超海，碑碣从今失擅场。解尔春风池上絮，似曾飞入野花香。"[4]

朱彝尊移居梅里后，逐渐"以诗古文辞见知于江左之耆儒遗老"[5]。梅里前辈曹溶见到朱彝尊的诗击节称赏，吴伟业甚至以"谪仙人"相赞，"西泠十子"之一的陆圻见到朱彝尊所作《闲情》一诗，倾倒不已，"作

---

[1] （清）朱彝尊：《明诗综》卷八十二，清康熙四十四年（1705）六峰阁刻本。
[2] （清）沈秀友辑：《槜李诗系》卷二十七，清康熙四十九年金南锳敦素堂刻本。
[3] （清）沈秀友辑：《槜李诗系》卷二十八，清康熙四十九年金南锳敦素堂刻本。
[4] （清）沈秀友辑：《槜李诗系》卷二十八，清康熙四十九年金南锳敦素堂刻本。
[5] （清）朱彝尊：《亡妻冯孺人行述》，王利民、胡愚、张祝平、吴蓓、马国栋校点《曝书亭全集》，吉林文史出版社2009年版，第742页。

《望远曲》,思胜之,不敌也"①。

明末清初,文人缔盟结社,几无虚地,而江南尤好大型社集。顺治七年(1650),朱彝尊随叔父茂晭赴南湖十郡大社,赴会的江南名士极多。毛奇龄《西河集》卷一二二《骆明府倪孺人合葬墓志铭》曰:"当顺治初年,好为文社,每会集,八县合百余人,钟鼓丝竹,君必为领袖进退人物,人物亦听其进退,不之难。尝同会稽姜承烈、徐允定、萧山毛甡赴十郡大社,连舟数百艘,集于嘉兴之南湖。太仓吴伟业,长洲宋德宜、实颖,吴县沈世奕、彭珑、尤侗,华亭徐致远,吴江计东,宜兴黄永、邹祇谟,无锡顾宸,昆山徐乾学,嘉兴朱茂晭、彝尊,嘉善曹尔堪,德清章金牧、金范,杭州陆圻,争于稠人中觅叔夜,既得叔夜,则环而拜之。越三日,乃歃血定交去。"十郡大社,又称七郡大社,或九郡大社。毛奇龄此文虽然记载了这次大型社集,但没有言明何时举行。朱彝尊等人参加的这次"十郡大社"发生在哪一年,历来有两种说法。

一说在顺治七年(1650)。杨谦的《朱竹垞先生年谱》称:"七年庚寅,二十二岁。授徒里中。赴十郡大社。"又有按语曰:"尤侗《悔庵年谱》:'顺治七年庚寅,宛平金冶公鋐孝廉来寻盟。盟者十子,彭云客珑、缪子长慧远、章素文在兹、吴敬生愉、宋既庭实颖、汪苕文琬、宋右之德宜、宋畴三德宏、金及予也。予与彭、宋、计甫草东举慎交社,七郡从焉。秋往衢州,访李庚生际期观察,遇陈公朗爌太史于柯山,订南湖之约。'则事在庚寅明矣,但未审何月耳。"顾师轼《梅村先生年谱》卷三也说:"顺治七年庚寅,(吴伟业)四十二岁。赴十郡大社。"从《悔庵年谱》中,尤侗秋往衢州,遇陈爌于柯山,订南湖之约诸语看来,此年的南湖十郡大社当是在秋后举行的。

二说在顺治十年(1653)。谢国桢的《明清之际党社运动考》即主此说,并从顾师轼《年谱》转引毛奇龄《骆明府墓志铭》、程穆衡《吴梅村诗集笺注》以证之。程穆衡的《吴梅村诗集笺注》云:"癸巳春社,九郡人士至者几千人。第一日慎交社为主。慎交社三宋为主:右之德宜、畴三德宏、实颖既庭,佐之者,尤展成侗、彭云客珑也。次一日同声社

---

① (清)杨谦纂,李富孙补,余楙续补:《梅里志》卷十八引《黑蝶斋小牍》,清光绪三年(1877)刻本。

为主,同声社主之者章素文在兹,佐之者赵明远炳、沈韩倬世奕、钱宫声仲谐、王其倬长发。太仓如王维夏昊、郁计登禾、周子俶肇,则联络两社者,凡以继张西铭虎丘大会。"癸巳春社即顺治十年(1653)三月三、四日为调解慎交社和同声社的矛盾而举行的虎丘大会。两社文人都奉吴伟业为宗主。程穆衡在《吴梅村诗集笺注》中的记述显然是说尤侗帮助慎交社首领宋德宜兄弟操办了虎丘大会。

虎丘大会之后,这批文人又移师嘉兴南湖继续集会。王抃自撰《王巢松年谱》于顺治十年(1653)云:"是年上巳,郡中两社俱大会于虎丘,慎交设席在舟中,同声设席在五贤祠内。次日,复于两社中拔其尤者,集半塘寺订盟。四月中,复会于鸳湖。归途在弘人斋中宴饮达曙。此后始稍得宁息。两社俱推戴梅村夫子,从中传达者,研德、子俶两君,专为和合之局,大费周章。"此谱没有提到尤侗的活动。顾师轼《梅村先生年谱》卷四引《王随庵自订年谱》云:"十年上巳,吴中两社并兴,慎交则广平兄弟执牛耳,同声则素文、韩倬、宫声诸公为之领袖,大会于虎丘,奉梅村先生为宗主。……四月,复会于鸳湖,从中传达者研德、子俶两人,专为和合之局。"两谱记载略同。顺治十年在南湖举行的社集发生在四月份。朱则杰的《朱彝尊研究》认为"顺治十年(1653),朱彝尊随叔父茂晭同赴'十郡大社'",并有注云:"此事杨谦《朱竹垞先生年谱》定于顺治七年,误。"冯其庸、叶君远《吴梅村年谱》于顺治七年(1650)庚寅不载"十郡大社"社事,仅于顺治十年癸巳记有虎丘大会。严迪昌先生《清诗史》说:"顺治十年(朱彝尊)随十五叔父朱茂晭参与'十郡大社'在南湖之会。"顺治十年(1653),慎交社和同声社继虎丘大会后在嘉兴南湖举行了一次十郡大社,这是有坚实的文献资料可以证明的。但这是不是《骆明府倪孺人合葬墓志铭》所指的,有尤侗、朱彝尊所参加的那一次"十郡大社"呢?

考尤侗生平经历,顺治九年(1652)壬辰五月,他被选授永平推官。《民国卢龙县志》卷二十《名宦》曰:"(侗)顺治九年任永平推官。"顺治十年(1653)癸巳,尤侗在永平推官任上。尤侗《右北平集》有《花朝前一日积雪,早发沙河》,花朝前一日即二月十一日,尤侗此时在河北沙河。又陪周体观等游一柱峰钓鱼台。又登山海关澄海楼观海。接着登孤竹城,拜伯夷叔齐祠堂。此际行踪见尤侗《右北平集》诸诗。《右北平集》是按诗歌创作时间先后编次的。《右北平集·陪周伯衡黄门游一柱峰钓鱼台，和韵二首》其二云："渡头客散空流水，马上人归满杏花。"杏花在三四月展叶前开放。《右北平集·登孤竹城拜伯夷叔齐祠堂》有"三春芳草长"之句。此"三春"当指春季的第三个月，即暮春。可知尤侗游一柱峰、登孤竹城在三月份。同年夏五月，尤侗于官署西偏修葺婉画堂，以待宾客。尤侗《西堂杂组二集》卷六《婉画堂记》曰："北平如斗大，李之署赘其中，仅合许尔。官于斯，吏于斯，民聚讼于斯。退而揖客，席不容膝。嘻！偪甚。睨其西，有楹焉，颓而墨。夏五，其雨浸淋，为涂泥，乃命匠氏，约之斧之，茅之绚之。"从尤侗顺治十年（1653）春夏间的活动来看，他一直在河北，未曾回江南，不可能于三月份到苏州虎丘、四月份到嘉兴南湖，参与十郡大社。尤侗自订《悔庵年谱》"顺治十年"条也未提及十郡大社。

顺治十年（1653）在嘉兴南湖举行的十郡大社是慎交社和同声社为调解彼此矛盾而联合操办的。可《骆明府倪孺人合葬墓志铭》没有提到任何一名同声社成员，所提及的宋德宜、宋实颖、彭珑、尤侗、计东、顾宸、徐乾学、陆圻都是慎交社的社员。何以如此呢？

合理的解释是，江南文人于顺治七年（1650）和顺治十年（1653）曾两度在嘉兴南湖举十郡大社。毛奇龄于《骆明府倪孺人合葬墓志铭》所说的"赴十郡大社，连舟数百艘，集于嘉兴之南湖"发生在顺治七年（1650）下半年，尤侗、朱彝尊俱是参与者。此次十郡大社当是慎交社成立后主办的一场大型活动，而与同声社没有关系。至于顺治十年（1653）四月的南湖十郡大社，尤侗肯定缺席，朱彝尊是否参加还有待考证。以往学界有部分学者囿于十郡大社只举办过一次的认识，把《骆明府墓志铭》中所说的十郡大社和癸巳春社后的南湖之会混为一谈，以致不得不否定尤侗《悔庵年谱》、杨谦《朱竹垞先生年谱》、顾师轼《梅村先生年谱》对尤侗、朱彝尊、吴伟业于顺治七年（1650）赴十郡大社的明确记载。

顺治九年（1652）春，朱彝尊长子德万夭亡。八月，次子昆田生。冯福贞有个姑母是终身未嫁的老姑娘，在冯镇鼎出仕后，她依福贞而居，常帮着抱抚彝尊的子女。

顺治十一年（1654）、十二年（1655），朱彝尊常往来于吴越山水间，寻诗问友，观览故国河山。在绍兴，他结识了明末名臣祁彪佳的儿子理孙、班孙兄弟。祁氏兄弟在国变后以遗民自任，散财结客，从事反清活动。今天虽然已经看不到朱彝尊参与反清活动的文献资料，但蛛丝马迹犹然可寻。朱彝尊在为朱士稚写的《贞毅先生墓表》中不无闪烁地说："先生少好游侠，蓄声伎，食客百数，所最善者一人，曰张生宗观。宗观字朗屋，善乐府歌诗，以王伯之略自许，时号山阴二朗。先生遭乱，散千金结客。坐系狱，论死。宗观号呼于所知，敛重赀，贿狱吏，得不死，既而论释。宗观闻之，大喜踊跃，夜渡江，驰见先生。未至，为盗所杀。先生既免系，放荡江湖间。至归安，得好友二人，其一自慈溪迁于归安者也。自是每出则三人俱。至长洲，交陈三岛。已交予里中，交祁班孙于梅市。后先凡六人，往来吴越，以诗古文相砥砺，吴越之士翕然称之。"①"自慈溪迁于归安者"是魏耕。他曾先后向郑成功、张煌言上书，为郑张联军出谋划策。

朱彝尊居梅里，除了近游外，以教授童子为业，生计艰难。顺治十三年（1656），海盐人杨雍建往官广东高要县知县，聘请朱彝尊任塾师，于是朱彝尊随其南行。在广东，他遍交当地名士，特别是"岭南大三家"屈大均、梁佩兰、陈恭尹，其中又与屈大均来往最密，甚有相得之意。屈大均十分欣赏朱彝尊的才华和气质，甫一见面，赠诗即有"夫君若萱草，一见即忘忧"②之句。朱彝尊同样非常赞赏大均之诗。他归里后，把大均诗遍传吴越间，使江南之人知有屈氏其人其诗，大均晚年回忆道："名因锡鬯起词场，未出梅关人已香。遂使三闾长有后，美人香草满禺阳。"③

这时，曹溶任广东布政使，朱彝尊也常常去这位前辈那里饮酒赋诗，探讨学问。曹溶在明清两朝都位至高官，又好诗文，喜提掖后进，早年就曾对朱彝尊之诗颇有赞词。此次特别嘱咐朱彝尊帮助他辑录《岭南诗选》，虽然未见成书，但是《明诗综》的材料收集可以追溯到此时④。朱

---

① 王利民、胡愚、张祝平、吴蓓、马国栋校点：《曝书亭全集》，吉林文史出版社 2009 年版，第 691 页。
② （清）屈大均：《过朱十夜话》，王利民、胡愚、张祝平、吴蓓、马国栋校点《曝书亭全集》，吉林文史出版社 2009 年版，第 76 页。
③ （清）屈大均《翁山诗外》卷十四《屡得朋友书札感赋》之四，清康熙刻潜凤翔补修本。
④ 容庚《论〈列朝诗集〉与〈明诗综〉》："考朱氏至粤两次，一在顺治十三年（1656），一在康熙三十三年（1694），今《诗综》多收粤人之作，则其搜集材料早在三十八以前矣。"

彝尊的填词实践也始于这次岭南之游，他说："忆壮日从先生南游岭表，西北至云中，酒阑灯灺，往往以小令慢词，更迭唱和。有井水处，辄为银筝檀板所歌。"①

顺治十五年（1658），杨雍建往京师任兵科给事中，朱彝尊北还归里。朱彝尊早年很喜欢读欧阳修的《五代史记》，但是觉得此书太过简略，想好好地注释一番。这次回乡，他与钟渊映相约分工作注。这应该是朱彝尊最早从事的学术工作。钟渊映字广汉，秀水人。约崇祯十三年（1640）至康熙十九年（1680）在世。其人自幼好学，熟于诸史，所为诗文，横绝时人。其论驳援据古昔，虽老儒钜公莫能难；所著《历代建元考》十卷较吴肃公《改元考同》、万光泰《纪元叙韵》足称赅洽。缪永谋曾言道："钟广汉若不夭，则神怀散朗，学义淹长，在后进中吾未见其匹也。"

顺治十六年（1659）春初，屈大均来游江南，朱彝尊所与来往的山阴祁氏兄弟等人中，又添了一位重要人物。这一段时间，由于郑成功发动长江之役，江南地区社会秩序混乱，寇盗纵横。朱彝尊的《寇至二首》描写了强盗抢劫杀人的情形，其一云："百里寒山下，崔苻远近齐。探丸分赤白，放溜各东西。都尉金争摸，蚩尤雾忽迷。今宵闻野哭，应有万行啼。"寒山即吴兴含山，这里一向是强盗的老窝。郑成功军队进入长江口后，含山盗势力大张。五月十九日，含山盗乘船骤至，在煌煌白日里，焚烧抢劫梅里。朱彝尊同里好友王汸和一些乡亲被绑到含山匪巢中，当作肉票。这位秀才家里很穷，无钱赎身，遭到杀害。这一年秋天，王士禛在济南赋《秋柳四章》，一时和者甚众，朱彝尊、曹溶、徐夜等人也有和作，后人以为朱彝尊等人之诗风格苍老，有胜原作。②

---

① 见陈乃乾辑《清名家词》所收《静惕堂词》卷首朱彝尊序。有的学者根据朱彝尊《李分虎〈耒边词〉序》一文交代，认为其填词始于客代州时。此序先说同里诸子为填词都早于自己，接着说："逮予客大同，与曹使君秋岳相倡和，其后所作日多，谬为四方所许。"首先，这里没有明言是填词之始；其次，从现在流传的《江湖载酒集》来看，朱彝尊代北诸作已很成熟，甚至可以说是其全部词作中最有骚人之思的，不类初学之作。因此，今从《静惕堂词序》之说。

② （清）吴仰贤：《小匏庵诗话》卷三："渔洋《秋柳》诗四首，……同时曹倦圃、朱竹垞、徐东痴等均有和作，风格老苍，远胜原唱。青浦屠让庵《国朝四大家诗钞》于《秋柳》诗删王而录朱，最为有见。"

第二节 幕客岁月

顺治十七年（1660）秋天，朱彝尊曾以曹溶的推荐，在浙江宁绍台道宋琬的幕府里作客，在那里结识了著名的文学理论家叶燮。这无疑进一步拓展了朱彝尊的交游空间。在山阴期间，朱彝尊住在城南箪醪河畔。十一月初一，他和王猷定、宋实颖、蒋超、陈晋明、叶燮到宋琬的官廨中聚会，宋琬拿出黄公望的《浮岚暖翠图》。这幅画高6尺，宽3尺，是黄公望83岁时所画，其局法之严整，神韵之深厚，要胜过他少壮时的作品。朱彝尊见画中树木秀挺，山石诡异，恍如坐在富春江上，而忘记自己身在官舍。这之后的一天，在去云门山的船上，朱彝尊又鉴赏了宋琬收藏的《许旌阳移居图》。这幅画是宛平崔子忠所画。展开这卷一丈多长的横幅，只见画中"移家具散走者，须鬣臂指，各异情状，怪疑皆鬼也"。① 自从吴道子、朱繇画《地狱变相》，其后描绘鬼子、鬼母、钟馗、小妹的画家有不少。至宋代龚开，专以画鬼物见长，但他所画的鬼骨像狞劣，看了令人不舒服。崔子忠这幅画以神仙移居为题材，画中之鬼口无哆张，目无狠视，和龚开画中的形象略有不同，然而寄托之情是一样的。朱彝尊慨叹道：明末崇祯皇帝命将出师，辇下臣民没有一人足供驱使，反而不如许旌阳驱使鬼物，而鬼能忘其辛劳。崔子忠绘制这幅画，大概就是寄托这层意思吧。朱彝尊的看法是和崔子忠的忠节之操相联系的。崔子忠在李自成进入北京后，藏在土洞里不出来，最后饿死洞中。

越地自古多志节之士。到宋末元初，高尚其事者更多。程敏政所撰《宋遗民录》，只记录了十分之一而已。据朱彝尊所知，唐珏而外，如王沂孙、王易简、练恕可都是遗民。明代初年，王冕、杨维桢、张宪都甘遯离俗，志节不移。另外，如刘涣之子刘绩、刘绩之子刘师邵，罗绋之子罗周、罗周之子罗顾，世有隐德，尤其难能可贵。这之后，越中隐君子，屈指难数，其中有二人志节最高：一是耕于山野的余若水，一是栖

---

① （清）朱彝尊：《许旌阳移居图跋》，王利民、胡愚、张祝平、吴蓓、马国栋校点《曝书亭全集》，吉林文史出版社2009年版，第565页。

于城市的刘汋。这两人不与世俗之人交往，行谊大略相同。有达官贵人上门求见，他们就遁入床帷之中。来人拉开床帷，他们就从后溜出。刘汋是刘宗周的儿子。刘宗周就义之后，刘汋闭门辑录父亲的遗书，孜孜不倦。朱彝尊和王猷定，曾到蕺山下拜访刘汋。问起刘宗周的遗书，刘汋拿出关于《三礼》的草稿相示。第二年，朱彝尊再次前去拜访，已见不到刘汋了。

在天启年间，阉党掌权，不少缙绅遭到迫害。山东道监察御史黄尊素数次上书弹劾魏忠贤，被阉党诬陷，革职被逮。刘宗周送别黄尊素时，为两家订了婚姻之约。当时，刘宗周和黄尊素都还没有孙子。后来，刘汋生了儿子刘惕庵，黄宗羲生了女儿，两家结为亲家。刘惕庵继承先人之志，绝意功名，集中精力于诗古文创作。他还考次祖父所撰的礼书，博采诸家之说，辑成《礼经考次正集》14卷、《分集》4卷。至此，两代的未竟之业终于完成了。刘惕庵70岁那年，黄宗羲的儿子黄百家告诉朱彝尊，刘惕庵的儿子刘蕺香力学而有文行。于是，朱彝尊将刘蕺香延请到家中，教育自己的小孙子。

顺治十八年（1661）夏，朱彝尊寓居杭州西湖畔的昭庆寺。这段时间，钱谦益、曹溶、周亮工、施闰章、邹祗谟、祁理孙、祁班孙、袁于令、徐缄、姜廷梧、张杉、王猷定、陆圻、曹尔堪等人先后来到杭州，与朱彝尊泛舟西湖，玩月分韵。

杭州有人拿元代的西湖竹枝词请钱谦益评定优劣，钱谦益说："和者虽多，都不如杨维桢。"第二天，大家坐在西湖的游船上，曹溶举杯说："杨维桢原倡之外，谁为擅场？各举一首诗，不当者罚酒。"周亮工举陆仁之作："山下有湖湖有湾，山上有山郎未还。记得解侬金络索，系郎腰下玉连环。"施闰章举张简之作："鸳鸯蝴蝶尽双飞，杨柳青青郎未归。第六桥边寒食雨，催郎白苎作春衣。"王猷定举严恭之作："湖中女儿不解愁，三五荡桨百花洲。贪看花间双蛱蝶，不知飞上玉搔头。"袁于令举强珇之作："湖上女儿学琵琶，满头都插闹妆花。自从弹得阳关曲，只在湖船不在家。"邹祗谟举申屠衡之作："白苎衫儿双髻丫，望湖楼子是侬家。红船撑入柳阴去，买得双头茉莉花。"胡介举徐梦吉之作："雷峰巷口晚凉天，相唤相呼出采莲。莫为采莲忘却藕，月明风定好回船。"张杉举缪侃之作："初三月子似弯弓，照见花开月月红。月里蟾蜍花上蝶，怜渠不到断桥东。"祁班孙举释文信之作:"湖西日脚欲没山,湖东月出牙梳弯。南北两峰船上看,恰似阿侬双髻鬟。"诸九鼎举马琬之作:"湖头女儿二十多,春山两点明秋波。自从湖上送郎去,至今不唱江南歌。"朱彝尊说:"诸公所举都不错,但总不如吴兴沈性之作:'侬住西湖日日愁,郎船只在东江头。凭谁移得湖山去,湖水江波一处流。'不独寄托悠远,且合竹枝缥缈之音。"曹溶加以首肯。于是,诸人都自觉地罚酒一杯,朱彝尊也高兴地浮一大白。谁知就在这时,大祸已经降临到山阴反清团体的一帮人身上。

康熙元年(1662),魏耕、钱缵曾因通海案被杀,祁理孙遣戍辽左。眼看故人星散,朱彝尊感慨道:"当予与五人定交,意气激扬,自谓百年如旦暮。何期数岁之间,零落殆尽。"① 又赋诗曰:"邺下刘文学,陈留蔡议郎。后身那再托,同调转堪伤。白首怜金谷,青山弃北邙。思归应有梦,未许诉巫阳。"② 此时,朱彝尊自己的性命也是岌岌可危的,他匆匆往赴永嘉,作县令王世显的幕僚,开始了长达十几年的客幕生涯。王世显,汉阳人,顺治十五年(1658)进士,吏事精敏。朱彝尊《永嘉除日述怀》诗说:"不作牵裾别,飘然到海隅。谋生真卤莽,中岁益艰虞。乡里轻孙楚,衣冠厌鲁儒。微名翻诋挫,暇日少欢愉。处贱无奇策,因人远祸枢。"③ 据说,他本来还要伺机浮海远遁,后来胞弟彝鉴来访,告通海案风声渐息,他才稍稍安定下来,喜而赋诗曰:"急难逢令弟,访我自江东。顿喜羁愁豁,兼闻道里通。"④ 同年,江南起了《明书》狱,受到牵连的士人极多,凡是与明史有关的书都被朝廷查禁。家人为了避祸,把朱彝尊的藏书付之一炬,此时的他真是无米无书,家徒四壁了。

---

① (清)朱彝尊:《贞毅先生墓表》,王利民、胡愚、张祝平、吴蓓、马国栋校点《曝书亭全集》,吉林文史出版社2009年版,第691页。

② (清)朱彝尊:《西陵感旧》,王利民、胡愚、张祝平、吴蓓、马国栋校点《曝书亭全集》,吉林文史出版社2009年版,第99页。杨凤苞解此诗说:"刘文学谓白衣也,以其自言前身乃刘公干也。蔡议郎谓允武也。"

③ 王利民、胡愚、张祝平、吴蓓、马国栋校点:《曝书亭全集》,吉林文史出版社2009年版,第104页。

④ (清)朱彝尊《舍弟彝鉴远访东瓯喜而作诗》,王利民、胡愚、张祝平、吴蓓、马国栋校点《曝书亭全集》,吉林文史出版社2009年版,第106页。邓之诚《清诗纪事初编》卷七:"案彝尊以魏耕之狱,欲走海上,后闻事解,乃有此作。"上海古籍出版社1984年版,第750页。

穷困潦倒中，朱彝尊再次踏上远客他乡之路，这次他是去大同投靠山西按察副使曹溶，时为康熙三年（1664）。

从嘉兴出发走到苏州时，朱彝尊寄信给表弟查容，以古文创作相勉励。他的这位表弟孔武有力，工于剑槊，因为不满学使者对考生的搜检，终身不进科场。后来，查容到吴三桂府中坐馆，逐渐被吴三桂引为腹心。当查容发现吴三桂有不臣之心后，想要辞归故里，吴三桂不答应。一天晚上，查容装作喝醉了，乘机逃走。临走前，他还在墙上留诗说："将军留客休投辖，壮士闻鸡已出关。"吴三桂派亲军追上查容，要抓他回去。查容拎起追赶者扔在地上，骂道："回去告诉老兵，查韬荒不跟你作贼。"然后换了衣服，策马狂奔，这才得以脱身。他的这件事和唐伯虎不肯做宁王朱宸濠的门客一事很相似。他为人的风流侠宕，也不减唐伯虎，至于其豪气如虹，则为唐氏所不能想见。

康熙三年（1664）闰六月二十二日，朱彝尊与同里高佑釲[①]乘船自扬州北上。高佑釲带了宋刻《春秋权衡》《春秋意林》，朱彝尊见到非常喜欢。时值一年中最热的时候，他每天躲在小船舱里挥汗阅读。路经扬州的时候，朱彝尊投诗给扬州推官王士禛。不巧的是，王士禛因公务去了南京，事后得知，赋《答朱锡鬯过广陵见怀之作时谒曹侍郎于云中》，诗中有句云："江左清华惟汝在，文章流别几人存"[②]，极赏朱彝尊的文采风流。

舟过济宁城南40里的仲家浅闸，朱彝尊拜谒了闸上的"先贤仲子祠"。该祠门临运河清波，遥对峄山翠峰，祭祀的是孔子弟子仲氏子路。朱彝尊于《谒先贤仲子祠》中云："光岳钟青帝，明禋配素王。世家犹不泯，俎豆俨成行。力养嗟何及，长贫更可伤。如闻琴瑟在，千载感升堂。"[③] 孔子弟子三千人，其生平所称许者，除颜回外，就是端木子贡和仲氏子路。子路位居十哲之林，配飨文庙，俎豆百世。在唐宋时代，他被封为卫侯，再封河内公，进卫公。其后裔流寓济宁，在仲家浅聚族而

[①] 高佑釲，字念祖，秀水人。贡生，考授州判。著有《蓟邱杂钞》《怀寓堂集》。
[②] （清）惠栋、金荣注，宫晓卫、孙言诚、周晶、闾昭典点校：《渔洋精华录集注》上册，齐鲁书社2009年版，第278页。
[③] 王利民、胡愚、张祝平、吴蓓、马国栋校点：《曝书亭全集》，吉林文史出版社2009年版，第111页。

居。明清两朝，主持家庙祀礼的仲氏后裔世为国子监博士，每年要按时进京朝贺，备朝廷顾问。

在临清州的清源驿，朱彝尊等候过闸，等了5天。临清城西的大宁寺同静宁寺、天宁寺、满宁寺并称为"临清四大寺"。该寺建于明洪武年间，正统、万历中重修。朱彝尊趁雨过天晴，前往大宁寺一游，留下了"远烟归鸟忽双下，法鼓空林时一鸣"①的诗句。

走走停停，朱彝尊终于在康熙三年（1664）九月十九日到达目的地。曹溶两朝为官，远宦僻地，一直以来心情苦闷。两人此次相见，连着四夜饮酒赋诗。朱彝尊谈起曹溶"倦圃"内清澈的山泉、翔游的鱼鸟、蓊郁的蔬果花药，令曹溶久久地抱膝低徊，不能释怀。"倦圃"是曹溶利用嘉兴府治西南范蠡湖北岸一处废园改建的别业。此地在宋代时是嘉兴军府兼管内劝农使岳珂著《金陀粹编》的"金陀坊"。沈皞日于《摸鱼子·同山表兄招同右吉、子葆、锡鬯集倦圃，命赋樆李，用锡鬯韵》中说："向金陀，浓阴曲院，垂垂犹带清露。"由此可见，倦圃内长着枝叶繁茂、果实累累的樆李树，曹溶用来招待客人的樆李是倦圃自产。词题中"同山表兄"指曹溶。

曹溶门人周之恒罢官后，移家江浦。他为曹溶绘制了《倦圃图》，共有"丛筠径""积翠池""浮岚""范湖草堂""静春荟""圆谷""芳树亭""溪山真意轩""容与桥""潄研泉""潜山""锦淙洞""采山楼""狷溪""金陀别馆""听雨斋""橘田""留真馆""澄怀阁""春水宅"二十景。曹溶、周之恒和朱彝尊三人各系以诗。周之恒是山东临清人，崇祯十年（1637）的举人，曾官江西布政司参政。其人书法丹青为一时所推崇。他曾送给朱彝尊一幅《梅边索句图》，引发了朱氏的江南春思。朱彝尊称赞其书画技艺说："春晴风日官斋迥，翰墨于今数公等。画品真同顾恺工，隶书远见钟繇并。"②

曹溶很喜欢填词，早在岭南时朱彝尊就受到他的影响，此时有机会

---

① （清）朱彝尊：《临清州大宁寺》，王利民、胡愚、张祝平、吴蓓、马国栋校点《曝书亭全集》，吉林文史出版社2009年版，第111页。

② （清）朱彝尊：《赠周参政》，王利民、胡愚、张祝平、吴蓓、马国栋校点《曝书亭全集》，吉林文史出版社2009年版，第115页。

日日与长辈切磋，遂越发精研词律，写下了许多优秀的篇章。如《消息·度雁门关》云："猿臂将军，鸦儿节度，说尽英雄难据。窃国真王，论功醉尉，世事都如许。有限春衣，无多山店，酾酒徒成虚语。垂杨老、东风不管，雨丝烟絮。"① 词中追念起曾据守此关的汉唐名将李广和李克用。唐末李克用窃国反成真王，李广论功却受欺于小人，想到世事颠倒错乱，英雄有志难伸，朱彝尊感喟丛生。② 曹贞吉在和词中同样慨叹道："塞雁南飞，滹沱东注，可惜英雄人远。问谁是、封侯校尉，虎头仍贱。"③ 传说朱彝尊填词是很下苦功的，每次创作都要把自己关在小屋里，或者绕床急走，或者屹坐如痴，推敲终日，甚至通宵达旦。

康熙四年（1665）正月二十日，朱彝尊与曹溶、周之恒、孙如铨等一同游玩了应州（今山西应县）木塔寺。孙如铨时任汾州推官，他也是丹青好手，曾师事著名画家崔子忠。应州居绝塞之冲，土风苦寒，不出产良材珍木，"一木之运，百车牛乃达"。④ 当日辽朝君臣依恃甲兵之劲，向宋朝要求献纳，金缯所入，动亿万计，所以不难建成此塔。据《辽史》记载，辽道宗即位初年，诏求直言，有志于将国家治理好，但他到了晚年，崇尚异教，一年饭僧至36万人，一日祝发至3000人。朱彝尊在《应州木塔记》喟叹道："轩楹台榭，广墀复宇，游观之胜，苟作非其时，侈过其制，则《春秋》书之，太史纪之，故虽王公之尊，不敢轻役其民。至浮屠之宫，竭天下之民力，奔走恐后，世莫有议其非者，吾不知其故也。彼其师以虚无寂灭为教，视支骸爪肤为不足惜，而崇奉其教者，顾必范金以像之，筑宫室以栖之，非大惑与？……呜呼！侈心有渐，皆是塔启之也已。"⑤ 后来，知州傅登荣将朱彝尊的《应州木塔记》刻于壁上。

康熙四年（1665）三月中，在前往山西山阴县途中，朱彝尊从马上

---

① 王利民、胡愚、张祝平、吴蓓、马国栋校点：《曝书亭全集》，吉林文史出版社2009年版，第287页。

② 王镇远选注：《朱彝尊诗词选》，上海古籍出版社1988年版，第116页。

③ （清）曹贞吉《消息·和锡鬯〈度雁门关〉》，《珂雪词》卷下，清康熙刻安丘曹氏家集九种本。

④ （清）朱彝尊：《应州木塔记》，王利民、胡愚、张祝平、吴蓓、马国栋校点《曝书亭全集》，吉林文史出版社2009年版，第659页。

⑤ 王利民、胡愚、张祝平、吴蓓、马国栋校点：《曝书亭全集》，吉林文史出版社2009年版，第659页。

摔下来，脚受了伤。山阴县令张施大来到旅馆中探望，伤卧在床的朱彝尊赶忙起身，穿好衣服，迎接当地父母官。看到张施大送来的好酒，朱彝尊赋诗感谢说："可怪乘船客，今朝堕马来。半人宣武笑，长路步兵哀。地主逢倾盖，天涯独爱才。淹留怜逆旅，相饷竹根杯。"① 张施大是直隶浚县人，顺治十二年（1655）的进士。

当地人王泰塈也来看望伤者。朱彝尊由人扶着，出门相迎。王泰塈是贡生出身，顺治六年（1649）曾任沙县知县。他是明万历年间东阁大学士王家屏的孙子，和朱彝尊称得上是世交。朱彝尊的《留赠王沙县泰塈四首》其三云："先臣典礼日，相国去官初。各建留侯策，同传贾傅书。"② 说的是万历年间王家屏以争建储惹恼了明神宗，托病辞官。后来，朱国祚以礼部左侍郎代理尚书职务，连续上书，终于确立了皇长子的储位。

燕代地区历史上战争频仍，是很多王朝的兴起之地，特别是五代之主中有三个起自晋阳，遗留下丰富的古迹。朱彝尊利用客幕的机会，遍游代北之地，考察故迹，搜求断碑残片，为注释《五代史》收罗材料，并利用石刻匡正传世文献的谬误或者补充其未足。不仅在山西是这样，后来他转客太原、济南，游历北京，每到一地都要查访古碑。

有一次，朱彝尊游完晋祠，集杜甫的两句诗"文章千古事，社稷一绒衣"题在柱上，陕西学者李因笃见后叹赏不置，专门写信来定交。除了李因笃外，朱彝尊又先后与关中学者王又旦、孙枝蔚、李念慈、王弘撰结交，这些人都是成名已久的学者和诗人。他们的"诗歌平险或殊"，但与朱彝尊"论议未尝不合也"③。正像朱彝尊为王又旦《黄湄集》题诗所说的那样："迩来诗格乖正始，学宋体制嗤唐风。江西宗派各流别，吾先无取黄涪翁。比闻王郎意亦尔，助我张目振凡聋。"④

---

① （清）朱彝尊：《将次山阴，堕马伤足，张明府施大枉顾逆旅饷酒，赋谢二首》，王利民、胡愚、张祝平、吴蓓、马国栋校点《曝书亭全集》，吉林文史出版社2009年版，第116页。
② 王利民、胡愚、张祝平、吴蓓、马国栋校点：《曝书亭全集》，吉林文史出版社2009年版，第116页。
③ （清）朱彝尊：《王崇安诗序》，王利民、胡愚、张祝平、吴蓓、马国栋校点《曝书亭全集》，吉林文史出版社2009年版，第450页。
④ （清）朱彝尊：《题王给事又旦〈过岭诗集〉》，王利民、胡愚、张祝平、吴蓓、马国栋校点《曝书亭全集》，吉林文史出版社2009年版，第185页。

康熙五年（1666），朱彝尊转客山西布政使王显祚幕府。王显祚待朱彝尊为上客，曾取家中珍藏的白玉碗给朱彝尊作酒器。朱彝尊囊笔游食期间，与幕主的关系总是水乳交融。这一方面固然是由于他才华出众，令人钦仰，另一方面也是因为他有良好的心态。他的表兄谭瑄曾在昌平某户人家设馆。有一次，朱彝尊听从昌平来的人说，谭瑄脸上近来颇有不豫之色。朱彝尊叩问其原因，原来，主人好音乐，家中请有吴下歌板教习。谭瑄身为塾师，饮食方面的待遇远不如教习。因此，谭瑄打算辞馆回家。朱彝尊写信给谭瑄，劝他不要介意："昔者孔子以燔肉不至行，穆生以醴酒不设去，则以先至后不至、先设后不设，是谓礼貌衰则去之，去之固宜已。在《易·同人》之象曰：'君子以类族辨物。'盖物各有族，在人类而辨之，君子惟自审其分处焉。斯无不自得矣。不观夫昏者乎，娶妻而纳采，俪皮纯帛可也。至于买妾，有费百金者。若欲落营妓之籍，非千金不可。其流愈下，其直益高。礼固有以少为贵者。且歌板师之教曲，在兄未适馆以前，主人既置之别馆，不与共席，每食但与兄偕，则能类族辨物矣。食单之丰，譬诸以鱼饲狸，以肉喂犬，于兄何损焉？孟子有言：'饮食之人，则人贱之。'兄若引去，不知者将以兄为饮食之人，其可哉？"[①]

太原附近的风峪山，传说埋有古刻佛经，但是地势绝险，野兽出没，无人敢往览观。朱彝尊听说此事，好古之心大发，遂与雅有此好的傅山同往。经他考察，这些石刻书法奇古，始于北齐，历史比著名的房山石刻还要早。他叹惜这样的古物沦落山间，无人得知，想把它们移至太原府晋祠贮藏，终因力所不及而罢。

在太原时，朱彝尊曾过访顾炎武，他俩不但在政治态度上很接近，而且同为博学好古之士，互相敬重对方的人品和学问。顾炎武赋《朱处士彝尊过余于太原东郊赠之》相赠，诗中称赞朱彝尊词赋苍老，学问、书法俱有本源，并感慨两人风尘漂泊的命运。后来，朱彝尊撰《经义考》，曾取资于顾炎武《日知录》《金石文字记》；撰《日下旧闻》，曾征引顾氏《北平古今记》。

[①]（清）朱彝尊：《寄谭十一兄左羽书》，王利民、胡愚、张祝平、吴蓓、马国栋校点《曝书亭全集》，吉林文史出版社2009年版，第387页。

李因笃曾来太原拜访朱彝尊。康熙九年（1670），李因笃再次东出潼关，走河南，下扬州，南游湘、鄂、楚等地。朱彝尊有《寄怀李因笃》："雁门北上忽西还，未得相逢一解颜。传道全家依渭曲，几时匹马出潼关。樽前旧事凭谁说，箧里新诗待尔删。三载齐东留滞日，愁看李白读书山。"

朱彝尊听说太原西郊的崛㠑寺在太原府治西30里的乱山中，与晋大夫窦鸣犊的祠庙相邻接，颇想观览其故迹。康熙六年（1667）二月十五日，朱彝尊与王显祚的儿子王千之并马同入崛㠑山。崛㠑山是太原西山北端的一部分，山形峻峭，连峰圈围，形似巨盆，遂有"崛㠑"之名。此山多林木，红叶最佳。可惜朱彝尊来时，河里的冰刚开始融解。

崛㠑寺是文殊菩萨的道场之一，唐贞元年间始建，唐宋两代香火很盛，宋末毁于战火。明洪武年间重建。但朱彝尊来时，寺已倾圮，很长时间没有修葺过，荒榛丛棘充塞于陨崖卧石之间，钟鱼寂然，只见一二位病头陀在檐溜下补缀衲衣。向和尚一打听，朱彝尊才知此处离鸣犊祠还比较远，就没有前往。王千之问"崛㠑"二字字义。朱彝尊说："其初必无偏旁，我怀疑是村夫子强加上去的。郭忠恕说过'飞禽即须安鸟，水族便应着鱼'，俗书滋谬，二语尽之。"

康熙六年（1667）秋，王显祚丢了官。朱彝尊又到大同访曹溶。朱彝尊漂泊南北，身边有一个小名时来的俊美书童陪侍。此儿是苏州一带人，常为朱彝尊裁纸折笺、磨墨洗砚，有时还为主人抄写诗词。计东到山西来，看见时来，就向朱彝尊索要。朱氏作《有有令》婉拒："樽前须记。记取小名儿，时来方见你。年便周三五，看秀靥、依然媚。是天生、付与骚人，苦吟不足，添他憔悴。　南北相携万里，且缓作、五湖归计。镇日笺裁藤角，洗砚收龙尾。钞诗更会人意。问伊故里，可有个、延年女弟。"词的末尾问时来在老家有没有妹妹，意思是让计东自己到吴地去寻觅金童玉女。

康熙六年（1667）八月，朱彝尊又到北京，与表兄谭吉璁同寓。清兵占领南京时，吉璁父亲谭贞良曾与夏允彝、陈子龙等商议抗击清军。因为力量不支，谭贞良携妻儿乘船从海上到会稽，又从台州转抵福州，继而转徙漳州。他们一家在路上遇到强盗，谭吉璁以身蔽父，强盗拔刀相向，谭吉璁挡在父亲身前不动，强盗用刀柄击打他的背部，他还是不躲闪。强盗说:"这是孝子啊。"把他们放过了。顺治五年(1648)七月,谭贞良病死于漳州之琯溪。因为家贫,谭吉璁投身戎幕,走遍了瓯海闽山。当他客居汝宁时,母亲病逝。除服后,谭吉璁以文贡入国子监,试第一,授弘文院撰文中书舍人。此后九年,谭吉璁早晨穿着破衣,骑着羸马出门上班。进入弘文院后,就坐在一间屋子里,校勘经史,"有以诗文请者,立使者于户外,削稿与之"。①

在京城,朱彝尊同王士禛首次谋面,相与探讨诗学,论及沿流派别,观点悉合。经过长年游历,朱彝尊诗文风格更加老苍,意蕴深沉,王士禛赠诗说他"锦囊旧事悲唐垒,碧玉春流写晋祠"②。康熙六年(1667)冬,朱彝尊往访老而家居的孙承泽。孙承泽盛称彝尊之贤,以致当时游于京师的东南文学之士共推彝尊为老师宿学。孙承泽深于经学,并以经学诏后进。朱彝尊《经义考》收录了孙承泽的经学著述,参考了孙氏《五经翼》的内容。

康熙七年(1668)春,朱彝尊从北京来到济南,在山东巡抚刘芳躅幕中专司笔札。朱彝尊与刘芳躅宾主两人常结伴出游,登览齐鲁山川。寒食节前,朱彝尊、刘芳躅等来到曲阜,拜谒了最能激发历史幽情的孔林。

在曲阜县治东北三里有周公的庙,朱彝尊去那里探询了聚族而居的周公子孙,发现他们这一支源自周公元子伯禽的少子鱼。因为鱼封于东野,有田一成,所以以"东野"为氏。其谱牒有《东野志》,世次可考。朱彝尊看到周公庙,杂草丛生,房屋残坏,心中不安。考虑到孔氏弟子颜子、曾子、仲子、孟子都立五经博士,下至宋儒二程、朱熹也都有博士世袭,而先圣周公反不得下同于有宋诸儒,朱彝尊觉得从道理上说不过去。他建议刘芳躅向朝廷提出请求,授东野氏宗子为五经博士,世袭其爵,以奉祀周公。刘芳躅让朱彝尊代为起草奏章。有官吏说,前山东巡抚周有德曾经有此请求,没有得到朝廷的批准,但刘芳躅不为所动。朱彝尊还怂恿给事中柯耸上疏,请以方孝孺从祀孔庙,部臣驳诘说:"方

---

① (清)朱彝尊:《小谭大夫墓志铭》,王利民、胡愚、张祝平、吴蓓、马国栋校点《曝书亭全集》,吉林文史出版社2009年版,第718页。

② (清)王士禛:《渔洋精华录》卷六《朱锡鬯自代州至京奉柬》,林佶写刻本。

孝孺但能成仁，不可为道学，况且只有文集，而无语录。"柯耸差一点因此获罪。有幕客拿这件事劝阻刘芳躅，授东野氏宗子为五经博士之事也被中止了。朱彝尊深感遗憾。及至康熙二十三年（1684），翠华东巡，褒崇先圣，朱彝尊见机又上书山东巡抚张鹏，重提此议。当时他儿子朱昆田正在张鹏官署中。张鹏收到朱彝尊的信，马上起草了奏章，置于行笈之中，想找机会上奏。他看到东野氏迎驾时，皇帝说话很温和，认识到殊恩宜出自皇上，于是将奏草焚烧掉了。

康熙八年（1669）秋，朱彝尊回梅里料理家事，又买了邻家屋舍。因为屋前后竹子很多，且性本爱竹，遂以"竹垞"自号。正巧屈大均这时来访问故友徐嘉炎，三人谈诗论赋，共忆友人，往往谈至深夜不能罢休。屈大均将回广东时，请朱彝尊为自己的《九歌草堂诗集》撰序，朱彝尊在序里说："予与翁山相遇南海，嗣是往来吴越，十年之间，凡所与诗歌酒谯者，今已零落殆尽，至窜于国殇、山鬼之林，散弃原野，翁山吊以幽渺凄戾之音，彷佛乎《九歌》之音。世徒叹其文字之工，而不知其志之可悯也，予故序之，以告后之君子诵翁山之诗者，当推其志焉。"[①]序中不仅称赞屈大均诗风华丽沉郁，更推崇其"悲愤之志"。这年冬天，朱彝尊返回济南，继续其客幕生涯，此后多次往游北京，寻访新朋旧友。

康熙九年（1670），朱彝尊与潘耒在北京定交，潘耒推崇他为江南衣冠之子的领袖。八月，朱彝尊拜访了孙承泽，孙氏设酒宴热情款待，他们这对忘年交关系更加密切。孙承泽在北京主要住在城南书屋中。城南书屋中有一称作"研山斋"的大厅，是孙承泽会客著述之所。

春秋佳日，研山斋中常宴游不辍。朱彝尊《同纪处士映钟杜太史镇谭舍人兄吉璁集孙侍郎承泽研山斋四首》所记就是其中的一例。诗题所及：纪映钟是诗名卓著的遗民，其人字伯紫，又作伯子、蘖子，号戆叟。上元（今江苏南京）人。和朱彝尊一样，他因为贫穷而经常游食于公卿大夫之门。曹溶和龚鼎孳都曾经是纪氏的"米饭主"。杜镇，字子静，直隶南宫人，顺治十五年（1658）进士。康熙初年，知阳信县，清理历年积欠14万有奇，在民者援赦豁免，在官者解囊赔补，深受百姓爱戴。朱

---

① （清）朱彝尊：《九歌草堂诗集序》，王利民、胡愚、张祝平、吴蓓、马国栋校点《曝书亭全集》，吉林文史出版社2009年版，第428页。

彝尊还请孙承泽为自己在故里的别业题写了"竹垞"二字。

康熙九年（1670）重阳节，朱彝尊、顾炎武和陆元辅等登临了孙承泽别业中的石台。陆元辅在其师黄淳耀抗清殉难后，搜集梓行黄氏40余篇遗文，并请朱彝尊作序。朱彝尊作《黄先生遗文序》称赞道："元辅以兵戈俶扰之余，能集其师之遗文，俾无失坠，亦可谓笃信之君子已。"①

陆元辅家中藏书很多。孙承泽想看《学蔀通辨》，就是从他那儿借到的。陆元辅堪称孙承泽的知己。孙承泽临终前对儿子们说："我生平没有好的行状，宗伯王公敬哉、处士顾子宁人、陆子翼王，知道我仕宦学问的本末，质之足矣。"

陆元辅多年以后曾对陆陇其说："孙北海学博而才敏。其所著诸书，虽不皆精，然多有益于学者。博学之士，皆收入门下，相助校对。朱锡鬯、顾宁人其尤也。"② 这番话谈及孙承泽与朱彝尊、顾炎武之间有"主客"关系。从这三人的交往可以看出，虽然他们政治操守不同，但这不妨碍他们一起沉浸在饮酒赋诗、考古订文的乐趣中。

重阳之会，朱彝尊和顾炎武、陆元辅、申涵光及谭吉璁，就在孙承泽的研山斋赏玩了李公麟的《九歌图》。该图卷题识残阙，只存"年七月望日臣李公麟画"10字。李公麟临摹古画用绢素作画布，自己创作用澄心堂纸，不施彩色。这一图卷即用澄心堂纸绘制，笔法娟妙。过去有人说，李公麟画人物似韩滉，潇洒似王维，在孙承泽看来，单论此图画法之灵秀生动，韩滉、王维都当退避三舍。其他不说，就《湘夫人》一像，萧萧数笔，嫣然欲绝，古今无此妙手。李公麟留心书法，收藏法书极多，《九歌图》每图之后，写有屈原《九歌》之辞，隶法劲逸，在宋代堪称第一。孙承泽说，《九歌》为宇宙第一妙文，非李公麟妙画不足以相称。两美合璧，真是千秋快事。此图卷载在《宣和画谱》上，有宣和中秘大小印玺，还有贾似道的印章。卷末有很多元代人的题咏，颇有可观。朱彝尊也为这一图卷写了跋语。

重阳会后，顾炎武返回山东，朱彝尊仍旧留在京师，至第二年夏才

---

① 王利民、胡愚、张祝平、吴蓓、马国栋校点：《曝书亭全集》，吉林文史出版社2009年版，第426页。

② （清）陆陇其：《三鱼堂日记》卷上，清道光二十一年（1841）金山钱氏刻指海本。

南下扬州。这期间,朱彝尊则继续对孙承泽的收藏进行鉴定。《曝书亭集》中所收和藏品有关的题跋,多写于这一时期。

孙承泽藏品中还有赵孟坚的《水仙花卷》。朱彝尊鉴赏此卷时,注意到画作的真赝问题。他凭家学所得,断定此画是真品。其《书彝斋赵氏水仙花卷》云:

> 赵子固水仙横幅,观于北平孙侍郎砚山斋。记先子恒言,世多赝本,其真迹有九十三茎者最佳。今数之,果然。侍郎所蓄有杨补之《墨梅》、顾定之《墨竹》,与是卷称《岁寒三友》。梅竹无多花叶,而水仙独繁,然对之不异神仙冰雪之容,正乐府诗所云"寂寥抱冬心"者也。①

这幅水仙横幅,就这样靠朱彝尊一句话而定真伪。但朱彝尊并没有唯主人之所好是投。他对若干孙氏藏品的真伪,有时采取保留的态度,有时直陈己见,有时断然否定孙氏本人的鉴定结论。

论清初私人藏书之富,孙承泽和梁清标可称并世双璧。万历年间,周藩宗正朱灌甫藏书8万余卷。孙承泽于明末在河南祥符县令任上,向朱灌甫的孙子借钞朱灌甫的遗籍,载归京师,其中经注一类便多达200余册。后来黄河决堤,朱氏遗籍尽亡。明清易鼎之际,孙承泽又收藏了不少秘阁散出的书籍。因此,他的藏书多有世所未见者。朱彝尊就曾在孙承泽处抄得刘敞《春秋意林》等书。

孙承泽藏古玩字画碑拓颇丰,经常邀请朱彝尊共同赏玩。康熙六年(1667),朱彝尊同表兄谭吉璁在孙承泽的砚山斋观《王纯碑》的宋拓本。据娄彦发《汉隶字源》所说,此碑在郓州中都县,立于延熹四年(161)冬十二月,而郦道元以"纯"为"纷",以延熹为中平,是因为他没有亲至其地,仅据传闻而致误。康熙九年(1670)冬天,朱彝尊在孙承泽处又观看了《汉丹水丞陈宣纪功碑》拓本,碑文称陈宣字彦成,汝南新阳人,是汉丞相陈平的后裔。此碑很少有人著录,只有李蓘曾载于《丹浦

---

① 王利民、胡愚、张祝平、吴蓓、马国栋校点:《曝书亭全集》,吉林文史出版社2009年版,第562页。

款言》。孙氏的拓本是他知祥符县时所得。朱彝尊为字画碑拓写过不少题跋序记，如他在退谷为孙承泽所藏杨补之墨梅作题跋说："朱三十五梅词：'横枝清瘦只如无，但空里疏花数点。'梅花有魂，二语摄之。此唯逃禅杨叟能写出。若煮石山农，兴酣落笔，便与少陵'乱插繁花照晴昊'句相似，愁眼虽冲，要非逃禅叟意中景矣。"[1] 朱三十五是朱希真，"煮石山农"是王冕的别号。朱彝尊写这则跋语时，研墨用的砚台刻有谢道韫的字，其砚铭云："丝红清石，墨光洪璧，资我文翰，玉砅坚质。"王士禛长兄王士禄玩味铭文，发现这是回文，然而无论是正读，还是倒读，文句都不工。而且，"砅"字音同"厉"，意思是水激石之声，此铭误用作冰字。他怀疑此铭文不出于谢道韫笔下。

这一年冬天，朱彝尊还同顾炎武、陆元辅去看了孙承泽手中的《郎中郑固碑跋》藏本。碑文中有"逡遁"二字，顾炎武说是"逡巡"的异文。他返回山东后，还引《三礼注》为证，而且博稽群籍，指出《晏子春秋》作"巡遁"，《汉书》作"逡循"，《庄子》作"蹲循"，《灵枢经》《亢仓子》作"遵循"。朱彝尊依据《集韵》，证明"逡遁""逡巡"是一种假借。

岁暮，朱彝尊在北京度过，当时他生活贫困，衣裳破旧，鞋子还破了洞。看着从天飘落的大片大片雪花，想到故园中的妻子儿女，形影相吊的诗人在一星烛火之下，流下了两行清泪。朱彝尊如此思念家乡，为什么不回去呢？其中一个原因是，故乡的知交旧友都已零落殆尽，回去后难免和浪迹天涯一样孤寂。他在《飞雪满群山·燕京岁暮作》中表达了这层意思："岂不念、飞帆归浙水，叹旧游零落，无异天边。竹林长笛，鸰原宿草，又谁劝酒垆前。薄游成久客，惹霜鬓，愁添去年。更无人问，长安市上空醉眠。"[2]

孤馆凄寒，寂寞难耐。朱彝尊就约了李良年、潘耒、蔡湘同游西山。他们的西山题壁诗被人广泛传抄。一时之间，士大夫们都想结交这两位

---

[1] （清）朱彝尊：《题杨补之〈墨梅〉》，王利民、胡愚、张祝平、吴蓓、马国栋校点《曝书亭全集》，吉林文史出版社2009年版，第562页。

[2] 王利民、胡愚、张祝平、吴蓓、马国栋校点：《曝书亭全集》，吉林文史出版社2009年版，第292页。

刚来北京的诗人。主人召客聚饮，客人往往会询问座中有没有朱彝尊和李良年。

当时主持京师诗文坛坫的是礼部尚书龚鼎孳。有一次，龚鼎孳举行文酒之会，延请了知名之士30余人，李良年因为从马上摔下来而迟到了，但龚鼎孳一直等到李良年赶来才举杯。后来，曹申吉出抚贵州，将李良年招入幕府。朱彝尊在《金缕曲·寄李武曾在贵竹》一词中回忆两人的京华酒徒生涯说："谁共金台醉，记年时、酒徒跅弢，尽呼朱李。"① 在留滞京华期间，朱彝尊常为出门无车可坐感到苦恼，因而并不经常去龚府拜访，而龚鼎孳也不介意。

"朱李"以诗文交友，颇为时贤硕彦所赏。汪琬眼高于顶，有以诗文行卷进谒者，必摘其瑕疵而批驳，但他对李良年的文章十分佩服。阎尔梅与人论诗常常意见不合，唯独与李良年话语相投。李良年持论和婉，多可少怪，善言作者的心思，所以人们都愿意和他论文谈艺。翰林院检讨申涵盼常对人说："朱十论诗文，使人心慑，不如李十九可亲。"听说李良年打算收罗当代文章，甄综为《文纬》，人们都希望自己的文章能被收录，纷纷向他投赠诗文。

顾炎武因黄培诗案被关在济南大牢里时，顾炎武的外甥徐元文亲赴济南，斡旋于巡抚衙门。在刘芳躅幕中的朱彝尊也为营救顾氏出了大力。到北京后，朱彝尊和徐元文声气相通。徐元文过生日，朱彝尊和李良年作五言联句为其祝寿说：

紫御云霄迥_{彝尊}，金门雨露偏。群公争献纳_{李良年}，之子信才贤。甲第乌衣盛_{彝尊}，家声凤沼沿。堂看遗笏在_{良年}，经忆过庭传。儒雅矜当代_{彝尊}，飞腾数妙年。九重书第一_{良年}，三策对无前。馔出仙厨美_{彝尊}，袍分兽锦鲜。上阳芸是阁_{良年}，中禁木为天。苑柳晴相映_{彝尊}，宫莺岁屡迁。星轺驰汉节_{良年}，驿路入秦川。得士皆殊绝_{彝尊}，难兄更接联。遥闻胪唱日_{良年}，正值使车旋。两到须回辙_{彝尊}，双丁足比肩。把文同谢舅_{良年}，染翰失张颠。宾至交珠履_{彝尊}，朝回并玉鞭。

---

① 王利民、胡愚、张祝平、吴蓓、马国栋校点：《曝书亭全集》，吉林文史出版社2009年版，第305页。

连枝真不易㊀良年，初度乃居先。南斗神仙篆㊁彝尊，西清侍从员。黑头谁得似㊀良年，青眼独依然。历下寻山屐㊁彝尊，江干载酒船。因人惭入洛㊀良年，结客重投燕。不谓迎缝掖㊁彝尊，翻教起昼眠。茱萸犹结佩㊀良年，醹醑此开筵。盏进昆山玉㊁彝尊，花明秘省砖。齑歌应可续㊀良年，比调有新篇㊁彝尊。①

徐元文于顺治十六年（1659）中状元，其长兄徐乾学是康熙九年（1670）的探花，其二兄徐秉义后来又是康熙十二年（1673）的探花。徐氏兄弟的曾祖父徐应聘官太仆寺少卿，为万历时名臣；父亲徐开法入清后，绝意进取，一心课督徐乾学兄弟焚膏继晷：这就是所谓"堂看遗笏在，经忆过庭传"。徐元文蟾宫摘桂时年仅26岁，为顺治帝亲擢对策第一，赐冠带、蟒服、裘靴。徐元文举止闲雅，音吐弘畅，受到顺治帝青睐。有一次，徐元文晚对便殿，还蒙顺治赐馔：此即"馔出仙厨美，袍分兽锦鲜"的本事。康熙八年（1669），徐元文以秘书院侍读典试陕西，录取了不少清寒力学的读书人。旧例词林第一甲一名及第者，止充会试同考官，不出典各布政司乡试。自康熙八年（1669）状元徐元文以侍读典陕西试，康熙三年（1664）状元严我斯以修撰典山东试，始变常例。徐元文从陕西回到京城的那一天是康熙九年（1670）三月初四，金殿传胪，榜悬长安门外，徐乾学以进士第三人及第。朱彝尊、李良年的寿诗虽然充满对徐氏兄弟富贵功名的颂赞，但基本上是徐氏家世生平的如实写照，并没有多少谀美浮夸的内容。

两年后，徐氏兄弟的母亲顾氏回昆山，在通县潞河登舟，徐元文拜送潞上，徐乾学奉母南返。朱彝尊有《和韵送徐编修乾学还昆山》诗曰："潞河临发动晨飔，惜别重歌折柳辞。前席定来宣室召，蹇驴仍借杜陵骑。秋深准续登高约，月出应怀对酒时。宾从玉山知不少，相思定寄草堂诗。"② 当时，徐乾学虽然步入仕途的时间不长，却是声华满京国，上

---

① （清）朱彝尊：《寿徐侍读元文》，王利民、胡愚、张祝平、吴蓓、马国栋校点《曝书亭全集》，吉林文史出版社2009年版，第129—130页。

② 王利民、胡愚、张祝平、吴蓓、马国栋校点：《曝书亭全集》，吉林文史出版社2009年版，第140页。

殿则至尊含笑,入座则公卿动色。因此,朱彝尊在诗中说"前席定来宣室召",预言徐乾学将深得圣眷。

10多年来,朱彝尊怀着曹溶等人写的八行书,南走羊城,西穷雁塞,东浮淄水,现在又混迹于风尘燕市,看看自己,"黑貂裘敝""白头乱发垂耳",因此词中总是流露着自艾自怨的消沉情绪,常常发出"叹斯人枯槁""几回搔首茫然"的牢骚。但他早年的慷慨之气并没有完全泯灭,如《满江红·赠吴佩远》一词就跃动着颓唐情态所掩抑不住的悲慨激荡之心:

芜没田园,都不恋、五湖虾菜?长只是、箫吹市上,剑歌天外。千里曾经龙战地,频年偶住鸡鸣埭。正昭王、台畔酒人稀,逢君在。

穷巷隔,无车盖。当暑静,弛巾带。向招提偶坐,尽还潇洒。作赋最须怜赵壹,鼓刀应许同朱亥。问白头、如雪几时归,衔杯再。①

吴佩远名祖锡,号稽田;晚年亡命,改名为钿;"佩远"是他的字。他的父亲吴昌时在周延儒为首辅时,曾任吏部文选司郎中,后罹法弃市,为人所不齿。而吴佩远是富有气节的反清志士,虽历经困厄,却不屈不挠。朱彝尊这首词是在一次酒宴上写的。当时在坐的还有吴江人赵云。此人字山子,与吴佩远都曾是"慎交社"的成员。赵云此时有诗赠吴佩远,写得非常工致。因此,"作赋最须怜赵壹"这一句将赵云比作东汉时写《刺时疾邪赋》的赵元叔。"鼓刀应许同朱亥"指的是和市井中的英雄侠士为伍。这与其说是朱彝尊的自况,不如说是对吴佩远的写照。吴佩远在明末见中原大乱,喜欢结纳市井豪俊,与剑客豪士讲求出奇应变之学。顺治二年(1645),他曾计划起兵响应吴日生领导的太湖白头军,没有成功。此后,他遍走山寨、海岛之间,"尝南觐滇中北依鲁邸,谒韩王于巫峡,朝益藩于江西,以至通城、瑞昌诸营无不毕到,濒于死亡者屡

---

① 王利民、胡愚、张祝平、吴蓓、马国栋校点:《曝书亭全集》,吉林文史出版社2009年版,第292页。

焉。家亦以是落。"① 顺治十八年（1661），作为张煌言部的使者，吴佩远从东南海上出发，到南方寻访永历帝。当时李来亨、刘体仁等夔东13家农民军，分据兴山、巫山、房山、施州、均州、涪州，声势相倚。张煌言等希望这批李自成的残部能够出师挽救永历政权。去郧阳与农民军联络也是吴佩远的使命之一。

吴佩远是朱彝尊好友徐枋的姐夫。在顺治年间，吴佩远为反清复明"义不顾家"，徐枋的姊姊"率家累，变姓氏，流离转匿，始终祸患者七年，而一病遂以不起"②。吴佩远感念妻子的懿行，终身不再娶。康熙年间，江上烟沉，海中潮落。吴佩远常与阎尔梅、徐枋等人结成诗社，借诗咏志，倾吐民族悲愤。只是在面对这位原永历政权的职方郎中时，朱彝尊才可能在词中写出"箫吹市上，剑歌天外"的句子，把自己比作落拓江湖时的伍子胥和冯骥，显示出壮心不已的气概。

康熙十年（1671）正月七日至十日，朱彝尊、李良年、潘耒、蔡湘四人游览西山一带，写了46首诗、一篇赋、一篇记、一篇铭、两则题名。此游除了偶尔在山间小店喝上一杯外，他们吃住都在孙承泽的"退谷"。"退谷"高悬着顺治皇帝赐的御书，藏有孙承泽所宝爱的部分书画珍玩。朱彝尊在《退谷先生像赞》中说："秋水是观，退谷是游。娱老县车之所，藏书万卷之楼。画图四壁，金石千秋。"③ 此地藏画之中，以杨补之画竹、赵子固水仙、王元章墨梅及吴仲圭松泉图最为著名。退谷里的藏画室名为"岁寒堂"，因为孙承泽自言以八十之老，婆娑其间，和这四帧名画合称为"岁寒五友"。

康熙十年（1671）三月，朱彝尊出都前往扬州，曹贞吉、李良年、乔莱、曹禾、汪懋麟、黄仍绪、沈胤范及高层云在城南醵钱设宴，赋诗赠行。这些人都是当时辇下诗坛的佼佼者。曹贞吉，山东安丘人，康熙三年（1664）进士，丁祖母忧，未赴选人，八年（1669）再入都，考授内阁中书舍人。他是顺治朝大学士刘正宗的外孙，早年与弟曹申吉从刘

---

① （清）张煌言：《张苍水集》附录卷一《年谱》，民国间四明张氏约园刻《四明丛书》本。

② （清）徐枋：《吴子元配徐硕人墓志铭》，《居易堂集》卷十四，清嘉庆刻本。

③ 王利民、胡愚、张祝平、吴蓓、马国栋校点：《曝书亭全集》，吉林文史出版社2009年版，第608页。

正宗受诗法，风格自"七子"入手而参以寥远沉厚之音。在诗坛，他与曹禾称"南北曹"，在词坛则与曹尔堪称"南北曹"。"南曹"曹禾生于江南江阴的薄宦之家，其父曹玑是明崇祯十年（1637）的进士，官户部主事，鼎革后曾经破家营救黄毓祺。曹禾中康熙三年（1664）进士，授内阁中书。就诗学造诣而言，曹禾风格兼取唐宋，不名一家。① 乔莱世为江南宝应人。其父乔可聘，明末掌河南道御史，以廉直闻名。乔莱本人中康熙六年（1667）进士，除内阁中书舍人。黄仍绪，字继武，崇明人，康熙六年（1667）丁未科会元，时为内阁中书舍人。在家乡时，他曾亲冒矢石，抵御海盗。平居自奉俭约，而性好施予。读书自经史百家，以及六壬遁甲之术，无所不通。因为送行的 8 个人中，有 6 位中书舍人，所以朱彝尊口占一绝留别时，称赞他们是"凤池才子各翩翩"②。

　　离开京城的那一天，雨浥轻尘，空气清新，华亭人彭师度亲自到郊外为朱彝尊送行。朱彝尊到扬州后不久，彭师度也接踵而至。彭师度是华亭人。崇祯十一年（1638），吴下文人在虎丘举行千英之会。15 岁的彭师度，即席成《虎邱夜宴同人序》。吴伟业将他和吴兆骞、陈维崧誉为"江左三凤凰"。自从顺治十年（1653）朱彝尊与彭师度在华亭艾家桥北论交，已经经历了十九度星霜。朱氏的《酬彭师度三首》其三描写了在红桥送彭师度回华亭的情形："竹西酒市接平山，灯下妖姬十八鬟。留取霜纨调锦瑟，红桥一曲送君还。"③ 刚送走彭师度，曹尔堪的女婿柯崇朴又要回乡，朱彝尊作有《送柯大崇朴还里兼寄周篔》："渡淮三月滞江都，送尔归寻旧酒徒。十幅蒲帆乡树杪，夜船听雨到南湖。"④ 一年后，朱彝尊和周篔过访柯崇朴，商量编一部词选，收辑唐代迄于元代的词作，不过，那时也只是稍引其端而未究其绪。

---

　　① 马大勇：《汪懋麟、曹贞吉、曹禾合论——兼谈"金台十子"的异名问题》，《中国诗学》第十辑。

　　② （清）朱彝尊：《将出都门，曹舍人贞吉黄舍人仍绪沈舍子胤范舍人莱曹舍人禾汪舍人懋麟招同高上舍层云李秀才良年赋诗赠行，口占留别》，王利民、胡愚、张祝平、吴蓓、马国栋校点《曝书亭全集》，吉林文史出版社 2009 年版，第 135 页。

　　③ 王利民、胡愚、张祝平、吴蓓、马国栋校点：《曝书亭全集》，吉林文史出版社 2009 年版，第 136 页。

　　④ 朱彝尊、胡愚、张祝平、吴蓓、马国栋校点：《曝书亭全集》，吉林文史出版社 2009 年版，第 136 页。

这段时间，由京返乡的曹尔堪正作客扬州。其人字子顾，号顾庵，嘉善人。明末清初，浙江嘉善魏塘镇有一个"柳州词派"。曹尔堪是这一词派的中坚骨干。在《柯寓匏振雅堂词序》中，朱彝尊曾谈到过这一情况："自李献吉论诗，谓唐以后书可勿读，唐以后事可勿使，学者笃信其说，见宋人诗集，辄屏置不观。诗既屏置，词亦在所勿道。焦氏编《经籍志》，其于二氏、百家搜采勿遗，独乐章不见录，宜作者之日寥寥矣。崇祯之季，江左渐有工之者，吾乡魏塘诸子和之。前辈曹学士子顾雄视其间，守其派者，无异豫章诗人之宗涪翁也。"① 康熙六年（1667），孙默在已刻《三家诗余》的基础上，增收曹尔堪、董以宁、陈世祥词为《六家诗余》。朱彝尊为其中曹尔堪的《南溪词》写了评语。作为词人，曹尔堪与山东曹贞吉并称"南北二曹"。作为诗人，他在京城与宋琬、施闰章、沈荃、王士禄、程可则、王士禛、陈廷敬唱和，所作之诗刊刻为《八家诗选》，他们也因此被称为"海内八大家"。因此，朱彝尊用"三影新词，八叉丽句"对曹尔堪的诗词作品大加恭维。在清初词坛，曹尔堪倡导三次大型酬唱活动，对浙西词派和阳羡词派的形成起过引导性的作用。朱彝尊后来说过："今之工于词者，大都昔曾与学士游。"②

在扬州，朱彝尊结识了宁都人魏禧。魏禧一向自负学问文章，不轻易称道别人，却独独爱赏朱彝尊的古文，认为其文考据翔实，议论平允。当时，顾炎武认为朱彝尊的文章在侯方域之上。王士禛称赞朱彝尊为文考辨精核，纡余澄澹。朋友们的推奖使得朱彝尊的文名较前更盛。的确，经过长年漫游，加上一如既往的勤学，朱彝尊积累了丰富的学养和人生阅历，描绘山川风物，抒写羁愁旅思，笔下不尽，多慷慨沉雄、风格遒上之作，难怪引得一时名流交口称赞。康熙十年（1671），朱彝尊将此前所作诗文集为《竹垞文类》26卷刊行。

康熙十一年（1672），朱彝尊又将词作集为《江湖载酒集》3卷刊行。在所赋《解佩令·自题词集》一词中，他提出宗南宋雅词的艺术

---

① 朱彝尊、胡愚、张祝平、吴蓓、马国栋校点：《曝书亭全集》，吉林文史出版社2009年版，第454—455页。

② 王利民、胡愚、张祝平、吴蓓、马国栋校点：《曝书亭全集》，吉林文史出版社2009年版，第304页。

主张，同时也总结了自己前半生的漂泊经历："十年磨剑，五陵结客。把平生、涕泪都飘尽。老去填词，一半是、空中传恨。几曾围、燕钗蝉鬓？不师秦七，不师黄九，倚新声、玉田差近。落拓江湖，且分付、歌筵红粉，料封侯、白头无分。"①

康熙十二年（1673）秋，朱彝尊往客潞河（今北京通县）通永道佥事龚佳育幕。他从游历代北开始大量填词，浸淫日久，好之不已，龚佳育与其子翔麟也喜好此道，翔麟且师从朱彝尊，学习填词，三人常常朝夕吟诵。朱彝尊此时有感历代词籍零落，少人问津，遂在龚氏父子的帮助下，着意搜求，为此后编辑《词综》积累了大量原始材料。

在潞河，朱彝尊还与著名的满族词人纳兰性德尺牍往还，互以对方为词学知己。康熙十三年（1674）正月里，朱彝尊到京城明珠相府中拜访了纳兰性德。这以后，两人经常填词切磋。朱彝尊在通州期间，曾写有《临江仙·和成容若见寄秋夜词》："倦柳愁荷陂十里，一丝雁络晴空。酸鸡渐逼小庭中。鱼云难掩月，豆叶易吟风。才子年来相忆数，经秋离思安穷。新词题就蜀笺红。雪儿催未付，先寄玉河东。"别离后的思念是文人们操觚挥毫的常见主题。康熙十四年（1675），纳兰性德有《寄朱锡鬯》诗云："萍梗忽南北，相聚复相离。去年一相见，正值落花时。秋风苦催归，转眼岁已期。淅淅秋叶落，绵绵秋夜迟。开户见残月，道远有所思。丈夫故慷慨，此别何凄其。明发揽尘镜，新寒生鬓丝。"②

康熙十六年（1677），朱彝尊随龚佳育转客江宁后，常和龚翔麟、李良年、李符、沈皞日、沈岸登在龚氏官署中的瞻园聚会。酒阑棋罢，相与唱和，刻《浙西六家词》行于时。江宁是朱彝尊辗转游幕的最后一站。从康熙元年（1662）开始，朱彝尊长驱万里，备历艰辛，历15年之久而没有一个安身立命之地。这些年是他文学创作的高峰期。其慨叹民生、凭吊历史的诗词佳作，以及抒写劳人骚客之致的感愤之作，大多数产生于这一时期。这也使得他文名远播，以至于上达宸听，被誉为"江南三布衣"。另一方面，生计维艰的境遇让他不得不为人生的下一步作些考

---

① 王利民、胡愚、张祝平、吴蓓、马国栋校点：《曝书亭全集》，吉林文史出版社2009年版，第304页。

② （清）纳兰性德：《通志堂集》卷三，清康熙三十年徐乾学刻本。

虑。正巧很快就有鹤书飞下。其幡然应诏，应该说是有经济方面的原因的。

第三节 博学鸿儒

康熙十七年（1678）正月，清廷下诏征举博学鸿儒，朱彝尊受到总督仓曹户部侍郎严沆、吏科给事中李宗孔的荐举，于这年夏天应征赴北京。朱彝尊十分感念严沆的推荐之德和主试官叶方蔼的知遇之恩。他在《经义考》中引用严沆、叶方蔼之言，题作"严先生沆曰""叶先生方蔼曰"，用"先生"一词来著录，与惯例不合，显然是表示尊敬的特例。

早在朱彝尊客幕潞河的时候，他的名声就已传到康熙皇帝那里，如其好友周筼的诗所称："潞河知近帝乡偏，幕下才名辇下传。清德自遗丞相后，高名独数布衣前。"① 这次举国征贤，他又蒙"朝廷屡问及，于荐举诸人中最为赫然。"② 然而，他背弃名节，出仕异族，面对故交好友的指责，日子实在是不好过的。知道朱彝尊将要北行，挚友沈岸登微讽道："唤起阶前猿鹤问，还肯劝君留否？"③ 朱鹤龄发问："江干肯维舟，木榻同息偃？"④ 不知当时的他曾作何答。踏入京师，朱彝尊即陷入非常严重的境地，"平生交游恶其姓名之贱，至有患难相援、懿亲相睦者，登其堂、或避匿不出"。⑤ 可见友朋中是有相当一部分人对他此次应试相当不满。

康熙皇帝却对朱彝尊特别宠爱。康熙十八年（1679）三月一日，特科开考，试于体仁阁。本来，因为朱彝尊入京没有去各高官处拜门生，

---

① （清）周筼：《寄锡鬯》，李稻塍、李集编次：《梅会诗选》二集卷三，清乾隆三十二年寸碧山堂刻本。
② （清）陆陇其：《三鱼堂日记》卷五，清道光二十一年金山钱氏刻本《指海本》。
③ （清）沈岸登：《南浦·送竹垞被征入都时道出白下》，龚翔麟辑《浙西六家集·黑蝶斋词》，清康熙钱塘龚氏玉玲珑阁刻本。
④ （清）朱鹤龄：《愚庵小集》卷二《朱锡鬯过访》时膺举将入都》清康熙十年（1671）刻本。
⑤ （清）朱彝尊：《报汪苕文户部书》，王利民、胡愚、张祝平、吴蓓、马国栋校点《曝书亭全集》，吉林文史出版社2009年版，第384页。

阅卷大臣故意将其名次排得很后。康熙皇帝亲阅试卷后，觉得排名很不公平，于是"亲拔（朱彝尊）置一等"①，授翰林院检讨，秩从七品，令入明史馆修史。朱彝尊很受感动地记载此事说："故事，翰林非进士及第与改庶吉士者不居是职，而主人以布衣通籍，迥异数矣。"② 康熙把鸿儒们安置在翰林院和明史馆，是为了更好地控制和利用这批汉族文化精英。

康熙十九年（1680）四月，朱彝尊充廷试读卷官。康熙二十年（1681），皇帝命朱彝尊充日讲官，值起注居。朝中许多人嫉妒他如此之快就身居近职，已经为他三年后的罢官埋下伏笔。这年秋天，朱彝尊往南京主持江南秋试，取中胡任舆、梅庚、陆肯堂、黄梦麟等诸人，有得士之目。还京后，大臣魏象枢特地穿着朝衣来拜访，说："江南乡试为关节贿赂所汩久矣，兹得子澄清之。吾非拜子也，庆朝使之得人也。"③

康熙二十二年（1683）年初，朱彝尊奉旨入南书房供职，赐居黄瓦门左，得禁中骑马。这成为他宦途中最显赫的经历。《曝书亭集》中本年之诗，几乎全为侍宴、纪恩之作，显示出君臣间极为亲密的关系。朱彝尊感受恩宠，常思以文章报效国家，居身恭谨，任职克勤，撰《南书房砚铭》自叙其志说："正尔容，毋足恭。扪尔舌，毋剿说。礼义之不愆，弱豪乃宣。"④

谁知好景不长，第二年正月，朱彝尊因为带抄书小吏进史馆抄录书籍而遭弹劾，部议降二级调用，玄烨下旨从宽降一级谪官。朱彝尊谪官后移居宣武门外海波寺街的古藤书屋。在这里，朱彝尊以主要精力从事学术研究，其《经义考》《日下旧闻》两部著作，都始撰于此。

抄书是朱彝尊的最大癖好，乃竭一生之力为之。他的不少朋友家有藏书楼，他从书友处借来珍稀古籍，即用无格阑毛泰纸抄录，并亲手校

---

① （清）朱桂孙、稻孙：《皇清钦授征仕郎日讲官起居注翰林院检讨祖考竹垞府君行述》，王利民、胡愚、张祝平、吴蓓、马国栋校点《曝书亭全集》，吉林文史出版社2009年版，第1034页。

② （清）朱彝尊：《腾笑集序》，王利民、胡愚、张祝平、吴蓓、马国栋校点《曝书亭全集》，吉林文史出版社2009年版，第452页。

③ （清）朱彝尊：《尚书魏公刻集序》，王利民、胡愚、张祝平、吴蓓、马国栋校点《曝书亭全集》，吉林文史出版社2009年版，第436页。

④ 王利民、胡愚、张祝平、吴蓓、马国栋校点：《曝书亭全集》，吉林文史出版社2009年版，第610页。

正，时加眉批。朱彝尊《曝书亭集》多有关于抄书的记载，如《书熙宁〈长安志〉后》记从汪士鋐处借录此书曰："《长安志》旧有雕本，字画粗恶。斯编借录于汪编修文升，善本也。"① 到了今天，不独其钞本可珍，其手迹亦足贵重。潜采堂钞本现在多散藏于海内各大图书馆，并为各种藏书目录所著录。如丁丙《善本书室藏书志》卷八云："《皇朝太平治迹统类前集三十卷》，朱竹垞钞本。"后来，这本《太平治迹统类》随丁氏藏书尽入南京图书馆。

康熙二十五年（1686），朱彝尊集入仕以来所作诗文为 8 卷，取孔稚圭《北山移文》之语名为《腾笑集》，颇有自嘲之意。此集中诗文大部分作于谪官时期，多抒写"欲归不得"的苦闷情绪。所谓穷愁之言易好，这些诗再度得到时人的好评，如李良年说："供奉吟笺绝可师，换来丰格又经时。风人不信愁偏好，才脱朝衫便有诗。"② 查慎行则指出朱彝尊为诗"以有唐为宗，语不雅训者勿道，正始之音不与"③ 的特点，又推崇其古文为今世"粹然一泽于大雅，固非今之称文者所敢望矣"。④

康熙三十年（1691），朱彝尊官复原职。八月上丁，玄烨命大学士代祀孔子，朱彝尊充十哲分献官。第二年正月，朱彝尊被罢官，又恢复了一介布衣的身份，这一年，他 64 岁。这次罢官，原因不清楚，《清史稿》卷四百八十四说是"假归"，朱彝尊自述则曰"罢官"，汪宗衍于《屈翁山年谱》中更说他是"奉使至粤"，众说纷纭，莫衷一是。

朱彝尊此次被罢官后，没有在京城多逗留，随即南返家乡。他轻于一出，终于铩羽而归，心中自然有遗憾和失落。此时此际，他心情又是很矛盾的：一方面，他还心恋帝阙，对康熙皇帝怀着好感；另一方面，终于得遂多年以来归田著书的心愿，颇有倦鸟回巢的喜悦。其《寄陆侍御陇其》一诗于羡慕陆陇其幽栖生活的寄语中，道出了自己对归田著书

---

① 王利民、胡愚、张祝平、吴蓓、马国栋校点：《曝书亭全集》，吉林文史出版社 2009 年版，第 484 页。

② （清）李良年：《题朱检讨诗后》，李菊房辑《李氏家集四种》本。

③ （清）查慎行：《腾笑集序》，见《腾笑集》卷首，上海古籍出版社 1979 年版《清人别集丛刊》本。

④ （清）查慎行：《腾笑集序》，见《腾笑集》卷首，上海古籍出版社 1979 年版《清人别集丛刊》本。

生涯的向往:"主恩先后逐臣还,羡尔幽栖泖一湾。想得著书风幔底,桂花如霰落秋山。"① 后来陈廷敬有寄怀朱彝尊的长律,诗中说朱氏"入直居人后,投林在鸟先"。②

康熙三十一年(1692)三月,朱彝尊踏上回乡之程。之前,他曾请人绘《小长芦钓鱼图》一幅,又请在京友朋题咏其上,王士禛、邵长蘅、查嗣瑮等人相继有作。到家之后,朱彝尊于本年秋末往岭南看望客广东巡抚朱宏祚幕的儿子昆田,并探访故友屈大均等人。大屈得知故友来访,赋诗云:"辇毂分襟后,相思廿四霜。"③ 可见故友之情经年弥深。这次相会,自然极尽欢洽。第二年二月,朱彝尊带了儿子昆田由广州返回嘉兴。此次返乡后的近 20 年余生中,朱彝尊以治学著书终老,足迹大致不出吴越之间。他在家乡构筑的曝书亭,藏书达到 8 万卷之多,可称雄视浙西。他的好友韩菼羡称:"吾贵为尚书,何如秀水朱十,以七品官归田,饭蔬饮水,多读万卷。"④ 后来,《四库全书总目》还著录曝书亭藏书 33 种 380 卷。

康熙三十七年(1698),朱彝尊携查慎行往游福建,那里自宋以来就以刻书著名,此行也正是为了刊刻自己的集子。然而,刻书这个主要目的并没有达成,倒是他们一路寄兴山水,赋诗纪游,为后人留下了描绘浙闽人情风物的秀丽诗章。后来,朱彝尊将这些诗收入《曝书亭集》第十八卷,而查慎行《敬业堂诗集》第二十四卷《宾云集》、第二十五卷《炎天冰雪集》、第二十六卷《垂橐集》都是福建纪游诗。

康熙三十八年(1699),朱彝尊完成了他最重要的学术著作——《经义考》。从康熙二十五年(1686)算起,撰写这部 300 卷的巨著花费了他

---

① 王利民、胡愚、张祝平、吴蓓、马国栋校点:《曝书亭全集》,吉林文史出版社 2009 年版,第 213 页。

② (清)陈廷敬:《半日村即事述怀寄朱竹垞》,《午亭文编》卷二十,清康熙四十七年林佶写刻本。

③ (清)屈大钧:《朱太史竹垞至五羊苦不得见诗以寄之》,《翁山诗外》卷八,清康熙刻凌凤翔补修本。

④ (清)朱彝尊:《礼部尚书兼掌翰林院学士长洲韩公墓碑》,王利民、胡愚、张祝平、吴蓓、马国栋校点《曝书亭全集》,吉林文史出版社 2009 年版,第 685 页。

长达15年的时间。① 康熙四十四年（1705），皇帝南巡，朱彝尊往杭州候驾，呈进此书，蒙天子嘉奖，特赐"研经博物"匾额。当时的皇太子胤礽，称道朱彝尊为"海内第一读书人"。此年前后，康熙帝还有三次南巡，每次朱彝尊都往无锡、杭州等地迎銮送驾。

奇怪的是，朱彝尊四次接驾，却没有写多少感恩戴德的诗文，也许是愧疚的心理在起作用。黄宗羲八十寿辰时，朱彝尊应黄宗羲子百家之请，作《黄征君寿序》说："予之出，有愧于先生。顾性好聚书，传钞不辍，则与先生有瓷芥之合。明年归矣，将访先生之居而借书焉，百家其述予言，冀先生之不我拒也。"② 他希望能到黄宗羲家抄书，而不吃闭门羹。

自康熙四十一年（1702）起，朱彝尊先后寓居苏州后辈名士张大受、顾嗣琭家及慧庆寺。远近学子相继闻名而来，问道受业，无不有所得而还。这一年，他编纂的明代诗歌总集《明诗综》一百卷告成，在当地刻印。此书择取精慎，或因诗存人，或因人存诗，录诗之外，于每位作者皆撰有小传，附以诗话，终清一代与钱谦益所辑的《列朝诗集》后先并行，为世所重。朱彝尊镌刻《明诗综》的工作得到了江苏巡抚宋荦的鼎力支持。汪文柏作诗《赠朱竹垞太史》云："丛编翳目赖金篦，千里风邮走赫蹏。昔撷琼葩载禁籞，今移带草茁招提。书饶奇字供瓵酒，菜有园官继白虀。投老依人殊远近，百花洲胜浣花溪。"诗后有注曰："时依宋中丞，寓慧庆僧房，镌选《明诗综》。"③

曹寅于康熙四十四年（1705）把朱彝尊邀请到扬州书局，请他对修纂《全唐诗》的工作给予指导。朱彝尊到扬州后，曹寅载酒过访，言谈甚欢。但朱彝尊听说书局内参与校理《全唐诗》的在籍翰林们关系不融洽，因而"未敢以局外之人参预末议"。为避纳履瓜田之嫌，他非常谨

---

① 《经义考》首卷陈廷敬《序》署"己卯"年。又王士禛《居易录》此年记载："（朱彝尊）云此书已成，凡三百卷。"

② 王利民、胡愚、张祝平、吴蓓、马国栋校点：《曝书亭全集》，吉林文史出版社2009年版，第464页。

③ （清）汪文柏：《柯庭余习》卷七，《四库未收书辑刊》第八辑第21册，北京出版社2000年版，第74、75页。

慎，"局中样纸概谢不勘，过客相询，辄以抽丰客自处"①。当时，他表弟查嗣瑮和门人杨中讷、汪士铉也是入局参校的翰林。查嗣瑮曾跋朱彝尊藏宋本《鉴诫录》云："欧阳子《五代史》，较温公《通鉴》反略，表兄竹垞先生尽搜十国遗书，仿裴氏注《三国志》，《鉴诫录》其取裁之一也。天籁阁图书，近时散轶殆尽，兹睹此本，古色苍然，于扬州书局采入《全唐诗》数十篇。因书于后，查嗣瑮。"② 汪士铉跋《鉴诫录》云："铉在维扬书局，适吾师竹垞先生亦来客于此，因得借观，遂书一通。其纸版伤损处，皆手自补缀，归之。时康熙乙酉十月朔，汪士铉。"③

康熙四十七年（1708），值朱彝尊八十大寿，这一年，他做了两件重要的事。七月间，朱彝尊与同乡朱沚、杨汝霖等人布施义粥，在饥荒之年，活人无数，这是其一。其二，他开始着手编定《曝书亭集》，每日删补校勘，不知疲倦。朱彝尊对于校书刻书是非常严谨细致的，传说每次刻印书籍他都要亲自把写样稿校二遍，印稿校三遍，确定无误，才肯罢休。如果实在精力不济，请人代校，则校出一误字就赏百钱。《曝书亭集》写刻精美，艺林称为善本，洵非虚誉。

朱彝尊晚年曾数次往扬州、仪真拜访曹寅，赋诗论文之外，还为其编纂《两淮盐策书》，并为其主持编纂的《全唐诗》搜补讨遗。作为回报，曹寅许诺为朱彝尊刊刻文集。康熙四十八年（1709）六月，他从曹寅处回家后，即不知疲劳地校订自己的《曝书亭集》。朱彝尊致马思赞函曰："拙稿已录三之二矣。荔轩顷来促，然名山此席，恐尚未稳，十九覆酱而已。"④ 由此可见，曹寅也很重视为朱彝尊刊刻文集之事，曾催促朱彝尊尽快交稿。

朱彝尊以经史著述、文学创作为名山事业，是有人生价值观作精神支柱的。他在《徐电发〈南州集〉序》中对古人的"三不朽"说进行了反思："古称三不朽者，立德尚矣。至功与言，或不能兼有。利达之士不

---

① （清）朱彝尊：《与曹荔轩》，《竹垞老人尺牍》，王利民、胡愚、张祝平、吴蓓、马国栋校点《曝书亭全集》，吉林文史出版社2009年版，第1001页。

② （清）黄丕烈：《士礼居藏书题跋记续录》，《国家图书馆藏古籍题跋丛刊》，北京图书馆出版社2002年版，第761页。

③ （五代）何光远：《鉴诫录》，清嘉庆十年虞山张氏照旷阁刻《学津讨原》本。

④ 见邓实、缪荃孙编《古学汇刊》所收《竹垞老人晚年手牍》，《丛书集成续编》本。

皆开济之才，而一致通显，遇谈经术者，辄薄之曰：书生书生云尔。充其意，视文章为无用之物，谓富贵足以骄人。当其生时，获乎上者，不尽信于朋友；其没也，已以为功者，人且罪之。其所立者安在。迨百年之久，公论出焉。初不以爵禄之崇卑厚薄，定人之贤不肖。故夫士之不朽，立功者倚乎人，立言者在己，可以审所务也已。明之初，召修《元史》者先后三十人，其仕而达者或不能举其乡里官阀，盖有断简零墨无存者。而汪克宽、赵汸诸儒，其诗文经义流传至今，果其孰失而孰得与？"① 在他看来，徐钒《菊庄乐府》流播朝鲜，四海之外尚有赏音，就是人生价值的体现。

康熙四十八年（1709）十月十二日夜间，朱彝尊对稻孙说："吾集不知何时可刻完？年老之人，不能久待，奈何？"② 十三日子时，在对学术的无限留恋中，这位一生与文字为伴的博学鸿儒走完了一生，终年81岁。17年后，朱彝尊被葬于嘉兴百花庄其曾祖朱国祚墓西南。查慎行送葬并作诗云："平生载酒论文地，今日偕为执绋行。万卷书留良史宅，百花庄近相公茔。铭传有道矢无愧，泪落天佣表未成。十七年来余痛在，待看宿草慰哀情。"③

---

① 王利民、胡愚、张祝平、吴蓓、马国栋校点：《曝书亭全集》，吉林文史出版社2009年版，第434页。

② （清）朱桂孙、稻孙：《皇清钦授仕郎日讲官起居注翰林院检讨祖考竹垞府君行述》，王利民、胡愚、张祝平、吴蓓、马国栋校点《曝书亭全集》，吉林文史出版社2009年版，第1035页。

③ （清）查慎行：《偕德尹至梅里送竹垞表兄葬》，《敬业堂诗集续集》卷四，涵芬楼景印原刊本。

第七章

词科征士——朱稻孙

第一节 随侍祖父

朱稻孙，字稼翁，号芋陂，晚号娱村老农。生于康熙二十一年（1682）十二月二十六日。嘉兴府学附生。康熙四十一年（1702）三月，娶康熙二十年（1681）辛酉举人、安吉州学正盛枫之女。雍正年间为贡生，考授州判，辞去。

朱稻孙为朱彝尊之次孙。彝尊有《名孙说》曰："吴田之宜，莫良乎稻，取以名次孙也可。《豳》诗云：'十月获稻，为此春酒。'吾将以娱吾老焉。"① 稻孙之父昆田长年体弱多病，年仅48岁就病故了。稻孙自幼侍奉祖父朱彝尊于醽舫之中，听说经史及其他书籍。朱彝尊每得秘本，必令稻孙校勘、缮录，出入必使其负杖相从。王士禛在《题〈小长芦图〉三首为竹垞作》其二中说："膝上佳儿文度，眼中秋色江村。为路不须扶杖，笑凭桐孙稻孙。"② 朱彝尊闲居时曾对稻孙说："凡学诗文，须根本经史，方能深入古人奥窔，未有空疏浅陋，剿袭陈言，而可以称作者。《记》云：'时过然后学，则勤苦而难成。''独学而无友，则孤陋而寡闻。'"③ 为了避免稻孙孤陋寡闻，朱彝尊曾找来自己的门生与稻孙切磋学问。稻孙后来常举朱彝尊的话作为教子弟之法。

---

① 王利民、胡愚、张祝平、吴蓓、马国栋校点《曝书亭全集》，吉林文史出版社2009年版，第604页。
② （清）王士禛《精华录》卷十，《四库全书》本。
③ （清）陈廷敬：《皇清敕授征仕郎日讲官起居注翰林院检讨竹垞朱公墓志铭》，王利民、胡愚、张祝平、吴蓓、马国栋校点《曝书亭全集》，吉林文史出版社2009年版，第755页。

朱稻孙早年生活以祖父为中心，常从祖父出行，因而其交游具有随附性。康熙四十一年（1702），朱彝尊因为儿媳沈氏病逝，忧戚过度，在家中再也住不下去。于是前往苏州，先后寓居于张大受"匠门书屋"、顾嗣立"秀野草堂"和徐惇复"白华书屋"。是年七月，朱彝尊为刊刻《明诗综》，住到苏州阊门外西五里的慧庆寺。这段时间，稻孙基本上陪侍在祖父身边，并陪祖父游览苏州胜景。同游者还有朱彝尊的学生徐惇复。他们得到寺僧的殷勤款待。朱稻孙作《法螺看秋色同徐七来赋》云："丈室维摩却可夸，山僧留客拓窗纱。"徐惇复字七来，震泽人，贡士，刻书家。室名白华庵，刻书室名白华书屋。有藏书印见于善本古籍《鉴诫录》《名山胜概记》。《鉴诫录》10卷，世鲜传本，只有朱彝尊所藏为宋刻重雕足本，其跋见诸《曝书亭集》中，后来此书转入徐惇复家。寒山石壁峭立，明代书法家赵宧光在此凿山引泉，悬石壁而下，飞瀑如雪，水溅石上，日夜不绝声，号"千尺雪"。朱稻孙《千尺雪》诗云："九月商风吹，红叶正撩乱。我来化城庵，却在山之半。半山闻水声，汩汩走石厂。云是千尺雪，题名何漫漶。山僧笑谒客，茗煮青玉案。山鸟啼高枝，山花舞隔岸。斜阳催人归，好景未能判。"从诗中可知，此次出游在九月份。具体年份不出康熙四十一年（1702）、四十二年（1703）两年间。

长洲人张大受在虹桥下建有小轩。康熙四十二年（1703）秋，朱彝尊、朱稻孙等赏菊于张氏桥下小轩。朱稻孙《桥下小轩对菊效陶呈匠门夫子》："白如白玉英，黄如黄鹤翎。羊须晓珠碧，鱼尾断霞赪。种种各罗列，烂若蕃锦屏。金风一披拂，醶餲盈轩亭。矧届先生寿，称觞祝遐龄。小童舞翩跹，高歌音泠泠。招朋成雅集，不惜百舸倾。人生贵适意，不在务荣名。栽花桥下圃，吟诗池上亭。陋彼繁华子，日蹑王侯扃。"张大受，字日容，居吴郡干将门。干将门又称匠门，故取以自号，人称匠门先生。张大受生有异才，又好学特甚，问业于朱彝尊、韩菼，广览博记经传史记百家之言。康熙四十八年（1709），成进士，改翰林院庶吉士。散馆，授检讨，奉命督学贵州。为诗文摇笔千言，亹亹不倦。其诗或直抒胸臆，或引物连类，或为舒和高畅之音，或为慷慨激昂之节，或屈曲排纂以发挥其怪奇。其于骈体，语则骈俪而流丽，清便纬以深情。至于古文，早年犹杂六朝体，晚而益变，出之深厚而郁盘。著有《匠门老屋集》30卷，行于世。

朱彝尊在苏州期间，江苏巡抚宋荦频繁招邀朱氏到沧浪亭游宴。朱稻孙《沧浪亭》《过沧浪亭》就是写于陪侍祖父之时。其《过沧浪亭》云："雨收阑暑过沧浪，剩有莲塘半曲香。花径尽容舆马入，石枰无复鹭鸶翔。放怀长史吟何健，引客中丞兴自长。好待明年鼠姑发，来游拟挈绿油囊。""中丞"是御史中丞的简称，明清时用作巡抚的别称。诗中的"引客中丞"指江苏巡抚宋荦。由于有祖父的关系，朱稻孙其时颇得缙绅大僚的垂顾。

康熙四十四年（1705），朱彝尊作《题朱显祖梅花手卷》诗云："空里疏花淡更香，珊瑚水底尺难量。只应翠羽三更月，卧看横枝如许长。"朱稻孙作《题朱雪鸿画梅花手卷和大父韵》："当筵最怕舞山香，零落真珠不易量。写入吴绡行看好，较他熨斗柄还长。"朱显祖字以君，别号雪鸿，江都人，年十八，补诸生。顺治三年（1646），中乡试副榜贡生。

康熙四十五年（1706）寒食节，朱彝尊携稻孙游苏州山塘、虎丘，作《山塘纪事二首》。朱稻孙作《虎丘二首》云：

七里山塘一棹通，茶棚高下扫除工。东君有意催花信，不起南风便北风。

阖闾墓下剑池开，短簿祠前竹树栽。名迹行人游历尽，不知何处是琴台。

是年秋，高佑釲出游江宁。朱彝尊作《送高佑釲之江宁二首》。朱稻孙亦有《送高念祖先生游白门》云："白藤书笈载行舟，此去龙潭老已收。到日千林红叶满，好携竹杖摄山头。"

康熙四十六年（1707）阳春，徐惇复招邀清朋，聚饮于慧庆寺僧房玉兰花下。朱稻孙作《徐七来招饮慧庆僧舍玉兰花下》云："招提有双树，柯叶恒葱青。阳春三二月，玉蕊盈空庭。东风次第吹，照耀光珑琤。我昔数载住，爱此枝交并。兹游值令节，徐孺邀清朋。呼童笑携榼，檥棹莲花泾。礼法尽脱略，谭谦绝逢迎。满斟下若酒，那惜腊瓷倾。分曹各射覆，小户难支撑。欹眠蒲团上，落日留窗棂。飘飘香气袭，鹿女来娉婷。良会信足乐，不觉忘归程。"

康熙四十六年（1707）三月三日，恰逢寒食节，朱彝尊、朱稻孙集于陆葇水木明瑟园。水木明瑟园在上沙，原来是吴江高士徐白的隐居之地。清初郡人陆葇加以增拓，使之成为园林胜地。园中馆宇的匾额都是朱彝尊所署。朱稻孙此行作有《上巳集陆元公水木明瑟之园三首》《明瑟园杂咏二十首为元公赋》。夜里，朱彝尊祖孙宿在水木明瑟园中的听雨楼。

寒食节后，朱彝尊携稻孙冒雨由上沙往登灵岩山寺，抵灵岩后，雨过山青。朱彝尊有《由上沙登灵岩山寺有感书壁》诗云："溪桥烟柳晓参覃，莹拂才过三月三。人自雨中来雨外，路从山北转山南。"朱稻孙《灵岩二首》其一云："层冈过雨绝尘埃，五粒松花万树开。试上琴台高处望，罟船六道峭帆来。"

此后，朱彝尊祖孙曾到张士俊"水周林"同诸文人宴集唱酬。朱稻孙作《过张籥三水周林留题》："一曲波沦小，轩窗四面悬。尽能留散客，自可酌清泉。风定花枝亚，林疏塔影圆。撑他湖上去，合唤总宜船。"张士俊，字籥三。为人负经世略，隐居不仕，好交游。其家族源出清河张氏，累世经营农业致富，号为张大户家。士俊之父张辅仁一度拥有狮子林，父子两代又在洞庭之查山建六浮阁。所谓"水周林"，是张士俊在葑门外青溪环水而建的名园，其亭轩皆构于水上。张大受《水周林图记》曰："暑则四开窗牖，凉迎晚风；寒则重闭帘帷，暖护冬日。琴可弹，书可读，香一缕，酒一壶。秀水先生昔曾讲学于此地。"① 张士俊还曾收藏倪瓒《狮子林图》半卷等名画，并在朱彝尊鼓励下，以"泽存堂"之名刊印《玉篇》《广韵》《群经音辨》《佩觿》《字鉴》。《泽存堂五种》模仿宋刻本，极肖极精，负有盛誉，明清两代的图书少有如此精研的刻工。钱泰吉在《曝书杂记》中说："竹垞翁喜劝人刻字书，若吴门张氏及曹氏楝亭所刻书，多发于竹垞翁。唐宋人小学书今得传布，竹垞翁力也。"②

康熙四十六年（1707），玄烨第六次南巡至杭州，朱彝尊携稻孙至西湖行殿朝见。朱稻孙作有《西湖行殿恭纪十二首》。康熙四十七年（1708）九月九日，篱菊未放，桂有余花。朱彝尊拿出两瓶金华酒，招集

---

① （清）张大受：《匠门书屋文集》卷十七，清雍正七年顾诒禄刻本。
② （清）钱泰吉：《曝书杂记》卷上，《丛书集成初编》本，中华书局1985年版。

里中诸子，饮于桂树之下。朱稻孙作《九日大父招集里中诸君饮桂树下分赋得之字》："里无山一篑，登高安所之。良辰宜胜引，少长况在兹。酒边黄金粟，屡舞风飕飕。"

康熙四十八年（1709），朱彝尊应巡视两淮盐课监察御史曹寅之邀，至真州使院作客。曹寅的亡弟曹宣曾住在真州使院西轩。为了寄托对亡弟的思念，曹寅在西轩庭中植杜仲一本，命名西轩为"思仲轩"。朱彝尊和朱稻孙祖孙二人在真州期间为曹寅的《思仲轩诗卷》题了诗，翁方纲《曹棟亭思仲轩诗卷，竹垞及其孙稼翁题句》谈到此事说："曹家伯仲喻，朱氏祖孙诗。"[①]朱稻孙在《六峰阁诗稿》中与曹寅唱和酬赠的诗有五题六首。在朱彝尊晚年，朱稻孙还往来于祖父和曹寅之间，为彼此交流信息。如朱彝尊在致马思赞的一封信中说："去夏稻孙之白下，偶泄二书，荔轩亟欲得之，托愚代觅。是以购之。"[②]

康熙四十八年（1709），朱彝尊祖孙有同题咏物诗《樏李》《蟋蟀二首》。朱彝尊又作《社日送燕和查编修嗣瑮》，朱稻孙亦有《社日送燕和查浦先生》。查嗣瑮，字德尹，号查浦，又号晚晴，浙江海宁人。其诗精妙，与兄查慎行齐名。康熙三十九年（1700）成进士，选翰林院庶吉士，授编修，官至翰林院侍讲。后因弟查嗣庭文字狱案受株连，谪遣陕西蓝田，年逾八十，卒于戍所。著有《查浦诗钞》等。

康熙四十八年（1709）十月十三日子夜，朱彝尊奄然长逝。其时曝书亭藏书具在，可供朱稻孙恣意浏览，无须外求，而朱彝尊所拥有的名人联系也构成了朱稻孙人际网络的重要成分。名人在人际网络中的辐射能力远远超过普通士子，朱稻孙虽失去了祖父庇护，但仍然能够在一个高层次的社交平台上活动。

第二节　客居京华

行万里路有助于文人学子吸纳各地的优秀文化，结交华胄盛族，获

---

① （清）翁方纲：《复初斋诗集》卷五十一，《续修四库全书》本，上海古籍出版社2002年版。

② 见《名人尺牍墨宝》第二集卷十一影印《吴兴章氏紫伯藏稿·朱彝尊尺牍五通》，文明书局民国3年版。

得进入权威文化机构的机缘。康熙五十三年（1714），朱稻孙出门游幕，随身携带着汇集了自己少时诗作的《六峰阁诗》刻本。翌年，朱稻孙因与大学士王掞之子王奕清有交情，客居王掞京城府邸中。王掞为《春秋传说汇纂》总裁，荐稻孙为《春秋》馆、《子史菁华》馆纂修。朱稻孙《呈相国太仓王夫子二十韵》有云："甲乙分雠校，编摩究始终。遗文原郑重，贱子藉磨砻。博采搜书库，兼收逮药笼。研经怀我祖，操翰奉诸公。耽玩疑成癖，笺疏直震聋。百家千腋萃，三传一经融。"朱稻孙携家藏270余家著作入馆，以资考订，其中《春秋》各家批注有127种。一入经局，稻孙即名重艺林。"同馆有意见不合者，几于笔舌干戈，相国（王掞）令先生为调人，平其可否，两家叹服，焚其往来辩诘之书两大簏，相国益重之。所得馆俸，大半供朋友之费，不留余金。及纂修告成，例得州倅，先生赴友人李宗渭之难于关中，事平而还，选期已过。或云：'铨曹吏可商也。'先生不肯，终不得选。"[①]

康熙五十五年（1716）春，朱稻孙与程式庄客里相逢。六年不见的朋友把酒夜话，回忆昔日风流。朱稻孙作有《逢程敬哉三首》。程式庄字敬哉，号嵩亭，歙县籍江都人。工诗，有《红药书庄诗文集》二卷。朱彝尊称其诗"沈辞硬语，弗徇时尚，近体间涉樊南、遗山之间"。五月，朱稻孙送上一年的新科进士石杰归江南，作《送虹村南归》诗。石杰字裕昆，号虹村，浙江桐乡人。康熙五十八年（1719）以进士知清江县。雍正间，任徐州知府。历官四川按察使。为人精明浑厚。著有《柘枝集》《虹村诗草》五卷。

从上海图书馆藏《六峰阁诗稿》稿本来看，朱稻孙于康熙五十五年（1716）岁末曾由南而北，经骆马湖、台儿庄、滕县、邹县、赵北口、雄县、保定、天津，前往京城。行舟停泊在台儿庄时，曾被漕船阻挡，不能前行，遂舍舟登陆。稻孙口占一律，并向盛支煜索和。路过邹县时，曾拜谒亚圣祠，称赞孟子"能言距杨墨，私讲在诗书。纪里三迁旧，论功大禹如"[②]。在保定，朱稻孙为雨所阻，在官斋小作盘桓。大儒劳史率诸同人连宵痛饮。劳史，字麟书，余姚布衣。学者称余山先生。劳史性

[①] （清）焦循撰，刘建臻整理：《里堂道听录》，广陵书社2016年版，第110页。

[②] （清）朱稻孙：《谒亚圣祠》，上海图书馆藏《六峰阁诗稿》稿本。

行诚笃，容貌魁硕，秀眉广颡，光气煜然照人，"年二十，由所学大进，名所居斋曰须友"①，所学一本程朱。当时桑调元少年豪迈，不可一世，而独折节于劳史。

朱稻孙过天津时，作七古歌行《过天津呈家观察子璁叔祖》呈天津道朱纲。立春前一天，朱稻孙过访天津钱橡村，适逢龙南云携酒而至，遂招邀佟鋐等友人即席限韵赋诗。朱稻孙诗云："轻车轧轧来津门，柳枝已带春风温。东皇得令斗枘转，早见四野春云屯。客怀到此乐莫乐，凡襟尽涤忘尘喧。况逢地主皆诗老，吐论落笔大雅存。探春有意赋长句，欲成胜引传江村。吾客长安才二载，诗肠枯涩难为言。对兹乐土不忍去，狂思入社期勿谖。"②佟鋐字声远，号蔗村，别号空谷山人、已而道人。长白人，正蓝旗籍。其父官河南布政使，兄弟六人皆出仕。佟鋐例授别驾，不谒选，绝意华膴，侨居天津城西尹儿湾，门临流水，榜其居曰沧浪考槃。性嗜山水，耽于吟咏，各体兼擅，尤精五言。有妾赵氏，字艳雪，亦工诗。佟鋐筑艳雪楼居之。佟鋐与水西庄主人查为仁为至交。查为仁之妻金至元病故时，赵艳雪作《和查为仁悼亡诗》云："美人自古如名将，不许人间见白头。"③佟鋐与屈大均亦交好，为屈大均养育遗孤，还曾出资为孔尚任刻《桃花扇》。

康熙五十五年（1716）是朱稻孙题画诗创作较为丰富的一年，有《题画虞美人花扇头二首》《题野堂画扇二首》《题晴岩画水墨水仙花梅花挂幅》《王于谢属题洛神扇头为赋一绝句》等。霜老菊放的九月，爱菊嗜酒的张大受从京城花市买来菊花，置放在家中的东轩。重阳节那天，他邀请宾朋分曹射覆，共赏繁英。酒阑兴到之时，他请恽源浚仿恽南田没骨设色，画菊花扇头。图成，张大受以徐庾体题诗其上。并命宾客们各各斗句，长短毋拘。朱稻孙作《题恽哲长仿南田画菊花扇头，应匠门夫子命，五七绝各一首》《九言长歌再题菊花卷子》，其七绝云："菊有黄

---

① （清）桑调元：《弢甫集》卷二十一《佘山先生行状》，清乾隆间刻本。
② （清）朱稻孙：《立春前一日，过天津，访钱橡村，龙叟南云携酒至，招同佟蔗村诸友人即席限韵》，上海图书馆藏《六峰阁诗稿》稿本。
③ 见（清）杨钟羲《雪桥诗话续集》卷三，民国八年（1919）吴兴刘氏嘉业堂刻《求恕斋丛本》本。

花色斩新，未输绿净与红匀。题诗恰值登高候，牵拂应无拘忌人。"①恽源浚，字哲长，善吹铁箫，因自号铁箫老人。武进（今江苏常州）人。恽寿平族裔。由庠生入太学。雍正十年（1732），官天津县丞，署大名府通判。去官后，卒于天津。恽源浚为人爽迈，言出必践。工书善画，水墨写生，尤得神韵。画法一准徐熙，下笔有芒角，生气坌涌如云展潮行，可惜稍有俗气。其行楷极有雅趣，花卉款字俱仿寿平，颇能神肖。著有《铁箫诗钞》。存世画作有《石榴图》《桃花兰蕙图》《牡丹图》《桃花游鱼图》等。

朱稻孙又有《题沈麟洲〈寻源图〉》诗云："桃花流水分明在，始信寻源人自迷。艇子尚能添客坐，不妨引我过清溪。"沈麟洲名元沧，号东隅，晚尤邃于易学，自号晚闻翁。浙江海宁人，祖家钱塘。少时颖异好学，于经得之应撝谦、万斯大二先生，于综赡吟咏得之毛奇龄、朱彝尊、丁澎，于制义得之从祖沈昭嗣。查升见其诗，即妻以女。虽声名藉甚，却艰于一遇。康熙四十四年（1705）试京兆，中副榜。四十五年（1706）考教习，查升方纂《佩文韵府》，沈元沧荟萃排比，进呈辄称旨。不久，诏入武英殿书局任事。克勤其职，雅望籍甚，为李振裕、汤又曾、查慎行等所知赏。五十六年（1717）京兆试，再中副榜。康熙六十年（1721），以修书议叙，授广东文昌县知县。在职4年，亦多善政。雍正九年（1731），因受亲属牵连，遭劾免。吏议编管宁夏，扶病而行。雍正十一年（1733）正月，卒于宁夏。沈元沧于学无弗窥，尤工为有韵之言。长篇得意，慷慨淋漓。与查慎行唱和，品兼唐宋人之长，其诗格颇近《初白堂集》。朱彝尊、汤右曾、陈鹏年等皆推重之。编有《礼记类编》30卷，著有《滋兰堂诗集》10卷，是编凡6集，《康瓠集》为家居侍亲及为查氏赘壻时作，《灌畦集》为移居龙山时作，《今雨集》为入直武英殿时作，《紫贝集》为官文昌时作，《劳薪集》为罢官后自京赴粤时作，《西征集》为由粤赴京谪居银州时作，其子沈廷芳刻于乾隆十四年（1749）。又有《云旅词》《念旧录》《今雨轩诗话》《黎岐杂记》《平黎议》等若干卷。十一月在京城，于鹤泉过访朱稻孙，并赠以九言诗。朱

---

① （清）朱稻孙：《题恽哲长仿南田画菊花扇头应匠门夫子命五七绝各一首》，上海图书馆藏《六峰阁诗稿》稿本。

稻孙有《答于鹤泉》诗云：

> 律中黄钟日在斗，是月金沙到良友。江左风流自不群，肯学凡材蹈窠臼。相逢赠我九言诗，慷慨缠绵意何厚。八叉七步顷刻成，精锐有若雷霆走。于君豪气不可当，始信奇才自天受。眼前富贵同浮云，惟有文章可长久。君今市骏黄金台，何愁不遇空骧首。长安入春花事多，正好将裘换美酒。同调招要沈与张，烂醉垆头莫分手。

于鹤泉名振，号秋田，一号连漪。其家族为金坛望族。雍正元年（1723）春，于振中恩科会试榜。十月殿试，雍正帝钦定于振为一甲第一名，授翰林院修撰，不久入南书房。雍正二年（1724），任河南典试主考官。雍正四年（1726），任湖北学政。由于擅自增添学额两名，遭参黜，贬为庶人。乾隆元年（1736），朝廷特开博学鸿词科。于振考中一等，复授翰林院编修。后升迁为侍读学士。乾隆三年（1738），任江西主考官。乾隆五年（1740），转任福建学政。其人著述甚丰，任修撰期间，与常熟蒋廷锡等分任《子史精华》修纂工作。诗文集有《清涟文钞》12卷、《南楼诗草》28卷。朱稻孙此诗中说的"沈与张"指沈懋华、张伯成。沈懋华，字芝冈，号蓉卿，浙江归安人，太仓籍。雍正元年（1723）进士，由庶吉士授检讨，改福建道御史，后任礼部郎中。学识精深，书法米苏苏轼，自成一家。作诗主蕴含，不欲说尽，唐宋之分，斷斷如也。晚年皈依佛教，不复作诗。

康熙五十六年（1717）春，玄烨作《春寒梅迟》诗云："化工节候递推移，长养生生雨露垂。雪冷梅惊频吐萼，春迟柳怯未扬丝。阳禽北向还应早，林雀群争若有知。和气停云今夕晚，走桥明月赋新词。"[1] 朱稻孙作《恭和御制春寒梅迟韵》诗云："上苑轻风最合宜，寒梅未发影垂垂。香凝玉蕊留春雪，冷吐冰须伴柳丝。节候潜移花信缓，化工默运帝心知。欲明物理兼天道，三复新题绝妙词。"此年秋天，朱稻孙二十六弟朱守葆从京城南归，将往山东济南。朱稻孙作送行诗，其二云："齐州依

---

[1] （清）玄烨著，卜维义、孙丕仁编：《康熙诗选》，春风文艺出版社1984年版，第217页。

亦昔曾游，历下亭前好放舟。此去题诗亭子上，吟情好对鹊华秋。"① 朱守葆字以静，号艺圃，为太学生，比稻孙小一岁，后补辑《秀水朱氏家乘》。

康熙五十七年（1718），朱稻孙作有《送阁学彭夫子归南阳二十四韵》《题钱太翁青峰先生梅花遗像二首》等诗。翌年夏日，朱稻孙同王时鸿、王用舟、陈鹤西、王徽五诸人在京城祖园看荷花，作诗云："丰宜门外有池塘，荷叶荷花压众芳。赫暑潜消疑过雨，烦襟尽涤懒怀乡。柳阴露重蝉声静，亭上风多客话长。为爱名园多野趣，狂思日日恣招凉。"② 王时鸿，字霄羽，号云冈，江南华亭人。康熙皇帝南巡，王时鸿因献诗，得直内廷，与纂宋金元明四朝诗之役，亦曾分纂《御制词谱》。他在朱彝尊之后，曾与孙致弥同寓古藤书屋。康熙五十一年（1712）会试，奉旨搜阅遗卷，得11人，王时鸿与王周炳皆钦赐进士，改翰林院庶吉士，散馆授编修。长于书法。室名半乐轩，有《半乐轩诗钞》。

康熙五十八年（1719）春，侍讲学士薄有德奉皇帝命，祭祀南镇会稽山。事竣，北上。四月十六日，至邗江，值其六十初度，过梅溪道人正一堂，礼吕仙，留贵州道监察御史吴蔚起之存园。吴蔚起率知交为薄有德举杯贺寿。楼前有一株老桂，忽然开花，金粟照耀，芳香袭人，令人惊异。薄有德留连住两夜，才动身回京。十月，薄有德长子薄图南扈从皇帝后归第，捧御书"松年堂"扁额为父亲祝寿，京都人士说是老桂先时而花之应。薄有德请陶尘翁画《邗江泊舟图》。图成，复请朱稻孙题诗，稻孙纪其事而赋长歌四十韵。其辞略云："公之奉使渡钱唐，公之复棹由邗江。时当孟夏日正长，恰逢初度辰最良。竹西城外近蜀冈，存园清旷堪徜徉。侍御留公揽群芳，楼前老桂百尺强。黄金堆粟风飘香，大放三日云锦张。惟公持衡操冰霜，司花示异岂寻常。公之嘉征不可量，主人对兹喜欲狂。相率知交进瑶觞，逗遛信宿抽帆樯。公乃复命趋鹓行，争传佳话非荒唐。公之长君才无双，龙文鼎能笔力扛。词赋直欲追班扬，

---

① （清）朱稻孙：《以静弟南归，即之山左，诗以送之二首》，上海图书馆藏《六峰阁诗稿》稿本。

② （清）朱稻孙：《夏日，同王用舟云冈陈鹤西王徽五诸先生，祖园看荷花，和云翁韵》，上海图书馆藏《六峰阁诗稿》稿本。

年来供奉南书房。在帝左右司文笔,扈从归时月在阳。为公祝寿多辉煌,御书三字远携将。天子特赐松年堂,龙翔凤翥悬中央。宾朋咸谓符嘉祥,赞公绘图志莫忘,生绡十幅如截肪。好手写景亟装潢。"① 薄有德,字聿修,号勺庭,顺天大兴人。康熙四十二年(1703)进士。康熙五十七年(1718),以侍讲学士充日讲起居注官。为人负气好交游。

康熙五十八年(1719)秋,李宗渭有诗寄怀朱稻孙,稻孙赋答诗云:"寂寞凉秋月,空庭落叶纷。守株劳梦寐,铩羽倦风云。吾道甘蒙滞,人言若见闻。感君相忆好,诗句信超群。"② 李宗渭字秦川,号稔乡,嘉兴人。少时从父遨游南北,往还万里,足迹及于燕秦。年未弱冠,从朱彝尊游,朱氏称其为"后来之秀",并授以"少作多读"之为诗要诀。于是,李宗渭以蝇头小字钞汉魏诗一册、三唐杰作二册,风窗灯案间,时而高唱,时而恬吟,以求得其精气神妙之所在。康熙五十二年(1713)恩科,李宗渭以经元中顺天举人。除永昌知府,未仕卒。著有《瓦缶集》12卷。其诗大旨以汉魏六朝唐人为法,而不堕宋人流派,故舂容古澹,气温词雅,字句率有古意。朱彝尊称其诗"丽者不佻,高者不抗,古诗多于近体,五言遒于七言,是诚能道古者"③。邓之诚《清诗纪事初编》称:"嘉庆以后,盛行选体,降及清末,此风犹胜,而宗渭实为开端者。"④

康熙五十八年(1719)九月十日,朱稻孙以诗代束,招潘南垞小饮。潘南垞名淳,字元亮,南垞为其号,贵州平远人。康熙五十四年(1715)进士,改庶吉士,授检讨。有《春明草》《橡林诗集》。这一年,张士俊六十初度,朱稻孙从北京寄诗祝寿云:"别君逾三载,南北遥相望。君今年六十,好在乡中杖。人生贵适意,嗜好观所尚。聆我介雅歌,应醉松花酿。"⑤

据况周颐《餐樱庑随笔》记载,朱稻孙曾应康熙五十九年(1720)

---

① (清)朱稻孙:《题〈邗江泊舟图〉》,上海图书馆藏《六峰阁诗稿》稿本。
② (清)朱稻孙:《稔乡有诗怀余,赋此答之》,上海图书馆藏《六峰阁诗稿》稿本。
③ (清)朱彝尊:《李上舍〈瓦缶集〉序》,王利民、胡愚、张祝平、吴蓓、马国栋校点《曝书亭全集》,吉林文史出版社2009年版,第449页。
④ 邓之诚撰:《清诗纪事初编》卷七,中华书局1965年版,第746页。
⑤ (清)朱稻孙:《寄寿张籲三》,上海图书馆藏《六峰阁诗稿》稿本。

顺天乡试。当时皇帝特命十二贝子监外场，搜检极严，朱稻孙披襟而前，鼓其腹曰："此中大有夹带，盍搜诸？"朱稻孙体貌瑰伟，意气磊落，众人皆为瞩目。其人性格之刚介不容物为世所知。

朱稻孙曾拜访过王鸿绪。据王鸿绪冠于《明史稿》之首的《史例议》说："康熙五十九年，岁在庚子，亡友朱竹垞仲孙稼翁携《竹垞文稿》见贻。"

朱稻孙与满族诗人也有交往。康熙五十九年（1720），朱稻孙《赠雷溪居士》诗云："雷溪有居士，生长本名族。布衣宁终身，不肯学干禄。十亩地颇宽，一丘成小筑。力欲追古人，视世总碌碌。抱负诚崛奇，坚贞守蒇轴。朝出陇亩耕，莫把书史读。三绝画书诗，光晶耀双目。长啸怀羲皇，清风振岩谷。有时赋近游，山水看不足。跌宕忘归来，不计程远速。云烟腕底生，兴到写横幅。声利能破除，斯人洵不俗。忆昨信天巢，相逢惟有仆。投分得盘桓，披襟尽款曲。爱君恬澹人，逍遥举芳躅。结伴访君来，城东杏花屋。四壁书满楹，一庭草含绿。高谭何其雄，听者胥悦服。握手悔我迟，久要因可仆。自兹期往来，莫嫌相见数。男儿感意气，不重在粱肉。同调得尽欢，真率鲜拘束。天荒与地老，此情堪共瞩。贪游不知还，夕阳引归犊。"雷溪居士，姓那兰氏，取汉名马长海，字汇川，号清痴，辽阳人，满洲镶白旗籍。晚入京城，居僻陋小巷，又颜其阁曰"玉衡"。其父马期累官都统，以从征云南有功，晋镇安将军，守滇。其伯叔兄弟都先后登显秩。长海初肄举子业，因非所好而弃去。后以父功予荫，不就。其长兄为之请补户部库使，长海引疾不赴，以布衣终其身，可称一代畸人。著有《雷溪草堂诗集》。其诗矩矱古人，而不胶于固，绝句尤冠绝一时，声名藉甚。康雍年间，与李锴、陈景元、戴亨并称"辽东四诗人"。李锴《马山人传》云："山人冲远任真趣，囊括一切，了无容心。遇佳客，每娓娓谈。再叩之，则忘之矣。杖笠有所如，行辄遗之，不觉也。博古多识，辨金石器往往而中。酷嗜画，当意则倾箧购之。尝袭衣裘往吊所亲刘氏丧。刘氏贫，事不辨，山人济之，解其裘；归途见未见书，买之，解其衣。由是中寒疾。乃夷然伏枕曰：'获多矣。'山人既不事生产，家遂中落，然衣食或不给，而所好殊未移。"[1]

---

[1] （清）震钧：《天咫偶闻》卷五，清光绪甘棠精舍刻本。

康熙五十九年（1720），光禄寺卿卢询让陶尘子画过墙杏花于便面，又请汪士鋐用小楷书写数首唐宋人诗词于杏花花枝之旁。朱稻孙赋二绝句以纪其事。其二云："光禄头衔是冷官，清闲不放兴阑散。风流儒雅谁能及，应入长安客话看。"卢询，竟陵人，镶红旗荫生。康熙四十五年（1706），任楚雄府知府。康熙四十八年（1709），任广西府知府。康熙五十年（1711）十二月，由四川建昌道迁为江苏按察使。康熙五十二年（1713）正月，迁云南布政使。康熙六十年（1721）十月，署甘肃巡抚。雍正元年（1723）三月，升刑部右侍郎。九月，升兵部尚书。

　　朱稻孙和祖父一样有砚癖。康熙五十九年（1720），他为同样有砚癖的陈通甫赋《端溪砚石歌》云："从来好事愿必遂，果尔先生异石获。先生获石喜欲狂，夜不寝息昼忘食。作铭置之书案头，长笺爱把乌丝擘。对客常夸兴自殊，明窗拂拭还重涤。余有砚癖同先生，兹来欲拜手加额。吾家遗砚有十余，远游藤笈难携得。回首迢迢路几千，恨不相见经年隔。羡此石友淡若水，可伴先生共晨夕。从今出自风尘中，会须万户封即墨。"① 陈通甫，扬州人，卜居府城东北骑鹤楼之右，扁其斋曰"鹤西"。

　　夏至那一天，华亭人徐祚永动身赴廉州同知任。朱稻孙作《送徐学斋司马之廉州二首》，其二云："知己今谁是，惟君交最迟。不图菖歜嗜，赏及秣陵诗。岭上梅须寄，西窗话有时。吾宗观察在，凭仗道相思。"徐祚永字介人，一作价人，号学斋，又号散樵、佘山山人。有《芳润堂诗钞》六卷、《闽游诗话》三卷。

　　康熙五十六年（1717）冬，广西桂林府灵川县知县楼俨平定撞匪廖三之乱。康熙六十年（1721），特升广州府理瑶同知。入觐，同人咸歌诗纪其功。朱稻孙亦赋二首奉赠。其二云："奇勋膺特简，司马理瑶名。旅馆亲言笑，春风又合并。功劳归节府，声价长儒生。送别青门路，铭心此日情。"末句乃感谢楼俨赠乐府目录。楼俨，字敬思，号西浦，浙江义乌人。少颖异，积学工词。寓居上海，与缪雪庄、张幻花以词倡和。康熙四十六年（1707），玄烨南巡，楼俨以监生身份献《织具图诗词》，恭进御览，钦擢第一。康熙四十八年（1709），诏修词谱，

---

① （清）朱稻孙：《端溪砚石歌，为陈鹤西先生赋》，上海图书馆藏《六峰阁诗稿》稿本。

学士孙恺似荐楼俨入武英殿，与分纂之列。楼俨又自订《群雅集》一书，朱彝尊为之作序。康熙五十四年（1715），议叙，补灵川县知县。雍正元年（1723），因功诰授奉政大夫。雍正四年（1726），升广州知府。雍正七年（1729），升广东提刑按察使。雍正十年（1732）夏，改四品京堂。致仕后，终老于春申浦畔。著有《蓑笠轩仅存稿》10卷《蓑笠轩词》四卷。

惠州知府吴骞典裘购书，传为佳话。徐元英来向朱稻孙索诗。稻孙为赋一律云："韵事传来好，高怀事所难。但求书在案，不计体冲寒。嗜好自殊俗，风流作冷官。论堂循诱日，声誉满长安。"①徐元英字子千，黄陂人。生有异材，10岁能落笔千言。荐举博学鸿词科，因和绅当国不果。然因是名播京师。乾隆三十九年（1774）中举。有《怀文堂诗文集》。其诗镕冶骚雅，出入汉魏，宏长风流，力追正始。古体笔健意新，运古无痕，近体雄浑清越，且纪律森严。

至康熙六十年（1721），朱稻孙客居京城七载。他在市场上见有铁箫委地，于是购之归寓，挂于书斋之中，并赋《铁箫歌》云："观其制作颇奇异，数百年物无嫌猜。其修三尺重镒半，非同寻常俗尚之凡材。呜呼！铁箫何为乎来哉？吾客长安已七载。欲献词赋羞无媒，何天生我竟潦倒，四十不遇空自哀。铁箫忽焉入吾手，对之感叹日几回。朱门广厦殊嗜好，箫乎箫乎！音调太古何人知。伶工弃置不肯奏，直欲俾尔埋尘埃。吾今狂思一改老铁意，依旧化剑复成利器锋可摧。况逢西土用兵日，持赠从军之士仗尔封侯来。惜乎炼金无好手，当即相赠携之向边陲。临风一曲关山月，犹胜呜呜觱栗吹。"②

雍正年间，朱稻孙与赵一清等应聘同修《浙江通志》。其时，朱稻孙苦贫，鬻书度日，将朱彝尊从海盐胡氏、常熟毛氏处所得宋椠本《咸淳临安志》售与武林小山堂赵氏。雍正九年（1731），朱稻孙在杭州，曾游壑庵，登南山亭，观磨崖《家人卦》和米芾书"琴台"二字，并用朱彝尊康熙四十年（1701）夏游南山诗的原韵，作五古长篇《游壑庵，登南

---

① （清）朱稻孙：《吴乐园先生有典裘购书之事，同学徐子元英来索诗，为赋一律》，上海图书馆藏《六峰阁诗稿》稿本。

② 上海图书馆藏《六峰阁诗稿》稿本。

山亭，观磨崖家人卦并米襄阳书"琴台"二字，即用先太史辛巳夏游南山原韵》。

乾隆丙辰改元，詹事府詹事管少詹事王奕清举荐稻孙应博学鸿词。国家图书馆藏《秀水朱氏家谱》称朱稻孙"复以他适未赴"博学鸿儒之试，此语不确。稻孙《与范子容安别有五年无闻，其近由西江至楚中，诗以寄怀之三首》其二云："遭回伤往事，寂寞感知音。"前一句句下自注云："谓芷间五兄与余丙辰秋在都下事也。"后一句句下自注云："余下第后，君屡过余斋相慰。"芷间是朱琪的字。朱琪又字珣叔，朱彝尊弟子，曾为江都令。《梅会诗选·诗话》："范息园云：珣叔秉至性，事母以孝闻，而素怀洒落。耽吟咏，视一切荣膴泊如也。向受知于竹垞太史。太史一代伟儒，不轻许可，独于珣叔有志洁行芳之目，盖相赏有微焉者。"朱稻孙下第后，范容安经常过访相慰。杭世骏辑《词科馀话》记载，博学鸿词罢后的第二年秋，朱稻孙由南归时，查礼有《送朱稼翁上舍归秀水》诗云："九月清霜肃，千林秋气高。归帆随雁序，解佩惜江皋。有分攀征袂，无缘罄浊醪。临流一怅望，离思飒萧骚。"① 同为词科征士的汪沆、万光泰馆于天津查氏，他们在查为仁的水西庄为朱稻孙设宴，即席限"豪""寒"二韵送别。汪沆诗以秋风落叶为背景凸显了朱稻孙下第后的落拓凄凉：

木叶下亭皋，西风吹纻袍。九衢淹旅食，三板急归艘。芸阁遗书在，荷池结屋牢。还家一杯酒，挥手谢群豪。

漂榆城北路，惜别驻河干。苇岸鲸波落，津楼雁影寒。往来成踠晚，去住共艰难。祖德芬应述，看君枣木刊。

汪沆字师李，号槐塘，钱塘诸生。少时师从厉鹗，学其诗法。他的这两首诗以坚瘦为其格，以清葸为其思，从中可窥见朱稻孙旅食京华的悲辛。万光泰诗也透露了朱稻孙此时的行踪和境遇：

相见即相别，遄征何大劳？归心浓似酒，野艇小于刀。把襃西

---

① （清）查礼：《铜鼓书堂遗稿》卷二，浙江图书馆藏清乾隆查淳刻本。

园晚,回帆北海高。经行多胜地,为我问贤豪。

昨岁经过数,相依秋正单。赋诗金殿回,走马玉河寒。早食从朱穆,深宵共李端。青袍依旧在,回首惜汍澜。

从诗中"赋诗金殿回,走马玉河寒"可以看出,朱稻孙是应了博学鸿儒之试的,可惜铩羽而归,青袍依旧。后李绂欲荐朱稻孙修《三礼》,"有阻之者,事遂寝。"①

第三节 落拓里居

乾隆四年(1739),浪游卅载的朱稻孙落拓归里,10年不出。乾隆六年(1741),朱稻孙为张锡爵《吾友于斋诗钞》作序。张锡爵字担伯,号中岩,嘉定人,寄居吴江。康熙五十五年(1716),补博士弟子员。后为贡生。工诗,酷摹王士禛,往往得其一体。

嘉兴习俗,正月初六是送穷日。乾隆十四年(1749)这一天,朱稻孙有《送穷日作》二首,其二云:"年将七十老而衰,迂拙从来不入时。汝若留时休笑我,人生穷达本天为。"新年里,家中庭砌旁的水仙花开放,忽为腊雪压倒,僵卧在冰冻中。稻孙折下水仙花,插入胆瓶中,瀹茗温之,次日水仙花复苏。花蕊开毕,时约三旬余。稻孙喜而赋诗:"庭中水仙花,忽逢雪压倒。弃冻折胆瓶,瀹茗注及早。暖气春温回,依然颜色好。松枝青高撑,天竹红舒小。伴我冷吟来,一月畅怀抱。"② 同年秋,朱稻孙作《忆昔二绝句》,其一云:"忆昔西征去请缨,将军道我是书生。"由此可见,朱稻孙曾有过西征从军的打算,但由于将军不肯收留,朱稻孙才"归向乡园学耦耕"。

朱稻孙与范容安分别五年,音讯不通,此年听说范容安由江西至楚中,遂作诗三首以寄怀。其一云:"一别五年久,相思两地多。红颜成白发,绿酒泛金波。君素怀澄宇,吾今狂踏歌。心希重握手,穷巷肯来

---

① (清)焦循著,刘建臻整理:《里堂道听录》,广陵书社2016年版,第110页。
② (清)朱稻孙:《庭砌水仙花开,忽为腊雪压倒在冰冻中,因折向胆瓶,瀹茗温之,次日而苏。花蕊开毕,时约三旬余,喜而赋诗》,北京大学图书馆藏《六峰阁诗稿》手稿本。

过。"①"绿酒泛金波"指乾隆四年（1739）夏，朱稻孙与范容安等泛舟西湖三潭，看芙蓉，并为投壶良会。

乾隆十四年（1749）十月十一日，李礼舆四十初度，竹坞陈君于仲春画山水扇头预祝。七夕前二日，李礼舆请稻孙书写此扇的后半幅。稻孙回忆李礼舆30岁生日时，自己曾赋五言四韵奉赠。于是，仍然赋诗示雅："四十逢初度，经称强仕年。每怀天下士，不让饮中仙。金石交情重，烟霞兴会偏。花时挥翰墨，留客醉华筵。"②稻孙家中庭前老桂自中秋试花，至重阳后七日而止，花放四番，清香不断，为前所未见。稻孙喜而赋诗："中秋天气乍生凉，老桂庭前送晚香。花发四番从未睹，喜无风雨过重阳。"③

嘉兴在明清两代出过一些贤明的县令，如明代的龚勉、清代的杨望庐。乾隆十五年（1750），朱稻孙作古风称赞杨望庐："三楚杨侯来视事，儒雅风流多贤器。慈祥恺悌爱民深，蒲鞭示辱仁居心。去其烦苛与宽大，讼庭无事闲调琴。一禾九穗年岁好，报赛村村走父老。百谷用成民不饥，女织男耕无懊恼。"④翌年，又作《赠嘉邑侯杨君望庐二首》《呈郡守李公》《赠秀邑侯鲁君伯敬》。鲁伯敬名克恭，丰润人。雍正七年（1729）举人，初任遂安知县，后官秀水知县，所至有循声。有《野鹤山人诗钞》。以野鹤命名，其意若脱屣富贵，不屑屑与风尘俗吏为伍。

乾隆十六年（1751）四月三日，朱稻孙与顾以均等朋友集观妙斋看牡丹，即席赋五律一首："佳日清和好，名花次第开。高皋成胜引，良友喜重来。谈笑稽风雅，殷勤对酒杯。老年人易醉，近事感遭回。"⑤良友即指石门人顾以均。闰端阳日，朱稻孙有诗感慨人生短暂："笑侬四度端阳闰，七十劳生驹隙催。"此年盛夏，李宗淮自淮上归来，有五古赠稻

---

① （清）朱稻孙：《与范子容安别有五年无闻，其近由西江至楚中，诗以寄怀之三首》，北京大学图书馆藏《六峰阁诗稿》手稿本。
② （清）朱稻孙：《己巳十月十有一日为李君礼舆四十初度，竹坞陈君于春之仲写山水扇头预祝，七夕前二日，李君以是扇属余书后半幅，因忆余君三十寿时，余曾赋五言四韵奉赠，兹仍歌诗，亦先示雅焉》，北京大学图书馆藏《六峰阁诗稿》手稿本。
③ （清）朱稻孙：《庭前老桂自中秋试花至重阳后七日止，花放四番，清香不断，目所未见，喜而赋诗》，北京大学图书馆藏《六峰阁诗稿》手稿本。
④ （清）朱稻孙：《古风赠嘉邑侯杨君望庐》，北京大学图书馆藏《六峰阁诗稿》手稿本。
⑤ （清）朱稻孙：《四月三日，同人集观妙斋看牡丹，即席赋五言一首》，北京大学图书馆藏《六峰阁诗稿》手稿本。

孙。稻孙次韵奉酬云："李君来赠诗，有失迎荆柴。晚归读三复，儒雅开我怀。清风祛赫暑，古翠横松钗。忆昔与难兄，聚首天之涯。渡河支梅筇，望华穿草鞋。联吟历数载，同寓共一斋。新旧雨常集，壶觞谦必偕。长别忽廿年，叶木茂根荄。君有才如兄，古调金石谐。春雨当时行，奇峰绝风霾。感君敦世好，情重无睽乖。对月坐南池，招凉倚青槐。枯头与赤脚，还往忘形骸。从兹乐上乐，唱和多朋侪。"①"难兄"指李宗渭。李宗淮是宗渭的弟弟。其人字桐源，号墨巢，又自号小崆峒。秀水人。著有《小崆峒诗稿》。《梅里诗辑》称李宗淮"落拓不羁，兀穷以老。于诗挥洒腾踔，不事雕镂，平生酷嗜空同，故以'小崆峒'自号，篇什甚富。后客维扬，稿为河伯所攫，深自痛惋。诗格略与王介人相似，其遭遇亦无不同。今存者什之三，惜无竹垞诸公为之论定，以广其传也"。同年秋，朱稻孙与李宗淮唱酬频繁，《六峰阁诗稿》中有《秋日和墨巢、桑者三首》《次韵酬墨巢》《和墨巢棕拂子四韵》《补和墨巢咏荷叶诗》。"桑者"姓徐名爱立，曾绘《桑者闲闲图》小照，因自号曰桑者。翌年，朱稻孙有《题徐桑者〈闲闲图〉二首》，其一云："十亩之间地自宽，清幽卜筑喜桑盘。不逢邻曲来闲话，戴笠行吟兴未阑。"②

乾隆十六年（1751）夏，日照炎炎，旱情严重，嘉兴地方官员祈雨甚虔。大暑日前三天，甘霖特沛，朱稻孙用徐爱立《喜雨》诗原韵，作七律云："大暑前三日，甘霖特沛时。天公一笑后，银竹万条垂。祈祷诚无忝，仓箱庆有诗。吾侪并日食，何处望丰宜。"白露这一天，久旱逢雨。朱稻孙作《白露喜雨》诗云："白露连朝雨，无雷不雹惊。旱苗滋得秀，枯井汲还清。节见天时顺，心希米价平。老夫听最喜，颗粒是秋成。"③八月一日，李勤圃招邀其兄李宗信和朱稻孙、钱北山等人到墨巢园中看桂花。朱稻孙赋七绝二首，其二云："孔箫发响欲穿云，一曲悠飏

---

① （清）朱稻孙：《李子墨巢归自淮上，见赠五言古诗，次韵奉酬》，北京大学图书馆藏《六峰阁诗稿》手稿本。
② 北京大学图书馆藏《六峰阁诗稿》手稿本。
③ （清）朱稻孙：《秋社已过七日，犹见燕飞，诗以送之》，北京大学图书馆藏《六峰阁诗稿》手稿本。

花下闻。旨酒唯有留客醉，更裁诗句格超群。"① 李宗信，字廉初，号锦畲，嘉兴人。诸生。画花鸟、人物、仕女，钩染极细而不俗。工诗。此年大雪日，雨雪交作，连绵三昼夜。朱稻孙觉得数年以来，未有此境，故而口占一律云："雨雪连绵候，年饥未授衣。清吟聊复尔，生计竟全非。觅睡难忘酒，呼灯且掩扉。苍天何必问，徒使寸心违。"② 雪后复雪，天气甚寒，朱稻孙有感而成七绝一首，以示其次兄昌淳和长孙休承。诗云："畏寒不出蛰虫蛰，择木难投穷鸟穷。物理人性细推测，一般凭仗是春风。"③ 朱昌淳字同初，号忆亭。雍正二年（1724）八月生，嘉庆某年正月卒。

岁寒天，素心蜡梅盛开。此花又名素心金莲、荷花梅，花色纯黄，晶莹剔透，花瓣圆而大，花香浓郁，是蜡梅中的极品。朱稻孙见到陈源、许灿等人咏素心蜡梅诗，亦三咏此花。其《见北舫、晦堂咏素心黄梅七律甚佳，亦用其体，再赋一首》云："曾在陶庐书屋见，奇葩清绝破苔封。香传冰入星回后，冷耐风饕雪霜重。一点铭心珠乍吐，盈枝琼影蜡初融，自今花史应添载，更赚裁诗发兴浓。"④ 陈源，又名其源，字自天，又字北舫，先世自上虞迁嘉兴，论事有识，谈诗甚严，有《北舫诗草》。许灿，字恒之，一字衡紫，号晦堂，嘉兴梅会里人。其父许云龙以武进士授行卫，出为陕西渔渡路游击，转西安抚标右营游击，升甘肃提标中营参将。许灿生于西陲，3岁而孤，6岁就外塾。年未弱冠，以父亲参戎任内办驼核减案，到甘对簿。浏览塞垣，著《燉煌集》。乾隆二年（1737），25岁补博士弟子员。以诗名于时。有《晦堂诗钞》5卷、《梅里诗辑》30卷。朱稻孙《燉煌集序》略曰："晦堂为吾友南州哲嗣。南州以侍卫出为甘州参戎殁。晦堂生三龄，随母扶榇还里，苦志力学，弱冠有文名。岁甲寅，为其先人任内办驼核减官逋，抵甘州，对簿留数载。

---

① （清）朱稻孙：《八月朔日，勤圃招同钱子北山、令兄锦畲，墨巢园中看桂，赋诗成二绝句》，北京大学图书馆藏《六峰阁诗稿》手稿本。

② （清）朱稻孙：《大雪日，雨雪交作，连绵三昼夜。数年以来，未有此境，口占一律》，北京大学图书馆藏《六峰阁诗稿》手稿本。

③ （清）朱稻孙：《雪后复雪，寒甚，有感漫成绝句，示次兄昌淳、长孙休承》，北京大学图书馆藏《六峰阁诗稿》手稿本。

④ 北京大学图书馆藏《六峰阁诗稿》手稿本。

会今上即位，诏赐豁免，归家益自奋，淹贯群籍，教授养母。"①

朱稻孙生平性痴耽诗，创作欲望旺盛。康熙五十三年（1714）出游时，已将自己的少时之作刻成《六峰阁诗》四卷。嗣后东西南北，衣食奔走，随时酬应，消遣情怀，40余年间，又得诗8卷。乾隆十六年（1751）冬日，朱稻孙又将近年诗作，手定去留，打算再录一帙，藏之行箧中，以便次年春去苏州，乞序于友人。删诗感慨之余，朱稻孙赋五律云："功名赋子虚，落拓返乡间。壮志消磨尽，长吟感慨余。亲朋谁问讯，竹树日萧疏。留得诗千首，知音定赏余。"②

乾隆十七年（1752）元宵节，朱稻孙有《咏元宵》诗云："量粉漱云母，为圆漾水晶。点心式食好，因节令名并。活脱流匙滑，清香沁齿生。团团明月上，到处庆升平。"诗人王声野住在梅里，朱稻孙此年有《题王声野〈秋山听叶图〉》："幽涧泉淙淙，空山风猎猎。秋声一片来，满地落黄叶。轩窗日摊书，境清素心惬。还山发高吟，支筇闲步屧。应有知音人，相期瑶草拾。"又有《题钟溪堂〈行乐图〉》。钟溪堂名曙，字孟阳，号溪堂。先世自浙迁京师，宛平人。官宿迁知县。诗文超轶，书法尺牍佳绝，亦为篆刻名家。

四月初八是释迦牟尼的生日，也是浴佛日。这一天，朱稻孙对镜自怜，口占一律云："米珠薪桂年饥馑，解谷无方叹我躬。枯槁竟同黄面佛，飞鸣遥羡白头翁。齿多脱落咀何味，耳绝声闻响似充。不必禅关参妙法，世间万象本虚空。"③

朱桂孙之子振祖坐馆河南柘城，自亳州携回芍药，种植在草堂庭院中。乾隆十一年（1746）七月，朱振祖去世后，芍药数年不开花。乾隆十七年（1752）夏，花开一枝。朱稻孙有感而作二首绝句，其一云："阿

---

① （清）阮元辑：《两浙輶轩录》卷二十一，清嘉庆刻本。
② （清）朱稻孙：《余今年已七十矣，老大无成，不堪追忆，惟生平性痴耽诗，自甲午岁出门浪游，已将少时之作刻成四卷，携往就正有道。嗣后东西南北，衣食奔走，四十余年，复得诗八卷，随时酬应，消遣情怀，不计工拙。兹值冬日，可坐南荣一榻，手定去留，思再录一帙，藏之行箧中，明春买棹过吴门，质之古柏太史，乞为序言，遥知不我弃也，感而赋五言一律》，北京大学图书馆藏《六峰阁诗稿》手稿本。
③ （清）朱稻孙：《浴佛日对镜自怜，口占一律》，北京大学图书馆藏《六峰阁诗稿》手稿本。

咸策寨笑携回，殁后无人灌溉来。七载草堂多寂寞，一枝今日见重开。"①朱振祖字绳武，号香溪。康熙四十二年（1703）十一月生。太学生。少时与李稻塍同学，称莫逆交。为人豪放，胸无城府。颖异多才，度曲自谐音律，法书小楷宗欧阳询，八分规抚汉隶，尤善指画，所画折枝生动可观。诗文则禀承家学，不颇绳削，自然工稳。著有《醖舫吟草》。《梅里诗辑》称"诗学尤是其家事，惜乎工力未深"。朱振祖的妻子是嘉兴金蓉之女。金蓉于乾隆三十四年（1769）成进士，改庶吉士，授翰林院编修，有《湄庄词钞》。

乾隆十七年（1752）小暑日，分别一年的医生凌上荣来访，朱稻孙赋赠一律云："图经按部好施针，脉络疏通功力深。到处从容除百病，争传神异数双林。相逢去夏才班草，踪影经年喜盍簪。守静堂开堪避暑，煮茶清话涤烦襟。"②

第四节 旅食淮扬

因为是名人之后，稻孙所至，人皆倾慕。《梅里志》称稻孙"好以诗文会友，身虽不达，名重艺林矣"③。雍正十二年（1734），朱稻孙在扬州得识马曰琯。马曰琯嘉许朱稻孙不坠家学，欣然约为同志，打算成全稻孙刊刻《经义考》之志。然而为事所格，没有结果。马曰琯字秋玉，号嶰谷、沙河逸老，祖籍安徽祁门。侨居扬州城南，经营盐业。雍正年间，在扬州建小玲珑山馆，与名流交往，又自为盟主，同厉鹗等人结邗江吟社。著有《沙河逸老集》10卷和《嶰谷词》1卷。喜考校典籍，家中专设刻印坊。

康熙四十二年（1703）冬至后，朱稻孙重到淮阴城。距淮城5里的湖嘴是淮北盐商聚集之地。此地的徽籍盐商多贾而好儒，富有人文情怀，构建起以园林为物质依托的文化生态区。朱稻孙在湖嘴舍舟登陆，先择

---

① （清）朱稻孙：《草堂庭中红药，绳侄昔年馆柘城携归自亳州者，绳武殁后，数年以来无花，今夏只开一枝，感而成二截句》，北京大学图书馆藏《六峰阁诗稿》手稿本。

② （清）朱稻孙：《小暑喜凌上荣至，赋赠一律》，北京大学图书馆藏《六峰阁诗稿》手稿本。

③ （清）杨谦辑，李富孙补辑，余林续补：《梅里志》卷十嘉庆二十五年增刻本。

道院借居，然后身怀名刺，往拜他的旧交程茂。程茂字莼江，贡生。先世新安人，系籍淮安安东。程茂生而岐嶷，好读书，穷览钩贯九经百家诸史汉唐宋以来诗文名集，抉髓而瀹其精。程氏家族家资殷富，然颇多好文学者。其叔父程垲为康熙四十三年（1704）举人，叔父嗣立为廪贡生，乾隆初举鸿博。程茂屡试于乡不售，后无意仕进，于淮上萧湖中筑晚甘园别业。该园房屋甚少，而春季游女甚多。袁枚作对联云："好花美女有来时，明月清风没逃处。"程茂为诗纵横排奥，得杜韩之遗，文章清逸，著有《晚甘园诗》6卷、《吟晖楼遗文》3卷等。

朱稻孙来的时间不巧，程茂出外未归。稻孙回到寓所，方知程晋芳先已枉顾过。过了一会儿，程茂遣童仆至朱氏寓所，说程晋芳在程家吟晖楼久坐，很想和朱稻孙会晤。稻孙疾趋而入吟晖楼，与程晋芳相见一笑。寒温甫毕，程晋芳当即询问《经义考》，称此书广搜博采，多所发明，为何不刻完。竹垞太史嘉惠来学，其功非轻。您虽年高，精神尚强健，须赶快将《经义考》校雠刊刻。朱稻孙闻听此言，感喟不已。自伤贫老，有情难陈。多年来，朱稻孙承其祖父之志，护持《经义考》遗稿，在四方奔走的生涯中，谋求刊刻，以成完帙，迄今未果。清夜自思，不免长吁短叹。程晋芳表示，要为朱稻孙襄助此事。他们亭午相逢，傍晚才握手分别，并重约后会之期。不久，朱稻孙登门拜访程晋芳，观其藏书。程晋芳出示自己的诗作，朱稻孙称赞其诗清新绵丽，健笔凌云，可与汉魏六代三唐争衡。程晋芳初名志钥，字鱼门，号蕺园。高祖自歙县迁扬州，后入籍江都，家淮安。尝购典籍5万余卷，建"桂宧"以藏。每得一书则置楼中，题识装潢，怡然自得。朱稻孙至其家，就见到"牙签缥轴楼上楼下盈"[①]。乾隆二十七年（1762）三月，皇帝巡幸江南时，程晋芳等诸生被召试，并赐为举人。晋芳名列第一，赐中书舍人。乾隆三十六年（1771），中进士，由内阁中书改授吏部验封司兼文选司主事，迁员外郎。四库开馆时，程氏任协勘总目官。书成议叙，特旨改翰林院编修。晚年客死陕西。有《勉行堂诗集》24卷、《文集》6卷、《蕺园诗集》30卷等。

[①] （清）朱稻孙：《过淮阴寓湖嘴灵画祠，赋赠程鱼门》，北京大学图书馆藏《六峰阁诗稿》手稿本。

淮安河下盐商程氏的私家园林还有荻庄,该园三面临萧湖,芰荷香满,杨柳风多,具有逸致。荻庄主人程沆与朱稻孙亦有交往。朱稻孙《赠程晴岚、少泉》云:"待聘堪夸席上珍,凌云健笔两如神。襟怀霁月光风似,诗赋潘江陆海真。此日芸窗稽典籍,他年凤阁掌丝纶。会看联策飞腾去,好作螭头侍从臣。"程沆字晴岚,进士。初以中书值枢垣,乾隆二十八年(1763),改馆职。弟洵,字邵泉,一作少泉,官舍人。兄弟俩皆工诗文。

康熙四十二年(1703)冬日三九之末,程茂又招邀朱稻孙、庄存与、李宗淮等人饮酒。朱稻孙有《冬夜晚甘主人招饮同养恬、墨巢》诗云:"快雪初晴后,河冰乍合时。消寒三九末,有酒酌斟之。顿觉霜威减,浑忘夜话迟。也来蒙一饭,惭愧钓鱼师。""养恬"是常州学派创始人庄存与的号。庄存与字方耕,江南武进人。乾隆十年(1745)一甲二名进士及第,授编修。四迁内阁学士。官至礼部侍郎。撰有《卦气解》1卷、《八卦观象解》2卷、《象传论》1卷、《毛诗说》4卷、《春秋正辞》11卷等。

程茂有弟名从龙,号荔江,曾与朱稻孙等结伴过晚甘园游宴。朱稻孙《赠程荔江》诗赞其"能文能武人难及,多才多艺世所师"。

康熙四十二年(1703)腊月十三日,朱稻孙等人雅集于程从龙"师意斋",看古镜,饮美酒,召佳肴,至夜醉归,朱稻孙成五律二首,其二云:"食经传俊味,方法敕中厨。破腊花初绽,消寒会有图。客来皆醉饱,谭剧尽歌娱。度量如君少,豪华与僧殊。"①

朱稻孙与东南地区的画家也有文化方面的互动。在湖嘴,他与画坛名家周笠相逢,又匆匆赋诗送行。周笠字牧山,号云岩,又号韵兰外史。嘉定人,晚寓扬州马曰琯小玲珑山馆。平生意气豪宕,襟韵洒脱,赌酒征歌,讨春选胜,恒在红窗翠槛、青帘白舫间。初工写真,中年弃去。师元四家,山水清远秀润,花卉妍丽隽雅,赋色明冶,体韵精妍,气格融练,得恽南田之秘。与其从叔周灝并得盛名,世称"槎南二周"。周笠亦能诗,善竹刻,其以刀代笔之法,正从其笔墨山水中得来。论者谓其

---

① (清)朱稻孙:《腊月十三日,同人集荔江先生师意斋,看古镜,饮美酒,召佳肴,至夜归复斋,醉成五言二首》,北京大学图书馆藏《六峰阁诗稿》手稿本。

刻竹、作画"生意远出，神气内涵，万点当虚，千里叠起，浑厚中自露秀色，令人一见叹绝"。朱稻孙《送周牧山归聊城二首》其一云："郭熙山水文同竹，能事周郎兼擅之。"

乾隆十八年（1753）正月十六日，是程茂60岁生日。十七年腊月十七日，朱稻孙等集分预祝程茂初度。朱稻孙赋五律二首，其二有云："吾欲理归棹，跻堂祝独先。"[①] 翌年春，朱稻孙已在扬州。易谐组织的诗社有咏春月之题，朱稻孙亦赋一律云："二十四桥明，东方看又生。梨花同入梦，杨柳共含情。旧友空劳将，深杯且自倾。良宵不虚度，觅句到参横。"[②] 易谐字夔勋，一字松滋，歙县人，居扬州，候补知府。筑吟诵之所，取孟郊"好诗恒抱山"之句命名为"抱山堂"，以延四方名士。酒酣辄击节按歌，风流尔雅，倾其坐人。性敏而聪警，才气横溢，擅长书画、琴奕、弧矢、丝竹、词曲等游艺之事。中年以后，折节读书。所为诗清苦坚卓，一唱三叹，悠然有弦外之音。著有《抱山堂诗选》。

查礼官广西，分守庆远，为重建龙溪宋黄文节公祠，来维扬征诗，朱稻孙赋七律一首纪其事，诗中为黄庭坚"贬黜竟终烟瘴地，忠诚莫鉴苦辛词"[③] 的命运感到悲伤。查礼原名为礼，又名学礼，字恂叔，号俭堂，又号铁桥、榕巢。先世自江西临川迁京师，占籍顺天宛平（今属北京）。有别馆在天津。查礼幼敏于学，从其伯兄查为仁读书水西庄，与海内名宿尊酒唱酬。为人魁宏宽通而性谨厚。乾隆元年（1736），应博学鸿词科报罢。乾隆十三年（1748），由监生入赀为户部陕西司主事，以同知拣发云南，旋改广东，补庆远府理苗同知。乾隆十八年，擢太平府知府，有惠政，士民为建生祠。以母忧去。服除二年，始就部补四川宁远府知府。乾隆四十七年（1782）九月，升湖南巡抚。入觐，留京卒。查礼嗜古印章，画山水花鸟精致，所为诗千锤百炼，动合自然。出守粤西以前

[①]（清）朱稻孙：《晚甘先生明年正月十六日六十初度同人于腊月十七日集分预祝赋得五言二首》，北京大学图书馆藏《六峰阁诗稿》手稿本。

[②]（清）朱稻孙：《易松滋诗社有咏春月题，亦赋一律》，北京大学图书馆藏《六峰阁诗稿》手稿本。

[③]（清）朱稻孙：《天津查使君恂叔官粤西，重建龙溪宋黄文节公祠，来维扬征诗，余亦赋七言一律纪事》，北京大学图书馆藏《六峰阁诗稿》手稿本。

之作，清新婉约，出入王孟韦柳间；服官滇蜀之作，慷慨振刷，才气骏发，骎骎乎闯杜甫之室；有《铜鼓书堂遗集》32卷等。

时值承平，扬州因为其水陆交通的便利，成为淮盐集散之地，商贾会聚，民物滋丰，甲第园林，极一时之盛。据说乾隆皇帝有下辈子不当皇帝而当盐商之叹。扬州商人而好文墨者如马曰琯、张四科[①]等，慕古人顾瑛、徐达左之风，蓄积书史，大开坛坫，招集文人，载酒擘笺，几无虚日。江浙群彦，如杭世骏、全祖望、符曾[②]、陈撰[③]、厉鹗、金农、陶元藻、陈章[④]等名士来扬州，皆主马氏，结邗江吟社。其文采风流，令人艳羡。

朱稻孙于乾隆十八年（1753）到扬州后，得到以马曰琯、马曰璐[⑤]为中心的维扬文人群体的礼遇，成为其后期成员。他一生中密度最高的诗歌酬唱阶段开始了。不过相对于维扬文人群体的全盛期而言，朱稻孙来迟了，未能进入《韩江雅集》《焦山纪游集》《林屋唱酬录》的作者行列。而厉鹗、姚世钰、方士庶等名宿已经去世，不能和朱稻孙把臂言欢了。

维扬文人群体是由盐商、官僚士大夫和寒士诗人组成的，以盐商为组织核心。因此，朱稻孙在扬州的活动具有群体性，显露出一定的从众心理。除了刻书外，朱稻孙所参与的文化活动主要是文人酒会，分韵酬

---

① 张四科，字喆士，号渔川，陕西临潼贡生，官候补员外郎，侨寓维扬，筑让圃。有《宝闲堂集》及《响山词》。当时颇以诗词得名，然其诗失之浅薄，词则研辞炼意，以张炎为法，删削靡曼，归于骚雅。

② 符曾，字幼鲁，号药林，浙江钱塘人。监生。举博学鸿词，丁内艰，未予试。累官至户部郎中。符曾为查慎行及门弟子。其诗脱手清便，气韵尤高，陈撰、沈德潜皆推服之。尝与同里沈嘉辙、吴焯、陈芝光、赵昱、厉鹗、赵信等同撰《南宋杂事诗》，人各百首，采据浩博，查慎行称之曰"七君子"，且为之序。又著有《春凫小稿》及《半春唱和诗》，并行于世。

③ 陈撰，字楞山，号玉几山人。浙江鄞县人，曾寓居钱塘。常游走于江淮间，并流寓扬州，遂为"扬州八怪"之一。擅长花鸟画，尤擅画梅。与李鱓齐名，世并称"复堂玉几"。著有《绣纹集》《玉几山房诗集》《玉几山房画外集》。

④ 陈章，字授衣，号竹町、绂斋，浙江钱塘人。监生。幼业香蜡，长赘于扬州。年三十，闻竹韵，学诗大成。馆于游击唐公署斋，家于南柳巷。后屋临河，厉鹗诗中有"柳巷南头诗老在"之句。江都令某延致幕中，与同馆姚世钰友善。乾隆元年（1736），诏举博学鸿词，相约弗就。精诗工楷法，与弟陈皋并称"陈氏二难"。著有《孟晋斋诗集》24卷、《文集》2卷。

⑤ 马曰璐，字佩兮，号半查、半槎、南斋。由贡生援例，候选知州。与兄马曰琯并称"扬州二马"。乾隆元年举博学鸿词，不赴。有《南斋集》6卷、《南斋词》2卷。

倡是酒会上的主要文学创作形式。诗题所及有山水园林的吟诵、水墨丹青的题咏，以及秋末晚菘的清香、美人临镜的风情。

朱稻孙所参与的文化活动主要在两种场所举行。一种是扬州周围的名胜名寺，如上方寺、天宁寺等处；另一种是盐商的园林别墅，如扬州二马的"行庵"和"小玲珑山馆"、陆钟辉的"环溪草堂"、易谐的"抱山堂"。私家园林作为私人话语场所，是知音雅集的理想之地。

乾隆十八年（1753）二月三十日，马曰琯、马曰璐招饮朱稻孙于行庵，各自成游山四咏。行庵在扬州北郭天宁寺西隅，马氏兄弟购僧房隙地所筑。此地古木森森，饶有野趣，入林幽僻，不知其近于邽郭。行庵无斫砻髹采之饰，而轩庭多得清荫，游憩者常流连忘返。三月三日上巳，风雨不歇，张四科折简招邀朱稻孙等诗友集于行庵，携肴修禊，劈笺分韵，朱稻孙得"月"字。其诗有云："贪游踏屐过，那计泥滑滑。吾衰少胆气，甘受深杯罚。得句后诸公，延伫望新月。"① 清明后一日，细雨绵绵，易谐招朱稻孙等谦集抱山堂，赋五言古诗六韵，朱稻孙分得"抱"字，其诗表现了扬州文人的诗人品性："竹西有吟社，登坛尽诗老。风雅务穷源，晨力事幽讨。篇章最清新，远近皆倾倒。我来浃旬留，恨不相逢早。"②

扬州平山堂下有陆钟辉的别墅"环溪草堂"。雨后放晴的一天，陆钟辉折简招邀朱稻孙等游环溪，赋五言古诗六韵。朱稻孙分得"摇"字。其诗有云："兹来慰所望，不觉道路遥。花照曲盝阑，人倚宛转桥。深歉大雅材，长日论风骚。"陆钟辉字南圻，一字淳川，号环溪，江都人。官员外郎，出为南阳同知。因亲老乞归，筑室栖霞山中。复起为郎中。生平师法姜夔，笃好吟咏。

重阳节前一天是个晴天，马曰琯、马曰璐招程梦星③、全祖望、钱载

---

① （清）朱稻孙：《三月三日，张喆士招集行菴，雨中分韵，得月字》，北京大学图书馆藏《六峰阁诗稿》手稿本。

② （清）朱稻孙：《清明后一日，松滋招诸同人雨中谦集抱山堂，赋五言古诗六韵，分得抱字》，北京大学图书馆藏《六峰阁诗稿》手稿本。

③ 程梦星，字伍乔，又字午桥，号汫江，又号茗柯、香溪、杏溪。江南江都人。康熙五十一年（1712）进士，选翰林院庶吉士，授翰林院编修。后四年，以母丧归，筑筱园并漪南别业以居，不复出。雅好李商隐诗，以旧注未精，重为笺注。著有《今有堂诗集》《茗柯词》，编有《平山堂小志》《江都县志》《两淮盐法志》，另有《李义山诗集笺注》《词调备考》。

三翰林和朱稻孙、陈章、闵华①、张四科、沈大成集于行庵，观明代画家王谷祥②所画《水仙梅花》卷子，并请稻孙移寓行庵间壁之弹指阁。午后诸人即往游弹指阁，稻孙喜赋五律一首致谢："明日是重阳，先欲泛菊觞。天公不风雨，吾辈好常羊。阁迥尘难到，林深叶渐黄。合并良不易，共对此秋光。"③此后，朱稻孙就入住弹指阁，辑校《经义考》。时人多有《过弹指阁访朱稼翁》诗。楼锜这样描写朱稻孙其时的生活情境："青灯谈往事，白首抱遗经。院静鸟初下，秋高叶未零。"闵华如此形容稻孙校理铅椠的情形："一径槐花落，满庭梧叶翻。案头残稿本，犹见典型存。"周笠为稻孙所画《弹指阁图》，清疏简贵，题者殆满。乾隆二十六年（1761），周笠还为朱稻孙画了《读书秋树根图》。

乾隆十八年（1753）重阳节这一天，天气仍然晴好，张四科邀程梦星、全祖望、钱载、朱稻孙、陈章、闵华、马曰琯、马曰璐、楼锜④、方士健⑤、洪振珂⑥、汪玉枢⑦、张世进⑧往城北五里处的上方寺登高，并集竹西亭，赋五古八韵。朱稻孙分得"口"字，其诗有云："我来邗江上，佳节逢重九。张君时见招，竹西亭对酒。平生未登陟，贪游惟恐后。"

朱稻孙的同乡诗僧具公和尚卓锡于扬州天宁寺。朱稻孙久闻其名而

---

① 闵华，字玉井，亦字莲峰，江都人。工诗，有《澄秋阁集》4卷、《二集》4卷、《三集》4卷。

② 王谷祥，字禄之，号酉室，长洲（今江苏苏州）人。嘉靖八年（1529）进士，官吏部员外郎。善写生，渲染有法度，意致独到，即一枝一叶，亦有生色。书仿晋人，篆籀八体及摹印并臻妙品。

③ （清）朱稻孙：《嶰谷招余移寓行庵间壁之弹指阁，午后偕同人往游，喜而赋五言一律谢之》，北京大学图书馆藏《六峰阁诗稿》手稿本。

④ 楼锜，字于湘，浙江钱塘人，居扬州。工诗，有《于湘遗稿》五卷。

⑤ 方士健，字右将，安徽歙县人。士庶同母弟，邑诸生。业盐淮南，居扬州。于北郊寿安寺西筑西畴别业，因号蜀泉，又号西畴。有《白华楼诗钞》四卷、《新安竹枝词》一卷。

⑥ 洪振珂，号曲溪，安徽歙县人，居扬州。著有《因树楼集》。

⑦ 汪玉枢，字辰垣，号恬斋，安徽歙县人。早岁能诗，山林性成，建有别墅"南园"。有《恬斋遗诗》。

⑧ 张世进，字轶青，号啸斋，陕西临潼人。士科之叔，曾官颍州教授。居扬州王家园，与马曰琯、马曰璐"街南书屋"相距甚近。有赠马氏诗云："檐廊只隔三条巷，笔砚相依十载情。"诗与二马齐名。有《著老书堂集》八卷，词一卷。

未识其面，本打算往访。在他移寓弹指阁之后第五天的早晨，具公和尚忽然传语招邀，雅集于方丈中，对菊赋诗。在座有陈章、沈大成、楼锜暨西溪松亭上人，共6人。朱稻孙分韵得"风"字，其诗有云："诗篇闻名久，如唐清昼工。更遇西溪衲，颇有禅月风。永结方外交，恰与三友同。对菊赋新诗，高吟发我蒙。"① 沈大成，字学子，号沃田，江苏华亭（今上海市）人。幼承家训，长师黄之隽，而与惠栋友善。因贫困，以诸生屡就幕府征聘。邃于经史，又旁通九宫、纳甲、天文、乐律、九章诸术。一物一事，必穷其源。其诗多和平安雅之音。著有《学福斋集》。香溪闺秀徐若冰以诗相质，称弟子。

乾隆十八年（1753）九月十六日，洪振珂招朱稻孙等集行庵。午饭后，洪振珂等到稻孙的新寓所过访，陆钟辉亦至，各赠篇什，稻孙作五律一首赋谢："杰阁初移寓，岂识竹树深。衰年承谬许，良友重相寻。谭谵近吟社，追陪欣盍簪。高轩今日过，赠句胜南金。"② 十九日，诸友人又集行庵，赋晚菘。朱稻孙诗云："秋末菘愈好，天寒已甫霜。摘园来满把，入馔发清香。任尔肥甘美，输他滋味长。流匙同瓠滑，合与老饕尝。"③ 不久，程伯因去往江西，钱载回了嘉兴。朱稻孙有诗云："客中频送客，别酒几曾倾。"④

钱载与秀水朱氏颇有渊源。其父钱炘学举业于陆肯堂，而陆肯堂曾从朱彝尊讲经学。朱彝尊为钱炘在蟹行桥南的居处"回溪草堂"题过扁，并以八分书"拔山传谏草，遵海重清门"联语赠钱炘。朱彝尊编《明诗综》，钱炘与汪森、朱端、张大受等人分卷辑评。钱载幼时，其伯母钟孺人曾指着回溪草堂匾额上朱彝尊的名字对钱载说："这位就是朱锡鬯先生，以博学鸿词官翰林，是当世文章家，日后你能达到他的高度吗？"钱载至老年还常常提到此场景。戴震曾经在筵席上贬低朱彝尊，钱载为之

---

① （清）朱稻孙：《天宁寺具公和尚，吾乡之诗僧也，卓锡于此。余久闻其名而未识其面，将往访。移寓之后五日，忽来见招，雅集方丈，对菊赋诗。在座有沈君学子、陈君授衣、楼君于湘、暨西溪松亭上人六人，分韵得风字》，北京大学图书馆藏《六峰阁诗稿》手稿本。

② （清）朱稻孙：《九月十六日，洪君曲溪招同诸公集行庵。午饭后，过余寓见访，各赠篇什，赋谢一律》，北京大学图书馆藏《六峰阁诗稿》手稿本。

③ （清）朱稻孙：《十九日，同人集行庵赋晚菘》，北京大学图书馆藏《六峰阁诗稿》手稿本。

④ （清）朱稻孙：《送张筠如游楚中》，北京大学图书馆藏《六峰阁诗稿》手稿本。

终身切齿。

乾隆十八年（1753）十月六日，送翰林沈筱依过吴兴，诸人分赋，稻孙得"浮晖阁"，其诗云："临水三间阁，停云四面山。坡公留翰墨，耘老坐潺湲。野趣自多惬，幽栖心独闲。南归名胜地，望古好跻攀。"①

一个冬日，阴云酿雪，朱稻孙和王廷言等集行庵，稻孙倒用王廷言诗韵云："同云四布满天涯，作雪成时好煮茶。恰喜良辰来雅集，相逢胜侣尽诗家。庭中落叶犹叠砌，竹外繁梅已吐芽。转眼西风高料峭，几行征雁下平沙。"②王廷言字顾亭，号庸斋，婺源漳溪人。贡生。少贫，负干才，有胆略。历官云南武定府和曲州知州，直隶顺德府知府，候选道台，诰授中宪大夫。年甫三十以疾归，居江宁上新河，家有临江一楼名蔬香，自号蔬香老人，工词，著有《自娱小草》《蔬香楼词》。嘉庆元年（1796），赴皇极殿千叟宴。年八十三卒。

乾隆十八年（1753）冬至后二日，朱稻孙偶过抱山堂，诸诗朋咸集于此，咏夕阳，主人易谐留饮，稻孙因赋一首云："一线初长天宇清，流光可望树头明。冬居何处寻高士，西崦从来重晚晴。旅雁阳和洲渚聚，征帆掩映暮云平。自知衰老枯肠涩，到得吟成月又生。"③

小寒前一日，朱稻孙过访马曰琯书斋，见其所供瓶花，除梅、菊以外，又插一枝雪里红。稻孙有会于心，率成一绝以赠马曰琯："梅花与菊插瓶中，更取一枝雪里红。清赏肯遗凡草木，居心雅有古人风。"④

在朱稻孙的扬州交游圈中，马曰璐、全祖望、钱载和他同是丙辰博学宏词科的征士。这一年冬，和他一同被征召试的陈以刚出游西湖，返棹维扬，寓兴教寺，朱稻孙前往拜访，适逢陈以刚外出，只会晤了其子蕴初，归而赋诗一首，书对一联，赠以刚。其诗云："池阳经义挽纷纶，

---

① （清）朱稻孙：《十月六日，送沈太史筱依过吴兴，分赋得浮晖阁》，北京大学图书馆藏《六峰阁诗稿》手稿本。
② （清）朱稻孙：《阴云酿雪后集行庵，倒用王顾亭太守前韵》，北京大学图书馆藏《六峰阁诗稿》手稿本。
③ （清）朱稻孙：《长至后二日偶过抱山堂，诸诗朋咸集咏夕阳，松滋主人留饮，因赋一首》，北京大学图书馆藏《六峰阁诗稿》手稿本。
④ （清）朱稻孙：《小寒前一日过嶰谷先生书斋，见所供瓶花梅菊二种之外又取雪里红一枝，有会于心，率成诗一绝句赠之》，北京大学图书馆藏《六峰阁诗稿》手稿本。

讷鹤芝田政轶伦。召试忝随兰谱末,依光喜近水村邻。诗篇月旦归风雅,治绩精诚动鬼神。卅载闻名未相识,华宫何幸挹清尘。"①陈以刚,字近荃,一字烛门,又作竹门,江南天长人。康熙四十七年(1708)中举,五十一年(1712)成进士。乾隆元年(1736),举博学宏词科,不久升青田知县。乾隆三年(1738),转任嘉善知县。在任有惠政,长于断狱。充浙江乡试同考官。乾隆八年(1743),升云南阿迷州知州,以老病告,奉旨原品休致。为人落拓,嗜酒工诗文,善书法。著有《烛门诗集》《池阳人物志》等。与袁枚往来酬唱甚多,袁枚《随园诗话》称陈以刚作诗平和,长于投赠。

乾隆十八年(1753)腊月五日,诸友人雅集于洪振珂斋中,咏美人临镜。稻孙诗云:"红日窗纱月满轮,妆台高架喜相亲。欹斜生怕花枝颤,浓淡何兼粉黛匀。小立盈盈频顾影,柔情脉脉独凝神。一般明艳教郎并,妾颜何如镜里人。"②

腊雪初霁,马曰璐招集诸友集于行庵,以五言古十二韵题黄遵古《山庄雪霁图》。稻孙诗有云:"雪霁多光明,来有杖藜叟。相与论古今,斟酌剪蔬韭。此境不易得,清旷少尘垢。着色妙入神,得力乎子久。大敌临当前,句拙惭老丑。"③黄遵古,常熟人,号独往山人。游迹半天下,遇奇峰异壑皆收入奚囊。其作画,正处精神,多在侧处渲染;近处位置,又从远处衬贴。浓不伤痴,澹不嫌寂,气运蓬勃而出,一时笔墨都化。

沈大成数年来载书四方,常栖止萧寺,挟策吟诵。其时落叶满天,残月在户,一灯青荧,声达户外。乾隆十九年(1754)春,沈大成偶思前迹,请王肇基画《秋灯夜读图》,邀同人题咏。朱稻孙《题沈学子〈秋灯夜读图〉》云:"何事最关心,篝灯妙理寻。高秋宜夜静,初地少尘侵。披览腴滋味,凝神洞古今。一天霜月白,不觉已横参。"王肇基字履仁,

---

① (清)朱稻孙:《旧嘉善今天长陈竹门先生,余同征召试者也,久告归里门也。近复出游西湖,返棹维扬,寓兴教寺逗留。往访之,适出外,晤其令嗣蕴初。归而赋诗一首书对一联赠之》,北京大学图书馆藏《六峰阁诗稿》手稿本。

② (清)朱稻孙:《腊月五日,集洪曲溪斋咏美人临镜》,北京大学图书馆藏《六峰阁诗稿》手稿本。

③ (清)朱稻孙:《腊雪初霁,嶰谷招集行庵,题黄遵古〈山庄雪霁图〉五言古十二韵》,北京大学图书馆藏《六峰阁诗稿》手稿本。

号镜香，浙江嘉兴人。游京师，曾自画《清宵见月图》，征求名流题咏。乾隆十四年（1749），朱稻孙作《题王履仁〈清宵见月图〉》云："游子离乡园，高堂多白发。欲归未得留，独立对明月。"

乾隆二十年（1755）正月十五日，马曰琯、马曰璐与朱稻孙、张士进、陈章、闵华、陆钟辉雅集于小玲珑山馆，有上元联句。这年春季，马曰琯招张士进等人宴赏玉兰，席上各赋五、六、七言诗，送朱稻孙暂归秀水。

卢见曾再任两淮盐运使是在乾隆十八年（1753）。次年春，他从淮阴回到扬州，朱稻孙身怀名刺，抠衣谒见。卢氏询及《经义考》："何不刻成述祖志，定缘力竭伤途穷。"稻孙备述其颠末。卢见曾为之叹息良久，表示"吾欲商榷竣厥事，此邦同志咸乐从。可归检点稿携至，岁月易迈难鸠工"①。三月，卢见曾得未刻《经义考》于稻孙，遂慷慨首捐，倡议刊刻。十月，开局缮写付梓，且以其事嘱托马曰琯。马曰琯"由是与令弟半查尽发二酉之藏，偕钱塘陈君授衣、仪征江君宾谷、元和惠君定宇、华亭沈君学子，相为参校。而稻孙仍率次子昌淳、长孙休承暨从孙婿同里金蓉，共襄厥事"②。卢见曾于《经义考》总目后识语曰："今补刻一百三十卷，卷帙浩繁，校对不易。从事诸君子，各题名于每卷之后。而博征载籍以正字画之讹者，钱塘陈授衣章、仪征江宾谷昱也。刻既成而覆校之者，元和惠定宇栋、华亭沈学子大成也。其商略考订，兼综其事，则祁门马嶰谷曰琯、半查曰璐云。"③ 为刊刻《经义考》，马曰琯花去千金。

乾隆二十年（1755）新春，朱稻孙打算为《经义考》乞序于卢见曾，而卢见曾的序文已经脱稿。至七月，《经义考》刊刻竣工。乾隆二十一年（1756）二月，高宗往曲阜拜谒孔庙时，卢见曾进呈《经义考》二部。可以说，《经义考》的刊刻完成是官民结合、士商结合的产物。

朱稻孙晚岁穷困，朱彝尊所遗曝书亭藏书八万卷渐渐散佚。稻孙晚年以孙休承仕貤赠文林郎、陕西汉中府城固县知县，卒于乾隆二十五年（1760）十二月二十九日，寿七十九。其妻孺人盛氏与他卒于同一天。

---

① （清）朱稻孙：《乾隆甲戌十月，两淮都运卢雅雨先生以先祖所编未刻〈经义考〉一百三十卷开局缮写付梓。蒙赐序文，弁诸卷首，感德述怀，敬赋七言古诗二十四韵以申谢悃》，北京大学图书馆藏《六峰阁诗稿》手稿本。

② （清）朱稻孙：《经义考跋》，《经义考》卷首，清乾隆四十二年（1777）刻本。

③ （清）卢见曾《经义考·总目》识语，清乾隆四十二年（1777）刻本。

桑调元《挽朱稼翁稻孙》诗云："嗣宗子侄仲容贤，裴岛论交四十年。期我探书穷四库，悲君开岁下重泉。刘家夫妇同仙去，杜氏诗篇得祖传。眼见文孙还继起，后先述作照瀛壖。""嗣宗"谓朱嵩龄。"仲容"指稻孙，他虽然比朱嵩龄大五岁，但论辈分，他是朱嵩龄的堂侄。

在朱彝尊的后代中，称得上当世名士的是朱稻孙。《扬州画舫录》罗列卢见曾门下宾僚数十人，首为戴震，其次为鲍皋、惠栋、吴玉搢、严长明、朱稻孙等。《清儒学案》卷三十二《竹垞学案》所列承继朱彝尊学术事业者为朱稻孙、盛枫。

作为朱彝尊的贤孙，朱稻孙在刊刻传播其祖父的著述方面功不可没。朱彝尊的文集《曝书亭集》始刻于其生前，未竣工而哲人其萎，后由朱稻孙从亲朋好友间筹集经费，于康熙五十三年（1714）刻竣全书。《经义考》同样由于朱稻孙的努力，才能以曝书亭藏版全帙问世。作为诗人，朱稻孙虽不足以称为一代名家，但在秀水朱氏家族诗歌史上也占有一席之地。

第 八 章

儒学教谕——朱嵩龄

第一节　早岁艰辛

朱嵩龄，初名德可，字可之，号予斋。康熙二十六年（1687）六月十八日生。先娶庄氏为妻，续娶海盐顾弘的女儿。

朱嵩龄20岁时，其生祖母王孺人去世。朱嵩龄挈家归里，暂居于鹤洲草堂。次年，其长女出生。嵩龄之父彝爵当初将生母王孺人葬于其父墓侧时，"术家言：穴中春月，恐有水"。彝爵心中不安，屡次梦见王孺人不高兴，十分痛悔，打算迁葬，苦于没钱。康熙四十七年（1708）七月二十三日，朱彝爵将长子德是、次子嵩龄叫到病床前说："吾年虽未老，而此心无余恨。惟王孺人仍旧制，葬非其地。两年来，吾心无一日安，必速迁之，吾乃瞑。约地三亩许，可附吾于旁。"① 随即召来从侄朱建子，告以己意。朱建子承命经纪其事。七月二十九日，朱彝爵病故。由于叠遭凶荒，嵩龄兄弟俩将父亲棺柩殡于鹤洲草堂，而未能安葬。

虽然朱家经济窘迫，但鹤洲草堂这处祖业始终没有出卖，朱嵩龄这一代把鹤洲草堂用作家塾。其《鹤洲草堂歌》有云："园林世守到于今，裴岛清幽作家塾。洗研同临大小洄，读书分占东西屋。芸架曾标三万籖，楸枰倏换更番局。年年踪迹苦浮沉，处处情怀饱凉燠。归钓澄流数尾鱼，留种清阴几科竹。鹤飞去兮不可招，芳洲春水空回澓。"② 不过，其时此

---

① （清）朱嵩龄：《府君行述》，《予斋集》卷六，上海图书馆藏清乾隆三十一年（1766）刻本。

② （清）朱嵩龄：《予斋集》卷一，上海图书馆藏清乾隆三十一年（1766）刻本。

处园林已逐渐颓圮。兴废之际,朱嵩龄不无感慨,写有《鹤洲望塔灯书感一百韵》,从中可以看出园林已变为农田:"侬家放鹤洲,西有真如寺。旧俱裴相宅,澶漫遗此地。台榭早芜没,沟塍遂鳞次。野老今深耕,时或拾簪珥。"①

朱嵩龄 26 岁时,挈子馆于新桥盛氏姊家,教授外甥盛百一,因此得寄籍海盐,为学官弟子。在秀水朱氏家族的姻亲网络中,像这样又添加一重师生关系的情况是很常见的。这也体现了朱氏及其姻亲家族在文化传承上的亲情化、世袭化特点。

康熙五十三年(1714)八月,朱嵩龄应乡试。朱德是病笃,其堂兄朱建子来对嵩龄之妻顾氏说:"昨梦叔父甚不怿,若为坟墓事。临终遗命,两弟未能举行。今大弟恐不起,奈何?"八月十日,朱德是弃世,终年 31 岁。朱德是为人善承父意,友爱兄弟,不得志而没,只留下 5 岁的孱弱儿子。朱德是之妻是丽水教谕葛天鹏的女儿,此后守寡 40 余年,乾隆十二年(1747)题旌,其苦节详情见于郡志节孝传。

是年冬,朱嵩龄竭力谋划迁葬祖母王孺人,在郡北主城之兰湾得地半亩,安葬了王孺人。余地无几,暂将其父兄停柩待葬。"迁葬时,嵩龄走告诸从兄。诸从兄翕然曰:叔父遗命,吾弟能成之。吾曹之愿也。若时日吉凶之趋避,人众恐不能尽合尔。弟为之,吾曹必不信术士言而拂叔父意。"②朱嵩龄表示,如果兰湾的墓地能够稍稍扩充,将营葬父兄。

康熙五十九年(1720),朱嵩龄生次女。同年中乡试第 42 名。乡试期间,他与桑调元、马维翰相见于寓舍,"三人一见莫逆,互以千古相期许"。③ 马维翰字墨麟,号侣仙,浙江海盐人,生于康熙三十二年(1693),"器识宏达,颖悟超常儿,九岁能诗文"。④ 桑调元字伊佐,一字弢甫,浙江钱塘(今杭州市)人,生于康熙三十四年(1695)。少有异

---

① (清)朱嵩龄:《予斋集》卷一,上海图书馆藏清乾隆三十一年(1766)刻本。
② (清)朱嵩龄:《府君行述》,《予斋集》卷六,上海图书馆藏清乾隆三十一年(1766)刻本。
③ (清)桑调元:《予斋集序》,朱嵩龄《予斋集》卷首,上海图书馆藏清乾隆三十一年(1766)刻本。
④ (清)桑调元:《弢甫文集》卷十,清乾隆间刻本。

才，下笔千言。因其言语有味，后来有人称他为"老橄榄"。① 朱嵩龄其时写有《喜晤桑弢甫调元和陈自曾佑韵》，表达喜得良朋的感受："照来水镜一何澄，客馆过从喜得朋。百轴雕章名早擅，千秋汗竹志须登。浓情倾倒交青眼，壮气昂藏抚赤膺。同是欧阳门下士，一时杰出见苏曾。"②

朱嵩龄与马维翰相识之后，常有来往。有一年元宵节在北京，马维翰就曾约两位监生一同到朱嵩龄寓所过访，当时灯月交光，游人若织，马氏作诗纪其事云："佳辰好景不常有，况是元宵堪对酒。人生作达空尔为，眼底之人真我友。我住临邛四壁无，任人枉唤高阳徒。自经锁作雕笼鸟，虽有翼羽嗟羁孤。羁孤亦无苦，走听天街鼓。翱翔逸足莽吞牛，跋扈遨头健搏虎。竹垞弟子老郑虔，亦有于思李谪仙。"③ 此处"竹垞弟子"乃是竹垞堂弟之子的意思。

朱嵩龄与桑调元亲如骨肉，是性命之交。多年以后，朱嵩龄对桑氏说："平生交好足亲知，骨肉惟君输血性。"④ "平生交好多酬赠，要惟以子为性命。"⑤ 朱氏对桑调元的道德文章非常推崇，其《和马墨麟维翰赠弢甫韵》称赞桑氏云："岂独文章标楮墨，更期志节比松筠。八叉七步浑闲事，共识儒林古俊民。"⑥ 桑调元则自言兄事予斋，嫂事其妻顾氏。在《〈续高山流水图〉诗四首序》中，桑调元说："予斋嵩龄与予交最笃，匡道义，勗文章。予平生兄事言行无暇尤者，予斋为称首。"⑦ 其诗云：

> 援琴鼓雅调，难得心相知。前哲仰朱沈，伯牙遘子期。图存人已往，足令千载思。

---

① （清）卢存心：《白云诗集》卷六《简寄弢甫》："交浓谁比醇醪味，口苦当思橄榄言。"自注云："余门薛生呼桑先生为老橄榄，以其言有味也。"

② （清）朱嵩龄：《予斋集》卷二，上海图书馆藏清乾隆三十一年（1766）刻本。

③ （清）马维翰：《元夕同郑李两上舍过朱予斋寓，时灯月交光，游人若织，率赋此诗，且邀好事者继焉》，《墨麟诗》卷三，清雍正间刻本。

④ （清）朱嵩龄：《岁杪怀弢甫叠楼颡送别韵》，《予斋集》卷五，上海图书馆藏清乾隆三十一年（1766）刻本。

⑤ （清）朱嵩龄：《予送弢甫至楼颡，复赠别有作》，《予斋集》卷五，上海图书馆藏清乾隆三十一年（1766）刻本。

⑥ （清）朱嵩龄：《予斋集》卷二，上海图书馆藏清乾隆三十一年（1766）刻本。

⑦ （清）桑调元：《弢甫续集》卷十二，清乾隆间刻本。

七丝有余韵，我与君续之。中存古山水，真赏良在兹。泉台不可作，积念生狂痴。

狂痴苦积念，曷由把君袪。曩时君思我，醉梦皆欷歔。流光疾于电，八载归黄垆。

岂不奋逸响，识曲稀君如。玉轸尘既满，冰弦理亦疏。翻作思君操，泠泠悲有余。

余悲不可散，泪作联珠挥。清宵寒月白，魂梦接容辉。既来倏复去，未得留重闱。

情感张征士，古貌图依稀。时似不恒似，神彩凌空飞。焦桐久不鼓，零落存金徽。

金徽存故物，良觌终无因。赏音缅先正，同心只两人。继起鹤洲彦，旧徒劳翻新。

今晨偶抚缦，帘外江娥擎。江风黯骚屑，江水凄瀹沦。我欲竟此曲，此曲滋悲辛。

朱嵩龄与桑调元赠答唱酬相当频繁，朱氏《予斋集》中有《酬和弢甫见示韵二首》《喜弢甫见过叠韵二首》《和马墨麟维翰赠弢甫韵》《和弢甫人日同予集永光寺友寓韵》《抵舍呈弢甫》《灵峰寺呈弢甫》《和弢甫北碧霄洞韵》《大笔峰和弢甫》《卓笔峰和弢甫》等。而桑调元《弢甫集》《弢甫续集》中也有《遣兴和予斋》《同予斋登南山亭寻准提阁游慧日精舍三首》《同予斋饮湖楼》《亲兄弟歌迎寄朱予斋嵩龄并序》《即事三首和予斋韵》《惺斋延敬甫入幕和予斋韵》《江下和予斋韵》《湖雾和予斋韵》《宝冠岩和予斋韵》《含珠岩和予斋韵》《双笋峰和予斋韵》等诗。

康熙六十年（1721）正月，朱嵩龄在京应会试期间，与少时好友陈廷彦相逢。此后三年，交往密切。

雍正六年（1728）腊月，朱嵩龄姐夫盛晴谷奉命试用粤东高廉，邀嵩龄偕行。朱嵩龄娶顾氏时，顾氏常为嵩龄讲述其在珠崖随侍父亲时的见闻。那时顾氏跋涉山海，所见粤地风物与江南迥异。嵩龄也只是姑妄听之。他应乡试时，受知于顺德人梁氏，得以结交广东人士，询其风土之异。于是，远稽《南方草木状》，近考《广东新语》，心中很好奇。雍正六年（1728）除夕，盛晴谷和朱嵩龄所乘行舟在吉安停泊。

雍正七年（1729）元旦，他们登览了古青原台。在距万安50里的百嘉村，水滨荒陇弥望，或洼或堞，瓦砾遍地，中有数仞高的石台突起。盛晴谷和朱嵩龄走近一看，石台虽损坏，还可以蹑蹬而上。登顶一望，不禁喟然而叹："这是昔日的选胜之园。"

去往赣州要经赣江十八滩。盛晴谷和朱嵩龄从万安城南的黄公滩，历刁子、绵城、大料、鹅项、曲尺、灶口、昌方、鲁溯、昆仑、梁口、珍沙、杨米、狗脚、茶壶、天柱，至储潭。两岸桃花，先春烂漫，风光怡人。初经险滩，朱嵩龄难免恐慌。等到后来过乌蛮，觉得前之所历，简直可以说是安澜。

正月初七"人日"，舟泊赣州。由此达南安。立春后第三天，舟至三江口，雷雨大作。朱嵩龄觉得这个季节有雷声很新奇，后至灵阳县署，有一株桃花，冬季里常开花。又因为地接雷州，冬季里常听到雷声，朱嵩龄才习以为常。

正月十五元宵节，盛晴谷和朱嵩龄翻越梅岭，通过梅关入粤。梅关距南安20里，也称人关，相传是汉初名将梅锅开凿的。朱嵩龄经过时，梅岭上苍松夹道，极有古致，而所见梅树仅存二三秃干。梅岭之巅的挂角寺又名云封寺，寺内寺外，勒石题名不可胜数。柱楹有联曰："峻岭本无家，何说姓梅姓庾；白云闲出岫，任他封寺封山。"朱嵩龄觉得此联写本地风光很贴切。

在南雄新城李叟的店里，朱嵩龄看到一棵两丈多高的树，岐枝四出，树叶尽落。朱嵩龄觉得此地也有落叶之木，颇惊奇。主人告诉朱嵩龄此树名为芙蓉。朱嵩龄所知的芙蓉秋花冬萎，属草本植物，古称木芙蓉。岂知此地真有以芙蓉名树者。岭外霜雪不降，故而虽是小草，也能常年不凋。朱嵩龄在粤地两载，所见葵、菊、茄、烟草、稆豆，都有既开花又结实的数年之本。

元宵节后第五天，天气寒冷，舟行高要县羚羊峡中，朱嵩龄披着衣服，皮肤仍然冷得起鸡皮疙瘩。三天之中，路上见到僵死的人，当地人也都说是咄咄怪事，前所未有。朱嵩龄为之发了一番议论："嘻！吾知之矣。岭外虽隶板图，有类羁縻，王法之所不详，故天地肃杀之气，亦不之及。草木不凋不萎，亦犹任民之安于猺狼黎獞也。阳舒阴惨，造化并行，仁育义正，圣治兼施。今天子不忍以荒远鄙夷，釐清诸弊政，治悉视畿甸。于是，吏守官箴，民知法令，宜乎草木亦得沐天地之严威，杀之所以生之也。《中庸》云：致中和，天地位焉，万物育焉。宁以远迩间哉！"①

接着，他们放溜珠江，直抵羊城。此后时复渡羚羊峡，登崧台。盛晴谷往灵阳县掌印视事，朱嵩龄随之取道浔梧，涉乌蛮之险，溯流达邕州，然后走陆路抵灵阳县。过了一年，盛晴谷又代理吴川县令，朱嵩龄又随之溯阳江，历太平，或水而舟，或陆而步，或肩舆以涉水，或编筏以渡舆，乃抵高凉之地，这里可以望见限门、海口、琼山。所历之程，通计大约有数千里。当时，朱嵩龄因为不能尽礼守制，常悒悒不乐。虽有所见，但并没有留下文字记载。雍正八年（1730）冬，朱嵩龄在吴川官舍鉴逸轩，偶然记忆昔日目之所见与耳之所闻，写下了纪行笔记《粤行纪异》。

雍正十一年（1733）正月四日，朱嵩龄与桑调元为应会试启行北上。五日，泊舟鹤洲草堂，"柏盏椒盘，犹得一尝"。② 过了一夜，两人继续北行。经过泰山时，他们同谒东岳庙。21 年后，桑调元旧地重游，作《岳庙感旧三首》，其一云："并马东来射策年，岱宗青霭拂行鞭。云岚生气初春动，台殿灵光落照鲜。槐柏半枯探古迹，云亭叠禅检遗编。重游怅望天门路，泪涌清秋雨后泉。"③ 二月初二晚，两人"行至良乡见月"。23 年后，桑调元往游衡山，作《初二夕月感旧》说："忆昔赤奋若，偕趋良乡程。夹钟应暖律，不夜临层城。适当初二夕，蟾兔蔼先迎。"④ 此次会试，朱嵩龄下第，桑调元以明性理赐进士。

第二节　任职太平

雍正十一年（1733）六月十七日，朱嵩龄得知自己以次得补台州府

---

① （清）朱嵩龄：《粤行纪异序》，《予斋集》卷六，上海图书馆藏清乾隆三十一年（1766）刻本。
② （清）桑调元：《祭朱母顾孺人文》，《弢甫集》卷二十七，清乾隆间刻本。
③ （清）桑调元：《泰山集》卷上，清乾隆间刻本。
④ （清）桑调元：《衡山集》卷一，清乾隆间刻本。

太平县儒学教谕。十一月十日，抵达任所。朱嵩龄莅任台州府太平县儒学教谕五年后，曾与自己二妹的丈夫周坦同游雁荡。他在《示同游周大予懋》一诗的识语中说："寰宇名山，尽多奇景。吾人游屐，殆有天缘。旧作征夫，曾经朔雪炎风之境；梦怀胜地，未蹑向平禽庆之踪。乃者司教平泉，喜邻雁宕，按程则百里而近，积愿已五年于兹。春日刚晴，欣邀胜侣。幽崖未遍，颇畅游悰。小子何知，志续前人之未竟；遗编斯在，句哦清景以如新。烟霞惯欲迷人，追先躅而细寻鸟道；声韵殊惭失学，抒微情而聊作虫鸣。亦知贻笑山灵，姑且记留鸿爪。亦云狂兴，敢质同游。"但此游因为"心怖毒蛇猛虎横，荒榛断石阻且艰"，所以探山不深，兴尽下山时，"回头怅望空青天"①。

乾隆三年（1738）五月十一日，朱嵩龄在太平县，写有《外祖母鲍太君九十寿辰不获归称祝感赋》："今日新晴好，轻寒乍转暄。高堂称健饭，醇酒进芳樽。罗拜曾玄杂，欢欣儿女喧。芳蔬摘瓜果，珍馔供鸡豚。松径阴交密，荷池浪数翻。扶筇知色喜，望远恐心烦。下寿追双母，羁孤剩一孙。呕雅从保抱，甘旨缺晨昏。鲍系关山隔，笙歌意想存。有怀驰故里，无计报深恩。"② 是时鲍孺人有外曾孙和外曾孙女30人，外玄孙和外玄孙女30人。仲秋，朱嵩龄因送试归里。周坦的父亲周勋曾于八月十日病故。朱嵩龄写有祭文。周坦因为朱嵩龄与其父相知甚深，又请嵩龄为其父撰写行状。朱嵩龄的《周先生行状》记有其二妹嫁给周家之事："余女弟为先司训公次女，性淑慧。先公奇爱之，慎于择对，重先生仁厚家风，特许之。未于归，而先公弃世。余兄弟力薄，嫁女弟甚俭。先生不之责，而相遇厚。有急难，未尝不竭力为谋。余祭文所称'忧与为忧，喜与为喜'，非虚语也。"③

乾隆七年（1742），桑调元在门人的请求下，将自己的诗集编定为14卷，文集定为6卷。诗集先刊成，而文集未付剞劂。因其草稿中有为朱嵩龄父母写的《鹤洲残稿序》《朱先生传》《朱母陈太君诔》《祭朱母顾

---

① （清）朱嵩龄：《和弢甫雁荡歌韵》，《予斋集》卷五，上海图书馆藏清乾隆三十一年（1766）刻本。

② （清）朱嵩龄：《予斋集》卷二，上海图书馆藏清乾隆三十一年（1766）刻本。

③ （清）朱嵩龄：《予斋集》卷六，上海图书馆藏清乾隆三十一年（1766）刻本。

孺人文》，所以朱嵩龄远从平泉寄剞劂之赀给桑调元，供其刻印《弢甫文集》。是年重阳节，朱嵩龄作《壬戌九日》诗云："重阳风急渐催寒，衾影天涯况复单。自把茱萸簪破帽，料无樵粉劝加餐。小窗山映清如许，秃笔诗成兴未阑。不道登临虚此日，衔杯还向月中看。"①

朱嵩龄任太平教谕期间，桑调元曾两度来访。桑调元重访之时，在朱嵩龄任太平教谕的第十年，即乾隆八年（1743）。此年春天，桑调元蓄志一游雁荡。作《重访予斋于平泉学廨二首》，其二云："名山胜事从兹始，乘兴遄为雁荡游。"朱嵩龄亦"努力从登攀"②，作《酬和弢甫重访予于平泉学廨二首韵》，其二云："未须汗漫周寰宇，雁宕先陪把杖游。"③

在游雁荡之前，朱、桑二人先去太平县城西门外的古道场——明因寺一游。明因寺寺宇壮丽，香火颇盛。朱嵩龄作《明因寺和弢甫韵》形容寺院风貌说："鹿院风幡春袅袅，鱼山潮梵晓琅琅。雪皴宝刹开图画，云拥金轮入浑茫。"④

时当梅花盛开，他们又去了城南的梅花庵。桑调元初访太平时，约朱嵩龄除夕相晤，道途遇雨，元日傍晚才到。太平县令徐元肃"持火就访，且曰：'两君交好，如是可得参乎？'"⑤待到桑调元再访太平时，徐元肃已去世。想起当年和徐元肃同游梅花庵的往事，两人都有诗奉怀亡友。桑调元《梅花庵奉怀亡友徐括庵元肃呈予斋》诗云："一瓯苦茗含新翠，几树梅花识故人。"⑥朱嵩龄作《和弢甫梅花庵奉怀亡友徐括庵韵》云："宝刹闻钟经两度，金鞍簇马记三人。"⑦桑调元诗中写到徐元肃，往往涉及朱嵩龄，如《叠韵酬徐荪溪见投作道故送别即跋其尊人括庵所书格言遗册》就提到朱嵩龄为其草堂题写"扶轮"之额的事："把卷重增怀旧思，擘窠大字记扶轮。"⑧

---

① （清）朱嵩龄：《予斋集》卷三，上海图书馆藏清乾隆三十一年（1766）刻本。
② （清）朱嵩龄：《和弢甫雁荡歌韵》，《予斋集》卷五，上海图书馆藏清乾隆三十一年（1766）刻本。
③ （清）朱嵩龄：《予斋集》卷四，上海图书馆藏清乾隆三十一年（1766）刻本。
④ （清）朱嵩龄：《予斋集》卷四，上海图书馆藏清乾隆三十一年（1766）刻本。
⑤ （清）桑调元：《弢甫续集》卷十九，清乾隆间刻本。
⑥ （清）桑调元：《弢甫续集》卷三，清乾隆间刻本。
⑦ （清）朱嵩龄：《予斋集》卷四，上海图书馆藏清乾隆三十一年（1766）刻本。
⑧ （清）桑调元：《弢甫续集》卷十九，清乾隆间刻本。

此次雁荡之游，朱、桑二人携仆人从石门入山，经老僧岩，探石梁洞，逾谢公岭，游宝冠岩、含珠岩、初月洞，览双笋峰，至灵峰寺，探罗汉洞，桑调元觉得罗汉洞"高朗秀洁，足称幽栖，寺僧塑五百应真在其中，失名山本来之清妙"①，于是将其更名为幽栖洞，并作歌邀和。朱嵩龄《和弢甫幽栖洞韵》有云："山灵最喜近幽人，大增气色标重阜。欲为缁流洗俗尘，梅雨潭中挽寒浏。像教思坚信者心，不惮我寡敌众口。一扫旧迹还清真，起贺兹邱浇大斗。我愿为君扫落花，长向吟坛勤拥帚。"② 在罗汉寺，朱嵩龄认为："洞为天下公物，罗汉诚不得占而有也，洞名改之也宜。寺于罗汉为应有，且以飞来罗汉得名，故仍之。"③ 于是，作《罗汉寺》诗。接着，他们去了灵异亭、幞头岩、照胆潭、果盒岩、利牙峰、灵芝峰、南碧霄洞、北碧霄洞。在碧霄寺他们借宿一晚。次日清晨，寺僧乞匾，朱嵩龄拟了"碧霄花雨"四字，请桑调元捉笔题写。他们继续前行，游览了照屏岩、五老峰、三贤峰、五老台、风洞、白雨峰、斗鸡岩、鹦哥峰、将军岩、五马峰，至真际寺，夕阳斜映，山色欲暝，水西风来，磬声清泠。在净名寺休憩后，他们又看了鹰峰，登白头岩，观展旗峰。在灵岩绝顶屏霞嶂前，他们遇见一位肤如黑夜、貌如枯龟的老和尚妙闻。原来妙闻曾被毒蛇咬伤过，忍痛七十日，左肢虽然断去，而性命保住了。独自住在废寺中的妙闻，"百事直以只手为，喜见客至颜和怡。旧储玉粒倒瓶瓿，俄顷具馔饱客饥。火煨出啖白芋魁，迹类懒参意却非。"④ 妙闻还引导朱嵩龄、桑调元窥探了天聪洞。这两位诗人在灵岩石房住过一夜后，早晨起来观览了屏霞嶂。当时，日出扶桑，霞光万道，山嶂之上，彩绚夺目。屏霞嶂右侧第一奇观是龙鼻水，据说鼻中泉水可治眼疾，所以他们来此用清香之液洗眼，"好烛细字消残年"。⑤

龙鼻水西南为独秀峰，独秀峰之下是卓笔峰。此峰和大笔峰是灵岩景区的两座笔形山峰，最能唤起骚客文人挥洒笔墨的豪情。朱嵩龄两人

---

① （清）桑调元：《幽栖洞歌呈予斋序》，《弢甫续集》卷三，清乾隆间刻本。
② （清）朱嵩龄：《予斋集》卷四，上海图书馆藏清乾隆三十一年（1766）刻本。
③ （清）桑调元：《和予斋罗汉寺韵序》，《弢甫续集》卷三，清乾隆间刻本。
④ （清）桑调元：《赠灵岩僧妙闻》，《弢甫续集》卷四，清乾隆间刻本。
⑤ （清）桑调元：《龙鼻水》，《弢甫续集》卷四，清乾隆间刻本。

有大笔峰、卓笔峰之咏，流露出惺惺相惜之情。朱嵩龄有《卓笔峰和弢甫》云："古今大笔操几手，倾盖相遇千春前。少陵无人谪仙死用韩句，空叠九万山阴笺。滔滔墨渖留沧渤，后来雄怪谁为发。非子乘酣扫紫芒，焉得大文悬日月。"① 其《大笔峰和弢甫》诗云："知君志业奇炜煌，歌吟岂徒翰藻扬。要继获麟事删述，力褒幽隐铢奸强。天成大笔参天长，君来悬举忾以慷。巢务莽操趣殊绝，落手衮斧横低昂。余力犹能振大雅，拨尽云雾开溟茫。"② 桑调元《卓笔峰呈予斋》赞道："吾兄才略涵溟渤，润色乾坤仗挥发。敛却天扉盘诘才，只教批抹闲风月。"③ 独秀峰与卓笔峰南面凹处有小龙湫，轰然下泻。亭午时分，他们汗湿沾衣，来到小龙湫潭边，顿觉清凉。在观览双鸾峰际的僧拜石之后，他俩沿卧龙溪而行，在马鞍岭畔居然遇到了分巡宁绍台道叶士宽。此人字映庭，号惺斋，是江南吴县人，康熙五十九年（1720）中举，乾隆八年（1743）任宁绍台道。此年新春，朱稻孙有《上分察叶公惺斋》诗云："平泉花水满蘅皋，开岁彤幨问俗劳。大韛钟镛铿海甸，元辰灯火灿城壕。迎春已动苍龙驾，映日争瞻绣豸袍。台宕山川行处秀，文章坛坫自来高。仁生治焕千秋谱，佳句吟成五彩毫。棠为遨头添绿荫，松缘燕尾熟清醪。飞溅墨渖恩波及，列侍儒官礼数叨。芹藻几年掩景色，竹垞诸子愧风骚。丛书剞劂身将老，佩剑冲星气尚豪。生态艰难原本分，长歌激越亦吾曹。一观沧海谁能测，三抚焦桐不厌操。犹喜青氈存旧物，埃尘拂拭贺新遭。"叶士宽招卢存心入其幕，朱嵩龄、桑调元亦有诗咏其事。朱嵩龄作《闻惺斋分巡招延卢敬甫存心有作》一诗云："清拨湘灵五十弦，江风青际韵泠然。韩公欲得赏音客，破屋数间寻玉川。"④

雁荡之游的第三天晚上，朱嵩龄等投宿能仁寺，"夕话洽心颜"。⑤ 能仁寺后有一个破浴镬，铁锈斑驳，上面横铸"拾嘉福院无碍浴室中"九

---

① （清）朱嵩龄：《予斋集》卷四，上海图书馆藏清乾隆三十一年（1766）刻本。
② （清）朱嵩龄：《予斋集》卷四，上海图书馆藏清乾隆三十一年（1766）刻本。
③ （清）桑调元：《弢甫续集》卷四，清乾隆间刻本。
④ （清）朱嵩龄：《予斋集》卷四，上海图书馆藏清乾隆三十一年（1766）刻本。
⑤ （清）桑调元：《能仁寺和予斋韵》，《弢甫续集》卷四，清乾隆间刻本。

字，朱嵩龄发议论说："山游本属无垢身，居士竭来不浴可。"① 第四天，他们游览了燕尾潭、天柱峰、瑞鹿寺、锦溪、铁城嶂、水帘谷、宴坐亭、大龙湫、行道廊、白云庵、天棺岩、石城嶂。第五天清晨，他们重贾余勇，继续探奇，观上龙湫，抵石碑岩下。桑调元对朱嵩龄说："石碑立千丈，视之一字无。山灵待君来，大作蝌斗书。"朱嵩龄谦逊地回答说："前贤擅述作，卷轴奚翅万万余。过此敛手去，不见藻彩输。祖龙上太岱，随从斯邀徒。日观峰头蹲片石，大篆小篆无镌摹。矧我才力薄，讵敢操奇觚？"② 一路倡酬，既歌且谣，最后来到"权枒一岩作树形"③"千寻黛色参天青"④ 的树岩。分别时，朱嵩龄送桑调元至楼罍。其赠别之作云："送君不忍别，还共终宵留。却似碧霄兴未尽，携来斗酒添作楼罍游。"⑤ 离宴之上，朱氏忍住眼泪，"手持杯酒强催干"⑥，别后则独返萧斋，意兴悄然，希望有一天能在江南再续清缘，同登春水之船。

朱、桑二人偕游雁荡的次年，桑调元游苏州城外的灵岩寺，想起谢公岭畔的同名寺庙，作《宿灵岩寺忆朱予斋》："去年春头雁宕游，身入连云看僧拜。故人老兴豪且奇，旧游龙湫起导之。扶将直上天聪洞，就宿绝壁寒蟾窥。道人妙闻手仅只，饭客脱粟留永夕。魂清骨冷境恍然，石楼款语生虚白。"⑦ 桑调元认为自己和朱嵩龄的友谊，可以和朱彝尊与沈似笠的相知媲美。他在《奉题朱苎塍、沈长溪两先生〈高山流水〉遗照》中说："流传绝调岂无人，我与鹤洲斯可矣。"⑧ 此处的"鹤洲"指的就是朱嵩龄。

乾隆十年（1745）十一月十日，朱嵩龄泪痕潸然，因为 12 年前这一

---

① （清）朱嵩龄：《能仁寺后有破浴镬一横铸"拾嘉福院无碍浴室中"九字呈弢甫》，《予斋集》卷五，上海图书馆藏清乾隆三十一年（1766）刻本。
② （清）桑调元：《石碑岩呈予斋》，《弢甫续集》卷四，清乾隆间刻本。
③ （清）朱嵩龄：《树岩呈弢甫》，《予斋集》卷五，上海图书馆藏清乾隆三十一年（1766）刻本。
④ （清）桑调元：《树岩和予斋韵》，《弢甫续集》卷四，清乾隆间刻本。
⑤ （清）朱嵩龄：《予送弢甫至楼罍，复赠别有作》，《予斋集》卷五，上海图书馆藏清乾隆三十一年（1766）刻本。
⑥ （清）朱嵩龄：《送弢甫归后作二首》其一，《予斋集》卷五，上海图书馆藏清乾隆三十一年（1766）刻本。
⑦ （清）桑调元：《弢甫续集》卷五，清乾隆间刻本。
⑧ （清）桑调元：《弢甫续集》卷六，清乾隆间刻本。

天他来到了太平。想到时过一纪，自己白发萧疏，形影相吊，不禁百感交集。其《乙丑十一月十日作》云："朋旧惊心怜寂寞，世途着脚苦孱颜。沉吟欲去知何日，不厌相看尚有山。"[1] 是年除夕，朱嵩龄思念桑调元，叠楼槩送别诗韵写道："忆昨楼槩别，欲留不克留。终年追梦想，那似雁宕游。"[2]

在太平的最后几年，朱嵩龄诗中多咏饮酒。乾隆十一年（1746）三月的一个艳阳天，邻家煮酒，朱嵩龄闻到酒的芳馨，口舌流涎。其《邻家煮酒》诗有云："饮量止三斝，吸川欲百斛。床头无剩钱，独抱空甕宿。"[3] 闰月十五日，朱嵩龄作送春诗云："留他长住无如酒，满注甆瓯莫厌多。"[4] 立夏那一天，朱嵩龄说："难寻春去处，把酒益无聊。"[5] 其《怀叕甫用叕甫同饮湖楼韵》云："怜吾追暮景，戒吾减酒巡。"[6]

山城四月，节物晚见。朱嵩龄作《种苋》诗云："相期在晨夕，端不负生成。色借胭脂润，风追苜蓿清。摘来真省事，咬得薄浮名。素食恒多愧，聊兼老圃营。"[7]

太平知县蒋润为人仁明，治才宏达，且年富力壮，把平泉治理得"山乡海户并安堵，静夜不用关柴荆"。当他因故离任时，朱嵩龄作《赠蒋明府润》有云："走也朝盘对团日，依旧潦倒儒冠轻。谁能一把酸寒洗，剧须挽水翻东溟。论交心事输磊砢，蒙公对我双瞳青。昂藏且逊侏儒饱，倾身那复千经营。极知寒饿自细事，固穷怀古多豪英。读公佳句饫新得，夜报清漏寒丁丁。"[8] 同事16年的楼勇轩引年告退，朱嵩龄亦有诗送别。

---

[1] （清）朱嵩龄：《予斋集》卷五，上海图书馆藏清乾隆三十一年（1766）刻本。
[2] （清）朱嵩龄：《岁杪怀叕甫叠楼槩送别韵》，《予斋集》卷五，上海图书馆藏清乾隆三十一年（1766）刻本。
[3] （清）朱嵩龄：《予斋集》卷五，上海图书馆藏清乾隆三十一年（1766）刻本。
[4] （清）朱嵩龄：《丙寅闰月望日送春》，《予斋集》卷五，上海图书馆藏清乾隆三十一年（1766）刻本。
[5] （清）朱嵩龄：《立夏日》，《予斋集》卷五，上海图书馆藏清乾隆三十一年（1766）刻本。
[6] （清）朱嵩龄：《予斋集》卷五，上海图书馆藏清乾隆三十一年（1766）刻本。
[7] （清）朱嵩龄：《予斋集》卷五，上海图书馆藏清乾隆三十一年（1766）刻本。
[8] （清）朱嵩龄：《予斋集》卷五，上海图书馆藏清乾隆三十一年（1766）刻本。

太平教谕一职朱嵩龄当了很长时间，"上官屡欲特荐，为宵人所尼，卒贫老"。① 太平县有种风俗，在上元夜要在坟上插灯。乾隆十三年（1748）上元夜，朱嵩龄登城观坟灯，作诗云："元夕登城望四垌，周遭山色锦围屏。分明空际天星灿，讵是坟头鬼火青。杯酒宁须浇土壤，烛光浑欲彻幽冥。独怜松柏烟暝里，忽起哀声不忍听。"② 此年秋，朱嵩龄以诗作柬，招分别7年的盛支焞游台宕。盛支焞，秀水人。雍正元年（1723）四月中举。官知县。曾校订盛枫所撰的《嘉禾征献录》50卷、《外纪》6卷。

桑调元受聘主大梁书院，朱嵩龄作《遥送弢甫至河南》云："豫州天之中，人物自古昔。大梁有书院，邀致虚重席。闻君有远行，于义难麾却。曩随涵丈游，曾为睢州客。木水念本源，更广敷交泽。临行寄余言，蝇头幅过尺。谓当守素心，终始慎冰雪。治装旬日间，行色正匆迫。乃展先子图，挥毫珠的皪。捧诵涕泗交，此意感存殁。同志拉周卢，辞锋况相敌。我本蒲柳姿，就衰良可戚。所赖知己近，音问慰岑寂。奈何复远离，周道千里别。后会纵有期，不知几岁月。惟羡吾道行，董率洵有益。肄业励精勤，守身等圭璧。书尾再丁宁，曲蘖慎毋溺。用以志君心，三杯讵敢越。"

太平县滨海，出产不少海产品。朱嵩龄有组诗《太平海物》，咏蟳、鲨、蛤、蚝，或以物寓意，或托物以讽；又有六言诗咏捣练妇、村女、采桑女、渔家女、戍妇、弃妇、嫠妇、商人妇，表现了他对劳动妇女的欣赏和对妇女不幸生活的同情。

古代限于交通条件，岭南水果不容易北运。特别是像荔枝这样难以保鲜的果品，江南人也很少看到。朱嵩龄故交周参将送来一盒荔枝，家中儿童竟然误认为是干果。20年前，朱嵩龄本人在岭南住过3年，有过恣意品尝岭南美味的经历，于是，对家中小儿历数中原所稀少的南方果实：佛手柑香气浓郁，果实形状似手指；波罗蜜果实重大，要用专车运

---

① （清）桑调元：《予斋集序》，朱嵩龄《予斋集》卷首，上海图书馆藏清乾隆三十一年（1766）刻本。

② （清）朱嵩龄：《戊寅上元夜登城观坟灯。太平风俗是夕插灯坟上》，上海图书馆藏清乾隆三十一年（1766）刻本。"戊寅"当为"戊辰"之误。

输；还有"三稜凤眼羊额歍，猩红翠碧攒青枝。橙櫟柑柚兼黄皮，侧生珠串垂垂低。纷如更仆难数之，甘美犹推鲜荔支"①。尤令朱嵩龄心驰不已的荔枝品种是"增城挂绿"。当年朱彝尊游福建、广东时，曾按蔡襄《荔枝谱》所说的三十二品，品评荔枝的高下。他在《题福州长庆寺壁》一文中说："世之品荔支者不一，或谓闽为上，蜀次之，粤又次之。或谓粤次于闽，蜀最下。以予论之，粤中所产挂绿，斯其最矣。福州佳者，尚未敌岭南之黑叶，而蔡君谟《谱》乃云：广南州郡所出精好者，仅比东阁之下等。是亦乡曲之论也。"② 不过，周参将惠赐的荔枝是福建所产，是从海上运来。所以朱嵩龄又说"闽产较胜粤产差"③，这和朱彝尊的意见相左。

朱嵩龄去世前3天，接到桑调元从大梁书院寄来的信，于是作《一剪梅》怀桑调元云："驿路迢迢走雁鱼。才读前书，又接新书。深情密意笔尖摅。问寝何如，问食何如。衰老穷愁叹索居。怜我惟渠，爱我惟渠。算相思恁地勾除。醉也唏嘘，梦也唏嘘。"④ 朱嵩龄去世那一天晚上，桑调元还做了场噩梦。其《泊舟鹤洲草堂哭朱二兄予斋嵩龄》诗记载以上两件事说："飞飞丹旌归来日，噩梦正在梁园牵。痛心一语心为镌，尔我平生重爱怜。醉梦欷歔不相见，竟尔遥诀归重泉。"⑤ 乾隆十三年（1748）六月二日，朱嵩龄卒于官。

第三节　平生交游

朱嵩龄辞世后，桑调元为这位做了一辈子风尘小吏的友人写了一篇招魂之文。从《招魂》中可以看出朱氏平生曾西抵崤潼，北上京华，东游狼山、海门、如皋，南越大庾岭，至碙州、罗阳、高廉，并和徐元肃、

---

① （清）朱嵩龄：《周参戎惠鲜荔》，《予斋集》卷五，上海图书馆藏清乾隆三十一年（1766）刻本。
② （清）朱彝尊：《曝书亭集》卷第六十八，《四部丛刊》本。
③ （清）朱嵩龄：《周参戎惠鲜荔》，《予斋集》卷五，上海图书馆藏清乾隆三十一年（1766）刻本。
④ （清）朱嵩龄：《予斋集》卷五，上海图书馆藏清乾隆三十一年（1766）刻本。
⑤ （清）桑调元：《弢甫续集》卷十一，清乾隆间刻本。

汪鉴、汪锡祺、周复旦、沈埙、朱枫、卢存心、沈修诚、陆奎勋、陈佑、周坦、张庚、张仁浃、盛百一、朱稻孙等交好。

徐元肃，初名征肃，字梦符，一字括庵，上元人。雍正二年（1724）举人，授嘉兴知县。朱嵩龄任台州府太平县儒学教谕时，徐元肃是太平县知县，一度署台州知府，是朱氏的上级。朱嵩龄与徐元肃常常以词倡和。后来，桑调元在编辑朱嵩龄文集时，没有把这些词收入。徐元肃升任玉环同知时，朱嵩龄有《送括庵使君迁玉环司马》二首，其二云："长从吟醉在平泉，潦倒冠巾绝可怜。临发郊坰重回首，双鱼还嘱海波传。"①徐元肃去世时，朱嵩龄有《挽括庵使君用送别韵二首》《又叠韵二首》等挽诗。徐元肃书法峻整。陈兆仑的《紫竹山房集》有《怀徐括苍》诗云："诗成便作大小书，龙蛇攫拏走风雨。"又有《寄徐括苍》诗云："书入米家颠。"②

汪鉴，余姚人。与桑调元、卢存心等师从余山学派创始人劳史。《清史稿》列传二百六十云："父死于云南，鉴护丧归至汉川，遇大风，舟且覆，抱棺大哭，誓以身殉。忽风回，得泊沙渚，众呼为孝子。为人尚气节，史戒之曰：'英气，客气也。其以问学融化之。'史之殁也，鉴实左右焉。"桑调元《招魂》称汪鉴为"东山高士"。③

汪锡祺，盱眙人，即桑调元《招魂》所谓"上客谈谐，广座倾些"中的上客，著有《栖霞山揽胜记》1卷。

周复旦，字肆三，海宁人。善天文河洛之数。桑调元《岳庙感旧三首》所云"周生闳博辨星文，奎斗天垣指向君"，《招魂》所云"博物寓公，识天星些"都是指他而言。

沈埙，杭州人，宁海教谕。桑调元《招魂》所谓"有温者容，照琼英些"指他而言。

朱枫，字近漪，号排山，钱塘人，素好六书。著有《排山小集》8卷、《排山续集》12卷、《雍州金石记》10卷、《记余》1卷，《古金待问录》4卷、余1卷、补遗1卷、《秦汉瓦图记》4卷、补遗1卷，并选辑

---

① （清）朱嵩龄：《予斋集》卷三，上海图书馆藏清乾隆三十一年（1766）刻本。
② （清）李放纂辑：《皇清书史》卷三引，民国二十至二十三年辽海书社排印本。
③ （清）桑调元：《弢甫文集》卷十六，清乾隆间刻本。

《印征》2卷。桑调元《招魂》所谓"胥山同姓，藉香虋些"指他而言。

卢存心，原名琨，字玉岩，浙江钱塘人。生于康熙三十年（1691）。恩贡生。乾隆元年（1736）荐举博学鸿词，不遇。好藏书，家有"抱经堂"。工诗，著有《白云诗集》7卷，别集1卷，《四库全书总目》卷一百八十五曰："是集首以文庙从祀弟子赞八十首，殿以咏梅七言律诗八十五首。前有桑调元序，称为总角交。其才气亦调元之亚也。"卢存心与桑调元早年一同读书于"同心斋"，出入相随，里中呼为"双先生"。中年以后，卢氏长子文弨娶桑氏之女，两人成为亲家。桑调元《白云诗集序》曰："予平生兄事友二人，一卢敬甫，一朱予斋……敬甫才奇横，同时莫之或先。予驽钝肩随，效所为。敬甫倚马万言不加点，力掀岳渎，拉熊鲸不动声色，他才有以诗鸣者矣，不闻以古文也。予斋裕经济，不获设施，餐首蓿以终。敬甫老卖文为活，为人作充牣，略不反顾。其自作亦散失，今所存如干。其弱冠作《劝行篇》，足比昌黎《原道》，为宇宙有数文字。即不遇，何损？独念予斋逝，谁规予之不可？敬甫逝，谁爱予若手足？中心郁闷，触绪潸潸下。"[1]《招魂》所谓"东皋旧侣，酹湘醽些"即指卢存心而言。朱嵩龄与卢存心彼此青睐有加，素心相与，可称知己。这有他们的诗歌为证。朱嵩龄的《喜叕甫见过叠韵二首》其一云："江南见说多青眼，京邸还怜有素心。""青眼"下自注曰："谓汪津夫、卢敬甫。"[2] 卢存心的《初秋邀同人集湖舫和叕甫韵二首》其二有云："犹有素心人，各在天之涯。""素心人"句下有自注说："谓茅渠眉、朱予斋、邵晴牧、张端甫。"[3] 卢存心在《题朱苎塍彝爵、沈长溪修诚两翁〈高山流水图〉遗照》诗云："苎塍有令子，肩随五年长。屡闻述过庭，未能陪撰杖。道谊托丝桐，风徽缅畴曩。"[4] 意思是说，自己和朱嵩龄相交已经5年，多次听朱嵩龄讲述其父对他的教导，可惜自己未能侍奉朱彝爵。幸运的是，从《高山流水图》中可以遥想朱彝爵的风采。

沈修诚，字辞立，号似笠，"先世南渡居会稽，三迁，家秀水之长

---

[1] （清）卢存心：《白云诗集》卷首，清乾隆间数间草堂刻本。
[2] （清）朱嵩龄：《予斋集》卷二，上海图书馆藏清乾隆三十一年（1766）刻本。
[3] （清）卢存心：《白云诗集》卷二，清乾隆间数间草堂刻本。
[4] （清）卢存心：《白云诗集》卷二，清乾隆间数间草堂刻本。

溪。至佥事公谧、副使公启原、修撰公自邠，三世起家进士，治行文名俱炳焯"。其曾祖太学生沈凤是沈自邠之子，其曾祖母冯孺人是明朝南京国子监祭酒冯梦祯之女，其祖父朱大遇、父亲朱蕙纕都是教官。沈修诚生于顺治十八年（1661），卒于乾隆九年（1744）。弱冠之年，寄籍昆山，补苏州郡学弟子员。性强记，通古今，笃于内行，重义气然诺，以友为命。且素负经世之才，足迹遍涉燕齐秦晋梁楚，为人作封事及擘画大事，动中机宜，一规以义，于宗族之内"恤贫乏，教孤幼，虔祭祀，举以身任之"。① 其文笔迅如下濑之船，诗亦苍劲绝俗。

陆奎勋，字聚缑，号星坡，浙江平湖人，世楷子。康熙十四年（1675），学为《四书》文。弱冠之年，以文字雄于吴越间。康熙二十五年（1686）进学。康熙二十九年（1690），随二叔父陆葇游京师，与杨次也、沈厚余、柯煜倡和城南，被称为"浙西四才子"。未及五旬，行役闽海。遭父丧，家日贫，教书糊口。康熙三十年（1691）、三十一年（1692），偕胡闻衣兄弟为鸿轩文会，时艺颇进。康熙三十二年（1693）归江南，坐馆于吴阊吕氏。同年秋，复犯寒入都门，常为诸先达撰写台阁应制之文。康熙三十四年（1695）冬，怅然赋归，坐馆于郡中朱氏、曹氏，著有《鸳湖草》。在吴纯一、许苍山两位老先生的怂恿下，学仙经年，打通八脉三关而未能结胎。康熙三十六年（1697）冬，又遇天台老僧，得授观心诀，静坐匝月，自言能入定，如董山人前知，作佛有基。康熙三十七年（1698），成为廪生。康熙三十八年（1699）仲春，其母张恭人去世，在丧不能读《礼》，借佛书以遣日。是年秋末，阅毕《首楞严经》，认识到"自诩神通者，皆经中斥为邪魔者也夫。由悟而修而证，即禅门亦无顿悟法，乌容舍《大学》之八条目而从事瞿昙之教乎？"② 年过四十，锐志穷经，远法孟子，近宗朱熹。

陆奎勋早年设馆授徒时，朱彝尊为其题"陆堂"馆名，故以陆堂先生著称。康熙四十七年（1708），家居教儿，著有《陆堂草》。康熙五十年（1711）初夏，两淮都转盐运使李崟山延课二子，"署中富于经籍，折衷辨正于《毛诗》《尚书》《春秋》《戴礼》，俱有成书。将手辑易学，梦

---

① （清）桑调元：《弢甫集》卷二十二，清乾隆刻本。
② （清）陆奎勋：《陆堂诗集》卷五《格致外编》，清乾隆间小瀛山阁刻本。

见先圣究论大《易》源流与夫作乐微旨，心地开明"①。在扬州授经6年。康熙五十六年（1717）秋，寓杭州昭庆寺，著有《西泠草》。康熙五十九年（1720）秋乡试中举，入京应会试，著有《随计草》。翌年成进士，改翰林院庶吉士。雍正四年（1726）散馆，授翰林院检讨，充明史馆纂修官，四更寒暑，纂成《列传》12卷。不久，因心疾绵延，乞病归里，自此不复动弹冠之兴。黄之隽在《陆堂文集序》中谈自己对陆奎勋的了解过程说："盖予晚而交陆堂，自同入翰林，见初月而扣月生于西之说，谈二《雅》而聆'夏革'之义，《白驹》《黄鸟》之所以相次。知其长于经。同撰文称旨，受内段之赐，而知其长于文。同充《明史》撰修官，知其长于史。赠予闽行以诗，知其长于诗。"②雍正十二年（1734），任广西秀峰书院山长，成就甚众。寓粤三载，倦游赋归。

陆奎勋平生著述甚多，有《陆堂文集》20卷、《诗集》16卷、《续诗集》8卷、《八代诗接》5卷、《补遗》1卷等。《清史稿·列传二百七十一》曰："奎勋笃于经学，忘饥渴寒暑。著《陆堂易学》，谓《说卦》1篇，足该全《易》。其《诗学》与明何楷《诗世本古义》相近。《尚书说》，惟解伏生今文28篇。《戴礼绪言》，纠正汉人穿凿附会之失。《春秋义存录》，则凡经、传、子、纬所载孔子语尽援为据，力主春秋非以一字褒贬。奎勋说经务新奇，使听者忘倦。最后撰《古乐发微》，未成而卒。"75岁那年，陆奎勋在《陆堂文集自序》中自我批评说："惜乎能知言，不能养气；能穷理，未能居敬。虚悟差觉可喜，实功良用负惭。然则是集刊行，亦文胜而道不足者之流已尔。"③文章千古事，得失寸心知。陆奎勋自知撰论事之文不及欧阳修、曾巩，撰说理之文不如吴澄、薛瑄，但他自信研治经史，自具炉锤，绝无剿说雷同，其《陆堂文集》可与汪琬《钝翁类稿》、朱彝尊《曝书亭集》相提并论。

陈佑，秀水人。陈英孙。乾隆四十五年（1780）举人。工诗。桑调元《招魂》所谓"书笥经筒，萃儒珍些"即指他和陆奎勋而言。

周坦，字予懋，秀水人，朱嵩龄的妹夫，又是嵩龄在台州府太平县

---

① （清）陆奎勋：《陆堂文集自序》，《陆堂文集》卷首，清乾隆间小瀛山阁刻本。
② （清）陆奎勋：《陆堂文集》卷首，清乾隆间小瀛山阁刻本。
③ （清）陆奎勋：《陆堂文集》卷首，清乾隆间小瀛山阁刻本。

的芳邻，曾与朱氏结伴游雁荡，桑调元《招魂》所谓"雁山游伴，乐同群些。青霞征逐，联芳邻些"即指他而言。

张庚（1685—1760），字浦山，号瓜田。上世由嘉兴张堡村徙居嘉兴城内，遂为秀水人。康熙二十四年（1685）生。7岁丧父，家酷贫。幼受学于钱纶光。"十二三岁即矢口为诗。好画则无择人物、写真、山水、花草、鸟兽、虫鱼、楼阁，好书则无择篆、隶、八分、正楷、行草、飞白，见弈棋又好之，至废寝食。冬月手皆瘃肿，忍痛就好手布子，独坐则以名谱覆之。见鼓琴，又好之。甚至算数、卜筮、击剑、蹋鞠，见即好，好即习，历历碌碌，以过于冠。"① 26岁娶海盐庠生蔡子荣幼女为妻。27岁授经吴江县盛泽镇，屏弃其余爱好，专攻山水画，兼习书法，以余力为古文。其诗、书、画有"三绝"之称。其山水画出入董源、巨然、黄公望，沉郁丰蔚，深得墨法，然秀润有余，苍浑不足。亦善白描，工绘人物，写花卉宗陈道复。"治古文词，不求合于世，殆韩子所谓能自树立者"，②四方名宿谓其文有合于道。著有《强恕斋诗钞》4卷、《强恕斋文钞》6卷等。其五古原于三谢，流衍于曹植、陆机、左思、鲍照、三张，七古则远宗杜甫，近法李梦阳，五律多以古运，七律则行以清气。"其为母夫人及妹氏志铭，皆家人琐事恒语，而母妹奉上育下委曲将顺之美，以及午夜操作，米盐储偫之辛勤，悉隐隐流露于札翰间。"③朱彝尊外孙周象益见张庚学问深湛，于是推荐他参与纂修《江西通志》。

张庚有山水癖，喜寻古迹。自康熙三十一年（1692）至雍正十三年（1735），倾心著述《国朝画征录》。其间，"三上京师，一游豫章，一游山左，再泛江汉，三至中州，江南则经者数矣，载稿于行笥，凡遇图画之可观者，辄考其人而录之"。④《四库全书总目》卷一百十四曰："是编记国朝画家，每人各为小传。然时代太近，其人多未经论定，不尽足征。"乾隆元年（1736），应博学鸿词科，得召试保和殿，不第放归。乾隆十年（1745），张庚自睢阳赴四川，历魏、晋、秦五千余里。有纪行诗

---

① （清）张庚：《强恕斋诗钞叙》，《强恕斋诗钞》卷首，清乾隆间刻本。
② （清）符大纪《通鉴纲目释地纠谬序》，张庚《通鉴纲目释地纠谬》卷首，清乾隆十八年（1753）强恕斋刻本。
③ （清）刘青芝：《强恕斋文钞序》，张庚《强恕斋文钞》卷首，清乾隆间刻本。
④ （清）张庚：《国朝画徵录自序》后识语，《国朝画徵录》卷首，清乾隆四年刻本。

1册,前20篇多怀古之作,后30篇纪栈道之险,不铺张,不旁衬,不作鬼怪虎狼刺讥愤怨之语,逐境描写,细意刻画。平生不事科举,雍正十三年(1735),以湖北学使者蒋楸原之荐应鸿博试,乾隆元年(1736)报罢。仍游汉南10余年,其间曾随四川学使由栈阁入蜀。乾隆十三年(1748),至山左,转大梁。乾隆十五年(1750),患气喘病归里。卒年七十六。所著《通鉴纲目释地纠缪》6卷、《补注》6卷,取胡三省《通鉴注》、顾祖禹《读史方舆纪要》及《舆图》等书,校正《资治通鉴纲目集览》《纲目质实》之谬,且拾其遗,用力颇为勤挚。所著《浦山论画》,洞悉玄微,足为后学取法。所辑《古诗十九首解》,刊入商务《丛书集成初编》本。另外,还著有《瓜田词》1卷、《图画指意识》2卷、《五经臆》3卷、《蜀南纪行略》3卷、《短檠琐记》2卷、《太极一气流行图说》1卷,以及《周礼封建井田疆域考》《樊绍述遗文注》。张庚是朱嵩龄的表兄,曾请朱氏为其父墓志填讳。朱嵩龄也曾请张庚为自己的长兄德是画遗像,桑调元《招魂》所谓"城南征士,追写真些"指此而言。

张仁浃,秀水人。总角时受《易》于其父张邻范。"邻范先生为浃尽句解,然其时毫未有知,苦于嚼蜡。至弱冠之年,岁在戊寅,始取诸时讲及前明《大全》阅之,似稍有得,遂手录《大全》诸儒之说一遍,后又以管窥之见解之。"[1] 又两读《御纂周易折中》,衷集汉魏至元明清之书,斟酌其说,著《周易集解增释》80卷。其说以朱熹《周易本义》为主,故《周易本义》与经文一例大书,而杂取前儒诸说合于《周易本义》者著于下。与朱熹异义者偶附一二,不以为例。因此名为释《经》,实则释《周易本义》。其首列引用姓氏,特升朱熹于汉儒之前,题曰"先贤",以示尊崇之义。桑调元《招魂》所谓"州东硕生,缅音尘些"指他而言。

盛百一,庠生,朱嵩龄的女婿。桑调元《招魂》所谓"缠绵甥侄,望飙轮些"指他和朱稻孙而言。

朱嵩龄与桑调元的友情并没有随着前者的去世而泯灭,桑调元在此后的人生中常有诗文念及予斋。如《存殁口号五十六首》其三云:"深情张老存家事,高论朱公著绝交。古语空教规作瑱,今情谁是漆投胶。"此

---

[1] (清)张仁浃:《周易集解增释自序》,《周易集解增释序》卷首,《四库全书存目丛书》本。

处的"朱公"就是朱嵩龄，揆其诗义，大概朱嵩龄曾经感慨世道浇薄，莫尚敦厚，著文以矫之。再如《奉怀亡友朱予斋嵩龄及汪津夫鉴、周穆门京》云："吁嗟友道微，古义罕复敦。平生一予斋，胶漆焉足论。维子始觏止，健翮天池骞。孰知老蹭蹬，儒官送吟魂。我访平泉道，霰雪回春暄。相携入雁荡，绝壁青霞屯。碧霄冲烟鹤，灵岩叫月猿。龙湫下天半，浩沴星河源。寺饭烧冬笋，岩坐藉芳荪。游时狎麋鹿，吟辄和篱垠。至今散书帙，雨迸涕泗横。向予游五岳，故伴无复存。每看瀑卷雪，悲思激潺湲。相依失蛩駏，故痛墨自扪。"① 诗中回忆了他与朱嵩龄的雁荡之游。桑调元《送瓜田南归叠韵》所谓"况复耆英续凋谢，文星相率埋泉垆"②，怀念的对象同样是朱嵩龄、汪鉴和周京。桑调元曾将"自少相识，以文章道义相切劘，为畴昔侪偶之亲密者"列出十人，作《感旧十一首并序》哀悼之，序中对朱嵩龄的评语是："予斋才大性豪，以弟畜予，交三十年，不一向予戏言戏色。"其悼朱嵩龄诗云："痛绝平泉道，铭旌返旧庐。浮生共怜爱，后死独唏嘘。才大班资小，情亲会合疏。难将寝门泪，重报秣陵书。"③ 另外，在《泊舟鹤洲草堂哭朱二兄予斋嵩龄》诗中，桑调元论定他俩的终始交情说："意气豪宕破牵拘，终始遇我戏语无。谓我余山门弟子，鞭我绝学传真儒。嗟君才略希世宝，广文一官竟送老。不因谪去死台州，愤绝英雄郁怀抱。因君磊落追括庵，欲连胶漆参为三。呜呼君等并早逝，乃令龌龊齐彭聃。殁时我欠凭棺恸，今归哭君如吒梦。编君遗集撰君碑，后死庶可湔沈痛。念君大节光煇煇，有道碑刊万古传。我今只揽述哀笔，天下尚未知其贤。哀哉我今酹君君享否，他年黄泉寻我友。"④

朱嵩龄唱酬赠答的对象还有沈翼、梁采山等人。朱嵩龄作《紫脱歌为沈翼作》称赞其风度说："南村才子沈十五，玉树临风照琼宇。"⑤

沈翼，原名敬，字寅中，一字习之，号菜畦，晚号凿坏。嘉兴梅里人。沈进之子，行十五。贡生。举孝廉方正，不就试。他是朱彝尊入室

---

① （清）桑调元：《恒山集》卷一，清乾隆间刻本。
② （清）桑调元：《弢甫续集》卷七，清乾隆间刻本。
③ （清）桑调元：《弢甫续集》卷八，清乾隆间刻本。
④ （清）桑调元：《弢甫续集》卷十一，清乾隆间刻本。
⑤ （清）朱嵩龄：《予斋集》卷一，上海图书馆藏清乾隆三十一年（1766）刻本。

弟子，书法酷似朱彝尊，曾参与校勘《明诗综》。著有《菜畦诗稿》。《梅里诗辑》称："菜畦居丧尽哀，甘露降于垩庐藤蔓者三。庚子秋闱，同学以第一人招之，谢不与试，可谓孝洁。工书法，八分雄宕，篆刻高古绝伦，行笔亦精妙。诗本家学，为竹垞太史入室弟子。"[1] 沈翼还曾为朱彝尊诗集作注。朱休度《沈菜畦先生（讳翼）》诗自注云："休度大母为先生女弟，考讳进，诗家所称沈春草也。先竹垞太史公志其墓，称为独行君子。迨菜畦先生而狷介益甚。没后无嗣，吾父为葬外家两世于梅里之接连桥。先生实太史公高弟，尝注《曝书亭诗集》，惜未就。"[2]

梁采山，名泽，字珩白，康熙十一年（1672）生，顺德伦教乡人。康熙三十七年（1698）中举，45 岁获优选出仕。历任浙江海盐、秀水、桐乡知县，为官廉洁，热心栽培引荐人才。朱嵩龄在《上梁采山师》诗中自注云："大中丞高安朱公推公治绩第一。"在职 4 年。著有《取斯堂集》。乾隆三十三年（1768）去世，终年 96 岁。梁采山与朱嵩龄是世交。《上梁采山师》云："见说吾家联旧契，药亭翁与竹垞翁。"[3] 由此可见，梁采山是梁佩兰的后裔。

朱嵩龄生有二子二女。长子名丕仔，次子名丕侯，长女适庠生盛百一。著有《予斋集》《家乘》。

朱嵩龄秉心正直，孝友纯明，敦尚气节，负经世才。桑调元的《朱先生传》曰："吾客鹤洲，见孝廉嵩龄居母丧，何其哀也。德是蚤殁，严事寡嫂，抚兄子如子，急友难若己事。"桑调元称朱嵩龄具有干济之才，但他一生坎坷不遇，没有得到施展的机会。乡试中举，如果是在普通人家，那也是一个了不起的功名了。可是，身为秀水朱氏家族的学子，他这点功名实在不足以笑傲于人前。而与他交好的桑调元、马维翰无论是在科举功名，还是在诗文创作上都比他更有建树。桑调元在《予斋集序》里说："墨麟既大有建竖于时，其诗已板行，卓然成家。"[4] 马维翰于康熙

---

[1] 转引自林葆恒辑、张璋整理《词综补遗》卷八十二，上海古籍出版社 2005 年第 1 版，第 3056 页。

[2] （清）朱休度《壶山自吟稿》卷下，《清代诗文集汇编》378 册，上海古籍出版社 2010 年版，第 540 页。

[3] （清）朱嵩龄：《予斋集》卷二，上海图书馆藏清乾隆三十一年（1766）刻本。

[4] （清）朱嵩龄：《予斋集》卷首，上海图书馆藏清乾隆三十一年（1766）刻本。

六十年（1721）中进士。雍正二年（1724），特选为吏部稽勋司主事。转员外郎，考选陕西道御史，掌河南京畿道。迁工科给事中，监督仓场。康熙六年（1667），赴四川清丈田亩，先川南，后川东，转户科掌印。康熙八年（1669），留补四川建昌道副使。乾隆二年（1737），授江南常镇道参议。丁外艰归，中风疾，卒于家，终年四十八。马维翰居官风骨高超，多有政绩。著有《墨麟诗》12卷。作诗崇尚杜甫，而更接近韩愈。《四库全书总目》卷一百八十四称："其诗以纵横排奡为长，意之所向，不避险阻；然神锋太僭者居多。"桑调元《马墨麟传》称其"所著诗古文精悍，如其为人。入蜀后所诣益进，同时浙西以坛坫自矜许者举莫之及"。[①] 马维翰还裒辑其平生所交友之作为《旧雨集》2卷。

桑调元于雍正四年（1726）举顺天乡试。雍正十一年（1733），特赐进士，授工部屯田司主事。丁父忧，服阕补官，旋引疾归。历主九江濂溪、嘉兴鸳湖、滦源书院讲席。为人清硬绝俗，足迹遍五岳。初以文章驰骤一时，《四库全书总目》卷一百八十五称其"才锋踔厉，学问亦足以副之，故诗文纵横排奡，摆落蹊径，毅然自为一家。而恃其才，学不主故常，豪而失之怒张，博而失之曼衍者，亦时有之。所作《镇海楼诗》，至七言长律二百韵，古人无是格也。其所以长即其所以短乎"。晚乃讲学，以程朱为宗。著有《韬甫集》84卷、《躬行实践录》15卷，以及《论语说》2卷。

朱嵩龄与这两位才气纵横的诗友是道义之交，交往数十年，没有说过一句诙谐之语，可见其为人之端庄自持，磊砢不群。朱嵩龄个人的品性、气质与桑调元、马维翰很相似。创作上则是下笔不苟，流真挚于行间。不过，他对自己的诗文不注意保存，故其有韵无韵之作散失很多。桑调元搜罗其遗作，定为10卷，后来开雕的《予斋集》有诗5卷，文1卷。

尽管朱嵩龄浪迹江湖，走过很多地方，但从他的社交网络的人员构成来看，基本上是以家族和姻亲为核心结构，靠地缘关系和学缘关系建立起来的。

---

① （清）桑调元：《弢甫文集》卷十，清乾隆间刻本。

第九章

候选训导——朱丕戡

第一节 生平著述

朱丕戡，字恺仲，号菊塍，室名"亚凤巢"。朱丕戡是朱彝叙之孙，朱德遴长子。朱彝叙，字范臣，邑庠廪生。少负隽才，为张溥、陈子龙诸人所推重。顺治八年（1651），以选贡入太学。考授县丞，以亲老不就职。崇祀忠孝祠。《嘉兴府志·秀水县孝义》称朱彝叙"奉父孝，先意承志，至老不离左右。父病，医莫效，有方外踵门疗之，旋不见。人以为孝感"①。朱彝叙生于万历四十一年（1613）六月初六。其父朱茂时去世时，彝叙已70岁。朱彝叙初娶嘉善贡生沈刚中之女，继配为兵部郎中胡震亨孙女、太学生胡夏客之女。胡震亨著述宏富，所编《唐音统签》为清修《全唐诗》蓝本。

朱丕戡是康熙年间的府学岁贡生，候选训导。康熙十六年（1677）四月五日生。"年十四工诗，为竹垞所赏，因言于沈山子，以女妻焉。山子，诗家所称'沈春草'，竹垞志其墓，称为'独行君子'者也。"② 沈山子，即沈进，嘉兴庠生。他的四女儿嫁给了朱丕戡。朱丕戡曾跟从晚年的朱彝尊出游。在朱彝尊的《曝书亭集》中，有《偕陈同知昂、毕上舍大生、李孝廉大中、从孙丕戡登淀山寺谒秦女祠分得合字成三十韵》诗。

朱彝尊刊刻《明诗综》时，朱丕戡和内兄沈翼曾到苏州慧庆寺跟从

---

① （清）伊汤安修，冯应榴纂：(嘉庆)《嘉兴府志》卷五十三，清嘉庆五年刻本。
② （清）杨钟羲撰：《雪桥诗话》卷七，民国初年吴兴刘氏刻本。

校勘。现存朱彝尊晚年写给马思赞等人的手牍中，有两处提到朱丕戴：

> 寓中刻工渐增，刻资不继，意望衍斋力践前议，能付恺仲侄孙携至。前相助实多，然言之赧颜，非余之初心也。

> 近借得《隶续》八卷以后至廿一卷，虽中有缺者大半，然人间多未见，专竢恺仲来抄之。①

由此可见，朱彝尊晚年刻书、抄书，颇赖朱丕戴襄助。朱丕戴外祖曹溶记诵淹博，诗文著述之富，与钱谦益、吴伟业相当，然其静惕堂诗文，久未雕刻，"恺仲昆季，取所填词，先付梨枣"。②继而又为外祖裒辑诗文，编定为《静惕堂诗集》四十四卷，于雍正三年（1725）由直隶总督李维钧刊行。《静惕堂诗集》有古今体诗近四千首，"溶生平吟咏，盖具在于是矣"。③

朱丕戴后以孙休度仕，贻赠文林郎、山西广灵县知县。雍正十二年（1734）正月初十卒。

关于朱丕戴的著作，上海图书馆古籍书目只著录了《藕花居词》（民国年间抄本），李灵年、杨忠主编的《清人别集总目》只著录了《洞庭湖棹歌》一卷、《续洞庭湖棹歌》一卷（北图藏清刻本）。另外，国家图书馆藏《秀水朱氏家谱》称朱丕戴有《菊塍诗稿》。

朱丕戴《藕花居词》存词数量有限，其题材可概括为咏物、节序、吊古、寄怀、思乡、闻讯、酬答这几类，以前二类居多，所咏节序有七夕、人日、谷日、元夕等，所咏事物有西瓜、梅花、玉兰花、春雨等。

上海图书馆藏有一本《亚凤巢稿》，为道光、同治年间的抄本。该抄本无作者姓名。同时，上海图书馆藏有朱声希《亚凤巢试帖》，或许编目者以为亚凤巢主人是朱声希，故而将《亚凤巢稿》的著作权归为朱丕戴

---

① （清）朱彝尊：《竹垞老人晚年手牍》一卷，见邓实、缪荃孙编《古学汇刊》，《丛书集成续编》本。
② （清）朱彝尊：《静惕堂词序》，曹溶撰《静惕堂词》卷首，陈乃乾辑《清名家词》本。
③ （清）永瑢、纪昀等纂：《四库全书总目》卷一百八十一，清乾隆五十四年（1789）刻本。

重孙朱声希。查国家图书馆藏《秀水朱氏家谱》，朱丕戬、朱声希名下均无《亚凤巢稿》。据笔者考证，《亚凤巢稿》是朱丕戬广东之行所作诗歌的结集；《亚凤巢稿》中的作品创作于康熙五十六年（1717）除夕至康熙五十七年（1718）中秋。兹举十条证据证明《亚凤巢稿》的作者是朱丕戬。

第一，《亚凤巢稿》中有《寄示四弟》《久不得载之四弟京信怀之》《寄示五弟》等诗。朱丕戬四弟是朱丕戠，国家图书馆藏《秀水朱氏家谱》曰："丕戠字载之，邑庠生。康熙乙丑（康熙二十四年，1685）十月十六日生，乾隆丁丑（乾隆二十二年，1757）十月初一日殁。"朱丕戠比丕戬小8岁，康熙五十七年（1718）34岁，当时正在北京。朱丕戬五弟是丕戴，其人生于康熙二十七年（1688），比丕戬小11岁，康熙五十七年（1718）31岁。

第二，《亚凤巢稿》中有《寄示振儿》《得振儿家信寄示》两诗。"振儿"是丕戬的独子朱振振，其人字厚余，号雷坡。康熙四十二年（1703）七月二十四日生，乾隆三十一年（1766）八月九日卒，寿六十四。以子休度仕，貤赠修职郎，敕赠文林郎、山西广灵县知县。辑有《清江诗法》。而朱声希的独子名朱荣，其人初名养壬，字其桐，号欣甫。

第三，《亚凤巢稿》中有《舟雨和秋岳外祖韵》。"秋岳"是曹溶的字，曹溶是朱丕戬的外祖父。此次粤行，朱丕戬在清远县飞来寺、广州光孝寺都写了和外祖原韵的诗。而朱声希和曹溶之间隔了5代。

第四，《亚凤巢稿》中有《信州滩行寄沈凿坏先生》《兰溪怀沈凿坏》。沈凿坏即沈翼，其人晚号凿坏，是朱丕戬的内兄。

第五，《亚凤巢稿》中有《上法陶庵大中丞六首》《赋谢法中丞留饮》《五月二十六日送法中丞巡视粤闽江浙口占三首》《闻七月初旬法大中丞至福州兼怀制府满夫子》《中秋奉怀法中丞巡行到浙》。中丞是御史中丞的简称，明清时用作巡抚的别称。法陶庵即法海。其人字渊若，号陶庵，满洲镶黄旗人。康熙五十五年（1716），擢升广东巡抚。他是朱丕戬在广东的居停主人。"满夫子"是闽浙总督觉罗满保。其人于康熙四十五年（1706）迁国子监祭酒，康熙五十四年（1715）擢闽浙总督。从《闻七月初旬法大中丞至福州兼怀制府满夫子》所云"忆从槐市谈经日，曾坐春风已十年"可知，朱丕戬10年前在国子监读书的时候，满保正任国子监祭酒，是朱丕戟的老师。而朱声希于乾隆三十二年（1767）才出生。

第六，《亚凤巢稿》中有《喜沈士行来粤相晤中丞署中》《佟醒园徐沙村钱沈士行于光孝寺邀予话别姚明府齐州携酒同许明府苍岚蓝山人公漪适至偕饮竟日》。沈士行即沈光曾。他于乾隆六年（1741）任高邮州知州。"许明府苍岚"即许维嵚，他是康熙三十五年（1696）中的举人。

第七，《亚凤巢稿》中有《赠顺德佘兼五》诗。佘兼五即佘锡纯。他在康熙年间曾参与纂修《顺德县志》，雍正年间曾参与纂修《广东通志》。其《佘兼五先生诗钞》刻于雍正五年（1727）。

第八，《亚凤巢稿》中有《博也读曝书亭集有作见赠依韵奉酬》，诗中自注云："博也令叔宰广宁。""博也令叔"即郑博也的叔父郑韵，其人于康熙五十二年（1713）任广宁知县。

第九，《亚凤巢稿》中《云封寺》一诗自注云："陆孝山郡伯题额尚存。"陆孝山即陆世楷，其人号孝山，顺治十三年（1656）任南雄知府。明清时称知府为郡伯。陆世楷是朱彝尊的中表兄弟，是朱丕戟的祖辈。

第十，《清人室名别称字号索引：增补本》"朱丕戟"室名项下有"菊塍""亚凤巢""藕花居"三项。[1]《昭代名人尺牍小传》卷十四曰："朱丕戟，字恺仲，号菊塍，秀水人，贡生。竹垞太史从孙，及其门。有《亚凤巢诗稿》。"[2]《中国古籍版刻辞典》"亚凤巢"条目说："清康熙间秀水人朱丕戟的室名。丕戟字恺仲，号菊塍，贡生，有《亚凤巢诗稿》，刻印过明胡震亨《文献通考纂》24卷，清曹溶《静惕堂词》不分卷。"[3]《浙江省出版志》"亚凤巢"条目说："康熙间秀水朱丕戟书室，刊有《文献通考纂》《静惕堂词》。"[4]《浙江历代版刻书目》著录说："《文献通考纂》24卷，元马端临撰，明胡震亨辑，清康熙间秀水朱丕戟亚凤巢

---

[1] 杨廷福、杨同甫编：《清人室名别称字号索引》（增补本下册），上海古籍出版社2001年版，第119页。

[2] （清）吴修编：《昭代名人尺牍小传》，《近代中国史料丛刊续辑》本，第637页。

[3] 瞿冕良编著：《中国古籍版刻辞典》，齐鲁书社1999年版，第127页。

[4] 《浙江省出版志》编纂委员会编：《浙江省出版志》，浙江人民出版社2007年版，第67页。

刊本。"① 今国家图书馆藏《静惕堂词》刻本的出版项著录为"秀水朱彝戴亚凤巢，清康熙四十六年（1707）"。

至于《亚凤巢稿》的创作时间，可以从《羊城即事》自注所云"今岁夏五，家君六旬"一句考出。朱彝戴的父亲朱德遴这一年五月要过六十大寿。国家图书馆藏《秀水朱氏家谱》曰："德遴，字人选，号简在。冯孺人出，邑庠生，著有《百拙斋诗稿》。顺治己亥（顺治十六年，1659）五月二十六日生，乾隆己巳（乾隆十四年，1749）十二月初三日殁。"由此可知，朱德遴60岁那一年是康熙五十七年（1718）。

《亚凤巢稿》中的诗歌基本上是按创作时间先后排序的。开卷第一首《将赴粤游除夕奉访郑不群约其令嗣偕行》云："岁暮扁舟莺逗湖，挂帆东粤问程途。"由此可知，朱彝戴这次来广州之前，先于康熙五十六年（1717）除夕去拜访郑不群，并约其子郑博也同行。

以下的诗歌全部作于往来行程之中和抵达目的地之后。

朱彝戴走到信州时，正是康熙五十七年（1718）三月三日上巳节。其《信州滩行寄沈凿坏先生》诗云："上巳信州行，水溜扬飞旌。"这一年五月份，朱彝戴在广州，其《五月二十六日送法中丞巡视粤闽江浙口占三首》其三有云："夏五楼船出上泷，计程十月返珠江。"而这一天正是朱德遴的生日。朱彝戴返程是在此年（1718）七月。《信州滩行寄沈凿坏先生》有云："七夕理归棹，银涛耿耿横。"八月，朱彝戴路经杭州，泛舟西湖。其《中秋奉怀法中丞巡行到浙》诗云："乘槎八月过西湖，十景新亭似旧无。"虽然《亚凤巢稿》卷末的两首诗是《留别徐沙村》和《留别佟醒园》，但从创作时间和地点上看，《中秋奉怀法中丞巡行到浙》这首诗应该就是朱彝戴粤行诗的终篇。因为过了杭州，嘉兴就在望了，旅程将要结束了。

综上所述，《亚凤巢稿》中诗歌的创作时间是在康熙五十六年（1717）的除夕至康熙五十七年（1718）的中秋。

---

① 《浙江省出版志》编纂委员会办公室编：《浙江历代版刻书目》，浙江人民出版社2008年版，第256页。

第二节　广东之行

康熙五十六年（1717）岁暮，朱丕戬打算赴广东探望其父朱德遴。除夕那一天，他乘船经莺逗湖去余姚拜访郑不群，主要目的是约郑不群之子博也同行。在郑家，朱丕戬得到盛情款待。朱丕戬的《将赴粤游除夕奉访邓不群约其令嗣偕行》云：

岁暮扁舟莺逗湖，挂帆东粤问程途。十蛮词谱南中草，双舄晴飞岭上凫。好句喜联花萼集，明经写授鲤庭图。五羊城畔逢相识，应待诗人郑鹧鸪。

高才杰句出蓬窗，万丈光芒百斛扛。自古文章传粤记，至今风土异吴邦。庭前玉树枝相亚，海外渔船桨自双。恰喜舟行才子尾，倡酬一路达珠江。

谷口秋逢郑子真，华筵款语爱留宾。一年将尽看诗卷，万里来归忆老亲。便下西江趋瘴海，得偕南畔有通津。昌黎不拒郊寒客，共睹花封野雉驯。

从朱丕戬比郑博也为"郑鹧鸪"来看，郑博也是一位诗人。所谓"一年将尽看诗卷"，看的应该就是郑博也的诗作。他们做好一路唱酬的打算。此次赴广东，走的是钱塘江至富春江、信江、鄱阳湖、赣江的水路，经浙江富阳、桐庐、西安，到信州时，朱丕戬有《信州滩行寄沈凿坏先生》诗云："朝发玉溪棹，暮泊贵溪城。"玉溪即冰溪，在玉山县南一里。其水清洁，唐戴叔伦《送前上饶严明府摄玉山》所谓"冰为溪水玉为山"就是指这里。然后，他们经铅山河口镇、南昌、赣州、南安，翻过大庾岭，进入广东。在端州，朱丕戬和郑博也分手各自前行。50 天的旅程，所经之处不乏古邑名城和文物景致堆垒之所。他们游览的名胜有严子陵钓台、龚公山、云封寺、飞来寺、七星岩等。

因为下雨，船经过严子陵钓台时停泊了一夜。郑博也其时正在阅读《曝书亭集》，他写了一首诗给朱丕戬看。朱丕戬依韵奉答道："滩清数白鱼，竹暗翻朱鸟。偶诵謳舫句，七里泷围绕。谷口郑子真，偕行适岭表。

珠江旧曾游，风景探不了。大阮夙所钦，簪笔石渠少。独上南薰殿，双眸炯炯瞭。韵府旧增新，珠玉纷皎皎。皇舆路按程，几遗台与沼。入侍承明宫，置身峰缥缈。双凫莅宁阳，山水窈而窕。人称三绝多，君居七贤小。一路题诗来，欸乃曲中杳。浏览惊人篇，临风仰谢朓。观水必穷源，顾木必见杪。受知查宫詹，宫詹自有绍。首著《不如录》，立说戒毋剿。曝书亭集刊，大意与世矫。人往糟粕存，知音音已渺。雨泊钓台下，从昏达旦晓。推篷天乍晴，山火烟光燎。"① "竹暗翻朱鸟，滩清数白鱼"② 是朱彝尊《七里濑经严子陵钓台作》中的旧句。诗中的"大阮"指郑博也的叔父郑韵。郑韵，江南吴县籍，浙江余姚人。康熙五十二年（1713）任广宁知县。"簪笔石渠少"以下数句描绘了康熙四十四年（1705）郑韵以布衣召试特授知县的经历。"君居七贤小"是用竹林七贤中的阮咸比拟郑博也。"人称三绝多"是借唐代郑虔赞誉郑博也。郑虔诗书画皆精妙，被唐玄宗御笔题书"郑虔三绝"。"查宫詹"指少詹事查升。郑韵曾受知于查升。朱彝尊编写过一本《不必不如录》。在这本学生名录上，查升名居弟子之首。《曝书亭集》始刻于康熙四十八年（1709），断手于康熙五十三年（1714）。诗中指《曝书亭集》为"糟粕"，是引《庄子》所称"圣人之言"为"古人之糟粕"。"人往"指朱彝尊于康熙四十八年（1709）逝世。朱丕戴以他名重天下的叔祖为知音。回忆起叔祖的音容笑貌，看着眼前的《曝书亭集》，朱丕戴不禁兴起人琴俱逝之感。

朱丕戴的外祖父曹溶在顺治年间乘舟赴广东时，有《舟雨》诗云："篷底真愁湿，沾濡白葛凉。乱山昏古郡，独影在他乡。苦益江声急，新穿□垒长。息肩何日事，把酒问菰蒋。"③ 朱丕戴的小船驶过河口镇时，阵雨让人感觉凉飕飕的，烟雾笼罩着荒村，景物和家乡殊异，他想念起远方的亲人，泪水不禁和着雨水一起流下。其《舟雨和秋岳外祖韵》云："舟行河口镇，骤雨起微凉。烟雾迷荒邑，莺花异故乡。思亲和泪滴，忆

---

① （清）朱丕戴：《博也读曝书亭集有作见赠依韵奉酬》，上海图书馆藏《亚凤巢稿》抄本。

② 王利民、胡愚、张祝平、吴蓓、马国栋校点：《曝书亭全集》，吉林文史出版社2009年版，第101页。

③ （清）曹溶：《静惕堂诗集》卷第十八，清雍正三年李维钧刻本。"新穿"二字后为墨钉。

弟引愁长。点点孤篷底，江深夜未央。"诗人望着孤篷底下的点点光影，想着江之深、夜之长，在异乡的落寞凄清感更加强烈。

南雄龙护园是出入大庾岭的必经之所。在过岭前，朱丕戴重谒了龙护园左近的陆太守祠，并作诗云："龙护园重过，甘棠发粤讴。蒸尝传百禩，俎豆享千秋。庾岭祠堂并，丹霞胜迹留。郡人争问讯，奕叶继箕裘。"① 龙护园是丹霞山别传寺的下院，也就是接待十方云游僧人的客舍，为陆世楷所建。陆太守祠奉祀的对象就是陆世楷。《南雄府志》称："（陆世楷）捐俸建天峰书院，奉祀张文献、王文成二先贤，置田以供俎豆，诸生肄业其间，季试月课，亲临不倦。时登贤书者，悉出其门。雄人士沐泽者久，于府治东龙护园左立祠祀焉，置祭田四十余亩。历任十九载。"陆世楷的儿子陆奎勋当时已是著名学者，此所谓"奕叶继箕裘"。

广东南海县是朱丕戴的目的地。这次到广东，对于朱丕戴来说，是梅开二度。他是来为父亲祝寿的。其《羊城即事》诗云："省祝重为南海游，蕉花红间荔支洲。终朝听雨徽难断，万里依人迹暂留。赤脚蒙头渐过夏，葛衣蒲扇不知秋。趋庭闲话归程乐，好侍笋舆梅岭头。"从诗中最后一句话可以看出，他原本是打算接父亲一起回乡的。

在羊城，朱丕戴得到广东巡抚法海的款待。朱丕戴有《上法陶庵大中丞八首》：

福曜高悬照粤东，庆云甘雨挹光风。永心不易操弥劲，天眷无私遇益隆。盐策独教开府理，和羹原注圣人衷。越裳万里讴歌起，济世勋名属上公。

巍巍八座太夫人，尊养兼隆彩舞新。五岭祥光笼宝婺，九韶仙乐奏天钧。青青慈竹围萱草，白白嘉鱼佐膳珍。更喜长生水贡至，手调甘旨进娱亲。<small>长生水，出罗浮山。</small>

节镇珠江百弊除，一身独理总宽舒。省刑岂肯容屠伯，示信旋看徙鳄鱼。盐铁论陈厘政务，荔枝句子出公余。夜深藜火然官烛，箧里又成南国书。

惹惹青竹遍题诗，判牍屏开孔雀移。清似湖冰心似水，温如美玉

---

① （清）朱丕戴：《重谒龙护园陆太守祠》，上海图书馆藏《亚凤巢稿》抄本。

品如彝。英华特简中朝贵，保惠群怀副相慈。蜑户马人齐感德，黄童白叟乐春熙。

经济才高卤务兼，仓储自羡出真廉。熬波先辨阴阳火，积雪详分生熟盐。五省商民家共给，九重雨露物均沾。脂膏不润身逾洁，鹤在秋空月在帘。

共祝公长莅此邦，羊城永驻碧油幢。屹然坐镇东西岭，渥矣恩流上下泷。增堞游巡时守望，戒奢节俭俗敦厖。问今美政谁能并，自古中丞未有双。

陶庵制义胜东坡，宦学何时废揣摩。造凤楼高等峙岳，雕龙才涌若悬河。百蛮风雅从兹始，千古文章自不磨。听说趄里归藻镜，家弦户诵作金科。

当年酬唱忆西湖，柳浪闻莺兴不孤。皓月中流发啸咏，彩舣北上别踟蹰。游红学士传佳话，游红，西湖船名。初白先生归在途。谓悔余先生也。瘦岛推敲逾岭表，韩门仰止一抠趋。

这组诗当然有谀颂的成分，但和谄媚之作还是有区别的。法海为佟国纲微贱侍婢所生，从小受到父兄的歧视。这也使得他没有一般名门贵胄的浪荡气。康熙三十三年（1694），24岁的法海考中进士，改庶吉士。康熙皇帝见表弟考中了进士，即命其在南书房行走。康熙三十七年（1698），又选派他当皇子师傅，负责教导十三子胤祥和十四子胤禛。康熙四十四年（1705），法海迁侍讲学士。官至左都御史、内务府总管。这就是所谓"天眷无私遇益隆"。法海任广东巡抚两年，颇有政绩。他是凭真才实学考上进士的，其八股文水平是很高的。朱彝戴说"陶庵制义胜东坡"，是把法海比作明末制义大家黄淳耀。黄淳耀亦号陶庵，弘光元年（1645）与侯峒曾领导嘉定人抗击清军。嘉定城陷后，自缢于僧舍。俞长城《可仪堂一百二十名家制义序》说："有制义以来，他人可言者，未必可行，惟陶庵可行也。他人能言者，未必能行，惟陶庵能行。"

法海因为朱彝尊的缘故，对朱彝戴十分青睐。朱彝戴作《赋谢法中丞留饮》诗云："晨起趋冰署，殷殷青眼垂。心怜长揖客，口诵故人诗。云子留抄饭，曲生为设卮。低徊不忍别，香气绕丹墀。"所谓"故人诗"是指朱彝尊的《杉青闸别佟学士法海》一诗。法海在朱彝戴面前曾口诵朱彝尊赠诗中的句子："合并曾几日，相送落帆亭。"

康熙五十七年（1718）五月二十六日，法海出发巡视粤闽江浙，朱丕戴作口占三首七绝送行。八月中秋节，法海巡行到浙江。朱丕戴还有诗怀想其人："乘槎八月过西湖，十景新亭似旧无。曾奉宸游飞睿藻，再瞻行在恋金铺。潮回劲弩江声静，秋入孤山鹤影癯。此际定逢初白叟，联吟还忆小长芦。"① 初白老人查慎行于康熙五十六年（1717）入法海幕，此时已回到浙江海宁。在朱丕戴的想象中，法海到海宁观潮，一定会碰上查慎行，当他们一起吟诗时，就会想到小长芦钓鱼师朱彝尊。

法海同辈兄弟佟世临有幅《骑驴出岭图》，是来自福建长汀的画家上官周为他画的画像。朱丕戴集唐人诗句为《骑驴出岭图》题诗道："庾岭梅花偏向北，行行独出故关迟。更无尘事心头起，况与诗家物色宜。昔日昔时经此地，年来年去变霜髭。东峰道士如相问，孟浩然身更不疑。"佟世临字醒园，江南上元人。诸生。著有《如是诗草》。

朱丕戴曾游览英德城北、横石塘镇东南古贞山的观音岩。其《观音岩》诗云："石龛卓立水晶宫，江自东流山自空。应得宸章银榜耀，若逢道子画图工。晴峰霭霭千层碧，佛火荧荧一点红。我欲题名最高处，好将心思达苍穹。"观音岩是个天然的石灰岩溶洞，洞中供养着观音大士像，洞口下边即是北江。"江自东流山自空""佛火荧荧一点红"云云，盖写实也。

朱丕戴和兄弟感情很好。其二弟名丕戩，字弟园，号钮菜，是太学生、考职主簿。三弟丕戬初名丕戣，字谷人，是府学廪生。四弟丕戢是邑庠生。五弟丕戴字礼传。在南来的途中，朱丕戴有《寄示四弟》云："男儿负奇气，悠忽误平生。编纂心宜细，丹铅艺贵精。苦无乞米帖，喜有读书声。教学功交半，莫虚耽令名。"此诗开篇就告诫四弟要胸怀远大，切勿荒废生命。颔联、颈联从编书、校勘、练字、读书四方面对四弟进行指导和要求。字里行间浸透着对兄弟的深情期望。其《寄示五弟》云："母病亲尝药，终宵不解衣。一朝罹大故，八口向谁依。勉强支门户，沉潜审事机。阿咸勤课诵，摹帖掩柴扉。"两年前，母亲大病，丕戴亲尝苦药，日夜服侍。母亲去世后，丕戴也努力支撑门户。但在朱丕戴

---

① （清）朱丕戴：《中秋奉怀法中丞巡行到浙》，上海图书馆藏《亚凤巢稿》抄本。

眼中，他们好像还没有长大，在学习上还需要长兄督促。当时丕戴正和丕戬的长子振振一同练习书法，所以诗中说"阿咸勤课诵，摹帖掩柴扉"。丕戬同时还有诗寄给自己 15 岁的儿子，其《寄示振儿》云："尔年方志学，少小得家居。珍重加餐饭，精勤仿法书。异人惟逊敏，后长且行徐。母训遵循久，须教恶习除。"朱丕戬给四弟的诗笺寄出后，没有收到回信，他又有集杜诗云："汝懦归无计，吟诗正忆渠。吹嘘人所羡，跋涉体何如。各逐萍流转，那堪野馆疏。侧身千里道，不寄一行书。"[1] 关切之情，溢于言表。在广州，朱丕戬终日思念家人之际，收到儿子朱振振的家信。其《得振儿家信寄示集杜》云："家远传书日，终朝独尔思。故人供禄米，少小爱文辞。地僻昏炎瘴，家贫仰母慈。文章差底病，得失寸心知。"

在此期间，状元沈廷文的弟弟沈光曾到南海，向朱丕戬出示《钓鱼》《桃源》二图并索题。朱丕戬《喜沈士行来粤相晤中丞署中集杜》诗云：

  今日知消息，龙门客又新。天涯喜相见，郑驿正留宾。满目悲生事，观图忆古人。由来意气合，披豁对吾真。
  身世双蓬鬓，平生方寸心。通家惟沈氏，述作异陈琳。江国逾千里，家书抵万金。_{携家信见付}。故人持雅论，感激在知音。

沈光曾字士行，秀水杨山村（今洛东乡）沈家浜人。当时还只是位监生。雍正十一年（1733）前后由幕友出身，被保举为长洲知县，后调任山阳知县。乾隆五年（1740），在山阳增建常平仓。乾隆六年（1741），在高邮州知州任上，为保护洪泽湖上游地区，将洪泽湖水由南关、五里、东逻三坝下泄，被河道总督完颜伟以"扰乱河工"之名弹劾，坐夺官。沈光曾为官清廉，归里后家贫如洗。著有《安澜文献》1 卷、《梦游录》，纂有《平湖县志》10 卷。

沈光曾离开南海时，佟世临、徐沙村在光孝寺为他饯行，并邀沈光曾话别。适逢番禺县令姚齐州携酒同乐昌知县许维钦、山人蓝涟不速而至。当时的广州没有单独建市，城东归番禺县，城西归南海县。姚齐州

---

[1] （清）朱丕戬：《久不得载之四弟京信怀之集杜》，上海图书馆藏《亚凤巢稿》抄本。

本姓叶，他谈到楚国令尹沈诸梁被楚昭王封到古叶邑为尹，史称叶公。叶公终老叶地后，其部分后裔为纪念祖上之德与祖居之地，改沈姓为叶姓，这是叶姓的起源。沈光曾也是沈诸梁的后裔，和沈光曾同出一脉。姚齐州的父亲曾任浙西道员，昔年和沈氏已结为通门之好。姚齐州很钦佩曹溶的才华，感叹曹溶遗著没有早早刊行。许维钦字苍岚，太康人，隶旗籍。天姿英敏，诗文书画俱工，康熙三十五年（1696）中的举人。著有《泷头集》《砚斋稿》。蓝涟此时70岁了。其人字公漪，号采饮，侯官人。诗磊落有奇气，古体有俚率之句，间染竟陵派钟谭余习，近体则纯乎唐音。篆、草、八分有其父蓝镏之风，清婉可喜。画效倪云林，水仙称逸品。生平足迹半天下，曾遍登五岳。在吴越与吴伟业、毛奇龄交好，在岭南与陈恭尹、梁佩兰相善。著有《采饮集》。朱丕戴作《佟醒园、徐沙村饯沈士行于光孝寺，邀予话别，姚明府齐州携酒同许明府苍岚、蓝山人公漪适至，偕饮竟日》描绘其相聚之乐："臭味相投意气合，酒半起舞发高歌。高歌更爱许丁卯，一唱一和彻岭表。世人那识此中因，惟有同心管与鲍。今日良筵会风幡，珠滴荷盖雨翻盆。主宾欲别不忍别，还期同醉梅花村。"梅花村是姚齐州在番禺县署之东新辟的园池。

广东顺德在陈恭尹之后，名气比较大的当地诗人有所谓"凤城五子"，即佘锡纯、罗天尺、陈份、梁麟生、严大昌。朱丕戴有《赠顺德佘兼五》诗云："白侍新诗出凤城，海南风雅旧知名。黄金结客今谁是，青眼逢君独有情。乍会几时还乍别，相离数月拟相迎。盐官春暖花如锦，秦驻山头作伴行。"佘锡纯字允文，字杞亭，号兼五，顺德马冈人。刻书家佘象斗之子。少时聪慧，很早就游庠入泮，但久困场屋。后以岁贡生资格任阳江训导。不久归里，与缙绅名士结社城南，觞咏无虚日。为人敦尚气谊，为士林所重，主顺德坛坫数十年。著有《白侍堂诗》《语山堂诗文集》，诗格老而平淡。

康熙五十七年（1718）七夕那天，朱丕戴准备返程。离开南海前，朱丕戴有诗留别徐沙村和佟世临。回程中没有人和朱丕戴结伴同行。他在兰溪怀念沈翼道："独行触暑倚篷窗，舟过兰溪废酒缸。忆到君归秋九后，饱看枫叶下桐江。"[①]

---

① （清）朱丕戴：《兰溪怀沈凿坏》，上海图书馆藏《亚凤巢稿》抄本。

漫长的旅途和沿途的自然人文风光，激发了朱丕戴的诗兴，丰富了诗人的诗歌创作。现存《亚凤巢稿》就是一部粤行诗集。诗集中的大多数诗歌，基本上以地点变化为序，以纪实的笔法记述游程。由于舟行是旅途中的主要交通方式，所以朱丕戴的很多诗作都是反映舟行见闻的。这也直接影响了朱丕戴纪行诗在视点上的平行流动特色，以及倏忽变化的时空感。

第十章

商河秀才——朱辰应

第一节 秉承儒教

朱辰应，初名振咸，字载坤，号清谷。其曾祖父朱彝典，字献臣，号怡园，又号遯叟，是府庠生，著有《集影阁稿》。初娶嘉兴庠生沈璜之女，继娶嘉兴庠生周丙之女。沈璜是当地著名的见义勇为之人，著有《均田平赋议》。朱辰应本生祖朱德宣字嘉言，号西音，是邑庠增广生。其外祖父张琛是太学生。其父朱丕申出嗣德宣之弟德庆。朱德庆字嘉余，为太学生。因为家贫，朱丕申曾游历四方以讨生活。朱辰应是丕申长子，雍正元年（1723）八月二十九日生。他小时候读书，大半由其父口授。朱丕申在讲解《徐翼所公家训》时，最看重其中保宗庙、保四体等紧要之语。他说："徐公诒谋之远如此，宜其流泽之长，奕叶未艾。"他还详细讲述了徐学周宦游的事迹，以致朱辰应成年后，读到徐氏家乘，便回忆起父亲当年的音容笑貌，不觉掩卷而泣。朱辰应还表示要缮写刊刻《徐翼所公家训》，让刚刚入学的儿童"共先入而率由焉"[①]。待辰应年纪稍长，朱丕申常为他讲解张履祥的《训子语》。

乾隆二年（1737）正月，丕申辞世。"旁睨者，或心寒，或齿冷。"舅舅张元泰和乡里前辈何琳帮助朱辰应办理了丧事。当时，朱辰应读《小戴礼记》，至"故有血气之属者，莫知于人。故人于其亲也，至死不穷"，不禁怦怦心动。这时候他才14岁，但屡屡痛不欲生。何琳还写信

---

① （清）朱辰应：《跋南州家训》，《清谷文钞》卷一，上海图书馆藏嘉庆元年（1796）刻本。

给朱辰应说："向上向下，只争一念所分；人鄙人钦，奚翅千里之判。"朱辰应收到来信，在父亲灵柩旁边哭边读，几乎不能终纸。后来，他每次展诵此信，即使远赴百里之外，也好像被荆棘鞭打。张元泰和何琳都是秀水县学生，两人一向交好。

父亲死后12年，朱辰应的祖母沈氏也去世了。到他年近40岁时，其母亲和妻子又相继弃世。朱辰应生了四个儿子，长子休闻、次子休荣及三子、四子都先后夭折。朱辰应一生少而孤，壮而鳏，中晚年丧子绝后。家祸之凶，不可名状。观其一生，可谓苦命之人。不过其师友之乐，有非他人所能夺者。

自父亲去世以后，朱辰应追随族叔朱稻孙，与乡里前辈诸锦、王元启游处，侧闻立身大义，每天以光宗耀祖为志向，并"以所作古文缮正，过蒙奖借"①。诸锦，字襄七，号草庐。雍正二年（1724）进士，选金华府教授。乾隆元年（1736）召试博学鸿词，授检讨，官至左春坊左赞善。著有《绛跗阁集》11卷、《毛诗说》2卷等，辑有《国朝风雅》12卷、《周易观蒙补义略》等。王元启，字宋贤，号惺斋，嘉兴人。乾隆十六年（1751）进士，官将乐知县。著有《祗平居士集》。

朱辰应祖母的再从兄弟沈敬中对丧父后的朱辰应也是鼓励备至。后来，朱辰应屡次追随沈敬中赴省试。沈敬中对其属望之殷，不啻一家骨肉。晚年的朱辰应不复应试，寄身村塾，常常把自己的文章呈送沈敬中，请他评阅。乾隆四十一年（1776）八月，沈敬中去世。其长子沈秀纶条记其父事略数十则，请朱辰应件系为状。

秀水零东乡人张汉木是张元泰的族叔。其人从佛经识字，通四书五经大义，旁涉天文、地理、医卜、太乙、六壬、奇门诸书。朱辰应曾随张廷扬造访张汉木，见其家中穆然，好似三代之遗。有一天喝完酒，张汉木问朱辰应最近在读什么书，朱辰应恭敬地回答说："开始读朱熹的《通鉴纲目》。"张汉木问了朱辰应几个问题。朱辰应回答说："朱子特笔，如莽大夫、'晋处士''帝在房州'等，义例严谨，深得《春秋》'郑弃其师''天王狩于河阳'微意。间有失出处，或系门人赵讷斋参订。若后

---

① （清）朱辰应：《答萧山汪进士书》，《清谷文钞》卷一，上海图书馆藏嘉庆元年（1796）刻本。

五代其尤甚者。"张汉木站起来和朱辰应握手说:"张氏有贤甥。"张汉木于乾隆十四年(1749)去世。他死后20余年,朱辰应应其子之请,根据其家状,撰写了《张汉木先生传》。

朱辰应身边的一帮同学只谈应试的八股文章。朱辰应虽然并不鄙薄应试之文,但其所好是在经史之学。大概也是因为这个原因,他秀才当了40年,考不取举人。所以朱休度说他:"毕世穷无告,一衿绝可悲。"[①]朱辰应日常课经程史,苦叹学海无涯。见时贤攫取荣利,而自己乐于钻研学问,不免自我欣赏。朱丕申的舅舅沈果斋告诉朱辰应:自己的妹婿王元启自少壮时即以古文自任。这令朱辰应很是向往。他请王元启的长兄石农作介绍,把自己的文章缮呈王元启,请求给予指授。王元启批点了朱辰应的文章,称赞他是读书有志之士,不屑以浮艳取怜于俗。朱辰应读到王元启的批点文字,挑灯洛诵,觉其持论平允,是从理境中深造自得而出,而不只是求工于语言文字之间。他认为王元启是通经学古之人。他在给王元启的信中,附寄了《家传》,请为之作序。

乾隆十五年(1750),理学家蔡世远的得意弟子雷鋐出任提督浙江学政。此人字贯一,号翠庭,生于宁化城关。论学宗程朱。乾隆十六年(1751),改任提督江苏学政。乾隆十八年(1753),被擢升为左副都御史,仍保留督学的职务,调任浙江。雷鋐视学浙江时,以小学督示诸生,朱辰应受其教诲,稍知向往学问。后来,朱辰应读了张履祥的《杨园张氏全书》,"粗知为学不在说玄说渺,即日用常行切近处,细自检举,功力自渐与道"[②]。《杨园张氏全书》所言与雷鋐所教也是相符的。乾隆二十一年(1756)孟秋,雷鋐为奉养母亲请假归里,侨居民舍,朱辰应晋谒门墙。雷鋐教导辰应道:"多读书,成正人,在我而已。"朱辰应本有心多番问难,想到自己这样的后生小子只有刍荛管见,无当高深,于是三揖而退。但雷鋐那种大儒晬然见面之象,已经深深扎入朱辰应心中。此后六年间,朱辰应反思自己:气质没有大的变化,读书没有尽去疵结,

---

① (清)朱休度:《追怀十一咏》之《清谷从叔》,《壶山自吟稿》卷下,复旦大学图书馆藏清嘉庆刻汇印本。

② (清)朱辰应:《与金山杨明经书》,《清谷文钞》卷一,上海图书馆藏嘉庆元年(1796)刻本。

饥寒衣食累其心，喜怒动作垂于理。而雷𬭎大人非经师可比，凭着自己不甘暴弃之念，他日立雪雷门，日加淬厉，或者可以粗窥雷大人的无行不与之概，而自己的日用气习也可以在不自觉中渐染陶成。谁知乾隆二十五年（1760）冬，传来左副都御史雷𬭎去世的消息。雷𬭎是因为上年办理母亲丧事过度操劳而染病的。朱辰应的老师张庚在雷𬭎死前不久去世。朱辰应正在师门吊祭张庚时，突然听到雷𬭎的凶讯，当即偕同乡里先达王又曾、同学吴光昭，在张家的"强恕斋"设了雷𬭎的灵位，与张庚之子张时敏哭灵三天。刑部侍郎钱陈群也扶杖素衣，前来拜祭雷𬭎。雷𬭎去世周年后，朱辰应写信给雷𬭎的儿子，请求他刊刻雷𬭎的遗书，或者把雷𬭎讲学的文章抄录给自己。

朱辰应在学术上推尊曾子之学和朱子理学，在明代学者中尊崇顾宪成、高攀龙。朱休度说朱辰应："折衷曾氏学，私淑震川师。"[1] 乾隆十六年（1751）前后，朱辰应在写给金山人杨开基的信中说："后生小子幸生于朱子后，洙泗薪传，不啻若黑道中悬炬烛。而隆、万以后，学者偏故为改头换面，阳儒阴释，转讥泾阳、景逸诸君子，仍不能出姚江范围，则学术误之也。"当时杨开基正在汇订校梓陆陇其所撰的《松阳钞存》。仪封张伯行曾刊行此书，但删去过半，殊失陆陇其本意。杨开基重编此书，是为了让学者能看到全书的本来面目。朱辰应认为，陆陇其维护程朱理学，计较毫厘，诚可谓朱子学的功臣。但他攻击王阳明心学为禅学，有失气度。对清初理学名臣汤斌、陆陇其，朱辰应更欣赏前者的平心和气。在清初吕留良、张履祥、陆陇其等纷纷抨击王阳明的学术背景下，只有汤斌说："阳明良知实从万死一生得此把柄，当时原有实用。"朱辰应赞赏汤斌维护阳明之学的态度，他在《汤文正公年谱书后》一文中说："若文正公者，其真自立根柢，而不徒从语言文字分畛域者与。"[2] 秀水朱氏家族对王阳明一向是推崇有加，朱彝尊曾说：王阳明事功人品，炳烈千古，不得指为异学，辄肆诋娸。私淑陆氏的杨开基在所附诸条札记中，推广陆陇其力辟阳明之意，这使得朱辰应觉得有与杨氏一辩的必要。朱

---

[1] （清）朱休度：《追怀十一咏》之《清谷从叔》，《壶山自吟稿》卷下，复旦大学图书馆藏清嘉庆刻汇印本。

[2] （清）朱辰应：《清谷文钞》卷六，上海图书馆藏嘉庆元年（1796）刻本。

辰应称赞王阳明道："夫阳明奏捷诸疏，直而有体，质而不伐，即有唐汾阳诸公，何以过之？至其《平八寨》诗句云：'岂是人谋能妙算，偶逢天助及师旋。'撝谦之意，溢于言表。又云：'穷搜极讨非长计，须有恩威化梗顽。'则《大雅》'矢其文德，洽此四国'之意也。《集传》谓'劝其君以文德，不欲极意于武功，古人爱君之心，于此可见。'阳明惟得此意，故能兼'三不朽'之全，声施到于今愈烈。"他指责陆陇其攻击阳明学是吹毛求疵，并质问杨开基："足下乃从而为之辞，仆不知所言者，为明道乎？夺攘前辈乎？"①

朱辰应是儒家礼教的奉行者。乡里有位老人临终，其次孙因为要赴县试，没有亲视属纩。朱辰应就写信给其人的老师叶某，请他以大义责之。某位友人本生祖父母去世，因不明服制，遂向朱辰应请教。朱辰应的意见是按第一等"斩衰"，服丧三年。其理由是：按服制，出嗣他人者于本生父母服俱降一等，即降服为第二等"齐衰"。但于本生祖父母，不应依次降服为第三等"大功"。否则，是把本生祖父母与堂兄弟一样看待。因为己身为堂兄弟有大功九月之服。如果再降为"小功"，那是把本生祖父母和伯叔祖父母、再从兄弟一样看待。出嫁孙女为祖父母有"齐衰"之服。如果出嗣他人的孙子为自己的亲生祖父母服"大功"，那就不如已经出嫁的孙女了。这在情理上说不过去。

正统的儒家学者对于佛教往往视作异端，采取排击的态度，朱辰应也不例外。有位朴庵和尚驻锡在嘉兴莲隐禅舍。他原本是华亭的儒生，当了10年的秀才后，出家修行，文人学士多愿意和他交往。朱辰应的朋友费雨坪素通禅理，与朴庵居处相近，对朴庵很了解，他向朱辰应详细讲述了朴庵的高行，并且说："这位和尚就是韩愈所说的墨名而儒行者。"朱辰应对费雨坪说："儒者之道，具于人心，而著于君臣父子夫妇昆弟朋友之伦，其教具于五典，而行于邦国乡党家庭之际，盖得乎天命之自然，非有所矫揉造作者也。故夫离达道而言德，德其所德，凶德也。去彝伦而言教，教其所教，不可以为教也。上人奈何而竟若是？"朱辰应曾在费雨坪家中会晤过朴庵。朴庵说："人以大觉为归，世人尘劳妄想而不悟

---

① （清）朱辰应：《与金山杨明经书》，《清谷文钞》卷一，上海图书馆藏嘉庆元年（1796）刻本。

此，达者之所哀，佛氏所以有大悲之号也。"朱辰应说："朝闻道，夕死可矣。圣贤之学鞭迫近里若是，顾乃求之溟漠不可知之后世耶？且佛氏自东汉流入中国，世教衰微，人心不古，视暴秦益甚。彼惟不以存顺为功修，而必以后世为正觉，小人之所以尤无忌惮也。"朴庵和费雨坪都无言以对。朴庵喜欢朱辰应的文章，他求费雨坪向朱辰应索取文章。于是，朱辰应写了《赠朴庵上人序》，希望朴庵把他说的那些辟佛的话当作座右铭，他要求溺没在佛教中的朴庵，"试思夫行在真空之说，其果如吾道之弗可须臾离乎"[①]。

朱辰应从20岁以后，因为家庭多故，迁徙不常。他曾客居于嘉兴城北20余里的南张村。从他住处过桥向北，有芝溪僧舍。他喜欢那里清涟荡漾，空闲的时候在僧舍旁散步，徘徊桥上，舍不得离开。僧舍的主持和尚请他进去坐一坐，对他很恭敬。他看见有一老妇人快步走过。就向邻居打听，原来是主持和尚的母亲。和尚有弟弟，但弟弟无力奉养老母，因此和尚就担当其赡养老母的责任。和尚是学佛的。佛之为教，弃君臣，去父子。而朱辰应看这位和尚眉宇轩举，像是有志之士，却被佛教所束缚，不能了解儒家名教中的乐地，为他感到可惜，同时又欣赏这位和尚弃家而能养母，得天性之自然，足以针砭世间有其家而不养父母者，朱辰应说："吾以知仁孝之良，尽人同具，而尧舜周公孔子之道，为大中而不可易也。"这位和尚年轻的时候也曾读过四书，20岁才开始在江南祝发出家，后来成了芝溪僧舍的主持。此庵有几亩田，和尚和他的徒弟过着农禅合一的生活，梵诵释典，朝夕有常。朱辰应认为和尚是懂道理的人，于是作《赠芝溪庵浮屠序》，"俾其克致夫爱日之诚"[②]。

第二节　以文交友

项氏天籁阁峙立在嘉兴瓶山之侧。明末时，项氏贵盛，书画珍玩甲

[①]　（清）朱辰应：《赠朴庵上人序》，《清谷文钞》卷二，上海图书馆藏嘉庆元年（1796）刻本。

[②]　（清）朱辰应：《赠芝溪庵浮屠序》，《清谷文钞》卷二，上海图书馆藏嘉庆元年（1796）刻本。

天下。经清初战乱，书画珍玩散佚殆尽。在天籁阁故宅旁，住着有志读书的年轻书生蒋元龙。蒋元龙把父亲为他新建的书房命名为"西斋"。他的朋友接踵而至，有为其"西斋"赋诗纪事的。乾隆二十二年（1757），朱辰应听人说，蒋元龙性好读书，兼善韵语，于是和朋友拜访了蒋氏。他们坐谈的地方就在西斋。别去后，蒋元龙索观朱辰应所作古文。朱辰应比蒋元龙年长12岁，"试扣其学，窃欲傲以其所不知而不能也，因愿订交，取以自益。每假馆，则过西斋，相于纵谈今古，亹亹不倦"①。蒋元龙，字乾九，一字云卿，号春雨，秀水人。擅诗文，工于写意花卉，兼工铁笔。于乾隆三十六年（1771）中副榜。著有《春雨楼诗》《桃花亭词》《西斋过眼录》。

明万历四十七年（1619），南京兵部侍郎赠尚书徐必达继承父兄之志，在嘉兴西收乡南龙桥之左建徐氏宗祠。乾隆二十三年（1758），徐氏宗祠在裂缝暴雨的侵袭下，倾圮过半。第二年春，徐必达的来孙聚集族人，修葺徐氏宗祠，并请朱辰应作文以记其事。朱辰应的妻子徐锦和徐必达的来孙是兄弟姊妹辈。如此亲谊，无可推让，于是，朱辰应撰写了《徐氏宗祠记》。

乾隆二十五年（1760）秋，张庚在家中病逝。朱辰应上门哭悼。他含泪向张庚的女婿陈廷隆询问，张庚临终时有什么话。陈廷隆说：张庚几次吩咐家人把自己的床移到正寝。家人坚持不能动床。张庚说："恶男子不死妇人之手。"披衣强起，族子帮他扶出房门。不一会儿，张庚气绝。其子张时敏从武昌奔丧归里，在安排葬事之前，先期请朱辰应撰写行状。朱辰应惊谢之余，想到自己追随张庚先生很长时间，自以为能得老师真传，比起侍医画工来，或许不应该感到惭愧。况且，张庚昔日曾对朱辰应说过："他日当以笔墨有劳你。"于是，朱辰应操笔伸纸，撰写了《征士张先生行状》。

乾隆二十六年（1761）夏，朱辰应与海盐贡生朱炎相识。其人初名琰，字桐川，号笠亭，又号樊桐山人。他们交好后的一天，朱炎告诉朱辰应："明代末年有位朱学章，是他高祖辈的人。其人名注复社，所著《读书堂集》没有来得及刻板印行。他的曾孙因为客死他乡，使得《读书

---

① （清）朱辰应：《西斋记》，《清谷文钞》卷二，上海图书馆藏嘉庆元年（1796）刻本。

堂集》散佚了。又有朱廷珪、朱德培二人，是他的父辈。入清后，隐居村舍。朱廷珪留有《梅痴集》，朱德培留有《西园刻竹吟》，现在都看不到了，很遗憾。"朱辰应对朱言说："你所说的还是族属。而我的高祖、曾祖、祖父三代的残编剩简，都读不到，不更令人痛心吗？"在座的有位叫朱邦垣的客人，用欧阳修所言"山林田亩，潜德隐行君子，不闻于世者多矣，而贱工末艺得所附托，乃垂于不朽，盖其各有幸不幸也"这样的话，来宽慰朱辰应和朱炎。朱炎拿出自己选定的《三朱子诗选》给朱辰应看。所谓"三朱子"是指朱权、朱谟烈、朱丕基。他们三人都是浙闽贡士。朱炎说："这三位先生都是不没于流俗的读书种子。"朱辰应给这本诗集作序道："武原，古秦县，江浙之饶地也。前有秦驻、青栗之险，左右有澉、乍二浦夹峙，横海无涯，沸涌千里，水土深远，是以其人士多峻拔渊厚，而缀文好古之儒，后先辈出。三朱子者不幸天不老其才以死，有心者所为抚卷而不胜扼腕也。"[①] 朱邦垣也擅长写诗。他是朱谟烈的第二个儿子，朱权是他的族祖，朱丕基是他的从兄和老师。

朱辰应从嘉兴金陀里搬到城东伍胥山右，靠的是嘉兴秀才浦世贞的帮助。浦世贞祖上务农，其父以种田起家。乾隆二十六年（1761），其父70岁，浦世贞求朱辰应写篇寿序。朱辰应在《浦叟七十寿序》中，通过浦叟收养一个败家子的事情，表彰浦叟居心仁厚，有古长者之风。

儒家喜欢讲"君子固穷""为富不仁"一类的话。而朱辰应对像浦叟这样富而仁的人很赞赏，对历史上像范蠡、白圭此类人善于致富的智术很佩服。有位姓程的老人年轻时籍隶新安，后来到嘉兴做生意，应事果断而明敏，与人交往重然诺，曾还拾遗之金，拒夜奔之妇。年逾70岁后，程翁精力凝固，不减少壮之时。他大儿媳妇与朱辰应是亲戚。朱辰应到程翁家中，见程翁言词爽朗，表里洞彻，心中常有亲近之心。他了解到程翁做的一些好事后，就说给家族中人听，以作示范。程翁80岁时，他大儿子请朱辰应为他父亲写序。朱辰应正襟起立道："而翁当世奇男子也。史公谓江淮以南无冻饿之人，亦无千金之家，今则贫富相耀，惟江南为甚，诚能尽得如翁之才力，华约为丰，用纤致巨，庶几东南不

---

① （清）朱辰应：《武原三朱子诗选序》，《清谷文钞》卷二，上海图书馆藏嘉庆元年（1796）刻本。

至有财匮之忧,而士农亦无知尽能索之叹。"①

　　海盐武原镇人张燕昌字文鱼,号芑堂。其人好善殷怀,克追前辈,曾师事张庚。乾隆二十六年(1761)秋,经张燕昌介绍,朱辰应在省会中得与陈焯握手谈心,并出所作文稿,请陈焯斧正。陈焯字映之,号无轩,浙江归安人,贡生。生平束修自好,清才博学,能诗工书,善画山水。与陈焯在省城相识后,朱辰应有一次住在张燕昌家"瓜圃",读到陈焯给张燕昌的信。信中为朱辰应谋划甚至。读此信后,朱辰应写信给陈焯,希望陈焯能在交游方面给自己一些帮助,"使仆贤者生敬,不肖者退阻,且使忮刻者熄谤"②。

　　嘉兴诗人杨一斋读书千百卷,周游数千里,善于描景赋物,老而倦游,手订所著《芥堂诗稿》,又撮取其中的咏物诗,编成《芥堂咏物诗》一卷,刻板印行。他的两个女儿素中、素书有咏絮之才。《芥堂咏物诗》就附录了杨一斋与两个女儿的酬唱之作。杨一斋和朱辰应家有世代之好。朱辰应的二弟振萃还是杨一斋的从孙婿。因此,朱辰应得以和杨一斋交往。杨氏议论上下古今,对自司马迁以来的历代史传都能大略地抉摘其得失。朱辰应每次见杨翁,谈到夜深还不肯回家。杨一斋75岁那年,朱辰应为老人写了《芥堂咏物诗序》,在序中发表了他自己对诗歌的看法:"夫诗之为道,窃尝取譬柳子厚二语'奥如也''旷如也'。盖不得其奥,则无以知古人之浅深;不知斯道之旷,则岐径杂出,甚或如泛海之舟,飘风堕鬼国而不自知。况咏物之体,尤易入恶道乎?"③令朱辰应不胜感慨的是,自己的妻子也爱吟咏,可惜死得早,不能和素中、素书姐妹树闺阁坛坫,而自己又没有状虫鱼草木之奇的诗才,不能和杨翁驰骋诗坛。

　　明末嘉善人陈龙正创立了以济贫为目的的同善会。后来效仿他的人不少,随办随辍。乾隆初年,蒋子和又办起了同善会,一直延续下来。乾隆二十八年(1763),同善会同人捐钱在甪里街之后建了一座"求仁堂",请朱辰应撰写了《同善会求仁堂记》。在这篇序文中,朱辰应提到,

---

　　① (清)朱辰应:《程翁八十寿序》,《清谷文钞》卷二,上海图书馆藏嘉庆元年(1796)刻本。

　　② (清)朱辰应:《与陈映之书》,《清谷文钞》卷一,上海图书馆藏嘉庆元年(1796)刻本。

　　③ (清)朱辰应:《清谷文钞》卷二,上海图书馆藏嘉庆元年(1796)刻本。

朱国祚第三子朱大猷曾施舍田亩，埋葬无主的尸骨。这件慈善事业到朱辰应写序的时候还在进行中。

八股文是很多人看不起的，但朱辰应对之也不轻视。乾隆三十年（1765），朱辰应的朋友章鸣翼中了举，他的闱墨颇为当地人传诵，但章鸣翼似乎不想保存其闱墨。当朱辰应问及时，章鸣翼说："你以后可以看我的制义稿本。"随后，章鸣翼蹭蹬燕赵，旅食江淮，困悴牢落，一如当秀才的时候。有一年秋天，章鸣翼回到故乡，家居读礼。朱辰应前去慰问，在章家连住了两夜，读了章鸣翼的制义稿本，耳目为之一新，不禁回忆起他当年坐馆章鸣翼里中时，章鸣翼每次过访他，论古今得失，历历可听。一天晚上二鼓时分，章鸣翼张灯而至，朱辰应正在读《五代史记》中的《王彦章传》。章鸣翼大声说："彦章事朱温，是不得所事。"反覆数百言，喋喋不止。适逢天降大雷雨，电光闪闪。高楼之上，霹雳声隆隆欲作，朱辰应不禁战栗起来，几乎说不出话。而章鸣翼两目如炬，说起话来更加兴奋，不知有雷霆之惊。朱辰应觉得章鸣翼如此镇定强固，抱负之大不可测度。朱辰应作《章晴皋制义序》说："夫制义阐圣贤之言，根理道之要，而或以轻心掉之，或以昏气出之，其不为虚车之饰者几希。晴皋制义不名一家，要以疏瀹性灵，羽翼经传，而不为虚车之饰，斯则晴皋所可自信者已。"[①] "晴皋"是章鸣翼的字，其人号雪庐，是秀水人，另著有《东塍诗钞》。

乾隆三十二年（1767）六月初七，朱振仁过60岁生日，朱辰应为之作《厚斋兄六十寿序》。朱辰应八世祖朱彩生有四子：长子朱袍，号爱山；次子朱裳，号乐山；三子朱儒，号东山；四子朱俸，号近山。朱袍是振仁的七世祖，朱儒是辰应的七世祖。论亲缘，朱辰应和朱振仁已经相当疏远了。但朱振仁把朱辰应当五服之内的亲戚一样看待。振仁字麟一，号厚斋，康熙四十七年（1708）生，弱冠之年，当过嘉兴的小吏，有人笑他巽儒，但他毫不介意。在捐了一个县丞的职位后，他弃职经商，"席前人余业，籴贱贩贵，动辄倍利"[②]。朱振仁为人有士行，家居力敦孝

[①] （清）朱辰应：《清谷文钞》卷二，上海图书馆藏嘉庆元年（1796）刻本。

[②] （清）朱辰应：《厚斋兄六十寿序》，《清谷文钞》卷二，上海图书馆藏嘉庆元年（1796）刻本。

友，对于财利尤廉谨自饬。振仁生有八个儿子。长子容，字广庭，号裕堂，由邑庠武生捐卫千总；次子休宏，字沛廷，号怀谷，太学生；三子丰，初名休戊，字纪方，太学生；四子镐，初名休宸，字作求，邑庠武生；五子休寅，字正夏；六子休申，字甫友，太学生；七子休全，字醇五；八子休安，字尔定，号怡亭，捐职从九品。朱振仁的这八个儿子大多能奋自树立，克称其家。朱辰应认为这是兴盛之兆。

乾隆三十二年（1767），朱辰应出游浙东和闽海。在浙东，他看到有人聚族而居，瞻其祠宇，"有自唐宋迄今历千百年，合昭穆共食者，其读书好古之士，出示谱系，各世守罔替"。[①] 在邵武，他登上严沧浪诗话楼，在廊下拜谒了乡里前辈汪廷英的灵位牌，读其碑记，了解到汪廷英署邵武同知时，出俸钱修葺诗话楼。休暇之日，与当地名流登楼谈艺。当地人在汪廷英离职后，即以汪廷英配享严羽。朱辰应为之徘徊许久。当他与福建士大夫游于邵武城南，见有数区贮山水溉田的石笕。当地父老指着石笕告诉朱辰应：这是汪廷英的遗泽。汪廷英字掖清，号抑斋，汪继燝之子，汪森之孙。寄籍仁和，由附贡生任广东翁源知县，历任永春知州、邵武府同知、兴化府海防同知、兴化府知府。有《抑斋诗抄》《鼓山记游》《九鲤湖纪事》。

秀水朱氏家族与桐乡汪氏家族是世交。朱彝尊与汪森曾同编《词综》。朱辰应从福建归来后，与汪廷英的孙子汪淮兄弟交游。汪淮字小海，号兰侬，少负过人之资，博学强识。中秀才后，因为父亲患风疾，"晨夕侍汤药，不可离，遂辍举业。居忧，哀毁骨立。祖茔在休宁者，岁必往省。创为《汪氏世录》一卷，俾族人家藏一编，共知先德所系，一生尽力于诗。性好游，游境益奇，诗境益奥异"[②]。当时前辈诗人如王昶、督抚如阮元等对汪淮都很称赏。乾隆四十一年（1776），朱辰应留宿汪淮家中，拜见了汪淮的父亲汪聚钥，读了其所著《习是编》二卷，并为之撰序道："廉石则以朴学自守，恂恂然惟以孝友勤谨为先务。是编盖廉石

[①] （清）朱辰应：《芦村唐氏家谱序》，《清谷文钞》卷二，上海图书馆藏嘉庆元年（1796）刻本。

[②] 光绪《桐乡县志》卷十五《文苑》。

所身有之，而不惮为人反覆言之者。"① "廉石"是汪聚钥的号，其人字苟圃，是候选州同。

由于朱德庆死得早，其妻沈氏只得带着嗣子依靠娘家生活，所以朱丕申和朱辰应都是在沈家长大的。沈氏的群从兄弟都把朱丕申父子看作一家人，朱辰应也多方面得到沈氏尊长的提携训诲。乾隆三十六年（1771），沈氏续修家谱，朱辰应担任了校对工作。

在王江泾教书七年后，朱辰应转客海宁。逢到春秋佳日，朱辰应还会前往王江泾，有时住在宋金庭家的"古芸阁"，有时住在杨建家的"易鹤轩"，每次都会盘桓几天才回海宁。乾隆四十一年（1776）八月三日，张燕昌到海宁长安镇朱辰应寓所过访，约朱辰应在中秋节泛月永安湖。朱辰应近来得到吴熙所著《永安湖竹枝词》百首，正在词中领略湖中胜地和前贤遗迹。于是答应了张燕昌。在十四日，朱辰应从长安镇到长安镇㵎川。十五日，便和陆以諴②、张燕昌乘船泛湖。这天晚上，月色皎洁，流辉射人。在僧房吃过饭后，他们置酒舟中，直抵海门。拇战之声，惊起宿鸟。当船移到开阔处，则四望湖天，如同置身琉璃城中。这时候，吴熙也约着他的朋友，从㵎城弄月而至。夜将半的时分，凉露透衣，于是他们返回寓所。吴熙剪烛赋诗，诸人中也有坐而竞胜者。次日一早，他们再划柔橹，荡漾湖中。诸人鼓兴登上鹰窠顶，只有朱辰应没有跟从而上。他只是在山麓一朱姓人家逗留了一段时间，玩赏湖山风味。

朱辰应的好友还有海盐人吾诒孙、吾祖望兄弟，秀水人崔潮。朱辰应曾为吾氏兄弟的父亲吾学杜撰写《益斋吾君墓志铭》。崔潮世居嘉兴城中的碧漪坊，乾隆二十七年（1762）补秀水诸生。他比朱辰应小21岁，是朱辰应晚年所交的朋友，两人感情颇厚。朱辰应每次自客居地至嘉兴城中，崔潮必定邀朱氏到他家中，拿出所作制义及其他文章，请朱辰应评议。有一次，听说朱辰应等人要集一义会，安置里中80多岁的孤老诸

---

① （清）朱辰应：《习是编序》，《清谷文钞》卷二，上海图书馆藏嘉庆元年（1796）刻本。

② 陆以諴，字和仲，海盐人。乾隆四十二年（1777）拔贡。与兄以谦齐名。官新昌县训导。著有《毛诗草木鸟鱼本旨》十三卷、《和鸳鸯湖棹歌》百首等。

生，崔潮也跃然捐助。乾隆三十九年（1774），崔潮秋闱报罢，循例补国子监贡士。在他准备赴京待诏时，竟一病不起，于乾隆四十年（1775）七月去世。

第三节 表彰节烈

朱辰应常叹近世女教不修，每每劝亲族父兄对家中小孩讲授《小学》一书，使他们闲晓持家的道理。族中父兄很有些人认为他的话太迂腐。朱辰应见亲族中有傲岸不可训诲的妇女，不是丈夫管不住妻子，就是妻子昏昏不懂人事。那些温良合德的妇女大抵都通《诗》《书》，识大义。朱辰应妻族中有位女子嫁给平湖倪氏，曾为婆婆割肱疗疾。此女是明代随州知州徐世淳的孙女。过了数十年后，徐氏家族中又出了一位为婆婆割肱疗疾的儿媳妇。此女姓严名蓉，字拒霜，是徐世淳的四世从孙媳，是儒生徐南田的二儿媳。徐南田的妻子于乾隆二十九年（1764）秋患重病，吃人参、茯苓无效，向门神、户神、井神、灶神、土地神和宅神祷告也无效。其二儿媳严蓉惊悸之余，割取手臂上的肉和在肉糜里，给婆婆吃。婆婆吃了以后，第二天就能喝粥，第三天能够吃饭，第八天就坐卧如常。在朱辰应看来，严蓉小时候受父亲严集之教诲，素娴《礼记·内则》《女诫》诸篇，其操刀剪臂的行为得力于书史。朱辰应的妻子徐锦是徐世淳的四世女孙，和严蓉的丈夫属于五世祖免的族属。有人将徐锦《胥山八咏》给严蓉看，严蓉阅读后，对以前没能彼此唱和感到可惜。

朱辰应是被守节30余年的节妇抚养大的，他看到节孝之事就恻恻心动，故而其节烈观也最鲜明地代表了他的礼教思想。其文集《清谷文钞》卷四中的文章，大部分是节妇烈女的传记，计有《刘烈妇传》《计烈妇传》《沈节母传》《吴节母传》《吴烈女传》《吾贞妇传》《王节妇传》《徐氏四世贤女传》《徐氏两烈妇传》《汪氏二节妇传》。其中数篇传记后面有仿"太史公曰"而作的"清谷子曰"。如朱辰应听他朋友、秀水诸生范古椿讲述了其族姐计烈妇的事迹，慨然道："清谷子曰：慷慨赴死易，从容就义难。计烈妇忍死八九年，孝事两世，至丧葬既毕，哭告夫墓而后死。岂惟烈哉！岂惟烈哉！"①《吴烈女传》写了一位抗拒土豪强奸、以死明节的少女。传末清谷子曰："以髫稚之年而能卓然自立如此，人孰不死，孰如烈女之死之为快哉。初吴氏家门俱登鬼录，所亲拟以是女卜去为尼，不吉。卜之李，乃吉。卒之濯淖污泥之中，蝉蜕于浊秽，即其父母而有知，亦当称快。"②朱辰应为计烈妇、吴烈女之死大呼死得好，死得好，使人想起了《儒林外史》中的王玉辉。《刘烈妇传》末清谷子曰："明年，铎竟持镰，自断其吭，死烈妇采荠所。"③这说的是，因强奸未遂而杀死刘烈妇的凶手许铎，第二年在刘烈妇被害的地方自杀。朱辰应相信，冥冥中报应不爽。

朱辰应所撰写的节妇烈女传的材料大多得自亲闻亲历者。他曾经路过震泽八都里，此地父老对他说：某月某日，村中演戏，离农人沈悬佩妻所居仅百余步。邻舍老妇人邀沈氏的媳妇一起去看戏。等媳妇回来，家中织布机上的布已经织成了。清谷子曰："此守志抚孤之所自来。"④《王节妇传》的传主是王元启的弟媳。王元启的儿子尚珏将王节妇的事迹详细告诉了朱辰应。王尚珏还说："某家失火，有女子裸身跃出，得以保住性命。王节妇叹息说：'女子裸身，辱莫甚焉。假设我当此情景，宁死无辱。'"⑤

有的节母传是应其人子孙的请求而撰写的。如《吴节母传》是应海盐人吴山愿所请而写。吴山愿是吴节母的孙子。《吾贞妇传》是应吾贞妇嗣子知临的小儿子进常所请而撰。朱辰应到海盐，和吾知临父子交往。吾进常对朱辰应说："先贞节所御一榻，不加髹漆，至今雪色。我父亲对之未尝不流泪。"于是，吾进常拿出昔年呈送官府的《贞孝事实》，请朱辰应作传。吾贞妇守的是望门寡。归有光《贞女论》提出："女未嫁人，而或为其夫死，又有终身不改适者，非礼也。"他对纲常伦理的理解，超

---

① （清）朱辰应：《计烈妇传》，《清谷文钞》卷四，上海图书馆藏嘉庆元年（1796）刻本。
② （清）朱辰应：《清谷文钞》卷四，上海图书馆藏嘉庆元年（1796）刻本。
③ （清）朱辰应：《清谷文钞》卷四，上海图书馆藏嘉庆元年（1796）刻本。
④ （清）朱辰应：《沈节母传》，《清谷文钞》卷四，上海图书馆藏嘉庆元年（1796）刻本。
⑤ （清）朱辰应：《清谷文钞》卷四，上海图书馆藏嘉庆元年（1796）刻本。

越了宋元腐儒的陋见。朱彝尊《原贞》以从一之义肯定未婚之妇说："夫妇之道，守之以恒，而始之以感。夫男女异室，无异火泽之相暌，自将之以行媒之言，信之以父母之命，委之以禽，纳之以纯帛，则犹山泽之通气。其感与之理已深，故曰'男女暌而其志通也'。因其所感，不以死生异其志，乃所谓'恒其德'也。"①但朱彝尊又引《周官》："媒氏掌万民之判，禁迁葬与嫁殇者。"认为未婚而合葬，是嫁殇，悖理之甚。朱辰应不同意归有光、朱彝尊的观点，认为他们是固执守礼而没有通达人情。在朱辰应看来，一个守望门寡的女子，生不能结如宾之欢，死又不得遂同穴之愿，如此矢志从一，太可怜了。礼的实质就是义。先王没有的礼，可以从义上起例。未婚夫妇合葬就可以义起。

《徐氏四世贤女传》写到的十世太仆公次女，嫁给了海宁陈之迈。陈之迈是明顺天巡抚陈祖苞之子，清顺治朝弘文院大学士陈之遴的兄长。陈之迈死的时候没有儿子，其母命徐氏以陈之遴的儿子坚永为子。后来，陈坚永中了举人，从京邸回海宁娶妻，徐氏将金银田宅全部给了陈坚永。

乾隆三十年（1765），朱辰应在秀水新塍朱一簣家读书。朱一簣的母亲许硕人去世。过了两个月，朱一簣的祖母为媳妇之死而伤心过度，竟然也病故。朱一簣对朱辰应说："先人自曾祖母杨氏、祖母庞氏、生祖母倪氏至母亲许氏，茕茕孤寡，三世于兹。大惧苦节不彰，罪适兹甚，敢以文请。"朱辰应为之撰写了《朱氏三世节妇述》。

乾隆三十一年（1766），嘉兴王姓监生由章行翼作介绍，求朱辰应为其母亲写了篇《王节母七十寿序》。章行翼是朱辰应的朋友，常对他讲王节母守贞的事迹。

湖州乌程有位名叫沈玉麟的少女殉父而死。作为族中长辈的沈宗骞先请徐斐然撰写了沈玉麟的小传，然后请朱辰应根据这篇小传撰写《沈孝烈女墓表》。朱辰应的表兄弟沈道城有个女儿很贤淑，朱辰应曾经想为这个女孩子在诸生中选个女婿。可惜此女所嫁非人，因受丈夫虐待而自尽。朱辰应在沈道城的请求下，撰写了《沈憨女墓碣铭》。

---

① 王利民、胡愚、张祝平、吴蓓、马国栋校点：《曝书亭全集》，吉林文史出版社2009年版，第591页。

萧山大义村人汪辉祖①10岁丧父，由两个母亲徐氏、王氏培育成才。乾隆三十三年（1768），汪辉祖举于乡，其生母已逝。四十年（1775）成进士，嫡母又亡。汪辉祖将为自己母亲写的《节孝传》寄给朱辰应，请他订定。朱辰应改正了其文中情事未合之处，并将自己祖母的行述和两种家刻书籍寄给汪辉祖。朱休度也为汪辉祖赋《续孤儿行》，其二解描述早年孤儿寡母教读情形云："孤儿苦，孤儿不苦，儿有两母。昔之儿负薪行汲水，今之儿饥母哺，寒母翼，儿何苦之有。昼出塾，夜归覆读昼之书，篝灯荧荧两母俱。或舍而嬉，欲笞不笞，泪应声落如走珠。思古之人扪足而号其痛，又何如？"②

由于有朱辰应这样的文人大力倡导守节，乾隆四十七年（1782），嘉兴王店产生了名为"吉贞会"的保节组织，这是江南最早的保节组织之一。

第四节　书画之缘

乾隆七年（1742），朱辰应补弟子员。他年轻时志盛气扬，言辞锋锐，鄙弃冶衣鲜食、博弈游戏，不免以此被乡里姻戚所忌，自己也引而自远，"踽踽凉凉，日与村童牧竖徘徊墟陇之间"③。但其师张庚力破俗见，对朱辰应特加推奖。朱辰应游于张庚之门，也听闻了一些绘画的要旨，如"意在笔先""点染有韵"，他私下里把这些绘画要旨运用在行文上。但自己动手画画，则心手不相应。不过嗜画之癖由此养成，见到好画就舍不得放手。张庚曾经对朱辰应等门生说："七十老翁常念子孙衣食，不能像少壮时夜窗独与圣贤相对，这就是我所遗憾的。"于是，张庚镌刻了一枚《老子自食其力图》印章，佩带在身上。

乾隆二十八年（1763）冬的一个微雨天，朱辰应和朱炎、张燕昌冒

---

① 汪辉祖，字焕曾，号龙庄、归庐，浙江绍兴府萧山县人。生于雍正八年（1730）十二月十四日，卒于嘉庆十二年（1807）三月二十四日。早岁游幕，后知湖南永州府宁远县。著有《元史本证》《二十四史同姓名录》《学治臆说》《佐治药言》等。

② （清）朱休度：《梓庐旧稿》，清嘉庆刻汇印本。

③ （清）朱辰应：《与陈映之书》，《清谷文钞》卷一，上海图书馆藏嘉庆元年（1796）刻本。

雨出嘉兴城东郭，过访桐乡人费雨坪。将要过春波桥前，经过一个骨董店，三人买了几幅古画，分别携带着，去叩费雨坪家的门。三人湿着衣服进入费氏"嘉树轩"，见轩中悬挂的都是古代名人的墨迹。朱炎笑着对主人说："我们好像进入了赵宦光的寒山。"然后，朱炎等拿出带来的名画，交给费雨坪，请他转交其妻汪亮鉴定。费雨坪也拿出轩中所藏书画让来客传赏。宾主流连竟日。朱炎回到家中，绘了一幅《嘉树轩读画图》，以记此赏心乐事。北宋时令狐揆常骑瘦马，携小童，冒积雪入城至张君房家借书，并赋有"借书离近郭，冒雪渡寒溪"之句。其友人林希逸绘成《雪中渡寒溪图》相赠。朱辰应认为，他们三人冒雨叩费门，可以和令狐揆冒雪渡寒溪并称佳话。

费雨坪的妻子汪亮字映晖，号采芝山人，"幼聪颖，好学多艺，能留心典籍，善诗，尤好六法，私淑清晖老人，清隽秀润，设色淡雅，其一种清逸之致，颇觉出尘自得"①。其家族原籍新安，从汪亮曾祖父汪漪百开始，才迁居嘉兴。汪氏家族财富丰厚，而世代以文章自见。家族中最著名的两个人是汪森和汪文柏。朱彝尊出仕前，常假馆于汪家。汪亮就是汪文柏的孙女。朱辰应私下里询问张庚道："汪硕人所历忧患之境，有我辈所难处。夙昔借翰墨以自抒其胸中丘壑，发为诗歌，也有感奋不自得之情吗？"张庚没有作答。朱辰应读汪亮诗句"安得观心常似月，生生莫使俗尘迷"，觉得其清远闲旷之致，自得于天授，不必当忧患之来，始见其矙然不淬。

朱辰应一向看重费雨坪所学有本。费雨坪去世后六七年，其弱冠之年的儿子费草亭把自己的诗稿拿给朱辰应看。朱辰应为之作《费草亭诗序》，表达了自己对诗文创作的创新性和实践性的看法："夫古今人之著述，卓负一时之望，而窃窃焉可以自信者，莫不出其聪明才思而攄其所独得也。然必有优柔浸渍之功，而后乃有日异月新之致，自世以卤莽灭裂从事其中，于是以日起之聪明才思，转汩没于牵率为伪，而古今人不相及矣。"②

乾隆三十年（1765）十月，费雨坪的妻子汪亮过50岁生日，其内外

---

① （清）汤漱玉：《玉台画史》卷三引《画征续录》。
② （清）朱辰应：《清谷文钞》卷二，上海图书馆藏嘉庆元年（1796）刻本。

亲戚都想为汪硕人祝寿，于是请朱辰应写篇寿序。朱辰应夙仰汪亮之贤慧，撰文祝寿，义不容辞，于是作《汪硕人五十寿序》曰："（硕人）幼娴姆教，既归费。费故吴兴右族。费君承父祖世宦，后锐欲以科目自奋。会家难骤作，奔走案牍，硕人亦夙夜不遑宁处，始毁其家。旋避徙他所，历数迁，乃克定居吾禾之春波里，而所写山水愈奇，诗亦精进无涯涘。"①

朱辰应靠教书糊口，曾在湖州南浔授徒。书画家沈宗骞和朱辰应同出长洲（今苏州）彭启丰先生之门，而其住处与朱辰应在南浔的坐馆之地很近，不出十里之外，可惜两人无缘一见。此后，张燕昌常常与朱辰应谈说沈宗骞书画之妙及其为人的情况。朱辰应向慕其人，可是"各以事牵，又不得见"。乾隆三十三年（1768）冬，朱辰应到海盐，适逢沈宗骞已旅寓其地。朱辰应通过张燕昌的介绍，往见沈宗骞。沈氏为朱辰应画了一幅小照。过了一年，沈宗骞到嘉兴，朱辰应僻居乡曲，没有听说此事。后来，朱辰应为了应试的事赴郡城，过访沈氏寓所。两人谈得很投机，剪烛联床，历六七昼夜而不倦。于是，朱辰应叹息道："芥舟翰墨之有本，而其蕴抱类有道者，芭堂之言不我欺也。"② 沈宗骞字熙远，号芥舟，又号研湾老圃，浙江归安（今湖州）庠生。其人学有本原，绘画具体沈周，书法雅近晋人。他自视很高，论起绘画来，他除了佩服王原祁、王翚外，对其他人都不大服气。彭启丰、曹秀先、钱大昕等人很赏识他。

大约在乾隆三十四年（1769）朱辰应到嘉兴王江泾授徒。王江泾又名闻川，是古代檇李的一隅。春秋时当吴越要道。乾隆时，还能寻觅接战港、射襄城的遗址。孙吴以下，王江泾属嘉兴北境。王江泾南隶秀水，王江泾北隶吴江。明嘉靖年间，倭寇剽掠，民困干戈。嘉靖三十五年（1556）五月，总督张经、巡按御史胡宗宪在王江泾大破倭寇，而后秀水、吴江的百姓逐渐能够安枕而卧。到清乾隆时期，海不扬波，百有余年，盗贼不作，斥堠无闻。位于大运河上的王江泾又成为冠盖交衢、宾客麇至的江南巨镇。有位叫宋景和的人撷取闻川故实，作《闻川棹歌》

---

① （清）朱辰应：《清谷文钞》卷二，上海图书馆藏嘉庆元年（1796）刻本。
② （清）朱辰应：《送沈芥舟序》，《清谷文钞》卷二，上海图书馆藏嘉庆元年（1796）刻本。

百首，又作《续歌》，记述其家之园林祠墓。宋景和，字兰城，一作蓝岑，其妻戴柔斋凤娴文史，颇工吟咏，取《棹歌》口授侍女彩云、瑞云，或操吴语，或调越吟，按以檀板，声若金石。间遇花晨月夕，宋景和就放一条小船，听其所至，扣舷而歌。沈宗骞为宋景和画了幅《闻川泛棹图》。4年后，朱辰应应宋氏之请，作《闻川泛棹图记》。

宋景和常对朱辰应称道赵凌云会写诗，而深悲其早逝。赵凌云与朱辰应虽同属秀水县学的诸生，但没能谋面。待到朱辰应来王江泾坐馆，赵凌云已去世八九年了。当赵氏将要下葬之时，宋景和向朱辰应出示了赵凌云所著诗稿及生平大略，请朱辰应撰写了《文学赵君墓志铭》。

乾隆三十六年（1771），朱辰应与王江泾人杨建订交。杨建字立三，号竹坡，雅好文章。沈宗骞为杨建"易鹤轩"的西洋盆松画了幅《洋松图》。他请朱辰应记《洋松图》之大略，朱氏一时未能撰写。过了8个月，朱辰应、沈宗骞又到杨建的"易鹤轩"作客。朱辰应展开《洋松图》，笑着对沈宗骞说："你之于画，可谓神乎其技。其欹斜诘曲似马远，其露顶矍拏似郭熙，其间傲然独立之概、怆然神往之致，则又兼刘松年、盛子昭之胜，一点笔而具体众妙。难怪竹坡每日坐对着你画的图画，啸傲于参天倚云之间。"然后，朱辰应对杨建说："我听说荥阳石室后面松高千丈，常有双鹤，晨必接翅，夕辄偶影，而东都旧观也有千年之松，飞止白鹤，你以'易鹤'名轩，是不是以鹤为友？"杨建俯而不答。这一天是八月十六日，夜晚的天空银河澄鲜。三人来到假山之上，见松针摆月，半灭半明，倏来倏往，不能睨视。瞪目图画，光彩四映，呼之欲出。不一会儿，有白雁鸣叫而至。最后，三人各自写了《招鹤诗》。回到易鹤轩中，朱辰应又写了篇《易鹤轩洋松图记》。后来，宋金庭外翰延请朱辰应为家塾师。宋家家塾与杨建家仅一水之隔，朱辰应与杨建往来更密。

乾隆三十九年（1774）十月，朱辰应为王澍的《虚舟题跋》撰序。王澍字箬林，号虚舟，江苏金坛人。官至吏部员外郎。朱辰应的朋友沈宗骞曾手书王澍《竹云题跋》4卷，由钱名世的儿子钱人龙刊刻。后来，陈焯又得到《虚舟题跋》10卷，而缺其前3卷。王江泾人杨建请沈宗骞手书此《虚舟题跋》，合钱人龙所刊《竹云题跋》一同镂板传世。又过了4年，陈焯在吴门嗜学之士中访得《虚舟题跋》前3卷，适逢沈宗骞来王江泾，杨建仍旧请沈宗骞手书此《虚舟题跋》前3卷，而补梓于前刻本后。于是，王澍的题跋得以褎然而成完书。

第五节　文章传世

乾隆二十六年（1761）秋，朱守葆开始补辑《族谱》，且命朱辰应和朱麟应共襄此事。朱辰应自束发受书，听其父丕申讲述先世遗事，欣然忘倦。稍长以后，丕申就把自己父亲朱德宣的轶事志和朱大启年谱各一册交给辰应。朱辰应伏读以后，宝藏起来。此后，朱辰应博览有明中叶诸家文集，见有涉及朱家先世事迹者，即亲手采录。他还考求明史，阅读了明神宗、明光宗以后四朝的纪传，以及顺治乙酉、丙戌年间的稗官野史，得以了解先人立朝居官的大节。另外，他还从朱茂旸《阐德录》、朱茂晥《忠贞服劳录》等家集和朱彝叙、朱嵩龄所纂《谱》稿，知悉家庭琐行和闺门妇德。于是，他为《族谱》撰写了家传若干篇，且以自己祖母沈太君及亡妻徐锦的行述作为家传的末篇。

朱辰应认为，其伯祖朱建子所辑《族谱》，分十二门，卷帙繁重，不免彼此错出，或自相刺谬。他尤其不能同意始迁祖朱煜于明景泰四年（1453）赘居秀水之说。因为朱煜的曾孙朱彩生于明成化十九年（1483），而其兄朱敬又在此前出生。明景泰四年至成化十九年，只有31年。世上哪有曾孙诞生之年和曾祖父成婚之岁仅在一世之内的道理？朱辰应特别看重族谱对节妇的记载。他认为朱彝中之妻王氏、朱彝宗之妻姚氏、朱彝鉴之妻沈氏都是早年寡节而苦行者，但因后嗣中绝或衰微，不能呈请旌典，而家乘又佚而不载，太可惜了。从朱辰应为《族谱》中的《诰敕志》《世系表》《外内传》《祠墓志》写的小序中，可以看出他修《族谱》的指导思想。

乾隆三十年（1765），一位章姓朋友向朱辰应出示自己的诗稿。朱辰应读完后，为之作序曰："挽近士濡首帖括，至终其身不习韵语，甚且相戒以为害，间有迫于功令，一肄业及之，则空疏剿袭，几欲以蛮舞郑歌漫登大雅之座，于是诗与文二者几至道不相入，而其人亦终无以自见。"[①]

[①]（清）朱辰应：《章君诗序》，《清谷文钞》卷二，上海图书馆藏嘉庆元年（1796）刻本。

朱辰应自己就不擅长诗词写作，朱休度《追怀十一咏》之《清谷从叔》云："古有皇甫湜，能文不能诗。叔也专工笔，拙于有韵辞。"[1] 从朱辰应前面那段话可以看出，他之工于古文，拙于韵语，只是出于学业有专攻，而不是因为鄙薄诗词创作。

自从妻子死后，朱辰应带着儿子在村塾读书，家中的家具和书卷有一半被偷走了。乾隆三十三年（1768）秋，朱辰应从闽西归来，重理故业，检点旧时稿本，则若干册诗文已稍稍散佚，而保存的四书制义更不到十分之一。朱辰应自悼之余，利用空闲时间，把所有文稿依此校勘，别录收存。

乾隆三十三年（1768）冬，朱辰应在旧书肆得到南明鲁王赐给朱大定的札谕。清康熙年间设明史馆，纂修官徐嘉炎分撰《忠义传》，把朱大定的传附在吏部尚书徐石麒之后，到朱辰应时，此传竟脱简。朱家的旧谱又多散佚，朱大定之死几乎不彰。于是，朱辰应援《春秋》之义，写了《书故明鲁王赐先尚宝公札谕后》，表彰朱大定效力疆场、不计利钝的忠义之行。

乾隆三十五年（1770）夏末，文章评点家徐斐然有事来到王江泾，朱辰应前往拜访。论起亲戚关系来，朱辰应是徐斐然妻子的再从弟。徐斐然的《清谷文钞序》记载了他们初次相见的情形："庚寅夏杪，有事于闻川，突有清谷子贸贸然来。清谷子曰：'吾从事古文有年矣。曩者尝从瓜田、草庐、惺斋诸前辈游，稍稍知此中甘苦，而未尝得其体要之所存。吾知子名久，敢以相质。'于是示以文七篇。时薄暮阅尽，喟然叹曰：'此真所谓作手也。'烧烛再览，主人酌酒饮客，且饮且阅，且读且评，两人俱醉。予高谈雄辨，抉摘文中纯疵，刺刺不休。而清谷子俯首帖耳，塞墨不一语。良久，忽轩衣张眉，大言曰：'世乃有此人乎！吾师乎！吾师乎！'于时骤雨倾盆，风击撼墙屋，木叶纷飞，电光旋绕，闪闪照人，霹雳声震耳。至天明，雷雨方止。而吾两人者，抵掌论文，自若也。且蚊蚋侵肤，裩染血斑斑，亦不觉，殆六一翁所云泰山在前而不见，疾雷

---

[1] （清）朱休度：《追怀十一咏》之《清谷从叔》，《壶山自吟稿》卷下，复旦大学图书馆藏清嘉庆刻汇印本。

破柱而不惊者欤。"①徐斐然，字凤辉，归安人。编有《国朝二十四家文钞》。他是《鹤征前录》编撰者李集的表弟。此后，徐斐然每次来王江泾，朱辰应都拿来自己的文章，请徐斐然评断。徐斐然所评点朱氏之文前后有3本，共5卷，四五百张纸。徐斐然认为这些文章中的大部分可以传世。乾隆三十七年（1772）八月二十九日，朱辰应过50岁生日，徐斐然赠诗称朱氏："剩有文章在，居然唐宋人。"朱辰应也以此自负。

朱辰应生有4个儿子，即休复、休闻、休文、休治。只有朱休闻继承父风，能文章。朱休闻初名休成，字建勋，自号雪圃，娶妻贺氏。乾隆三十五年（1770）九月十二日去世。死后两月，朱辰应检点其所遗制义及诗，以类成帙，并擦拭着眼泪，撰《伯子遗稿小序》曰："伯子年仅二十有二，凡友戚与游者俱谓其宅心仁厚，浑浑不露圭角，无夭折相，而兹则死矣。少而穷苦，早丧所恃。随予读书，事事循规蹈矩。方弱冠，授徒乡曲，所遇无可语者，而伯子与之处，油油如也。退而锐欲以文章自奋，而竟止于斯，予能无痛耶？"②受友人怂恿，朱辰应将休闻的诗作筛选了一部分，编成《桐影轩小稿》，刊刻印行。

晚年的朱辰应，文名渐著，为士林所推重，常有人请他修改或撰写志传表状一类的文章。如张燕昌的父亲死后，张燕昌拿着张庚和朱炎为其父张维斗写的墓志和传记，请朱辰应撰写了《张君墓表》。

乾隆四十一年（1776），奉直大夫徐文锦捐出300亩熟田和一些房子，在海盐县城资圣寺桥南建蔚文书院。朱辰应为当时的浙江学政代撰了《蔚文书院记》。这一年，朱辰应54岁。海盐人吾肇修来请朱辰应为其书斋"青在山房"作记。朱辰应认为吾肇修以"青在"名斋，是有物在亲亡之痛。于是，他对吾肇修说："我闻子之尊人虽赍志早世，乡里实称为善人。子能即其道遵而行之，扩而充之，则子之尊人虽不在而所以存其亲者在。子之终其身而已。嗟夫人子之事父母也，能致其思，则有对衾影而不膂父母之在上者；不致其思，则虽遭亲丧大故，而忍以夺情为得志者。人道之穷而不穷也，岂由乎父母之在与不在哉，亦存乎子之

---

① （清）朱辰应：《清谷文钞》卷首，上海图书馆藏嘉庆元年（1796）刻本。
② （清）朱辰应：《清谷文钞》卷二，上海图书馆藏嘉庆元年（1796）刻本。

思不思之间而已矣。"① 话未说完，吾肇修已经呜咽不能出声，朱辰应也相向而哭。他流着眼泪为吾肇修撰写了《青在山房记》。

朱辰应靠给人写寿辞墓志，或为人代笔，稍稍积聚了一些钱，即检点所作考、辨、序、记、书、传、志、铭、杂文类文章，亲手编为《永训堂文稿》，打算刻板行世。有一天晚上，他在杨建家中，酒后忽然拿出两册文稿，含泪对杨建说："我年逾五十，头发斑白，耳鸣目眩，牙齿动摇，且一半已掉落。妻亡子丧，回首茫茫，身后之事，何堪复问。只有这撰著的几卷文稿是我平生心力所萃，白白地藏在行李箱中，恐怕终究会被人拿去盖坛子。希望你保存在你的书架上，他日翻阅到此，还能仿佛见到故人的面目啊。"杨建听到此话，心中恻然。分手后不久，就传来了朱辰应的死讯。朱辰应死的那天是乾隆四十四年（1779）六月十七日。

杨建哀悼良友，想把朱辰应的文章广泛传播。他与徐斐然也是好朋友。朱辰应去世后，他对徐斐然说："我将刊刻朱辰应遗文，以尽友谊，你来作序吧。"杨建在辰应之弟振萃那里，得到辰应所作《永训堂文稿》，让辰应从侄休瑞②加以编辑。徐斐然又在一位海宁友人处得到辰应的17篇遗文，共有140多张纸。徐氏先将朱辰应的几篇特别好的文章刻入《今文偶见》中。

乾隆五十六年（1791），杨建去世。不久，徐斐然亦成古人。杨建之子志麟继承先人之志，与吏部主事沈叔埏、丽水教谕屠本仁共商去取，又与宋金庭及朱辰应从侄休震、休瑞第其卷帙，正其舛讹，汇刻了朱辰应文集《清谷文钞》。该文集中含有朱辰应为杨建的父亲杨元龙撰写的《溥园杨翁家传》。屠本仁撰写了《清谷文钞序》。序中称道朱辰应辨析义理，归于至当，所举诸条曰："其论孔氏无三世出妻事，《檀弓》言出母，犹今所云生母。余考《礼记卫氏集说》、郑、孔而下，凡七家，皆以为出妻之子，无指其谬者。即徐氏《读礼通考》，亦谓子上事不足信，而于出母仍无可解知。其为生母，则孔氏出妻之诬妄，不待辨而明也。又论文

---

① （清）朱辰应：《青在山房记》，《清谷文钞》卷三，上海图书馆藏嘉庆元年（1796）刻本。

② 朱休瑞，字廷五，号辑堂。朱振飞第四子。邑庠生。著有《来凤楼诗词稿》。乾隆十六年（1751）三月十六日生，道光四年（1824）七月十九日卒，寿七十四。

王囚羑里，散宜生、闳夭之徒求美女奇物，献纣免罪，为史迁之谬。余考《淮南子》：文王归，为玉门，筑灵台，相女童，击钟鼓。马氏《绎史》斥之，以为小说家之妄谈。若史迁所云，未有辟其谬者，要之圣贤光明心事，必非种蠡之智所可同日语也。"① 从屠本仁这篇序言所举的例证来看，朱辰应是一个正统的儒家学者，他遵从的是为圣人讳的原则。

朱辰应是朱彝尊的曾侄孙，在秀水朱氏家族中，他是继朱彝尊之后的以文名家者。朱辰应笃学好古，"读古人书，作为文章，卓然有所自得"②，著有《清谷文钞》《复旧录》《家谱稿》《家传》《秀水朱氏族谱》等。其文由归有光入手，而上溯欧阳修。其自道作文心得及教人作文之法，都标举欧阳修《五代史记》。如朱辰应曾与崔潮论及古文说："且先读欧阳子《五代史记》。"数月之后，崔潮对五代沿革、十国封疆已约略可数。于是，进一步向朱辰应请益。朱辰应打了个比喻说："譬如客之造门，由堂皇而厅事，广庭崇城，拾阶而升，以达于正室，而主宾酬酢之礼始备，及引而之于曲房砥室，则相与道款洽，申情愫，意更有加。读书之法，何以异是。"崔潮首肯这种说法。朱辰应的文章记叙生活琐事，淡远娴雅，纯粹是归有光一路的风致，而温厚冲和，一唱三叹，跌宕多姿，近似于欧阳修。其阐发心性，综核人物，亦能自抒所见，动与古合。徐斐然《清谷文钞序》称道说："使归愚、董圃复生，当必以作手见推。"③ 笔者认为，朱辰应最精彩的文章当数《清谷文钞》卷末的那篇《书关桥老僧事》，文中写老和尚海涵独自在关桥上迎击清军游骑，击杀数十人。其文字虎虎生风，可与魏禧《大铁锤传》媲美。

---

① （清）屠本仁：《清谷文钞序》，《清谷文钞》卷首，上海图书馆藏嘉庆元年（1796）刻本。

② （清）屠本仁：《清谷文钞序》，《清谷文钞》卷首，上海图书馆藏嘉庆元年（1796）刻本。

③ （清）朱辰应：《清谷文钞》卷首，上海图书馆藏嘉庆元年（1796）刻本。

第十一章

城固知县——朱休承

第一节 羁栖南北

朱休承，字伯承，号育泉，雍正六年（1728）九月初七日生。他是朱彝尊的玄孙，出于少保公三房北门第一支第十三世，其祖父朱稻孙、父朱赐书都颇具文才。朱休承儿时受业于李稻塍之门。其《题李蜕庵夫子〈揽镜图〉》云："忆昔执经侍皋比，谆谆提耳垂鬐时。尔时先生亦壮岁，岸然道貌神长怡。"李稻塍字耕麓，一字蜕庵，乾隆三十二年（1767）采同里前辈诗为《梅里诗选》33卷。

朱休承早年为邑庠生，曾授徒于嘉兴冬瓜堰。① 乾隆十八年（1753），中乡试第三名，其堂弟朱休度亦与是科中举。乾隆十九年（1754），朱休承入春闱，登明通榜第六名。朱休度此次会试落榜。翌年，朱休承有《怀介裴弟》诗表达对朱休度的怀念之情："不见阿戎久，天涯春草生。池塘今夕梦，燕市去年情。名岂终无分，诗应更老成。连床何日遂，剪烛话更深。"

乾隆十九年（1754）礼部试后，朱休承曾在扬州住了一段时间，其生活多赖徽州巨商马曰琯照应。朱休承有《赋谢马嶰谷先生饷鲥鱼》云：

江城半载住，方物每分将。尤爱鲥鱼美，兼传馔法良。朝来曾

---

① （清）朱休承《集益轩诗草》有《余授徒冬瓜堰阅四载矣，近喜同里周君莘野亦来授徒于兹。两人所居仅隔数武，暇辄聚谈片刻。因感怀先世旧好，率成一律赠之》。

动指，兴发便倾觞。风味马嘷逊，何劳忆故乡。

马曰琯惜才礼贤，雅爱文艺。雍正末年，在扬州筑小玲珑山馆，款留四方名士阅书作画。小玲珑山馆为街南书屋十二景之一，周围修竹盈亩。馆前有太湖巨石耸立，玲珑剔透，山馆以此得名。朱休承有《嶰谷先生招饮小玲珑山馆，以"早春山馆，竹径残雪"为题，分得"早"字韵》：

江南寒气多，今年春独早。和风渐融融，迟日亦杲杲。主人三径开，修篁一亭抱。犹余冻雪积，不课短童扫。昆山玉片匕，藉以书带草。点缀出天成，玲珑看更好。

乾隆十九年（1754）三月七日，李文招邀朱休承和休承的姐夫金蓉游平山堂。四月十五日，朱休承应马曰琯的邀请，搬到梅花书院住，马曰琯冒雨前来探望。朱休承《四月望移寓梅花书院嶰谷先生冒雨见过》云：

精庐旧约欣初践，带雨担囊自不辞。碧草色分咫尺路，黄鹂声在最高枝。笔床茶灶安排好，水槛风亭凭眺宜。何意冲泥烦枉顾，客居那复动愁思。

梅花书院的历史可上溯到明朝嘉靖六年（1527），其时国子监祭酒湛若水来扬州讲学，贡生葛涧在广储门外建"甘泉行窝"。清雍正十二年（1734），由马曰琯独力出资在甘泉行窝原址建书院，称梅花书院。朱休承《题梅花书院》云：

广储门外据萧旷，行行渐觉离尘嚣。精庐兀然面雉堞，满庭桃李春复春。我来寄迹论堂上，廊腰嵌壁横碑陈。摩挲一遍读一遍，始知创造非无因。胜朝书院旧曾建，黜浮崇雅风断断。甘泉先生盛讲席，独于此地淹留频。百余年来海桑换，遂令遗迹埋荒榛。扶风两翁雅好事，力欲复古兴斯文。纠工庀材费岂惜，门庭斋舍重鲜新。规模视昔较宏厂,添筑矮屋排鱼鳞。有园有亭亦有阁,足以游息怡心神。为延大师作山长,弟子肄业皆琪珣。忠臣祠宇孝子墓,左右壤接犹比邻。闻风兴起功自倍,一时俎豆何莘莘。从来教士首敦行,岂徒经义夸纷纶。末流此意已渐失,谁欤讲学明其伦。卓在两翁复古志,观摩俾与忠孝亲。美谈流播二十载,今兹目睹逾传闻。岭上梅花香不散,门前池水常涟沦。管弦声岂遽衰歇,伫看嗣响韩江滨。

诗中称"美谈流播二十载,今兹目睹逾传闻",可见朱休承入住梅花书院是在书院建成的20年后,即乾隆十九年(1754)。是年夏,朱休承闻蝉声而思故里,作《闻蝉》诗云:"积雨初消风满庭,数声遮了入窗棂。抛书顿忆南垞北,千树垂杨一子亭。"从扬州归里后,朱休承拜谒了业师李稻塍。李氏拿出《揽镜图》,命朱休承题写长诗,并为其修改。朱休承《题李蜕庵夫子〈揽镜图〉》云:"弟子初从邗上回,登堂拜谒好怀开。出图命我题长句,私喜榛芜有所裁。只今倦游计亦得,家食虽贫胜旅食。何时买取负郭二顷田,容我日日载酒亲颜色。"在这段暂归乡里的时期,朱休承还为嘉兴画家王肇基的《秋江返棹图》、黄宗羲玄孙黄璋的《秋山鼓琴图》、何孙诒的《吟芝图》题写了绝句。

乾隆二十三年(1758),朱休承与江苏溧阳人彭光斗在京城结交,并为彭光斗诗文全集题《拟古二首》。彭光斗字贲园,号退庵。朱休承对彭光斗评价甚高,称他为"冥冥塞上鸿,矫矫云中鹤"[①]。两人相识后,常相过从,以诗酬和。朱休承作《怀彭冶峰》称:"结交得彭君,新知乐莫乐。岁晏风雪并,空斋独栖托。爱我常过我,宁待折简约。诗篇许酬和,主客从脱略。淡期君子交,间作风人谑。藉以消鄙吝,兼之慰寂寞。今何足音杳,弗复果前诺。屡欲往从之,心畏朔风恶。晨起倚庭树,阳乌又西落。望君君不来,惆怅还入幕。嗒然隐几梦,梦至草元阁。"入冬以后,长时间没有下雪,逼近岁末,才大雪离披。朱休承有《对雪和彭冶峰韵》三首,其三云:"芒屩穿难纳,羊求敝尚披。闭门消客况,策蹇负

---

① (清)朱休承:《怀彭冶峰》,《集益轩诗草》,上海图书馆藏手抄本。

归期。顿洞天涯路，峥嵘岁暮思。春风送行处，记折嫩杨枝。"① 次年，彭光斗中举。乾隆二十八年（1763），任福建永安知县。

乾隆二十三年（1758）除夕前一日，中书舍人冯光熊会集朱休承等同乡为饯岁之饮，是夕肴馔中有御赐羊肉，烹调尤佳。② 朱休承虽性不耐饮，亦饮至微酣。因在坐者都是同里之人，所以朱休承有"人集他乡尽故乡"之感③。乾隆二十四年（1759）元宵节，朱休承和钱伯埙、冯光熊之父冯樽同观凤城之灯。钱伯埙字叶簏，号谡山，嘉善人。博学能文，品行醇洁。乾隆二十七年（1762）中举，乾隆三十六年（1771）成进士。冯樽，号匏斋。赋性浑璞，诗亦如之。著有《梦墨轩集》，沈琳序略云："哲嗣鲁岩先生筮仕部曹，迎养都门，逍遥几杖，每托诸吟咏以遣兴。"④鲁岩先生即冯光熊。

在此期间，同乡处士任馨祖在冯光熊寓斋见到朱休承小除日所作七律，慨然应和，朱休承即叠前韵赠之⑤；江苏青浦人许宝善⑥曾来访，适逢朱休承卧床未起，于是未相见即离去，朱休承中怀怅然，作诗自责。乾隆二十四年（1759）二月十二日花朝，又逢春社，朱休承作《社日和冯丈匏斋韵》及《二绝句》。三月一日，朱休承招彭樗亭、钱又堂、刘琴

---

① （清）朱休承：《集益轩诗草》，上海图书馆藏手抄本。
② （清）朱休承：《除夕前一日，冯舍人光熊会同里诸人为饯岁之饮，赋谢》云："岁除明日于今日，人集他乡尽故乡。腊瓮初酾小户酒，南烹特试大官羊。形骸脱略惩苛礼，笑语从容当乐方。顿觉长安居亦得，多情还仗紫薇郎。"冯光熊，字太占，浙江嘉兴人。乾隆十二年（1747）举人，考授内阁中书。乾隆十八年（1753），充军机章京。累擢户部郎中。从尚书福隆安赴金川军，授广西右江道，署按察使兼盐驿道。历江西按察使、甘肃布政使。官至左都御史。
③ （清）朱休承：《除夕前一日，冯舍人光熊会同里诸人为饯岁之饮，赋谢》，《集益轩诗草》，上海图书馆藏手抄本。
④ （清）潘衍桐：《两浙輶轩续录》卷十一，清光绪十七年（1891）浙江书局刻本。
⑤ （清）朱休承：《喜晤同里任处士馨祖于冯舍人光熊寓斋并见和小除日拙作，即叠前韵赠之》："相逢旧雨复今雨，转觉他乡胜故乡。颂补椒盘凌鲍谢，居荒竹径近求羊。曾为海上钓鳌客，自有囊中餐玉方。怪底维摩偏善病，因依且喜得中郎。"《集益轩诗草》，上海图书馆藏手抄本。
⑥ 许宝善，字敩虞，一字穆堂，号自怡轩主人，江苏青浦人。生于雍正九年（1731），卒于嘉庆八年（1803）。乾隆二十五年（1760）进士，历官浙江道监察御史。乾隆三十九年（1774）与于敏中等将《日下旧闻》增订为《日下旧闻考》。丁艰归，遂不出。常寓吴门，以诗文自娱。尤工于词曲，善戏谑，举座莫不倾倒。著有《自怡轩乐府》四卷，以及《自怡轩诗草》《自怡轩词谱》《南北宋填词谱》《五经揭要》《杜诗注释》二十四卷等，编有《自怡轩词选》八卷。

圃、董仲容、朱玉坡小饮于王惺吾西斋，据谈竟夕，并分韵赋诗。彭樗亭是溧阳人，乾隆十八年（1753）入国子监为贡生。刘琴圃是朱休承同乡，家桐川，与梅溪一水之隔。昔日，他和朱休承在旅馆中相识，曾联袂归里。

乾隆二十四年（1759）春，表叔钱载由藜光桥移居宣南坊绳匠衕衕。朱休承作《钱萚石表叔移居外城率赋》诗云：

> 宣武坊南卜宅初，一区雅称子云庐。漫夸史笔高三馆，试看图书足五车。寒月入帘新作主，晓峰排闼旧相于。只防问字人来便，应接忙添散直余。①

乾隆二十四年（1759），钱载在京任翰林院编修，同时充功臣馆纂修，署日讲起居注官。钱载和当时的顺天府丞申甫是博学鸿词的同年。②很可能是由于钱载的关系，朱休承得以和申甫这样的京城官员成为诗友。朱休承作《次申少京兆郊居倡和诗韵》云："别墅春开柳遍遮，公余酬唱日频斜。略成邱壑成中隐，总领风骚号大家。粉署有香皆百和，薇垣无树不仙花。还携瘦岛酸寒句，待款郊扉一笑哗。"③ 申甫，字及甫，号笏山，浙江西安籍江都人。乾隆元年（1736）举博学鸿词，六年（1741）中举。以中书舍人直军机，掌内制10余年，代言起草，指事类情，得到皇帝嘉赏。历官至左副都御史。其为诗抒写性情，羌无故实。有《笏山诗集》。

乾隆二十四年（1759）春，卢见曾亦入都，朱休承作《寿卢雅雨先生七袠》云：

> 间气钟灵本岱山，龙门望重许争攀。文章肯落王杨后，经术应

---

① （清）朱休承：《集益轩诗草》，上海图书馆藏手抄本。
② （清）申甫：《七月朔日，萚石招同地山少宰，小集山斋，为鸿博同年之会，两公各赋七律六章，予亦和之，书于萚石所画〈岁寒三友图〉后，以志一时盛事》："山馆凉生面面风，何分宾主此情同。故人海内今余几，往事樽前话不穷。各有姓名留荐牍，尽多酬唱入诗筒。衰年倍切齐年谊，气类相关要始终。"王昶：《湖海诗传》卷九，清嘉庆八年（1803）三泖渔庄刻本。
③ （清）朱休承：《集益轩诗草》，上海图书馆藏手抄本。

居马郑间。天与精神供翰墨，人传诗句遍江关。阁梅堤柳风光好，博得旌幢去复还。

鹾政东南借一筹，频烦转运驻邗沟。二分明月占清操，三过平山续旧游。芍药艳飞才子笔，茱萸香满故人舟。舆歌士论胥欢附，取次和羹沛九州。

堂开雅雨号书丛，签轴纷纶邺架同。五夜青藜常照耀，百家丹棨待磨砻。名山旧业瑶函启，秘笈新编枣木攻。何幸藏楄遗著在，亦依椿阴寿无穷。

淮海争传介雅篇，幔亭高会蔼群仙。绛梅花下官袍展，白雪歌中珠履联。宾榻忝悬怜异地，台阶容谒记当年。无因得似南飞鹤，吹向蓬山媲管弦。①

卢见曾，字抱孙，号澹园，别号雅雨山人，山东德州人。康熙五十年（1711）中举，康熙六十年（1721）中进士。乾隆元年（1736），擢为两淮盐运使。乾隆五年（1740）被革职充军，发配到塞外。乾隆九年（1744），冤案昭雪。乾隆十八年（1753），复调两淮盐运使。乾隆二十二年（1757）春，在红桥举行"修禊"活动，厉鹗、惠栋等前后数十人皆为上客。乾隆二十七年（1762）告归。著有《雅雨堂诗集》二卷、《文集》四卷、《雅雨山人出塞集》一卷。

乾隆二十四年（1759）八月十七夜，朱休承对月怀人，称赞时在塞上的冯光熊是"翩翩凤池彦，白璧无纤玼"②。乾隆二十五年（1760）除夕，朱休承在京城又与冯匏斋等故乡诸子为饯岁之饮。朱休承京华交游圈中的人物大半还是故乡朋从，其《春暮小集怡园，饮丁香花下，分得"清"字四首》其一云："地占金台胜，春逢谷雨晴。招邀无热客，谈笑半吴声。"③可见此次在宣武门外的怡园小集的人士一半来自江浙。怡园是王惺吾家的花园，乾隆二十四年（1759）、二十五年（1760），朱休承

---

① （清）朱休承：《集益轩诗草》，上海图书馆藏手抄本。
② （清）朱休承：《八月十七夜对月有怀冯鲁岩舍人在塞上》，《集益轩诗草》，上海图书馆藏手抄本。
③ （清）朱休承：《集益轩诗草》，上海图书馆藏手抄本。

寓居于此。其《中秋夜与王惺吾对饮月下有怀彭大樗亭》云："浃岁高斋愧滥竽，中秋好景未全辜。"①《闻沈吉夫、曹素为并有游怡园佳作，未蒙惠示，诗以索之》有自注云："余下榻王氏已二载。"②

乾隆二十六年（1761），为庆皇太后七旬生辰，朝廷开恩科会试。是年春，朱休承的舅舅盛百二、姊婿金蓉和朱休度先后来京城参加会试。是科，诸人皆落榜。初夏时节，朱休承从京城赴山东济南。临行前，作《将之济南，留别舅氏盛秦川、姊婿金采江、舍弟梓庐》诉说自身遭际的酸辛和亲戚别离的悒郁：

> 三年住京国，只影常酸辛。岂无新交游，总不如周亲。今春计吏偕，先后来侁侁。虽未蛟龙化，且贪麋鹿群。宵踏六街鼓，昼冲十丈尘。见面无虚日，情话得所欣。独于氍毹中，甘作褦襶人。兹乐不半载，遽为天公嗔。驱使出燕市，远适济水濆。来者既尽留，留者偏忽分。依人感王粲，弃繻惭终军。明知旷非久，念此伤心神。临岐一挥手，去去勿复陈。③

盛百二，字秦川，号柚堂，秀水人。盛百二少读书颖悟，受业于沈廷芳。家富藏书，藏书处名为"春草堂""皆山阁""惜分书屋""柚堂"。乾隆二十一年（1756）中举，奉命拣发山左，试观城知县，授淄川知县。旋以忧去，不复出。晚年久居山东，主讲山枣、稿城书院十数年。盛百二诗风清秀，学朱彝尊，有《皆山阁吟稿》四卷。宗汉宋儒学，其治天文、地理、勾股、律吕、河渠之学，甚为精深。所著《尚书释天》六卷，五易稿而成，对于星宿的位置、轨道、运行序次，有不少正确的记述，"论者谓当与胡东樵《禹贡锥指》并传"。④朱休承曾为《尚书释天》作序。

---

① （清）朱休承：《集益轩诗草》，上海图书馆藏手抄本。
② （清）朱休承：《集益轩诗草》，上海图书馆藏手抄本。
③ （清）朱休承：《集益轩诗草》，上海图书馆藏手抄本。
④ （清）潘莲庚：《柚堂笔谈序》，盛百二《柚堂笔谈》卷首，影印山东省图书馆藏清乾隆三十四年（1769）潘莲庚刻本。

第二节 作客山东

朱休承去济南，经过泰山下，泰安丞黄证孙过时造访，留朱休承盘桓数日，朱休承婉辞了。初抵济南，时当六月三伏天，朱休承为德州罗以深赋《贤清园歌》。罗以深，字渊碧，号朴园，增贡生。以子奎章官赠修职郎。著有《园片纸集》。

当时的山东按察使是沈廷芳，其人字畹叔，一字萩林，号椒园，浙江仁和（今杭州）人。本姓徐，从舅氏姓沈。以监生为《一统志》校录。乾隆元年（1736），由兵部侍郎杨汝穀荐举，应博学鸿词科，试列二等，授翰林院庶吉士，散馆授编修，升御史。乾隆八年（1743），为江南道，巡漕山东，兼理河务。乾隆二十三年（1758）由山东登莱道升山东按察使。沈廷芳是查升的外孙，曾从查慎行学诗文，从方苞学古文，和朱休承可以说是世交。他为人风流儒雅，为诗吐词清拔，结思邈远，绝去粗浮怒张之习，所为古文萃经籍之腴，冲融醇懿，尽得方苞之传，称其德量，虽规矩森然，时得变化之趣。著有《隐拙斋诗集》30 卷、《隐拙斋文集》20 卷、《鑑蒙杂著》4 卷、《古文指绶》4 卷、《鉴古录》16 卷、《理学渊源》10 卷、《十三经注疏正字》80 卷、《续经义考》40 卷等，还与陆谦合编了《唐诗韶音笺注》5 卷。在沈廷芳官署中，朱休承拜谒在此做幕僚的业师李稻塍。适逢李稻塍游历下亭归来，向朱氏出示新作。朱氏赋诗云："六月风尘欣乍息，半年杖履话初经。兹游不负吾师在，况读新诗得典型。"① 在济南，朱休承和李稻塍、沈廷芳以及沈廷芳之侄沈秋门叠有唱酬。

仁和人张廷谟、张枢兄弟当时在济南，与朱休承一见如故，视为知音。张廷谟字汝梁，号若垞，又号抱山老人，仁和诸生。著有《芦碕草堂诗集》。《碧溪诗话》曰："抱山老人工诗，与诸弟多倡和，所交皆当世耆宿。尝客粤，继客鲁，与修《阙里文献志》。南归后之四明、于越、吴

---

① （清）朱休承：《初至济南，谒李耕麓夫子于沈廉宪椒园先生署中，值游历下亭归，出新作见示，喜而赋此》，《集益轩诗草》，上海图书馆藏手抄本。

兴。晚乃里居，以吟咏自娱。"① 张枢字碧塍，号荪田，又号谷翁，钱塘岁贡生。著有《雩门》《西江》《朝阪》《台山》《城东》诸集。此时，张廷谟、张枢要回杭州应乡试。朱休承写了好几首诗送张氏兄弟南归。其《为张五荪田题〈泰山图〉即送其还武林》诗云："西泠张五东鲁客，一生爱访神仙宅。丹梯咫尺成千里，瑶草琪花杳难觅。五岳真形旧有图，金箱玉笈秘灵储。岱宗一幅落君手，明灭云霓绝世无。此种佳趣随人领，卧游且复师宗炳。恍惚如闻风雨声，六月轩窗亦清冷。有时梦里度屡颜，刚风扶入缥缈间。榑桑日出近可睹，天鸡一叫传区寰。向禽未遂名山约，归去机云同入洛。岂为莼鲈发兴频，但愁婚嫁羁身各。相逢几日遽相违，惆怅骊驹渡古沂。"② "归去机云同入洛" 把张氏兄弟誉为陆机、陆云，说明张枢是和其兄长廷谟同行。这时，朱休承离开家乡已有六年，满怀莼鲈之思。其《若垞、荪田南归乡试，即次留别诗韵》云："六载归兴愿屡赊，羡君兄弟说还家。莼羹鲈脍怀张翰，流水高山奏伯牙。"③

乾隆二十七年（1762）正月，朱休承从济南到曲阜。其时的衍圣公是孔昭焕。朱休承为孔昭焕的母亲何太夫人五十大寿献诗云："古来贤母堪齐孟，海上仙姑本姓何。介雅恰逢春酒熟，岭梅香里进豳歌。"④ 从"介雅恰逢春酒熟"一语推测，此诗当写于新年里。

朱休承在曲阜和孔继涵、张埙等人彼此倾慕，互相称许，结成了一个文艺小集团。在这个小集团中，孔继涵是主盟者。孔继涵字体生，一字纯谷，号荭谷，又号梅溪，山东曲阜人。康熙年间大学士熊赐履外孙，孔广森的叔父。清高宗乾隆四年（1739）生。乾隆三十六年（1771）恩科进士，官户部河南司主事兼理军需局事。乾隆三十九年（1774），清廷纂修《日下旧闻考》，孔继涵受命充任纂修官。他在京为官七载，退食之暇，与安徽休宁学者戴震、程四易，嘉兴钱大昕，长洲胡士震，大兴朱筠，歙县程晋芳，杭郡邵晋涵，鹤庆李根玉，兴化任大椿，历城周永年，桐城姚鼐，扬州罗聘，钱塘卢文弨，吴县张埙、汪元亮等讲析疑义，考

---

① （清）阮元辑：《两浙輶轩录》卷三十四，清嘉庆刻本。
② （清）朱休承：《集益轩诗草》，上海图书馆藏手抄本。
③ （清）朱休承：《集益轩诗草》，上海图书馆藏手抄本。
④ （清）朱休承：《寿衍圣公令堂何太夫人五十》，《集益轩诗草》，上海图书馆藏手抄本。

证异同。官至户部郎中。乾隆四十二年（1777）十月，以母患心疾告归。返里后，编著、校订、考证了文、史、经、算等各类书籍多卷，汇集为《微波榭丛书》。正当发愤著述之际，突染重病，卒于乾隆四十八年（1783）十一月八日，翁方纲为作墓志铭。朱休承和孔继涵交游密切的时期在他们出仕以前。

朱休承和孔继涵等交游活动的一项重要内容是文学创作，包括填词。冯登府说："伯承与东吴张瘦铜、山左孔荭谷，相为倚声之学，清和婉转，得之家传。"所谓"家传"当然是指浙西词派宗师朱彝尊的遗传。乾隆二十七年（1762）七月十一日，秋雨初霁，朱休承过访孔继涵红桐书屋，同江衡①、程临川、张埧游柳庄，兼览泗水之胜，江衡写了一篇记，程临川画了一幅图，孔继涵、张埧各填词一阕，朱休承纪以诗云：

> 朝曦丽晴宇，秋光净如揩。良辰展佳觌，雅集成吾侪。谈艺惬素心，选胜增高怀。驾言出东郭，旷野无尘霾。顾瞻阡陌间，腰镰刈禾稭。今兹岁大有，欢歌农人皆。行行别墅近，庄窝连荆柴。柳阴犬狰狞，屋角鸡胶喈。园丁闻客至，扫室门先闿。地僻游者少，蓬蒿蔓庭阶。丛篠滴深翠，老松横长钗。野花莫知名，琐碎殊根荄。轩窗饶逸趣，得意总形骸。都篮出茶具，煎点叶试揩。莓苔杂坐卧，语笑兼诙谐。便欲往泗滨，兴发安能挨。维时水方盛，牛马混两崖。翻飞多鸥鹭，游戏纷鲡鲑。洲平沙浩浩，岸曲流湝湝。遥村团绿树，远岫环青崖。豁达膜眼刮，空洞俗虑排。斯邦洵乐土，况与数子偕。古庙殿突兀，古墓碑崴嵬。红叶石门最，清风舞雩佳。沂泉既可浴，尼山亦可阶。会须遍登历，踏破双芒鞋。胡为坐一室，块若负壳蜗。近游自今始，后约谁相乖。还辕入城闉，明月已满街。主人意未倦，小饮留书斋。词兼苏辛胜，记拟徐庾排。妙绘得顾痴，奇句慙刘叉。幸陪作者林，纪实驱淫哇。西园玉山后，庶用传无涯。②

---

① 江衡，字岳南，号眉居，浙江钱塘人。乾隆十八年（1753）顺天举人。著有《凝道堂诗文集》。

② （清）朱休承：《七夕后四日，秋雨初霁，过孔荭谷红桐书屋，遂同江眉居、程临川、张埧游柳庄，兼览泗水之胜》，《集益轩诗草》，上海图书馆藏手抄本。

孔继涵学识渊博，经史子集，无不涉猎，精研三《礼》，尤精天算，为清代著名校勘学家。但在朱休承笔下，孔继涵更多的是以词人、诗人、骈文作家和画家的面貌出现的。孔继涵著有《红榈书屋诗集》4卷、《斵冰词》3卷。徐世昌在《晚晴簃诗汇·诗话》中曰："荭谷少工词章，年十五以《咏兰》诗为时所称。交戴东原，传其九数之学。赵瓯北、蒋心余皆未识荭谷。瓯北寄诗曰：'平生未识孔巢父，曾读《红榈》诗一编。著录已登书画舫，才名争慕孝廉船。'荭谷有《斵冰词集》，心余著院本十种成，封寄云：'我所度曲，不可不令斵冰词人见之。'"从朱休承此诗可以看出，孔继涵词宗苏辛，诗尚怪奇，工于骈体文记，画亦有法。

张埙的《竹叶庵文集》卷三十有《贺新郎》词记此次柳庄之游，词前小序曰："荭谷招同江眉居、程临川、朱育泉三孝廉游柳庄，程为绘图，录此词于上。"词中吟道：

客出东门者。鲁城头、荒荒落日，平林如赭。泗水汤汤流不尽，绕我襟裾而下。坐古庙、墙根闲话。笑倒南朝三百寺，又几曾、改逼泥神嫁。纷一派，淫祠假。空濛隔岸楼台瓦。待重来、须逢三月，梨花盈社。漠漠鹭鸶三四点，疑是白衣人也。只送酒、今番可罢。对酒怀人尤惨恻，六年前、周昉诗中画。大堤女，红衫马。

所谓"淫祠"说的是当地的土地祠。这是张埙《竹叶庵文集》中唯一一首涉及朱休承的诗词作品。张埙，字商言，一字商贤，号瘦铜，先世居于吴兴（今浙江湖州），清初迁至吴县。张埙在《题毛西河朱竹垞二先生合像二首》中自注说："《经义考》佚《家学》一门，竹垞曾孙休承为予言，盖未成之书也。"此处将朱休承误说成朱彝尊曾孙，可见他对朱休承的家世不甚了解。张埙与朱休承的亲密程度似不及孔继涵。

张埙年轻时与蒋士铨齐名，而作诗家数绝不相同，蒋士铨赠张埙诗云："道人有邻道不孤，友君无异黄友苏。"其心折可想。张埙努力追慕盛唐，又颇尊宋诗，瓣香金德瑛，诗风清峭奇肆。袁枚的《随园诗话》卷十六云："瘦铜自言，吟时刻苦，为钟谭家数所累。又工于词，故诗境琐碎，不入大家。然其新颖处，不可磨灭。咏《风筝美人》云：'只想为云应怕雨，不教到地便升天。'《借书》云：'事无可奈仍归赵，人恐相沿又发棠。'真巧绝也。至于'酒瓶在手六国印，花露上身一品衣'，则失之雕刻，无游行自在之意。"张埙能画，书法秀瘦可喜，与盛晓心、蒋士铨、孔继涵、赵翼、翁方纲、戴震、沈德潜、毕沅、黄仲则、钱载、吴锡麒、洪亮吉、金兆燕、严长明等交好，考证金石及书画题跋颇为详赡。乾隆三十四年（1769），张埙经会试考授内阁中书，入四库全书馆任职。著有《竹叶庵文集》33卷、《张氏吉金贞石录》5卷、《红桐书屋拟乐府》2卷，以及《蔡文姬归汉传奇》《督亢图传奇》。《蔡文姬归汉传奇》又名《中郎女传奇》，朱休承为题二绝句。赵翼亦有《题吟芗所谱〈蔡文姬归汉传奇〉》云："逸典能抄四百篇，不烦十吏校丹铅。谁知书籍归王粲，翻赖流离一女传。"

乾隆二十七年（1762）秋天，黄璋过访朱休承。黄璋，字稚圭，号华陔，晚号大俞居士，黄宗羲玄孙。乾隆二十一年（1756）中举，任嘉善教谕。次年，北上参加会试，游历齐、鲁等地。自从京师一别，倏忽已过7年。朱休承见到黄璋所示近作黄叶诗，赋诗赠云："一别春明已七年，故人气概尚依然。停云岱麓思常切，班草雩门喜欲颠。夜静挑灯谈往事，寒深炙砚写新篇。从今不数崔黄叶，藉甚才名让独传。"① 张廷谟于乾隆二十七年（1762）乡试落榜后，于岁末霰雪纷纷之中又回到山东。朱休承作《喜若垞至，即用殳栗堂咏雪旧韵》云："岁序峥嵘天一涯，满城霰雪正夭斜。相思剧似朝饥忍，既见欢逾背痒爬。"② 殳栗堂名荃，字颖斋，号宽圃。钱塘人。乾隆二十四年（1759）举人，后官卢氏知县，著有《茂林山房诗集》。陈鸿寿曰："殳君宰卢氏五年，有惠政。乞养归，遂不出。"③

乾隆二十七年（1762）腊月十六日，朱休承与张廷谟、殳荃集于孔继涵斋中，分咏花雪集衣、程门立雪、啮雪吞毡、东郭履穿四事，各得诗四首。二十九日，朱休承在孔继涵"红桐书屋"的庭院中，劝孔继涵

---

① （清）朱休承：《姚江黄稚圭过鲁见访赋赠》其一，《集益轩诗草》，上海图书馆藏手抄本。
② （清）朱休承：《集益轩诗草》，上海图书馆藏手抄本。
③ （清）阮元辑：《两浙輶轩录》卷三十四，清嘉庆刻本。

购入开成九经90余册，当时张垺亦在座。① 这天晚上，孔继涵作《除夕前一日，同叟栗堂、朱育泉、张若垹分韵》诗云："明日之日事已陈，今夕何夕逢偏恰。月流天隙云阴阴，雪销街渠水泛泛。群贤余技斗清词，光铓长剑倚天插。耸肩嗣响哦寒声，聊辞俯仰随人法。"②

乾隆二十八年（1763）正月初七，朱休承作《人日有感和若垹韵》云："嗟我皋鱼恨独深，觍然人面鬓霜侵。去年今日星奔路，残月荒鸡正痛心。"③ "去年今日星奔路"，是说他上年正月初七奔走在由济南到曲阜的路途中。

乾隆二十九年（1764）五月，朱休承从曲阜回嘉兴。乾隆三十年（1765）夏，他再次来到曲阜。当时叟荃也刚到曲阜，而张廷谟、张枢兄弟即将南归杭州，以应乡试④。朱休承有《复至阙里简诸同人》诗云：

河梁一别已经年，来结雩门未了缘。车服低徊聊复尔，乡园迢递故依然。暂时休汝非袁绍，回首登楼感仲宣。小草因人违志远，论文又废息交篇。

天涯芳草一丛丛，最忆多情臭味同。会面忽兼今旧雨，行踪半类马牛风。中年哀乐浑无定，外物推移讵有穷。只合随缘共酬唱，瓜痕留示后飞鸿。⑤

乾隆三十年（1765）八月十日夜，朱休承听着蟋蟀鸣叫，想念棘闱中的张廷谟、张枢，遂叠旧韵，作诗一首，远寄杭州。重阳节这一天，

---

① （清）孔继涵：《五经文字疑跋》曰："壬午小除夕，秀水朱伯承、东吴张唅芎坐于桐庭。适有以开成九经90余册求售者，仅《诗》《书》《左氏传》《谷梁传》《小戴记》《论语》《孝经》《尔雅》完善耳。伯承劝余留之，且有雠经之约，遂取顾亭林《金石文字记》校之。……岁莫无资，是约遂已。念朱检讨锡鬯跋云：《五经文字》独无雕本，为一阙事。"《五经文字疑》卷末，清乾隆三十三年（1768）孔氏红榈书屋刻本。
② （清）孔继涵：《红榈书屋诗集》卷二，影印辽宁省图书馆藏清乾隆刻微波榭遗书本。
③ （清）朱休承：《集益轩诗草》，上海图书馆藏手抄本。
④ （清）朱休承：《和韵答张若垹见赠》："梗泛浮萍何扰扰，天涯聚散感经年。君归才过秋风后，我到重逢暑雨前。"《送张若垹南还乡试次去夏赠别韵》："离绪纷然起，临岐一语无。客边劳望眼，天际记归途。棹散烟江鹭，樯随夜月乌。长亭七十五，飞渡到西湖。"《集益轩诗草》，上海图书馆藏手抄本。
⑤ （清）朱休承：《集益轩诗草》，上海图书馆藏手抄本。

朱休承怕登高望远，更添羁愁，只与朋友们在寓斋中对菊瞻云，分韵赋诗。

乾隆三十年（1765）重阳节前，朱休承作有《和韵答张盟鸥见赠四绝》，其四云："我生时命实堪哀，潦倒多惭错爱才。四十无闻行乞食，麻衣如雪渡江来。"①张盟鸥是张廷谟、张枢的弟弟。次年立春前三天夜里，朱休承同伋荃一起前往红桐书屋，孔继涵倒屣相迎。炉边杂坐，灯下谈谐，并各以咏雪中事五古相示，后又拈题阄韵，射覆罚酒。一直玩到参横斗转，朱休承、伋荃才脚旋眼花地踏上归途。五月六日，朱休承偕张廷谟、伋荃过孔继涑斋小饮，纵观所藏法帖，其中有苏轼《祭黄几道文》墨迹，并次张廷谟、伋荃旧韵投赠孔继涑。孔继涑是孔传铎之子，工书，精于鉴别碑版，为张照婿，得其笔法，有小司寇之目。中年学苏、黄、米，晚年学欧、虞、颜。

第三节　任职陕西

乾隆三十一年（1766），朱休承大挑一等，奉旨以知县用，分发陕西，历署三水、武功、郃阳、富平、白水等县，以及西安府清军监捕同知事。其署富平令期间，曾访李因笃著作，仅得《寿祺堂诗集》10册。

乾隆三十五年（1770），朱休承授城固县知县。乾隆三十六年（1771）、四十四年（1779），两充乡试同考官。朱休承诗集《集益轩诗草》中的诗作基本上是按写作年代先后编次的，其中大部分诗歌是出仕以前的作品。大概当了地方官以后，"一官依旧为人忙"（《南星杂咏》）成了他仕途生活的常态。缺少了傲雅觞豆之前、雍容筵席之上的文会活动，加上簿书丛杂，少有闲情逸致，故而作为风尘下吏的朱休承很难像前期那样洒笔以成酬歌，和墨以藉谈笑。

朱休承有一幕友名沈潮，号芦舟，嘉善人。其人性好鼓琴，善画山水，尤喜画白菜，师从同乡奚廷瑜。朱休承作《为焦揆也秀才题沈芦舟画白菜》诗云：

---

① （清）朱休承：《集益轩诗草》，上海图书馆藏手抄本。

北蔬本可题南笋，早韭还须逊晚菘。一自写生工水墨，烟苗雨甲倍玲珑。

人人都说菜根妙，谁信菜根滋味长。咬得便成百事可，一棵描取压群芳。

平生心折涪翁语，此味应知士大夫。廿载乐城惭素食，斯民曾有此颜无。

雅尚吴兴沈夫子，弹琴暇辄画熊蹯。一时汉上流传遍，白菜声明到处喧。

罢官归去拟学圃，抱瓮灌园岂不如。底事淹留秋已半，披图怅触渺愁予。①

"雅尚吴兴沈夫子，弹琴暇辄画熊蹯"，化用自欧阳修《赠沈遵》诗："沈夫子弹醉翁吟"。"熊蹯"典出洪舜俞《老圃赋》"婆娑熊蹯之菘"。从"罢官归去拟学圃，抱瓮灌园岂不如"一句可知，此诗写于朱休承打算以病告退的时候。

朱休承为官清廉，关心百姓疾苦。杨秉初《两浙輶轩录补遗》卷五引俞宝华语曰："伯承为竹垞玄孙，诗有家法。乾隆五十二年（1787），朱休承以病请告。官城固时，檄调他邑，固民数百赴御史台乞还贤令。君后以疾告，父老阻其章不上，几一年。比去，有走送至兴安者。"朱休度《追怀十一咏·育泉从兄》小序云："兄与度同举乡科。兄宰城固二十年。罢后，贫不能归，山中老民不远一二百里，各负钱米相资送，有泣下者。"② 朱休承其时有《留别城固绅士即次送行二律原韵》：

廿年善政寂无闻，辜负舆情重十分。畴昔依依夸爱日，祗今恋恋盼归云。受钱远愧山阴宠，劝学多惭蜀郡文。差喜诸君能自爱，佳章叠赠意弥殷。

寒风吹送去帆轻，欲别难忘父老情。素尚淳良近邹鲁，忽传任侠过幽并。计程乡树新春见，回首秦云古栈横。但愿乐城成乐土，

---

① （清）朱休承：《集益轩诗草》，上海图书馆藏手抄本。
② （清）朱休度：《小木子诗三刻》，《壶山自吟稿》卷下，清嘉庆刻汇印本。

年年丰稔听欢声。①

乾隆五十二年（1787）冬，朱休承自秦中归里，舟经小孤山下，作《小孤山诗并序》。过芜湖荻港，作《过荻港有感》云：

　　四镇纷纭事已非，靖南忠勇一时稀。荒坟草蔓鸠兹郭，故垒云销板子矶。运去空劳百战苦，身亡长使寸心违。芜湖正与芜城近，阁部英魂应共归。②

荻港附近有石矶，名板子矶，南明靖南侯黄得功筑炮台于此，以御左良玉兵。王士禛有《北归志》曰："过荻港，望板子矶，孤阜临江，上有城堞，故靖南侯黄公置戍于此。"黄得功最服膺史可法，史可法于扬州殉节后，黄得功亦战死于荻港。鸠兹是芜湖的别名。据说黄得功死后葬于芜湖。王士禛《定远靖南侯祠》有句云："闻道鸠兹郭，犹存骠骑茔。"③ 此即"荒坟草蔓鸠兹郭"所本。

乾隆五十三年春（1788），朱休承回到秀水，生活清贫。其《戊申春，余归自秦中，访史体仁表兄于蓉庄书屋，欢然话旧，即成一律奉赠》云："我归三径今无着，愿向蓉庄近结邻。"④ 史体仁名蓉，松陵人，史弥远裔孙。

朱休承晚年和诗文笺注家冯浩有交往。其《奉贺冯侍御孟亭先生得曾孙之喜用东坡韵》云：

　　吴兴驷马旧门间，子又生孙总凤雏。仙拟武夸曾已见，年方绛县亥堪书。花明榴火当炎暑，叶长桐枝值闰余。他日传呼看嬉戏，萧郎持比更何如。⑤

---

① （清）朱休承：《集益轩诗草》，上海图书馆藏手抄本。
② （清）朱休承：《集益轩诗草》，上海图书馆藏手抄本。
③ （清）王士禛：《海洋精华录》卷九，《四部丛刊》景林佶写刻本。
④ （清）朱休承：《集益轩诗草》，上海图书馆藏手抄本。
⑤ （清）朱休承：《集益轩诗草》，上海图书馆藏手抄本。

冯浩，字养吾，号孟亭，浙江桐乡人。乾隆十三年（1748）进士，改庶吉士，授编修。乾隆十五年（1750），充国史馆纂修。曾巡抚湖南，典江南乡试，旋升御史。后因病告归，主常州龙城，浙江崇文、蕺山、鸳湖诸书院讲席。

朱休承一生交游多在中下层士大夫和文人之间。乾隆五十四年（1789）六月十三日，朱休承病故。其著作有《居官随笔》二卷，以及《集益轩诗草》《风怀诗注》。

朱休承无子，以朱休奕[①]子承祧。所生四女，一适太学生海宁许洪钧葆元，一适候补府经历乌程温如玉奉璋，一适郡庠生陈寅治敬庄，一适候补州同知元和顾有簹。朱休承去世后，遗著多归许葆元收藏。休承妻周氏是吴江太学生周鄩之女，生于雍正八年（1730）正月二十五日，卒于嘉庆三年（1798）六月二十五日。

---

① 朱休奕，字永之，号梅崖，朱彝尊裔孙，工分隶，克承家学。（《梅里诗辑》）

第十二章

广灵知县——朱休度

第一节　蹉跎科场

朱休度，字介裴，号梓庐，又号小木子、壶山长、壶山旧史、范湖病渔、新愈病人。雍正十年（1732）十月十九日生。他少时，曾祖父朱德遴、祖父朱丕戫都在世。朱休度《我归行示三子》自言："幼逮三世双髦趋，曾大父年九十余。先型旧德恒诏予，未能聪听听其粗。大父赟志文藻殊，我先太史亟称诸。寿未周甲我甫睟，喜我不啼从乳雏。至今披稿流泪珠。我大母孝宗党乎，七十为妇躬洗褕。"①

总角时，朱休度受知于李清时②。乾隆九年（1744），与汪氏共学于家中古藤书舍。乾隆十三年（1748），聘国学生沈兆基之女为妻。朱休度到弱冠之年，祖父和曾祖父已去世。朱休度《我归行示三子》曰："我自逾冠两世殂，天乐渐减人事拘。"朱德遴死于乾隆十四年（1749），享年91岁。朱丕戫死于雍正十二年（1734）春。

朱氏家族文脉到朱休度一辈仍兴盛不衰，族中子弟多重视经史子集等古代经典的学习。朱休度早年曾在其书斋"藤花居"苦读经史。《我归行示三子》曰："忆我键坐藤花居，冥搜邅讨穷朝晡。思猎经史咀膏腴，上追著

---

① （清）朱休度：《小木子诗三刻》之《梓庐旧稿》，清嘉庆刻汇印本。
② 李清时，字授侯，号惠圃。福建安溪人。大学士李光地从孙。乾隆七年（1742）进士，选庶吉士。乾隆十三年（1748），授翰林院编修。十四年（1749），授浙江嘉兴府知府。后调山东兖州知府。二十二年（1757），升山东运河兵备道。二十九年（1764），调江南淮徐河道，次年擢河东河道总督。三十二年（1767），授山东巡抚。著有《周易经义》12卷、《朱子语类或问》22卷、《蚕书》1卷、《汛闸约言》1卷、《治河事宜》若干卷等。

作之先儒。秋风一荐惭区区，岁荒命蹇饥来驱，不殚而落初愿辜。"由此亦可知，朱休度初应乡试是落第了。为了家庭生计，朱休度不得不更努力地向科举之途上寻觅出路。乾隆十八年（1753），朱休度掩关穴食，专治举业。这年乡试榜后，钱陈群对休度的族叔朱振奇说："听说你们家有子弟闭门苦读，请把他的闱卷拿来看看。"朱振奇就领着休度去拜谒钱陈群，钱陈群因腿上长了毒疮而卧床。他移案就床，为休度评卷，连连称好，并说此文未合时文规范，却不绵弱，大有清刚之气。主考裘叔度是西江巨眼，爱高派，此卷必中。钱陈群又问："业师是谁?"答以"张（庚）先生"。钱陈群说："好，好。此真经师人师也。我以前特章荐张先生于朝，乡党怎么议论？"回答说："士林知不知者，咸悦服。"钱陈群对朱振奇说："我昔日于康熙六十年辛丑成进士，后于尊公（丕或）六年。而尊公已下世，众咸悼之。君家书香近亦衰矣。复其始者，在令侄身上吗？"又向休度言道："瓜田兄（张庚）称子能拟古乐府诗。诗是君家事，尤宜勉之。"此话令朱休度终生难忘。是科，朱休度与朱休承同荐榜前，中乡试第33名。

中举后，朱休度应会试很不顺利，自乾隆十九年（1754）至乾隆三十一年（1766），朱休度六度应礼部试落第。所谓"六上春官六予罢，少壮意气销归乌"。乾隆十九年（1754），朱休度第一次北上应会试，意气风发，"日轻世事神睢盱"①。入都后，随伯父朱麟应寓居在乡试同年查礼的碧玉山房。碧玉山房位于东城，别墅前后池水清浅，叠石玲珑，树木苍古，修竹丛聚。朱休度落第后与朱麟应、余枫溪②、查礼、查善长③、查善和④兄弟等在此唱酬。其《同年查笛槎招集碧玉山房分韵得烟字》有云："杏林方润色，莫放孝廉船。"⑤当时，查善长打算返回天津，众诗友硬将他挽留下来。

南归后，朱休度客居常州，有《游青山庄》五言古体诗四章，为钱

---

① （清）朱休度：《我归行示三子》，《小木子诗三刻》之《梓庐旧稿》，清嘉庆刻汇印本。
② 余枫溪，诸暨人，晚客南皮。种菊数百本，自号菊叟。
③ 查善长，字树初，号铁云，又号笛槎，天津籍宛平人。乾隆十九年（1754）进士，历官五河县教谕、工科给事中。有《铁云诗稿》。
④ 查善和，字用咸，号介仲，又号东轩。查为仁次子，不仕。著有《东轩诗稿》，另有著述36种，未付梓。妻陈淑庄，号青棠，亦有才气。
⑤ （清）朱休度：《小木子诗三刻》之《梓庐旧稿》，清嘉庆刻汇印本。

载长子钱世锡①所赏。乾隆二十年（1755），朱休度客吴门许臬使署，转客赵太守郡斋，有《同人拟苏台怀古诗》，又有《秋夜泛石湖登楞伽山过治平寺》诸诗。乾隆二十一年（1756），仍客居苏州，有《同人游虎阜诗》《郡斋新治见山园谦集》诸篇及《忆家六绝》《盆梅次赵朴庵公子韵》等。赵朴庵与王兰泉、王西庄、吴竹屿、钱竹汀、曹习庵、黄芳亭合称"吴中七子"。乾隆三十八年（1773）卒，终年49岁。

乾隆二十一年（1756）秋，朱休度应兖州知府李清时之招，赴兖州，有呈李清时七古一篇。又随之至济宁监司署，有太白酒楼诗，其颈联云："先达非无宋宣抚，微时早识郭汾阳。"②为朱休承所称许。这两年，朱休度被李清时留在官舍内读书。

第二年，朱休度再罢礼部试，由津门南归，在天津看到查善和收藏的一方汉砚。此砚虽无镌铭与署款，但世代相传，据说曾由晚唐诗人方干收藏。朱休度《唐方元英遗砚歌为津门查二善和赋》云："查君好古储藏多，获之一日三摩挲。花青蕉白都无色，龙尾马肝莫或过。范乔况克承先志，好添二十四砚斋中罗。"③"二十四砚斋"是查善和之父查为仁的斋名。

寓居天津时，朱休度又有《留别庄胥园同年》诗："伶俜瘦骨爱多才，迢递长途怅独回。此去秋泾鸥鹭在，落帆只少故人来。"④庄胥园，名肇奎，字星堂，号胥园，秀水人。乾隆十八年（1753）举人，选授浙江瑞安教谕。官贵阳知县，升云南永北直隶厅同知，擢广东布政使。著有《胥园诗钞》10卷、《诗余》1卷等。曾谪塞外10年。工诗。其故居在嘉兴秋泾桥。

然后，朱休度到淮安郡斋看望父亲朱振振。他在《我归行示三子》中论其父之品行说："痛哉我父生拮据，拮据力养三纪逾。平生笃行厚有余，考行人言厌字符。无尊无贱无亲疏，谓见叔度鄙吝祛。治河治赋经国需，为人必忠曾氏徒。至和而介严锱铢，千金聘却千里途。"看来，朱

---

① 钱世锡，字慈伯，一字嗣伯，号百泉、雨楼，秀水人。乾隆三十三（1768）年举人，四十三年（1778）进士，官翰林院检讨。有《麂山老屋文集》《麂山老屋诗集》，《百泉诗稿》。

② （清）朱休度：《小木子诗三刻》之《梓庐旧稿》，清嘉庆刻汇印本。

③ （清）朱休度：《小木子诗三刻》之《梓庐旧稿》，清嘉庆刻汇印本。

④ （清）朱休度：《小木子诗三刻》之《梓庐旧稿》，清嘉庆刻汇印本。

振振有治河和办理财务的能力。朱休度到淮安时，正碰上大举河工，羽书旁午。淮安府知府五诺玺留他随父佐理河务。朱振振对五诺玺说："此番腾空湖面，多方为弱淮计，必有速效，但十万里来水岁有消长，不出十年，仍恐黄强为患。尔时公若开府江南，当谨遵原奏，陈请筑还高堰，以剂其平，万勿为惜费计，实国家无穷之福。"得到五诺玺首肯。

朱氏家族中的穷困书生常以塾师为职业。乾隆二十三年（1758），朱休度授徒于秀水南湖之滨，有《南湖书舍》云："窗落风帆影，床通水鸟呼。"① 为曹秉钧②所称。又有《漊湖紫藤花歌》《病中杂诗》数首，为盛百二所称。盛百二时馆东门，与朱休度时常见面，多以文章疑义相质，多所讨究。这一年，里中有老翁死了孙儿，伤悼不已，请求朱休度作哀辞。朱休度于是集楚辞语，作哀辞一篇相慰。

乾隆二十四年（1759），朱休度到淮安知府李源署中探望其父，被留下为李源的6位公子授课，且负责起草公文书信。是年秋，陪李源游览金陵摄山，有五古12首寄朱休承、钱世锡，皆获称许。八月二日，抵江宁承恩寺寓舍，适逢阐上人于初一示寂，于是为上人《南窗集》题诗云："西竺僧先返，南窗我到迟。雪鸿空有迹，春茧独抽丝。一览诗终卷，三更月在枝。烟消钟磬断，想见苦吟时。"③ "烟消钟磬断"五字是阐上人的诗句。因为故交李时沛④任盐城县令，朱休度遂往盐城相访，并谒宋陆右丞祠，酹酒凭吊宋末负幼帝跳海的陆秀夫。

乾隆二十五年（1760）元旦，朱休度独上扬州平山堂。天寒雨细，不见其他游者。他匆匆理装入都。结果，这第三次会试又落第了。朱休度在京与盛百二同住，常讨论经学。盛百二还让朱休度引其师张无咎的考辨相印证。盛百二所著的《尚书释天》早已成书，为京都学者所看重。与群公还往间，朱休度亦得听闻绪论，有向学之趣，而忘下第之愁。王

---

① （清）朱休度：《小木子诗三刻》之《梓庐旧稿》，清嘉庆刻汇印本。
② 曹秉钧，字仲谋，号种梅，又号水云，嘉兴人。贡生。官山阴训导。工画梅，善诗，书仿苏轼，得跌宕之致。晚年主江西桂溪书院，著有《水云老人诗钞》。
③ （清）朱休度：《题白下阐上人〈南窗集〉》，《小木子诗三刻》之《梓庐旧稿》，清嘉庆刻汇印本。
④ 李时沛，字雨亭，界首镇人。乾隆十七年（1752）中举人，乾隆十九年（1754）任盐城县知县。有《归田集》4卷、《求近堂文集》1卷。

鸣盛专研汉学，尤习《尚书》，曾对朱休度说，他将纂辑《群说汇通》而将以详定，以成巨编。过了 30 余年，其《尚书后案》才出世。王鸣盛对朱休度的诗歌也很欣赏，常和秀度表叔钱载在钱大昕面前称道朱休度诗歌的佳句。朱休度又应翰林曹学闵①之招，教授其子锡龄、祝龄，秋冬孜孜，讲习举业。冬暮，写了几首绝句抒发感慨。钱载看了这几首诗后说："诗忒苦，且场期近矣，不作可也。"钱载是朱休度在诗学上的老师，朱休度《礼部侍郎秀水钱公载传》说钱载"以诗为命，独窥古人奥，缒凿不已"②。钱仪吉《山西广灵县名宦朱君事状》曰："本朝自君家竹垞太史名重海内，世谓秀水派，乾隆间吾从父箨石（钱载）先生父子、汪厚石、桐石兄弟及王谷原孝廉、万柘坡诸先生振兴古学，君（指朱休度）与同里蒋先生元龙及寓公戚先生芸生，皆学诗于箨石先生。"③

乾隆二十六年（1761），朝廷为皇太后七旬万寿，开恩科。朱休度应试落第后，准备回浙江桐屿。此年夏，至临清州，谒卫水神庙。庙在广济桥南，建于康熙十四年（1675）。朱休度仰瞻塑像，觉得该像酷肖李清时，鬓眉光彩，毫发无差。朱休度对李清时的知己之感，耿耿不忘。乾隆四十一年（1776），朱休度重过兖州，回忆 20 年前在李清时官署内读书的情景，作诗云："衔感茫茫久益哀，春风五马记曾陪。古之遗爱谁其嗣，客竟何成此又来。万里海山双泪缺，半生杯炙寸心灰。不知夹道青青柳，怎度秋霜二十回。"④ 12 年后，朱休度在北京遇到李清时之子李本璇，追述其父的治行，复赋二律，其二云："人推接代安溪老，我识前因卫水神。宛转鬓眉山下像，从容语笑酒边春。论文商略到千古，知己平生第一人。国史已闻采家状，几行述德愧铺陈。"⑤ 诗末两句指朱休度曾代李本璇草家状，上之史馆。

---

① 曹学闵，字孝如，号慕堂，山西汾阳人。乾隆十九年（1754）进士，改翰林院庶吉士。累迁内阁侍读学士，擢宗人府丞。性和平恬淡，官清慎，晚年好讲性命之学。诗文摅写性情，不事藻饰。议论英特，见重于时。著有《紫云山房诗文稿》。

② （清）钱仪吉：《碑传集》卷三十六《乾隆朝部院大臣下之》，清道光六年刻本。

③ （清）钱仪吉：《珩石斋记事稿》，续修四库全书，第 1508 册，上海古籍出版社 1995 年版。

④ （清）朱休度：《重过兖州有感》，《小木子诗三刻》之《梓庐旧稿》，清嘉庆刻汇印本。

⑤ （清）朱休度：《都下逢李三孝廉本璇，追述惠圃中丞夫子遗行，谈次至于泣，感赋二首》，《小木子诗三刻》之《梓庐旧稿》，清嘉庆刻汇印本。

多年来，朱休度四处奔走，如水萍风絮，"吴头楚尾历郡七，江淮扬海松常苏。东登泰岱西过华，西至于豳程崎岖。十三州府河南北，所未得到汝一隅"。经曹学闵推荐，朱休度到南汝光道张冲之[①]处任事。乾隆二十六年（1761）七月，黄河于杨桥驿决堤，河南47州县受灾。张冲之携朱休度自信阳疾趋开封。开封水势滔天，六门皆塞，官民梯城出入。正所谓"其岁在巳狂澜输，非河伯仁吾其鱼"[②]。八月十三日，"钦差刘相国、兆将军、裘司农踵至，始克填道，进北门。亟筹堵御，履勘东西坝基，并勘引河。相公策马中流，软沙陷及马腹，万人咋舌，遂奏定刘驻东坝，以开归道承之；兆驻西坝，以南汝道承之；裘主营度疏泄事。又奉命南北河督臣、新旧抚臣、常川临工设局，工次调遣一切机务，即于八月十八开工，邪许百昼夜。趣十一月初四合龙门"[③]。这段时间，监司大小官员竭力效命，霜厉风严，靡餐靡宿。朱休度张灯苇舍，握笔趋事，草檄飞书，夙夜辛劳。十月十九日是朱休度30岁生日。夜宿杨桥客舍，思家念亲，作诗云："生年三十愧昂藏，七度悬弧滞异乡。鞍背船唇几曾歇，杯残炙冷最能尝。萧然伴影天将黑，到此思家梦更长。今夜堂前双白发，定呼小女说游梁。"[④] 十二月，朱休度回信阳，曾于黑夜跨生马，颠越于黄流所经之野冰坑冻草间，十分疲惫。可过了一天，又冒着大雪，奉六百里之檄赶回省城。朱休度《信阳》诗有云："苦忆邮亭夜，征夫冒雪驰。"[⑤] "邮亭"指白雪驿，朱休度曾旅宿此驿。

乾隆二十七年（1762）春，河南省各属有灾，朱休度继续协助张冲之，督察修筑城墙。当时又发京兵西征，京兵路经河南，自安阳入境，西出潼关，分十起行走，张冲之受命弹压护送。虽然长途策应，未免纷驰如织，幸好力役以来，军行如水，罔越部伍。朱休度随张冲之于往来提调间，得借驻宿余闲，访古登临，谒殷比干墓，谒老子庙于古函谷关，

[①] 张冲之，字道渊，号退圃，顺天宛平人。雍正六年以诸生举贤良方正，授工部主事。寻以事被谪。乾隆初，复原官，改刑部。累迁户部郎中。乾隆二十六年（1761），擢南汝光道。有《素修堂诗钞》。

[②] （清）朱休度：《我归行示三子》，《小木子诗三刻》之《梓庐旧稿》，清嘉庆刻汇印本。

[③] （清）朱休度：《小木子诗三刻》之《梓庐旧稿》，清嘉庆刻汇印本。

[④] （清）朱休度：《三十初度杨桥客舍作》，《小木子诗三刻》之《梓庐旧稿》，清嘉庆刻汇印本。

[⑤] （清）朱休度：《小木子诗三刻》之《俊宁居偶咏》卷上，清嘉庆刻汇印本。

临彰德珍珠泉。又谒韩魏王祠，观蔡襄所书《昼锦碑》、李公择所书《荣事堂记》、司马光所撰《祠堂记》、韩琦自书《观鱼轩》《休逸亭诗碑》，及元明以来数通碑文。又谒卫源神祠，拜嵇侍中祠，游明月岭，游陈州柳湖食巨鲫，访子由读书台，于睢阳访双忠祠，于洛阳访白马寺，寻龙门附近诸胜迹，观康熙间汪士鋐重书白居易《修寺记》。又东抵商邱，饮宋氏西陂，叙世讲，评书画。在尉氏道中，看到"麦浪风轻一碧平"①的农田风光，想起上一年入开封系船杨柳树顶的情景，朱休度和张冲之相顾掀髯而笑。同年夏，朱休度经过太行山麓的水冶村，寻访古代连理柏。

刚办完弹压护送京兵西征的差事，朱休度病卧开封两个月，颇为委顿，有《闲窗》一诗云："闲窗竟日雨漫漫，病骨森森六月寒。起对仆夫眠对影，更无客至问平安。"②朱休度后又应张冲之之邀至信阳。是年秋，从固始乘商船，浮淮以归。抵盱眙后，舍舟而陆。回到秀水，适逢里中大水。乾隆二十七年（1762）七月二十七日，鹤洲草堂在雨中倾倒，朱休度为之慨然不已。久动思静，朱休度借祥符僧舍，闭关三月，打算温习举业，因工夫短，不济事。此年冬，有《哭张秀才弟新辉二首》，悼念张坤西之弟。

乾隆二十八年（1763），朱休度五罢礼部试，仲夏，过济宁，留居李清时运河道官舍，三个月后归里。翌年，朱休度侍父客居松江李太守署，教授他的六位公子。乾隆三十年（1765），坐关六个月，究心时艺，并与时文名手吴懋政往复讨论。吴懋政，字维风，号兰陔，海盐县澉浦人。乾隆十五年（1750）举人，十七年（1752）进士，官广东博罗县知县，改官处州府学教授。归里后，江南北士人请制举业获隽者有数十百人。所选刻时文遍行宇内。时推为文学祭酒，而诗工整有法。有《粤程稿》《八铭堂塾钞初集》《八铭堂塾钞二集》。

此年冬，第三次到济宁，夜宿客舍，感叹身世云："流光掷如梭，闲身飘似叶。乍此休役车，徘徊南池月。寒吹警皋禽，霜清山削骨。冷候异乡邦，渺怀眷凤昔。三过瞥十年，春秋负佳节。壁暗一青灯，梦违双

---

① （清）朱休度：《尉氏道中》，《小木子诗三刻》之《梓庐旧稿》，清嘉庆刻汇印本。
② （清）朱休度：《小木子诗三刻》之《梓庐旧稿》，清嘉庆刻汇印本。

白发。默然惭故吾，酒醒思兀兀。"①

第二节　清冷学官

值得庆幸的是，朱休度的仕途追求以"晚遇"而终成正果。乾隆三十一年（1766），六罢礼部试的朱休度始遇特恩，以大挑二等得教谕一职。其堂兄朱休承以大挑一等分发陕西，于是两人一同前往陕西。因路途辛劳，朱休度到目的地后即患病。稍稍痊愈，朱休承受名署理三水县，朱休度也同往部署。九月，过永寿县。县令是其同年孙景燧。此人后任台湾知府，在乾隆五十二年（1787）正月死于林爽文领导的天地会之手。这一年八月，朱振振病逝，休度于严冬奔丧而归。他在《我归行示三子》中，描述当时的心情说："痛兮尤痛戍冬初，我从从兄官幽墟。我孽自作天不诛，奔我父丧肝肠屠。五千里号风雪衢，风泪雪血双皆枯。我无伯叔兄善病，每念门户我心瘏。"② 因为未能给父亲送终，休度惭恨不已。乾隆三十二年（1767），朱休度在山东巡抚李清时幕中。八月十五，夜行泰安山中，思念亡父，有感而赋："凭高南望霰襟血，肠断悲歌《陟岵》篇。"③

乾隆三十三年（1768），朱休度与李文藻④定交，客居茌平县，谒马周墓。冬日，南归。翌年春，游西湖。不久，署安吉州学正，又以教谕衔管嵊县学训导事。朱休度为贫而出仕，但县学学官位卑禄薄，不能自豪，向称冷官，朱休度任此卑职，心中仍多失意之感，诗中也常发"冷官"之叹，如《安吉学舍初夏偶成》云："倚枕山斋如太古，温风也到冷官家。"⑤《夜雨次韵》云："冷官明日无人事，拼卧蓬扉坚不开。"⑥后

---

① （清）朱休度：《冬夜济宁客舍偶成》，《小木子诗三刻》之《梓庐旧稿》，清嘉庆刻汇印本。
② （清）朱休度：《小木子诗三刻》之《梓庐旧稿》，清嘉庆刻汇印本。
③ （清）朱休度：《八月十五泰安山中夜行感赋》，《小木子诗三刻》之《梓庐旧稿》，清嘉庆刻汇印本。
④ 李文藻，字素伯，号南涧，山东益都人。乾隆二十六年（1761）进士，官广东恩平、潮阳知县，广西桂林府同知，卒于乾隆四十三年（1778）。有《南涧文集》。
⑤ （清）朱休度：《小木子诗三刻》之《梓庐旧稿》，清嘉庆刻汇印本。
⑥ （清）朱休度：《小木子诗三刻》之《壶山自吟稿》卷上，清嘉庆刻汇印本。

来，他当县令时，作《广文先生榆投牒欲去，走笔留之，漫用老杜醉时歌韵》云："一行作宰山西省，比我当年冷官冷。"① 官冷秋凉，心空如水，如此而已。

乾隆三十五年（1770）春，朱休度与李清时相逢于西湖，即送之官南粤。又往嵊县实性寺，访净修上人。晤谈之后，朱休度恍然有真性之感，甚至表示要弃官证禅②。翌年，应上虞诸生叶封唐③之邀，小饮于嵊县城郊之明心寺，亦往城南游白龙潭。

朱休度在嵊县时，"四库馆采访遗书，大吏檄君总其事，四年中得书四千五百二十三种，为卷五万六千九百五十五，又不分卷二千九十二册，为总目以进于朝"④。乾隆三十八年（1773）闰三月二十六日，浙江巡抚三宝有《奏查访范氏天一阁等藏书情形折》曰："臣伏查项氏天籁阁、朱氏曝书亭、赵氏小山堂、万（范）氏天一阁，本系浙江藏书著名之家，第缘后嗣式微，不能保守，或因弟兄分析，致有散失，必须寻原竟委，设法踪求。臣钦遵谕旨，飞饬杭嘉湖道孔毓文、宁绍台道冯廷丞，督率府县及各学教官，并又端委杭州府同知陈虞盛、王燧，嘉兴府同知舒希忠，分赴各家，细加采访。查得项氏天籁阁历年久远，明季已毁于火，子孙并无读书之人，所有藏书，早经散失，莫可稽考。曝书亭久经坍废，书亦散佚无存，但为时较近，尚易踪迹。其族孙现任嵊县训导朱休度，曾经觅送过三十二种，内选取一十二种，已在前二次进呈书目之内。"⑤

乾隆三十七年（1772），朱休度遇覃恩，封貤其母钱太孺人。是年，学政王杰认为朱休度博闻多识，学植深厚，令其入襄浙西书局，为四库馆采进书籍。书局负责人是在籍侍讲沈初，朱休度与嘉善训导黄璋、于潜训导张羲年等担任总校，日夕淬厉，著录版本，撰写提要。朱休度还渡江访范氏天一阁，阅其藏书，读之几遍。浙江采集遗书，自乾隆三十

---

① （清）朱休度：《小木子诗三刻》之《壶山自吟稿》卷上，清嘉庆刻汇印本。
② （清）朱休度《实性寺访净修上人》："修语令我悔，恍然见真性。秋山自逶迤，秋水自明莹。何当弃儒官，细将禅理证。"《小木子诗三刻》之《梓庐旧稿》，清嘉庆刻汇印本。
③ 叶封唐，字晋藩，号芝谷。
④ （清）钱仪吉：《山西广灵县名宦朱君事状》，《珩石斋记事稿》卷八，《续修四库全书》第1508册，上海古籍出版社1995年版。
⑤ 中国第一历史档案馆编：《纂修四库全书档案》，上海古籍出版社1997年版，第89页。

七年（1772）秋至乾隆三十九年（1774）夏，分12次奏进。每奏一次，少者百余种，多者至千余种不等，进呈书目各叙作者姓氏、爵里及内容大要。大功将要告成的时候，黄璋对朱休度、张羲年说："吾辈此番之事，等于烟云过眼，盍稍述其梗概，付之剞劂氏，以为浙中掌故乎。"①因取历次奏进之稿重加类次，荟为《浙江采集遗书总录》一书，朱文藻参与分校，共襄其事。

17岁的杨蟠此间曾谒见朱休度于杭州书局。朱休度首先以读书敦行勉励杨蟠，然后谈到诗文说："诗文虽小技，非深入甲里，不能工也。"②

乾隆三十八年（1773），朱休度监理敷文书院，三十九年（1774）、四十年（1775）监理紫阳书院。四十年（1775）秋，朱休度秩满离开嵊县。临行时，浙江学政王杰为表彰朱休度的"识高心细，以一人任公事，积年无小差"，以自己常用的砚台相赠，并且说："砚者，念也，君其念我。"③

乾隆四十一年（1776）二月十九日，朱休度出杭城凤山门，由虎跑泉登六和塔，循江干，进云栖，道经理安寺而归，顺道寻访了石屋、水乐洞诸胜。是年膺荐入都，旨以知县需次，随钱载就山东学政幕。在济南，游趵突泉。秋日，陪钱载及其子世锡、陈梅轩同登泰山。乾隆四十二年（1777）春，其母病重，南归侍母。

乾隆四十二年（1777）秋，朱休度与邵晋涵交往频繁。④冬，抱病送黄稑圭谒选。四十三年（1778），乾隆将要南巡，在杭州城设总局。上司因朱休度熟习掌故，命其住局经理书画等事，并专撰《三天竺志》以供陈设。是年秋，送邵晋涵入都。其《秋日送邵二云太史入都四首》其二称赞了邵晋涵著《尔雅正义》及《孟子说》的学术成就："先生经义析纷纭，雠讨遗文补缀勤。郭璞后身有杨子，赵岐今日折朱云。"四十四年

---

① （清）黄璋：《浙江采集遗书总录跋》，丁丙：《武林坊巷志》第1册，浙江古籍出版社2018年版，第62页。

② （清）杨蟠：《壶山自吟稿跋》，《小木子诗三刻》，清嘉庆刻汇印本。

③ （清）钱仪吉：《山西广灵知县名宦朱君事状》，《衍石斋记事稿》卷八，清道光刻咸丰四年（1854）蒋光焴增修光绪六年（1880）钱彝甫印本。

④ （清）朱休度《秋日送邵二云太史入都四首》其四："昨秋夜夜倾浊醪，煨芋剥栗持蟹螯。"《小木子诗三刻》之《梓庐旧稿》，清嘉庆刻汇印本。

夏（1779），过杭州古招贤寺，为老僧题奚铁生所画《寒林流憩图》。

浙江商人汪鹏常往来中日之间，他将日本足利学校刻印的梁皇侃《论语集解义疏》十卷带回国内。乾隆四十四年（1779），朱休度得读此和刻本，因而著《皇本论语经疏考异》。《论语集解义疏》被浙江巡抚王亶望重新刊行，后又被收入《知不足斋丛书》中。中国刊本的《论语集解义疏》各卷卷末记载了校订者的籍贯和姓名，该书卷三的校订者是朱休度。朱休度"说经不欲自立一说，集汉唐以来诸儒之言而疏通之，至近世穷经家亦多所采取云"①。

乾隆四十五年（1780），王杰总督浙闽，例赴江南迎驾，命朱休度随营襄理笔札。乾隆皇帝回銮，王杰又摄浙抚篆，令朱休度佐幕务。送王杰入都后，朱休度归里，在城西南金陀里构墙下小轩。小轩有屋三间，轩外梅欹短墙，鸟啭幽林。王杰写信给诸友人，请大家为小轩绘图赋诗。过了20年，朱休度与老友鲍渌一起饮酒，鲍渌戏谑说："君小轩诗有'自爱廉隅方角柱，未辜风月直棂窗'之句，便可入君墓志铭也。"② 是年，朱休度有诗《追题陈匏村〈湘烟岳色图〉》云："我生五岳历其三，所未得睹恒与衡。昔我大父南岳行，采芝岳麓绘图成。陆堂初白诸老为题句，一时传诵今藏箧。近读回溪侍郎集，衡湘诸篇诗笔何峥嵘。能使山水传其声，令我神往心怦怦。匏村居士侍郎友，少偕席研以诗鸣。亦有《湘烟岳色图》，乃从令弟作宰游楚志所经。湘波九曲衡九面，尺幅依约点缀清。据石而坐领其妙，掀髯一笑余风情。吁嗟乎！匏村苦吟四十载，不知生计何经营。只今一帙诗刊未卒业，奈何呕出心肝遽委形。令弟对图三叹息，索我追题涕泪并。湘水无情岳无色，魂招不来烟冥冥。"③ 陈匏村名经业，有《匏村诗集》。

朱休度的家庭较为贫困。乾隆四十六年（1781）元旦，朱休度有《元旦口号二首》，其一云："妇无嫁物我无田，举案今朝共百年。一笑呼儿将酒饮，传家留得瓦盆圆。"④ 正月八日，曹秉钧招邀朱休度、王复小

---

① （清）钱仪吉：《山西广灵县名宦朱君事状》，《珩石斋记事稿》卷八，清道光刻咸丰四年（1854）蒋光煦增修光绪六年（1880）钱彝甫印本。
② （清）朱休度：《小木子诗三刻》之《梓庐旧稿》，清嘉庆刻汇印本。
③ （清）朱休度：《小木子诗三刻》之《梓庐旧稿》，清嘉庆刻汇印本。
④ （清）朱休度：《小木子诗三刻》之《梓庐旧稿》，清嘉庆刻汇印本。

饮叙话，三人皆不善饮，但话很投机。朱休度用苏轼送曹子方韵赋诗云："执壶斟虽浅，呼烛话未阑。君腹富有书，我身轻无官。道贵用所长，术忌趋所难。宁甘骥伏枥，讵厌鲇上竿。既醉一短谣，相期保岁寒。"① 王复，字敦初，号秋塍，秀水人。王又曾之子。监生，官偃师知县，有《树萱堂诗集》2 卷、《晚晴轩诗集》8 卷、《晚晴轩词集》1 卷等。

元宵节前一天，朱休度、曹秉钧、蒋元龙等雅集于王复斋中，观金农为王又曾所画墨梅及梅花灯八扇，并以《梅花灯》为题，各赋灯词。朱休度与曹秉钧、蒋元龙是幼时玩伴，朱休度《灯词》其五云："曹子清臞骨有仙，蒋生口吃腹便便。踏歌联臂当时伴，相对灯花非少年。"② 嘉庆九年（1804），朱休度题金农所画墨梅曰："比部《集》有索金寿门画梅绝句云……辛丑，比部嗣君秋塍要余与曹种梅、蒋春雨饮，出此同观。别有山人为比部画梅花灯八扇，时值上元，张灯相品玩，余为赋灯词七首，有'冬心旧笔生春色，疑是相思一夜开'之句，且劝秋塍撷灯幅装为册。今三人皆下世。闻灯画册子已为杭人购去。廉儿忽从他处获此，惘惘然对画如对故人，而余齿且及山人作画之年矣。余往见山人写梅，多乱插繁花，此老笔较疏淡可贵，儿能珍之。纸上花不随人谢也。嘉庆甲子，金陀七十三翁朱休度书。"

乾隆四十六年（1781）元宵节那天，下了点雨，朱休度等人集其墙下小轩。蒋元龙携来姜宸英手书《上元谦集诗》长卷。这一天，朱休度也拿出自己的诗稿相质。曹秉钧、蒋元龙是饱学之士，但屡踬场屋，故而朱休度诗有云："佳境终啖蔗，荣名伫传柑。羽丰展秋鹗，笔快抽春蚕。励志老须壮，谋欢暂弥贪。烛斜转北斗，钟动浮东蓝。近游期并棹，后会仍开甔。"③ 诗末两句指朱休度与曹秉钧、蒋元龙约作东湖之游。二月二日，诸同人再集墙下小轩，追和曹溶《金铭寺四咏》。金铭寺又名金明寺，在小轩东侧、欈李亭址之南，寺内有范蠡祠。

---

① （清）朱休度：《正月八日种梅招同秋塍小饮叙话用东坡送曹子方韵》，《小木子诗三刻》之《梓庐旧稿》，清嘉庆刻汇印本。
② （清）朱休度：《小木子诗三刻》之《梓庐旧稿》，清嘉庆刻汇印本。
③ （清）朱休度：《上元日同人集小轩，适春雨，携观姜西溟先生手书上元谦集诗长卷，即用其韵》，《小木子诗三刻》之《梓庐旧稿》，清嘉庆刻汇印本。

第三节　掌教书院

　　乾隆四十六年（1781），朱休度开始掌教剡川书院，所谓"一官博士聊窃糈，剡山青青剡水纡"①。在书院，朱休度选《史汉以来文章类要》以教士，还曾举异文同义数百条示塾童。因偶患心疾，不能观书，考金石文字自娱。病后，将自剡川归里，留诗题书院壁上："二三学子论文乍，造次家书待米回。桂老多年愁客折，榴花七月送人开。剡溪秋涨新添棹，石屋冬游定把杯。破壁留题增一怅，为曾逃暑养疴来。"②桂树、榴花都是书院中所有。冬游石屋，是与叶封唐的约定。

　　高士戴晋，字康侯，号松厂，斋名"松山书屋"。崇祯时人。居嘉兴墙头村。幼孤，慕陆羽为人，尚志隐居不娶。从其叔戴灏至同里项氏窥天籁阁所藏名迹，遂精画理，善山水、花卉。后寓精严寺与方外秋潭、高士殷方叔、高元雅辈交。常游金、焦、北固间，所至必图其景以赠人。殁后葬于放鹤洲旁。曹溶曾为其作传。朱休度藏有戴晋所绘《破窗七影图册》，图册上有金铭寺僧智舷所题七绝句。乾隆四十六年（1781）六月十八日，海上刮来大风，拔树毁屋，朱休度的小轩窗因此破损，累月不能修理。是秋，适逢翰林院修撰汪如洋③假归，与朱休度、蒋元龙、张讷斋④、钱约斋、秋白、王复、菊圃等醵饮小轩中，征题赋诗。朱休度欲为破窗解嘲，拿出《破窗七影图册》，举坐叹赏不置，遂以《破窗竹影》《破窗蕉影》《破窗松影》《破窗梅影》《破窗灯影》《破窗峰影》《破窗鹤影》为题，分七客吟咏，而朱休度七影全和。十月九日，朱休度与叶封唐、史载笔三人同游剡南山之白龙潭。叶封唐弟子薛、章二生相从。近村有周君携子担酒而至，诸人饮于林下小庵，取前人剡中诗"窗前王

---

　　①（清）朱休度：《我归行示三子》，《小木子诗三刻》之《梓庐旧稿》，清嘉庆刻汇印本。
　　②（清）朱休度：《病后将自剡归留题塾壁》，《小木子诗三刻》之《梓庐旧稿》，清嘉庆刻汇印本。
　　③　汪如洋，字润民，号云壑，休宁县人，寄籍秀水。乾隆四十五年（1780）状元。授翰林院修撰，后入值上书房，任山东乡试主考官。官至云南学政。著有《葆中书屋诗集》。与朱休度同为秀水诗派的骨干成员。
　　④　张讷斋，浙江嘉兴人。张仔之子。传承家学，工书，擅画山水、人物、花草、虫鱼。

谢旧烟霞"句为韵，分赋五古各一首。周君、周君之子、薛生、章生不能作诗，由朱休度、叶封唐、史载笔三人代作。10年前，史载笔曾陪同朱休度游白龙潭。其时，丁端木亦从游，而如今丁氏已逝。故而史载笔诗云："昔游我亦从，今感人云亡。"①

据说四明山有280峰，但梅福的《四明山记》称四面形胜，各有区分。道书《丹山咏》亦四面分述。及考黄宗羲所撰《四明山志》九卷，仅详东、南、北三面，而阙略西面。朱休度疑惑黄宗羲足迹未至四明山西部。他在剡川，久知此山面西诸峰南北迤逦五六十里，林壑多有佳处，而最胜者为僧恒传所结"石屋禅林"，额为净业居士张克昌所题。十月二十四日，朱休度偕叶封唐出嵊县城，渡剡溪，再渡棠溪25里，抵上林村，宿张克昌居士家。张克昌是年69岁，"有内行，善气溢于容，所居曰问心居，有小亭小池，手植卉木，皆郁郁有吉祥气。门有古柏，可千岁，前三年冬夜半村失火，火周于居士之庐而不爇，人以为为善报"②。张克昌告诉朱休度：此去五里，抵山麓，有小山，名为海螺峰。盘其下，折而入，有山涧自峡中西出，沿涧北行三里许，过涧南，有十丈岩，稍上为峡口，甚为狭窄。又沿涧行四里许，峡稍宽，两崖各有梯田，马士英曾筑宅于此，作为藏身之计。山阴王思任写信给马士英说：吾越是文章节义之乡，非藏垢纳污之地。如今，此宅已犁为田地，仅存累累颓垣。当地人犹称阁老基。君子闻而唾骂，以为名山之玷。朱休度问：僧恒传所结"石屋禅林"，何以用石屋命名？张克昌回答说："有小石厂在禅林侧，容数人坐，无他奇也。"朱休度问："仅此而已吗？"张克昌回答说："未也。背岩之右，有微径，从榛莽中盘而上，过下上金钟寺五里余，始达峰之巅。峰在西面，数十峰中最高亦最锐，锐处可亩许。全山大势，西为背，登此则东南北三面之峰皆出焉下矣。"朱休度问："山有豺虎否？"张克昌回答说："无之。曾见山羊大如牛而毛赤，意甚驯。闻有神马饮于涧，人围之，一跃过岩去。有五色兰，恒曾得一本以供佛。"朱休度问："尚有异乎？"张克昌又说："昌于山三十年已，若几牖床榻之知其

---

① 见（清）朱休度《小木子诗三刻》之《梓庐旧稿》，清嘉庆刻汇印本。
② （清）朱休度：《游四明山石屋禅林寺》，《小木子诗三刻》之《梓庐旧稿》，清嘉庆刻汇印本。

处者。若夫幽清荒怪之气，出没湛显之状，离色遁形，风雨乖和，昕夕诪变，为喜为愕，至者自领之，昌有舌不能言也。"① 三人相顾而笑。次日入山，一步一仰视。又次日出山，一步一回视。住宿在石屋禅林的那一晚，朱休度、叶封唐与张克昌同卧一室，谈禅至夜半，闻风声如虎，不觉畏惧，而弥觉清静。朱休度念禅林自始事阅今，未有文字记载，于是记录张克昌所言，缀于《游四明山石屋禅林诗》诗首。

正在耽山乐水之际，有人推荐朱休度到杭州校书。校书可以纵观载籍，诚是快事。但这时，他收到家信，得知母亲因辛劳生病，于是，假归省母。乾隆四十六年（1781）冬，朱休度自剡川回到故里，作有《我归行示三子》，诗中这样描述他回到家中的情形："我自剡归拂雪帽，迎门儿立身长俱。大儿过头次肩及，阿虎最小奔如驹。上堂拜母妇携女，偕至呼婢应者奴。谓我生日羁中孤，欲补卮酒为我娱。"这一年，朱休度已届天命之年，他在《我归行示三子》中检点平生经历后，表现了家居的幸福感和对三个儿子的期望："今虽家食贫无襦，百年幸得春晖舒。竹新荷碧花绛跗，小庭风暖孙肩扶。怡情散郁颜姁姁，差胜苦药常咦咀。我敢称老白却须，腹鸣嗃病鸣如蛄。不能忘剡寻鸥凫，鹿胎山樵崿浦渔。逢人不择相依于，卖文得钱菽水须。行就木矣何歉歔，我观三子非充闾。廉也稍黠和也愚，器浅受少其依乎。天生汝幸五官具，具五官闲且读书。且磨破砚守破庐，三百年来南门朱。勿馁其鬼慰吾姑，吃人之亏务已务。舍此而外无良谟，此是我家秘密藏。三无漏学一言如，儿兮听我莫我迂。儿兮墙上难为趋，欹器扑满有以夫。"②

乾隆四十七年（1782），朱休度掌教金华丽正书院，曾作举业文若干篇，请教郑虎文。郑虎文，字炳也，号诚斋，秀水人。乾隆七年（1742）进士。历提督湖南、广东学政。归后，与朱筠、程晋芳、王太岳、张九钺等唱和。著有《吞松阁集》40卷。

朱休度掌教金华丽正书院期间，与当地文人多有交往。乾隆四十八年（1783），朱休度有寄楼上层、方元鹍诗各一首。楼上层，金华府东阳

---

① （清）朱休度：《游四明山石屋禅林诗引》，《小木子诗三刻》之《梓庐旧稿》，清嘉庆刻汇印本。

② （清）朱休度：《小木子诗三刻》之《梓庐旧稿》，清嘉庆刻汇印本。

县人。廪膳生。其应乾隆己酉科浙江选拔贡试文有总批曰:"义括程朱之秘,词罗《史》《汉》之腴。石破天惊,水穷云起,此文境之大凡也。论则奥衍宏深,策则条分缕析,解经则贯穿十三经。不并不猥,排律停匀,弥谐宫吕。揭晓后,始知撰述等身,古诗文俱已名家,是两浙读书种子。"① 楼上层于此科被取为第一名。方元鹍字振飚,号海槎,又号铁船,晚号漫吟先生。浙江金华人。少耽吟咏,为诸生。嘉庆六年(1801)成进士。官工部主事。性孤洁,不耐官事,暇则扃户长吟,门径萧然。诗寓数十年悲忧愉乐,而博取典籍,约之以性灵,极为朱珪所赏。阮元曾为方元鹍诗集写序。方元鹍引疾归里后,流寓太仓。著有《铁船诗钞》21卷,《凉栅夜话》4卷、《续编》6卷,《旧雨新谈》4卷,以及《铁船乐府》4卷;又尝辑唐、宋、金、元、明七律为《指南甲乙篇》。方元鹍善饮,故朱氏诗云:"多应酒力胜茶力,散却不平毛孔收。"②

乾隆四十九年(1784),朱休度归里,舟经七里泷阻风。乾隆五十年(1785)正月十六日至十九日,钱载招朱休度、蒋元龙放舟永丰乡之九曲里,至丙舍赏梅,舟中悉载花以行。三人同宿九丰堂,彻夜论诗。朱休度是岁闲居,觅所藏法帖以养心,心病渐愈,因随手札论,为《石药记》若干卷。十七日这天,朱休度与钱载、蒋元龙游石佛寺,观净月房漆榻所雕元明人画幅及题句。过了一天,三人又同游普光寺。三月三十日,休度从叔朱振飞去世,寿七十五。朱振飞为茂曜曾孙,德机之孙,丕襄第三子,字南九,号后斋,又号锄雪。府庠增广生。著有《燕居如斋偶吟草》。其妻子是嘉兴姚东明的孙女、姚廷机的女儿。姚东明为朱彝尊门下士,曾壮游两川、三晋、秦、楚、燕、赵、南及百粤,交游益广,诗益豪迈。

朱振飞以工书法闻名。因一个聪慧的孙子夭折,他悲痛不已,于是画了一幅《持砚图》,画中自己坐持一砚,而那个孙子执一环以侍。砚者,念也;环者,还也:隐寓"念释在兹,冀其还生"之义。此年夏天,朱振飞之子担心时间久了,人们不知朱振飞作此画的本意。于是,请朱

---

① 顾廷龙主编:《清代硃卷集成》393册第3页,成文出版社1992年版。
② (清)朱休度:《寄楼子上层方子元鹍各一首》其二,《小木子诗三刻》之《梓庐旧稿》,清嘉庆刻汇印本。

休度题诗以志。朱休度《追题后斋从叔〈持砚图〉》诗云："三界轮回事有之，未须读画笑空思。却愁羊祜寻环日，已是范乔哭砚时。"①

乾隆五十一年（1786）至五十三年（1788），朱休度闲居在家，专门学习风水地理之书。五十二年（1787），曾合葬其父母于城南石头池，犹自恨察理未精，葬后始知其地得气而失运，得局而失中。两年后的正月十五日，朱休度与浑源知府、龙溪人黄照同登恒岳，游悬空寺。展礼后，相山之阴阳。朱休度说："主山应虚危，针路为至中，直午峰得廉贞象，乃二五妙合天然之正位。惜乎立庙者舍正就偏，且统外势，亘数百里如卧，而主山内包如心，故于文从亘从心。"②黄照同意这一看法。朱休度又为岩下无名井泉取名为"履一泉"。黄照表示要筑亭榜之。两人还联名镌于壁上。朱休度题，黄照书。朱休度的《登岳一首同黄刺史照作》有云："侧身怀古苍烟痕，黄君守土古治敦。神之听之民无冤，邀我登岳谒帝孙。题名岳壁联篾埙，劝我作歌辞复温。我无笔力扛鼎翻，敢绘日月摹乾坤。昌黎遗诫时乃谖，虽欲悔舌不可扪。"③

第四节　作宰山西

乾隆五十四年（1789）三月，朱休度北上都城，在京与李本璇相遇。两人同龄，在嵊县同为学官六年。六月同谒吏部选官，同赴热河觐见皇帝。引见时，两人名字又相连。因此，朱休度口占一诗柬李本璇云："同生壬子记同官，一别剡溪十五年。忽漫相逢又同选，联名引见是前缘。"④朱休度在部掣得江西临江府新喻县知县缺。引见之日，改山西大同府广灵县知县。九月，到广灵县任职。

自乾隆四十年（1775）以来，朱休度有除官的资格，但没有赴吏部谒选。15年后再出山，对自己"少无媚世婵娟姿，老学登场愧儡状"⑤

---

① （清）朱休度：《小木子诗三刻》之《梓庐旧稿》，清嘉庆刻汇印本。
② （清）朱休度：《小木子诗三刻》之《壶山自吟稿》卷上，清嘉庆刻汇印本。
③ （清）朱休度：《小木子诗三刻》之《壶山自吟稿》卷上，清嘉庆刻汇印本。
④ （清）朱休度：《口占柬李二明府》，《小木子诗三刻》之《壶山自吟稿》卷上，清嘉庆刻汇印本。
⑤ （清）朱休度：《示客》，《小木子诗三刻》之《壶山自吟稿》卷上，清嘉庆刻汇印本。

的情形也觉得可笑。在《绝句二首》其二中，他以"老女羞为新嫁娘"自嘲。有人诵宋代王令诗："身躯虽小胸腹宽，沛如绝海横秋涨。久宜脱绝事高致，岂愿卑冗劳俗状。"并说这四句赠朱明之的诗像说的是朱休度。朱休度自言不敢和朱明之相比。于是，即用王令诗原韵，成《示客》一首，诗中吟道："况来边邑风景凋，穷山穷水穷游杖。螳思拒辙臂难撑，蚊已负山项敢强。天下官民依岠邛，无小人君子莫养。祈天雨旸兆岁丰，乐我妇孺趋春饷。我独饥冻宁怨尤，了结公私快相向。善补还愁甑已破，难盈更怕卮无当。漫论劝学起弦歌，且愿催科免笞掠。安得左司半日闲，扫地焚香受清况。"①

朱休度初到广灵任职时，正值大荒年，灾疫流行，百姓疲乏，人口流亡过半，朱休度采取切实措施，多方安抚招徕，让百姓休养生息。粮籍旧日未清，朱休度"亲履勘山村之远近，原隰之肥瘠，人民之多寡，顺舆情，绝胥扰，奠其居而劝之耕，使地皆有应耕之人，粮皆有承纳之户"，由于措施得力，收效明显，"一年而荒者垦，三年而土无旷。于是丁粮地粮，岁无逋负，得纪录如例"。② 因为粮清赋办，朱休度获优叙。

在广灵任职的七年间，朱休度体恤民情，多善政，尤善决狱，"诉曲直者，数语处分，民皆悦服。数年，囹圄一空，举卓异"。③《清史稿》记载了他处理的两个案子：

> 刘杷子妻张，以夫出，饥欲死，易姓改嫁郭添保。疑郭为略卖，诘朝手刃所生子女二而自刎。休度诣验，妇犹未绝，目郭作声曰："贩，贩！"察其无他情，谳定，杷子乃归。众曰："汝欲知妇所由死，问朱爷。"休度语之状，并及其家某事某事。杷子泣曰："我归愆期至此，勿怨他人矣。"稽首去。薛石头偕妹观剧，其友目送之。薛怒，刃伤其左乳，死。自承曰："早欲杀之，死无恨。"越日，复诘之，曰："一刃何即死也？"薛曰："刃时不料即死。"曰："何不

---

① （清）朱休度：《小木子诗三刻》之《壶山自吟稿》卷上，清嘉庆刻汇印本。
② （清）钱仪吉：《山西广灵县名宦朱君事状》，《珩石斋记事稿》卷八，清道光刻咸丰四年（1854）蒋光焴增修光绪六年（1880）钱彝甫印本。
③ 赵尔巽等：《清史稿》卷四八三，民国十七年（1928）清史馆排印本。

再刃?"薛曰:"见其血出不止,心惕息,何忍再刃?"遂以误杀论,减戍。①

钱仪吉《山西广灵县名宦朱君事状》还记载了朱休度处理上访事件的案例:

> 大同冯良纯兄为里长,以催缴料草,笞恚而死。良纯伺令短,控于部凡十三事。郡守拘之,屈强不受命。檄君鞫之。至则俯首听,郡虞其再赴部也,属君守之。岁除,君乃纵之归。适大吏欲提问,郡指索不可得,以让君。君遣一家丁往,良纯即出,曰:"我不难逸去,第不忍负朱侯耳!"②

朱休度曾经说:"律则一耳。然南方案多情重法轻,北方案多情轻法重,稍忽之,失其情矣。能无慎乎?"③ 因此,终其任,朱休度不枉杀一人。他慈惠诚信,待人以诚,人亦以诚代之。索明阿至广灵县,听百姓都称朱休度为"良心官",对他甚为看重。

一天,朱休度与大同府知府等饮于郡斋,看到一块黑黝黝的石头,石上镌有"梧桐石"三字,不知是哪一朝代之物。石头作析木纹,据说是桐木所化,有人怀疑。朱休度见《易纬稽览图》上说:"治道得,则阴物变为阳物。其反也,则阳物变为阴物。"认为二气幻化,靡所不有,即席赋二首呈知府,其二云:"本是琴材峄阳产,笑成磬质泗滨浮。却怜一片刚肠冷,无复知音爨下收。"④ 当时,知府即将离郡,故末句有"无复知音"这样的话。

黄庭坚于庚戌年任叶县尉时作《漫尉》一诗。乾隆五十五年

---

① 赵尔巽等:《清史稿》卷四八三,民国十七年(1928)清史馆排印本。
② (清)钱仪吉:《衎石斋记事稿》卷八,清道光刻咸丰四年(1854)蒋光焴增修光绪六年(1880)钱彝甫印本。
③ (清)李元度:《国朝先正事略》卷五十三《循良》,清同治五年(1866)循陔草堂刻本。
④ (清)朱休度:《题梧桐石》,《小木子诗三刻》之《壶山自吟稿》卷上,清嘉庆刻汇印本。

（1790），朱休度阅读了这首诗，有触于怀，遂次其韵，成诗一首。诗前小引说："夫论笔力则劲箭之与枉矢，非可以强弱较。顾昌黎谓物不得其平则鸣，虎啸山，龙吟水，鸣也；蛄啼月，蛙吠池，亦鸣也。盖各声其声耳。知我者，必谓此诗乃述怀，非拟古。"诗中说道："我生不敢狂，一味拙而痴。二十为人客，四十为人师。六试罢燕京，三年留越溪。不胜杯杓物，不爱樗蒲嬉。刻意向文字，苦心别醇疵。"① 这一年，遇覃恩，封貤其祖母沈太孺人。

乾隆五十六年（1791）春，朱休度曾赴代州。八月十九日，雨夹霰，远山已白。二十二日，天气晴暖，出游壶泉。重阳节，过浑源，黄照携饮于新建的知乐轩，并借衣以行。九月十二日，朱休度上雁门关。冬十月，休度长子、少子迎家眷至广灵。

广灵县城东南一里有天然小石山，高不满三丈，顶平处周不满四十丈，形状如壶，为流泉丛木所环绕，面面清佳。昔人根据山形将此山命名为壶山。清代广灵八景，"壶泉春柳"即为其一。立壶山而远望，南、北、西三方，或高或低，不过可望见数里或十数里之外。唯独东眺，可见百里之外。蔚州东境的小五台山终古含雪，若有微云翳其山巅。

壶山西北隅有千福山，山有荒废已久的恒岳行祠，而朱休度予以重建。千福山山趾为县城，县城所濒之河，当时通称壶流河，古称沤夷川，又称祁夷川，即《县志》所说的丰水。"丰水月夜"也是广灵八景之一。据旧志记载："（壶流河）一名丰水，滩高水白，石静沙明，两岸潆洄，一望无际。若月夕临之，水天一色，月流波底，寒映碧空，碎影玲珑，清光荡漾，宛若雪夜。"②

壶山之泉被人们依照山名命名为壶泉。朱休度博通典籍，曾考据壶泉历史，纠郦道元《水经注》之误。其《考得壶泉为沤夷川源，志以一绝》诗云："祁夷川即是沤夷，名在《周官》迹弗疑。郑注班书有明证，向来纂笔竟谁知。"③ 朱休度通过考证认为祁夷川即是沤夷川，广灵壶泉

---

① （清）朱休度：《小木子诗三刻》之《壶山自吟稿》卷上，清嘉庆刻汇印本。
② 转引自《山西文史资料》1992年第3辑第87页。
③ （清）朱休度：《小木子诗三刻》之《壶山自吟稿》卷下，清嘉庆刻汇印本。

即为沤夷川的源头，郑玄的注"呕夷，祁夷欤，出平舒"是对的，而郦道元的《水经注》以滱水当沤夷川是不对的。壶泉从石底汩汩而起，串串而上，无数浮沤如珠散水面。朱休度以为，古人把祁夷川命名为沤夷，可能就是根据这个现象。

壶山之巅旧有水神堂，祀龙母以祷雨。水神堂门额上的"小方壶"三字竖匾是朱休度所题刻。壶山周围岩石遍布阴刻，其中"卧云钓台"一刻覆于旧刻之上，据传为朱休度遗墨。壶山山隅有七级实心砖塔。除此之外，榛荒蔓结，堆砾弃苴，别无寸椽之覆，片席之居，可供游者憩息观览。乾隆五十七年（1792）七月十六日，朱休度揆得吉日吉时，审基面势，召来工匠，建造山堂，并让李、郭二生监督其事。前后历时九旬，辟屋三楹。山堂内外，焕然一新，峦容野色，林影泉光，荡胸溢目。朱休度在梦中曾见到"巽妙"二字题额，久而未忘，但不得其解。壶山当城之巽位，而山之巽隅，泉石尤为清妙，既于山之佳处作轩以领其要，便把山堂题名为"巽妙轩"。政事之暇，辄呼僚友，及县之乡老学官弟子，或携其子声和、声依，其孙孚甲、从辛，汲泉烹茗，讽咏于此。

此年秋，有画家来谒，为休度写照。及画成，不仅山水布置欠高雅，即面目也不肖。虽然，既画矣，不可以无诗也。翌年春天，病中郁闷，作《自题行看子》诗云："边士少文墨，畴堪论画学。偶然徇客请，写此图一幅。左右颇相嘲，不类君面目。君本五短躯，周尺不满六。画乃颀而长，居然跨高躅。君颜冻如梨，君骨瘦如竹。画乃肥而皙，居然少年逐。鹤颈不可断，凫颈不可续。余顾左右笑，咄哉却甚真。东坡有妙语，汝曹岂不闻。论画以形似，见与儿童邻。世间孰是非，孰美与孰恶。手何如佛手，脚何如驴脚。我相众生相，本来无住着。此图纵未肖，貌取亦约略。具体有五官，尚非铸成错。俯仰山水间，寓意聊得托。况我一盖棺，冥然无此身。人亡年更易，代远迹胥湮。不见我见画，便如笑语亲。后世谁复辨，谓非姓朱人。"①

乾隆五十七年（1792），朱休度一度护理大同府理事同知。乾隆五十八年（1793）腊月，朱休度患了场病，几乎吃不下饭。第二年春天，气

---

① （清）朱休度：《小木子诗三刻》之《壶山自吟稿》卷中，清嘉庆刻汇印本。

候转暖，饭量才勉强加大。二月里，朱休度因公事前往代州。

朱休度一直心系百姓，只要是对百姓有益的事，他再苦再累，也在所不辞。乾隆五十九年（1794）春夏，广灵旱。每三六九集，有四五十处村民各迎龙神，号呼行雨，朱休度一一虔礼安慰。其时屡屡问卜，都无雨象。五月八日，芒种事急，朱休度率僚庶，连续三个晚上在恒岳行祠匍匐祈雨。他在诗中说："为民请命职应尔，鞠躬礼祷腰从折。"① 朱休度在恒山写有七古佳作，被刻在会仙阁墙壁上。

乾隆五十九年（1794），忻州知州汪本直修葺元好问墓，补建野史亭。完工后，汪本直向朱休度求诗并请其作考订，朱休度于是赋七古长诗一首、七律二首，并对定襄神山、野史亭都作了考证，附于诗后。朱休度《忻州汪刺史公修其境内元遗山先生墓，于草间获断碑，拓以见寄，感赋长句》云：

> 刺史行部春郊路，路前有冢冢无树。石人石兽知何代，紫烟结莽埋春雾。下马来寻断碑露，碑表七字檗窠书。乃是诗人元遗山之墓，魏初姜或记碑阴，先生遗命弟子注。碑阴云：或与初尝辱先生教诲，又闻先生之言，某身死之日，不愿有碑志也。墓头树三尺石，书曰：诗人元遗山之墓足矣。或与初适按部河东，得拜墓下，因买石刻之，时至元十九年。不书官爵不题名，中原布衣了半生。"题诗未要题名字，今是中原一布衣"，遗山遭乱后句也。百年风雅中州集，一代典章野史亭。乾坤清气最难得，斯文自任诚非轻。呜呼龙蛇争斗山河颓，铜马纸鸢成烬灰。用集中《壬辰十二月即事》诗语。壬辰乃金哀宗天兴元年十二月，哀宗出奔河北。逾年正月，济河，使白撒攻卫州，败绩，遂走归德。诗盖纪此。一联云："只知河北归铜马，又记台城坠纸鸢。"盖金白撒尝考纸鸢置文书其上，至蒙古营则断之以诱被俘者，故云。虚名误人生百谤，骂到苏诗肝肺催。肯作中书褚渊活，共谅江南庾信哀。遗山有"人皆传已死，我亦厌余

---

① （清）朱休度：《今年春及夏不雨，每三六九集村民各迎龙神，号呼行雨。动以四五十处，余既一一虔礼而慰以去，屡问卜，无雨象。五月八日甲午，芒种事急矣。余乃率僚庶蒲伏更祷于恒岳行祠，越三宿，丙申雨自子及辰霡霂方甚，忽益之以雪纷纷，迄午乃霁。晚登城四眺，山山白矣。询之众，一老云：五月雪易化，化时其膏不流山坡，苗得滋受，却胜于骤雨之速泻也。喜用东坡聚星堂韵，赋一篇纪之》，《小木子诗三刻》之《壶山自吟稿》卷中，清嘉庆刻汇印本。

生"之句，乃活剥东坡语。刺史修举职所专，重扶墓碣树墓田。补以松柏年荫年，我读汴京乱后诸诗篇。其声幽咽情渺绵。梦中青山与黄叶，愁里残阳更乱蝉。杏园双燕巢何处，秋水鸣蛙命可怜。此身春草惟一醉，此夜寒灰宁复燃。诗人心事杜鹃血，独恨无人作郑笺。余尝谓遗山《论诗绝句》中如"望帝春心托杜鹃"，及"未害渊明是晋人"，及"可惜并州刘越石"等语，又述次山一首，又乱后元都一首，皆显然自寓之词。近见方朴山评云："诗家总爱西昆好，独恨无人作郑笺"，此二句是遗山自道，莫错认是说义山诗，可谓先得我心。

朱休度在诗中好作自注，于上诗中可见一斑。此诗未被《元遗山墓图并题辞》一书收录，只见于朱休度《壶山自吟稿》。

广灵县城城北有个弹丸小邑名为北岳家庄。庄里有善人谋建关圣文昌庙，以扶纲常，培文教。乾隆六十年（1795），关庙建成，朱休度为之立碑，碑题"创修关圣文昌碑记"。现在，这座关庙已不见存于世，而此碑被立于广灵县朝阳古寺伽蓝殿左侧。这一年，朱休度还与全县文人在壶山水神堂正殿东侧捐建了文昌阁。

嘉庆元年（1796），朱休度因患胃病，痰嗽不止，请求回籍调理。布政使谢启昆等饬委不同城不同乡之灵邱县知县苏荣坪验看属实。山西巡抚蒋兆奎奏称："臣查广灵县知县朱休度为人明白，办事勤慎，任内并无承办紧要未完事件。既据验明患病属实，应请准其回籍调理。病痊，堪以起用。由原籍验看给咨赴部照例办理，除印甘各结送部并饬将仓库钱粮交代清楚。"①

嘉庆元年（1796）六月四日，朱休度得替，有诗云："老马愁引重，羸卒惭负戈。岂敢厌微官，常恐忝所荷。上官猥檄留，迁延累月过。再申始得告，一朝解青縚。人声增叹息，吾意虑蹉跎。昔如马羁絷，今如鸟脱罗。自此一身轻，从他百病磨。便知亡也忽，暂且啸也歌。归程即迢递，屈指亦不多。险穿飞狐岭，高越卧虎坡。河间得康庄，济上通清波。秋风顺流下，一叶投轻梭。"②"便知亡也忽"句下有

---

① 《明清档案》卷册：A272—093《题报大同府属广灵县知县朱休度染患胃弱病症现在痰嗽不止难冀就痊请准回籍调理》。

② （清）朱休度：《六月四日得替》，《小木子诗三刻》之《壶山自吟稿》卷下，清嘉庆刻汇印本。

自注曰:"丁巳、戊午,余当辞世。"朱休度精于历算占卜之学,曾推行年厄,认为自己可能死于嘉庆二年(1797)丁巳、嘉庆三年(1798)戊午。当广灵百姓纷纷恳留且欲赴诉于上官时,他说:"余岂不知尔民之爱余甚。顾余老矣,惧弗克负荷。且余造厄于戊午,时迫矣。余与兄均未有窀穸所。凡事豫则立,不豫则废。设不幸他日令时师妄下,殃及子孙,是与弃尸同也。"①话说完后,朱休度不禁落泪,百姓也都相应泣下。挽留不成,广灵县百姓即取朱休度"壶山垂钓小像"刻于石壁,作为纪念。嘉庆元年(1796)九月十八日,朱休度离开广灵县,广灵县民倾城相送。朱休度的《去县作二首》反映出他这亲民的官员深得百姓的爱戴:

秋九月来秋九去,良缘刚满七年期。倾城男女今朝出,送我轮蹄夹道驰。才听歌台声一唱,忽斟别酒泪双垂。行人此际情何限,热里生凉喜里悲。

幸绕壶山有壶水,秋深杨柳尚丝丝。树犹作此依人态,民岂能忘背地思。老妇愁经长路险,众雏啼畏朔风欺。非因乞骨归先陇,便葬桐乡也觉宜。②

十几名秀才更是送至河北蔚州暖泉村,依依不舍。当晚,朱休度与秀才们剪烛连床,饮酒话别。第二天,暖泉村人又为朱休度设饯于堡门之外,"谓言侯声名,耳习邻邦重。侯惠波及我,爱我息我讼。感侯不能已,酹酒中诚贡"③。朱休度闻言下马,迟回很久才辞别。朱休度是清代广灵知县中唯一一名入《清史稿·列传》的人物。《清史稿》称朱休度与汪辉祖"并以慈惠称"④。《广灵县补志·本传》称赞朱休度:"夙擅理学,服官后政兼教养,行著廉明。广邑赋税未均,因清查田亩,使粮无虚悬,

---

① (清)朱休度:《豫盦述略》,《小木子诗三刻》之《侯宁居偶咏》卷上,清嘉庆刻汇印本。
② (清)朱休度:《小木子诗三刻》之《壶山自吟稿》卷下,清嘉庆刻汇印本。
③ (清)朱休度:《县诸生十数辈送余至蔚州之暖泉村,越旦,暖泉人复为余设饯堡门外,迟回久之而别》,《小木子诗三刻》之《壶山自吟稿》卷下,清嘉庆刻汇印本。
④ 赵尔巽等:《清史稿》卷四八三,民国十七年(1928)清史馆排印本。

地无荒废。又以水利未修，邑多旱患，遂相度泉源，疏筑渠堰，为利甚溥。时有虎害，差捕之而除。善风鉴，于邑之水神堂、千福山诸庙宇，多所布置修理，有俾于地方。后以惠泽于民，祀名宦祠。"[1]

朱休度自乾隆五十四年（1789）赴选抵官，至嘉庆元年（1796）离开广灵县归秀水，八年间，宦囊仍空，回乡时，"妻子咨嗟问归计，一张驴券几钱该？"[2] 从山西广灵回到浙江秀水，千里迢迢，诗人或许连买驴的钱都付不起。但他积诗颇多，去掉其中虚夸浮泛及有声病者，有诗数百首。适逢其弟子朱鸿来广灵县，为他抄录成三卷。因为广灵县僻陋近边，士多愿朴，朱休度每成一诗，几乎没有人能与之倡和，所以，他自题此间诗稿为《壶山自吟稿》。朱鸿字云陆，又字仪可、少梁，秀水人。朱鸿后于嘉庆七年（1802）中进士。官督理湖南粮储道时，不为上官所喜，谢病归里。其人精研算学。撰有《声字荟录》《图解》《考工记车制参解》等。同郡钱仪吉集乾象、景初二术成书，朱鸿为之作注。

第五节　退居故里

嘉庆二年（1797）早春，朱休度应钱宝甫、吴榕园之邀，冒雨携其儿子声依过九丰堂探梅，并以钱载自题墓屋联"六艺云备，九谷斯丰"分韵赋诗。朱休度后来为钱载写过《礼部侍郎秀水钱公载传》。

塞上归里后，朱休度因为生病，本无意于旧诗。因有人怂恿，其儿辈又零星钞撮，朱休度便于枕次将旧诗删存一卷，付工牵连刊刻于《壶山自吟稿》之后，署曰《附录》。嘉庆二年（1797）十一月，朱休度作《壶山自吟稿附录》曰："余既以昨岁九月去县后，迄岁终，诸诗概入《壶山吟稿》，为三卷。其前有作，已无意收拾。今年秋，儿辈检出钞存旧稿一帙。阅之，惟辛丑一年之诗具在，余甚寥寥。盖散去多矣。虽不成编，亦不欲竟弃也，因略加删次，俾工牵连刻于后。老矣，食益少，思力益短，自悔旧作多疏，未能一一改就绳尺，所不慊于心耳。丁巳冬

---

[1]（清）杨亦铭纂修《广灵县补志》，清光绪七年刊本。
[2]（清）朱休度：《遣意》，《小木子诗三刻》之《壶山自吟稿》卷中，清嘉庆刻汇印本。

十一月，病中记。"①

浙江学政阮元来访朱彝尊曝书亭，只见满园荒芜，池干荷枯，片瓦全无。阮元感慨曝书亭在康熙年间曾名重一时，就此倾圮未免可惜，于是在原址上加以重建。嘉庆二年（1797），曝书亭重新建成。落成之日，朱休度因病未能前往参加庆典，其《仪征阮阁部公视学吾浙，为吾家太史公重缮曝书亭。落成之日，枉驾过梅会里，领多士览故赏新，题诗亭柱，观者如堵墙。休度以抱病弗获步趾迎候，兴感莫自已，谨集杜，成二诗志美，且荐后人》。诗云：

> 海内文章伯，乾坤一草亭。无人觉来往，柱史正零丁。冥寞怜香骨，喧呼阅使星。不能随皂盖，高卧想仪形。
>
> 野外贫家远，兹晨放鹚初。传声看驿使，相见下肩舆。壮节初题柱，荒芜已荷锄。新亭有高卧，乡党羡吾庐。②

这一年夏天，久雨不晴，朱休度见农民以水车运出田中积水（此在当地谓之倒踏车），而后方可插秧，辛苦至极，于是写下一诗：

> 断梅十日尚涔涔，郁雾痴云一片阴。稚子拖残装木屐，老夫拥破着绵衾。础浮碧藓如油润，庭浴花凫似沼深。倒踏水车种田苦，天公应有悯农心。③

对这样"倒踏车"的场景，诗人还作过细致的描绘："雨中淋漓倒踏车，踏水不出群呼邪。围内釜底围外高，围上加围堵不牢。"④ 其中的辛苦可想而知。

嘉庆三年（1798），朱休度闲居里中，无所事事，很想作诗，希望稍有进境，结果竟然因为生病而不能多作。他曾推行年厄，以为戊午年是

---

① （清）朱休度：《小木子诗三刻》之《壶山自吟稿附录》，清嘉庆刻汇印本。
② （清）朱休度：《小木子诗三刻》之《俟宁居偶咏》卷上，清嘉庆刻汇印本。
③ （清）朱休度：《六月十日盼晴作》，《小木子诗三刻》之《俟宁居偶咏》卷上，清嘉庆刻汇印本。
④ （清）朱休度：《记水》，《小木子诗三刻》之《俟宁居偶咏》卷下，清嘉庆刻汇印本。

自己的厄会之期，幸五行有救，未随朝露。十二月，朱休度撰《豫盦述略》曰："豫盦者，小木子之墓也。子姓朱，既因名表字，且号梓庐矣，又称小木子者何？朱者，赤心木也。吾祖菊塍先生尝以一字自号，曰朱木小子，因以小木称也。小木子生而多病，晚益甚，遭母忧，惸惸不出户，乃潜究青囊家奥旨，久之豁然。曰：'一阴一阳之谓道。道也者，不可须臾离也。二五之气，周流六虚，变动不居，感而遂通，其应如响，至矣哉。莫载莫破，而吉凶悔吝莫逃也。'"① 从为父母选择墓地到如今，朱休度增加了10年学力。归里后，他以郭璞乘金法，按天心，为其长兄休榑夫妇定幽宅。他认为，此幽宅风水很好，其侄子声希虽缺少兄弟，也一定能蕃其后嗣。朱休度又于秀水县灵宿乡幽湖之西为自己相中了8亩地。这块地呈半椭圆形，虽落脉短，开局隘，但形小气蓄，尚如一花一果，含欣欣向荣之意。筮之，得豫之上，爻辞曰："冥豫成，有渝无咎。"玩其占，冥训幽，豫乃安、乐、备先之意。幽冥中安且乐，则此地甚吉。既得此卜，于是他访寻到这块地的主人，直截了当地表示要买下这块地。主人面无难色，同意卖地，但屡约而屡失期，不来签约。朱休度在病中，占以六壬，得亥、子、丑三奇课。书言此课，祸消福起，凡事吉利统豫之体，上下悦怿之象。过了一天，地的主人来了，同意出售8亩地的一半，而另一半舍不得卖。中间人啧啧有言。朱休度说："无多求，穴在焉，勿失也。"双方就此达成交易。朱休度"乃就穴处为场百弓，筑以待种树，遂取卦名名其穴，曰'豫盦'"。② 朱休度常常慨叹："故家墓运，乘则家运消，受其煞者，殄五福，罹六极，甚或降为皂隶，或夷于鸟兽之行，至不忍言，此皆时师懵懂所致。按其水火诛僇之年，不肖淫盗男女之生命，其干支一一与墓煞干支相应。我今所择非敢妄希富贵，不过如避风之巢鸟，抔户之蛰虫，使返气纳骨，不受煞侵，是即全受全归之义，而荫我兄弟之后人，庶几稍有知识循礼义，稍有衣食顾廉耻，幸守四维，以免于下流之归，亦得支延祖宗门户百余年，如是而已。"

嘉庆四年（1799）春，当事开志局于郡中，延请朱休度入志局纂辑

---

① （清）朱休度：《小木子诗三刻》之《俟宁居偶咏》卷上，清嘉庆刻汇印本。
② （清）朱休度：《小木子诗三刻》之《俟宁居偶咏》卷上，清嘉庆刻汇印本。

郡志。其学生杨蟠亦携席砚入局，朝夕相侍。适逢朱休度《壶山自吟稿》刻竣，杨蟠读后作跋曰："自己酉至丙辰，皆宦游之作。其归里后，及旧日存稿，间附一二。先生喜盘硬语，不蹈袭前人一字，而闵闵有恤人之心，时溢于言外，虽元道州、韦左司不是过也。至于晚律之细，云陆孝廉列之为表；少作之清新，榕园上舍摘之为图。蟠不敏，何敢复缀一辞哉。惟是二十年来，独学无友，于诗古文词未窥涯涘，既请先生之诗而卒业焉，庶几得以津逮也。己未七月受业杨蟠。"①

重阳后，诗人见秋雨连绵，担心百姓粮食减产，无法交租，作《夜雨叹》云："刚喜重阳前后晴，奈逢九月十三阴。愁占农谚禾生耳，怕减秋成杵在心。租帖火催方速速，谷场泥滑正深深。老夫已自多忧惧，并入虫声感不禁。"②

除夕那一天，朱休度卧病在床。翌年春，他尚在病中，黄正夫过访，即作诗送其归闽："群雀轰飞小豹鸣，病夫卧稳打门惊。争看御史高轩过，远自长安倒屣迎。郑重封章临去国，斯须别酒判来生。那凭东海将双泪，直送龙溪海角城。"③ 立秋后八日，朱休度得一孙。有诗云："庚寅生后又庚申，一线分明太岁神。落寞取材非所望，含饴且弄眼前春。"④

嘉庆六年（1801）春，朱文藻自杭州至嘉兴，招朱休度、曹秉钧小饮于花下。朱休度《辛酉春家朗斋自杭来禾，招同曹种梅花下小饮，朗斋有诗见贻次答》云："老病逢春耿索居，一樽草接笑谈余。新花品第劳相及，旧学商量报不如。胸握珍珠能记事，手编铁网竟成书。古交非必敦同姓，三十年来祇似初。"⑤ 朱文藻是浙江仁和人，号朗斋，精六书金石之学。诗中所说"竟成书"指的是朱文藻与毕沅、阮元等合作，撰成80巨册的《山左金石录》。诗中自注曰："交朗斋自壬辰始。"朱休度与朱文藻订交始于乾隆三十七年（1772），至此已有30年，而交情不衰

---

① （清）杨蟠：《壶山自吟稿跋》，《小木子诗三刻》之《壶山自吟稿》卷末，清嘉庆刻汇印本。
② （清）朱休度：《小木子诗三刻》之《俟宁居偶咏》卷上，清嘉庆刻汇印本。
③ （清）朱休度：《庚申春病中喜黄正夫过访即送归闽》，《小木子诗三刻》之《俟宁居偶咏》卷上，清嘉庆刻汇印本。
④ （清）朱休度：《立秋后八日得一孙》，《小木子诗三刻》之《俟宁居偶咏》卷上，清嘉庆刻汇印本。
⑤ （清）朱休度：《小木子诗三刻》之《俟宁居偶咏》卷上，清嘉庆刻汇印本。

如初。

嘉庆六年（1801）夏日，朱休度的病稍有好转，便请人追画《壶山巽妙轩图》，其《壶山巽妙轩图说》曰："始余作轩时，即思点缀为图，而县僻无画手。比归蹉跎，又五六年矣。今夏病稍间，遂倩人俾以位置，写此卷，非独老夫可当卧游，传示儿孙亦将有考也。"[1] 这一年，休度唯一的女儿声安去世。声安孝而有文，嫁给了生员曹泰宁。曹泰宁是原任山阴县学训导曹秉钧的季子。

嘉庆七年（1802）春，朱休度过合峰园。园中峰石为宋代焦氏故物，相传是花石纲所遗。他的《壬戌春过合峰园有作兼柬北枝明府二首》其一云："岿立双峰翠欲流，烟霞怅望几春秋。旧游曾访梁园去，不见宣和盘固侯。"[2] 是年秋，朱休度与吴修[3]同游苏州狮子林，见其基地隆阜，其上众峰迤逦林立，一一灵峭，都是嵌空太湖石。虽然数以百十计，未免复沓。狮子林腹内洞户窈渺，可容一人入内，其径高下往复盘回，凡数十折。洞底洼处，有水泓然。踏蹬以度，使人迷不知所出。一旦出林，又失入口。朱休度周览完毕，不觉慨然对吴修道："我观此林，匠作巧而伤雅，必非名手所结撰。此乃奇技淫巧，出于佻心者之为，糜费金钱不知其数。"吴修点头称是。朱休度又证诸苏州府志所采史籍各条，益发感叹，于是应吴修的请求，摘叙狮子林的由来，并系以三绝句。

嘉庆八年（1803）春，朱休度与吴修、修弟吴宁、曹泰宁、朱声和、朱声希、朱声廉、朱声依、钱昌龄赋《春草》诗，并请钱善扬画《春草图》，题各诗于后。朱休度《春草和同人作》有云："独添垂老伤心梦，绿满池塘又一年。"[4] 他是为上一年辞世的长兄休榑伤心。

嘉庆九年（1804）元旦，朱休度有《甲子元日题俟宁居壁》诗云："又老一年人，已交七日春。窗梅先坼甲，盘菜剩含辛。形影空相对，雨

---

[1] （清）朱休度：《小木子诗三刻》之《俟宁居偶咏》卷上，清嘉庆刻汇印本。
[2] （清）朱休度：《小木子诗三刻》之《俟宁居偶咏》卷上，清嘉庆刻汇印本。
[3] 吴修，浙江海盐人，字子修，号思亭。诸生。官布政使司经历。精于鉴别古今字画金石。陆续刊刻有《湖山吟中啸集》《思亭近稿》《居易小草》《吉祥居存稿》。另有《青霞馆论画诗》《续疑年录》《曝书亭诗集笺注》《纪元甲子表》及《居易居文集》。刻有所集清人600余家尺牍。
[4] （清）朱休度：《小木子诗三刻》之《俟宁居偶咏》卷上，清嘉庆刻汇印本。

风叵耐频。春花愁拗冷，更切病余身。"① 此年冬天，气候温暖，菜、豆、麦并长，不禁春冻。

嘉庆十年（1805），郭麐至秀水，访朱休度于墙下小轩，休度出《仙家诗意图》嘱题。郭麐和朱休度情谊深厚。朱休度去世后，郭麐亲至墙下小轩，吊唁故友。嘉庆十年（1805），朱休度读《易》，作《读易二首》，其一云："维天健于行，日月星辰系。四时行如马，五气行乎地。妙合二五精，运行惟一气。行行复行行，万万古不坠。水哉乎水哉，不舍昼夜逝。乾坤之端倪，圣人所举示。语大莫能载，负天鹏背势。语小莫能破，蚊睫螟巢寄。鬼神不可遗，体物隐于费。无息体天行，夫惟诚之至。可以孚豚鱼，可以察天地。"②

嘉庆十二年（1807），朱休度为查有新诗稿题诗云："春园人蔼蔼，诗笔入春风。师古张水部，承家初白翁。不矜文字怪，自洽性情通。况得壮游助，燕云际海东。"③ 查有新，字铭三，号春园。诸生，议叙州同。精通《易》理和形家之言，北地山川胜，概览殆遍。亦工诗。国子监祭酒法式善曾题其《吟稿》曰："君家故多诗人，今又得一'烟波钓徒'也。"④ 其诗以发擿性情为自得。著有《春园吟稿》十六卷等。

休度从祖朱稻孙66岁时，曾为沈奉宜写八分千文册。沈奉宜谦谨有文，为桑调元的弟子，可惜的是毕其一生，在童子试场上竟未能获得秀才资格。其子于乾隆三十三年（1768）中举，后入赘于京城某人家中，乾隆四十一年（1776）与朱休度在京师相遇，此后莫识所归。嘉庆十三年（1808）春分日，朱休度阅朱稻孙所写该八分千文册，颇有感慨。回思弱冠之年，朱休度随侍稻孙问诗法，宛宛如昨日，遂题诗云："小册东阳凤所藏，墨花零落砚池浜。八分字字符和脚，蝴蝶窗前旧梦长。"⑤ 砚池浜是沈奉宜所居。蝴蝶窗指醽舫之窗，因为醽舫旧有小

---

① （清）朱休度：《小木子诗三刻》之《俟宁居偶咏》卷上，清嘉庆刻汇印本。
② （清）朱休度：《小木子诗三刻》之《俟宁居偶咏》卷下，清嘉庆刻汇印本。
③ （清）朱休度：《题查春园诗稿》，《小木子诗三刻》之《俟宁居偶咏》卷下，清嘉庆刻汇印本。
④ 见（清）潘衍桐：《两浙輶轩续录》卷二十二，清光绪十七年（1891）浙江书局刻本。
⑤ （清）朱休度：《题芋坡从祖为沈翁写八分千文册》，《小木子诗三刻》之《俟宁居偶咏》卷下，清嘉庆刻汇印本。

额"蝴蝶局"。

嘉庆十四年（1809），朱休度参与修郡志，其《尹川姚翁之没，将举丧，征及鄙诗，因感其家先司城公遗事，书以挽之》有云："顷余修郡志，发潜为推奖。"①

谚语称"百年难遇岁朝春"，意思是说元旦恰逢二十四节气中的立春，这是百年难遇。而朱休度一生却能遇到三次这样的年度，即雍正十二年（1734）甲寅、乾隆三十七年（1772）壬辰及嘉庆十五年（1810）庚午。嘉庆十五年（1810）元旦兼立春日，天气甚寒，朱休度睡午觉时，口占二首：

忆着摇篮一梦才，兹晨罗立有孙孩。春逢元旦百年幸，我及今生三度来。白堕未消深腊雪，黄香且插去冬梅。若由新宅悬先像，瞻礼稍亲色哭陪。

背曲腰酸昼据床，今年奇冷破天荒。吴田无恙丰将兆，燕炕如人暖不忘。南北候殊潜欲转，阴阳道浸见而章。弱魂杳渺归何处，犹记冬闺学母妆。②

"南北候殊潜欲转，阴阳道浸见而章"句下自注云："迩来南方间，岁寒如北地。北京间岁热如南省。岂列子所谓阴阳之道浸者然欤？""弱魂"指其亡女声安。朱休度午睡之处原来是声安的居室。此时女儿一家已荡析无存。此年，朱休度曾重游泮宫。

嘉庆年间，金孝柏将其祖父金德瑛的《观剧绝句》30首原稿购归，并遍征当时社会名流为之题咏。朱休度于嘉庆十五年（1810）秋题识曰："观剧诗虽近闲情，要有咏史遗风方推能事，盖诗通于史，为其可以明乎得失之故也，读总宪公诸首，语长心重，庄雅不佻，庶几擅西昆之清丽而又远东维之嫌嫚，洵堪作艺林之圭臬，又岂独文孙获手泽如获重宝耶？"③

---

① （清）朱休度：《小木子诗三刻》之《俟宁居偶咏》卷下，清嘉庆刻汇印本。
② （清）朱休度：《庚午元日寒甚，午枕用游泮诗韵口占二首》，《小木子诗三刻》之《俟宁居偶咏》卷下，清嘉庆刻汇印本。
③ （清）金德瑛：《观剧绝句三十首序》，叶德辉辑《桧门观剧绝句三卷》，《丛书集成续编》148册，第164页。

宋元易代之间，岳飞后裔岳琳遭乱畏祸，奉岳飞像及券册、鼎爵诸器藏于诸暨山中。岳琳临终前，遣其夫人程氏携二子归嘉兴，变姓为乐，匿于外家。万历十一年（1583），岳飞第十四世孙岳元声登朱国祚榜，成进士。当时，岳元声还姓乐。待乐元声之弟乐和声成进士后，乐家才于万历三十三年（1605）疏请复姓，而岳元声于万历三十四年（1606）在山中访得岳家的像器故物，遂建祠迎祀。可惜明末岳忠武王祠被毁，像器都被盗。嘉庆十六年（1811），岳和声的六世孙岳鉴奋志重建岳忠武王祠。朱休度作《郡西郊重建岳忠武王祠落成二首》。此诗的自注说明了嘉兴岳氏的来源。

朱彝尊的著书砚，形制特别瑰异，制作时有意不同于寻常石品。朱彝尊说："物之近人情者非其至，且使作伪者易冒也。"[1] 有人摹刻著书砚之像，仿书其铭，刻在其他石砚上以衒人。关于著书砚的情形，朱休度少时从其曾祖父朱德遴那里听说过，成人后又听堂伯父朱麟应说过。时光荏苒，到朱休度时，已不知著书砚原石的去处。嘉庆十四年（1809），嘉兴诗人曹言纯[2]客居扬州，见到著书砚，很诧异，就购买下来。关于这块著书砚的真伪，众说纷纭。曹言纯请朱休度定其真赝。朱休度观其形状，离圆遁方，勃窣尊严，奥峭攲崎，边缘凹凸，纯任自然。面有洼处，作天然小圆池，以水注之，宛然是一泓泉水。受墨处宽平大圆晕，晕外石纹抱如云缦，背则歧作两峰，右突而斜出，左锐直而短。两峰间，谽然成凹，其下迤广如山麓，中间所刻朱彝尊戴笠像，肖其本人，像上的朱彝尊用左手抚马，屈右足而坐。像右刻铭文曰："北垞南，南垞北，中有曝书亭，空明无四壁。八万卷，家所储。鼠衔姜，獭祭鱼，壮而不学老著书。一泓端州石，晨夕心相于。审厥象，授孙子，千秋名，身后事。丁亥三月朔日，秀水朱彝尊。"[3] 铭文随石势作参差七行。丁亥为康熙四

---

[1] （清）朱休度：《家太史竹垞先生著书不见题辞跋》，《小木子诗三刻》之《俟宁居偶咏》卷下，清嘉庆刻汇印本。

[2] 曹言纯，字丝赞，号古香，又号种水，别署种水村农，嘉兴人。嘉庆元年（1796）岁贡生。自弱冠后专心词章之学。家贫，妻女篝灯夜纺。曾借人书籍，节取精华，蝇头细书。亦喜买书，李贻德赠诗云："少时森森挺玉笋，藏襆半为买书尽。"其藏书处曰"五千卷室"。工诗词，善画。著有《征贤堂诗正集》8卷、《唐宋杂礼诗》2卷、《种水词》4卷。

[3] 见（清）朱休度《家太史竹垞先生著书砚题辞跋》，《小木子诗三刻》之《俟宁居偶咏》卷下，清嘉庆刻汇印本。

十五年（1706），朱彝尊时年79岁，所作铭文小隶精雅不苟，非仿书所及。峰突起处参差刻有查慎行铭文："不雕不琢，还返于朴。日日著书，字字奇璞。惟此佳砚，先生先觉。置之几席，如对乔岳。"款称"后学查慎行敬识"，行押。书砚匣面刻有厉鹗跋，乾隆四年（1739）题。出售的人说，此砚是马氏小玲珑山馆所藏。马氏年年都是厉鹗的居停主人。朱休度将此砚谛审完毕，三复二铭，认为其曾祖父朱德遴及堂伯父朱麟应言之不爽。他很高兴真砚出世，不禁拍着曹言纯的肩膀说："幸哉幸哉！此是祖石。"有人提出疑问说："著书砚诚然瑰异，然铭中不言其形状。为什么呢？"朱休度说："凡行文必有主脑，主脑重，余可略，不略则生枝叶，即如先太史公于记注砚、贡院砚、南书房砚，砚上三铭都不讲何石何状。著书本是千秋之事，又须说得亲切，故述自家所构曝书亭形状，记自家所聚藏书卷数。念白发满头，写刻自己画像以授自家孙子。一铭之作，何等语重心长，何暇讲论砚石？即便如此，细绎铭文语句，砚石形状固在其中。曰'端州'以著其产，曰'一泓'以写其形，盖必天然石子，乃有天然池，乃可称'一泓'。现今里人所藏，及厉鹗跋文所称他处见到的著书砚，都是长方砚。长方砚必经匠氏斫削而成，岂得有天然一泓池？即此可定。那些长方砚皆为膺石。况且此砚独有查慎行先生铭作为左证，首称'不雕不琢'，显然不是长方式样，结尾说'如对乔岳'，则石品之贵与太史物望之隆，尽见于此。"曹言纯蹶然起说："听老先生您所辩，实获我心。老先生不可以无言。"朱休度于嘉庆十七年（1812），为朱彝尊著书砚题辞。

《两浙輶轩续录》引《府志》曰："休度，明文恪裔孙，渊源家学，该洽宏通，诗文并造上乘。"[①] 其实，朱休度的创作实绩主要见之于诗歌。嘉庆二年（1797）至嘉庆十七年（1812）16年间，朱休度主要闲居在家，有诗二卷，集为《俟宁居偶咏》。《俟宁居偶咏》和先前所刻《壶山自吟稿》都是朱休度的晚年诗稿。而《壶山自吟稿附录》汇集了其前期诗作。把《壶山自吟稿附录》中的诗置于晚年两刻之间，殊觉失伦。于是，朱休度将自己的诗作重新厘为《小木子三刻》，收诗1080首。其乾

[①] （清）潘衍桐编纂，夏勇、熊湘整理《两浙輶轩续录》第2册，浙江古籍出版社2014年5月版，第422页。

隆十七年（1752）至乾隆五十三年（1788）创作的154首诗被编为《梓庐旧稿》，列于《小木子三刻》之首，追系以年，"年阙诗者著之，诗失录者补之，遂取向来萍踪转徙阅历之端，信手述家常话若干条，随年缀入，以示儿孙，俾知余劳生草草，未由专学之苦。此次尽搜故纸，有诗在而无取者，付拉杂矣。亦有诗佚而曾为师友许者，间乃存记其题。非赘也，正以志吾过，不早收拾，致今日欲藉为改本而无可藉，谓非自弃之归耶"①。嘉庆十七年（1812）夏，朱休度手书《检存旧诗述略》，总结自己生平诗歌创作经历说："今既髦，神明惝恍，无能为也已。独念自未冠学诗，而壮而衰，以逮登籍，相隔且40年，中间宜有诗，而竟寥寥，鲜可存者，堪自悼也。盖余与诗，未尝无会悟，未尝无志趣，未尝无家教，未尝无师资友益，未尝无壮游之助，卒蹉跎以流于废。无他，动与愿乖，为饥驱，为病缠，为姿性弱不能强记以供属比，又为治举业苦役其心脾，课徒分其日力，或依幕勾管簿书，参详札奏，其事更与风雅殊。即时有篇什，不过坼补献酬，为人作嫁衣，替人歌哭，以作庆吊辞，未谋面以题人照。其诗徒徇一时悦俗，都嚣然无真性情语，往往脱稿即弃，听其散亡。冀他日杜门却轨，当痛读书，以沉研六艺之归，然后自运辑炉锤，磨洗以出之，庶无负师友诲，孰意其终于不振哉？"②

嘉庆十七年（1812）十月二十七日，朱休度卒，享年81岁。道光六年（1826），离开广灵30年的朱休度被崇祀山西名宦。现存于广灵县水神堂的一副朱休度手书对联是"乃圣乃贤，坦白澄清如此水；作霖作雨，聪明正直谓之神"，其中的"坦白澄清""聪明正直"既是他对为官者的勉励，也是他的自我写照。

朱休度工于书画。晚年书多自署，虽然手有些颤抖，但腕力更遒劲。除《小木子三刻》外，朱休度还著有《三天竺志》《石药记》《学海观沤录》《紫荆花下闲钞》《游笔》，选有《史汉以来文章类要》《宋诗绝句》，辑有《欹枕闲吟》2卷③。

---

① （清）朱休度：《检存旧诗述略》，《小木子诗三刻》之《梓庐旧稿》卷首，清嘉庆刻汇印本。
② （清）朱休度：《检存旧诗述略》，《小木子诗三刻》之《梓庐旧稿》卷首，清嘉庆刻汇印本。
③ 上海图书馆藏有管庭芬抄本。

第十三章

村塾教师——朱声希

第一节　半生枯守

朱声希，朱休榑次子，初名声铿，字廉夫，一字莲桴，号吉雨。乾隆三十二年（1767）七月十六日生。邑庠生。以子仕赀赠修职郎。

朱休榑因为勤学，得了心悸之病，晚年加剧，肝胆激发，不能自持。朱声希的母亲沈氏生性柔惠，抑然寡言，因为丈夫患病，她自己也越发抑郁。朱休榑少时侍奉双亲，虽十分勤苦，而能尽色养。

朱声希家素来很穷，住的是几间风雨飘摇的破屋，一直到他的晚年，其家中还时有断炊的情形出现。他主要的经济来源是在三家村中教馆得到的束脩。乾隆五十三年（1788）寒食节次日，朱声希自其教书的村塾归里，作《戊申小寒食归自村塾作》四首，表现自己的舌耕生涯中的饥寒之困：

半日江乡路，一帆杨柳风。春方花似锦，人奈意如蓬。乞米徒临帖，耽吟漫学虫。倚间今日望，归橐一囊空。

火惟佳节禁，烟每午炊沉。四壁春苔长，一帘碧草阴。请缨年已过，乞米帖空临。只有燕相识，乌衣旧巷寻。

东风笑桃李，迟日茂椿萱。四壁尘生甑，一帘草闭门。长贫艰菽水，问膳阙鸡豚。那及牵车养，佳辰酒满樽。

莫排云路翮，徒望砚田秋。生计飘风絮，情怀逆浪舟。读书成妄想，力穑安荒畴。却被飞花笑，春寒早典裘。①

钱泰吉《吉雨词稿序》谈到朱声希教书的情况说："余与吉雨交凡十年，每见吉雨清晨提竹篮，入市籴米买菜茹。归为生徒授经，少选饭熟，则共饭。饭毕，口讲指画不少休。客至，清坐不厌倦。"② 钱泰吉比朱声希小24岁，这里描绘的应该是朱声希晚年做孩子王的情景。

朱声希的母亲沈氏是雍正七年（1729）举人沈兆文的孙女、廪生沈纲的女儿，生于雍正十年（1732）五月二十一日，卒于乾隆五十四年（1789）三月二十一日。她去世两年后的仲夏，有人因70多岁老母去世，作哭母诗，向朱声希索和，声希想到自己的母亲只活到58岁，作七绝二首以申哀痛。其二云："得奉慈闱开八秩，于君犹是痛难伸。呜呼吾母痛尤痛，花甲周还少二春。"③ 乾隆五十七年（1792）寒食节，朱声希祭祀母亲沈氏完毕，作五律一首云：

又彻北堂祭，佳辰心怆然。庭闱虚笑语，口泽抚杯棬。莫尽春晖报，徒将寸草怜。感时哀莫制，霜露已三年。④

乾隆五十七年（1792），朱休度任广灵县知县已四年多。频年以来，他的女儿及侄儿声廉、女婿曹泰宁、表侄吴修、宗侄朱鸿等各寄诗札问讯，且请教作诗之法。朱休度当官当得颇感疲惫，心绪烦懊，手又麻木，不能写字，一概未有答复。适逢有人归里，朱休度便用曹泰宁寄诗之韵，作七律四首寄归里中，令女儿与诸晚辈一同观览，使其万里之外，如见其面。其第三首论作诗之法云："但解诗材有别肠，莫教懈退莫教忙。气非远俗人犹爱，法不孤生学可荒。转语试参禅有味，多师能得益无方。

---

① （清）朱声希：《山矾山房吟稿》，上海图书馆藏手抄本。
② 见（清）朱声希《吉雨词稿》卷首，上海图书馆藏清道光年间抄本。
③ （清）朱声希：《辛亥夏仲先妣见背二年余，矣适有以哭母诗索和，漫应二绝藉伸哀痛》，上海图书馆藏《山矾山房吟稿》手稿本。
④ （清）朱声希：《壬子寒食祀先妣后作》，上海图书馆藏《山矾山房吟稿》手稿本。

家鸡野鹜休争笑，黄鹄心游千仞翔。"①

除夕夜，朱声希读其叔父寄归诗，益深思慕，赋四律奉寄，兼述己怀：

> 老为郎去四年余，万里云中又岁除。雪厚棉帘垂户侧，风清冰镜照堂虚。放衙雁塞庭罗雀，归梦鸳湖艇钓鱼。阿买自怜不识字，诗来更愧八分书。

> 关城三月似深秋，地僻天寒任挽留。来晚贾琮声载路，未封卓茂雪盈头。屐登恒岳清吟健，马渡壶泉新筑幽。巽妙轩中闲亦好，北风请莫起乡愁。

> 晚节诗无一字闲，远传三昧引人攀。驽骀漫想随千里，管小并难窥一斑。梦里不时亲色笑，醒来依旧隔关山。何缘飞渡桑乾水，日夕追陪吟杖间。

> 舌代躬耕口籍糊，年来依旧守枯株。贱贫岁月轻于纸，愁苦心情胜似茶。抱病老亲惊痁寐，摽梅弱姊替嗟吁。纵防画虎思垂诫，却奈读书力更无。②

所谓"屐登恒岳清吟健"，指朱休度有登恒岳诗寄归里中。"远传三昧引人攀"，就朱休度寄归诗中有"三昧诗家有别肠"之句而言，此句在清嘉庆刻汇印本《小木子诗三刻》中作"但解诗材有别肠"。朱声希的书法可以媲美林佶，曾为朱休度写刻诗集。

新年里，朱声希病后初起，两脚还蜷曲不能伸直，作有《新年病起

---

① （清）朱休度：《频年安女希、侄廉儿暨曹甥邻初、吴表侄榕园子修、宗侄云陆，各以诗札寄问，且屡请益。老夫惫矣，心绪烦懊，手不仁，又不能作字，概乎未有答也。今人归，聊用邻初见寄韵，漫成四首。虽不尽悁悁，俾女若儿与诸群从同览观之，即万里如见老夫面云耳》，《小木子诗三刻》之《壶山自吟稿》卷中，清嘉庆刻汇印本。

② （清）朱声希：《叔父宰山右，于今五年矣。读寄归诗，益深思慕，敬赋四律奉寄，兼述下怀》，上海图书馆藏《山矾山房吟稿》手稿本。

四首》。其二云:"腹空颇觉饥,齿痛不能食。白粥煮香秔,幸饱女媭德。"女媭指嫁给曹泰宁的堂姐和嫁给钟洪的胞姐。曹泰宁字定宇,号邻初,庠生,曹秉钧之子。朱声希《山矾山房吟稿》中有《秋夜同曹邻初姊夫觉庐叔洌泉弟咏剪刀声得催字二首》《同邻初食蟹赋得螯字》。

朱声希此际蛰居乡野,既不游幕,又没有致富之术,生活清贫,但他校读书籍,与朋友商讨学问,乐在其中。他在《酬家云陆孝廉见赠之作即用其原韵》中说:

> 既非平原客,又无计然策。砚田空守株,家乡笑落魄。贫贱多艰虞,交游少莫逆。愧我寡见闻,幸君住咫尺。君学满腹笥,君才凌云翮。问字乃吾师,耽书胜左癖。相与外形骸,乐共数晨夕。往还宁厌频,谈笑何妨剧。寸心感君知,分阴期我惜。知心古云稀,得君我忧释。诗出锦囊裁,地应金声掷。才富语弥谦,句新意堪绎。莫报明珠投,聊把枯肠索。曲和白雪吟,风清环堵宅。工拙奚必论,话言恒受益。但愿共欣赏,随时有新获。①

一个夏夜,朱声希下榻于某寺院的白静斋,想起堂弟朱声依于乾隆五十五年(1790)秋,曾读书此斋中。而此时此刻,朱声依在大同随侍在其父休度身边。因思念声依,朱声希作五律云:"暂借僧房榻,聊将溽暑逃。清声钟断续,绿影树周遭。月落风逾爽,情牵首忽搔。云山今万里,前此读秋高。"②

朱声希同胞兄弟姊妹共有8人,其中4人早殇,包括其长兄声洪。他的一个姐姐嫁给了岁贡生彭祖元,一个姐姐嫁给岁贡生吴光昭的儿子麟增,一个姐姐嫁给职员钟洪。彭氏姊于女红外,喜亲笔砚。朱声希小时,彭氏姊曾于灯下督声希读四子书。乾隆四十八年(1783)春,彭氏姊忽婴沉疾而殁。嘉庆元年(1796)春,朱声希往钟氏姊家中坐馆。庭中荷花开放的时节,生子刚10天的钟氏姊去世,朱声希作《哭钟氏

---

① (清)朱声希:《山矾山房吟稿》,上海图书馆藏手稿本。
② (清)朱声希:《夏夜坐白静斋怀平甫弟随任云中》,上海图书馆藏《山矾山房吟稿》手稿本。

姊十首》，其四云："同根一半摧残早，十五年前姊尚三。"其五云："春暮归犹两姊同，忽然行雁又伤弓。可怜同侣今惟一，相见含悲泪眼红。"这唯一的胞姐就是吴氏姊。这一年的落花时节，钟氏姊的夫婿钟洪出游在外，钟氏姊去世时，钟洪不在她身边，故而《哭钟氏姊十首》其七云："夫婿行时正落花，那知此别似秦嘉。客宵梦定惊炊臼，归坐空房枉叹嗟。"钟氏姊的棺柩厝于嘉兴南湖西岸。《哭钟氏姊十首》其十云："今日依然湖畔路，夕阳凄草殡宫新。"[1] 此年秋天，朱声希常与姐夫钟洪同榻而眠，因悲钟氏姊之逝，作七律一首云："借榻春来孤馆里，连床秋叹一灯前。窗无风雨犹相对，话及家常各自怜。君纵多情如往日，我弥悲逝隔重泉。返魂无术知徒忆，其奈中心易怆然。"[2]

嘉庆六年（1801）十月十九日是声希叔父休度的70岁生日，十月初三日则是休度妻沈氏的70岁生日。朱声希作《壶中天·辛酉小春奉祝叔父母七十双寿》云：

归来仙令，对小春佳景，吟髭闲捻。三径优游开八秩。眉寿欣齐鸿案，鸠杖双扶，鹿车共御。酒进蓬莱盏，木工金母，一时瑶岛添算。况是家庆筵前，称觥绕膝。玉树兰荪满。觞咏壶中绵岁月，光焰长留诗卷。梅早舒芳，菊犹留艳，特地供清玩。阿咸奚祝，胡麻香饭同健。[3]

《长庆集》有句云"行开第八秩"，其自注曰："时俗以七十以上为开第八秩。"故而，朱声希为叔父祝70岁生日，称"三径优游开八秩"。唐代宰相李适之有酒器九品，蓬莱盏是其中之一。此记载见于《逢原记》。

朱大启宅第右偏厅事旧额无存，朱德遴因庭多桂树，名之为"桂

---

[1]（清）朱声希：《山矾山房吟稿》，上海图书馆藏手稿本。
[2]（清）朱声希：《秋来每与姊夫同榻，因益悲姊氏之逝，率成一律》，上海图书馆藏《山矾山房吟稿》手稿本。
[3]（清）朱声希：《吉雨词稿》卷上，上海图书馆藏清道光年间抄本。

堂"。在朱德遴和朱振振手上，桂堂经过更番修葺，但到嘉庆十一年（1806）时，桂堂又榱崩栋折，不急加修补，恐怕会像鹤洲草堂一样荒废。由于资用乏绝，朱声希多方称贷，于这一年十月，鸠工修理桂堂。朱休度长子声和佐理工事。前后花40天，将桂堂修葺完工。十二月小除日，朱声希"怅先筑之殆尽，幸一隅之仅存"①，作《迈陂塘》词云："论成亏数皆前定，何妨不蔽风雨。敝庐却念更番葺，怎任旋无遗堵。非急补，怕一似荒洲，鹤去空烟莽。此心谁诉，且借箸呼兄，诛茅缩版，一木暂支住。"

嘉庆十年（1805）除夕，朱声希有《乙丑岁除作九首》，诗中反映了他窘迫的生活状况：

岁月贫轻掷，饥寒病益知。长卿裘早典，凿齿力难支。既乏资身策，聊吟乞食诗。只怜春又逼，强步看梅枝。

点金素无术，卒岁更何谋。枣栗儿虚觅，米盐妻苦愁。钱徒看赵壹，梦且托庄周。一枕黄粱熟，穷通水上沤。

四壁空诸有，维摩室似蜗。断阶苔净扫，残幅画闲叉。窗格破糊纸，军持清插花。岁寒聊点缀，病里足生涯。

阴云商略雪，雪卷朔风频。节物惊看改，皮肤冻欲皴。弟怜寒起粟，姊祝病回春。自笑谋生拙，关情感至亲。

时忙谁与语，况是病冬烘。喜得竹林乐，长亲白发翁。惠连饶丽句，杜老阐宗风。绪论听何厌，悠然忘岁终。

已届送残腊，何堪阙祀先。霜篱桃菜甲，水市觅鱼鲜。于寝新聊荐，为箕业幸传。嬉荒惭肯构，拜起益惶然。

---

① （清）朱声希：《吉雨词稿》卷上《迈陂塘》引，上海图书馆藏清道光年间抄本。

背壁灯花炮，迎年爆竹忙。都无诗可祭，小有债难偿。杯盏剩余醉，啸歌仍学狂。不眠非守岁，夜坐本来常。

四十明朝是，犹劳剑铗弹。无闻嗟已晚，见恶免尤难。壮志随风絮，生涯付钓竿。水穷望云起，安得紫金丹。

炉烬香添爇，砚冰诗未成。寒光窥破屋，雪点乱残更。窗白浑疑曙，鸡栖尚敛声。来朝倘僵卧，贺岁客休惊。①

"弟怜寒起粟"句下有自注曰："叔虎弟许借寒衣。""姊祝病回春"的本意是：嫁给吴麟增的胞姐以山茶梅枝相赠，并说："愿弟身强如花之逢春。"第五首说的是：小除前一天，朱休度与朱声豫论诗不倦。

朱建子的重孙朱休明，字东曙，号慎斋。其人颊下有毫，不善饮酒。年过七十，不用拐杖。他以自题七十小景令朱声希和韵。声希叠次原韵二首云：

跻堂花好献延年，应胜东篱采昔贤。笑谢扶鸠犹脚健，漫云得酒始神全。承颜菽水欢兼尽，垂裕箕裘业早传。玉树兰荪森竞秀，壶中添算九秋天。

下榻承召忆昔年，竹林眼见道南贤。几经勤历须心久，八秩欣开迓福全。云鹤飞来祥自降，颊毫添处妙谁传。阿咸却笑肠枯索，那比仙歌小洞天。②

嘉庆十二年（1807）元旦，早莺啼春，东风吹雨，朱声希想到自己在梦中昏昏度过了40岁，作《洞仙歌·新正苦雨率成遣闷》："黄昏疏影失，香压檐梅。月黑沉沉剪灯坐。客至漫消愁，小局搊蒲。又怎似三杯

---

① （清）朱声希：《山矾山房吟稿》，上海图书馆藏手稿本。
② （清）朱声希：《慎斋叔以自题七十小景属和，叠次原韵二首》，上海图书馆藏《山矾山房吟稿》手稿本。

酣卧，笑沽酒囊无一钱看。却赢得阶前，青苔千个。"①

当地习俗年初三为送穷日，朱声希认为自己是年年穷送，穷骨尤耸，作《洞仙歌·送穷日有感作》："地寒人巧避，纵不参商，难免揶揄暗中哄。黠鼠数钱工，相逼声声，也白眼寒窥窗孔。拼潦倒常如子桑贫，并裹饭无人，琴犹堪弄。"②

嘉庆十二年（1807）秋天的一个早晨，寒星犹照，残蝉嘶风，辛勤的农人纷纷踏起水车车水，朱声希前往嘉兴城外的清池村，到那里的村塾教书，舟中作《菩萨蛮》："霞迎初旭灿，热气薰天半。橹板阁行舟，村桥浅渡头。"③抵达目的地后，朱声希作《如梦令·到清池村塾作》："渡口野航何苦，只管载人南浦。稚子卧床头。驱疟枉吟诗句，催去，催去，别是一般离绪。"④

重阳节，了无风雨，朱声希独步野外，行吟村路，想念城中兄弟，作《清平乐》："离家卅里非赊，出门即是天涯。怅望登高兄弟，不同醉插黄花。"⑤在村塾中，朱声希作《迈陂塘·村塾忆儿子阿荣》：

> 怪迢遥连宵欹枕，村鸡听到声断。茫茫白昼来归梦，比是春云尤乱。秋正晏，怅嬉戏娇儿，此次离身畔。布衾踏惯。知几日楼头，随娘恶卧，疟鬼可驱散。窗寒锁，药鼎无钱那暖。还愁一时难健。布帆不见风吹到，频向隔溪遥盼。肠寸转。纵把盏持螯，舐犊情争遣。生憎旅雁，怎飞过吾庐，便音不带，一任望穿眼。⑥

声希的儿子朱荣此时才六岁。后为嘉兴府秀水县学廪膳生。道光十七年（1837）为拔贡。十八年（1838）朝考，钦取二等第八名，奉旨以教职用。十九年（1839）以教谕衔，管金华县学训导事。二十三年（1843）告养归里。

---

① （清）朱声希：《吉雨词稿》卷下，上海图书馆藏清道光年间抄本。
② （清）朱声希：《吉雨词稿》卷下，上海图书馆藏清道光年间抄本。
③ （清）朱声希：《吉雨词稿》卷下，上海图书馆藏清道光年间抄本。
④ （清）朱声希：《吉雨词稿》卷下，上海图书馆藏清道光年间抄本。
⑤ （清）朱声希：《吉雨词稿》卷下，上海图书馆藏清道光年间抄本。
⑥ （清）朱声希：《吉雨词稿》卷下，上海图书馆藏清道光年间抄本。

嘉庆十三年（1808）春初，朱声希的女儿患天疱，幸得项宝之施术救疗。《山矾山房吟稿》中有《为项宝之题殷云楼〈鹃花小幅〉二绝》，其一云："绮石冰瓷几本栽，殷红嫩紫一时开。看花尽许逢人说，要放春光出院来。"朱声希与殷云楼也有交往。《山矾山房吟稿》中有《次殷云楼韵题项两江新迁城南故家水园之居》。云楼是殷树柏的号，其人字曼卿，晚号懒云，秀水人。贡生。有砚癖，好刻竹。书法为当时书家所推重。作蝇头小楷，精妙绝伦。又工花卉，宗法陈道复、恽寿平。晚画蔬果，尤觉超逸。所居名一多庐。著有《一多庐吟钞》。

闰夏，淫雨如注，大水横涨，朱声希彷徨旅馆，赋《满江红》云：

已被饥驱，无愫赚人家斋粥，又怎奈沉沉苦雨，檐声如瀑。湖水拍天堤欲没，庭波漫砌鸥堪浴。叹田忙农正插如针，秧沉绿。村边庙，巫空祝，林中妇，鸠犹逐。怕又似前年，妻啼儿鹜，但免哀嗷中泽雁，敢论穷饿荒经腹。愿天风四野卷痴云，晴生旭。①

嘉庆十三年（1808）八月十六日，朱声希脑后忽发一瘤，痛引肩背，数至昏晕。项宝之治疗时说："此瘤名为燕尾疽。"攻治旬日后，疼痛虽缓，但终夜不能成寐。朱声希在枕上口占《解佩令》一阕，聊当呻吟。词云：

形同鹤骨，疽生燕尾，怕头颅，一似黄杨厄。伏枕昏昏，忽几阵断魂惊魄，恍连遭鹯殴鹰击。孤鸿叫雪，饥鸥逐浪。叹无端更伤矰弋。缩颈难免，了蜷驱雀儿如炙。又何心云鹏排翀翮。②

朱声希发病时，其子阿荣也生病了，连宵僵卧不寐。朱声希赋《凄凉犯》云：

布衾如铁将雏卧，病魔却把予毒。剥肤欲裂，抱头莫窜，气丝

---

① （清）朱声希：《吉雨词稿》卷下，上海图书馆藏清道光年间抄本。
② （清）朱声希：《吉雨词稿》卷下，上海图书馆藏清道光年间抄本。

难续。西风太恶。恁吹得儿肌起粟。又宵深昏蒸壮热，梦寐乱搅哭。

谁道霜加雪，禄命流年，者般穷戹。相亲旅夜，算床前一灯残绿。鼠走侁侁，更窗外秋声戚促。但呼儿伏枕，注眼望曙旭。①

秋窗病起，有人以《秋夜读书图》索题，朱声希漫赋《清平乐》以应。词云：

风灯影颤，叶落疏林乱。一自秋声传赋遍，是处读书声满。吾怜病废吟哦，短檠空伴维摩。打睡更无童子，自推窗看明河。②

第二节　老被饥驱

嘉庆十三年（1808）秋，朱声希偕堂弟声廉往杭州，抵松毛场，寓居一枝庵。声廉是休度次子，字敬民，号洌泉。乾隆三十二年（1767）九月十八日生。由太学生捐授顺天府通州吏目。娶孙氏，原任杭州府学训导、赠山西忻州直隶州知州孙念畴女；续娶张氏，原任福建同安县知县张灝之女。著有《洌泉吟稿》。朱声希晚坐楼中，作《洞仙歌》云："尤怜新霁后，山隔疏林，傍晚窥人色逾媚。策杖拨晴云，明日寻幽，尽与着惠连联袂。"③ 此后，朱声希又以《洞仙歌》词牌，连作《雨霁泛湖》《吴山晚眺》。

在杭州，朱声希遇见沈玉冈，与其同寓僧舍。其时朱声希将往蓟北，而沈玉冈将往岭南。朱声希作《清平乐》云："羊城燕市迢迢，君南我北分镳。驿使相逢须寄，岭梅正绽烟梢。"④ 重阳节前二天，朱声希等人登六和塔，冒雨而归。朱声希作《满江红》云："檐铃语，泉声乱，禅林叶，商飚卷。忽黛迷凫赭，莫窥真面。已近重阳烟景暮，更惊凉雨山城满。急归迎空翠下，南屏钟敲晚。"⑤

---

① （清）朱声希：《吉雨词稿》卷下，上海图书馆藏清道光年间抄本。
② （清）朱声希：《吉雨词稿》卷下，上海图书馆藏清道光年间抄本。
③ （清）朱声希：《吉雨词稿》卷下，上海图书馆藏清道光年间抄本。
④ （清）朱声希：《吉雨词稿》卷下，上海图书馆藏清道光年间抄本。
⑤ （清）朱声希：《吉雨词稿》卷下，上海图书馆藏清道光年间抄本。

嘉庆十四年（1809）秋暮，朱声希将往潞河，休甫第三子声豫赋《满江红》送行。朱声希作《长亭怨慢》留别里中亲友。朱声豫，字立安，号梅岑。乾隆五十年（1785）七月三十日生。府庠廪生。《吉雨词稿》中有《祝英台近·和梅岑弟题〈双美垂钓图〉》。《山矾山房吟稿》中有《销夏吟六首次梅岑韵》《奉呈孔蔚庐先生即次先生赠梅岑舍弟诗原韵四首》。朱声豫新婚时，声希还曾作《贺新郎》词祝贺说："早识惠连诗思艳，吟到催妆倍粲。合付与凤箫鸾管。曲奏同心香百和，洞房中比着春还暖。肩并处，互偷眼。"①

重九前三天，朱声希过燕郊，口占《喝火令》云："浪说征人过，纷来红袖招。无多店舍怎藏娇。策马西风小市但尘嚣。为问往来行旅，几许此魂销。"② 此年冬，朱声希抵潞河。适逢浙江处州卫守备陈梅岩作客潞河。陈梅岩是潍县人，武进士出身。他和朱声希常相过从，朱声希《潞河冬日赠陈梅岩司马四首》其一云："吐气如虹语有神，相逢奚必素相亲。天涯逆旅谁知己，禄命流年会更新。当世申韩推独步，他时杜召颂舆人。郑虔三绝知余事，客里消闲亦足珍。"潞河城北有卧虎桥，桥畔有井，泉味最佳。故而《潞河冬日赠陈梅岩司马四首》其四云："泉从卧虎桥边品，且久茶炉啜一瓯。"③ 除夕，朱声希醉中作《临江仙》云：

转眼春归春定笑，笑人犹被饥驱。一灯风雪旅窗孤。何妨扪虱客，漫学牧猪奴。况是酣歌徒斫剑，只宜小局摴蒱。天涯又见岁空徂。遥怜椎髻妇，此际颂椒无。④

嘉庆十五年（1810）春，朱声希作有《殢人娇·春寒》《醉花阴·春阴》《醉春风·纸鸢》《喜迁莺·烧香词》《思越人·绳伎》《解佩令·春夜同人咏灯花》。这一年在潞河，朱声希思念客居京城的舅舅沈夏村，作《长相思》二阕：

---

① （清）朱声希：《吉雨词稿》卷下，上海图书馆藏清道光年间抄本。
② （清）朱声希：《吉雨词稿》卷下，上海图书馆藏清道光年间抄本。
③ （清）朱声希：《山矾山房吟稿》卷下，上海图书馆藏手稿本。
④ （清）朱声希：《吉雨词稿》卷下，上海图书馆藏清道光年间抄本。

衫青青，柳青青，前岁渭阳送别情。春波肠断声。水千程，陆千程。昨岁长征黯自惊。寒号通潞亭。

居长安，近长安，殷浩韩康册里间。往来喜甚便。路非难，会偏难。咫尺天涯月几圆。肠回枉万千。①

此年冬日，朱声希曾"连宵欹枕不寐，百感萦怀，愧修名之不立，嗟岁月之空徂。天涯怅触，归思弥殷"②，次朱声豫《满江红》送行词韵云：

回首茫茫，休空待天香衣惹，尤莫说清风明月，本来无价。元亮饥时犹乞食，方歜相后谁知马。况雪深燕市客无裘，寒宜也。入林臂，何从把。乞钱帖，何从写。笑无端漂泊，不如归且，枯坐看云拼不起，长贫嗟女终难嫁，诵池塘好句，更魂销，孤眠夜。③

前潞河尉邹霞轩是青浦人，鸳渚和松江虽小舸相接，但朱声希和邹霞轩是在燕市相识。邹霞轩曾与陆增、杨莲塘等友人结诗社，吟咏不辍。因此，朱声希《冬夜小饮赠青浦邹霞轩六兄二首》其一称誉他"文坛帜拔云间早，仙尉声传日下高"④。邹霞轩离开潞河时，有留别潞河诸同人诗。朱声希作《次霞轩留别潞河诸同人韵二首》：

从来达者混光尘，世事如云朝暮新。身外是非奚必问，眼前饮啄莫非因。漫怜萍梗飘零远，恰喜吟朋笑语亲。剪烛客窗宵正永，半酣起舞却精神。

才逢旋别路迢遥，南望云山首重搔。笑我浪游身转缚，羡君归咏曲弥高。天涯只合愁浇酒，乡里谁夸伴命骚。今日一樽聊更劝，

---

① （清）朱声希：《吉雨词稿》卷下，上海图书馆藏清道光年间抄本。
② （清）朱声希：《吉雨词稿》卷下《满江红》引，上海图书馆藏清道光年间抄本。
③ （清）朱声希：《吉雨词稿》卷下，上海图书馆藏清道光年间抄本。
④ （清）朱声希：《山矾山房吟稿》，上海图书馆藏手稿本。

相思后夜梦还劳。①

邹霞轩有答声希次韵之作，朱声希叠前韵奉酬后，又作《酬霞轩再叠前韵》：

仆仆谁能抖擞尘，羡君舍旧却图新。归途不远三千里，得意须忘十二因。放浪形骸情自适，优游乡党坐相亲。到家除夕行将近，检点诗篇好祭神。

不是知心近亦遥，心知还胜痒爬搔。漫思献缟囊羞罄，便欲分襟柳折高。客里送行情急切，镜中照影鬓刁骚。来秋归去当相访，一苇杭之岂惮劳。

潞河东路厅署前有荷花池，池边绿柳垂丝。朱声希停车观荷时，觉得池中没有红船荡波，总是遗憾。他不禁联想到自家放鹤洲，"柳外棹歌声不断，此时多少采莲舟"②。

在潞河，朱声希还与知县王苹野、凉州人孙采若等唱酬，有《潞河九日汾阳王苹野明府以同人登高诗索和率次其韵四首》《次王明府对菊小饮韵》《同人小饮菊前次王明府韵》。同人中，有人访香河妓莺儿，不值。朱声希作诗戏谑道："漫道城南春可嬉，莺飞何处隐深枝。他时听着歌金缕，定倩游丝系住伊。"③

朱声希由潞河归里，在临清等待过闸，时值长夏，暑气熏人，蝇声搅梦。其《归舟临清待闸作》有云："挼蒲消白昼，盲女唱黄昏。莫遣篷窗闷，弥添客虑烦。顺流思去路，陡涨望来源。杖少仙人与，舟如云阵屯。几时载朋酒，鸳渚共浮鹢。"④

吴县人曹楸坚字树蕃，号艮甫。其人腹笥深厚，诗才敏捷。于道光

---

① （清）朱声希：《山矾山房吟稿》，上海图书馆藏手稿本。
② （清）朱声希：《东路厅署前观荷漫成》，上海图书馆藏《山矾山房吟稿》手稿本。
③ （清）朱声希：《同人访香河妓莺儿不值》，上海图书馆藏《山矾山房吟稿》手稿本。
④ （清）朱声希：《山矾山房吟稿》，上海图书馆藏手稿本。

十二年（1832）中进士，改庶吉士，授刑部主事，历官湖北按察使。他还是秀才时，朱声希作《赠曹二茂才楸坚用东坡岐亭诗韵》称赞他说："君肠千卷撑，君才八斗得。半酣研剑余，一挥联篇急。奇艳追玉溪，浓香陋金鸭。灿夺云锦舒，快扫寒烟羃。君真诗中豪，气若奔虹赤。与君衫共青，独我头将白。饥驱走风尘，潦倒等投帻。砚怜君苗焚，玉笑下和泣。天涯知己谁，唾壶歌漫缺。冲雪荣骞驴，匆匆访诗客。几时重相寻，细读《秋浦集》。"①《秋浦集》是宋代人曹纬的文集。朱声希是以这部文集比喻曹楸坚的《昙云阁诗集》。

嘉庆二十四年（1819）秋，朱声希重过西湖，作《己卯秋日重过湖上》云："不见湖山已十年，波光峦影两依然。秋风定笑重来客，赢得青衫旧似烟。"②

康熙十三年（1674）春，客居通潞的朱彝尊，请江苏泰兴人曹岳和蓝英的孙子蓝深分别画了一幅《竹垞图》长卷。曹岳作横幅，蓝深作立幅。朱彝尊有《百字令·索曹次岳画〈竹垞图〉》。蓝深所画《竹垞图》立幅后为阮元所得，阮元又赠给了朱声希的表兄吴修。道光五年（1825）九月，吴修请朱声希题蓝深所画《竹垞图》立幅，声希次朱彝尊《百字令》原韵以应：

> 小园荒矣，赚词人酒舸，经过犹泊。粉本更番营意匠，绕屋扶疏欣托。有竹千竿，拥书万卷，想见当时乐。画图何在，家藏惆怅流落。幸此什袭归君，征题满纸，自识尤斟酌。合与长留诗卷重，肯伴寻常帘幙。罗雀门闲，玉鸦叉举，掩映绕林壑。披风吟啸，秋声遥应檐角。③

朱声希的《山矶山房吟稿》亦有题《吴思亭〈禅趣图〉》诗云："蒲团大适意，况乃坐诗豪。画本诗中有，禅宁画里逃。若无酒莫来，不拈花亦笑。试与先生参，可胜苏门啸。"吴修字子修，号思亭，浙江海盐澉

---

① （清）朱声希：《山矶山房吟稿》，上海图书馆藏手稿本。
② （清）朱声希：《山矶山房吟稿》，上海图书馆藏手稿本。
③ （清）朱声希：《吉雨词稿》卷下，上海图书馆藏手稿本。

浦人。乾隆二十九年（1764）生。贡生。官布政使经历。工诗古文，勤于著述。有《吉祥居稿》《湖山吟啸集》《昭代名人小传佳句录》等。康熙二十五年（1686），乔莱招朱彝尊、陆嘉淑、周篔、查慎行、汤右曾集一峰草堂赋诗，并将诗稿装成一帙，名《一峰草堂看花诗册》。此诗册也为吴修收藏。朱声希与吴修过从甚密。钱泰吉于道光二十年（1840）中秋前二日作《吉雨词稿序》，谈到他和吴修、朱声希的交往：

> 余甫弱冠，得闻诗法于梓庐朱先生，畀以近稿，则先生兄子吉雨文学楷书开雕者也。时吉雨偕其从弟冽泉少尹客通州，未及相见。后数年，始识之于思亭吴君所。貌甚癯，意气恬静，所言多妙理。思亭时时招朋侪欢呼痛饮。吉雨则竟日无多语。酒酣时，述梓庐先生绪论，亹亹可听，间为余诵姜白石词，击节唱叹，能得其深处。①

钱泰吉字辅宜，号警石，又号深庐，浙江嘉兴人。道光七年（1827）以廪贡生官海宁训导。有《甘泉乡人诗文稿》24卷等。

因为钱泰吉曾学诗于朱休度，朱声希把他当兄弟辈看待。朱声希见钱泰吉体质较弱，就给他讲养生家之言，授以静坐调息之法，使其遍通其旨。钱泰吉到了海宁，疾病数次发作，于是用朱声希教授的方法，病才痊愈。朱声希为学专静，于艺多通。因为早年久侍亲疾，尤其擅长医术。其所论养生之旨，本之于《素问》《难经》，而参以朱子遗书。

钱塘人吴穌村也常与朱声希、钱泰吉在朱家的桂堂老屋中谈诗论文。吴穌村广于交游，持论严苛，而对朱声希独加推重。

从朱声希的诗词中可以看出，他与吴修的感情很深。其《思佳客·舟夜怀吴思亭表兄修》云：

> 舟载离愁抱影眠，橹声摇曳枕函边。前头犬吠知村近，侧畔篷明漏月圆。风渐紧，烛将残。相思无梦布衾寒。故人今夜知何处，独酌酣吟书画船。②

---

① 见（清）朱声希《吉雨词稿》卷首，上海图书馆藏手稿本。
② （清）朱声希：《吉雨词稿》卷上，上海图书馆藏手稿本。

有一年春天，朱声希和吴修的弟弟应和、张云衢两位表兄，游海宁审山，想起客居吴闾的吴修，作诗云："三年不见青山面，山应笑我尘俗缠。春帆昨夜吹我来，故态今朝与山见。山容含笑如相迎，芳径同探几欲遍。钵盂顶仰青天登，过眼烟云态各变。黛螺遥看海上峰，屋山低瞰市中店。清风忽动碧云松，飞鸟拖翠过塔院。塔影沉沉卧斜阳，钟声隐隐催晚饭。烹泉还啜僧房茶，踏歌更惊风帘燕。迟迟归步忆旧游，望风却想骚坛选。酒船何日回吴闾，蜡屐重来听莺啭。"① 吴应和，原名吴宁，字子安，号榕园。监生。敦行力学，通音韵学，工诗古文词，并精音韵之学。所选何大复《菁华录》及《浙西六家诗》，评论精当。著有《毛诗纂诂》《榕园词韵》《榕园吟稿》《文钞》。吴应和常与朱休度父子叔侄在墙下小轩唱酬。大概在嘉庆六年（1801）的中秋夜，休度次子声廉、三子声依招朱声希，与吴应和、杨文朴小饮于墙下小轩。当时，朱休度出游吴门，不在家中。朱声希即席赋《燕山亭》云：

> 云净天街，飞上素蟾，千里光如镜。轩敞小窗，却下晶帘。看取玲珑凉影。簖蟹湖菱，尽堪佐樽前行令。清景。喜尔汝忘形，酣呼共领。况是良夜沉沉。任庭桂低横，阴移三径。分曹射覆，起舞临风，酒渴教添杯茗。扶杖吴闾，料此际倍饶游兴。端正。归棹读长吟短咏。②

还有一年春夜，吴应和冒雨至墙下小轩，与朱休度、朱声希等分韵赋诗，朱声希诗云：

> 雨共故人至，小轩兴不孤。檐花香雪压，窗纸湿云糊。入耳声逾急，催诗夜益娱。吟忘寒逗座，酒唤暖提壶。尽醉樽拼倒，叨陪礼不拘。陆兄毫吐彩，杜老语联珠。忽觉春残漏，遥知绿涨湖。眠移床对可，愁问客添无。滴础听犹响，搜肠笑独枯。来朝烟未霁，

---

① （清）朱声希：《春日偕吴榕园、张云衢两表兄游审山，兼忆吴思亭表兄客吴闾》，上海图书馆藏《山矾山房吟稿》手稿本。

② （清）朱声希：《吉雨词稿》卷上，上海图书馆藏手稿本。

归棹宜停呼。①

道光六年（1826）七月十六日是朱声希 60 岁生日。当时朱声希客居安徽合肥，言归未遂，想到自己是花甲之年的老翁，早已过惯了贫贱的岁月，没有了争名夺利的机心，失去了求取功名的动力，于是率成《浣溪沙》八首。此录六首于下：

自分樗材弃药笼，舌耕聊尔托为农。胡然六十枉成翁。　倦去孤眠随梦蝶，闲来枯坐漫雕虫。茫茫更阅几秋冬。

弹铗歌奂待酒酣，饥驱赢得二毛添。铅刀敢谓试犹堪。　亭画像年过已廿，早披坚岁欠惟三。笑看衫敝尚拖蓝。

便绣平原亟买丝，夕阳冉冉已西驰。援戈安得鲁阳挥。　病似长卿徒好赋，愁于平子不能诗。缠身坎壈复何辞。

不及牵车孝养亲，鲜民衔感卅余春。腆颜久矣愧为人。　视膳未能谋半菽，荐新犹是缺兼珍。伤哉谁谓不由贫。

岁去忙于赴壑蛇，雾迷双眼枉看花。那能将寿补蹉跎。　行路本难徒践约，依人何苦不还家。片帆归拟赋苍葭。

归去依然伴寂寥，青毡虽旧色犹饶。老妻待米漫焦劳。　女长蓬门工压绣，儿裁玉版学挥毫。一灯虚室共深宵。②

第三首中，"亭画像年过已廿"一句，用孟浩然四十游京师之典。"早披坚岁欠惟三"，用马援"六十三请行师"之语。在合肥，朱声希作

---

① （清）朱声希：《春夜吴榕园雨过墙下小轩，叔父偕同人小饮分韵得无字》，上海图书馆藏《山矾山房吟稿》手稿本。

② （清）朱声希：《吉雨词稿》卷下，上海图书馆藏手稿本。

有《台城路·庐阳夏日漫成》，词末流露出思乡之情："流光如驶，忽客舍炎蒸，更殷归思。短梦移时，鹃啼犹在耳。"①

道光七年（1827）十二月十八日，朱声希去世，寿六十一。其妻忻氏是太学生忻宗涛之女，生于乾隆三十五年（1770）九月十七日，卒于道光二十三年（1843）十月十三日，寿七十四。夫妻合葬于鸡脚浜朱丕戴墓西南。朱声希有一子三女。次女嫁给陈允德。长女、三女俱殇。其子朱荣为嘉兴府秀水县学廪膳生，道光十七年（1837）拔贡；十八年（1838）朝考，钦取二等第八名，奉旨以教职用；十九年（1839）以复设教谕衔，管金华县学训导事，奉母忻夫人往官舍，排比朱声希遗著以授梓。他请钱泰吉给朱声希《吉雨词稿》作序。

在朱声希前后，秀水朱氏家族优良的婚姻圈虽然仍旧存在，但科场上表现不佳。有人认为，由于没了科举的杠杆作用，朱氏家族中再也没有出现具有文化创造力的文人。这个代际断裂在清代没有得到弥补。

---

① 见（清）朱声希《吉雨词稿》抄本夹纸。

第十四章

朱氏家族的妻妾

第一节 茂时侧室——黄媛贞

天启元年（1621）前后，有一天，朱茂时经过秀水一户人家门口，听到有女孩子在读《史记》，向旁人询问，知道这个女孩名叫黄媛贞，芳龄十五六，能诗词，工书画，有才色。于是朱茂时托媒人，将黄媛贞娶回家中作偏房。后来，朱茂时的往来信札多出自黄媛贞之手。黄家在嘉兴也称得上是世家，与《碧山学士集》的作者、隆庆辛未进士黄洪宪同属一个家族，而黄媛贞为人作妾，张溥欲纳其妹黄媛介为妾，可见其家社会地位的衰微。胡文楷编著《历代妇女著作考》增订本称黄媛贞为"知府朱茂时继妻"，误。朱茂时妻戴氏顺治十年（1653）才去世。国家图书馆藏《秀水朱氏家谱》明载黄氏为"副室"。朱彝尊的《明诗综》说："媛贞字皆德，秀水人。先世父贵阳守副室。有《卧云斋诗集》。俞右吉云：亡友黄鼎平立二妹。一字皆德，一字皆令，均有才名。皆德为贵阳朱太守房老，深自韬晦。世徒盛传皆令之诗画。然皆令青绫步障，时时载笔朱门，微嫌近风尘之色，不若皆德之冰雪净聪明也。"[1] 黄鼎字平立，号象山（一作象三），复社成员，能诗，其《读虚贤大师〈西溪百咏〉有作》云："自凭瘦杖注山经，百里诸峰老笔青。独辟蠹云高庾岭，细吟龙雨大沧溟。穷他松底曾飞宅，辨得泉边几著亭。我若春来谋蜡屐，载师今乘卜居停。"[2] 皆令即当时被称

---

[1]（清）朱彝尊选编：《明诗综》卷八十五，清康熙四十四年（1705）六峰阁刻本。
[2] 见（明）释大善《西溪百咏》卷首，中国人民大学图书馆藏清光绪六年（1880）丁氏八千卷楼刻本。

为"当代才媛第一"的女山人、闺塾师黄媛介。她和同母姊黄媛贞有着生活方式和人格模式的分野。

嘉兴黄氏是诗书之家、风雅之族，有着浓郁的文学氛围，族内形成了一个"女士"群体。徐𤊹《笔精》卷五《诗评·宫闱》曰："先师檇李黄学士，家富青箱，人标黄绢，不独子姓为然也。女有闺秀林风，妇有郝法钟礼，玄心夙悟禅机，彤管并标女史。"黄学士指嘉兴籍进士黄洪宪。黄氏家族"女士"群体可分作两支：一是以黄洪宪子媳、黄履素夫人沈纫兰为首，其成员包括沈纫兰之女黄双蕙、纫兰从妹黄淑德，黄卯锡之妻项兰贞，黄凤藻之妻周慧贞。二是以黄洪宪族女黄媛介为首，成员包括黄媛贞、媛介从妹黄德贞，以及德贞女孙兰媛、孙蕙媛。① 其中的代际传承和同辈交流构造了一个女性的家族文化空间，一个赋予女子以生存意义、心灵安慰和个人尊严的空间。

黄媛贞生于万历三十四年（1606）十二月初四，卒于康熙十四年（1675）三月二十六日，寿七十，生有三子，先生两子周岁夭折，第三子朱彝谟卒于顺治十三年（1656），活到13岁。黄媛贞《悼亡儿彝谟诗十绝》其七云："儿生甲申岁，儿殁丙申秋。转瞬舟离壑，难教母氏留。"② 其《祭亡儿文》曰："岁在丙申孟秋月廿有四，母黄以一觞酹亡儿彝谟之灵前，嗷然而哭曰：吾儿吾儿，忽往何所。凉风方吹，零露湑湑。有母不随，与谁为侣。由来甘苦，母子相语。今我伤怀，当仍告汝。先生二子，周晬埋堙。长及垂髫，惟汝一人。目若点漆，白面绛唇。不好戏弄，质清以淳。出就童帐，授业日新。师重器貌，谓汝远臻。十有三年，母兮是倚。"顺治十六年（1659）闰三月十四日，朱茂昉长子彝宗去世，年仅22周岁，黄媛贞作《己亥送春日挽虎臣长君兼悼六郎》："十分春色黯然过，忍觅丹青彷俊模。凤枕香深情已断，慈闱痛绝倩谁扶。病侵肤发言犹壮，恩重勤劬报未苏。兰业日新余剩稿，蕙心伤尽少遗孤。悲风素帐英魂肃，冷月空闺少女鸣。倘遇六郎烦致语，哀颜母氏泪痕枯。"③ 朱

---

① 参见李圣华《论晚明女诗人群落分布与创作特征》，《厦门教育学院学报》2005年第3期第18页。
② （明）黄媛贞：《云卧斋诗稿》，浙江图书馆藏手稿本。
③ （明）黄媛贞：《云卧斋诗稿》，浙江图书馆藏手稿本。

彝宗字虎臣，邑庠生，娶顺治五年举人姚深之女。彝谟是朱茂时的第六子，故又称六郎。

明末清初的才女们普遍具有文人化、名士化的意愿，常常仿效士大夫的读书生活，把闺房当书房，把妆阁当诗庐。黄媛贞亦是如此。其《秋窗阅史》云："幽怀阅古今，叹息因何设。君心昧虚灵，孤臣恨难彻。负却精诚言，向彼炎曲舌。咸若尧舜仁，如何有兴灭。林下秋来风，夙夜吹不竭。"①《临江仙·书窗寄外》有云："读罢《南华》红日晚，琴樽楚楚如宾。"从其诗词中可以看出，她喜欢读子书和史书，而且窗下总是放着琴和书。其诗词中的"琴书"二字当是有现实根据的。《咏春六首》其五云："琴书时寂寂，草木两依依。"《春闺咏》云："云飞月落天将明，新莺娇啭前窗声。琴书相向两无赖，无端独自愁盈盈。"《立秋日梦分得成字》云："窗前修竹洗来清，且理琴书托此生。"《踏莎行·春思》云："窗户闲开，琴书倦赏。"《踏莎行·秋思》云："窗色依愁，庭香入面。琴书着意将人恋。"② 由此可见，其日常生活是有相当高的文化艺术品位的。

黄媛贞对于诗词创作也表现出相当高的热情。其《秋夜歌》云："翠被香馀绣枕单，复起镫前翻旧稿。"③ 从中可见其心力投入之多。《（崇祯）嘉兴县志》卷十八称黄媛贞有《黄皆德诗草》。黄虞稷《千顷堂书目》卷二十八著录有黄媛贞《卧云斋诗集》，不过该书将黄媛贞误认为朱茂晥之妾。《云卧斋诗余》存花间风格的小令107首，《浙江通志》另载有黄媛贞《莺啼序·西湖怀古》1首，周明初、叶晔辑《全明词补编》俱已收录。不过，《莺啼序·西湖怀古》在《全清词》中列于黄德贞名下。

古代的贵妇人和小姐比起下层妇女来，更多地受到社会和家庭的隔离禁锢。她们大都幽居于重门深院之内，被"锁闭"在狭隘的闺中，处于"被遮蔽"的状态。黄媛贞作为朱茂时的小妾，其社会地位不高，是家族中的"花瓶"；作为知府的侧室，家庭的经济状况使她无须为衣食操

---

① （明）黄媛贞：《云卧斋诗稿》，浙江图书馆藏手稿本。
② （明）黄媛贞：《云卧斋诗余》，清抄本。
③ （明）黄媛贞：《云卧斋诗稿》，浙江图书馆藏手稿本。

劳,其远离政治、与社会相隔离的生存方式,审美化、自娱性的家居生活决定了她创作的文本基本上是消遣性的,描写的是闺中的生活场景,采用的是风花雪月类的意象,孕育的是慵懒的人生态度,传播的是个人的闺怨情调,其词作表现出游戏式的自遣色彩、闲吟式的书写品貌和香柔的铅粉气。

黄媛贞诗词的情感力量主要源自亲缘关系和婚姻家庭。从其诗词中可以一窥其与兄妹之同气爱深。天启七年（1627）十二月初五日,黄媛贞作有《丁卯冬十二月初五日留别媛妹》,表现了姊妹间的关爱和亲谊:"北风吹以寒,不忍吹罗襟。白云语高鸟,离思两难沉。今我远庭闱,与子分芳衾。难忘携手好,所以伤我心。一言一回顾,别泪垂不禁。但得频寄书,毋使相望深。"感叹良无聊,独抚明月琴。① 此诗净洗铅华,语质而情深。次日,黄媛贞又作《丁卯冬十二月初六日留别家兄》:"日色惊离愁,况遇深寒时。滞虑摧中怀,茫茫怆难持。积言未能达,吾兄善裁之。"② 黄媛贞离开父母与兄妹,大概是随丈夫远行。康熙六年（1667）,黄媛贞有《丁未仲夏,立臣侄自燕都归,接皆令妹,扇头代简诗,悲喜相半,感而赋答》:"有限山川无限情,几番音问梦魂惊。昔期联袂诗同咏,今忆离居月异明。往事已随飞浪过,此身虽在晓云轻。扇头万种殷勤语,款慰衰年喜色生。"③

明末的女诗人大多印证了红颜薄命的说法。崇祯五年（1632）十月十一日,年仅17岁的叶小鸾病逝。叶小鸾字琼章,一字瑶期,是叶绍袁、沈宜修的季女。其长姐叶纨纨返家哭妹,作七绝组诗《哭亡妹琼章十首》。因过于悲恸,叶纨纨发病而亡,去世之日是十二月二十二日,仅后于小鸾70天。叶纨纨是年23岁。

次年,黄鼎托冯茂远将其"行卷"交叶绍袁投递考官,被考官内定为第一名。黄鼎非常感激,让黄媛贞、黄媛介为小鸾、纨纨量身定做了挽诗,寄呈叶绍袁。叶绍袁得诗甚感快慰,不仅将她们的挽诗刻入《彤奁续些》,且一直珍藏着她们的手迹。

---

① （明）黄媛贞:《云卧斋诗稿》,浙江图书馆藏手稿本。
② （明）黄媛贞:《云卧斋诗稿》,浙江图书馆藏手稿本。
③ （明）黄媛贞:《云卧斋诗稿》,浙江图书馆藏手稿本。

挽琼章

　　谁道人间十七年，不亲图史即谈玄。惊来剩草言言快，想出文心处处怜。蕊阁香初寒岁月，玉楼魂不奈风烟。画眉未得新妆失，一自屏开飞上天。

　　自笑能分五日缘，翠旄湘卷尚依然。香泥玉骨千年暖，神住灵峰满路仙。新调填成无梦寄，旧云吹去有愁牵。腕间丹字频频看，待欲言归阿母前。①

叶小鸾与昆山张立平已订下结婚的佳期。所谓"画眉未得新妆失""五日缘"，指小鸾在大喜之日的前五天不幸弃世。除二首七律外，黄媛贞还有《挽琼章绝句十首》：

　　花影依然晓露清，啼来鸟尽说难平。芳心不肯随春活，独向瑶台坐月明。

　　茫茫何处上仙舟，汾水无情尚敢流。一自彩云吹树散，琴书寂寞锁空楼。

　　空云断草下汾沙，阿母无心再种花。只恐好春行阁上，任他尘土涨屏纱。

　　翠挂金钿照雪肤，重泉应道月轮孤。归来只恐惊亲梦，夜半乘云出井梧。

　　斜阑草树月分明，来去空中影自轻。花管云笺言不尽，碧山深处学无生。

① （明）黄媛贞：《挽琼章》，叶绍袁原编，冀勤辑校《午梦堂集》中册，中华书局2015年版，第824页。

一身金粉乱香烟，侍女频催看晓天。忽道阁中无洞壑，笑将归路问神仙。

花尚含情蕊未齐，香风无力出深闺。伤心又惜芳菲在，依旧梁间燕吐泥。

天地茫茫风露清，栏干影尽鹤无声。多情庭树春还绿，不复莲花上草行。

明月青山怨此身，多情何处不愁人。疏香阁上无来日，玉影眠枯地下春。

碧落空飞半夜霜，绡金凤子下秋妆。笑同神女传丹法，忘却汾湖水一方。①

这是一组充满企慕的招魂式的书写，从"独向瑶台坐月明"至"忘却汾湖水一方"是一个幽魂归来的过程。如此构思显然是对叶家人的招魂之作的呼应。沈宜修于《拟招·招两亡女》中曰："魂兮归来！床间有书，可娱日些。架上有琴，可横膝些。归来归来！无虚室些。魂兮归来！堕露可饮，落英可餐。"② 叶绍袁说："刻刻信汝还魂，念念度汝必返。"③ 绝句中"琴书寂寞锁空楼""花影依然晓露清""归来只恐惊亲梦"，当本自于此。叶小鸾死后，"玉色辉朗，朱唇鲜泽，举体轻柔，类同尸解"④，家人亲戚说她是"仙死"，被"玉楼先招"。沈宜修《季女琼章

---

① （明）黄媛贞：《绝句十首》，叶绍袁原编，冀勤辑校《午梦堂集》中册，中华书局2015年版，第824—826页。
② （明）沈宜修：《鹂吹》，叶绍袁原编，冀勤辑校《午梦堂集》上册，中华书局2015年版，第238页。
③ （明）叶绍袁：《祭亡女小鸾文》，《返生香附》，叶绍袁原编，冀勤辑校《午梦堂集》上册，中华书局2015年版，第451页。
④ （明）沈自炳：《返生香序》，叶绍袁原编，冀勤辑校《午梦堂集》上册，中华书局2015年版，第361页。

传》曰:"儿岂凡骨,若非瑶岛玉女,必灵鹫之侍者……儿真仙去无疑矣。"① 黄媛贞的哀挽文本使用仙界意象,把叶小鸾"女仙化",这与叶家把逝者的殒谢视作游仙的氛围是契合的。沈宜修喜欢种植佳卉,"药栏花草,清晨必命侍女执水器栉沐。……自两女亡后,拾草问花,皆滋涕泪,兴亦尽减矣"。②"阿母无心再种花"一句盖写实焉。叶小鸾才色并茂,德容兼备,毛允遂《游仙曲》称其"姑射仙人冰雪肌",叶绍袁《婚逝赋》称其"体轻云以回雪,肌凝脂而泽肪",《祭亡女小鸾文》说她"含珠之时,宛是如生之貌,肌肤莹润……臂如削藕,冰雕雪成"③,沈宜修《夜梦亡女琼章》有"花颜逾皎雪"之句,所以黄媛贞用了"雪肤"一词。"疏香阁"是位于叶家午梦堂西偏的小楼,窗棂四达,环植梅花,由叶小鸾独居其中。叶小鸾的诗词集即名为《疏香阁遗集》。"疏香"二字源自林逋咏梅名句"疏影横斜水清浅,暗香浮动月黄昏"。在黄媛贞《云卧斋诗稿》中,悼挽叶小鸾的这两首七律和十首绝句题作《奉挽琼章叶大家诗十二首》。

挽昭齐

七载人间语不轻,谁知未得遂生平。高情独有亲相惜,恨字难教月对明。空里莲花青宛转,门前忍草绿纵横。一从石屋题诗去,只有庭前鸟数行。

遗来佳句尽心酸,我复多情忍不看。只说青山长涕泪,忽当宝筏上轻安。才名了得千秋恨,玉骨平分片月寒。更值愁人无限泪,不胜行坐怨阑干。④

---

① (明)沈宜修:《鹂吹》,叶绍袁原编,冀勤辑校《午梦堂集》上册,中华书局2015年版,第248—249页。
② (明)叶绍袁:《亡室沈安人传》,《鹂吹》附,叶绍袁原编,冀勤辑校《午梦堂集》上册,中华书局2015年版,第279—280页。
③ 《返生香附》,(明)叶绍袁原编,冀勤辑校《午梦堂集》上册,中华书局2015年版,第449页。
④ (明)黄媛贞:《挽昭齐》,叶绍袁原编,冀勤辑校《午梦堂集》中册,中华书局2015年版,第882页。

"昭齐"是叶绍袁夫妇的长女叶纨纨的字。叶纨纨 16 岁嫁给叶绍袁养父袁黄的孙子袁祚鼎,婚后生活不幸福,结缡七载,愁城为家,因此黄媛贞挽诗开篇就说"七载人间语不轻,谁知未得遂生平"。《玉镜阳秋》称"昭齐七绝及诗余诸调,殊有清丽之词也"①,但其诗中"无一时不愁,无一语不怨",故其诗集有《愁言》的别称,难怪黄媛贞说:"遗来佳句尽心酸,我复多情忍不看。""宝筏""轻安"都是佛教语汇,"宝筏"喻指引导众生渡过苦海到达彼岸的佛法。"轻安"与善心相应而起,使身心轻乐安稳,有能力去做某些事情。叶氏家族与佛教颇有因缘。叶绍袁、沈宜修精虔内典,洞明禅理。在他们夫妻二人的带动下,这个家庭"精心禅悦,庭闱颇似莲邦"②。叶纨纨更是禅心坚忍,曾萌生出家为尼的念头。叶小鸾死后,叶纨纨"日诵《金刚》《楞严》诸经、《大悲神咒》,几千万遍"。③《挽昭齐绝句十首》中故而有"子夜经声新觉悟""一轩芳雪见禅心"这样的诗句。

挽昭齐绝句十首

屋走梁尘压绣纹,不堪重向月中分。人间未遂山栖话,独自吹笙载白云。

冷日无光锦席虚,旧时蝴蝶识空除。闺中不道知音少,却悔当年错读书。

幽竹孤凉入楚辞,一帘风景怨当时。春来依旧莺啼月,满树梨花白为谁。

风尘满目叹浮生,冷落云妆镜尚明。此日碧峰应得住,春来春去石题名。

---

① (明)叶绍袁原编,冀勤辑校《午梦堂集》下册,中华书局 2015 年版,第 1289 页。
② 参见蔡静平《明清之际汾湖叶氏文学世家研究》,岳麓书社 2008 年第 1 版,第 105、271 页。
③ (明)叶绍袁:《祭长妇女昭齐文》,叶绍袁原编,冀勤辑校《午梦堂集》下册,中华书局 2015 年版,第 340 页。

芳心碎向夕阳中，好句伤神夜梦同。一片断香吹不住，即今谁见落花风。

一身无复怨何如，洞哭青山未结庐。子夜经声新觉悟，满帘秋雨乱棕榈。

慈母含悲为说经，汗香身佩即惺惺。西来若踏金沙地，始悔愁时梦未醒。

绿水青山空断肠，形骸生化总茫茫。即今寂寞梧桐里，愁雨因谁滴夜长。

锦栏银管旧啼痕，姊妹悲深恨尚存。若与会愁人共见，管教长日变黄昏。

月凉珠气夜深深，七载愁来直至今。旧日青山无路入，一轩芳雪见禅心。[1]

"冷日无光锦席虚"本自《拟招》"北牖风清，小簟生凉些""冷落云妆镜尚明"本自《拟招》"妆前明镜，旧日之光些""满树梨花白为谁"与沈宜修所作"梨花开后还知否"意思相近。叶纨纨喜爱梨花，所居之轩位于"疏香阁"之南，轩外有数树梨花。叶绍袁取王融《梨花》诗"芳春照流雪"之句，将此轩命名为"芳雪轩"。叶纨纨诗词集即名为《芳雪轩遗稿》。"慈母含悲为说经，汗香身佩即惺惺"，说的是叶纨纨临终时的情形。沈大荣于《叶夫人遗集序》中称"（叶纨纨）未亡之前，幽栖入梦，似在两山三竺。如来说偈，大士津梁，奚啻数数。然吾妹亦以

---

[1]（明）黄媛贞：《绝句十首》，叶绍袁原编，冀勤辑校《午梦堂集》下册，中华书局2015年版，第822—824页。

正法提携，乃得念佛端坐，瞑目而化"。① 叶绍袁于《祭长女昭齐文》中说："二十二日子侯，忽唤人扶起，对母曰：'吾病恐不能支，奈何？'母曰：'四大本假，安用恋此。专心我佛，自无烦恼。'汝既点首默应，抗身危坐，敛容正襟，合掌礼念，作声一諄，通身汗下，豁然大悟。"② 在《云卧斋诗稿》中，悼挽叶纨纨的这两首七律和十首绝句题作《奉挽昭齐叶夫人诗十二首》。

崇祯十三年（1640）仲春时节，黄媛贞随朱茂时远赴贵阳。当时，黄媛贞抱病在身，"理不能却，匆匆束装"。母亲和兄长听说她有万里之行，连忙乘舟至杉青闸送别。"嗟乎！割慈忍爱，情牵红日难留；去国离乡，泪湿春云无际。征帆风送，临湘江而济洞庭。"孟秋月初，黄媛贞随朱茂时抵达贵阳知府衙斋，"徘徊四顾，帏幕酸凄。薄暮侵晨，风景特异。思乡弥切，抱病转深，无以自适"③。于是作《幽窗三十咏》，聊述客中境况。次年二月在贵阳，黄媛贞思切家山，作《贵阳廨中》云："天涯二月早芳菲，官舍何曾远翠微。如此溪山堪累月，杜鹃犹道不如归。"

朱茂时所建的鹤州草堂，有堂，有亭，有桥，有船，有冈，有榭，有庖，有湢。草堂中庭老桂扶疏，杂植于水石之间，高下参错以取胜。园内种满各种花果，瓜地、芋田、菜圃无所不具。假山则是张南垣的手笔。顺治九年（1652），黄媛贞有《壬辰春日集饮鹤洲限韵》："却从何地笑弹冠，春到池亭草木宽。绮席悬灯留夜饮，小山邀月待人看。樵归曲径随时乐，钓罢扁舟敢自安。未识杜陵千古意，学将诗酒赋江干。"康熙五年（1666），又作《丙午荷夏鹤洲池中开并蒂莲喜赋》："缓泛轻舟过夕阳，绿阴蝉翼语微凉。彩霞笼水双呈艳，新月临池并吐香。爱向南洲开异瑞，谩生西土显奇芳。主人携鹤同幽赏，素羽翩迁舞欲狂。"

黄媛贞从事诗词创作，得益于良好宽松的家庭氛围。朱茂时就很支持她的文艺活动。顺治十五年（1658）春杪，云间一位姓颜的文人画了18幅姿态鲜妍、神情逼肖的《美人图》。朱茂时携示黄媛贞，兼索题咏。

---

① （明）叶绍袁原编，冀勤辑校《午梦堂集》上册，中华书局2015年版，第27页。
② （明）叶纨纨：《愁言》附，叶绍袁原编，冀勤辑校《午梦堂集》上册，中华书局2015年版，第341页。
③ （明）黄媛贞：《幽窗三十咏小引》，浙江图书馆藏《云卧斋诗集》。

当时，黄媛贞愁绪纷来，久疏笔墨，担心形容不好，难免续貂之讥，于是挥毫辄止。次年花朝这一天，雨窗无事，黄媛贞感到胸次悠然，披玩《美人图》，美人的生活情景恍然如生，遂乘兴谩赋，作《美人图十八咏》，摹写画中人，人中意。

在男权文化占统治地位的社会里，女性作者的诗词虽有巾帼气、脂粉气，但也不可避免地以男子的作品为典范，使用男性的话语体系。黄媛贞的词不失闺人本色，却难免会承袭男作者的符号意象和口吻。其《美人图十八咏》用的就是男性赏玩美女的视角。作为被看的对象，女性身体的"媚影""冰肌""柳腰""杏脸""秋波""纤纤手""粉娇脂嫩"被凸显出来，成为欲望叙事和肉身欢愉的标签，挑逗着男性读者的窥视眼光。黄媛贞写作《美人图十八咏》，叙写美女的姿态，迎合了他丈夫的心理欲求和审美需要。

无论是待字闺中，还是嫁为人妻，黄媛贞的诗词中总是萦绕着几许感伤愁怨。依据其感伤内涵的不同，大致可把这种愁怨悲苦情绪划分为四种类型：一是春闺之情困与幽怀；二是离别中的情感缺憾；三是伤春悲秋的闲愁；四是痛失亲友的悲楚。

黄媛贞在出嫁之前就已经开始了词的创作。其词中对少女思春情绪的书写，当有其自身的体验。如：

谒金门·春闺

情脉脉。透幕穿帘春色。黄鸟争啼芳草陌，声声听不得。　处处桃红李白，恼得此心无极。万紫千红春似织，描画不出。

踏莎行·闺情

青眼窥春，修眉学柳。满庭花雨清明候。飞来芳鸟解人愁，如言恼得东风瘦。宝鸭添香，湘弦慵扣。描成花势和情绣。须知春去众芳疏，此花独茂佳人手。

点绛唇·闺情

蜂蝶翻空，疏帘静处微香透。无聊清昼。恼得庭花瘦。　燕子来时，春绪还依旧。能知否。窗前理绣。疏雨时晴候。

这些词描写少女萌动的春心，笔触细腻而含蓄，是一种隐喻性的欲望书写。崇祯十三年（1640）以前，朱茂时应试出仕，长期在外，黄媛贞有时无奈地成为孤独寂寞的守望者，写下了不少表达分离之悲愁的诗词，诗作如《赠别夫子》云："略见遂云去，云山两地思。离心未一言，别泪倾难持。事事不复道，此意应知之。但若不二心，于我梦亦宜。高秋桂花发，知君得意时。"诗末两句表明朱茂时此时是去杭州应乡试。词作如：

临江仙·闺怨

绿暗红飞春已去，瑶琴声里无心。满园蝴蝶怨偏深。怀人千里月，梦我一床云。　烟柳阴阴莺语碎，愁眠未稳芳衾。多情鹦鹉听孤吟。蛾眉临宝镜，纤指引金针。

长相思·闺怨

灯深深，影深深。不语和愁抱锦衾，诗成空自吟。　理秋琴，问秋琴。别鹤还惊离恨心，相思望到今。

西江月·春恨

好个年华空过，美人帷帐常垂。离魂却在月圆时。谙尽寂寥滋味。　远梦已随花落，深心未许人知。怨春嫌雨久相思。听过新巢燕子。

春花已落，夏蝶翩飞，秋琴惊鹤，美好的青春、生命的热情都在思念的痛苦中消磨殆尽。这些词作将伤春悲秋的哀感和孤守闺阁的苦况交织叠写，描摹了古代官宦妻妾恒常的生活状态和情感状态。

女性向来有以花自况的传统。花飞花谢，美人的伤感尽在其中。黄媛贞的《踏莎行·春思》写的就是见落花而生闲愁的景况：

风动湘帘，烟凝翠幌。梦回起坐无情况。晓看花落曲江头，昼闻莺语垂杨上。　窗户闲开，琴书倦赏。深闺刺绣增惆怅。园林昨夜已春归，闲愁何不随春往。

黄媛介小时候学习诗文，受到黄媛贞的影响，她在《离隐歌序》中说："予产自清门，归于素士。兄姊媛贞，雅好文墨，自幼慕之。"① 黄媛介12岁吟诗，13岁作赋，嫁给了以贩卖畚箕为业的杨世功，布衣疏食度日。明末，与柳如是为文字交。顺治二年（1645）逢乱被劫，转徙吴阊，羁迟南京，又到金坛，寄居于张明弼家的墙东园。其《捣练子·送姊皆德》云："人楚楚，草青青。坐出墙东月半亭。纸帐梅花香入梦，满窗风露数残星。"② 黄媛介后侨寓西湖边的秦楼，以卖画卖诗为生。此时黄媛介贫困日甚，衣裙绽裂，儿女啼号，积雪拒门，炊烟断续，而其诗骨格老苍，音节顿挫，落笔清远，视昔有加。著有《南华馆古文诗集》《越湖草》《湖上草》《如石阁漫草》《离隐词》《梅市倡和诗抄》。黄媛介的诗名既得自自身的历练，也靠了名士的揄扬。王士禛于《池北偶谈》中曰："禾中闺秀黄媛介，字皆令，负诗名数十年。近为予画一小幅，自题诗云：'懒登高阁望青山，愧我年来学闭关。澹墨遥传缥缈意，孤峰只在有无间。'皆令作小赋，颇有魏晋风致。少时，太仓张西铭溥闻其名，往求之。皆令时已许字杨氏，久客不归，父兄屡劝之改字，不可。闻张言，即约某日会某所，设屏幛观之。既罢，语父兄曰：'吾以张公名士，欲一见之。今观其人，有才无命，可惜也。'时张方入翰林，有重名，不逾年竟卒。皆令卒归杨氏。"③

黄媛介所作小赋有魏晋风采。其诗有学问之气，"初从选体入，后师杜少陵，清洒高洁，绝去闺阁畦径"④。黄媛介《和梅村鸳湖四章》一出，属和者甚众，但妆点闺阁，过于绮靡。《玉镜阳秋》称：黄媛介"近日闺媛，以文翰与当世相酬应者。王玉映以才胜，皆令以法胜。皆令诗暨赋颂诸文，并老成有矩矱。赋如《竹赋》《闲思》二篇，虽未知视班左何如，亦殊不在徐、钟诸媛下也。诗于有唐诸名家，皆能游涉。其古近诸体，各不乏佳。第稍去其肤漫，居然名家矣"⑤。王端淑说："皆令倚马

---

① 叶玉麟选注：《详注历代闺秀文选》，广益书局1936年版，第110页。
② 赵雪沛选注：《倦倚碧罗裙：明清女性词选》，人民文学出版社2013年版，第99页。
③ （清）王士禛：《池北偶谈》卷十二，中华书局1987年版，第289页。
④ （清）姜绍书：《无声诗史》卷五，民国五年黄氏重编汇印《翠琅玕馆丛书》本。
⑤ 见胡文楷编著，张宏生等增订《历代妇女著作考》，上海古籍出版社2008年版，第663—664页。

自命，落纸如烟，摘其佳篇，苍然秀劲。"会稽商景兰《赠黄皆令》云："门锁蓬蒿十载居，何期千里觐云裾。才华直接班姬后，风雅平欺左氏余。八体临池争幼妇，千言作赋拟相如。今朝把臂怜同调，始信当年女校书。"①

黄媛贞虽不像黄媛介那样在诗坛享有数十年的盛名，但她的诗也颇为清警。如《立秋日梦分得成字》云："窗前修竹洗来清，且理琴书托此生。凉到半庭分夏去，梦将一字许秋成。凌虚久接梧桐影，孤坐新惊砧杵声。我意正悲时节易，更教重论月中情。"此诗写秋闺中的流逝之感，意象优雅，诗意微眇。《听雨》云："长夜一灯炧，独愁谁与言。窗前几点雨，井上芭蕉翻。"表现出一种简净的风致。

女性成员在一个家族中是不可或缺的，如果能够了解她们的情感和生活状态，就有助于我们全面了解一个文学世家的整体面貌。但对秀水朱氏家族来说，现有资料相当匮乏。难能可贵的是，黄媛贞的创作文本代表了朱氏家族中的一种女性的声音，给我们提供了这个世家大族女性情感状态的个案。

第二节　嵩龄之妻——顾氏

李晚芳《女学言行纂序》云："女学之道有四：曰事父母之道，曰事舅姑之道，曰事夫子之道，曰教子女之道。"② 朱嵩龄的妻子顾氏自少至老，践行的就是这四"道"。也就是说，她是幼时的掌上明珠，婚后的贤妻良母。顾氏行六，康熙二十六年（1687）十二月初六生。她出生时，顾弘由辽城令离任归里。后来，顾弘任崖州知州，有一年归里时，顾氏已7岁，遂随父往崖州。顾弘有七子十女，而偏爱庶出的顾氏，每次吃饭都将顾氏带在身边，衣饰珍玩，唯其所欲。顾弘因辛劳得重病。官署中有关侯庙，古木阴森，女孩儿没有伴儿白天里都不敢去。顾氏独自于暮夜匍匐庙下哭祷。时年才12岁。

顾弘去世的第二年，顾氏随诸兄扶榇归葬，见家中落，于是将昔日

---

① （清）沈季友辑：《槜李诗系》卷三十五，清康熙四十九全南镇敦素堂刻本。
② 见冼玉清《广东女子艺文考》，商务印书馆1938年版，第6页。

所蓄衣饰珍玩尽数取出佐父之葬。顾氏敏于纺绩，每日能织布3匹。她16岁嫁给朱嵩龄时，以前所蓄衣饰玩好无一留存，只有用亲手织的满箱棉布上奉公婆。由于出身于官宦家庭，从小在母家受到良好的家教，顾氏出嫁后自然成为贤妻良母。当初朱、顾两家议婚时，嵩龄之母陈孺人还说："子妇年少，来可杂诸女并教。"朱嵩龄结婚时，陈孺人见顾氏举止符合礼仪，女红精熟，"未匝月，值岁除，佐诸务得理，手制舅姑履以献。太君（陈孺人）顾而喜甚，嵩龄与孺人齿相若，方习举业就塾。非父母召，不敢归家，务赖孺人左右之。有媵婢年十六矣。逾年，即请于舅姑，遣嫁之。自是身无侍婢。年十八，生长子丕仔。"[①] 嵩龄之父朱彝爵所任杭州府学训导是个冷官，而朱彝爵广交游，鬻产不给，随任的顾氏将其值数十金的首饰尽付质库。后来，顾氏去世前，只能制一铜质发簪以备入棺。康熙四十七年（1708），朱彝爵患病，从关中归里。顾氏正患疟疾，还昼夜共侍汤药。

这以后几年的生活情况在朱嵩龄《辛卯秋初寄去非大兄于裕州》一诗中有所反映：

> 忆昔遭大故，秋霜降严威。宾亲皆分散，手足犹相依。相依已零丁，况复东西飞。茕茕小弱弟，晨夕侍慈闱。藜藿满石径，薛荔缘荆扉。金风催桐叶，黄昏雨霏霏。出门颜怏惘，中州独栖迟。岂伊世险巇，却顾躯体微。迍邅苦依人，旅羁恤者谁。我欲学高卧，儿曹恒啼饥。夜半起块坐，白月扬清晖。去住两非策，事事与心违。客游牵百虑，不如早言归。在家贫亦乐，丛桂且芳菲。湖菱亦已鲜，篝蟹亦已肥。惟叹秋田荒，长醉不可希。孤鸿在天末，何当返园池。[②]

康熙五十年（1711）秋初，朱嵩龄在河南裕州写了这首诗寄给长兄朱德是。"忆昔遭大故，秋霜降严威"中的大故，当是指其父病故。本来

[①] （清）朱嵩龄：《亡妻顾孺人诔》，《予斋集》卷六，上海图书馆藏清乾隆三十一年（1692）刻本。

[②] （清）朱嵩龄：《予斋集》卷一，上海图书馆藏清乾隆31年（11692）刻本。

朱家就过着"无从乞米空临帖，却笑囊萤苦读书"①的贫苦日子，当家中的顶梁柱一倒，"宾亲皆分散"就是自然的结果。雪上加霜的是，失怙之始，朱嵩龄和妻子顾氏、哥哥朱德是都患了病，当时斗米值钱二百文，家中百口聚食，顾氏扶病打理，好不容易支撑下来。嵩龄之母陈孺人命兄弟分家后，嵩龄两妹出嫁，顾氏竭力佐理奁具。守完父孝后，朱德是饥驱出走，北上河南，依人为生，留下朱嵩龄照料母亲。朱嵩龄不想过仰人鼻息的生活，打算高卧鹤洲，可想到家中哭饥号寒的儿女，又犹豫不决起来，觉得去住都不是办法，事事与己心相违。兄弟分家时，朱嵩龄受产不多，其母陈氏患病，看病吃药又耗尽了家中的资财。于是，朱嵩龄赁城中住宅为两房公用，自己仍旧搬到鹤洲草堂。两间内房让母亲陈氏居住。顾氏"则栖于草堂之上，阅两年，始能构一椽。孺人（顾氏）绝无怨色。次子丕傧生。孺人凡十产，皆冬月。前此恃太君（陈氏）经理。至是益刻苦，萧然独处，灯火不继，茹蘆餍粝以为常。儿皆自乳。殇者六，存者四"。②

朱德是去世后，顾氏对嵩龄说："长兄和公公都去世，诸事宜独任，即寡嫂也不用自己开饭。"于是，朱嵩龄夫妇与寡嫂合爨。过了半年，其嫂子不想合在一起吃饭，仍旧分爨。朱嵩龄夫妇遂单独侍奉母亲。嵩龄坐馆于盛氏家中时，顾氏常常采摘篱落枯枝作柴草，荆棘将两手刺得血淋淋，"严冬无絮襦，夜分为人压线以继炊烟"。③

朱嵩龄31岁时，盛氏姊去世。当时，盛氏姊丈夫盛熙祚在京城。其两子一女俱年幼，朱嵩龄经纪其姊丧事，并对顾氏说："我姐姐一向想要我女儿作媳妇。现在我姐姐去世，你意如何？"顾氏慨然说道："君欲遂姐姐之志，我岂忍违之。"于是，他们答应将长女嫁给盛熙祚之子盛百一。他们对子侄和诸外甥一视同仁，对没有父母者尤加抚恤。这些子侄们都将顾氏当母亲看。

朱嵩龄33岁那年的秋天，患上了伤寒，久治无效，顾氏"刲股进，

---

① （清）朱彝爵：《贫极》，《鹤洲残稿》，清乾隆刻本。
② （清）朱嵩龄：《亡妻顾孺人诔》，《予斋集》卷六，上海图书馆藏清乾隆三十一年（1692）刻本。
③ （清）朱嵩龄：《亡妻顾孺人诔》，《予斋集》卷六，上海图书馆藏清乾隆三十一年（1692）刻本。

得瘵。左既创，以只手治药饵，哺儿女百余日"。① 桑调元曾在朱氏家塾鹤洲草堂坐馆3年，亲眼见到朱嵩龄之妻顾氏辛勤治家的情形："拆钗钿供宾客生徒酒食，而内常不充藜藿。手樵园中枯枝作爨，伤荆棘溅赤。夜过半，犹闻机绞声人声，则昼夜寂不闻。"② 康熙五十九年（1720）腊月，朱嵩龄将赴京会试，迟迟未行。岁杪出门之日，家无宿储。顾氏说："你走吧。婆婆，我来侍奉；家，我来操心。你走吧。"

朱嵩龄在京师滞留了5年，到39岁时穷困而归。这几年，顾氏心理疲惫，人凋瘁得几乎让朱嵩龄认不出来。此后，嵩龄就馆通州，岁时得以回家看望母亲。雍正五年（1727），娶长媳庄氏。朱嵩龄将80余岁的外祖母鲍孺人迎养来家，顺意承欢。雍正六年（1728），嵩龄仍馆通州。其母陈孺人多病，气血久虚。七月二十四日晨起，刚洗头，感觉虚汗涔涔然而下，急扶就寝，已不能说话，移时弃世，终年63岁。朱嵩龄从海道奔归，陈孺人已就殓。丧事是顾氏料理的。陈孺人去世后，顾氏继续孝事陈孺人生母鲍孺人。

广东离秀水有三千里，高州、廉州又离省城一千几百里，音问罕通。雍正九年（1731）冬，朱嵩龄回到秀水家中，见顾氏心力更加疲惫。顾氏催促朱嵩龄赶快营葬他父亲，继而安葬顾氏生母于顾弘墓侧。雍正十年（1732）冬，朱嵩龄约桑调元北上应会试。桑调元因为其父年老，且有痰疾，天寒恐加剧，婉言推辞。顾氏对朱嵩龄说："君与桑调元相交如兄弟，怎么忍心先行？何不至杭州，审视桑翁眠食无恙，然后同行？"朱嵩龄想到桑调元坐馆鹤州，教授朱氏子弟，与自己交谊最深，情如兄弟。于是，前往杭州。他到达桑家时，果然见到桑调元的父亲疾病大作。桑调元的《朱母顾孺人诔》记有朱嵩龄帮助桑调元侍父疾的事："先府君疾作，调元怔惶无措。予斋倾行橐，百计营医药，调元得专侍床褥，疾几危。予斋助调元治木如调元心，疾差。"③ 朱嵩龄在杭州逗留月余，等桑调元父亲病好，能进饮食，两人才于雍正十一年（1733）正月四日启行。后来，桑调元还感叹说："生我者父母，助我者予斋。"待到朱嵩龄入土

---

① （清）桑调元：《朱母顾孺人诔》，《弢甫集》卷二十三，清乾隆间刻本。
② （清）桑调元：《朱母顾孺人诔》，《弢甫集》卷二十三，清乾隆间刻本。
③ （清）桑调元：《朱母顾孺人诔》，《弢甫集》卷二十三，清乾隆间刻本。

后 5 年，桑调元行舟夜泊裴公岛，有《泊舟鹤洲草堂哭朱二兄予斋嵩龄》诗云："后先助我趋寝门，维持汤药连朝昏。大义急难逾手足，此岂私感交亲恩。"①

此次会试，朱嵩龄下第，桑调元以明性理赐进士。不久，桑调元接到父亲的讣告，奔归故里。朱嵩龄也护持他一同南归。这时屋漏偏逢连夜雨，桑调元的妻子也病重欲死，朱嵩龄之妻顾氏得讯后，好不容易弄到一些人参和银子寄给桑调元。桑调元后来说："倘若没有朱嵩龄的体恤，我早已身卧青松根下。"

雍正十一年（1733），朱嵩龄补台州府太平县儒学教谕。顾氏说："官职虽小，差堪息足。嫁到你家 32 年，聚首日少，自今日开始，总算有一官在身。"又说："君本以母亲在堂，急谋此席。我出生晚，不及侍奉先考。君司教太平，今日庶几能一睹旧署了吧？"② 不料七月一日，顾氏患上了痢疾。自知不起，顾氏将未了之事分嘱儿女。顾氏亡兄浩亭的次女已许配给嵩龄次子丕傧，顾氏于病中迎浩亭次女来行合卺礼，并亲自料理结婚的衣饰。十月二十四日巳时，顾氏病故，终年 47 岁，例得赠孺人。其时桑调元在余姚为父庐墓守孝，收到朱嵩龄所作《亡妻顾孺人诔》，不禁潸然泪下，为作《朱母顾孺人诔》《祭朱母顾孺人文》。

第三节 德庆之妻——沈氏

朱德庆妻沈氏是府学生沈缵曾最小的女儿，生于康熙十七年（1678）八月二十九日。朱德庆则是彝典的小儿子，是彝典继室周硕人所生。康熙三十八年（1699）春，沈氏嫁到朱家时，正值朱家门楣衰落之时。当时朱彝典已经去世。不久，朱德庆的长兄德宣也亡故了。有人攘夺其母周硕人养老的产业，朱德庆退让了。其妻沈氏体会丈夫孝养之志节，手自织布换钱，支撑着家庭的经济，并把自己珍爱的东西交给婆婆保管。岁时伏腊，酒肉在案，沈氏自己不吃，一定要给婆婆吃。第二年，朱德

---

① （清）桑调元：《弢甫续集》卷十一，清乾隆间刻本。
② （清）朱嵩龄：《亡妻顾孺人诔》，《予斋集》卷六，上海图书馆藏清乾隆三十一年（1766）刻本。

庆病故，留下一个尚在襁褓中的孤儿。这时候，周硕人年近80岁。其家素来贫困，养老抚孤，全靠沈氏的10个手指。周硕人年老多病，沈氏为婆婆煮粥熬药，搔痒理发，擦拭身体，换洗衣服，一任劳苦，历经3年。周硕人死后3年，沈氏将婆婆安葬，又将丈夫的棺柩暂厝于裴岛之西。又过了两年，沈氏唯一的儿子因天花夭折。她的兄弟沈天申念沈氏无所依靠，将她接到家中。这一年秋天，沈氏向秀水朱氏家族的族长提出请求，将德宣的儿子丕申过继给德庆。康熙六十一年（1722），朱丕申娶张氏为妻，侨居在沈氏凤池里堂庑之左。稍后，朱丕申游幕江西，这才每年有收入寄回家中。然而，沈氏早夜之勤，依然如故。

"女学"之道在朱家的家庭蒙养中常常起着重要的作用。这个家族的不少男性成员是因为有了含辛茹苦的女性成员的殷勤训导，才成长起来的。雍正十年（1732），朱丕申在长洲染上蠃疾，5年后去世。此后，沈氏训督其孙朱辰应更加严厉，甚至表现得有些苛刻。因为家贫，沈氏亲执教鞭，督促朱辰应读书。有一次，朱辰应过了中午，还没有完成命题作文，沈氏声色俱厉地加以督促。适逢辰应舅舅来访，他见到这种"祖母教孤"的情形，高兴地说："文章果真好的话，不嫌迟。"当时，沈氏已经60岁了。冬天，她坐在板箱上，用瓦瓶煨火，和自己媳妇对着灯，为人做鞋。夜半时分，手被冻得坼裂僵硬，则呵气取暖。勉强将手伸开来，则鲜血一缕缕地渗滴下来。脸也冻得寒噤而无生气，朱辰应仰视祖母，流下了眼泪。沈氏呼谕道："我愿你读书自立，不愿你做出这等姿态。"有人劝沈氏让朱辰应改业。沈氏为朱辰应讲了他曾祖父朱彝典和祖父朱德庆有志未遂的情况，而且回头对自己媳妇说："来复堂书种中断，这孩子可以继承，即使贫困，有何遗憾！""来复"是辰应高祖朱茂昭大厅中悬的匾额。

还有一次，朱辰应读书至夜半时分，油枯灯灭。沈氏带着朱辰应到娘家人那里借灯油，当时沈家老人小孩都睡了。沈氏祖孙叩了很长时间的门，没人答应，他们只好摸黑而返。过了一天，沈天申知道这个情况，送来灯油。从此朱辰应可以继续在灯下读书到夜半辰光。沈氏有个堂妹嫁给了一个朱姓人家，与沈氏毗邻，声息相闻。30年后，朱辰应晋谒那位朱夫人，朱夫人提到夜半借油的事，令朱辰应捂着脸哭了很久。

朱辰应中秀才后，沈氏训导他说："你家门户衰落已极，我一个寡妇仅能保持,你应当猛力振起。"乾隆九年(1744),朱辰应省试报罢。乾隆十二年(1747)再赴省试,又落第。沈氏哭着说:"此番下第,我年老不能等待了。"然后,又挥泪自言:"幸邀一第,我死也瞑目啊。"可惜,朱辰应终究没能中举。这使他抱恨终天,感到百身莫赎。

沈氏一生食贫矢节,备历艰辛。族中有人想循例为沈氏请旌,沈氏推辞道:"守志难道是为了名!"请旌者核之于年例,发现沈氏守寡年限不够,说是让沈氏把朱德庆活的年岁减一减,沈氏勃然大怒道:"这不仅违背国法,还忍心让我丈夫死得更快。"于是,让朱辰应把请旌一事坚决推辞掉。沈氏自康熙六十一年(1722)离开朱茂昭住宅,侨居娘家26年。乾隆十二年(1747),迁居金陀里。次年三月十三日去世,享年71岁。其嗣子朱丕申生有两男一女。其长孙即朱辰应。次孙名振萃,初名振熙,字彦明,号晴川,出嗣丕晋。后为考授内阁供事。其孙女嫁给了府学生吴金锡。沈氏在家门凋落之时,起了中流砥柱般的作用,使德庆之裔得以瓜瓞绵延。她去世8年后,朱辰应请其师张庚为沈氏立传,又请钱陈群作诗咏歌沈氏抚嗣抚孙的事迹,当时钱陈群还是一介征士。可惜所存之书册被烧掉了。

第四节 辰应之妻——徐锦

朱氏家族的妻室中有许多贤淑的女性,但明诗擅词的才媛并不多见。朱辰应的妻子徐锦有深厚的经史功底和文学素养,人称"女士",殊为难得。产生"女士"的基本语境是清代的闺秀传统和才女文化。

徐锦字珠村,雍正二年(1724)五月三日生于嘉兴的一个望族。她是安吉州学正徐天秩的孙女,庠生徐谆秀之女。自小聪慧,很少做女红,而喜欢在灯下坐观书史,工古文词。徐锦的嫡母是朱辰应的族姑,生母姓姜。乾隆十年(1745),徐锦嫁给朱辰应。结婚的地点是在徐家。在徐家住满一个月后,朱辰应带着妻子回到自己家中。当时徐锦随身带着两大籚的书。见者都偷笑。徐锦笑着对丈夫说:"衣裳之益,有时而尽,书之益无尽。"朱辰应也笑着点头。

徐锦颇谙大义。结婚还没满一个月,其小姑将要出嫁,辰应祖母沈氏为嫁妆操心焦劳,徐锦不忍让老人伤心,请求把自己所有的妆奁拿出来，佽助小姑。这使得沈氏高兴得饭量也大了。

第二年，沈氏去世，朱辰应仓皇惊惧，手足无措。徐锦几乎卖空了首饰衣服，以供丧费。当时，朱辰应睡卧在灵柩旁边，徐锦独自抱着儿子睡觉。盛夏里没有帐子，蚊虫把儿子叮咬得大哭不止，徐锦拿一把破扇，彻夜驱赶蚊虫，到困得支撑不住，才合一合眼。朱辰应常年在外坐馆，把家中唯一的一条被子带走了。到了冬天，徐锦只能裹着败絮，床上有盖的，却没有垫的。每天晚上，等儿女熟睡以后，徐锦就起身点灯劳作。三鼓时分，瓶火熄灭，徐锦上下牙齿打架，矻矻有声，只得绕着房间转圈子，让体内有点暖气，然后继续劳作。"既解衣，儿女体若冰，结哺以乳，辄恶呕，以故儿女都不能长养。"[①] 徐锦也因此终年患病。贫穷的生活就是这样严酷逼人。

才女现象是依赖于家族文化的内部支撑的。朱辰应虽无一亩之田，却能给女诗人徐锦以闺房唱和的乐趣。当家事不顺的时候，徐锦曾有句云："独载清风归草舍，任他野水自波澜。"[②] 可见其胸怀。中年的徐锦独好潜玩《易经》，曾经说："人未能乐贫，且须安贫；未能安贫，且须耐贫；能耐贫，须常念'死生有命，富贵在天'二语。反覆思维，理不可易。"[③]

乾隆二十六年（1761）春，徐锦精气益耗。她对朱辰应说："我大概活不长了。"于是，背诵起李商隐的诗句"春蚕到死丝方尽，蜡炬成灰泪始干"。秋初，他们的幼儿又落水而死。徐锦自此悲伤劳苦，内外交攻，病骨难支。九月二十六日，徐锦病情危急。她细数家事，有条不紊，又自叹道："造化劳我以生，逸我以死。在此辛勤了17年，结束了。"朱辰应哭着问道："你还有什么话要说吗？"徐锦过了一会说："夫君你一向以古文自许，愿你为我写几句话，但不要有夸饰之言。"说完，敛衾而逝，终年38岁。朱辰应在《亡妻行述》中感叹道："呜呼！妻之死，盖不死于病，而死于贫。且不死于贫，而实死于颠顿拂郁，有不忍言者。"徐锦

---

① （清）朱辰应：《亡妻行述》，《清谷文钞》卷五，上海图书馆藏嘉庆元年（1796）刻本。
② 见（清）朱辰应《汪硕人五十寿序》，《清谷文钞》卷二，上海图书馆藏嘉庆元年（1796）刻本。
③ （清）朱辰应：《亡妻行述》，《清谷文钞》卷五，上海图书馆藏嘉庆元年（1796）刻本。

性好撰述,遗有《红余小草》1卷、《逸心轩札记》数条。《红余小草》,顾名思义,是女红之余的草稿。"女红"是当时妇女的首务,是德行精粹的标志,而吟诗填词则是工作之余娱心遣兴的营生。以《红余小草》为诗集之名,表明徐锦对主妇角色和"女士"角色之间的主次关系有明晰的认识。后来,严蓉刊刻了《红余小草》,并为之作序跋。其《红余小草跋》曰:"先夫子有族姊,为朱氏妇,生时未尝相识。没后,始得其《胥山八咏》,读之,爱其风骨遒峻,不类闺阁中语。亟招其子,索全稿阅之,遣意敷词,一一皆超然独运,迥出寻常畦町之外。而其夫君所著《行述》一篇,尤悲痛,不忍卒读,盖其历境困瘁如此,而高情朗韵,曾不因之少挫,其中所自得者远矣。因为摘取若干首,付之剞劂。附志数语,用申予向往之志云。"①

由于时代环境与社会风气的影响,清代的女诗人也有着文艺交流的愿望。她们希望通过文字往来的方式,在同性间获得兴趣上的同道与精神上的知己。徐锦曾选取170余家本朝名媛诗,想和采芝山人汪亮商榷,编一部闺阁诗选。汪亮曾师从张庚。朱辰应在张庚门下时,就听张庚说过,郡城东住着一位名叫费雨坪的寓公,他的妻子汪亮精于六法,工于作诗,为人磊落,有男子气概。朱辰应回家后,就把汪亮的情况告诉了妻子徐锦。徐锦想和汪亮订交而未果。不久,朱辰应与费雨坪往还无间,成了好朋友。汪亮派了一个丫鬟来询问徐锦的情况。徐锦以所作《胥山八咏》相投。等汪亮的和诗写成了,徐锦已经去世。闺阁诗选的遗稿被徐锦的族兄徐镕九拿走。徐镕九死后,遗稿不知落于谁手。

乾隆四十年(1775),徐锦物故15年后,朱辰应在一个冬夜里,偶尔翻检破箱子,翻出一卷徐锦亲手缮写的《余芳录》。徐锦生前曾说:打算增补归淑芬的《百花诗史》。这本尘蒙鼠啮、残墨依然的《余芳录》就是其初稿。朱辰应将《余芳录》装裱好后,在书后写了跋语《记余芳录后》。朱辰应拙于书法,徐锦于此道也不擅长。但徐锦曾对丈夫开玩笑说:"我的笔姿当胜你一筹。"朱辰应把《余芳录》拿给一些书家看,大家都说他妻子的字确实写得比他好。

---

① (清)汪启淑选辑,付琼校补:《撷芳集校补》卷五十七,人民文学出版社2019年版,第1819页。

第五节　休度之妻——沈氏

　　乾隆二十年（1755）冬，朱休度与沈兆基的女儿沈氏成婚。嘉兴的沈氏并不出于同一宗族，其中"西河沈"是大族盛门。"西河沈"和"南门朱"的关系源远流长。在明朝时，太医院御医朱儒曾救活了受廷杖的刑部主事沈思孝。沈思孝从孙沈孚先，官至吏部郎中，名载《通志·名臣传》。沈氏之父沈兆基是沈孚先的玄孙。其嫡母为欧阳氏，生母为谢氏。谢氏曾经割肱为主母治病，事载《郡志》。沈氏出生时，沈兆基尚未生儿子，祖母见沈氏在襁褓中不啼哭，说她像个男孩，当兴我沈氏，给她取名为子郎。乾隆十三年（1748），朱家到沈家提亲，刚问名，沈兆基就去世了。媒人赶忙归还了朱家的名帖，说沈家本来就穷，现在父亲没了，留下6个子女，必定无力嫁女。休度的父亲朱振振说："这是什么话？我听沈辞立老先生讲，其家兄弟同财奉母，我重其门风，故而求婚，难道会计较嫁妆吗。若因为其父亲去世，就弃婚，这是不符合道义的。"

　　新婚时，休度80岁的老祖母坐在床上，握着沈氏的手，在灯下仔细察看，回头对休度母亲钱氏说："好新妇，有善气，是你的福气。"钱氏因辛劳患上了闷疾，睡眠少，而朱振振和朱休度客游在外，新媳妇于是自己请求随钱氏一处睡，夜里可以服侍婆婆。有时没有睡着，钱氏会对沈氏说："自我进朱家的门，服侍祖翁16年。我婆婆侍奉祖翁，视衣寒暖，为祖翁洗涤衣袜，必不假手他人。到了夏天，就开始剥绵，为祖翁缝治寒袄寒裤，一定要缝得熨帖平整。冬天夜里，一定会看着仆人将热水灌入汤婆子，令其送往祖翁卧室。祖翁辞世时，婆婆已经73岁了。这么多年来，婆婆对祖翁的照料没有一天是不一样的。"沈氏听到钱氏的话，竦然起敬，也常常乘空闲的时候引钱氏说些先世旧话。钱氏也喜欢沈氏的聪慧和听话，曾对沈氏说："做穷人家媳妇难，而做故家大族的穷媳妇尤难，如同缝补破衣服，东穿西漏，实在是不容易。"钱氏又讲述了秀水朱氏先前如何兴盛，后来如何衰落，如何励名节以自立，如何积学而累累不遇，如何择师课后人以延诗书之泽，而族属不齐，如何生参差之隙，休度祖父、父亲如何委曲容隐以慰亲心，休度父亲继承先志，独养曾祖父20多年，如何克尽其欢，又如何竭力修补墙屋，使200年老宅保存完整；休度曾祖母以来三世操内政，如何剜肉补疮，岁时祭祀宾客无缺，待先生恭敬无失。钱氏还告诉沈氏，休度曾祖母苦心竭力支撑旧门第，以至将化妆用品也典当了，仅存下一把手镜，插在小笔筒中。现在笔筒还在那里。沈氏受教，一一遵循不忘，至老犹能为儿子媳妇们数说三世五世以上的事情。朱休度于《亡妻沈孺人行略》中称："始吾父及余之出门也，兄又病，不逞者时至，孺人受侮以忍，忍过亦复不留念，知者谓是真善学于舅姑者。"①

沈氏婚后 3 年，生了儿子，不再同婆婆一起就寝，而早晨为婆婆梳头，白天为婆婆加减衣服，夜里则为婆婆整被子，护肩领，一切照旧。朱休度兄弟分家后，沈氏与嫂子同心服侍婆婆，始终不懈。嫂子身体较弱，因为连续生养子女，又没有婢女供使唤，积劳成疾。钱氏很为她担忧。而嫂子天性孝顺，还时时勉强扶病侍奉婆婆。如果不是钱氏和沈氏苦劝，她就不肯休息。沈氏住在小南楼，和婆婆的卧室稍稍隔开，沈氏夜里必定带着儿子到婆婆那里，把儿子放在凳上，手捻棉线，引闲话为婆婆解闷，等到婆婆安睡，然后才带儿子上小南楼，这时往往月已过午。婆婆生病，嫂子和沈氏不离其身旁，沈氏除调药外，有时捉搦臂腰，有时承接唾涕，有时扶持溲溺，无不应婆婆所需。嫂子常倚重沈氏。

乾隆三十一年（1766），朱振振病重，沈氏竭力服侍公公。内室在后进，朱振振在前进的书斋养病。隔着中厅，传呼不应，休度母亲钱氏即抱病就近煎汤熬药，沈氏筹米筹薪，为一大家子准备饭菜，"暨亲疏属杂沓来候者，乃复随母嫂谨候疾状，转移给事，督婢洗厕牏换不辍。昼夜出入，前后进如织，达旦不交睫。时和儿方四岁，不顾也。既累旬，父没，孺人衔哀，内护母，外赞兄。公治丧事，拮据无失礼，艰哉痛哉"。②

休度长兄休榑性矜廉，于乾隆二十四年（1759）应乡试时，在寓所突然受惊，患心悸病。其父去世，朱休榑过于悲痛，病更重了，肝胆激发，不能自持，而他妻子一向柔惠，抑然寡言，至此更加郁闷。沈氏常在背地里好言好语地安慰嫂子。朱休榑疾病发作时，容易被他人的话所

---

① （清）朱休度：《小木子诗三刻》之《俟宁居偶咏》卷上，清嘉庆刻汇印本。
② （清）朱休度：《亡妻沈孺人行略》，《小木子诗三刻》之《俟宁居偶咏》卷上，清嘉庆刻汇印本。

触怒。沈氏就徐徐劝解。朱休梣的女儿从嵊县归来,朱休梣高兴地对族人说：我女儿现在衣裳楚楚,我弟媳妇待我女儿,就像待自己所生的一样,难得啊。

乾隆四十五年（1780）,朱休度在金陀里购置了房宅。起初他只是租赁其中一半,继而房主想把整座房宅一起卖给朱家。朱休度没有这么多钱,一再推辞。沈氏说："此宅婆婆住得安心,不愿搬迁,况且此宅离老屋近。你兄长生病,侄子年幼,住得近就容易照应,这也是婆婆的心愿,一定要尽量买下。"朱休度说："没有钱,怎么办？"沈氏说："尽管如此,那些会下棋的人难道没有先下虚着而后应的吗？老话说：'胆大则家起'。君是达人,为什么识见这么短浅呢？"于是,朱休度与房主商议,分年偿价,定下契约,又打了一个会,买下了房屋。这就是她有墙下小轩的由来。此后10年,朱休度节衣缩食,用束脩填补了打会的窟窿。沈氏在墙下小轩周围的空地,种了桑树,作养蚕织布的打算。

僦居新宅后,朱休梣常常来省视母亲,或与休度及相知谈论文艺,沈氏必定会密诫家人,小心听从兄长的役使,凡兄长不喜欢听的话不准说。康熙五十四年（1715）,朱休度夫妻在京城时,其长嫂辞世,沈氏特地回秀水为嫂子料理丧事。14年后,休梣次子声希生了一个儿子,沈氏兴奋地说："今天可以安慰我公婆和大姆于地下了。这胜过我自己生孙子。"休度有位嫁给黄家的堂姑,寡居后30年,依朱振振而居。她去世时,沈氏典衣以殓,岁时祭祀,不忘这位堂姑。休度堂叔母黄氏家境极苦,沈氏对她很照顾。虽不住在一起,也常遣人问候。

朱休度赴嵊县学舍后,其妻沈氏在家教侄女及她的两个女儿侍奉休度母亲钱太孺人,夜里待儿子声和睡稳后,无论早晚,必定去看望婆婆。等婆婆睡后,也要坐一会儿,叮咛而返。

朱休度从嵊县归里后,不稍懈怠,在家延医为母亲钱太孺人看病,这些医生非同族,即亲戚。休度每次不在家,其妻沈氏一定亲见医生,将婆婆病痛的根由详细告知,故而医生不曾投错过药。钱太孺人数次大病,均能痊愈。钱太孺人曾说：我没有女儿而不啻有女儿,我小儿子不常在家而不啻在家。沈氏不管大事小事,一定禀明婆婆而后行。只是到了最后几年,钱太孺人身体容易疲倦,说话常前言不搭后语,沈氏担心惹婆婆厌烦,不再将家务事向婆婆禀告。朱休度归里后的第九年,其母去世，终年八十一。

沈家的房屋出售后，沈氏生母谢氏来到朱休度家养老。沈氏的弟弟锡兰也住到朱家，为朱休度料理一些外务。沈锡兰性格柔弱，沈氏常常委婉地教导他。谢氏和沈锡兰死后，沈氏先后为他们殡葬。然而在生母和弟弟活着的时候，沈氏和他们淡泊相处，私下里没有给娘家人一文钱。沈氏管理下人，必定了解其疾苦，只是过于宽大。狡猾者不知道害怕，常常犯错，朱休度归咎于沈氏。沈氏说："这不值得责备。"沈氏看到小孩游戏时伤害虫物，损及花枝，必定批评他们说："这是不仁之端，不可助长这种行为。"朱休度治狱必曲致其情，使人自吐其实，不曾打过一巴掌。然推鞫案情，需要留置证人。沈氏每每劝丈夫说："官事非我所知，但牵连者宁可赶快释放。一日留，则一日累。君必明察。"沈氏大略识一些字，熟悉曹大家的《女诫》，曾为女儿和孙女背诵，而且训示说："做女子，但依着做就可以了，没有什么难的。"

沈氏自奉甚薄。她理家，即便菜羹豆腐，也一定要平均分给奴婢，不会让奴婢吃残羹剩肴。年老后，随朱休度至塞上，既受不了肉食，又没有水产品，只好吃素。后来病重，饮龙井茶，很喜欢。她大儿媳叹息说："我妈性喜茶，然而好茶要留了待客。想尝好茶，则必定以头烹进奉公公，自己喝次烹。19年来，我没有看见我妈吃一盏头烹好茶。"塞土苦寒，她儿子为她买了一袭旧狐衣，改做一皮袄。等回到故里，沈氏就将皮袄收藏到衣柜里，不肯再穿。她说："南方不需要这个，况且我家三代没有穿过皮袄。"沈氏死后，人们检视其所遗衣服，一老太见沈氏的布衣裤，缝补片片，说是不值钱，给我吧。沈氏的儿子们却舍不得，哭着说："留此如见我母，宁愿把其他东西给你。"

60岁后，沈氏早晨起来后，必定虔诚诵佛，然而她平生不到庙里烧香，也不和三姑六婆交往。乾隆六十年（1795），朱休度任广灵县知县时，覃恩，沈氏封孺人。

沈氏与丈夫长期分离，垂老之时才相聚10余年。朱休度在外斋读书，贪于夜坐，习与性成。沈氏在内室，有时坐待，有时假寐。虽到夜里三四更，都会预料丈夫所需，然后就寝，不怕疲惫。朱休度郁郁生病，沈氏连年督促儿辈在庭院种上四时花卉，或自养盆花，花开时节送墙下小轩，供丈夫赏玩。所以，朱休度虽因行走困难，足不出户，但逢到风日晴佳，就和沈氏两两扶杖，游览花间，笑语以乐。

　　沈氏性格坦易，内无七情之伤，所以很少生病。她晚年感觉身体沉重，冬春季节颇厌食。嘉庆八年（1803）春天，沈氏发了疹子，但病愈了。入夏后，淫雨绵绵，沈氏久感寒邪，两次患疟。刚开始的时候，她有些讳疾忌医，耽搁了治疗，加上初治失表，噩梦连连，后来患上痢疾，病情加重。此病本非绝症，但误吃了药，沈氏呻吟弥月而死去。朱休度在幽幽的灯光之下撰写《亡妻沈孺人行略》时，自疚道："念孺人为贫家妇四十九年，无失德，皆出自吾母之教，有不能已于言者。且孺人侍母二十九年中，余在家日少，孺人能慎医药，尽瘁以服劳，无愧代子职。乃今孺人病，余惝惝懈于虑始，致变而加厉，受苦恼以终，负孺人多矣，能不伤哉？"①

　　死前半月，沈氏已料定自己终将不起，便命各儿媳收拾料理衣鞋，哪件穿在身上，哪件烧掉。独独念到这年秋天是婆婆去世 20 周年，届时礼忏，想要手折两万冥钱以资福而不可及，竟然含泪而言，恨恨以为遗憾，他无所恋。濒死时，沈氏就像睡着了，还带着病容。瞑目后，则变现活相，色蔼而庄，和生前的神态大不同。朱休度 86 岁的叔母听说沈氏去世，搥床大叫，哭着说："天啊！痛啊！老天何不让我死，让伊善人活着啊？"

　　沈氏生于雍正十年（1732）十月初三日卯时，死于嘉庆八年（1803）六月十八日酉时，葬于朱休度自营的墓穴"豫庵"。朱休度有《恨为六绝句》其六云："送汝豫庵权待我，幽湖夜月镇相亲。"②

　　家族人物研究必须以尽可能完备可靠的文献为基础，而男权文化使得记载、书写女子生平的文字比较少见。本章只写朱氏家族中的 5 位妻妾，盖因材料所限。

---

① （清）朱休度：《小木子诗三刻》之《俟宁居偶咏》卷上，清嘉庆刻汇印本。
② （清）朱休度：《小木子诗三刻》之《俟宁居偶咏》卷上，清嘉庆刻汇印本。

下 编

文学论

第 一 章

朱国祚诗歌论析

朱国祚不仅爵高位显，望重一时，还是一位较有成就的诗人。可惜的是，其《介石斋集》未能刊行，在清初被"乡曲一老儒涂窜，朱墨混淆难辨，失其真矣"①。《明诗综》所载朱国祚诗作58首，以及《槜李诗系》卷十五所载《游石佛寺》《赠麻衣和尚》，《御选明诗》卷十二所收《梅家荡棹歌》，仅是其诗作的吉光片羽而已。

朱国祚的多数诗篇表现为平正优美的古典形态，真实地反映了他精神生活的平和恬适。其纪游诗随兴之所至而发，寄情于山水之间，散发出一种迥绝尘嚣的清气。其纪事诗多记录他为学为官的经历，生活实感较强，不过略带一点蟒袍玉带的纱帽气，艺术审美性相对差些。其谒陵诗则写得深邃凝重，表现出娴熟的近体诗创作技巧。总体而言，其诗风可用"雅正清婉"四字来概括。具体来说，它包含以下三重内涵：一是淳正本真的士大夫意识；二是风流儒雅的文人情趣；三是清旷和婉的语言意象。本章即从这三个方面展开论述。

第一节 淳正本真的士大夫意识

追求科举功名是明代知识分子的主流价值，也是秀水朱氏家族所认同的价值取向。朱国祚在诗中能够直白地表露自己的功名之念、轩冕之

---

① （清）朱彝尊选编：《明诗综》卷五十四引缪泳语，清康熙四十四年（1705）六峰阁刻本。

志，而不是身居庙堂之上，故作江湖之语。如其《苏州送君舆侄赴试北上》云：

> 驾言劳舟发，送尔出金阊。游子将何之，行行入帝乡。帝乡日已近，佳气逾苍苍。俯视碧水流，仰看浮云翔。情随水偕远，意逐云俱长。重宝抱璠玙，殊材堪栋梁。努力献文赋，伫听声名扬。①

这是写给他侄子朱大启的送别诗。万历三十五年（1607），朱大启因屡试不售，打算援例入太学。朱国祚移舟相送，直至虎丘，还即席赋写了这首诗，书于扇头以相期许。此诗抒发了叔侄之情，称赞了朱大启的才华。最后两句作为主题的结穴，意在激发朱大启的成功欲望。别后，朱国祚又寄百金给朱大启作为援例之资，而朱大启也最终不负所望。

朱国祚对功名的热情和向往在其乐府体诗《少年行》中也有反映，这首诗表现出一种拔剑横槊的气概，颇有盛唐气象：

> 长安少年意气豪，雕鞍宝骑金错刀。呼卢百万等土壤，报仇一死轻鸿毛。自言生为游侠子，愿输肝胆酬知己。此时未遇平原君，且学斗鸡都市里。朝游紫陌黄金堤，暮宿琼楼桃李蹊。探丸直向杜陵北，挟弹频过渭水西。一闻边警还投袂，转战前收漠南地。介子身封万户侯，嫖姚家赐千金第。②

朱国祚的诗不属于雄杰英爽一派，《少年行》却奇恣纵横，俊逸迈望，语言透快，收纵自如。此诗可能写于朱国祚早年，其时其人少年初出，精神方盛，放笔快意，尚未有世途之感，故而能发为放荡不羁之言。全诗通体遒劲，无一懈笔。从开头至"愿输肝胆酬知己"如骏马之下阪，"此时未遇平原君"以下六句，稍作盘旋，刻画了长安少年的浪子面目。

---

① （清）朱彝尊选编：《明诗综》卷五十四，清康熙四十四年（1705）六峰阁刻本。
② （清）朱彝尊选编：《明诗综》卷五十四，清康熙四十四年（1705）六峰阁刻本。

而"一闻边警还投袂"两句使得侠少的气概立现纸上。结句挽到功名富贵，虽有习径，而不见其套。

身为翰院出身的朝廷重臣，朱国祚诗中的情愫与他的身份十分契合。如《雪》这首诗的情感转折就相当有典型性，诗云：

> 夜来千里雪，晓起遍长安。转觉西山近，宜从上苑看。河冰难渡马，野艇尽投竿。最苦东征士，关门击柝寒。①

前面六句大处浩渺，小处细微，恰似一幅《京城晓雪图》，表现了赏雪的洒脱和超然，凸显的是雪的明洁和雪中的消闲意味，而最后两句念到东征将士的辛苦，让人感到刺骨的寒意，显示出作者是一位老成谋国的朝廷重臣。此诗从赏雪到忧寒的心态变化是一种士大夫精神生态的自然反映。

谒陵拜庙是官僚士大夫日常生活的一部分。朱国祚留存下来的谒陵诗有六首，所谒对象是太祖朱元璋的孝陵、代宗朱祁钰的景皇帝陵、神宗朱翊钧的定陵和光宗朱常洛的庆陵。这类诗内涵宏深，情理细密，风格深邃凝重。

万历二十五年（1597）八月，朱国祚充正考官，与詹事府左中允叶向高同典南京应天府乡试。在此期间，朱国祚和叶向高同谒明孝陵。其《恭谒孝陵同叶进卿赋》写景与议论、抒情相结合，表达了对明朝开国皇帝朱元璋的政治举措的不满：

> 夹道山松间石楠，遥瞻暖翠锁浮岚。灵龟玉殿十飞九，驯鹿银牌寸有三。第少丰碑撰方练，悔多奸党示胡蓝。五云纵护昌平岭，佳气须知兆自南。②

首联营造了孝陵的肃穆景象。"灵龟玉殿十飞九"是说，孝陵开穴时，里面有十只玉龟，九只飞去，一只保存在享殿。"驯鹿银牌寸有三"

---

① （清）朱彝尊选编：《明诗综》卷五十四，清康熙四十四年（1705）六峰阁刻本。
② （清）朱彝尊选编：《明诗综》卷五十四，清康熙四十四年（1705）六峰阁刻本。

是说，钟山驯鹿，千百为群，有的鹿颈间悬有约三寸大小的银牌，银牌上有"盗宰者抵死"的文字。遥想当年孝陵开穴时的情景，目睹高皇帝时的银牌，朱国祚感慨良多。"第少丰碑撰方练"说的是陵园中少了方孝孺和练子宁两人为建文帝所刻的丰碑。"悔多奸党示胡蓝"中的"胡蓝"指明初宰相胡惟庸和凉国公蓝玉。"胡蓝"都因骄横跋扈而被朱元璋以"结党营私"的罪名处死，当时被牵连斩首者达四五万人。为了安定人心，朱元璋将胡惟庸案中被治罪的都督以上至公侯的名氏，汇为《昭示奸党录》，将蓝玉党人的供词撰录为《御制逆臣录》，布告天下。朱国祚在此批评朱元璋将功臣宿将斩杀殆尽，以致靖难之役时，朝廷无将可用，最终导致建文帝葬身无地，建文帝诸臣也被视为奸党。

出于正统观念，朱国祚在《孝陵感革除事同叶进卿作》诗中也对建文帝的命运表示了极大的同情：

四年万事革除休，逊国遗踪何处求？事去金川门不闭，心惊玉殿火初收。空余灵谷松千树，谁见文孙土一丘。未必西南到天末，魂归终傍孝陵游。①

整首诗除了"灵谷松千树"几字写孝陵之景外，再没多写一句与孝陵墓主有关的事。前四句叙述建文帝只做了四年皇帝就被其叔叔朱棣夺权的历史悲剧。后四句是诗人的见景抒怀：偌大的一个陵园，难觅太祖指定的接班人的墓，而空余青松千树。有传言说建文帝出走西南，诗人为此慨叹道：即使建文帝客死他乡，其魂魄也会游归孝陵。

朱国祚秉直的性情在《西山谒景皇帝陵》中也有体现：

戾园凄断白杨风，黄瓦今看天寿同。北狩岂无通问使，南城专赏夺门功。若教守土盟城下，安得蒙尘返域中。多少谏臣司耳目，昌言翻赖校官忠。②

---

① （清）朱彝尊选编：《明诗综》卷五十四，清康熙四十四年（1705）六峰阁刻本。
② （清）朱彝尊选编：《明诗综》卷五十四，清康熙四十四年（1705）六峰阁刻本。

首句营造了凄清的氛围，为全诗奠定了哀怨的基调。诗中肯定了景帝和于谦在北京保卫战中的贡献，为他们大鸣不平。诗末两句称赞荆门州儒学训导高瑶能够上疏追复景皇帝谥号，指责朝廷中的谏臣默无一言。

朱国祚的不少诗篇能直陈其事，直抒己见，如实评点是非曲直，流露出一位正直的士大夫的本色。万历年间，朝臣互相倾轧，各立门户。天启朝阉党横行，人人自危。朱国祚长期为官，居京日久，能保持一颗率真的诗心实属不易。

第二节　风流儒雅的文人情趣

从朱国祚的人格特质来看，他是一位对生活和文化艺术抱有热情的文人士大夫，而不是城府森严、熟谙世故的官僚士大夫。他的诗歌表现了儒雅的文化情趣。从现存资料看，秀水朱氏家族对金石学的爱好就发端于朱国祚。其《石鼓歌》古色斑斓，不啻于一部先秦石刻简史：

> 桥门左右猎碣十，形如古础相排连。洼中或与盥匜似，抱质可敌瑶琨坚。传闻书自太史籀，比于大篆尤瑰妍。其辞典奥俪二《雅》，仿佛《吉日》《车攻》篇。周京遗制众所信，疑义莫定文成宣。纷纶虽滋翟郑议，审视终异秦斤权。下逮宇文岂能尔，荠堂所见毋乃偏。呜呼神物不易睹，三代旧迹稀流传。巫咸告辞熊相诅，裕陵宝惜今弃捐。比干铭折卫州壤，穆满书徙坛山巅。会稽窆石字茫昧，岣嵝秘迹文纠缠。掎摭非乏好奇士，千搜万索无真诠。讵若十鼓离复合，陈仓入汴还留燕。毡包席裹橐驼背，尘蒙露濯爪牛涎。置诸太学始皇庆，于今又历二百年。深檐五丈密盖护，不受长雨阑风颠。我来摩挲辄终日，证以郭薛施潘笺。凝思斫桐来自蜀，叩之定有声渊渊。文残非因硬黄拓，划缺反撼钩金填。长廊无人起题壁，回视落景棠梨悬。①

---

① （清）朱彝尊选编：《明诗综》卷五十四，清康熙四十四年（1705）六峰阁刻本。

明代京师孔庙大成门内左右排列着 10 个石鼓，形如柱下石墩，质地坚硬，可敌美玉。石鼓的铭文是以籀文环刻的 10 首四言韵文诗。因为内容多言田猎之事，所以石鼓又被称为猎碣。虽然人们普遍相信石鼓是周京遗制，但关于石鼓及石鼓文铭刻的具体朝代，众说纷纭。

《石鼓歌》是七古长篇，逐句摹写石鼓则板对无趣，不见变化之妙。因此朱国祚在描写石鼓流转史之前，另兴波澜，引入其他三代文字作陪衬。"呜呼神物不易睹"以下八句铺排了夏商周三代石刻的一本清账，以三代石刻流传稀少凸显石鼓文之珍贵。"巫咸告辞"即巫咸所作《咸乂》四篇，《史记》称《咸艾》。"熊相诅"指《诅楚文》，其内容为秦王数楚王之罪，昭告于神。"比干铭"指的是卫辉县比干庙里的"孔子剑刻碑"。"穆满书徙坛山巅"是说周穆王姬满的摩崖题刻被人从坛山上凿取下来，徙至他处。"会稽窆石"在绍兴大禹陵，这块窆石上的篆书久已漫漶不清，历代金石目多著录为《禹庙窆石遗字》。"岣嵝秘迹"指的是原刻于南岳衡山岣嵝峰的《岣嵝碑》。

和《咸乂》《诅楚文》《比干铭》《吉日癸巳碑》《禹庙窆石遗字》《岣嵝碑》等比起来，石鼓屡遭世变，南北漂流，历千年而终能复聚并留存于世，可谓万幸。"讵若十鼓离复合"以下八句推源溯委，顺次而述。唐初，石鼓在陈仓（今宝鸡市）之野出土，凤翔知府郑余庆将石鼓迁置凤翔孔庙。经五代之乱，石鼓散于民间。宋代司马池知凤翔时，找到九个石鼓，重新辇至府学门庑下。皇祐四年（1052），向传师"偶之田舍，睹舂粱石臼有文，察之，鼓也。向易以他臼，于是十鼓复完"①。宋徽宗素有金石之癖，尤其喜欢石鼓文。于是在大观二年（1108）将石鼓自京兆移入汴梁阁。为使石鼓文字免受损害，宋徽宗曾下诏填嵌金泥加以保护。靖康二年（1127），金人将石鼓辇至燕京，剔取金泥后，置石鼓于宣抚王楫家中，后又移至大兴府学，在颓墙下泥草中遭受"尘蒙露濯爪牛涎"。皇庆元年（1312）二月，石鼓被徙置于文庙大成门内，左右排列各五枚。

"我来摩挲辄终日"以下写到朱国祚自己观赏石鼓文的情景。"凝思斫桐来自蜀，叩之定有声渊渊"暗用《诗经·商颂·那》"鞉鼓渊渊"

---

① （宋）薛季宣：《岐阳石鼓记》，《浪语集》卷三十一，清同治光绪间里安孙氏诒善祠塾刻《永嘉丛书》本。

之典，带有强烈的主观色彩。石鼓文磨泐特甚，朱国祚认为，金人剔取金泥是造成石鼓文笔画残缺的重要原因。诗末两句描写了长廊阒寂、落日犹悬的清冷肃穆之情境，并且暗用《诗经·召南·甘棠》中"蔽芾甘棠"之典，以示诗人对孔庙的敬意。

韦应物、韩愈、苏轼都有石鼓之咏，譬如华岳三峰，自然奇伟。就总体结构和内容而言，朱诗虽不及韦诗之洒脱奔放，也不似韩诗之硬语盘空、苏诗之气吐虹霓，但同样具有厚重的历史沧桑感。其放怀今古，历历千年，铺陈排比，词出金石，尽显状元公之学问性情。特别是最后两句描摹情境，较之韦诗以论断作结，韩诗以抒情煞尾，苏诗以说理终篇，更具悠然不尽的韵味。

朱国祚年轻时细行必矜，目不视邪色，足不履非礼之地。万历九年（1581），他到通州赴试。"试后，友人载酒邀公饮于舟。舟至张家湾，同登岸。拉入酒肆，有妇，靓妆。公知为妓，急出门，徒步二十余里，至通州寓。"① 但他科举成名后，常常和江南浪漫文人诗酒唱酬。在那些游宴场合，他也难免逢场作戏，在诗中也不讳言这一点。如《同周公瑕屠纬真俞羡长石湖玩月分赋得天字》就有纵酒挟妓的描写：

今夜清秋月，江桥一串悬。树深潜滴露，水阔不分天。满载官厨酒，听弹商女弦。薄寒风渐紧，主客未回船。②

石湖位于苏州西南，在湖东面有一座行春桥，该桥有九个桥孔。每当农历八月十七半夜子时，月光透过九个环洞照在水面上，站在行春桥头的人便可见水面上一串月影随波浮动。"今夜清秋月，江桥一串悬"，写的就是"石湖串月"的奇景。此次同游的诸友都是颇为放浪的江南文人。周公瑕，名天球，江南太仓人。少时从文征明游，能作大字，小篆尤精，"性好游，芒鞋竹杖，盘桓名山胜水、通都大邑间"。③ 王世贞有

---

① （清）盛枫辑：《嘉禾征献录》卷一引《状元考》，民国二十五年（1936）嘉兴金氏刻《槜李丛书》本。

② （清）朱彝尊选编：《明诗综》卷五十四，清康熙四十四年（1705）六峰阁刻本。

③ （清）觉罗石麟修辑《山西通志》卷一百四十七《寓贤》，清雍正十二年（1734）刻本。

《嘲周公瑕馆钞库街》诗云："秦淮南岸小行窝，八十微悭七十多。与说周郎宽误曲，任他商女乱嘲歌。"① 金陵旧院的后门就在钞库街。周天球年近八十还与妓家比屋而居，其风流天性可以想见。屠纬真，名隆，浙江省鄞县人。其生活作风与李贽相近。万历七年（1579）知青浦县时，常招邀吴越名士，青帘白舫，纵游九峰三泖，但又不废政事。万历十一年（1583），迁礼部郎中。在郎署，更加放情诗酒。万历十二年（1584），被削籍。俞羡长，名安期，吴江人。为人慷慨尚气节，曾收京师东院名妓薛素素为弟子。李维桢《俞羡长集序》说他："少年场斗鸡走马，浮白呼卢，征歌选伎，穷生人之乐。"② 朱国祚与这帮朋友游处，自然得稍敛道学之气，不废"听弹商女弦"的愉悦。就语言风格而言，朱国祚的这首石湖玩月诗堪称清俊秀雅，天然真色。

朱国祚入翰林后，曾游览北京及其近郊的庙观，赋咏风景，表现了他的翰苑风流。如他的《夜泊净业寺》就描绘了此寺的夜色之美：

僧楼佛火漾空潭，李广桥低积水舍。一夜朔风喧树杪，蓟门飞雨遍城南。③

明嘉靖三十七年（1558），内官监太监袁亨和司礼监太监妙福等捐资兴建智光寺，后来改名为净业寺。不少文人白日来此观荷后，夜晚便宿于寺内。净业寺门临水岸，去水仅尺许，所以入夜之后，能看到僧楼佛火倒映在空潭中，随波荡漾。李广桥是一座东西向的单孔石拱桥，位于柳荫街北端，据说是明孝宗的随身太监李广所建，故名。《京尘杂录》描述李广桥一带景致说："明湖溰漾，大似江南水国，每过其地，辄令人起秋风莼鲈之思。有龙庆堂、水槛、回廊，轩窗四敞，盛夏入其中，一望芰荷芦荻，间与凫鹭鸥鹭，上下浮沉，薰风媵凉，心清香妙，恍如置身海上三神山。"《夜宿净业寺》一诗虽写于庙宇之中，但无偈颂之气，其清新旷逸，如不食烟火人语。

---

① （明）王世贞：《弇州续稿》卷二十五，明万历刻本。
② （清）黄宗羲辑：《明文海》卷二百五十，涵芬楼钞本。
③ （清）朱彝尊选编：《明诗综》卷五十四，清康熙四十四年（1705）六峰阁刻本。

第三节　清旷和婉的语言意象

朱国祚的诗取景清新疏淡，不取秾艳繁芜，基本上避免了形象的堆叠和丽藻的排比。如《雨夜》《縢桐庐经钓台下作》《西山湖上》《中峰晚望》《雪》《即景》等诗，把自然景色和生活图景当作水墨画来吟咏，显得气格清澈，毫无尘垒之气。其《湖上》诗云：

> 峰头宝所塔，湖上水仙王。芳草年年绿，风荷岸岸香。靸鞋拼细雨，对酒易斜阳。不计重门远，瓜皮上小航。①

宝所塔也叫保俶塔，在西湖北岸宝石山山峰上。水仙王庙一名龙王祠，祀钱塘龙君。此庙宋时在西湖第三桥之北。苏轼《饮湖上初晴后雨二首》其一云："朝曦迎客艳重冈，晚雨留人入醉乡。此意自佳君不会，一杯当属水仙王。"② 明季水仙王庙移建于白沙堤孤山路口。朱国祚《湖上》诗翻意成句，将苏诗的"朝曦""晚雨"换成"斜阳""细雨"，用笔疏宕淡雅，意境旷逸清远。全诗就设色而言，仅用一"绿"字点染，而不加雕绘。"芳草年年绿"一句出自王维《山中送别》诗，历代诗人多有袭用。朱国祚写的是十里苏堤的芳草长路，朱彝尊的《顾十一孝廉嗣立载酒寓楼遂同夜泛三首》其三有句曰"苏学士堤芳草，水仙王庙寒泉"，③ 可视作朱国祚《湖上》诗的注脚。宝所塔、水仙王庙、芳草、风荷、细雨、斜阳、瓜皮船、游人，这些寻常景物反映出的是作者恬适宁和的心境。

官场失意则走向山水是明清时代士大夫生活的常态表现。朱国祚最好的山水诗写于天台峰壑、雁宕瀑水之间。这些诗的语言呈现出瀑布般的流动之美。如《天台》诗云：

---

① （清）朱彝尊选编：《明诗综》卷五十四，清康熙四十四年（1705）六峰阁刻本。
② （宋）苏轼：《东坡七集》卷四，清光绪三十四年（1908）至宣统元年（1909）宝华庵翻刻成化本。
③ 王利民、胡愚、张祝平、吴蓓、马国栋校点：《曝书亭全集》，吉林文史出版社2009年版，第249页。

人言天台高，四万八千丈。中有瀑布泉，飞流众山响。多少采药人，石梁不得上。我思斸寿藤，削作过头杖。拄上最高峰，云中一拊掌。①

俞汝言评价此诗说："王献之能为一笔书，陆探微能为一笔画，郭恕先能为一笔风筝图。此诗虽五十言，一气融贯，即谓之一笔也可。"② 全诗峻拔流利，如弹丸脱手。首句中的所谓"人言"，即李白之言，太白《梦游天姥吟留别》诗夸张天台之高说"天台四万八千丈"。朱国祚此诗继承了李白山水诗奔放豪迈的语言风格，以恢张的笔力写山势之高峻，瀑布之飞响，气势雄悍。五、六句用"采药人""不得上"的情形，将天台之险生动形象地表现出来。最后四句有着跌宕自喜之概，表达了"会当凌绝顶，一览众山小"般的高远情怀。

朱国祚有些诗写平常小景，写诗人与自然风光在刹那间相遇合，表现了自然的静美和诗人的惬意。如《即景》云：

秋风靡靡吹，舟入芦花里。相呼隔岸人，声堕半江水。③

这首诗节短韵长，语淡意永，娴雅中含有天趣之真，完全是伫兴而就的产物。

基于心物同构的艺术表现方式，朱国祚诗中的意象运用是高度融洽和谐的，很少有意象基调的冲突，而且意象与心境也是高度契合的。如《徐五修招游九峰三泖之胜晚过斜塘赋此》云：

月落风微何处钟，斜塘岸岸柳惺忪。疏星数点布棋局，宿鸟一群冲钓艇。潮水渐生黄歇浦，野花齐放陆机茸。故人拟赠丹砂诀，商榷栖山第几重。④

---

① （清）朱彝尊选编：《明诗综》卷五十四，清康熙四十四年（1705）六峰阁刻本。
② （清）朱彝尊选编：《明诗综》卷五十四，清康熙四十四年（1705）六峰阁刻本。
③ （清）朱彝尊选编：《明诗综》卷五十四，清康熙四十四年（1705）六峰阁刻本。
④ （清）朱彝尊选编：《明诗综》卷五十四，清康熙四十四年（1705）六峰阁刻本。

此诗写旅途所见,画意益然,笔意工致,各种疏朗而富有生机的意象相互映衬,构成了空宕静谧的意境,反映出万物欣欣的生态意趣和观照生命之美的心灵感动。诗人与自然之间的那种不可言传的默契,使得诗末栖山修道的心意表达显得自然而从容。

精心组织的诗歌意象群比起单个意象的简单组合总能唤起更为丰富的审美体验。朱国祚诗歌中的意象也往往因为彼此间的特定关系而获得审美上的增值。如其《天台道中同郁伯承赋》云:

> 游目览层峰,携手攀高岭。举步若登天,畏涂复顾影。乔柯耸白云,深壑陷丹井。落日犹半规,山色已先暝。但愁寒虎嗥,不嫌老鹤警。忽闻下方钟,顿使千虑屏。安得百丈崖,缒以两修绠。①

诗中的"层峰""高岭""乔柯""深壑"意象虽然属于客观的描摹,但彼此的叠加凸显了山的险峻雄伟。在大自然的威势面前,诗人凛凛生惧,恐高畏影。"落日犹半规"给人一丝安慰,而"山色已先暝"预示了黑夜的恐怖。接下来,这首诗中主观色彩最浓的意象"寒虎""老鹤"登场了。其实前者多半是心中的虚象,后者才是视听中的实景,两个意象虚实相生,将诗人身处深山暮夜,谈虎色变的心绪烘托出来。虎嗥鹤唳之后,突然远闻钟声,诗人的种种疑虑为之一扫而空,恐惧审美体验得到解除。这个"下方钟"的意象把诗歌的境界由深幽转换为空灵,令人有神骨泠然、脏腑如洗之感。有了这层转折,诗人才能曲终奏雅,表达出攀上百丈悬崖的雄心。这首诗境界的最后跃迁离不开其意象的组合及意蕴的转换。

朱国祚的文学创作有着和平正大的审美追求,其作诗多自抒性情,率真而发,不倚傍门户,不因袭前人,自然清纯,一如出水芙蓉。曹溶评论说:"文恪诗尤婉秀,轩轩霞举,一无俗尘,望而知其品之清也。"朱士稚说:"先大父文懿公(朱赓)尝过秀水,文恪不出迎。既升堂,先公意不怿,询之,则文恪袍带留质库,方令人取之,叹息不置。其清介如是。诗亦非肉食人语,正如冰荷在壑,冷香袭人。"俞汝言说:"太傅

---

① (清)朱彝尊选编:《明诗综》卷五十四,清康熙四十四年(1705)六峰阁刻本。

清而能容，质而有大体，忠著三朝，无事不可为后世法。即以诗论，自抒性情，不事沿袭，诸体俱合，不失正始之音。"缪泳说："其诗率写胸臆，未尝摹仿前人。"钟渊映说："公初不以诗名，而同时浙右诸公未有过焉者。"[1] 可见，后人不仅肯定朱国祚清介的品性，而且对他的诗也有较高的评价。

---

[1] （清）朱彝尊选编：《明诗综》卷五十四，清康熙四十四年（1705）六峰阁刻本。

第二章

朱茂暻词论析

　　朱彝尊第十五叔朱茂暻，字子蓉，号东溪。生于天启六年（1626），卒于康熙二十九年（1690）三月九日。明崇祯年间秀水县学生，娶万历三十八年（1610）进士、福建兵备副使蒋英之女。明亡后，弃诸生，与四兄茂昉诗酒自娱，穷老湖山。居室曰"城南别墅""镜云亭"，别业曰"东溪草堂"。工书法，擅诗词文。著有《镜云亭集》《东溪草堂诗余》及杂著若干种。

　　朱茂昉字子葆，号山楼。万历四十三年（1615）四月十三日生。庠生，承父荫入太学。入清后不求闻达，而性好宾客，所居"山楼"位于东门外角里街，四方名士常在此宴集。朱茂昉间或出游京师、中州、东粤、西江，假山水以自舒放，并结交四方贤豪。顺治十年（1653），陈维崧作客嘉兴，流连五十日，与朱茂昉、朱茂暻、俞汝言、屠燨游处。[①] 陈维崧《俞右吉诗集序》曰："暇则饮于朱公子家楼，朱公子茂昉者，亦维崧友也。时与酒徒数人，醉后大呼，脱帽掷地，一时皆以为狂生。"其《望江南·宛城五日追次旧游，漫成十首》之六云："重五节，记得在嘉兴。也共朱郎（自注：朱子蓉茂暻）湖上饮，菖蒲花底醉难胜，别后见何曾。"[②] 朱茂昉也曾与刘体仁、余怀、秦松龄等交游。刘体仁有《同朱子葆过保安寺访月函和尚不遇》诗云："舍舟寻石径，长荻隐璇题。高屐何方去？闲廊落叶栖。金瓶乘夜艇，钟板俯寒溪。郭外犹千里，沃洲应

[①] （清）陈维崧：《陈迦陵文集》卷一，《四部丛刊》本。
[②] （清）陈维崧：《陈检讨集词钞》卷一，清康熙天藜阁刻本。

更迷。"①《邀吴伯成、余澹心、朱子葆、顾修远、秦补念、秦留仙、顾天石、震修弟舟宴分韵》其一云:"东南文雅堪谁主?自有临邛客茂陵。落日放船横笛怨,过桥策杖野烟澄。山围红树看难尽,秋到黄花醉不胜。白舫青帘吴咏集,深宵霜吹裹寒灯。"② 朱茂昉所著《山楼诗稿》,没有被朱彝尊的《明诗综》著录。但朱彝尊《鸳鸯湖棹歌》有一首说到朱茂昉的"山楼":"舍南舍北绕春流,花外初莺啭未休。毕竟林塘输甪里,爱携宾客醉山楼。"③《曝书亭集》第十卷有《送十一叔还里即作豫章之游二首》,其二云:"大江西上总风湍,犹胜惊沙老据鞍。拟共故人登快阁,便浮小艇溯层滩。竹鸡格磔云根语,兰草葱青镜里看。南道逢迎应不少,莫轻留滞等长安。"④ 朱彝尊的十一叔就是朱茂昉。从诗中可以看出,他在南昌有不少老朋友。康熙二十四年(1685)二月二十日,朱茂昉去世,终年71岁。朱茂昉娶平湖人冯元鉴之女为妻,冯元鉴曾任涪州知州,著有《双溪草堂集》。

朱茂暘只比朱彝尊大三岁,论辈分,属叔侄,论情意,像兄弟。顺治七年(1650),他们一同参加了江南士人在嘉兴南湖举行的十郡大社。后来流寓北京,也常在一起刻烛催诗,分筹限韵。《曝书亭集》中保存了他们在槐市斜街雅集所作的《苦热联句》,以及《九月八日天宁寺观塔灯联句》《九日雨阻天宁寺联句》。

朱茂暘的诗学理论颇近于"神韵说"。他在为梁佩兰《六莹堂集》作序时说:"诗也者,心之微渺,当使意余言外,响在笔前。非旷世特达深识之士,其才其学足以发之,则不能登作者阃域,而成一家之言。顾学诗者其病有二:刻画形似,失在神理;浅近僻野,失在格韵;不流入于纤细而难通,即牵率于糟粕而寡味,此不知古人,不师心之过也。古人不旁经史,直写胸臆,暗与理合,出入经史,超然神会,匪学而能,此

---

① (清)刘体仁:《七颂堂诗集》卷四,王秋生点校《七颂堂集》,黄山书社2008年版,第58—59页。
② (清)刘体仁:《七颂堂诗集》卷四,王秋生点校《七颂堂集》,黄山书社2008年版,第88页。
③ 王利民、胡愚、张祝平、吴蓓、马国栋校点:《曝书亭全集》,吉林文史出版社2009年版,第149页。
④ 王利民、胡愚、张祝平、吴蓓、马国栋校点:《曝书亭全集》,吉林文史出版社2009年版,第162页。

皆不传之妙。"① 从这段话中可以看出，他追求的是诗歌的空灵趣味和超远玄妙之美。

明代诗家，学杜甫者多，学李白者少；学李白绝句者多，学李白古风者少。朱茂晭虽然曾经选中、晚唐诗以行世，但心慕手追，专师"谪仙人"。其古风豪俊，"萧萧瑟瑟，譬诸华流东注，河漘西来，伏流过峡，终难得其浚发之地"②，也有人比其诗为出水芙蓉，天然去其雕饰。他的女婿徐无为受其影响，也笃好李供奉。两人常常流连倡和。徐无为字为好，也是秀水人，有诗稿若干卷。朱辰应曾为之作《徐府君墓志铭》。

朱茂晭的词则流宕着清疏秀逸、自然明畅的风致。从《全清词·顺康卷》第八册所录其95首词来看，其词多为咏物、闺情、登临和酬答之作，就词境的开拓来说，并无多少新意，但记录了他在故国覆亡、人生失意的重重现实困境中的隐微幽约的心路历程，折射出其在不同生命层面的深刻体验。

第一节 悲怆失意的主旋律

明社既屋，朱茂晭砥砺节操，疏离于异族政权，过着闲云野鹤般的隐逸生活。深入骨髓的民族情怀成了他文学创作的感情基础和心理基础，故国沦亡所引发的悲怆意绪成为其词作的主旋律。

直抒故国之思的篇章在朱茂晭的词作中是最有价值的一部分。这类词以深情真气为主干，字字从肺腑流出，反映了遗民的心声。其所怀隐痛，催人泪下。如《雨霖铃·数峰阁祀启祯两朝殉节诸臣》云：

数峰依旧。对平湖晚，泪点襟袖。凄凉往事堪念，阑干依处，不堪回首。谩洒英雄热血，说同堂俎豆。壮怀可许暗销沉，打空塘怒涛东走。　愁烟漠漠长堤瞢。懒登楼、问取垆头酒。茫茫几许伤

---

① （清）梁佩兰：《六莹堂集》卷首，清道光二十年（1840）南海伍氏诗雪轩刻《粤十三家集》本。

② （清）朱彝尊著，姚祖恩编，黄君坦校点：《静志居诗话》卷二十二，人民文学出版社1990年版，第716页。

情,魂断处、一痕横瘦。故国经年,应是湖山,憔悴难久。听韵鼓,急管声催,更是何人奏?①

数峰阁在孤山六一泉上,建于崇祯十七年(1644)。《大清一统志》载:"数峰阁,在钱塘县孤山旧广化寺基,祀明末死事倪元璐、施邦曜、凌义渠、周凤翔、陈良谟、吴麟征六人,皆浙人。"②朱茂暽词题中说的"启祯两朝殉节诸臣"就是这六个人。此词一落笔,即将思绪投向历史的苍茫之中。"数峰依旧",但人事皆非,词人只能"对平湖晚,泪点襟袖。""凄凉往事堪念"一句和吴伟业《登数峰阁礼浙中死事六君子》所云"故国衣冠怀旧友"③意思相近,表明对殉节诸臣的追怀,从中可知朱茂暽与倪元璐等人是有交往的。"同堂俎豆"指死事六君子同堂受祀。明室沦亡,遗民旧臣常借祭祀殉节先贤来抒发故国之思。可是,复国的壮怀已随着"空塘怒涛",一去不回。词的下片,词人的思绪从苍茫的历史时空中抽回,但见眼前"愁烟漠漠",更令人沮丧。无助的词人借酒浇愁,只落得情伤魂断。"一痕横瘦"暗喻复明的希望已很渺茫。整首词境界开阔,语言疏朗,开合自如,一气贯注,将历史的回忆、现实的无奈以及内心无着的焦灼融为一体。

再如咏春词《忆秦娥》也是一首蕴含着故君故国情感的哀曲:

心如结。楼头几见花成雪。花成雪。柳条折处,不堪重别。浮云变幻从磨灭。江山有恨凭谁说?凭谁说?年年三月,子规啼血。④

上片写光阴荏苒,离情难耐。下片则抒发深沉的历史感受。风云变

---

① 南京大学中国语言文学系全清词编纂委员会编:《全清词·顺康卷》第八册,中华书局2002年版,第4586页。
② (清)穆彰阿修,潘锡恩纂(嘉庆)《大清一统志》卷二百八十四,《四部丛刊续编》本。
③ (清)程穆衡笺,杨学沆补注:《吴梅村诗集笺注》卷三,清保蕴楼钞本。
④ 南京大学中国语言文学系全清词编纂委员会编:《全清词·顺康卷》第八册,中华书局2002年版,第4589页。

幻本是历史的本相，但江山沦亡之悲何以消释？词以望帝失国，化子规而啼血的典故作结，从而使沧桑之感臻于哀毁欲绝的程度。

由于有着故国覆亡的切肤之痛，前人悲吟亡国体验的篇章就格外能够打动朱茂暻的心弦，引起他的共鸣。这一点在他的《满江红·和王昭仪》中表现得淋漓尽致：

> 扑面红尘，黯澹尽、满城春色。谁信道、鸣笳金屋，倚弓华阙。舞袖已随云影散，琵琶忍系花骢侧。叹秋槐、落叶满空宫，哀弦歇。
> 邯郸梦，音尘灭。今古恨，从头说。听杜鹃枝上，唤归啼血。极目昏风沙塞草，伤心寒食江南月。问何人、一箭定天山，吴钩缺。①

王昭仪即王清惠，南宋末入宫为昭仪。明田汝成《西湖游览志余》卷六曰："元至元十一年丙子二月，伯颜以宋谢、全两后以下北去，有王昭仪者名清惠，题《满江红》词于驿壁云：'太液芙蓉，浑不似、旧时颜色。曾记得、恩承雨露，玉楼金阙。名播兰簪妃后里，晕潮莲脸君王侧。忽一朝、鼙鼓揭天来，繁华歇。龙虎散，风云灭。千古恨，凭谁说。对山河百二，泪沾襟血。驿馆夜惊尘土梦，宫车晓碾关山月。愿嫦娥、相顾肯从容，随圆缺。'"太液池本汉代宫中池名，唐代大明宫中亦有太液池。此以太液池中的芙蓉拟人，言自己本为宫中女官，容貌美丽，如今遭逢战乱，颠沛流离之际，已是面貌憔悴，失去了旧时的风姿。"恩承雨露"指侍奉君王，"玉楼金阙"指南宋宫殿。"兰簪"本为女子首饰，此借代宫中后妃。"曾记得"以下诸句追忆自己当初在南宋宫中，得君王宠爱，名播后宫，过着幸福安乐的生活。"忽一朝、鼙鼓揭天来，繁华歇"，写蒙古铁骑侵入南宋，昔日荣华烟消云散。"龙虎散，风云灭。千古恨，凭谁说"，言南宋灭亡，铸恨千古。"对山河百二，泪盈襟血"，言山河险要，但终入敌手，空留悲切。"驿馆夜惊尘土梦，宫车晓碾关山月"，写宫中诸人和自己被俘北上的情景。最后则仰望长空，寄意明月。据说这首词题写在南京夷山驿的墙壁上，当时在中原传诵，影响极大。

---

① 南京大学中国语言文学系全清词编纂委员会编：《全清词·顺康卷》第八册，中华书局2002年版，第4594页。

朱茂暭和词的章法作意基本上沿袭了王词，所不同的是，王词清丽哀婉，而朱词清寒疏朗。朱词的上阕写南宋行在繁华落尽后的萧条之景。"鸣笳金屋，倚弓华阙"描摹元兵进入宋宫的情形。宋室覆亡之际，歌舞消歇，宫人被俘，携带琵琶北上，回眸一望，落叶空宫，哀弦消歇，景象惨淡。下阕则写行至北国后的悲慨之情。前番荣华，犹如一梦，耳中所闻的是"杜鹃枝上，唤归啼血"，眼中所见的是"昏风沙塞草"，思绪不禁飞回寒食节的江南，仿佛看到了那一片故国明月。"问何人、一箭定天山，吴钩缺"，是对能够驱除强虏的英雄人物的殷切呼唤。史载唐高宗时伐回纥铁勒九姓突厥，在天山战场上，唐将薛仁贵连发三箭，射杀敌军三位将领，遂大败敌军，平定了西域。当时军中流传歌谣"将军三箭定天山，战士长歌入汉关"。① 从朱词末尾强烈的进取意识来看，此词当作于复明运动声势比较可观的时期。

朱茂暭还把故国兴亡的感伤带进了咏物词中。如《望湘人·西湖荷花》：

念轻笼渡袜，低髀风鬟，澹妆浓抹谁似。艳侣鸳鸯，芬披兰杜，无语盈盈秋水。月上人归，歌声遥隐，梦魂何处。向野塘、清露吹凉，冷澹越罗仙子。　堪叹兴亡眼里。泣香魂故国，谩沾巾泪。认褪粉芳踪，长在吴头楚尾。斜日晚，欲诉伤心事。牵惹丝肠浑醉，柳烟外，谁倚高楼，怅望玉人千里。②

此词上阕采用比量拟似的手法，从视觉、嗅觉、肤觉等角度把荷花当作凌波仙子来写，颇得荷之神理。这一点与姜夔《念奴娇》"闹红一舸"相似。"月上人归"以下数句，颇有白石词的骚情雅意，是词人满怀清气的外化。词的下阕不仅含有慨叹天下兴亡的忠怨之辞，而且借助比兴手法表现怨悱之情，"通之于《离骚》、变雅之义"③。

---

① （后晋）刘昫等撰：《旧唐书》卷八十三，中华书局1975年版，第2781页。
② 南京大学中国语言文学系全清词编纂委员会编：《全清词·顺康卷》第八册，中华书局2002年版，第4586页。
③ （清）朱彝尊：《陈纬云〈红盐词〉序》，王利民、胡愚、张祝平、吴蓓、马国栋校点《曝书亭全集》，吉林文史出版社2009年版，第453页。

当明亡清兴已成定局，志士仁人肝脑涂地，无力回天，自然会追问天下兴亡的缘由。朱茂暚时或抱孤心而诉苍旻，将当代巨变投进历史的长河予以观照。其《西江月·九成台》对王朝盛衰、弹指变迁颇致感慨：

> 韶石依然如在，舜峰千古薰风。九成台上吊坡翁。景物何如赵宋？　转眼重看南渡，临江几马为龙？冬青寒食久成空。不及朝云孤冢。①

九成台故址在今天的广东省曲江县。韶石、舜峰，均在九成台附近，相传为当年舜帝登临奏乐之所。《大清一统志》载："九成台，旧名闻韶台，在府治北城上，宋郡守狄咸建。《府志》：宋建中靖国元年，苏轼与苏伯固北归，狄守延饮台上。伯固谓：'舜南巡奏乐于此，台宜名九成。'轼即席为铭，自书刻石台上。后以元祐党事，碑毁台圮。"② 词人登临九成台，吊缅苏东坡，面对眼中历经沧桑巨变的江山，不禁发出了"景物何如赵宋"的感慨。下阕是对南渡政权命运的思考。"临江几马为龙"一句，骊括了东晋、南宋、南明的历史。《晋书·元帝纪》载："太安之际，童谣云：'五马浮渡江，一马化为龙。'及永嘉中，岁、镇、荧惑、太白聚斗牛之间，识者以为吴越之地当兴王者。是岁，王室沦覆，帝与西阳、汝南、南顿、彭城五王获济，而帝竟登大位焉。"③ 东渡的五王都属司马氏，故称"五马"，其中琅邪王司马睿于316年即帝位，建立了东晋，故称"一马化为龙"。后来又有宋高宗赵构匹马渡江，建立了南宋。"转眼重看南渡"是说转眼之间朝廷南渡的历史剧再次上演。李自成军攻占北京后，江南的部分明朝官僚在南京拥立福王朱由崧为帝，建立了南明弘光政权。弘光政权瓦解后，宗室诸王纷纷建立起自己的小朝廷，计有广东肇庆的永历政权、福建福州的隆武政权、广东广州的绍武政权、浙江绍兴的鲁王政权和李自成残部拥立的定武政权等。小朝廷之间不但不能

---

① 南京大学中国语言文学系全清词编纂委员会编：《全清词·顺康卷》第八册，中华书局2002年版，第4594页。

② （清）穆彰阿修，潘锡恩纂：（嘉庆）《大清一统志》卷二百四十四，《四部丛刊续编》本。

③ （唐）房玄龄等：《晋书》卷六，中华书局1974年版，第157页。

同仇敌忾以抗击清军，反而为了争得所谓的正统地位而互相攻伐，最终全部覆亡。同是南渡，东晋和南宋因偏安政权有凝聚力而令帝祚绵延，南明小朝廷却因各自尊大，彼此不容，导致分崩离析。"临江几马为龙"的反诘句谴责这些南明小朝廷各怀私心、不以国家为念。

"冬青寒食久成空。不及朝云孤冢"，是说赵宋诸帝王的陵墓已香火断绝，而苏轼爱妾王朝云的坟墓还时时有人凭吊。"冬青"一词包含着一段令人毛发森竖的痛史：元至元十五年十二月，江南释教总管杨琏真伽"利宋殡宫金玉，发诸陵在绍兴者及大臣冢墓凡一百一所，又欲袭诸陵骨，杂牛马枯骼，为镇南浮屠。会稽人唐珏独痛愤，乃货家具，行贷得百金，为酒食，阴召诸恶少，泣曰：'尔辈皆宋人，吾不忍陵骨之暴露，欲以他骨易之。已造石函六，刻纪年一字为号，自思陵以下，随号收瘗。'众如珏言，夜往取遗骸葬兰亭山"①。唐珏葬骨后，又在宋常朝殿掘冬青树植于兰亭山所函土堆上。"朝云孤冢"在惠州府北门外三里许的丰湖之上、栖禅山寺之东南。丰湖又名西湖，山青水绿，桥阁参差，亦有苏堤、孤山等名目，皆本杭州西湖之旧而傅会雷同。吴绮于《岭南风物记》中说："朝云墓在惠州府北门外三里许，至今郡人春日游赏者，多至其处。"而南宋六陵都付诸荒烟蔓草了。《西江月・九成台》的末尾表达的是一种荆棘铜驼的感伤。

朱茂㬢在追问古今兴亡时看到了历史风云的变幻莫测，与此同时，也了悟了个体功业的荣枯无常，《惜余春慢・羊城怀古》就写出了一种浩荡的余悲：

叠岭埋云，惊涛破峡，一道天开如画。蛮夷大长，老夫臣佗，两度曾来陆贾。谈笑豪雄俯心，泻橐风流，遨游潇洒。问诗书安用，何如马上，定安天下？ 建勋业、万里封侯，伏波铜柱，寂寞暮潮空打。城营南武，苑筑昌华，更有几多闲话。惟见啼鸪自飞，旧日江山，当时台榭。漫挥杯歌舞，冈头露草，沾衣盈把。②

---

① （清）傅恒等纂：《御批通鉴辑览》卷九十五，清乾隆三十三年（1768）刻本。
② 南京大学中国语言文学系全清词编纂委员会编：《全清词・顺康卷》第八册，中华书局2002年版，第4598页。

此词抒发兴亡之叹，写得雄奇磊落，圆朗高亢。上阕写汉陆贾两度出使南越，说服自称南越武王的赵佗归顺汉朝。"谈笑豪雄俯心，泻橐风流，遨游潇洒"，极写当年陆贾出能口若悬河，使南越君臣折心降服，退能平分家产与子孙以为生计。"问诗书安用"以下三句，对高祖自言"马上得天下"而轻视诗书的看法予以质疑，褒扬了陆贾的见识。下阕转而抒写英雄身后落寞的悲凉景象。汉伏波将军马援平定安南，曾在交阯立铜柱表功。如今伏波铜柱任凭"暮潮空打"，景象是何等凄凉。从传说中的南武城到五代时南汉修建的昌华苑，多少城池苑囿尽入"几多闲话"。而映入词人眼帘的是"啼鸱自飞，旧日江山，当时台榭"，富贵繁华，实难常在。"漫挥杯歌舞，冈头露草，沾衣盈把"，写出了悟功名事业原本虚幻后的迷茫和无奈。

第二节　隐逸终老的人生选择

参破历史兴亡难料和功名虚幻如梦的真相后，朱茂暉开始重新确定自己的人生意向，将目光投向了明丽秀美的山水。他泛舟江湖，吟风弄月，过起了高举远引以避祸乱的诗意生活。其《木兰花·五湖游》云：

> 娃宫已远歌声歇。露水沾衣情味别。五湖闲放一扁舟，换却人间风与月。　兴亡翻覆何堪说。那便沼吴能霸越。眼前波浪正难量，浅嘴沙滩随意绁。[①]

当年馆娃宫轻歌曼舞的繁盛已消失在历史的浪潮中，吴越争霸之事也是"兴亡翻覆何堪说"，只有"五湖闲放一扁舟，换却人间风与月"，才是真正自由适意的人生。"眼前波浪正难量，浅嘴沙滩随意绁"，表面上是说行舟江湖，前方顺厄难知，不如在浅水处系舟就歇，其实是用江湖波浪隐喻政治风波，部分地揭示了词人对世途艰险的惊悸心理。可以说，这首词借纵情山水的惬意表明了词人将要隐逸终老的人生选择。

[①] 南京大学中国语言文学系全清词编纂委员会编：《全清词·顺康卷》第八册，中华书局2002年版，第4581页。

鼎革后，朱茂暕自己疏离新朝，绝意仕进，安于清贫，对其他卓然特立的遗民也表达了由衷的赞美，如《临江仙·寿巢孝廉端明六十》云：

> 忆昔金门书上日，朔风驴背艰辛。今来花甲度初辰。弟兄同布被，畚锸共春畇。　世上荣枯何足算，羡君名节如新。千秋孺慕几人论。起看松影下，鹊白兔还驯。先生终身庐墓。"千秋孺慕"，其堂额也。①

巢端明名鸣盛，一字五峰，号腔峒，浙江嘉兴人，生于万历三十九年（1611）。世居今嘉兴南湖区凤桥巢家弄。据说，巢鸣盛20岁始就学塾，不到一年，尽通其义。崇祯九年（1636）举于乡。其同榜举人中，有不少诗人，后来仕宦显达者有曹溶、王庭；高不事之节者有鄞县的万泰、周齐曾，杭州的金堡、徐之瑞等。《嘉兴府志》"隐逸"部载巢鸣盛明亡前后事迹云："乙酉渡钱塘江，寓萧寺以观时事。见江东守拒失津，遂归。即墓侧构数椽，绝迹城市，邻里罕见其面。筑阁可望先垅，栽桔百本，绕屋种匏。制匏尊，作五言律以自喻。妻钱氏篝灯纺绩，泊如也。持论勉忠孝，敦廉耻，仿司马、程朱为家训。"② 在笔者看来，巢鸣盛在乙酉年很可能参加过抗清斗争，否则吕留良《赠巢端明》诗不会有"天下几家忘主客，此身今日系存亡"③ 之语。入清后，名注复社的巢鸣盛服故衣冠，不毁肤发，闭门墓舍37年，并与长洲徐枋、桐乡张履祥、海盐陈恂等友善，彼此以气节相勉。巢鸣盛在为黄宗羲《汰存录》所作的序中说："夫名教之存，存于贤者；然不存于贤者之口，而存于天地不易之正气。天地不易之正气无他焉，理而已矣。"④《嘉兴府志》中提到的用来"自喻"的五言律，在《明诗综》中题为《题匏杯》："回也资瓢饮，悠然见古风。剖心香自发，刮垢力须攻。不识金银气，何知陶冶工。尼丘疏水意，乐亦在其中。"⑤ 剖心是向明朝剖露忠心，刮垢是要洗磨掉对

---

① 南京大学中国语言文学系全清词编纂委员会编：《全清词·顺康卷》第八册，中华书局2002年版，第4583—4584页。
② （清）伊汤安修，冯应榴纂：（嘉庆）《嘉庆府志》卷五十一，清嘉庆五年刻本。
③ （清）吕留良：《吕晚村诗·梦觉集》，清御儿吕氏钞本。
④ （清）黄宗羲：《汰存录》卷首，清光绪间会稽赵氏刻《仰视千七百二十九鹤斋丛书》本。
⑤ （清）朱彝尊选编：《明诗综》卷六十八，清康熙四十四年（1705）六峰阁刻本。

清廷的念想。朱彝尊在《明诗综·诗话》中说："孝廉肥遯深林，绝迹城市。时群盗四起，镠铁银镂之器无得留者。于是绕屋种匏，小大凡十余种，长如鹤颈，纤若蜂腰。杯杓之外，室中所需器皿，莫非匏者。远迩争效之。樵李匏樽，不胫而走海内。孝廉作长歌咏焉。兹录五言一律，剖心刮垢，盖自喻也。"① 鄞县人万斯备《寄巢端明山居》诗称赞巢氏的隐逸生涯说："戎马遍南国，荆扉独隐沦。琴书娱白发，板荡失青春。世事袁闳老，生涯阮籍贫。向来高蹈志，寂绝更难论。"② 由于巢鸣盛表现出超越常人的遗民情结，人们将他与吴中徐枋、宣城沈寿民合称为"海内三遗民"。巢鸣盛著有《永思草堂集》、《洙泗问津》1卷、《老圃良言》1卷等。朱彝尊为谢泰宗《天愚先生文集》作序谈到巢鸣盛的遗著说："今其遗篇虽在，惜无有梓而传之者。"③ 后来，《老圃良言》有清道光十一年（1831）六安晁氏木活字印《学海类编》本。

朱茂晭《临江仙·寿巢孝廉端明六十》所谓"忆昔金门书上日"，是说巢端明曾上书皇帝言事。但其言并未被采纳，因而潦倒而归，从此过着"弟兄同布被，畲锸共春畇"的清贫生活。下阕则高度褒扬了巢端明恪守节操的高风。巢端明幼年丧父，事母至孝。甲申母殁，巢端明在其母墓侧筑草堂，颜曰"永思阁"，又建"止阁"，并因之自号"止园"。"千秋孺慕"，是其草堂的堂额。巢鸣盛卒于康熙十九年（1680），徐枋、张履祥等私谥其为"贞孝先生"。海盐籍秀才陈苞《挽孝廉巢端明》其二云："忆昔追随游璧沼，同俦今有几人存。披帷心折编三绝，渍絮神伤酒一尊。弟子篮舆辞白社，王孙瓜瓞散青门。不须更作山阳赋，反覆遗箴已断魂。"④

古代士人在陷入重重的现实困境中时，会借助游仙来实现精神上的超越。朱茂晭在复国无望之际，深感挫折失落，于是将思绪转向虚无缥缈的神仙居所，藉求解脱。他在《天香·登肇庆阅江楼作》中表达了这一意向：

---

① （清）朱彝尊选编：《明诗综》卷六十八，清康熙四十四年（1705）六峰阁刻本。
② （清）沈季友辑：《樵李诗系》卷四十一，清康熙四十九年（1710）金南锳敦素堂刻本。
③ 见王利民、胡愚、张祝平、吴蓓、马国栋校点《曝书亭全集》，吉林文史出版社2009年版，第426页。
④ （清）沈季友辑：《樵李诗系》卷二十八，清康熙四十九年（1710）金南锳敦素堂刻本。

波控三江，台雄百粤，遥看去帆如雁。名丽滕王，景偏黄鹤，似较岳阳巍焕。吞云绣户，面耸翠、连峰不断。叠鼓凝笳，写碧落，清音寥远。　落落壮怀堪展。俯层楼、临风一叹。念才高借箸，王孙曾饭。谩惜天涯羁旅，向栏槛、青红试凭遍。袖挹浮丘，霓旌长见。①

肇庆阅江楼南临西江，始建于明代。历史上曾为鹄奔亭，南宋隆兴年间改建为石头庵，明宣德六年（1431）扩建为崧台书院。崇祯十四年（1641）命名为"阅江楼"。明末清初，该楼一度圮毁。顺治十四年（1657）重建，次年秋建成。所谓"名丽滕王，景偏黄鹤，似较岳阳巍焕"，本来应该指继武汉黄鹤楼、岳阳岳阳楼、南昌滕王阁后的江南第四大名楼——南京阅江楼。此词采用了移花接木之术。词的上阕写阅江楼雄伟壮观的气势和明丽秀美的景致。下阕笔锋斗转，抒发悲慨。"俯层楼、临风一叹"，写尽郁郁难展的"落落壮怀"。"念才高借箸，王孙曾饭"，互文见义，用张良、韩信的故事自我安慰，表明志高才大者虽然一时落魄，但终有大展宏图之日。于是，词人在现实困顿面前略感释怀，"向栏槛、青红试凭遍"，并想象自己有朝一日"袖挹浮丘，霓旌长见"。"浮丘"指浮丘公，古代传说中的仙人。"霓旌"即云霞，仙人用作彩饰之旗。词末是朱茂暕的游仙幻想，究其实，这不过是为了表明其宅心玄远、遗落世事的理想。

朱茂暕是一个不合作型隐士，晚年在人生态度和精神取向上与陶渊明相当契合。他在词中多次直接或间接地写到陶氏，对这位隐士懒放的生活方式、任真的天性、超达的心态表示认同和企慕。其《念奴娇·饮项竟陵懒真堂，间日携觞鹤州，分赋》描述了自己与项竟陵的适性之隐：

柴桑风味，懒而真、出岫无心云渺。我醉欲眠君且住，弄影余梅颠倒。刻烛催诗，分筹险韵，却忆当年调。香生翰墨，纸窗红烛屏小。　应念几日春寒，晴光入座，盼双星流照。漏鼓沈沈花外静，

---

① 南京大学中国语言文学系全清词编纂委员会编：《全清词·顺康卷》第八册，中华书局2002年版，第4595页。

露湿阶前新草。嫩荨含烟,丝杨拂雾,已报风光到。持觞扶醉,重寻芳墅啼鸟。①

项竟陵即项玉笋,其人字知文,又字和父、嵋雪,秀水人。韶州通判项桂芳之子,项圣谟从子。由岁贡官竟陵知县,称循吏。擅长画墨笔兰花。书斋名"懒真堂",有《懒真堂集》。所著《檇李往哲续编》一卷,续明戚元佐之《檇李往哲前编》而作,补万历以前戚元佐所未载者,又益以天启、崇祯两朝凡十二人,而以孝子魏学洢附于其父《大中传》。每《传》各系以《论》,与戚元佐例小异。《檇李诗系》卷二十七录项玉笋二诗。其一为《酬龙眠方尔止》:"饥凤求竹实,寒蝉隐枯枝。秉德固有殊,萧条同此时。方子天下士,扁舟来何迟。扣门登我堂,促膝咏新诗。把手浮大白,结交两无疑。海风吹落木,凉月满南池。典裘常苦寒,斧冰难作糜。还问苕雪舟,予心转凄其。岁暮群动息,游子无归期。愿言过敝庐,且待阳春熙。"施闰章《赠项嵋雪》云:"鸳湖游造次,相识遽难忘。官兴陶彭泽,家园顾辟疆。尊罍从野饮,步屧到僧房。愁见分襟处,孤舟正雪霜。"②曹溶《静惕堂词》有《少年游·寄项嵋雪》二首,其一云:"客囊清减似穷秋,典尽酒家裘。桃花竞笑,鹿车还后,楚馆日悠悠。定研兰露裁新句,分付雪儿讴。最好今年,两番上巳,偏少晋人游。"③ 从这些诗中,大略可以看出项玉笋此人有着旷达洒脱的精神面貌和诗酒风流的生活方式,在出处行藏方面与陶渊明有相近之处。

朱茂晭《念奴娇》词一开始写悠然自适的闲居生活,化用了陶渊明《归去来兮辞并序》中的名句"云无心而出岫,鸟倦飞而知还"。接着又化用陶渊明"我醉欲眠卿可去"的话,来表现词人与项玉笋不拘礼节的交情。"刻烛催诗,分筹险韵,却忆当年调。香生翰墨,纸窗红烛屏小",描摹出这一干文友舞弄文墨,赋诗相竞,直至通宵达旦的情形。与陶氏返璞归真、隐居农桑的生活相比,朱茂晭等人的日常生活更为雅化,更

---

① 南京大学中国语言文学系全清词编纂委员会编:《全清词·顺康卷》第八册,中华书局2002年版,第4581—4582页。
② (清)施闰章《学余诗集》卷二十九,清康熙四十七年(1708)刻本。
③ 南京大学中国语言文学系全清词编纂委员会编:《全清词·顺康卷》第二册,中华书局2002年版,第802页。

多地透露出文士气息。此词小序中特别提到"间日携觞鹤州"。鹤州乃朱氏别业。朱茂暭一行轮流做东,在项竟陵的懒真堂设宴酬唱后,隔一日又在鹤州别业相聚。朱茂暭有《庆清朝慢·鹤州》云:

> 湖绕鸳鸯,楼飞烟雨,芳洲雅擅风流。何人解将,仙羽舞影沙头。好载月明去伴,幽人玉笛起扁舟。最堪爱,云中呼客,竹露惊秋。　柳塘外,烟霭里,听彻遍早晚,棹语渔讴。千顷琉璃平净,一片帆收。清簟疏阑看弈,谁家帘卷最高楼。鸥飞处,澹云微雨,销散闲愁。①

词的上阕为鹤州和栖居其上的仙鹤营造出一幅如梦如幻的图景。"仙羽舞影""幽人玉笛""云中呼客""竹露惊秋"等意象,充分渲染出鹤的高洁脱俗和鹤州的安逸静谧,其情思意蕴是词人空明宁静心灵的最好注脚。下阕则转而写实,"柳塘烟霭""棹语渔讴""千顷琉璃""清簟疏阑""澹云微雨"等意象叠加起来,则是一幅清疏淡雅的江南水墨画。就词人的情感体验而言,可以说上阕是其心灵的诗化展现,而下阕是其所处环境的诗意提升。在这首词中,明丽如画的自然美景和恣情放任的惬意生活已完全消解了现实失意的悲情,词人沉醉其间,忘却了尘氛。

咏物词《西江月·僧鞋菊》也同样表现了隐逸生活中的闲情逸趣:

> 叶叶亭亭总翠,枝枝袅袅临风。闲过竹院对芳丛。踏破云根苔缝。　篱下何妨载酒,远公偏爱陶公。隔溪闻打曙天钟。唤醒雨窗清梦。②

僧鞋菊之根即附子,梗高三四尺,丛生,叶如艾,花开于顶,一枝数十朵,花瓣呈深紫色,串串垂挂,形如僧鞋。花开于九月,经霜乃凋,

---

① 南京大学中国语言文学系全清词编纂委员会编:《全清词·顺康卷》第八册,中华书局 2002 年版,第 4584 页。
② 南京大学中国语言文学系全清词编纂委员会编:《全清词·顺康卷》第八册,中华书局 2002 年版,第 4590 页。

明春复发。此词一开始摹写了僧鞋菊在风中摇曳的姿态。然后从这种植物的名字上展开构思,将僧鞋菊当作僧鞋来写,仿佛穿上它,就可以"闲过竹院对芳丛。踏破云根苔缝"。下阕进而由"僧"想到晋代高僧慧远,由"菊"想到酷爱菊花的陶渊明,想到两人一起在篱下饮酒赏菊。咏僧鞋菊将慧远和陶渊明联系起来的这种艺术构思,不是朱茂晭的独创,彭孙遹《僧鞋菊》诗亦有句云:"闻说远公善陶令,新携巾屦就东篱。"[1]《西江月·僧鞋菊》在所咏之物上揉进了人的性情,将僧鞋菊写得有形有神,诚为咏物雅令。

遨游江湖、忘情山水的一项重要内容就是吊缅前哲先贤。朱茂晭寻访东汉隐士严光的故迹后,写下《行香子·七里濑》。在这首词中,他对那位不贪恋富贵、甘愿过清贫生活的高士表达了崇敬之情:

渺渺川平。袅袅帆轻。富春渚畔客星亭。风流如昨,面目犹新。有壁间月,江边树,岭头云。 羊裘尽日。茇棹随身。钓竿常钓钓难名。一时师友,千古君臣。但烟漠漠,波湛湛,鸟冥冥。[2]

史载严光少时与光武帝刘秀一同游学。刘秀称帝后,严光"乃变名姓,隐身不见",后来光武帝访得他"披羊裘钓泽中",请他出来做官,被他拒绝[3]。严光拒绝出仕,并不是一种清高狷介的文人习气的表现,亦不是沽名钓誉之举,其骨子里是对自我人格尊严和心灵自由的全力维护。朱茂晭对严光的这一价值取向深表激赏和认同。宋苏轼亦写有《行香子·过七里濑》一词:"一叶舟轻,双桨鸿惊。水天清影湛波平。鱼翻藻鉴,鹭点烟汀。过沙溪急,霜溪冷,月溪明。重重似画,曲曲如屏。算当年虚老严陵。君臣一梦,今古空名。但远山长,云山乱,晓山青。"[4] 相

---

[1] (清)彭孙遹:《松桂堂全集》卷三十三,霍西胜点校:《彭孙遹集》中册,浙江古籍出版社2016年版,第434页。

[2] 南京大学中国语言文学系全清词编纂委员会编:《全清词·顺康卷》第八册,中华书局2002年版,第4584页。

[3] (南朝宋)范晔撰,(唐)李贤等注:《后汉书》卷八十三《逸民列传》,中华书局1965年版,第2763页。

[4] (宋)苏轼:《东坡乐府》卷一,民国十一年归安朱氏三次补校刻《彊村丛书》本。

比之下，朱词没有苏词境界阔大，气格雄豪，但更见清新醇雅，意境淡远。

第三节　凄婉蕴藉的旖旎情怀

闺情词是词世界中一个相当古老的品种。自唐五代以来，词人们常模拟闺中女子口吻，摹写绮窗鸳阁的哀怨相思，以应饮宴时歌伎舞女歌唱之需。其格调虽然往往失之纤弱浮艳，境界较为狭窄，但能表达细腻的情感，营造旖旎的意境，因此历代词人乐此不疲。

在朱茂晭的词作中，摹写闺情的作品占了很大比重，其数量超出了抒发失意悲慨和描写隐逸情趣的作品。与前人摹写闺情多失之俗艳秾腻不同，朱茂晭的大多数闺情词情波流荡，含思凄婉，淡化了"章台柳"式的风情和卑懦人格，营造出一个深情的主客观世界。其中有些词摹写大家闺秀春情萌动之际的闲愁烦绪，能自为节制，柔而不溺，自觉疏离色欲。如《齐天乐·春恨》云：

小楼昨夜东风软，枝头杏红如许。稚柳娇鬟，夭桃斗脸，绰约芳心无那。含情欲诉。正初月帘钩，夕阳烟锁。遍拍阑干，夜阑欲趁飞琼去。　丝丝几番暗雨。渐零芳坠粉，相和风絮。燕语晨梁，莺喧昼馆，别是恼人情绪。东君记取。总春色平分，一番尘土。荏苒流光，断魂无觅处。[①]

《点绛唇·夏思》云：

斜月笼光，一庭芳树浓阴碎。翠荷擎盖。凉露琮琤坠。　几曲帘垂，湿尽湘妃泪。天沈水。乱莺飘砌。着个人憔悴。[②]

[①] 南京大学中国语言文学系全清词编纂委员会编：《全清词·顺康卷》第八册，中华书局2002年版，第4578页。

[②] 南京大学中国语言文学系全清词编纂委员会编：《全清词·顺康卷》第八册，中华书局2002年版，第4579页。

《醉花阴·秋闺》云：

> 节物萧萧重九候。院宇销清昼。半枕对疏棂，雁度南楼，日射丹枫透。　茱萸漫把尊前酒。应照愁眉皱。何事最关心，憔悴黄花，冷入西风瘦。①

《如梦令·冬景》云：

> 雪压重檐初霁。帘外凝寒况味。风紧夜侵人，梅月纸窗清丽。徙倚。徙倚。脉脉水沉烟细。②

从所描绘的优裕的生活环境来看，词中的主体形象应该是大家闺秀，而不是市井妇女或青楼红粉。因此，词中所表现的情愫相对高雅清纯，称得上是"特立清新之意，删削靡曼之词"③。从艺术手法来看，此类词多以特定的季节为背景，极力描绘景色物事，用以衬托闺中人难以排遣的莫名愁绪。如《齐天乐·春恨》写初春时节，杏花初发，嫩柳柔细，燕语莺喧，闺中女儿春情绵绵，想到韶华易逝，红颜难驻，情爱无着，不禁魂断难觅。《点绛唇·夏思》描绘出夏夜的一派清凉景象："斜月笼光""芳树浓阴""翠荷擎盖""凉露琤琤"。而闺中女儿因爱的失落更加憔悴。《醉花阴·秋闺》中的景象已是一派萧瑟，闺中人此时落寞无绪，如"憔悴黄花，冷入西风瘦"。此词化用李清照《醉花阴》"帘卷西风，人比黄花瘦"的名句，表现出女性娇柔善感的生命特征。在《如梦令·冬景》中，雪压重檐，帘外风紧，梅月清影，映现于纸窗。闺中人依旧被锁在闺房绣楼内，幽怨地看着"脉脉水沉烟细"，无奈地消磨着青春韶华。上述四首词由春至冬，描摹了闺中女儿春情萌发、受挫，最后消退的过程，写出了因爱情的饥渴而感受的孤独和凄伤，词中的不少景物都

---

① 南京大学中国语言文学系全清词编纂委员会编：《全清词·顺康卷》第八册，中华书局2002年版，第4596页。

② 南京大学中国语言文学系全清词编纂委员会编：《全清词·顺康卷》第八册，中华书局2002年版，第4579页。

③ 张炎《词源》卷上，清道光二十四年金山钱氏刻《守山阁丛书》本。

涂上了清怨色彩。此类词在表现情爱上欲露不露，没有一语道破，遣词温婉蕴藉，造成了一种迷茫惝恍的氛围。

朱茂暅的另一类闺情词则以摹写闺中相思为主，比之上一类更见缠绵悱恻之情意和牵肠挂肚之伤感。如《卜算子》云：

露冷半侵帘，竹暗斜窥宇。院落阴沉思悄然，门掩秋虫语。对影不成眠，梦里人何处。数尽寒更不肯明，点点芭蕉语。①

《满庭芳·春望》云：

蝶困慵飞，花扶懒起，月明人梦疏帘。晨峰横黛，凭入翠眉添。陌上游人归未？和风度、澹日厌厌。旗亭转，村深歧路，斜插杏花帘。　春愁知几许，从他双燕，梁上呢喃。谩情深恨别，词赋江淹。曲槛何时并倚？红绶带、娇凤飞衔。平芜远，烟笼短树，星斗挂重檐。②

前一首写秋日之思，后一首写春日之思，俱染绮罗芗泽之习。秋日之景清寒萧瑟，闺中思妇"对影不成眠""数尽寒更"，寂寞之意溢于言表。在蝶困花懒的春光中，相思之情更见缠绵。闺中人柔情似水，翘首天涯，心逐远方游子，耳闻双燕"梁上呢喃"，春愁更甚。这种相思之情，本质是纤弱的，属于微痛纤悲和轻愁淡恨，但在百无聊赖的贵族妇女生活中，这种情感无疑具有很重的分量。

毋庸讳言的是，朱茂暅也写过一些较为俗艳的、表现男女欢爱的闺情词。虽说此类词作数量甚微，但从一个角度反映了其个性中风流旖旎的侧面，这也说明他不是恪守礼教伦理规范的道学家，而是多少有些贵介公子习气的名士派文人。如《点绛唇·高更生新婚夜放爆竹，戏

---

① 南京大学中国语言文学系全清词编纂委员会编：《全清词·顺康卷》第八册，中华书局2002年版，第4579页。

② 南京大学中国语言文学系全清词编纂委员会编：《全清词·顺康卷》第八册，中华书局2002年版，第4581页。

题》云：

> 鸳被红翻，惯玩惹勾檀郎调。柳梢春报。怯胆花房小。　焰暖烟浓，月转纱窗照。香肩倒。恼还含笑。惊起相思鸟。①

这戏题词语气亲昵，既有情柔语艳的《花间》风调，又有伊其相谑的游戏色彩。当然比之古代众多近于猥亵的艳词，朱茂晭的这首词还不算太露骨。此词当是白璧之上的一点无关宏旨的微瑕而已。

朱茂晭还有不少咏物词与闺情词合流，摹写闺中愁怨相思。如《忆旧游·柳》借咏物写闺情道：

> 记楼头弱柳，通体纤腰，手绾芳年。做杏媒桃妁，曲阑干倦倚，艳日争妍。玉人梦回何处，犹吐旧时绵。空泪雪沾巾，香毯送暖，抱月飘烟。　还怜。绿阴里，对莺语如簧，蝶舞蹁跹。倚靓妆新样，低两弯蛾翠，羞睹三眠。柔条纵有千尺，难续绝离弦。叹憔悴东风，无人尽日愁思牵。②

写形拟似是朱茂晭咏物词常用的艺术手法。"倚靓妆新样，低两弯蛾翠，羞睹三眠"，分明活现了一个春怀难遣的闺中少妇的形象。词中将女子的意态和弱柳的姿态叠合为一，将缠绵悱恻、九曲回肠的别愁借柔条千尺、迎风吐绵的柳态传达出来。

《浣溪沙·秋千》也有着同样的惊香藻思：

> 曲曲红栏平水桥。花边簇柱绣旗招。缕金香板影频摇。　陌上坠鞭芳草细，墙头传笑绿杨饶。月明深度可怜宵。③

---

① 南京大学中国语言文学系全清词编纂委员会编：《全清词·顺康卷》第八册，中华书局2002年版，第4580页。

② 南京大学中国语言文学系全清词编纂委员会编：《全清词·顺康卷》第八册，中华书局2002年版，第4584页。

③ 南京大学中国语言文学系全清词编纂委员会编：《全清词·顺康卷》第八册，中华书局2002年版，第4588—4589页。

此词的意境较为明丽疏朗一些。词的前五句写春日里深闺女子荡秋千的嬉笑欢愉，最后一句方点出"月明深度可怜宵"的难耐寂寞。热闹与寂寞对比鲜明，凸显了后者。

朱茂暭还有一些以摹写物态为主的咏物词，采用着物密附的细致笔墨，写出了比拟男女之情的旖旎风光。如《解语花·咏蝶》云：

寻条认叶，宿蕊迷香，到处风光领。汉金秦粉，准裁剪、样板丝缝端正。宫墙游趁，看足勾、华胥清景。尽名园露饮归来，总芳踪难定。　应念穿帘绕户，上搔头贪恋，偏弄孤影。花房梦稳，相逢处、长是药栏幽径。蹁跹风韵。谁念惜流光吹并。算只须、舞馆歌楼，赏翠娇珠俊。①

《蝴蝶儿》云：

蝴蝶儿。上妆台。粉痕偷样艳新裁。沾沾去又来。　露宿花房冶，香迷叶底猜。双飞结伴绣帘开。翩跹初梦回。②

这两首词都极力描绘蝴蝶来往花丛、蹁跹起舞的娇态，暗含着以蝶拟人的象征手法。前一首开头写蝴蝶觅蕊采香的习性，接着从蝶翅的颜色着眼写了蝴蝶的生态特征。"汉金秦粉"典出李商隐《蝶》诗中的"重傅秦台粉，轻涂汉殿金"。"秦台粉"是秦穆公之女弄玉美容用的飞雪丹粉。③因蝶翅粉多且色白，所以用"秦台粉"指蝶翅上的白粉。而"汉殿金"是指黄色。④下阕写蝴蝶穿帘绕户，飞上搔头，突出了蝴蝶喜繁华、亲脂粉的习性。此词描写蝴蝶寻花问柳的过程，可视作一种浪子

---

① 南京大学中国语言文学系全清词编纂委员会编：《全清词·顺康卷》第八册，中华书局2002年版，第4592页。
② 南京大学中国语言文学系全清词编纂委员会编：《全清词·顺康卷》第八册，中华书局2002年版，第4596页。
③ （五代）马缟《中华古今注》说："自三代以铅为粉，秦穆公女弄玉有容德，感仙人箫史，为烧水银作粉与涂，亦名飞云丹。"
④ （汉）班固撰《汉书·外戚传》："皇后（赵飞燕）既立，后宠少衰，而弟绝幸，为昭仪。居昭阳舍，其中庭彤朱，而殿上髹漆，切皆铜沓，冒黄金涂。"

情怀的披露。后一首表现蝴蝶双宿双飞的情景,亦是对与恋人共度韶光的憧憬。但作为咏物词来说,这些词缺乏寄托,格低气卑,显示的是词人灵魂世界的一个纤弱消极的侧面。

第四节　岭南之游的羁旅愁思

朱茂暘《庆春泽·旅思》云:"买愁重泛珠江棹,听钩辀、鸟语声蛮。……南园旧日芳游地,正乱红舞径,谁在跻攀。"① 这说明他至少曾两度游历岭南。其大致路线是出浙江,经江西,最后抵达广东,然后在广东境内盘桓良久。这两次出行的原因、动机和目的难以详考。在旅途中,他写下大量格高调响的词作,可谓收获不菲。

除去登临怀古之作,朱茂暘写于旅途中的大部分词都以抒发羁旅愁思为主,如写于江西南昌的《声声慢·滕王阁》,写于江西丰城的《南歌子·元宵后二日,泊丰城江上》,写于广东南雄的《庆春泽·旅思》,写于广东英德的《大酺·英州萧寺》,写于广东新兴县的《西江月·饮阅江楼口占》。

南昌滕王阁因王勃的一篇《秋日登洪府滕王阁饯别序》而名驰天下。朱茂暘登临其上,想像当年王勃意气风发的神采,神往不已。其《声声慢·滕王阁》云:

> 彩毫如在,画阁凌空,面势犹瞰长江。爽气朝来,西山半入晴窗。自题断霞秀句,至今烟鸟不为双。登临处,对山川满目,谁共飞觞。　缥缈天涯倦客,倚一帘、空翠夜月横霜。物换星移,几度轮奂沧桑。茫茫今古如梦,且高歌、任我疏狂。但凭眺,不须论,身在他乡。②

---

① 南京大学中国语言文学系全清词编纂委员会编:《全清词·顺康卷》第八册,中华书局2002年版,第4591页。

② 南京大学中国语言文学系全清词编纂委员会编:《全清词·顺康卷》第八册,中华书局2002年版,第4591页。

上阕写滕王阁雄壮的景致。"彩毫"指王勃刻镂滕王阁美景的旷世才华,"画阁"指飞檐雕甍的滕王阁。"爽气朝来,西山半入晴窗",言词人是在早晨登上滕王阁。"自题断霞秀句,至今烟鸟不为双"典出王勃名句"落霞与孤鹜齐飞",说明王勃《滕王阁序》有笔补造化之功。"登临处,对山川满目,谁共飞觞",是与当初"胜友如云""高朋满座"的盛会相比,凸显此刻的冷清,不胜物是人非之感。下阕转入旅思抒发。自称"天涯倦客"的词人想到从当初王勃登临至今,"物换星移,几度轮奂沧桑",不禁有了"茫茫今古如梦"的感慨。"且高歌、任我疏狂"不仅仅是及时行乐的表现,更主要的是了悟世事变幻难测的真相后的一种释然和解脱。"但凭眺,不须论,身在他乡",化用了李白《客中作》"但使主人能醉客,不知何处是他乡"的诗句,表达了对江山美景的深深眷恋之情。

如果说在南昌时,朱茂晭由于初出浙江,乡思之情还比较淡薄,那么随着离乡渐远,其羁旅之思也渐浓厚。如《南歌子·元宵后二日,泊丰城江上》云:

草草良宵度,离离月映沙。数声江雁掠烟斜。谁在篷窗烧蜡、理琵琶。 剑气重看斗,萍流任去槎。玉人憔悴隔天涯。遥忆数枝清瘦、共梅花。[1]

开头三句渲染出旅途寂寞冷清的氛围。"谁在篷窗烧蜡、理琵琶",写出旅人孤寂难眠的情景。下阕写夜望星空,遥忆家乡,感觉身如浮萍。"玉人憔悴隔天涯",是从对方设想,想象玉人因相思而憔悴,像梅花一样清瘦,其实是写自己对家乡的思念。这种羁旅愁思在此后所写的《庆春泽·旅思》《大酺·英州萧寺》《西江月·饮阅江楼口占》中,不断加深加剧。

羁旅的过程包含着丰富的生命体验,使得词人能够诗意的观照自我和故乡之间的关系,并使其精神境界得到物化的审美表现。在朱茂晭的

---

[1] 南京大学中国语言文学系全清词编纂委员会编:《全清词·顺康卷》第八册,中华书局2002年版,第4591页。

旅思词中,这一追求贯穿始终。如《尾犯·忆故园梅花》把思乡与咏物结合在一起,通过所咏的物象表现了词人的那种林下高士的形象:

> 斜月半柴门,茅舍竹篱,逼岁清景。如练霜溪,皎皎涵冰镜。幽人去、屏闲纸帐,夜琴虚、苔移鹤影。最堪怀处,一点孤香,乍透吟窗静。 芳魂应自喜,从来冷澹心性。翠袖天寒,照水情偏永。洒玉质、轻云向晓,弄黄昏、小帘风定。空嗟别后,辜负怅有谁思省。①

此词咏梅采用比量拟似的创作手法和水月相伴的联类烘托模式,将故园梅花的冷韵幽香和妻子的天寒翠袖叠印在一起,用"斜月""霜溪"意象所营造的晶莹纯净的空间,呈现词人空明静穆的心灵。在古典文学中,咏梅本自带有一种风流儒雅的文化意味,而此词中的"幽人""夜琴""鹤影"等意象不沾一毫粉艳之气,强化了抒情主体的人文特征。距离感更使得故园被赋予了丰厚的精神内涵,成为人与物、人与境高度和谐的清凉世界。

朱茂晭的咏物词没有追随朱彝尊借《乐府补题》掀起的咏物风,《东溪草堂诗余》中不见对蝉、药、蟹等的唱和之作。但其部分咏物词取物清雅,寄意深遥,喜用寒水冷月意象,营造澄澈无滓的清夜境界,明显染有姜白石词幽冷的色调,如《木兰花慢·梅花》勾勒了梅花的冷韵幽香、瘦影芳魂:

> 耐霜催雪压,销磨过,几黄昏。渐白映疏篱,香笼浅水,月泛柴门。相思故人何处,对寒流、寂寞绕孤村。记取一枝瘦影,凭招午夜芳魂。 清真只合伴松筠。过雨染冰痕。怅谁吹横玉,羁愁渺渺,归思纷纷。高怀秖令自苦,向闲窗、茅屋共深论。谩倚风流难托,歌筵烛艳红裙。②

---

① 南京大学中国语言文学系全清词编纂委员会编:《全清词·顺康卷》第八册,中华书局2002年版,第4597—4598页。

② 南京大学中国语言文学系全清词编纂委员会编:《全清词·顺康卷》第八册,中华书局2002年版,第4578页。

这是一首侧面用笔、借景映带的咏物词。词一开头突出了梅花耐寒的品性，接着采用水月映梅的视境构象衬托梅花的色泽香味。那种黄昏、深夜中的朦胧香气给人一份幽雅静谧的感觉，唤起了词人对故人的思念。这里的"浅水""寒流""疏篱""柴门"不只是一个梅花的生长环境，"月""黄昏""午夜"也不只是用来营造光色气氛，而是具有人格意味的境象。词中让这些意象相互渲发，勾画一无纤尘的幽绝之境，名义上是咏梅，实际上是写冰清玉洁的幽人情怀和雅士风骨。"怅谁吹横玉"是指听笛曲《梅花落》而生乡思。横笛在古代称"横吹"，属古乐府中的鼓吹部。《梅花落》就是鼓吹部中的"横吹曲"，表现的是离别的愁绪。此词表现忆梅念故人、听笛思故乡的主题，称得上是清境映发，离形得似，虚处传神。

从以上分析中大致可以窥见朱茂暗精神世界的全貌。下面就朱茂暗词的艺术追求再作一些分析。

朱茂暗词讲究语言的锤炼，其摹物写景、言志抒情往往恰到好处，传神妥帖。如其《鹧鸪天·子于兄园亭》云：

> 荷叶如钱柳覆阴。风流小槛曲池平。花疏绮阁三分雨，篆抹晴轩一缕云。　　沙际路，渚边亭。杜鹃猩泪溅红裙。无人尽日飘香絮，几点轻浮水面萍。[①]

词写夏日园亭之景，用"三分雨"比拟落英缤纷，"一缕云"比拟檀香缭绕，巧于锻炼，虽有刻意为之之嫌，但词人驱遣词句的能力令人佩服。此外，"杜鹃猩泪溅红裙"以动写静，同样别具匠心。杜鹃花本就是红色，但词人化用杜鹃啼血的典故，用一"溅"字，使花之红分外触目惊心。

朱茂暗词在场景的铺写，氛围的渲染上也颇见功夫。且看《满庭芳·咏放流星》中的"夜生活"场景：

---

① 南京大学中国语言文学系全清词编纂委员会编：《全清词·顺康卷》第八册，中华书局2002年版，第4583页。

玉手调笙，金丸弹鹊，年华迤逦逢迎。争芳逐夜，花竹闹峥嵘。谁信凌霄直上，抬青眼、凭望云程。银河澹，钩帘斜月，烂影斗明星。　　乘鸾疑此候，龙珠喷火，凤彩含琼。映朱甍碧瓦，光带帘旌。芒散连檐遥坠，灿华灯、高架长檠。嬉游倦，青尊泛蚁，笑我醉还倾。[1]

元宵节自宋代以后已成为我国最热闹的、带有狂欢性的节日。上阕下笔即从都市繁阜的人物中，拈出"玉手调笙"的丽人和"金丸弹鹊"的少年，让青春年少的男女在热闹非凡的街市上邂逅，制造他们的爱情故事。"谁信凌霄直上"以下数句写了观看放流星。流星升空，众人纷纷举目仰望。灿烂的烟火散去后，只见银河淡淡，明星烂烂。在元宵节习俗中，金璧交辉的花灯是最不可少的物象。下阕即专注于各类灯饰的描绘。"龙珠喷火，凤彩含琼。映朱甍碧瓦，光带帘旌"，写龙凤彩灯华美壮丽，照耀街衢，亮如白昼。"芒散连檐遥坠，灿华灯、高架长檠"，写各家各户都挂起各式各样的彩灯，与巡游的主灯相互辉映，景象壮观。最后则写自己游玩尽兴，归饮大醉。此词写灯宵月夕放流星时的热闹场景，极尽渲染之能事，使人感到满目琳琅。

除少量咏梅咏荷词带有清虚冷隽的白石风调外，朱茂暕更多地受到简洁明丽的北宋词风的影响。《东溪草堂诗余》中和前人词韵的作品有五首，其中和东坡韵二首、和章质夫韵一首、用柳耆卿韵一首、和王昭仪一首。朱茂暕作词不雕琢，不炫学，不铺张刻画，很少襞积冷典，因而其词整体上显示出一种清疏秀逸、自然明畅的本色美，属于婉丽流逸的词人之词，而非醇雅敦厚的学人之词。朱茂暕的年辈较朱彝尊为长，其创作基本上不为浙西词派所笼罩，其词风和浙西词派是异趣的。

---

[1] 南京大学中国语言文学系全清词编纂委员会编：《全清词·顺康卷》第八册，中华书局2002年版，第4581页。

第 三 章

朱彝尊的文化成就

作为清初有影响的创作大家，仅凭诗文一道，朱彝尊就足以传名后世。其实，他在文献学和史地学方面也有重要贡献和独到见解，他同顾炎武、阎若璩、毛奇龄等人一同开创了清代的汉学风气。

第一节 文献学成就

一 目录学著作

朱彝尊治学以博综为尚，以六经为本原，其《经义考》300卷（原阙三卷）称得上是他的最重要的学术著作。该书著录先秦至清初的经学典籍，并辑录历代学者之解题、考论，为我国最有系统之经学专科总目录，是研究经学或我国传统学术不可或缺的工具书。[①] 此书大约开始撰写于康熙二十五年（1686）朱彝尊谪官居京时期。朱稻孙于《竹垞府君行述》中说："既罢官，贫不能归，留京师。……集之为《日下旧闻》，逾年而书成。又以经学宜本汉唐诸儒笺疏，以穷其源，乃集古今说经之书，掇其大义，稽其存佚，为《经义考》。"[②] 可知此书约与《日下旧闻》同时撰写。而朱彝尊《日下旧闻自序》又明确地说《日下旧闻》是"草创于丙寅（康熙二十五年）之夏"，可以推知《经义考》的撰写也应该开

[①] 据张宗友《〈经义考〉研究》统计，《经义考》共收录8275个条目。见《〈经义考〉研究》，第66页，中华书局2009年版。

[②] 王利民、胡愚、张祝平、吴蓓、马国栋校点：《曝书亭全集》，吉林文史出版社2009年版，第1034页。

始于此年前后。王士禛的《居易录》中，有康熙二十五年（1686）的一条记载："竹垞过邸舍，云近著一书，曰《经义存亡考》"①，更可作为此书创始年代的旁证。此书原名《经义存亡考》，后改名为《经义考》，于康熙四十四年（1705）开始刊行，当时只刊行了 167 卷。乾隆十九年（1754），卢见曾倡议续刊了《经义考》130 卷。

《经义考》仿照马端临的《文献通考·经籍考》体例，又扩而大之，广泛参考历代书目，斟酌分类得失，成为我国古代专书目录的集大成之作。朱彝尊分历代说经书为 26 类，首录御注、敕撰的经学书籍 3 卷，再录文献 297 卷，其类目为：《易》类 70 卷、《书》类 26 卷、《诗》类 22 卷、《周礼》10 卷、《仪礼》8 卷、《礼记》25 卷、通礼 4 卷、《乐》类 1 卷、《春秋》45 卷、《论语》11 卷、《孝经》9 卷、《孟子》6 卷、《尔雅》3 卷、群经 13 卷、四书 8 卷、逸经 3 卷、毖纬 5 卷、拟经 13 卷、承师 5 卷、宣讲 1 卷、立学 1 卷、刊石 5 卷、书壁 1 卷、镂版 1 卷、著录 1 卷、通说 4 卷，末附家学、自序 3 卷，其中宣讲、立学、家学、自述 4 卷有录无书。所收经书均先著录撰人姓名、书名、卷（篇）数，卷数有异同者，则注明某书作某卷，并根据自己的见闻，于每书下注明存、阙、佚、未见和伪书等字样，以便考知图书流传情况。然后辑录原书序跋，介绍诸儒学说、经学派别及著者生平事迹，且依时代先后次序排列。最后是朱彝尊自己考订各书的按语。

与传统的经学目录相比，《经义考》不仅拓宽了经部固有的包罗范围，而且还新增了经学人物。如在"承师"一门，朱彝尊在捃摭群书的基础，考出孔子弟子 98 人、孟子弟子 17 人，补充了前代史传的阙漏。再如《大戴礼记》《国语》二书，向来不列于正统经书之目，朱彝尊将其与"十三经"并重，可见其治学眼光独到。又如谶纬之书，经隋炀帝一炬之后，罕见留存，历代学者少有注意。此书则专辟"毖纬"一门，对这类著作钩沉索隐，罗列其目，详登遗说，从而起到辑佚之功。

朱彝尊博学好古，生平致力于搜求古籍，这也体现在他撰著的《经义考》中。毛奇龄在为此书所写的序里说："竹垞曾官内廷，为天子典秘书……其后下征书之诏，凡天下经义之在学官外者，皆得尽入秘府，而

---

① （清）王士禛：《居易录》卷十二，清康熙四十年（1701）刻雍正印本。

说经之书于斯为盛,然而未经甲乙也。今竹垞于归田之余,乃始据畴昔所见闻,合古今部记而为斯编,……真所谓古文旧书,内外相应者。"①王士禛则指出:"竹垞笃好经学,(《经义考》)所录多鄞范氏天一阁、禾中项氏及曹氏倦圃、温陵黄氏千顷堂秘本。"②为编撰此书,朱彝尊广集历代各类书目、文集、史传、方志、笔记诸书,以史传、方志的记载补历代公私目录之不足。如卷八高相《易说》一书,据《汉书·儒林传》补;卷十七郑兴《易学释疑》,据《兴化府志》补。此二书皆为正史目录所遗失者。在辑录序跋方面,朱彝尊也能够将历代诸家关于某书的序跋汇集起来,不仅有保存文献的价值,还能从中看出某书某种学问的研究历史,起到目录学"辨章学术,考镜源流"的功用。

《经义考》将书籍分为存、佚、阙、未见四类,也是在吸收古代目录编撰经验基础上所作的创造。清代晚期目录学家孙诒让在《温州经籍志叙例》中说:"目录之别存佚,自唐释智升《开元释教录》始也。朱氏沿厥旧规,增成四目。存、佚之外,有曰阙者,篇简俄空、世无完帙也;有曰未见者,弆藏未绝,购觅则难也。四者旷分,实便检斠。"③他的《温州经籍志》即仿效了《经义考》的体例。此外,章学诚《史籍考》、谢启昆《小学考》、丹波元坚《医籍考》、王重民《老子考》、周采泉《杜集书录》、谢国桢《增订晚明史籍考》等专科书目都以《经义考》的体例作为准绳。

朱彝尊撰写《经义考》,除有著录文献、创明体例和保存经籍之功外,更可贵的是能够发现经学研究中存在的问题。例如,《齐论语》中的《问玉》一篇,为《鲁论语》《古论语》所无,此篇内容虽早已不见流传,但历代学者仍对其篇名作过研究。此篇篇名一直传写作"问王",宋代的晁公武认为其意是"内圣之道,外王之业",朱彝尊很怀疑这种解释。他首先查找古籍中征引的《论语》逸文,发现其中释"玉"的文字特别多,因此推断佚篇的内容极可能与此有关。其次,他从文字学的角度指出,篆文中三横距离一样的是"王"字,上中二横较近的是"玉"

---

① (清)朱彝尊:《经义考》卷首,清乾隆四十三年(1777)刻本。
② (清)王士禛:《居易录》卷十二,清乾隆四十年(1701)刻雍正印本。
③ (清)孙诒让:《温州经籍志》卷首,民国十年(1921)浙江公立图书馆校刊本。

字，在传写中很容易把两字弄混。最后，他判断，篇名《问王》应为《问玉》之讹。在《经义考》卷二百十一《齐论语》条中，他下按语说："今《逸论语》见于《说文》。《初学记》《文选注》《太平御览》等书，其诠'玉'之属特详。窃疑《齐论》所逸二篇，其一乃《问玉》，非《问王》也。考之篆文，三画正均者为'王'，中画近上者为'玉'，初无大异，因讹'玉'为'王'耳。"①这个说法，得到了乾嘉年间扬州学派代表人物刘宝楠的肯定。刘氏认为朱彝尊之说"信不诬也"，并在所著《论语正义》中采纳了这个成果。通过朱彝尊的考证，《论语》传播史上这个一直以来不大引人关注的问题被发现并得到解决。

总之，《经义考》是一部嘉惠学林的目录学巨著。后来，乾隆帝认为《经义考》"于历代说经诸书广搜博考，存佚可征，实有俾于经学"，因此作《御题朱彝尊经义考》诗云："秦燔弗绝殆如绳，未丧斯文圣语曾。疑信虽滋后人议，述传终赖汉儒承。天经地纬道由托，一贯六同教以兴。藜阁炎刘校诚韪，竹垞昭代撰堪称。存亡若彼均详注，文献于兹率可征。远绍旁搜今古会，焚膏继晷岁年增。考因晰理求其是，义在尊经靡不胜。枕葄宁惟资汲鉴，阐崇将以示孙曾。"②乾隆四十二年（1777）四月七日，发出上谕，着将此御制诗录寄浙江巡抚三宝，并就便询问藏《经义考》书板之家，如愿将御制诗添冠《经义考》卷端，就听其刊刻，亦使士林咸知皇帝阐崇经学之意。

《经义考》资料丰富，搜罗全面，体例独特，考证精当，对于转变明末空疏之学，开创清代朴学风气居功甚伟，它反映了朱彝尊的文献学成就和清代专科目录学学科化的水平。《四库全书总目》对此书有很高的评价："上下二千年间，元元本本，使传经原委，一一可稽，亦可以云详赡矣。"尽管《经义考》具有诸多优点，但毕竟是朱彝尊凭一人之见闻所为，不能得见天下群籍，记载不能完全准确，四库馆臣就指出："今以四库所录校之，往往其书具存，彝尊所言，不尽可据然。"③因此，翁方纲

---

① （清）朱彝尊：《经义考》卷二百十一，清乾隆四十二年（1777）刻本。
② （清）朱彝尊：《经义考》卷首，清乾隆四十二年（1777）刻本。
③ （清）永瑢、纪昀等纂：《四库全书总目》卷八十五，清乾隆五十四年（1789）武英殿刻本。

于乾嘉年间又撰《经义考补正》12卷以补其不足,后来又有沈廷芳《续经义考》、钱东垣《补经义考》、罗振玉《经义考目录·校记》相继出世。台北"中国文哲研究所筹备处"近年出版了《点校补正经义考》一书,将翁方纲等撰的续补内容与原书合于一处,并加新式标点,使得《经义考》在今天能得到更好的利用。

朱彝尊涉猎过多种官私书目,他关于书目的题跋有《文渊阁书目跋》《跋重编内阁书目》《崇文总目跋》等。其自编的书目有《潜采堂书目》4种,包括《全唐诗未备书目》1卷、《明诗综采撼书目》1卷、《两淮盐策书引证书目》1卷、《竹垞行笈书目》1卷,另外,还有《曝书亭藏书目》1卷、《曝书亭藏书目偶存》1卷、《潜采堂宋元人集目》1卷、《前明州郡志目》1卷。

二 金石考据

谢启昆说:"惟以智崛起崇祯中,考据精核,迥出其上,风气既开,国初顾炎武、阎若璩、朱彝尊等沿波而起,始一扫悬揣之空谈。"① 顾炎武、阎若璩开创有清一代朴学之风,世人尽知,而谢启昆则独具慧眼,把朱彝尊也列为肇此宗风的领袖之一。《清儒学案》认为"(朱彝尊)学派亦与顾、阎相近,以博通矫訾陋之习,开考证之先,不仅以词章著也。……考证之学虽非如同时阎潜丘、毛西河之专家,而网罗宏富,持论和平。集中序跋诸作,论者谓在黄伯思、楼钥之上"。② 那么一向被视为"文人"的朱彝尊是否真如钱氏所说,还是一个考据学者呢?只要一览《曝书亭集》,便可知此论确非虚语。

以金石文字证史,是朱彝尊领导的清代朴学风气之一。金石学是经学的附庸,清代经学家重视古经的训释考订,也就带动了金石学的发展。清代金石学继宋代之后,再度掀起高潮,访碑、研碑一时成为风气。清代金石学著作卷帙浩繁,著名的有:顾炎武《金石文字记》、钱大昕《潜研堂金石文字跋尾》、孙星衍《环宇访碑录》、翁方纲《两汉金石记》、

---

① (清)谢启昆:《小学考》卷六,清咸丰二年谢质卿刻本。
② 徐世昌等编纂,沈芝盈、梁运华点校:《清儒学案》卷三十二《竹垞学案》,中华书局2008年版,第1169—1170页。

毕沅《关中金石志》、黄易《小蓬莱阁金石文字》，以及阮元的《山左金石志》《两浙金石志》《积古斋钟鼎彝器款识》《汉延熹西岳华山碑考》等。而朱彝尊所辑之《吉金贞石志》则是与上列诸作等驾齐驱的重要研究成果，后此书部分内容并入《曝书亭集》中。

朱彝尊十分爱好金石之学，不仅将其作为古物鉴赏把玩，还着意以其文字内容与史籍参合考证，补正传世文献的不足或失误。他在《跋石淙碑》中说："予性嗜金石文，以其可证国史之谬，而昔贤题咏往往出于载纪之外。"① 其《赠张叟䩍》一诗云："筼筜为冠大布裙，爱从金石拓遗文。吾生癖似刘原父，当代杨南仲是君。"② 查慎行《曝书亭集序》说："商周古器，汉唐金石碑版之文，以及二篆八分，莫不搜其散轶，溯其源流，往往资以补史传之缺略，而正其纰缪。"③ 可见朱彝尊刻意搜求金石文字与其考证史籍的需求是分不开的。

第二节　史学成就

潘耒为《曝书亭集》撰序，称朱彝尊"邃于经，淹于史，贯穿于诸子百家，凡天下有字之书，无弗披览，坠闻逸事，无弗记忆，蕴蓄闳深，搜罗繁富，析理论事，考古证今，元元本本，精详确当，发前人未见之隐，剖千古不决之疑"，④ 指出朱彝尊这位文学大家同时是以经史之学见长的。

《曝书亭集》中除金石跋文外，其他序跋诸作也显示了作者在史学和文献学上的功力。如卷五十四《题赵子昂水村图》、卷八十《国子监生钱君行状》二文考证嘉兴地理沿革，发前人所未见。张宗柟在《带经堂诗话》案语中说："杭、嘉为越境，山人驳正唐僧处默诗最为明晰。又吾郡

---

① 王利民、胡愚、张祝平、吴蓓、马国栋校点：《曝书亭全集》，吉林文史出版社2009年版，第522页。
② 王利民、胡愚、张祝平、吴蓓、马国栋校点：《曝书亭全集》，吉林文史出版社2009年版，第207页。
③ 王利民、胡愚、张祝平、吴蓓、马国栋校点：《曝书亭全集》，吉林文史出版社2009年版，第38页。
④ 王利民、胡愚、张祝平、吴蓓、马国栋校点：《曝书亭全集》，吉林文史出版社2009年版，第38页。

与湖州旧统于直隶，明初实录及诸家序记章章可考，逮洪武十四年（1381）十一月，始以二府改隶浙江，先是领郡九，至此领郡十一。凡嘉、湖诸志俱不言分地本末，唯仁和夏时正撰《杭州府志》独著之，详见《曝书亭集》。"① 《曝书亭集》中还有不少与刻书有关的序跋，从中可以窥见学术流别、群籍义例。

《曝书亭集》中考辨诸文，往往能就学术史上的重大问题抒发己见，辨伪存真，如：卷五十六《孔子弟子考》、卷五十七《孔子门人考》，广采史籍，详作订定，辨明孔门七十二子名讳、行履及学术传授源流；卷五十八《尚书古文辨》，从考证地名入手，辨证《古文尚书》中的《孔安国传》为伪书；卷五十八《太极图授受考》，认为《太极图》非周敦颐创，而是脱胎于道家修炼术的图解。朱彝尊又同顾炎武、阎若璩等人书信往还，探讨学问，如卷三十一《与顾宁人书》，对顾炎武的《音学五书》提出具体建议；卷三十三《与阎征君书》，对阎若璩考证"阙里"之名致疑，并提出自己的意见。朱彝尊所撰碑版墓表诸文，亦可供后人藉以考证明末清初史事。

除了《曝书亭集》中的短章之外，朱彝集的史学成就更集中地表现在《史馆上总裁七书》和所纂《日下旧闻》等专书中。

一　明史纂修官和《史馆七上总裁书》

康熙十八年（1679），明史馆开馆，最初主事者为叶方蔼、徐乾学、徐元文三人，博学鸿儒科中网罗的人才均入史馆供值。朱彝尊初到任，即以历史上著名的史学家南史、董狐自勉，要为故国修一部信史，"监修、总裁交引相助"。② 五月，他分撰《文皇帝纪》。《建文本纪》也是由他撰写的。王鸿绪《史稿》创为建文焚死之说，而朱彝尊在《建文本纪》中设以疑辞。后来，朱彝尊又分撰《文苑传》以及嘉靖时期人物传记，高启、王冕、郑晓、王廷相、王韦、顾应祥、雷礼、黄光升、朱右、孙

---

① 王士禛撰，张宗柟辑：《带经堂诗话》卷十八，清乾隆二十七年（1762）刻本。
② （清）朱桂孙、稻孙：《皇清钦授征仕郎日讲官起居注翰林院检讨祖考竹垞府君行述》，王利民、胡愚、张祝平、吴蓓、马国栋校点《曝书亭全集》，吉林文史出版社2009年版，第1034页。

承恩、陆树声、陶承学、陶奭龄、陶望龄诸人之传，都出自他的手笔。朱彝尊所撰诸传未被全部采用，除一部分编入《曝书亭集》之外，剩下的有少许散佚，后来邓实曾辑有朱彝尊亲笔史馆传稿33篇，编入《风雨楼丛书》内。

《明史》被誉为前四史之外质量最高的正史，与朱彝尊等人的辨明体例、详订计划是分不开的。朱彝尊共在明史馆任职5年，曾经七上史馆总裁书，议修史之事。

第一书认为修《明史》应该考虑到其不同于以前朝代的情况，比如建文帝逊国、靖难之役、英宗北狩和复辟、明代中后期的阉党擅权现象，以及晚明东南沿海的倭寇之患，都为历代所无。对于这些特殊而又关系重大的史事，均应先定好体例，明确总纲，如此下笔，才能免于纰谬。

第二书建议史馆以广求众书为急任，上自皇室档案、宗室牒谱、各部文书，下至私家藏书、金石碑刻、野史传记，均应广采博收，以备考证之需。同时又指出，在史馆任职诸人大都是勤学博文之士，许多人出身于前朝仕宦之家，应该让他们把自己的收藏以及所闻所知都搜集起来作为史料保存。

第三书用明代修纂《元史》仓促成书的失败例子，告诫主事者不要操之过急。他首先列举修纂《史记》《汉书》《隋书》等成功的例子，指出这些书从搜集材料、奠定体例到动笔著述，都是按部就班，慎之又慎，举几代人勤苦之功而成，故而能成为取信于后人的史学名著。反观《元史》，从开局到告竣仅13个月就了事，其中错误百出，取讥后代。修纂明史应该吸取前代的经验教训，当徐图缓进，"以五年为期"。

第四书以建文朝之事为例，谓史当取信后世，不可以虚为实，以伪乱真。关于明成祖朱棣篡夺皇位的史事，因为官书档案语焉不详，传闻虽多而莫衷一是。他列举《明实录》及野史传闻之不足信者14条，一一辨析，希望总纂官认真地担负起史官的责任，对各种材料并取参观，去伪存真。

第五书提出不必在《儒林传》外别立《道学传》。他指出《儒林传》是《史记》《汉书》以来历代正史所遵循的体例，而在此之外别立《道学传》，仅出现在元人纂修的《宋史》中，"言经术者入之《儒林》，言性理者别之为《道学》。又以同乎洛闽者进之《道学》，异者置之《儒林》。其意若以经术为粗而性理为密"。① 朱彝尊认为这样的分法不仅没有必要，而且容易让后人产生误会，因为理学只是儒学中的一支，要讲明理学，必从儒学入手，儒学包含范围大，足以笼罩理学。他的这种看法，与前辈大儒黄宗羲暗合，全祖望在《梨洲先生神道碑文》中说："（黄宗羲）论《宋史》别立《道学传》为元儒之陋，《明史》不当仍其例。时朱检讨彝尊方有此议，汤公斌出公书以示众，遂去之。"② 这个建议后来得到了肯定。

第六书主张正确评价明朝人物与政治，强调史乃天下之公书，不可有一毫私意梗避其间，否则非信史矣。他以东林、阉党之争为例指出："究之东林，多君子而不皆君子，异乎东林者亦不皆小人。作史者当就一人立朝行己之初终本末，定其是非，别其白黑，不可先存门户于胸中，而以同异分邪、正、贤、不肖也。"并耿耿告诫道："执门户以论人，是非之不公，其弊有不可胜道者已。"③

第七书谓史本之于长编，必先辨明史实，然后下笔。对于文献有缺乏的崇祯一朝，应先为编长编。长编宁失之繁，毋失之于略，除档案文书外，更要广采家录野记，相互参审，钩索质验，以为修正史之备。

此七书见卓识宏，持论平允，后来均被史馆采纳。可以说，朱彝尊的以上观点表现了清初史学的经世致用精神和史学家的科学精神。

二 《日下旧闻》及其他史地学著作

朱彝尊认为北京宫殿辉煌，井邑多彩，为《诗经》中所说四方之极的地方，而且北京的历史悠久，曾是辽、金、元、明的首都，留下大量的文物古迹。但是几百年来，京师的具体位置，其城墙宫室、建筑、街道等建置常常改易，"沿其旧者十一，更额者十九"，加之"故老沦亡，遗书散佚，历年愈久，陈迹愈不可得而寻矣"。因此他本着保存文献、鉴古知今的用意，于康熙二十五年（1686）夏天开始撰写《日下旧闻》，

---

① （清）朱彝尊：《史馆上总裁第五书》，王利民、胡愚、张祝平、吴蓓、马国栋校点《曝书亭全集》，吉林文史出版社2009年版，第391页。

② 全祖望：《鲒埼亭集》卷十一，《四部丛刊》本。

③ （清）朱彝尊：《史馆上总裁第六书》，王利民、胡愚、张祝平、吴蓓、马国栋校点《曝书亭全集》，吉林文史出版社2009年版，第392页。

"日夕坐卧一室,藤床竹几,架上藏书万轴,围列左右,先生目不停披,手不绝书"①,"自六经以至百家、二氏、国史、家集、方舆、海外之记载,遗贤故老所传闻,靡不搜录,凡千六百余种"②,"又时时延访遗老,质问逸事,或摹拓残碑碣,攀崖附涧,侧足重茧不惮困。……其采辑考辨,可谓勤且瘁矣"③。可见,此书不仅抄撮传世文献而已,作者还访问故老,采摭遗闻,又去各处实地考察,以与文献互证,核考其实。

《日下旧闻》共42卷,详细记载了北京的地理沿革、遗闻旧事和典章制度,是当时规模最大的一部北京地方志。《日下旧闻》的编纂,显示了朱彝尊具有同清初其他史学大家一样的经世致用精神和实证方法。

首先,他撰写此书除了备文献掌故的目的外,更希望藉此反映历代王朝的盛衰兴替,总结历史教训,以明乎"得失之故"。正像姜宸英所指出的那样:"是编掇拾,止于前数朝轶事,然观其所述,非徒以侈浩博已也。其于世运隆替,君臣谋议,政治民风得失之故,了然矣。法戒之实不在是与,其以翼经而补史之所不及者,尤作书之深意,不可以不察也。"④

其次,朱彝尊用实证方法考史,体现了清初史学的优良作风。顾炎武撰《天下郡国利病书》和《肇域志》二书,"先取一统志,后取各省府州县志,后取二十一史,参互书之,几阅志书一千余部"⑤。同时将这些文献资料与实地调查相引证。他在旅途中以一骡二马载着应用书籍随行,每到险要地方,便找老兵退卒或当地百姓详细询问曲折原委,遇有与平日所知不合,便在坊肆中翻书对勘,将其收获心得,注之其旁。朱彝尊撰《日下旧闻》的取径与此同出一途。

---

① 《日下旧闻》卷首(清)王原《跋》,朱彝尊著,沈松勤主编《朱彝尊全集》第十二册,浙江大学出版社2021年版,第11页。

② (清)朱桂孙、朱稻孙:《竹垞府君行述》,王利民、胡愚、张祝平、吴蓓、马国栋校点《曝书亭全集》,吉林文史出版社2009年版,第1034页。

③ 《日下旧闻》卷首(清)王原《跋》,朱彝尊著,沈松勤主编《朱彝尊全集》第十二册,浙江大学出版社2021年版,第11页。

④ (清)姜宸英:《日下旧闻序》,《姜先生全集》卷四,清光绪十五年(1889)毋自欺斋冯氏刻本。

⑤ (清)顾炎武《肇域志自序》,《肇域志》卷首,清抄本。

《日下旧闻》采摭范围"上至轩辕，下迄明季"①，但不涉及入清以后的事。由于此书辑录古碑残碣，有许多文献可资考证，不少古籍残失，靠此书保留了史实，比如周秦的石鼓文，唐代悯忠寺的苏灵芝行书宝塔颂碑，辽御史大夫李内贞的墓志，宣和七年燕山府清胜寺慈慧大师碑，金大定中礼部令史题名记略碑，等等，都是少见的珍贵资料。《日下旧闻》全书分为13门，分别是星土、世纪、形胜、宫室、城市、郊坰、京畿、侨治、边障、户版、风俗、物产、杂缀，堪称北京历史的小百科全书。徐乾学认为其书可传，出资刊行。此书一出，颇为同道称赏，如徐元文就说："从来著述家所钞未有若此之富者也。"② 一时名士如徐乾学兄弟、姜宸英、张鹏、高士奇等人都为此书写了序言。

《日下旧闻》"搜罗详洽"，不免有缺点，如《四库提要》所指出的那样："所列古迹，皆引据旧文，夸多务博，不能实验其有无，不免传闻讹舛，彼此互岐。"③ 后来梁启超在《中国近三百年学术史》中也说："马宛斯骕、吴志伊任臣及毛西河、朱竹垞辈，其著述专务内容之繁博，以眩流俗，而事实正确之审查，不甚厝意。"④ 这也是我们不必为古人讳的。

《日下旧闻》成书后，朝廷又曾大兴土木，修建了许多园林、宫殿、官署等，到乾隆三十年（1765），距《日下旧闻》成书已近百年，北京城池、宫殿、皇家园苑已有很大变化，朱彝尊原书所录就显得不够了。于是乾隆命于敏中等人考证增补《日下旧闻》，再收录康熙、雍正及乾隆皇帝的诗文，于乾隆五十年（1785）至五十二年（1787）刊刻出书，名为《日下旧闻考》，也叫《钦定日下旧闻考》。该书是关于北京历史、地理、城坊、宫殿、名胜等的最大最完全的资料选辑。该书有160卷，比《日下旧闻》多三倍，内容、卷幅大大增加，较《日下旧闻》更加翔实精准，

---

① 《日下旧闻》卷首（清）冯溥《序》，朱彝尊著，沈松勤主编《朱彝尊全集》第十二册，浙江大学出版社2021年版，第7页。

② （清）于敏中修，窦光鼐等：《钦定日下旧闻考》卷末徐元文《序》，清乾隆五十三年（1788）刻本。

③ （清）永瑢、纪昀等纂：《四库全书总目》卷六十八，清乾隆五十四年（1789）武英殿刻本。

④ 梁启超：《中国近三百年学术史》，中国书籍出版社2020年版，第280页。

但大致范围并未超过原作,书中有"原""补""增"的字样,"原"是朱彝尊原有的,"补"是朱彝尊之子朱昆田后补的,"增"是指乾隆年间窦光鼐、朱筠等人所增。北京古籍出版社曾出版过此书的点校排印本。

除了《日下旧闻》外,朱彝尊还编纂过多种史学著作,可惜有的没有成书,有的已经亡佚,现在可考的有五种:《五代史记注》《瀛州道古录》《两淮盐策书》《禾录》《后汉书纂要》。朱彝尊《溪州铜柱记跋》称:"予年三十,读欧阳子《五代史》,爱其文辞,及览观司马公《通鉴》,编年叙事反详于国史之纪传,心窃未安。因与钟秀才渊映约,分注欧阳子书。"① 可见他早年就有为《新五代史》作注之志。康熙六年(1667)钟渊映病故后,朱彝尊独力担任此事,"从云中转客汾晋,历燕齐,所经荒山废县,残碑破冢,必摩挲其文响拓之,考其与史同异"。② 又从《册府元龟》《太平御览》诸书中辑录薛居正《旧五代史》之文,可见用力之勤。可惜朱彝尊通籍以后,"是编置之笥中,归田视之,则大半为壁鱼穴鼠所啮,无完纸矣"。③ 直至康熙四十四年(1705),徐无党立志续作,历五年而竣,朱彝尊为撰序。徐氏继成的《五代史记注》,现存稿本74卷,原藏嘉业堂,周子美的《嘉业堂抄校本目录》曾记载此书,香港冯平山图书馆主任陈伟明据此撰《海内第一读书人——朱彝尊与〈五代史辑注〉》一文说:"存卷九《晋本纪》起至卷七二《四夷附录》,每卷前题'徐无党注秀水朱彝尊辑注汾阳田畿校'。间有朱笔,与薛居正《旧五代史》校过,并记'朱彝尊曰'。另偶附粘签条子说明。藏印:'虞山钱曾遵王藏书''吴兴刘氏嘉业堂藏'。"此书现为浙江省图书馆古籍部所藏。

《瀛洲道古录》原为记载翰林院掌故而作,朱彝尊初入翰林即开始编纂,因为谪官而罢。《静志居诗话》卷七载:"仆尝思文献可征,而词林掌故阙焉不讲。在中禁日,会粹玉堂旧事,自唐宋迄明,撰《瀛洲道古

---

① 王利民、胡愚、张祝平、吴蓓、马国栋校点:《曝书亭全集》,吉林文史出版社2009年版,第502页。

② (清)朱彝尊:《五代史记注序》,王利民、胡愚、张祝平、吴蓓、马国栋校点《曝书亭全集》,吉林文史出版社2009年版,第410页。

③ (清)朱彝尊:《五代史记注序》,王利民、胡愚、张祝平、吴蓓、马国栋校点《曝书亭全集》,吉林文史出版社2009年版,第410页。

录》一篇。"①《跋洪遵翰苑群书》又说："翰苑初入供事，吏手持张阁老位《词林典故》《翰苑须知》二编以见。卷中引《书》'五品不逊'之语，览者以为笑端。予既为史官，思别撰一书，自分职以来，迄于明崇祯之季。恒囊书入直，晓夜抄撮，积一十四册，拟删其重复，补其阙遗，题曰《瀛洲道古录》。会遭院长弹事，未果会粹成书。"②但冯溥《日下旧闻序》说："竹垞在翰苑著有《瀛洲道古录》一书，宜并出问世，使官词林者知职守之所在。"③杨钟羲《雪桥诗话三集》也记载："胡任舆亦竹垞门下士，……尝拟为刊《瀛洲道古录》，不幸云亡。"④可能的情况是，朱彝尊谪官时此书已初具规模，故同道之人劝其刊行，但朱彝尊仍不满意，未将其视为成书。后来，他开始编纂《经义考》《日下旧闻》，无暇从事于此。晚年，朱彝尊将有关此书的资料分授弟子，希望他们完成未竟之功。汪士铉在《玉堂掌故序》中说："昔余师竹垞朱先生有《瀛洲道古录》，尚未就。余尝侍先生于邗上，先生曰：子其为我成之。时余方奉命校刊《全唐诗》，未暇以为，因循岁月，遂逾一纪。今老矣，无能为役，其书在先生之孙稻孙所。"⑤此书仅有钞本流传，未知是否全璧，浙江图书馆藏有稿本二册，题曰《竹垞道古录》。

《两淮盐策书》是朱彝尊于康熙四十四年（1705）秋受曹寅之嘱开始编纂的盐政专书，至康熙四十七年（1708）告成，共20卷。曹寅曾以朱彝尊辑此书之功，答应代为刊刻《曝书亭集》。朱彝尊在81岁那年将《两淮盐策书》成书交于曹寅，不久即下世。据朱稻孙、杨谦、陈廷敬等人记载，此书又有《鹾志》之名，但各家书目均不见载，或竟未刊行。王利器先生曾撰有《曹寅与朱彝尊》一文，考证两人交游并此书撰写经过，现摘录于此：

---

① （清）朱彝尊：《静志居诗话》卷七，沈松勤主编《朱彝尊全集》第十五册，浙江大学出版社2021年版，第190页。

② 王利民、胡愚、张祝平、吴蓓、马国栋校点：《曝书亭全集》，吉林文史出版社2009年版，第489页。

③ 沈松勤主编：《朱彝尊全集》第十二册，浙江大学出版社2021年版，第7页。

④ （清）杨钟羲：《雪桥诗话》三集卷十二，民国八年（1919）吴兴刘氏嘉业堂刻《求恕斋丛书》本。

⑤ （清）汪士铉：《秋泉居士集》卷二，《四库未收书辑刊》，北京出版社2000年版，第557页。

这部稿子大概还没有来得及付梓，由于曹寅一死，从此就下落不明了。乾隆十三年（1748）刊本《两淮盐法志》尔哈善序写道："两淮盐法旧有志，始修于康熙三十二（1693）年，再修于雍正六年（1728），阅今又二十年矣。"同书载吉庆《请修志书奏》写道："《两淮盐志》，自雍正二年（1724）奉世宗宪皇帝特允廷议，通行纂辑，至雍正六年告成，固已纲目森具，巨细毕陈。"又《凡例》写道："考前《两淮盐志》，一修于康熙三十二年（1693），一修于雍正六年（1728）。"没有提到康熙四十七年（1708）朱彝尊所修之本。此书是有关《两淮盐法志》的重要文献资料，又出自朱彝尊之手，朱氏藏书既富，阅时既久，而其学识又足以副之，其内容必有可观，当非率而操觚者可比。这不是想当然之词，而是有所见而云然的。朱彝尊《潜采堂书目》四种之三是《两淮盐策书引证书目》，凡引书三百三十六种，其中单就有关盐政专书而言，则有史起蛰《嘉靖盐法志》……等二十三种。……今日者，《两淮盐策书》虽亡，得见《两淮盐策书引证目录》，已算"尝鼎一脔"了。此书，陈廷敬以为朱、曹二人"合撰"，当属传闻之误。但就此也可证明朱、曹二人在"旧学商量加邃密"方面，是合作相当理想的。①

杨谦的《朱竹垞先生年谱》于康熙四十三年（1704）载："辑《禾录》。"②邵懿辰《增订四库简明目录标注》卷七史部地理类《吴兴备志》下附记云："振绮堂有朱竹垞手稿《禾录》，十册一匣，不分卷。"吴梁《朱彝尊著述考略》一文则说："此书大半采取明弘治《嘉兴府志》和明邹衡《嘉兴志补》及诸家本集，搜集赅博，不加臆断，记载一郡沿革以及山川名胜，证以前人诗文，补旧志所未备。大约与《日下旧闻》同一体例，惜编次未成，仅存6卷，钞本流传极少。"③《曝书亭集》卷五十四

---

① 王利器：《耐雪堂集》，中国社会科学出版社1986年版，第340—341页。
② 王利民、胡愚、张祝平、吴蓓、马国栋校点：《曝书亭全集》，吉林文史出版社2009年版，第1053页。
③ 《古籍整理研究学刊》1992年第4期，第17页。

《书孙氏同爨会图跋》一文记载嘉兴人孙氏家风，末云："并著于《禾录》焉。"①

朱彝尊所撰《后汉书纂要》120卷，是一种史抄类著述，《中山大学图书馆古籍善本书录》著录。现中山大学藏有《后汉书纂要》清抄本6册79卷，即本纪第1卷至第10卷，列传第1卷至第8卷，21卷至68卷，志第1卷至第10，及第13、28、30卷。

朱彝尊还补撰过一些历史地理学方面的著作，《石柱补记》一卷即为其中之一。唐人刻有《石柱记》，记载湖州一郡的山川、陵墓、庙宅，旁及屏风、竹帐、雉尾扇。其字迹在宋代初年已经漫漶。欧阳修说石柱上的字笔画奇伟，非颜真卿不能书。于是，宋次道集颜真卿刻在金石上的文字，编为15卷，其中就有《石柱记》。孙莘老任湖州太守，筑墨妙亭，将境内碑碣聚藏其中，共有30余通，《石柱记》是其中之一。但唐代湖州设六县，而《石柱记》缺了二县的相关记载，也可能当时是有的，而宋次道编集时残缺了。朱彝尊根据有关古籍，编纂了《石柱补记》。

钟渊映撰有《历代建元考》。朱彝尊晚年得到朝鲜人申叔舟的《海东诸国纪》，因书中记叙"邦君长授受改元，由周至于明初，珠连绳贯"，②于是，取该书资料以补《历代建元考》。

朱彝尊对同门、同年关系是很看重的。他在弥留之际，仍以博学鸿儒科被荐190余人无传为憾，称"思辑《鹤书集》，未暇采录"，嘱二女婿钱琰踵成之。杨谦的《朱竹垞先生年谱》于此下有按语："谦少时于王梧村案头见先生手稿数十番，名《鹤征录》。"③秦瀛《己未词科录》凡例曰："余始见嘉兴李氏所藏《鹤征录》，云系朱氏曝书亭本，竹垞所欲辑而未成者。"④《续修四库全书总目提要》称李富孙"仿朱检讨《鹤书集》之意辑《鹤征录》"。《鹤书集》《鹤征录》指的是同一本书。

---

① 王利民、胡愚、张祝平、吴蓓、马国栋校点：《曝书亭全集》，吉林文史出版社2009年版，第565页。

② （清）朱彝尊：《书海东诸国纪后》，王利民、胡愚、张祝平、吴蓓、马国栋校点《曝书亭全集》，吉林文史出版社2009年版，第488页。

③ （清）杨谦纂：《朱竹垞先生年谱》，王利民、胡愚、张祝平、吴蓓、马国栋校点《曝书亭全集》，吉林文史出版社2009年版，第1055页。

④ 李舜臣、欧阳江琳编著：《历代制举史料汇编》，武汉大学出版社2009年版，第711页。

第三节　文学成就

朱彝尊生前就以文学成就彪炳一代。就诗歌创作而言，朱彝尊与王士禛并峙诗坛，为南北两大宗。王士禛专擅风神，朱彝尊兼骋才藻，皆非浪得虚名。杭世骏《词科掌录》说："自新城、长水盛行时，海内操奇觚者，莫不乞灵于两家。"[1] 就诗歌创作实绩而言，朱、王二人难分轩轾。如果看对当时诗坛的影响，朱彝尊其实难与王士禛匹敌，这主要是因为其一生精力并非专注于诗，而其地位名望也不及王氏崇高，慕从者不及王氏之盛。

作为学者型诗人，朱彝尊有一颗古典而温润的诗心。他尊崇六经原典和汉唐注疏，注重弘扬儒家精神。他那以"醇雅"为核心观念的诗学理论也是与宗经重道重学的思想直接挂钩的。在性情与学问的关系上，朱彝尊认为性情是诗的本质，所谓"诗之所由作，其情之不容已者乎"[2]，但针对当时诗家空疏浅薄的弊病，他又强调性情须辅以学问，所谓"诗必取材博为尚"，而经史学问正可作为诗材，增加诗的醇雅之致。吴颖芳说："浙诗国初衍云间派，尚傍王李门户，秀水朱太史竹垞出，尚根柢考据，擅词藻而骋箸衔，士大夫咸宗之。俭腹咨嗟之吟摈弃不取，风云月露之句薄而不为，浙诗为之大变。"[3]

朱彝尊的创作实践与其诗学主张大体是一致的。他的腹笥之富，当世无匹，发为诗歌，就表现出学人之诗的特点，即旁搜远绍，取精用宏，牢笼万有，性情与学问合一。查慎行在《曝书亭集序》中说朱彝尊"称诗以少陵为宗，上追汉、魏而泛滥于昌黎、樊川，句酌字斟，务归典雅，不屑随俗波靡，落宋人浅易蹊径，故其长篇短什，无体不备，且无微不臻"[4]。

---

[1] （清）杭世骏：《词科掌录》卷二，清乾隆道古堂刻本。
[2] （清）朱彝尊：《钱舍人诗序》，王利民、胡愚、张祝平、吴蓓、马国栋校点《曝书亭全集》，吉林文史出版社 2009 年版，第 429 页。
[3] （清）吴颖芳：《无不宜离稿序》，翟灏《无不宜斋稿》卷首，清乾隆十七年（1752）刻本。
[4] 王利民、胡愚、张祝平、吴蓓、马国栋校点：《曝书亭全集》，吉林文史出版社 2009 年版，第 38—39 页。

指出朱彝尊诗以唐人为宗，渊懿博雅，不落宋人窠臼。而章太炎说朱彝尊"明目张胆学苏子瞻"①，倒也不是空穴来风。宋荦就曾说过，朱氏平日论诗，对黄庭坚颇为不满。而其诗作颇有高老生硬之致，正得涪翁三昧。其实，朱彝尊诗歌创作从内容到风格是不断变化的。内容上逐渐远离政治功利性，风格上基本学盛唐，兼取汉魏六朝，但早期学王、孟之冲淡，中岁学杜甫之遒壮，间学李白之飘逸，晚年又归宗王、孟，兼对苏、黄有所取法。在国朝六大家中，朱彝尊首开学宋风气，作范后来，因此被视为宗宋之浙派的开山祖师。

早年反清时，朱彝尊悯乱离，敦友朋，渴望恢复，胸中蕴有飞蛾扑火般的壮烈情怀。因此不仅抒情诗中"亡国之音，形于言表"②，山水诗虽然自然素朴，但也不乏理想与现实的断裂，如《绕门山》云："修途缘广隰，川暝高烟平。迢迢前山路，落日西林明。舍舟复登陆，慰我岩壑情。斧斤山林外，白石丁丁鸣。危梯悬木杪，幽谷闻人声。阴晴古壁暗，高下苍崖倾。或见山火出，时闻猿鸟惊。平看雷雨黑，下视源潭清。微风吹素浪，日夕汓汓生。山田足禾黍，水石明柴荆。何年此幽栖，深谢世上名。无为在城市，戚戚多所营。"③此诗的前20句是对山水的忠实描写，而最后4句看似在写空间的营求，其实有着时代的感伤。再看《舟中望柯山》："朝光丽华薄，清川荡浮澜。艤楫临江皋，流目肆遐观。丹葩眩重谷，素云冒曾峦。我行既迟回，顾景多所欢。青林翳岩桂，香风过崇兰。空亭邈孤高，修竹自檀栾。缅怀古之人，知音良已难。"④开头写景相当明快，而末两句以历史的慨叹显出精神的孤独。这说明在一个艰辛的时代，诗人很难拥有一种简单而纯粹的诗心。朱彝尊与明遗民诗人一样最推重忠君爱国的诗圣杜甫，认为杜诗"无一字不关乎纲常伦纪之目，而写时状景之妙，自有不期工而工者。然则善学诗者，舍子美其谁师也欤"⑤，这是他

---

① 徐沄秋：《卓观斋脞录》，苏州利苏印书社1939年版，第14页。
② 刘师培：《书〈曝书亭集〉后》，《刘申叔遗书》，江苏古籍出版社1997年影印本。
③ 王利民、胡愚、张祝平、吴蓓、马国栋校点：《曝书亭全集》，吉林文史出版社2009年版，第68页。
④ 王利民、胡愚、张祝平、吴蓓、马国栋校点：《曝书亭全集》，吉林文史出版社2009年版，第68页。
⑤ 王利民、胡愚、张祝平、吴蓓、马国栋校点：《曝书亭全集》，吉林文史出版社2009年版，第383页。

山水诗师杜的根本原因。

中岁以后，朱彝尊长年舟车南北，远离故土亲人，思乡怀亲之情自然郁积于心。康熙十三年（1674），他创作了《鸳鸯湖棹歌一百首》，自称"聊比《竹枝》《浪淘沙》之调"，内容写故乡南湖山水风俗物产之盛，借以弥补"言归未遂"①之憾。这组诗风格朴素自然，清新活泼，有民歌风味，称得上是诗中高品。不过这一百首棹歌不仅是风土诗，还是一种别样的"异国"情调，是对故国难以忘怀的乡愁。

在出仕清廷以前，朱彝尊的诗富妍畅扬，格律坚劲，如河阳重镇，旌旗猎猎，令人望而心战，而仕清时期则怜风月，狎池苑，述恩荣，叙酬宴，多见应酬和应制之体，近体律绝常流入平易，歌行长调，散漫驰骤，有类游骑，就其诗之精粹严整而言，已退一格。归田之后，朱彝尊生活恬适，多以悠闲的态度，吟诵山水清音，描摹田园风光，表达人生体验。他在《荇溪诗集序》中曾提到自己诗歌创作的六个变化："予舟车南北，突不暇黔，于游历之地，览观风尚，往往情为所移。一变而为骚诵，再变而为关塞之音，三变而吴伧相杂，四变而为应制之体，五变而成放歌，六变而作渔师田父之语，讫未成一家言。"②这六个变化不只是体格声调之变，更关键的是情韵心声之变。如其《杂诗二十首》据史生议，细推物理，愤斥谣诼谗言，喟叹君子道消、小人道长，显然融入了自身的蹉跎感受，但总体上显得冷静而节制，一则言"我欲指天陈，畏见南有箕"，再则言"处世多危机，冲波少安柁"，三则言"君子慎所趋，毋以贪自贼"，以智者的醇谨消释其对世事的不平。比起情感和知性相结合的《杂诗二十首》，他的《斋中读书十二首》属于述学诗，这组诗将议论的锋芒收敛于醇厚的学问之中。于是，以博识入诗的"学人诗"风范，也就成了淡化真情实意的又一种形态。这"六变"过程，与其词创作的风格变异以及"浙西词派"的扬帜过程也有着同步性。③

在南宋以后，词的发展渐呈衰落之势，但到清代再度出现复兴的气

---

① 王利民、胡愚、张祝平、吴蓓、马国栋校点：《曝书亭全集》，吉林文史出版社2009年版，第143页。

② 王利民、胡愚、张祝平、吴蓓、马国栋校点：《曝书亭全集》，吉林文史出版社2009年版，第428页。

③ 严迪昌：《清诗史》，浙江古籍出版社2002年版，第506页。

象，朱彝尊是代表清词复兴的里程碑之一。康熙二十八年（1689），陈宗石刊刻《湖海楼词集》，高佑釲为之作序说："词始于唐，衍于五代，盛于宋，沿于元，而榛芜于明……吾友朱子锡鬯出而振兴斯道。"[1] 朱祖谋《清词坛点将录》以朱彝尊配梁山泊头领宋江，对朱彝尊推崇备至。《国朝词综》也认为本朝作者虽多，但没有人能超过朱彝尊。郭麐的《灵芬馆词话》盛赞朱彝尊词说："本朝词人以竹垞为至，一废《草堂》之陋，首阐白石之风。《词综》一书，鉴别精审，殆无遗憾。其所自为，则才力既富，采择又精，佐以积学，运以灵思，直欲平视《花间》，奴隶周、柳。姜、张诸子，神韵相同，至下字之典雅，出语之浑成，非其比也。"[2]

朱彝尊有《江湖载酒集》等词集4种。《江湖载酒集》抒发飘转四方的羁旅情怀，或洒落有致，或哀婉沉郁，一些感怀吊古之作往往寄托遥深，颇能引起人们的兴亡之感。如《卖花声·雨花台》写入清之后石头城的萧条景象，颇有姜夔《扬州慢》的遗风。《风蝶令·石城怀古》《百字令·富春道中》《秋霁·严子陵钓台》《百字令·度居庸关》《消息·度雁门关》《满庭芳·李晋王墓下作》《兰陵王·过晋藩旧邸》《金明池·燕台怀古和申随叔翰林》皆弥漫着萧森的秋气，映照出心境的凄凉悲苦。《江湖载酒集》中也有不少艳曲，但都出语清丽，归于雅正，不像柳永《乐章集》徒以香泽为工。由于当时作者处于穷困潦倒之时，其中不乏"假闺房儿女子之言，通之于《离骚》变雅之义"[3] 的寄情之作。

朱彝尊有一种贪多和炫才的习性，这种习性集中表现在咏物词集《茶烟阁体物集》和集句词集《蕃锦集》中。《茶烟阁体物集》中的词题以及编排顺序是类书式的，依次为节气系列、物件系列、美人身体器官系列、花卉果蔬系列和动物系列。这些咏物词"以摛文而兼博物之功"，[4]

---

[1] （清）陈维崧：《迦陵词全集》卷首，《四部丛刊》本。
[2] （清）郭麐：《灵芬馆词话》卷一，民国二十三年（1934年）铅印《词话丛编》本。
[3] （清）朱彝尊《陈纬云〈红盐词〉序》，王利民、胡愚、张祝平、吴蓓、马国栋校点《曝书亭全集》，吉林文史出版社2009年版，第453页。
[4] （清）永瑢、纪昀等纂：《四库全书总目》卷一百九十，清乾隆五十四年（1789）武英殿刻本。

字琢句炼，组织工致。其中情致深厚者以忧患为底色，能表现时代和身世的感慨，如《长亭怨慢·雁》以凄切之情发哀怨之调，既悲凉沉郁，又缠绵委折，在颠沛流离之词中寄寓了故国山河之恸。即便那些缺少比兴寄托的词，也起到了拓展咏物词表现范围、丰富咏物词表现手法的作用。如西瓜、冬瓜、骆驼、大象等，在以往的词作中就很少能看到。这一方面固然说明了物质生活的发展以及士人视野的扩展，另一方面也反映了朱彝尊好奇创新的主观意识。

《蕃锦集》所收109首词，全以唐人之句集缀而成，而且令、慢皆备，平仄对偶、谐韵换头，莫不曲中格律，几乎不能辨其为诗中之句。其调协声和，文心妙合，王士禛叹为鬼工。朱氏之集句全部出于腹笥，是以李富孙《曝书亭集词注》于《蕃锦集》中朱氏自注之出处，发现所注"唐人名氏颇有错误"①，可见朱彝尊之集句并非翻检拼凑而得，故能和谐流畅，妙造自然。集句虽属文字游戏，毕竟高雅不俗。用他人之酒杯，浇自己之块垒，而能如此随心合意，自然容与，不能不令人叹为此道之绝顶高手。

朱彝尊最为后人欣赏的作品当属《静志居琴趣》中的爱情词。由于这些词写的是自己与冯寿贞之间的真爱，故而隐约其词，吞吐不尽，有一种深微幽隐之美。陈廷焯说："《静志居琴趣》一卷，尽扫陈言，独出机杼。艳词有此，匪独晏、欧所不能，即李后主、牛松卿亦未尝梦见，真古今绝构也。"②"凄艳独绝，是从《风》《骚》乐府来，非晏、欧、周、柳一派也。"③ 陈廷焯极为推崇朱彝尊词的"气骨"，在他看来，朱彝尊的词"艳而不浮，疏而不流"，有婉约之美却清劲有力。如《瑶花·午梦》描摹女子的春思："日长院宇。针绣慵拈，况倚阑无绪。翡帷翠幄，看尽展、忘却东风帘户。芳魂摇漾，渐听不、分明莺语。逗红蕉，叶底微凉，几点绿天疏雨。画屏遮遍遥山，知一缕巫云，吹堕何处。愁春未醒，定化作、凤子寻香留住。相思人并，料此际、惊回最苦。亟丁

---

① 李富孙：《曝书亭集词注凡例》，《曝书亭集词注》卷首，清嘉庆十九年（1814）校经庼刻本。
② （清）陈廷焯：《白雨斋词话》卷三，清光绪二十年（1894）刻本。
③ （清）陈廷焯说：《词则辑评·闲情集》卷四，凤凰出版社2019年版，第228页。

宁、池上杨花,莫便枕边飞去。"①清凄慵懒,沉吟伤感,配以华美的藻彩,自有一种抵达人心的力度。总体而论,朱彝尊词严于字句声律,令慢均工,气韵并茂,言情体物,各造精纯。其醇雅的审美风格其实是他的胸襟、性情及怀抱的表征。

朱彝尊《曝书亭集》附录《叶儿乐府》一卷,收其散曲小令43套,及洪昇、徐善、龚翔麟所作《朝天子·送融谷宰来宾》各一套。《竹垞太史手定词稿》之《叶儿乐府》则收有其小令58首,无套数与带过曲。这些小令以元人张可久、乔吉为宗,抒写男女艳情情致缠绵,逗露疏荡之风;表现隐逸情怀,疏朗潇洒,多清丽之音、典雅之格,可称"词人之曲"。其中,《折桂令·正宫》《醉太平》是朱彝尊词曲中少有的讽刺性佳作。任讷的《散曲丛刊》将朱彝尊与厉鹗、吴锡麟、赵庆熺、许光治称为清散曲五大家。

以前的词家都以北宋词为词的最高境界,而朱彝尊独推南宋,这是他在词学上的创新。以朱彝尊为领袖的浙西词派宗法南宋,其目的是用姜夔、张炎一派之"清空""醇雅"荡涤《花间》《草堂》之冶艳俚靡,矫正苏轼、辛弃疾一派之雄豪伉肆。在词学理论上,朱彝尊虽然还没有能完全摆脱词为小技的传统观念,但已开始强调词的托物寄言功能。他认为通儒钜公能借助于词抒发难言之隐,不得志于时者在不能明言的情况下能聊以寄情。这为此后张惠言、周济的寄托说开了先河。为取代囿于闺房花草的《草堂诗余》,朱彝尊还编纂了《词综》,标举准绳,力阐宗旨,使得浙西填词者"家白石而户玉田"②,为清初词坛带来了清新之风。

在朱彝尊的文学文献整理计划中,明代诗歌要优先于词,《明诗综》就是朱彝尊晚年独立完成的巨著。虽然这是一部诗歌选集,却"以史法行之"③,它通过小传、诗话、诗选的结合,全面地记载了有明一代朝野人物,反映了明诗发展的流程。在叙述史实、审定格律、品第高下的同

---

① 王利民、胡愚、张祝平、吴蓓、马国栋校点:《曝书亭全集》,吉林文史出版社2009年版,第324页。
② (清)朱彝尊:《静惕堂词序》,曹溶《静惕堂词》卷首,陈乃乾辑《清名家词》本。
③ (清)朱彝尊、赵慎畛:《静志居诗话》,人民文学出版社1990年版,第1页。

时,《明诗综》尤其注意诗人的相互影响关系,有意识地突出了史的发展线索。

朱彝尊的古文辞剪截浮嚣,峭洁名贵,在魏禧、汪琬之间,高参一座。其历史人物传记如《王冕传》《贝琼传》《征士李君行状》等,生动委婉,情神毕具,很少有矫激之言、意气之辞。其山水游记如《游晋祠记》《文水县卜子祠堂记》等,情景生动,简洁精练。其史论如《韩信论》等,见解新颖,议论精当。其金石书画的题跋大多是他广搜博讨后的心得,注重考求事实,没有无根之游谈。潘耒认为朱彝尊之文为一代文章之首,他在《曝书亭集序》中说:"其文不主一家,天然高迈,精金百炼,削肤见根,辞约而义丰,外淡而中腴,探之无穷,味之不厌。是谓真雅真洁。"① 顾炎武将朱彝尊之文与清初古文三大家汪琬、魏禧、侯朝宗并列,并说其文高于侯朝宗。

康熙四十五年(1706)春,陆奎勋偕陆氏家族成员共12人,以及亲知能诗者15人,举洛如诗社。"每月正集之外,写情赋诗,有唱必酬"②,历时两年,得诗2200余首,朱彝尊为之选存十分之三,厘为六卷,并作序刊行。其《洛如诗钞序》称赞入选之诗"音节和平,色泽妍秀,大概以中晚唐人为宗,非直移宫羽,妃青白,竞胜一时已也"③。

朱彝尊的赋作分为两类,一类是颂圣之作,二类是咏物之体。前者有《夜明木赋同泽州陈侍郎作》,写康熙二十二年(1683)春皇帝至山西兴县、五台山狩猎之事;《省方赋》写康熙二十二年(1683)皇帝利用狩猎巡视四方之事;《春搜赋》也记载了朝廷的重大活动。这些赋作摇唇鼓舌,一派台阁气味。他比较有亮点的赋作是后一类,《檇李赋并序》介绍了嘉兴特产檇李的种植历史、特色、传说、种法等。《湘湖赋》从湘湖景物写到越王勾践,吊古慷慨,宝刀未老。特别是《谒孔林赋》,记述他的孔林之游,描写孔林的草木气象,书写自身的展谒心态,赋中不尽是一派肃肃愉愉、诗礼弦歌的气息,反而充溢着对儒道衰微的悲慨。面对滔

---

① (清)朱彝尊:《曝书亭集》卷首,王利民、胡愚、张祝平、吴蓓、马国栋校点《曝书亭全集》,吉林文史出版社2009年版,第38页。
② (清)陆载昆:《洛如诗社约言》,《檇李文系》卷三十八。
③ 王利民、胡愚、张祝平、吴蓓、马国栋校点:《曝书亭全集》,吉林文史出版社2009年版,第945页。

滔天下、末师是则的状况，他恨不得让孔子死而复生，操笔削正经籍。最后，此赋终结于远离世俗、隐居读书的期望："我思古人，耻同污俗。或六聘而收身，或三诏而逃禄。或依李充之山，或就张超之谷。潜户壁于服虔，变姓名于梅福。入源水兮栽桃，隐丹霞兮种竹。讵如此地，桑海不迁。可游可息，有歌有弦。耳不闻僧尼之鱼板，目不睹旗鼓之楼船。乐土乐土，速营一廛。愿为林户，躬耕墓田。庶几近圣人之居，读圣人之书，将不得为圣人之徒也与？"① "六聘而收身"指的是西晋处士霍原。朱彝尊有《六聘山中吊晋处士霍原》诗云："昔有霍处士，居涿西山阳。弟子半千人，大小开黉堂。六聘节愈坚，义不干侯王。无端豆田谣，乃受彭祖殃。"② 霍原慕道清虚，六次辞谢朝廷征招，隐居广阳山讲学，教授数百弟子。后来，幽州都督王浚阴谋称帝，使人试探霍原，霍原默不作答，于是王浚衔恨在心，借当时"天子在何许，近在豆田中"中的歌谣，诬称"豆"就是"霍"，把霍原收监处斩，悬首示众。"三诏而逃禄"指的是东汉末年三诏不起的苦节隐士焦光，镇江焦山因此人而得名。"或依李充之山"，当指伏生从李充于石壁中受《尚书》之事。"或就张超之谷"，说的是后汉张楷居华山，从学者甚多，所居成市。张楷字公超，故所居名张超谷。"潜户壁于服虔"的故事见于《世说新语》：服虔将为《春秋》作注，听说崔烈为门生讲《春秋》传，于是隐匿姓名，到崔氏门墙外偷听。"变姓名于梅福"的传说见于《汉书》："至元始中，王莽颛政，（梅）福一朝弃妻子，去九江，至今传以为仙。其后，人有见福于会稽者，变名姓，为吴市门卒云。"③ 这里所称颂者都是具有高尚之节、隐逸之操的儒生，都是人格和学问兼美的高士，由此可以窥见《谒孔林赋》所渗透的崇圣慕隐的社会历史情感。

---

① 王利民、胡愚、张祝平、吴蓓、马国栋校点：《曝书亭全集》，吉林文史出版社2009年版，第43页。
② 王利民、胡愚、张祝平、吴蓓、马国栋校点：《曝书亭全集》，吉林文史出版社2009年版，第193页。
③ （清）班固撰，（唐）颜师古注：《汉书》卷六十七，中华书局1962年版，第2927页。

第 四 章

朱彝爵诗歌论析

从朱国祚到朱彝尊，朱氏家族文人群体汲汲求进，奋厉有为，进入康雍乾盛世以后，家族中的诗人表现出由进取而逐渐转为退缩的迹象。这固然有时代背景所致之因，亦是诗人自我反思的结果。反映在诗歌上，便是从积极探索外部世界转变为深入观照和审视自我心灵。其中最具代表性的人物便是朱彝尊的从弟朱彝爵。

第一节 紧缩之心

朱彝爵，字宁臣，号苎塍，生于康熙七年（1668）正月二十一日，为朱茂时74岁时所生之季子，庶出，其生母为王孺人。朱彝爵少时颖异，10岁能文，14岁补学官弟子员，15岁娶扬州知府陈祚昌女。陈氏世居杭州，后迁居嘉兴。

朱彝爵16岁时，父亲去世，彝爵昼夜号哭。他的老师魏塘人夏季思对他说："礼有节，勿过毁。且尔亦知孝之有大于此者乎？尔年少，兄年耄，吾恐有乘间以起衅者。苟情有难堪，尔弗能无言，非悌即非孝矣。"[①] 彝爵涕泣受教。当时长兄彝叙已年逾七十，彝爵事之如父。因为彝爵年少且聪慧，很受父亲钟爱，居室亦近父亲卧室，所以人们都认为朱茂时室中之藏会被彝爵私下干没。彝爵夫妇治丧于厅事，并锁闭父亲居室，不再入内。关于治丧期间的情况，其子嵩龄在《府君行述》中记载说：

---

① （清）朱嵩龄：《府君行述》，《予斋集》卷六，上海图书馆藏清乾隆三十一年（1766）刻本。

"时吾母方孕，先兄日则坐帷中号泣，夜则退处厅侧小房。天渐寒，寒具在室，不得入而取也。外祖父中宪公过试，色不平。吾母道府君意，谢曰：……大人幸勿念。中宪公转喜曰：年少夫妇能知大义若尔耶？既葬，伯父分拨府君产，命析居。遭兵燹后，王父方构数楹未竣，府君遂栖居于右偏之书室，井灶杵臼，惟质吾母之奁具是资。吾母掤挡箱笼，人有来觇者，故进出之，而后入之人咸见其无他物也。既而伯父检视王父楼居锁钥，封识如故。珍玩具存，又检得积金若干。伯父既已知府君之无私，而怪人言之妄。"① 朱彝叙打算将父亲留下的财产分一部分给彝爵，但因治丧过劳，得病不起，未能析产。

朱茂时从其父朱大启那儿继承的田产并不多，自己嗣守清介，"官张秋河道，司关税，溢额者丝毫悉归公济公用。守贵阳，安民抚苗，民日殷富，而归橐萧然。生平特善心计，故蓄积颇饶，好储古玩，尤博藏书籍。沧桑后散亡，尚不下数十柜"。②朱彝爵想读这些藏书而不能。

有感于老师夏季思言之有验，而开示深切，朱彝爵将夏先生延请至新居。夏先生精通经学，喜爱彝爵能卓然自立，更为其讲论圣贤学问。彝尊也愈加力行，以不能久侍父亲为恨，事长兄如事父，必诚必敬，人们遂忘其为异母兄弟，亦不敢以偏私之说相犯。彝爵仲兄彝教为人豪迈任侠，屡耗其赀。朱茂时再授资产给他，他又耗尽。彝爵说："吾安忍坐视同气之饥寒哉。"每月馈遗彝教甚多。彝教无故诟詈彝爵，彝爵顺受之，周恤惟谨。彝教出嗣其叔父茂晙。茂晙去世后，长时间没能安葬。朱彝爵说："吾不忍叔父之暴露，是宜营葬。"往告彝教。彝教发怒说："尔欲沽美名，辱我。有其费，当畀我。我能为之。"当时，朱彝爵生活也日渐窘迫，打算弃产以办此事，遂将用来出租的11间房屋给了彝教。这些房屋能获租金百金以上，彝教把房屋全卖了，却没有安葬其嗣父。后来，彝爵携子嵩龄等祭扫祖墓，谒叔父茂晙之墓于荆棘之中，叹息着

---

① （清）朱嵩龄：《府君行述》，《予斋集》卷六，上海图书馆藏清乾隆三十一年（1766）刻本。
② （清）朱嵩龄：《府君行述》，《予斋集》卷六，上海图书馆藏清乾隆三十一年（1766）刻本。

对儿子们说:"吾恨不能觅地亟葬之。"①

朱彝爵结婚三载后,其岳父中宪公陈祚昌去世,陈祚昌有子先卒,而孙又羁寓远方,于是朱彝爵夫妇将陈氏生母鲍孺人迎养于家。桑海巨变之后,其家旧业零落,加上分家时,所得遗产不多,还要周济其仲兄,因此家极贫,依其父所购城南鹤州草堂以栖。学业有成以后,以例贡太学,其名声腾踔四方。由于他豪于结友,英俊之士接轸到户,家储空空,鬻产不给。其妻典当首饰,"治酒食立办,座客连旬夜欢洽,不知其家无有也"。②罢官里居的朱彝尊也与朱彝爵时相过从,"故《曝书亭集》中多及鹤州之作,所谓'藕叶水亭''真如塔火',多得之萧摵之余"③。朱彝爵还有一位知音名叫沈修诚。沈氏虽然出生于清代,但对明朝还抱有故国之思,"道胜国轶事、江南北耆旧衣冠容貌,娓娓宛在目前。至忠义激发,须戟张眼,烂烂如岩下电,使懦夫亦神王"④。他和朱彝爵是总角之交。朱彝爵在秦中身患重病,沈修诚亲自将其护送到济宁。

久困场屋之余,朱彝爵亟谋薄禄以奉赡生母王氏,遂游京师,以贡谒选。7年后,得任杭州府学训导,"有张生为其叔所讼,府君(彝爵)召至私室,切责之,且谕以道。其人力辨诬枉,白其叔之无复人理状。府君曰:正以其无复人理状,故为侄者宜善全之,不当彰其事。其人语塞。听府君调剂而寝其事"⑤。朱彝爵司训杭州期间,师道独尊,问字者溢于黉舍,厉鹗称其有聂东轩严峻之风。⑥康熙四十五年(1706),彝爵生母王孺人卒于杭州官舍,享年八十。朱彝爵对其母生则尽养,终则尽哀,将其母棺柩归葬于朱茂时墓侧。不久,朱彝爵前往京师,希望一展所学,"以友事转入秦,得疾归。先是为同里李君尅期驰秦中,取官文书

---

① (清)朱嵩龄:《府君行述》,《予斋集》卷六,上海图书馆藏清乾隆三十一年(1766)刻本。
② (清)桑调元:《弢甫集》卷二十三,清乾隆刻本。
③ (清)厉鹗:《鹤洲残稿序》,朱彝爵《鹤洲残稿》卷首,清乾隆刻本。
④ (清)桑调元:《似笠沈先生行状》,《弢甫集》卷二十二,清乾隆刻本。
⑤ (清)朱嵩龄:《府君行述》,《予斋集》卷六,上海图书馆藏清乾隆三十一年(1766)刻本。
⑥ 聂东轩,名大年,抚州临川人,宣德末用荐起为仁和训导,升教谕,修学校,严学规,训励弥切,曾揭对联示诸生云"文章高似翰林苑,法度严于按察司"。

还，释其罣累事，义声震士林。至是更为友劳勚，遂不起"①。康熙四十七年（1708）二十九日，朱彝爵去世，终年四十。朱彝爵曾因为嗣息未蕃，置一妾室陆氏。陆氏无所出而殁，而其妻陈氏生有二子三女。三女俱适名族。长女适龙川县知县盛熙祚，次女适太学生周坦，三女适太学生陆志恒。

德是早殁，嵩龄检点其父遗墨，经书文甚多，诗词多为少年暨晚年所作，"若夫中年游历山川，凭吊古今，多激昂慷慨赠答诸什，已零落于奚囊行笈中，无可搜辑"②。桑调元从其诗词遗稿中掇取菁英，编订为《鹤洲残稿》传世。

朱彝爵攻举业之余，笃嗜读书，学问贯穿今古，发为韵语，密咏恬吟，流连景物之趣，意取自娱，不甚爱惜，故所作之诗多所散失。《鹤洲残稿》仅存其康熙三十年（1691）、康熙三十三年（1694）、康熙四十三年（1704）、康熙四十六年（1707）所作111首古今体诗，以及作年不详的22首词。乾隆年间，李绂为《鹤洲残稿》作序，回顾了与秀水朱氏家族的交往经历，对朱彝爵的人品和诗品作了高度评价："余年近壮时，漫游姑苏，谒朱竹垞先生于慧庆寺。时先生方选《明诗综》，而以余力与苏州后进论诗文，因得稔其家世，为东南文献之宗，其子弟亦皆芝兰宝树，非他世家所能有也。后十年，余既仕，以词臣典浙江庚子乡试，先生之从子嵩龄被举。又二十余年，始得见嵩龄尊甫鹤洲先生残稿，叹为近世所希有。信乎采玉于昆冈，探珠于沧海，不可得而测其所有之尽藏也。余反覆咏叹，其人品在季次、原宪之间，其诗品在王右丞、孟襄阳之列，此岂易得于士大夫之间者。"③ 桑调元的《鹤洲残稿序》则称朱彝爵"行似薛包，困似袁安，蚤年似郭泰"。④

在朱彝爵生活的时代，表面看来，遗民们的故国山河之情已被康熙的升平之治淡化，文坛上似乎氤氲着雍容春雅的温柔气息。其实，这个时代的两浙文坛鲜血淋淋，两浙文人正遭受着屠戮。庄廷鑨明史案、查

---

① （清）厉鹗：《鹤洲残稿序》，朱彝爵《鹤洲残稿》卷首，清乾隆刻本。
② （清）彭启丰：《鹤洲残稿叙》，朱彝爵《鹤洲残稿》卷首，清乾隆刻本。
③ （清）朱彝爵：《鹤洲残稿》卷首，清乾隆刻本。
④ （清）朱彝爵：《鹤洲残稿》卷首，清乾隆刻本。

嗣庭科场试题案、汪景祺《西行随笔》案、吕留良案,这些举国震撼的文字狱均发生在浙江,特别是查氏案后,作为对两浙文人的惩罚,雍正一度停止两浙乡试。在这种情况下,即使激愤也难以长歌当哭,惊悸亦只能作为幽咽哽塞于心头。正如严迪昌先生所言,此时浙江文人构成了一种微妙的景观:"人,是清代'盛世'之人;心,是收缩紧裹之心。"① 不能完全融入盛世的文人,只能退居乡隅,收紧心灵,自娱为业。这正是朱彝爵注重内心世界,以自我审视作为诗歌创作主要内容的历史语境。《鹤洲残稿》中有一首《自咏》曰:

缊袍吾爱敝何妨,不惯逢迎僭号狂。闲似渔樵情更淡,兴当吟醉味偏长。门因畏事终年静,眼为贪书尽日忙。倘得生人多复尔,天涯何处是羊肠。②

这首诗是朱彝爵一生情趣、心态乃至生存状态的自我写照。其人孤清介立,淡泊名利,常忍饥诵经,而且"自笑生来只钝顽,不知世上有低颜"③,不与人俯仰。性格如此狷介,生活圈子自然比较狭窄,加上又有养素田园的主观欲求,故而只能包裹住自我心灵,向内心世界讨生活。这就形成了朱彝爵轻人事、离社会、重自我、任自然的诗歌创作理念,他明确表白自己写诗的目的是为自娱:"岂念俗所爱,只期吾自怡。"④

《鹤洲残稿》属于寒士文学,其中一首40岁时写的《自嘲》诗,记录和倾诉了朱彝爵生活的窘迫与无奈,正如桑调元《鹤洲残稿序》所称"奇贫见于诗辞,有甚于拾橡栗自给者"⑤:

四十守一穷,岂曰君子固。猥言清白裔,无乃儒冠误。粒米少晨餐,突烟断曛暮。已甘藜不糁,岂有粱肉慕。饥肠转雷鸣,簞瓢空亦屡。娇儿啼不休,病妻益成痼。问我将何为,晏对庭前树。入

---

① 严迪昌:《清诗史》,浙江古籍出版社2002年版,第874页。
② (清)朱彝爵:《鹤洲残稿》卷首,清乾隆刻本。
③ (清)朱彝爵:《遣兴》,《鹤洲残稿》,清乾隆刻本。
④ (清)朱彝爵:《雨窗》,《鹤洲残稿》,清乾隆刻本。
⑤ (清)桑调元:《鹤洲残稿序》,朱彝爵《鹤洲残稿》卷首,清乾隆刻本。

林无安栖,高飞愁铩羽。炎炎赤日威,蹇蹇远行步。念彼逝水流,畏此草头露。搔首空踟蹰,含情托毫素。①

朱彝爵虽然是贵公子出身,但家无负郭之田资以为生,又不事生产,生活过得十分艰难,连温饱都成问题。他焦急、忧愁又感到无助,进退两难,就像一只没有安栖之所,想高高翱翔却又担心铩羽的鸟儿一样。想到时间的流逝,对生命短暂的忧虑也涌上心头。造成这种局面的是他本人的君子之固、清白之裔、儒冠之误,也就是说君子固穷的人生理念、清白传家的世家家风、读书业儒的谋生方式,使得他一辈子过着清贫的生活。

《鹤洲残稿》中不仅有诗人的自我形象,也有其妻子的投影。乐府体诗《贫妇行》塑造的贫妇形象很可能是以朱彝爵自己的妻子陈氏为原型的:

吁嗟造物何不均,生我贫家常苦辛。东方未明妾已起,寒风凛冽透窗纸。苦将纺织谋晨炊,不惜芳华惜双指。丈夫出门途路穷,脚根日日如转蓬。有书十上不见录,归家日午腹尚空。归家儿女相牵拊,土甑无烟叫阿父。阿父不言阿母苦。吁嗟贫妇命连蹇,悄对空墙日色晚。②

陈氏之父陈祚昌是顺治十二年(1655)的进士,康熙三年(1664)任扬州知府。陈氏17岁那年嫁给朱彝爵,开始佐理家务,"于娣姒间抑然下之,外内无间言"。桑调元在《朱母陈太君诔》中说她"梱德之贤而孝,克持大体,树故家橅范"。③ 在朱彝爵遨游燕赵秦晋的10余年间,陈氏"躬织纴绩纺,率女事女红,菲衣恶食,毕婚嫁,瘁心力为之"④。而诗中的贫妇"苦将纺织谋晨炊",起早贪黑地辛勤劳作,也是一位贤妻。

---

① (清)朱彝爵:《鹤洲残稿》,清乾隆刻本。
② (清)朱彝爵:《鹤洲残稿》,清乾隆刻本。
③ (清)桑调元:《朱母陈太君诔》,《弢甫集》卷二十三,清乾隆刻本。
④ (清)桑调元:《朱母陈太君诔》,《弢甫集》卷二十三,清乾隆刻本。

"丈夫出门途路穷,脚根日日如转蓬。有书十上不见录,归家日午腹尚空",这和朱彝爵零落于风尘蹭蹬之际的经历也是相似的。"归家儿女相牵挗,土甑无烟叫阿父",这种失意文人的生活境况在朱彝爵的《绝粮》等诗中也有反映。可以相信,《贫妇行》这首描写贫贱夫妻的诗篇是以朱彝爵的家庭生活为素材的。

"士贫贱不可得而衣食则士贵,诗写其贫贱不可得而衣食之情则诗清。"① 贫病交加的生活表现在诗歌中,往往形成一种清寒的风格。《夜半》一诗就凝聚着朱彝爵的悲凉萧索的心绪和情感,是清寒诗风的载体:

夜半不成寐,楼头鼓欲残。虚窗风乍响,近夏雨尤寒。多病容颜老,无金药饵难。清吟聊自遣,未得减愁端。②

半夜应是熟睡之时,诗人却难以入眠。鼓残、风响、雨寒,构成了唤起忧愁情绪的悲凉之境。多病颜老,无钱买药,无奈之感使诗人心中的愁苦难以排遣,以致吟诗也不减愁端。这首诗完全是弥漫着凄凄切切情调的清商之吟。

朱彝爵家中病最多最重的人应该是他的妻子陈氏,《鹤洲残稿》中的《病妇》《春来妇病转剧,夜坐无聊,却念二十七年来,凄然有感,爰成七律三首》等诗反映了这一情况。后者云:

几回搔首问苍天,何事闲愁积万千。家为长贫蕲却累,人从多病祝延年。懵腾旧事难追忆,潦倒今吾未稳眠。安得深杯浇傀儡,水边花外弄渔船。

半生不遇匿菰芦,儋石无储米似珠。二十七年如梦幻,去来今事一嗟吁。好花未赏春全负,大药空求岁屡徂。何必瞿昙问因果,绿阴深处鸟传呼。

---

① (清)桑调元:《鹤洲残稿序》,朱彝爵《鹤洲残稿》卷首,清乾隆刻本。
② (清)朱彝爵:《鹤洲残稿》,清乾隆刻本。

> 不堪多病复多愁,欹枕迢迢漏未休。冷被自怜春意暖,暗灯偏觉雨声稠。韶光已属三分去,佳趣曾无一点留。我欲扁舟泛沧海,此身拟合付悠悠。①

诗人因妻子的病情加剧,搔首问天,心绪凄迷。家为长贫的负累,多病无药的忧患,半生不遇的悲怨,韶光难驻的苦闷,纷至沓来。如何排遣忧愁呢?诗人只能通过浪迹江湖,借酒浇愁的种种想象加以自慰。《鹤洲残稿》中有不少笔墨写到饮酒,如"偶沽村酒堪供酌,且博今宵作醉侯"②"明朝如把臂,拼取酒坊沽"③"忧端千万宁驱尽,尤恨杯前胆不豗",④等等,无论是小酌,还是豪饮,都是要借杯中之物浇胸中之块垒。同时,朱彝爵在诗中也把饮酒行为当作表现生命活力的符号。

当朱彝爵黯然神伤的时候,吟诗弄笔也是排遣之法,所谓"搔首空踟蹰,含情托毫素"是也。《鹤洲残稿》中的《岁暮无聊纵笔三首》《春日醉后笔》《即日约东郊山房小集不果诗以遣闷》《遣兴》等都是语淡而感深的遣情之作。

朱彝爵不是踔厉奋发的人,他的一生过得比较平淡,也很拮据。其感叹生活清贫,抒发胸中苦闷的诗作大多不事藻绘,呈现出一种平淡质朴、委婉深切的风格。不过,他也有少数诗篇风格清放,笔力遒上,流露出孤傲之气。如《短歌示若苍》展示了诗人面对人生困境时的主体意识:

> 人生贫贱安足悲,日月如梭双泪垂。读书不得高深窥,下笔未免人语随。负笈千里师者谁,松风一片来书帷。松风谡谡旦晚吹,凉月初生涌清规。吾思男子要为天下奇,宁作渊明乞食诗。黄金可成君不为,读罢残书空叹咨。⑤

----

① (清)朱彝爵:《鹤洲残稿》,清乾隆刻本。
② (清)朱彝爵:《岁暮无聊纵笔三首》其一,《鹤洲残稿》,清乾隆刻本。
③ (清)朱彝爵:《即日约东郊山房小集不果诗以遣闷》,《鹤洲残稿》,清乾隆刻本。
④ (清)朱彝爵:《遣兴》,《鹤洲残稿》,清乾隆刻本。
⑤ (清)朱彝爵:《鹤洲残稿》,清乾隆刻本。

此诗坦陈了"男子要为天下奇"的心志,不过,所谓"天下奇",并不"奇"在济世拯民,或博取功名上,而是"奇"在疏离政治,"宁作渊明乞食诗"上。松风谡谡、凉月初生的自然物色不仅显示了负笈读书的清雅恬然,而且隐喻着人格的正直清高。短歌以"黄金可成君不为,读罢残书空叹咨"结尾,其实袒露了诗人的心理矛盾:既志尚冲寂,高谢荣进,又不免含有几分怀才不遇的感伤。这也是其紧缩之心的印证。

第二节 诗写我心

朱氏家族文人学诗多从汉魏三唐入手,尤嗜古风。朱彝爵便深受家学浸染,承继了魏晋诗风。彭启丰言其诗"冲澹闲远,迥然独出,如孤鹤之鸣九皋,古琴之奏于松风涧响中也。……宜其诗之清峻遥深,足追正始"①。朱彝爵有不少诗歌表现出一种强烈的悲生意识。这既是他追踵魏晋诗风的表现,也是体味个体生命的结果。例如以下这几首诗都从时节变化、岁月淹逝中感悟生命,抒发时光不再的感慨、人生如寄的悲情:

青阳忽道尽,朱火亦已明。白日不可返,鹍鸠因之鸣。人生何为者,肯作蜉蝣生。②

人人竟说寒食节,我未知春春欲别。一园桃李何所归,东风几阵残英折。人生能复几回春,忽忽尽付辛与悲。安得如云大翼插两胁,乘风振奋超埃尘。③

困守穷檐未得休,而今岁月又还遒。那如飞鸟生多乐,只是疏梅老惯愁。妄想芟除难得尽,昨非省悟一何稠。偶沽村酒堪供酌,且博今宵作醉侯。④

---

① (清)彭启丰:《鹤洲残稿叙》,朱彝爵《鹤洲残稿》卷首,清乾隆刻本。
② (清)朱彝爵:《初夏感遇》,《鹤洲残稿》,清乾隆刻本。
③ (清)朱彝爵:《感春二首》其一,《鹤洲残稿》,清乾隆刻本。
④ (清)朱彝爵:《岁暮无聊纵笔三首》其一,《鹤洲残稿》,清乾隆刻本。

诗人既无农事之勤，又无俗务之扰，在宁静的生活中有许多闲暇体味时间如水流逝。特别是季节的突然转变，往往令其蓦惊时光的飞逝，并在诗中表现人生如朝露的幻灭感和生命如蚍蜉的渺小感。况且，时光从来处来，往去处去，无穷亦无尽，生命却只能走向唯一的死亡终点站，这难免会让诗人发出"人生贫贱安足悲，日月如梭双泪垂"的感慨。这类诗歌无论是从内容上，还是从风格上看，都是追踵黄初至正始这一段诗风的。当时建安的激情已经一步步退潮，诗人开始从关注现实到关注生命个体，并且由梗概多气转变为风清骨峻。朱彝爵诗歌中那些题名为《感怀》《夜坐》《独坐》《感遇》的诗歌，与阮籍《咏怀诗》中的一些清淡篇章情韵很相似。阮籍所处的司马氏之朝，是中国历史上极为黑暗的时期，其对文化的控制和对文人的杀戮，与有清一代的文字狱亦有可比之处。朱彝爵追奉阮籍，偏好魏晋诗风，或多或少也隐含着莫名的忧愤。

当然，朱彝爵在与自然、自我的对话中，并非都是悲苦，亦有乐山乐水之作。这种山山水水被诗人主体化了，写山写水，实际上写的更是诗人之心。山幽水闲，风轻云淡，都只不过是诗人心境的外化。如《春日鹤洲独坐》："枯坐亦云久，鹤洲旧草堂。不妨禽共乐，尤爱水为乡。花发村前树，梢抽雨后篁。今朝吾自得，眼底足徜徉。"[①] 正是因为诗人自身心境闲淡，才能从春花含苞而突放、春竹得雨而抽节的生命律动中，感受春色潜滋的欣悦，并产生与禽共乐、以水为乡的自得之情。再看《鹤洲杂咏》组诗，写于康熙四十六年（1707）移居鹤洲草堂之时，当时其父留下的这处园林别墅已经中落，屋破圃荒，枯梅垂死，鹤洲全盛之日"清歌几处醉流霞"的情景只存在于回忆之中，可诗人却能抓住"芦荻渐生春雨后，鹭鸶常泛水云间""瘦红渐次看成碧，水面新荷欲似钱"等清景，并加以提炼和升华，哦成诗句。那种种方死方生的物色意象，如"破屋喜仍在，绸缪敢后时""当年风景何能似，老树婆娑过短墙""枯梅垂死复开花，装点南湖处士家"[②]，自是其心境外射和细细体悟的结果。

---

① （清）朱彝爵：《鹤洲残稿》，清乾隆刻本。
② （清）朱彝爵：《鹤洲杂咏》，《鹤洲残稿》，清乾隆刻本。

正因为诗人并不是单纯以穷书生的视角站在外部社会客观地再现现实，而是以翛然自得的精神与冲澹闲远的气韵，体验贫中乐趣、闲中真味，所以往往能够注意一些静态的或细微的响动。最有意思的便是对老鼠的描写：

庭荒不觉炊烟静，鼠健初惊午饭香。一钵每从邻舍得，饱餐多恐忤饥肠。①

饥鼠相将出小村，何须插柳映横门。良辰亦有闲情未？明月清风伴酒尊。②

诗人既无俸禄之助，又无田舍之收，家中常常难以为炊，竟然由此而累及家鼠。前首写家中断餐，家人从邻舍借得一钵饭食，但老鼠比诗人更敏锐地嗅到了午饭的香味，一个"惊"字极具动态，点出了家鼠初闻饭香时刹那的激动。再看下首：饥肠辘辘的家鼠，实在找不到一颗粮食，几乎饿得无力走路，只能携老带少，一只只互相搀扶着离开小村，适彼乐土。"相将"自然是诗人的想象之词，但形象地写出了诗人所欲表现的饥鼠窘态。这种对饥鼠细致入微的描写，既有现实依据，又有想象夸张，初读饶有趣味，回味之下却有淡淡悲苦。同时，诗人对自然界的轻微变化和响动亦极为敏感，常常能抓住事物变化的临界面，如"鱼翻惊月坠"，写出了诗人从鱼儿翻腾的刹那动作中惊觉月亮西坠的瞬间情态；"草露秋根滴"，反映了诗人对露珠滴到草根的敏锐感知。这皆是诗人体物入微而得到的一种诗歌意境。

朱彝爵的诗歌有不少是描写贫穷生活的，但悲苦之中不乏悠闲之韵，表现出的精神境界是超脱的。如《贫家》中连老鼠饿得都要出走，而诗人仍然抱有"明月清风伴酒尊"的闲情。朱彝爵笔下的家居环境也显示出清幽而悠闲的情调。

---

① （清）朱彝爵：《借饭》，《鹤洲残稿》，清乾隆刻本。
② （清）朱彝爵：《贫家》，《鹤洲残稿》，清乾隆刻本。

何必门常闭,家贫客自疏。最怜同野鹿,且喜伴游鱼。小雨微风后,摊书啜茗初。多情愧明月,夜夜到荒居。①

清风吹高枝,夕阳照茅舍。幸无车马喧,时有幽禽下。②

既然是"荒居""幽居",自然幽僻冷清,门可罗雀,但朱彝爵能与野鹿、游鱼、明月、幽禽相亲相伴,不仅不感到寂寞无聊,而且很享受这种自在和悠闲。《幽居》一诗意在表现恬淡悠然、忘尘去世、寂静无为的心境,诗中不带主观性的解说,颇有道家无言独化的生命情调。再如《鹤洲杂咏》其六云:"树老皮生藓,园荒竹有花。结茅聊作屋,携子复为家。先业悲中落,曦光惜半斜。汲泉盛瓦罐,料理试新茶。"③ 树老园荒,结茅为屋,不可谓不苦,而诗人少有穷愁之态,并且淡泊安逸,善于自我排遣,表现出一种孤而不寂的境界。再如《春日醉后笔》:"食单虽薄未为贫,更喜今朝作酒民。不雨不晴春欲暖,宜红宜绿岁方新。可能到处都言命,未必逢人竟免嗔。剩有炉香留小室,丛残书卷镇相亲。"④ 显然这份贫苦已被诗意化,让人觉得贫而不苦,饥而不慌,读者体味到的只是诗人那颗安于清贫的宁静趣味。

朱彝爵诗意化的生活不仅表现在山水田园诗中,而且表现于纪游诗里,如《金华旅次》云:"一溪春水爱城南,小酌时时得半酣。领取山家风味隽,盈框青笋间黄柑。"⑤ 诗人以闲适的心情欣赏旅途风景,品尝山家风味,足以说明他无论是面对家居贫困、仕宦微禄,还是在异乡客途,总能以安然之心体味生活。这在盛清寒士诗人中是不多见的。

在旅行途中的所见所闻以及所触发的感情是纪游诗的一个重要着墨点。朱彝爵的大多数纪游诗都能以欢快的笔调模山范水,如《七里滩》云:

---

① (清)朱彝爵:《荒居》,《鹤洲残稿》,清乾隆刻本。
② (清)朱彝爵:《幽居》,《鹤洲残稿》,清乾隆刻本。
③ (清)朱彝爵:《鹤洲残稿》,清乾隆刻本。
④ (清)朱彝爵:《鹤洲残稿》,清乾隆刻本。
⑤ (清)朱彝爵:《鹤洲残稿》,清乾隆刻本。

猿啸松吟两岸山，澄江如练响潺潺。船头望处疑无路，篷脚松时又一湾。①

前两句描写七里湾纯净的景色，特别注意着墨于自然音籁。后两句脱化自陆游《游山西村》中的"山重水复疑无路，柳暗花明又一村"，既有强烈的视觉性效果，又带有理趣。

厉鹗的《鹤洲残稿序》称朱彝爵"矢诗不多，直写胸臆，有归季思脱洒之意"②。朱彝爵诗之高超清逸还表现为一种暇豫之态，如《秋雨限韵》云："屋底吟蕉叶，林鸦接翅还。池鱼惊发发，石涧响潺潺。已白檐前瀑，旋青郭外山。殊怜歌舞地，缘断未能攀。"③ 此诗描写秋雨中景物的清新之美。诗人原本要赴约，却为雨所阻，换作常人，心情应是焦虑或郁闷的，而此诗中所表现出的韵味是悠闲散淡的。朱彝爵以随遇而安的态度面对所处之境、所见之物、所遇之人，心情自然也就容易开朗起来。

真挚情感表达是朱彝爵诗的一大特点。桑调元在《鹤洲残稿序》中说："诗无真可写，敝敝焉以雕绘为事，虽卷轴塞穹壤，其中固无诗也。匪微无诗，抑无人。"④ 此言是为凸显朱彝爵诗之可见真情而发。康熙四十三年（1704），朱彝爵司训杭州，作《有述家乡近况诗以计之》云：

门前河水添三尺，小艇移来与岸齐。可是绿杨深树里，石桥东畔板桥西。

梅子微黄榴似火，稻畦争插绿秧齐。耳边第一关心语，米价新来逐渐低。⑤

---

① （清）朱彝爵：《鹤洲残稿》，清乾隆刻本。
② （清）朱彝爵：《鹤洲残稿》卷首，清乾隆刻本。归季思，名子慕，昆山人，归有光之少子。万历十九年（1591）举人。再试礼部不第，屏居江村，与无锡高攀龙、嘉善吴志远最友善。所居陶庵，槿墙茅屋，诗歌以为乐。学者称清远先生。著有《陶园集》四卷。
③ （清）朱彝爵：《鹤洲残稿》，清乾隆刻本。
④ （清）朱彝爵：《鹤洲残稿》卷首，清乾隆刻本。
⑤ （清）朱彝爵：《鹤洲残稿》，清乾隆刻本。

这两首绝句在命意方面是相反相成的一个整体。第一首在描绘家乡春意盎然的景色时,是让景物以原原本本的方式自然呈现,显得格高而气清,诗中虽有知性的介入,但没有让主观情绪去扰乱景物的自然宁静。第二首却不像第一首那样遣词平淡,立意悠然。前两句用鲜明的颜色、热闹的笔调描绘家乡田园,颇见绘画效果。后两句为第二层,写游子最关心家乡米价,话说得很平凡,很写实,很有人间烟火气,反映了诗人的真实心理。

古代诗人很喜欢咏物,大自然中的事物,大到山川河流,小至虫鱼花鸟,都可以成为诗人描摹和寄托感情的对象。但由于每个诗人的经历、爱好,以及观察事物的角度不同,同一事物所触发的感受也往往不同。朱彝爵的《虫声限韵》写微虫入感,独有一种萧疏清冷的情味:

> 草露秋根滴,喧吟遍野塘。故来惊好梦,偏自感清商。思入深闺苦,髭添旅馆苍。那堪鸣雨夜,侧耳待晨光。[1]

虫鸣唧唧,惊醒了梦中人,进而触动了他的思乡伤逝之情。夜雨潇潇,游子难以入眠,只好孤独地等待黎明的到来。此诗内容浅近,但思路和层次非常清晰,说明诗人咏物的技巧已相当成熟。

朱彝爵的诗歌创作由向外部世界的观照渐渐转为对自己内心的审视,标志着秀水朱氏家族文学的一种转向。盛极难继而转寻他径,正是一个家族具有创造力的体现。当然,过于注重个人命运和内心体验,难免忘情世事,减少对社会现实、时代风云的关注。这既是朱彝爵诗词的一大缺憾,亦是其诗词个性所在,似乎不该因之苛责前人。

---

[1] (清)朱彝爵:《鹤洲残稿》,清乾隆刻本。

第五章

朱昆田诗歌论析

朱昆田，字文盎，号西畯，初名掌谷，一名德寿，小名阿鏐，秀水人，朱彝尊次子，国子监生。自幼便聪慧好学，"九岁善书，得推拖捻拽法"①。他幼年时，朱彝尊常年出门远游，游必千里，经年始归，归辄复往，因此，他接受庭训的日子是不多的，而其母冯孺人课子甚严："延经师于家诲昆田，必具酒肉。操作愈勤，夜率二女治机绞不辍。坐昆田于纺车之旁，执卷于灯背，令就火光，课昼所读书，必成诵乃已，给纸笔，使临摹法帖。凡昆田交游至，或有燕朋杂于坐，孺人必严诫勿与交。"② 且朱昆田生性好读书，克自奋发，于诗古文辞亦无所不窥。康熙八年（1669），娶宿州卫守备沈石文之女为妻。性喜游历，"游迹所历，翰墨风流，记载成囷"③。

朱昆田像其父一样，有过一段幕客生涯。康熙二十三年（1684）前后，他在山东巡抚张鹏官署中。康熙三十一年（1692）前后，入广东巡抚朱宏祚幕府，朱稻孙在《过天津呈家观察子璁叔祖》一诗中谈到了自家三代与朱纲家的友情："曾忆吾祖太史公，当年骨肉欢成昔。中丞节钺镇珠江，吾父相将得朝夕。与公无异籍与咸，笔阵词场推劲敌。安床红豆日醉吟，兴到还成赌墅奕。回首升沈事渺茫，公向天衢振六翮。含香粉署列曹郎，三辅屏藩高画戟。独怜羁旅走天涯，十丈红尘九条陌。箧里空携祖父书，丙舍何堪问松柏。蹇驴观化入公境，始信吾家有清白。"④ 朱纲，字子璁，

---

① （清）钱林辑，王藻编：《文献征存录》卷二，清咸丰八年刻本。
② （清）朱彝尊：《亡妻冯孺人行述》，王利民、胡愚、张祝平、吴蓓、马国栋校点《曝书亭全集》，吉林文史出版社2009年版，第742页。
③ （清）高层云：《笛渔小稿序》，朱昆田《笛渔小稿》卷首，《四部丛刊》本。
④ （清）朱稻孙：《过天津呈家观察子璁叔祖》，上海图书馆藏《六峰阁诗稿》稿本。

山东历城人。闽浙总督朱宏祚之子。当年朱彝尊与朱宏祚交游时相得甚欢。两家子弟也结为好友。朱昆田入朱宏祚幕府后，与朱纲常有书信往来。朱纲的《怀文盎粤署》云："常自邮筒得好音，悉君病态与归心。朝妆被襆旅愁重，夜煮参苓药气深。红湿蕉花秋后雨，翠欹兰叶晚来阴。读书堂畔明窗下，九日应同把臂吟。"从诗中可以看出，朱昆田其时多病兼有乡愁。此诗末句有自注曰："余时将有粤行。"朱纲到广东从父宦游，得与朱昆田较量诗文，饮酒赌棋，彼此推为劲敌。康熙三十二年（1693），朱昆田随父亲离粤返里。十月，又与朱纲同游济南大明湖。朱纲为朱昆田题《月波吹笛图》时点出了对那次游湖经历的回忆："历下亭边好湖沿，披图今日忆前年。"[①] 后来，朱纲以例贡纳资为兵部主事，迁职方员外郎、郎中。康熙五十二年（1713）授天津道。雍正四年（1726），署湖广总督，五年（1727），擢云南巡抚；六年（1728）调任福建巡抚，十月以疾卒于官。朱纲与兄朱绅、朱绛皆学诗于王士禛。著有《苍雪山房稿》一卷，是集为王士禛所评定，诗颇清浅，是其少作。王士禛以竹喻其诗曰："希声清越，有风篁之韵；古色沉澹，有琅玕之操；抑扬抗坠，有伶伦嶰谷之音。"[②]

由于所好在书画翰墨、诗文藻采，朱昆田没有镂心刻骨地揣摩八股文，所以七试七不荐，撒尽平生涕泪。又曾供奉内廷，遭贬，随父寓京师10年，最终侍父于曝书亭，先于其父10年而殁，卒年仅48岁。

第一节　性亦勤著书

诗歌创作是秀水朱氏家族的家学。朱昆田15岁时，在朱彝尊的教导下学习作诗，下笔即工。朱彝尊曾说："儿兮洵聪慧，间觉夸宁馨。九龄善学书，楷法工拨镫。十五娴词赋，下笔人皆惊。"[③] 及至朱昆田成年，

[①]（清）朱稻孙：《题文盎〈月波吹笛图〉》，《苍雪山房稿》，山东省图书馆藏清刻本。

[②]（清）王士禛：《苍雪轩诗集序》，清康熙五十年程哲七略书堂本。

[③]（清）朱彝尊：《十月二十一日丧子。老友梅君文鼎归自闽中，扁舟过慰，携别后所著书见示，部帙甚富。余亦以〈经义考〉相质，并出亡儿〈撼韵〉遗稿观之，成诗百韵。次日送之还宜城，兼寄孝廉庚》，王利民、胡愚、张祝平、吴蓓、马国栋校点《曝书亭全集》，吉林文史出版社2009年版，第241页。

常身侍父侧，受教日深。朱彝尊不仅对昆田讲论诗歌体格的高低，而且和昆田共同从事诗歌创作。《曝书亭集》就保存了朱氏父子参撰的联句诗《食采玉山药》《梁吉士以罗浮蝴蝶茧二枚赠行。曲江道中，一蝶先出篷底，联句成三十韵》，以及同题共作之词《一枝花·送沈融谷宰来宾》。

朱彝尊希望昆田能继其衣钵，有时作文后即抄付昆田。如《孝宗大纪书后》后有"因书以付昆田"之语，《尚书宣示帖跋》末有"书以示儿子昆田"之辞。前者教以修史原则，后者教昆田区别真书与隶书。朱彝尊还让朱昆田司秘书之职，如朱彝尊在回答陆肯堂关于"礼"的问题后，就命昆田记录其言辞，写成《答陆修撰问》，"用质言礼之君子"①。朱彝尊选《唐大诏令》，也令昆田手录。

良好家风的熏陶和长期的研读成就了朱昆田"小朱十"的美誉。正如华亭高层云在《笛渔小稿序》中所说："夫弓冶之子，学为箕裘。司马氏之史，刘氏之经书，杜氏之诗，苏氏之文章，各有渊源。文盎之才如此，其得力于家学者良有自耳。……文盎嗜书性成，睥睨流俗，踔跞古今，几几于父子之间，各欲成其不朽。"② 郑方坤称"文盎之诗才雄鸷，吐故纳新，无一字拾人牙慧，亦其耳濡目染、胚胎家学者深矣"③。

朱彝尊的《曝书亭集》后附有昆田所撰《笛渔小稿》10卷，共收录诗歌443首。《笛渔小稿》中的诗作可能已经过朱彝尊的删改润色。胡玉缙撰、吴格整理《四库未收书目提要续编》说："考丁氏《藏书志》有是书原本七卷，云多塗乙之迹，然则彝尊或有删润，并分为十卷欤？"④

朱昆田的学问以博涉为功。他曾仿阴劲弦《韵府群玉》的体例，采撷前人骚、赋、诗三体中的新艳字句，排纂成《三体撷韵》12卷，所录

---

① 王利民、胡愚、张祝平、吴蓓、马国栋校点：《曝书亭全集》，吉林文史出版社2009年版，第619页。
② （清）高层云：《笛渔小稿序》，朱昆田《笛渔小稿》卷首，《四部丛刊》本。
③ （清）郑方坤：《朱君昆田小传》，钱仪吉纂，靳斯标点《碑传集》卷一百三十九，中华书局1993年版，第4137页。
④ 胡玉缙撰，吴格整理：《四库未收书目提要续编》，上海书店出版社2002年版，第341页。

至元代而止。虽然其人早逝，此书草创未定，但由于作者是名父之子，书的内容也粲然可观，所以仍被艺苑视为拱璧，抄录流传。四库馆臣指其瑕疵说："捃拾颇为繁富，然词人琢语，荜甲新意者十之一，镕铸旧文者十之九，未可一字一句据为根柢。即以一东韵而论，'阿童'为王浚小字，见《三国志》注，乃云出苏轼诗。'鹤氅氀而不舞'，乃羊祜事，见《世说新语》，乃云本陆龟蒙诗。此犹云惟引词赋，不及子史也。至于椒风殿名，见《两都赋》，乃引崔国辅诗。唐弓字见庾信《三月三日华林园马射赋序》，乃引贺知章诗。《比红儿》自有罗虬本诗，乃引陆游诗。是即词赋之中已舍前取后。他如已引古诗之'鱼戏莲叶东'，又引岑德诗之'莲东自可戏'，别出'莲东'一条。已引卫象诗之'鹊血珊弓湿未干'，又引梅尧臣诗之'休调鹊血弓别出'，'鹊血弓'一条更繁复少绪。至梁简文帝诗之'剑饰丹阳铜'，字本从金，乃讹收于桐字下，则校雠亦未精矣。"①

朱昆田还与沈名荪同编《南史识小录》《北史诗小录》各八卷。《四库全书南北史识小录提要》曰："是书仿《两汉博闻》之例，取《南北二史》，摘其字句之鲜华、事迹之新异者，摘录成编。不分门目，惟以原书次第胪列，而各著其篇名，亦不加训释，惟括举数字标目，以原文载于其下，著是语之缘起而已。《文献通考》载陈正敏之言曰：李延寿作《南北史》，粗得作史之体，故《唐书本传》亦谓其删略秽词，过本书远甚。然好述妖异兆祥谣谶，特为繁猥。又引司马光之言，亦谓李延寿书于機祥诙嘲小事无所不载，盖自沈约《宋书》以下，大抵竞标藻采，务摭异闻，词每涉乎俪裁，事或取诸小说。延寿因仍旧习，未尽湔除，宜为论者之所惜。然揆以史体，固曰稍乖，至于赋手取材，诗人隶事，则樵苏渔猎，捃拾靡穷。此譬如梣瘤为病，而制枕者反贵其文理也。名荪等撷其精华以备选用，使遗文琐事披卷灿然，其书虽作自近人，其所采录则皆唐以前事，与《艺文类聚》诸书约略相似，存以备考，愈于冗杂之类书多矣。"②《南史识小录》《北史诗小录》和明代周诗雅所撰《南北

---

① （清）永瑢、纪昀等纂：《四库全书总目》卷一百三十九，清乾隆五十四年（1715）武英殿刻本。

② （清）永瑢、纪昀等纂：《四库全书总目》卷六十五，清乾隆五十四年（1715）武英殿刻本。

史抄》性质相同，但比后者更有条理。

朱昆田对于经史之学也有很深的造诣，曾为其父补注校勘《日下旧闻》等。朱彝尊在《日下旧闻序》中谈到该书编撰始末时说："计草创于丙寅之夏，录成于丁卯之秋，开雕于冬，迄戊辰九月而竣。中间渗漏，随览随悔，复命儿子昆田以剩义补其阙遗，附各卷之末。"①

朱彝尊晚年，家中藏书8万卷，"昆田亦能读之，杼柚之屡空，庖爨之不给，而哦诵之声恒彻于户外"②。朱昆田成了父亲最亲密的伙伴，父子二人在曝书亭间吟诗唱和，著书作注，考订古文，彼此切磋，其乐融融。朱彝尊说："蠹字之鱼，衔姜之鼠，漫画之鸟，不足喻其（文盎）癖也，盖将以娱吾老焉。"③

对于嗜书如命者，为其搜罗书籍自然是取悦之道。朱昆田曾抄录图书以娱亲。如潜采堂所藏宋代吴仁杰《两汉刊误补遗》10卷，就是朱昆田从山东李开先家抄来的，此书也由此得以传播于世。朱彝尊于《吴氏两汉刊误补遗跋》中说："《两汉刊误补遗》十卷，题曰河南吴仁杰撰。前有曾绛《序》，后有林瀛《疏》，章丘李氏藏书也。岁在丙寅，亡儿昆田客济南，借得之，钞以奉予。"④ 朱彝尊对藏书非常珍惜，他原本希望儿子昆田能继承藏书，不料昆田早死，给了他沉重一击，他哀叹道："呜呼，今吾子夭死矣！读吾书者谁与？"⑤ 翻检遗箧，朱彝尊得到朱昆田的钞纂稿本，在上面题写跋语说："西畯非圣人之言不道，老泪何日能干？"⑥

---

① 王利民、胡愚、张祝平、吴蓓、马国栋校点：《曝书亭全集》，吉林文史出版社2009年版，第417页。

② （清）朱彝尊：《曝书亭著录序》，王利民、胡愚、张祝平、吴蓓、马国栋校点《曝书亭全集》，吉林文史出版社2009年版，第417页。

③ （清）朱彝尊：《曝书亭著录序》，王利民、胡愚、张祝平、吴蓓、马国栋校点《曝书亭全集》，吉林文史出版社2009年版，第417页。

④ （宋）吴仁杰：《两汉刊误补遗》附录，清乾隆三十七年（1698）至道光三年（1823）长塘鲍氏刻《知不足离丛书》本。

⑤ （清）朱彝尊：《曝书亭著录序》，王利民、胡愚、张祝平、吴蓓、马国栋校点《曝书亭全集》，吉林文史出版社2009年版，第417页。

⑥ 见徐世昌辑《清诗汇》卷五十三，民国十八年（1929）退耕堂刻本。

第二节　作诗亦似寒虫号

朱昆田的一生都在进退间徘徊，一方面，他做着科举梦、经邦济世梦，吟唱着"丈夫当雄飞，未可守荒墟"；另一方面，却"常怀磨灭刺，不理生熟卷。因之与俗迕，七试七不荐"。求官不得，只能转而退入山野，过着"狂吟每抱膝，倦卧时侧弁"的生活，说什么"租田约耦耕，仕宦焉足羡"①，但当其心境在田园生活中渐渐安宁后，往往又静而思动。他内心深处很多时候存在着激烈的冲突：既清醒地认识到科举仕途的险恶，又做不到绝然退出。在官场上碰壁的时候认识到"仕途真险巇，百事须忖度"②，"粗饭浊醪原易足，底须步步踏危机"③，但同时又面临"饥复来驱人"④ 的窘迫，常常叹息"男儿剧可怜，衣食困此生"⑤。这种人生出处颇具典型性，反映了当时知识分子的普遍生存状态。

康熙中后期，社会渐趋稳定，时代的思潮已经改变，士人消弭了动乱年代的那种激愤情绪，逐渐对清廷产生了认同感。清朝统治者出于巩固统治的目的，对汉族知识分子采用了怀柔与高压二手抓的政策。这就使很多知识分子处于进退两难的境地。出仕建功的理想与现实政治的冲突，张扬个性的渴求与残酷文化政策的矛盾，都潜在地影响着诗人们。朱昆田进入官场，便觉得是"剪翎鸟入笼，破额鱼投椮"⑥，但他又不能安于贫困。一时的园舍生活是美好的，可长期僻居乡野，又是他难以忍

---

① （清）朱昆田：《送查浦入都》，《笛渔小稿》卷八，王利民、胡愚、张祝平、吴蓓、马国栋校点《曝书亭全集》，吉林文史出版社 2009 年版，第 805 页。

② （清）朱昆田：《赠严星如》，《笛渔小稿》卷八，王利民、胡愚、张祝平、吴蓓、马国栋校点《曝书亭全集》，吉林文史出版社 2009 年版。

③ （清）朱昆田：《又和止渊八首》其一，《笛渔小稿》卷三，王利民、胡愚、张祝平、吴蓓、马国栋校点《曝书亭全集》，吉林文史出版社 2009 年版，第 775 年版。

④ （清）朱昆田：《京口阻风》，《笛渔小稿》卷二，王利民、胡愚、张祝平、吴蓓、马国栋校点《曝书亭全集》，吉林文史出版社 2009 年版，第 772 页。

⑤ （清）朱昆田：《送水村育斋偕游滇南四首》其一，《笛渔小稿》卷九，王利民、胡愚、张祝平、吴蓓、马国栋校点《曝书亭全集》，吉林文史出版社 2009 年版，第 811 页。

⑥ （清）朱昆田：《水村近作手笔高妙，顾犹深赏拙作，此则蒹葭之嗜也。病后无聊，抚今追惜，感慨以之，因成五言古诗三十韵题倚晴阁新稿之后》，《笛渔小稿》卷十，王利民、胡愚、张祝平、吴蓓、马国栋校点《曝书亭全集》，吉林文史出版社 2009 年版，第 820 页。

受的。他就这样一直生活在自我矛盾中，进退维艰，欲达而不得达，静极则又思动。他是一个官场和田园之间的徘徊者。

在这种际遇下，朱昆田的诗风明显地呈现出"苦""清"两种特质。一方面，执着追求功名，四处游幕，但七试七不第，难免使他"客里偏多病，愁中定有诗"①。于是在诗人的笔下，生活是困苦的，遭遇是凄苦的，旅中多病是哀苦的，梦回故乡更是酸苦的。《笛渔小稿》中的"苦诗"就是这样产生的。

专写困顿人生、病中愁绪的"苦诗"在朱昆田诗歌中占较大比重。如我们所熟知，某种内容一旦成为最突出的主题，其中必然浸透着作者独特的人生体验。诗人一生多病，常对前途犹豫不定，加上对自身遭遇的哀叹，使他的诗歌总是笼罩着一层悲苦的色彩。最直接的表现便是，其诗中有许多愁苦的字眼，如"苦""悲""幽恨""惆怅""愁水愁风""病不禁秋"，等等。根据对《笛渔小稿》中的443首诗统计："愁"共出现过58次，平均每7首就出现1次；"苦"字共出现过28次，平均每15首就出现1次；"病"字出现23次，平均每19首出现1次；"贫"字出现32次，平均每13首出现1次。这样粗略算来，大致每3首诗就会出现以上所列举的字眼，频率不可谓不高，这亦可作为其诗风愁苦的一大明证。其"苦"诗主要包含以下几点内容。

一 一生贫病每相兼

悲叹生活清贫和体弱多病，是朱昆田"苦诗"的一大内容。朱氏家族家风尚洁，诸前辈为官均以清廉著称，加上明末兵灾，到昆田之时，早已家计萧然，衣食无靠了。钟鸣鼎食已成昔日之追忆，衣食相困则是当下之问题。他在诗中从衣食住行诸方面全方位地展示了自己贫病相交的凄苦之境：

腐儒齿牙习藜藿，久与粱肉成疏索。三旬九食叹不饱，渐看骨

---

① （清）朱昆田：《寄樊泾》，《笛渔小稿》卷十，王利民、胡愚、张祝平、吴蓓、马国栋校点《曝书亭全集》，吉林文史出版社2009年版，第819页。

瘦头围削。①

贫寻田父租农具，病与医翁试药方。浮世岂堪愁是垒，余生合以醉为乡。②

曾跨禁内三花马，未有囊中一个钱。归去含饴弄孙子，玉堂茅舍总随缘。③

二分头发已先秋，乞食频年叹远游。穷是旧交何忍送，春如过客不能留。④

这些诗歌带着自嘲的语气叹息自己久违肉食，而习惯藜藿；贫至极处，竟然连耕作之具，都要借之于田父；虽然也曾入侍禁内，却囊无一钱；多年贫病，竟把"穷"看成生活之旧交，欲送而不忍。

这些诗歌传达的悲苦之情是真切而感人的，但这并非意味着诗人真生活在水深火热之中。杭嘉湖平原地理环境和经济条件优越，朱昆田又生于世家，身为名父之子，只要稍事经营，总不至于"八口饥寒无可诉"（《又和止渊八首》其五），朱昆田的问题在于他是"清心薄嗜欲，生产绝勿营"（朱彝尊《十月二十一日丧子。老友梅君文鼎归自闽中，扁舟过慰，携别后所著书见示，部帙甚富。予亦以〈经义考〉相质，并出亡儿〈摭韵〉遗稿观之，成诗百韵。次日送之还宣城，兼寄孝廉庚》），内心的追求呼唤着他奔走四方。然而东南西北的奔波并没有能让他实现人生抱负。朱昆田在这些诗中所表达的"苦"不只是生活之愁苦，同时还折射出"封建盛世"里贫士失职的抑郁情怀。

---

① （清）朱昆田：《远士以玉狸见饷戏作长句》，《笛渔小稿》卷一，王利民、胡愚、张祝平、吴蓓、马国栋校点《曝书亭全集》，吉林文史出版社2009年版，第768页。
② （清）朱昆田：《病后自遣用水村韵》，《笛渔小稿》卷十，王利民、胡愚、张祝平、吴蓓、马国栋校点《曝书亭全集》，吉林文史出版社2009年版，第819页。
③ （清）朱昆田：《又和止渊八首》其三，《笛渔小稿》卷三，王利民、胡愚、张祝平、吴蓓、马国栋校点《曝书亭全集》，吉林文史出版社2009年版，第775页。
④ （清）朱昆田：《又和止渊八首》其四，《笛渔小稿》卷三，王利民、胡愚、张祝平、吴蓓、马国栋校点《曝书亭全集》，吉林文史出版社2009年版，第775页。

二 往来万里饱忧患

朱昆田很长一段时间都在外游历，依人游幕。其生活状态是不甚得意的，其心态是失衡的，这很鲜明地体现在他客中所作的大量诗歌中。

首先，朱昆田的诗歌将对故乡妻儿的思念之殷、思念之苦作了丰富的表现。像思乡、思亲这类传统主题，自古而今几乎没有一个作家不曾涉足过，它像一处被挖掘过很多次的宝藏，似乎不应该有让人感到绚烂夺目的东西了。但是，事实并非如此，一代代的作家并没有在前人的脚印前止步，而是追踪接武，踵事增华。就朱昆田来说，他虽然没有在题材上有所开拓，却充分挖掘了这一题材的情感因素。他的这类诗歌主要胜在情真意深上。如：

> 轻装附楚艄，远役逼岁暮。此行有底急，直以饥寒故。同舟客未来，半月泊江步。局促短篷中，有若鸡在笯。掀掀鼍鼍娇，汹汹波涛怒。遥想家中人，谓我已前路。岂知蒜山下，日夕神魂怖。伤哉游子心，有口向谁诉。[①]

> 岁暮春初动客心，乡愁如疟日相寻。不因叶子终宵戏，官舍难禁漏鼓沈。[②]

第一首写天寒岁暮，风凄波涌，游子之愁，有口难诉。诗中情思令人低回欲绝。第二首把每日的乡愁比喻成日日反复的疟疾，既说明了相思的频率之高，又表达了煎熬之苦，别出心裁而又真实感人。又如"叹息十年内，亲串长分携"（《三叠前韵与蘅圃追话旧游》），"老亲此日定凄然，儿女何人在眼前"（《和止渊八首》其一），"作客偏逢闰，乡心似酒浓"（《闰月朔日偶成》），这字字句句都是自我真性情的流露。再如

[①] （清）朱昆田：《京口阻风二首》其一，《笛渔小稿》卷九，王利民、胡愚、张祝平、吴蓓、马国栋校点《曝书亭全集》，吉林文史出版社2009年版，第813页。

[②] （清）朱昆田：《赠顾渭符四首》其三，《笛渔小稿》卷八，王利民、胡愚、张祝平、吴蓓、马国栋校点《曝书亭全集》，吉林文史出版社2009年版，第807页。

《夜梦》云:"夜梦不知远,忽然侍庭闱。父兮课我书,母兮揽我衣。怪我书去手,怜我衣减围。愁多学易荒,客久身不肥。语我悬望切,何为音信稀。哽咽欲置对,急雪敲窗扉。觉来泪飘枕,残灯寒无辉。"① 情到深处,梦境亦如真,苦苦思念竟至如此。

其次,朱昆田的诗歌表达了对苦心奔波宦海的追悔。朱昆田多次赴试,均名落孙山,这期间佐幕、供奉内廷、流寓京师,经历种种颠沛困顿,但始终未能进入权力中心。雄飞之志,终成泡影。科举薄宦生涯使他在经济、仕途两方面都极不如意,故而常在客途中抒发这种愤懑,表达对宦海奔波的追悔。他在《送樊溪之泰安》中对自我形象作了一番刻画:"嗟予十载屡行役,征衫着破芒鞋穿。长风驱沙骑北马,高浪驾屋乘南船。往来万里饱忧患,白发久矣抽苍颠。"② 同时,他也认识到宦海之险恶,而对自己的出处产生怀疑与追悔:"久知踏浪危,不若归踏土"(《京口阻风》)。

虽然在朱昆田的诗歌中,"苦""愁""忧心"触目皆是,但作为幕府的清客、座上的嘉宾,朱昆田在赏心悦目的春秋佳日,纵情欢饮的宴席之上,也会用轻松的诗句描写快意的时刻,如《喜小舫初成和丹徒公二首》:

官斋为有渔竿客,小舫装成似越舲。柳下泊时青作缆,水边行处绿开萍。扣舷共限诗三刻,放桨还倾酒一瓶。湖上自来风月好,梦魂先到水西亭。

小舟只在画中间,洗尽风尘十载颜。高着篷儿缘放钓,不安窗子为看山。一条泉细流花圃,百顷湖圆近水关。何日烟波归倦客,罾船来往逐鱼蛮。③

诗人用生花妙笔,渲染出诗情画意的景象、逸兴飞扬的情致,让人

---

① (清)朱昆田:《笛渔小稿》卷二,王利民、胡愚、张祝平、吴蓓、马国栋校点《曝书亭全集》,吉林文史出版社2009年版,第774页。

② (清)朱昆田:《笛渔小稿》卷一,王利民、胡愚、张祝平、吴蓓、马国栋校点《曝书亭全集》,吉林文史出版社2009年版,第769页。

③ (清)朱昆田:《笛渔小稿》卷三,王利民、胡愚、张祝平、吴蓓、马国栋校点《曝书亭全集》,吉林文史出版社2009年版,第776页。

们看到其游幕生涯中的欢愉一面的剪影。

第三节　有时嫣然出秀句

生活困顿，贫病交加，仕途无望，加上对官场本质有了清醒的认识，朱昆田转而退归田园，在江南水乡的渔歌荇藻中唱起了清新愉悦之调。这时他的诗歌又显现出了另一大特点，这便是张云章在《笛渔小稿序》中所说的"清雄绝丽""精致隽洁"[1]。

朱昆田清丽隽洁的诗歌主要表现在两种题材上。

首先，是表现山水风光和田园生活的题材。如《初夏村居》以清新朴素的笔调描绘着浓郁的乡居风情：

枯港新添碧一湾，蜻蛉忙乱鹭鸶间。黄梅果下连绵雨，绿树看成平远山。塍口涓涓秧水足，篱根策策草鞋还。瓦盆注后浑无事，半扇柴门尽日关。[2]

由于此类诗歌的选材视野集中于杭嘉湖平原，故而描写的都是平远的清景，诗人的意趣也显得冲融缥缈、萧散淡泊。

再如《寄鲁松江》云：

江村日长卧三橡，生事萧然绝可怜。岁熟仍书求米帖，市喧因想买山钱。寻花借马吟情健，留客听泉地主贤。准拟中秋月圆候，腮鱼筐蟹醉深筵。[3]

诗人抒写了自己在生计困顿中仍能处之泰然的豁达胸襟，即落拓到向人乞米度日的境地，仍然寄意远方挚交，准备相候于中秋月圆之时，

---

[1] （清）张云章：《笛渔小稿序》，朱昆田《笛渔小稿》卷首，《四部丛刊》本。
[2] （清）朱昆田：《笛渔小稿》卷五，王利民、胡愚、张祝平、吴蓓、马国栋校点《曝书亭全集》，吉林文史出版社2009年版，第791页。
[3] （清）朱昆田：《笛渔小稿》卷一，王利民、胡愚、张祝平、吴蓓、马国栋校点《曝书亭全集》，吉林文史出版社2009年版，第764页。

一醉方休。这寥寥数十字把诗人在困窘中依然乐观的人生态度写得相当真切，同时也把作者内心的矛盾和不安掩藏得不着痕迹。

在朱昆田笔下，无论是水乡风情，还是渔夫村姑，无不清新如画，天然去雕饰。如有的诗描写水乡蓬勃的生机、淳朴的民风："满意插秧三寸雨，连村煮茧十分晴。郊童近喜无仇饷，沮叟新来约耦耕。"（《夏日村居二首》其一）有的刻画农村各种特色风物："马椴紫蟹壮可钓，桃庄黄雀肥堪捕。"（《次韵答蘅圃》）有的记载田舍生活的风味："早稻收时堆满门，《齐民要术》箧中存。闲田几棱舍南北，不让西风磲磗村。"（《和题砚溪红豆书斋五首》其二）有的表现隐士的闲情逸趣："舍前舍后梅花放，闲往闲来酒伴多。"（《过演溪书屋》）虽然内容不尽相同，但都传达出亲切可爱、情趣盎然的生活气息。

其次，朱昆田为数众多的题画诗也表现为清丽隽洁的风格。朱昆田从小就擅长书法，并喜好作画，比较有名的画有《雪夜问酒图》《秋原放牛卷》等。在他的《笛渔小稿》中，题画诗竟有 80 首之多，占了诗集的六分之一。此类题画诗有很大一部分是应友人之请而作，但比起一般的酬倡诗，它要来得清新与真挚得多。这是因为绘画是一种视觉艺术，而题画诗往往具有鲜明的形象性，能把绘画的优美构型和明艳形象转化为生动的语言，并在其中表达诗人的自我体验，表现出诗情画意的参融之美。

朱昆田题画诗除了寥寥三四首长歌外，其余皆用五七言绝句。这些小诗虽然没有长篇酣畅笔墨，气势磅礴，却也显得清新流畅，淡雅高绝。其《自题〈月波吹笛图〉》表现了诗与画在意境上的完美契合：

夜色模糊水面宽，凉烟漠漠月团团。一枝渔笛一枝橹，半入芦滩半蓼滩。

人间随地是风波，湖上归来乐事多。载得渔儿与菱女，楚歌不唱唱吴歌。[①]

《月波吹笛图》是康熙二十七年（1688）禹之鼎应朱昆田的请求而

[①]（清）朱昆田：《笛渔小稿》卷五，王利民、胡愚、张祝平、吴蓓、马国栋校点《曝书亭全集》，吉林文史出版社 2009 年版，第 788 页。

绘，现藏于故宫博物院。朱昆田的《自题〈月波吹笛图〉》就题写在画面的左上方，旁有查嗣瑮的两首题诗："曾记仙翁铁笛词，笑他俗客倚楼诗。看船鹤去天如海，我欲从君作桨师。""笛声流共水声流，清滑南湖一片秋。好载绿蓑随意去，便逢烟雨不须愁。"尾纸题有朱昆田取朱希真渔父词意而作的《索禹尚基画〈月波吹笛图〉三首》："朱三十五住吾州，为恋莼鲈买钓舟。我亦还家作渔父，夜凉吹笛月波楼。""吴侬种水是生涯，朝时荷花暮茭花。蟹舍郎当渔屋小，垂杨影里占鸥沙。""禹郎画笔近来无，邀写鸳鸯一片湖。不见当年黄子久，由拳曾作读书图。"这三首诗实际上是绘画创作的指导性意见，为诗意化的绘画指明了路径。禹之鼎基本上是依诗作画，随句赋象。卷首画有月波楼。查嗣瑮题记说：月波楼即嘉兴烟雨楼。画面中夜色模糊，月色幽淡，水波荡漾，垂柳掩映，朱昆田身着布衣，头戴斗笠，作渔翁打扮，独自坐于扁舟尾梢之上吹笛，神情专注。如此富有诗情画意的曼妙境界，《自题〈月波吹笛图〉》用简约素净的语言表现出来，可谓曲尽潇洒之思。

绝句尽管精致隽洁，意境空灵，但毕竟篇幅短小，往往难以涵盖画面内容及其衍发的主体感受。朱昆田便采取一画多题的形式加以弥补。《笛渔小稿》中为同一幅画所作的诗歌最多的达到了五首，如《题郎与贤〈多丽图〉五首》，另有四首、三首、二首不等。其中数量最多的是"二首"之作。一画多题的好处在于既可以涵盖众多内容，充分展示画中意，甚至画外意，还可以增加自己的评论，并借之生发出更多的情感体验，从而体现出题画绝句容无限画意于方寸小诗，以有尽之言现无尽之意的特点。如《题查田〈芦塘放鸭图〉二首》：

漾水投波各一群，半湖净绿皱圆纹。谁知烟雨冥濛里，绝胜尘沙涨帽裙。

朝把竹竿驱鸭去，暮把竹竿阑鸭归。柳阴日午了无事，剪得绿蓑编雨衣。[①]

[①]（清）朱昆田：《笛渔小稿》卷五，王利民、胡愚、张祝平、吴蓓、马国栋校点《曝书亭全集》，吉林文史出版社 2009 年版，第 787 页。

秀水朱氏与海宁查氏有姻亲关系，相互交往比较密切。此诗是为查慎行的《芦塘放鸭图》所题。前一首描形绘色，展示了细雨烟尘之下放鸭湖上的一种闲适淡然之境：鸭子投入碧波的那一瞬间，半湖净水为之波动，无数涟漪由近及远，层层漾开，而湖上的蒙蒙烟雨如轻纱般笼住了鸭群。如果仅仅只是这样刻画的话，仿佛让人觉得这幅画还不够灵动，少了一些生活气息。于是诗人紧接着在第二首诗中点出了放鸭人。此诗并不仅是对着原画依葫芦画瓢，而是充分发挥想象，对放鸭人一天的生活进行了描述。后两句构成的画面特别生动：夏日午后，放鸭人闲坐柳荫之下，悠悠地剪来绿蓑草，边看管鸭群，边编雨衣。农居生活的闲适意味正是《芦塘放鸭图》所要传达的意思。

朱昆田里居时有两个要好的朋友，即沈岸登和蔡燿。在一时诗社之中，酒旗茗碗，拈题分韵，他们彼此颉颃，互为敌手。朱昆田有《用王临川赠曾南丰韵寄蘅圃》曰："酒军遇诗敌，彼此相磨盖。时时出锐师，赖有沈与蔡。"句下小注曰："谓沈南渟、蔡远士二子也。""南渟"是沈岸登的号，其人字覃九，又号惰耕村叟，平湖人，有《黑蝶斋词》传世。"远士"是蔡燿的字，其人号懒人，读书但观大意，诗歌书法皆有名。海宁蒋学坚《怀亭诗话》卷四曰："国初梅里朱不为性狂，蔡远士性懒，人以'懒蔡''狂朱'目之。故远士寄不为诗有'我懒君狂俱是病，莫矜长处误平生'之句。"朱昆田与沈、蔡的赠答倡酬诗也属于清丽隽洁的风格。如《清溪访南渟》用清新自然的笔调将田园生活描写得十分亲切有味：

花深疑是避秦村，映竹临溪见笑痕。破屋数间堪送老，晴山九点正当门。秋田未买巾无酒，菜圃初治芥有孙。归去南湖欣共载，船头落月已如盆。①

朱昆田的近体律绝中颇有近于晚唐绮丽格调者，正如胡玉缙的《四

---

① （清）朱昆田：《笛渔小稿》卷一，王利民、胡愚、张祝平、吴蓓、马国栋校点《曝书亭全集》，吉林文史出版社2009年版，第769页。

库未收书目提要续编》所云："今观其诗，源出晚唐，参以北宋。"① 如《七夕》就是缘情而绮靡的代表：

> 盼到秋河络角时，露香风细慰相思。素娥凝恨成遥妒，灵鹊多情赴好期。暮雨又留来岁约，愁机重织断肠诗。别离情绪难消遣，只有双星脉脉知。②

此诗大量化用前人成语，如"秋河络角"源出唐代罗隐《七夕》"络角星河菡苕天"和宋代王炎《南斋中秋小酌》"银河络角晚风凉"，"愁机重织"源出段成式《嘲飞卿七首》其五"愁机懒织同心苣"，"别离情绪难消遣"源出徐铉《和颍川贾监军》"别离情绪两难任，消遣惟应有醉吟"，"只有双星"源出邹祇谟《换巢鸾凤·别意》"只有双星私照"。这天夜里，本来天阴无月，所以诗人说"素娥凝恨成遥妒"，但这些语典的使用，使七夕之夜的星空银汉和浪漫情思交织出一种绮密怀妍的境界。

《雏鹦鹉》一诗则通过炼字、炼词、炼句，将这种色彩绚丽、活色生香的小鸟描写得十分可人：

> 慧禽生小已婵娟，好似边鸾画里传。薄薄香唇缘食启，纤纤索趾动人怜。芳林暗妒莺调舌，绮阁偏憎燕比肩。只为聪明绊铃索，羡他野雀性灵全。③

叠词"薄薄""纤纤"的相对运用，造成一种纤巧灵秀、天机流荡的声情。"妒"字和"憎"字都是拟人化的动词，写出了雏鹦鹉活泼调皮的神情意态。由于选词造句上的匠心，鹦鹉这种寻常动物显得格外有灵气。

---

① 胡玉缙撰，吴格整理：《四库未收书目提要续编》，上海书店出版社 2002 年版，第 341 页。
② （清）朱昆田：《笛渔小稿》卷六，王利民、胡愚、张祝平、吴蓓、马国栋校点《曝书亭全集》，吉林文史出版社 2009 年版，第 797 页。
③ （清）朱昆田：《笛渔小稿》卷六，王利民、胡愚、张祝平、吴蓓、马国栋校点《曝书亭全集》，吉林文史出版社 2009 年版，第 797 页。

再如《七夕后一日》琢句相当用心,文辞也相当精美:

掩袖倾囊怯早秋,河边洒泪雨初收。风筵乍写经年恨,夜帐新添一段愁。金井有时桐叶堕,碧天无语杵声幽。悬知万顷星湾畔,妒杀鸳鸯睡插头。①

这些诗篇用典精巧,对偶整切,词采华艳,走的是李商隐、温庭筠一派的路子。其他如《五色鹦鹉三首》《汲古堂前红梅秋日吐花和青叔韵》《沧浪亭看桂》《穗园以白石榴花索诗戏赋一律其花七月中方开》等花鸟诗下笔轻利,用色明艳,穷羽翎之变态,夺花卉之芳妍,给人一种如百宝流苏、错彩镂金般的美感。

第四节 兴酣盘空出硬语

朱昆田的诗歌还有着雄骛奇肆、磊落排奡的风格,时人称他的诗"上窥韩杜,下汲苏黄,推陈出新,瑰奇光怪"②"不以为入玉溪、樊川之室,则以为登昌黎、眉山之堂矣"。同时,又因他"趋庭之暇,略能尽通其家学"③,继承了朱彝尊诗典泽浓厚的特点,故而其诗表现出好用典、好排比、多奇字、喜博喻的倾向,特别是他的长篇歌行最具奥博的色彩,充分演示了汉语词汇的丰富性和直观优势,表现了古典诗歌的强大描写功能,显示了他创新语言暨役使语词的智慧。

韩愈的诗歌有着散文化的倾向,其表现之一是打破了原本逐渐规整和谐的诗歌形式,把长短参差、错落有致的散文句式引入诗歌。朱昆田在诗歌句法和修辞的运用上,能汲韩愈诗风之长,自觉抵制在诗歌句式运用上的自动化惯性,追求灵动多变的新异性,如《晋民见和罗浮蝴蝶

---

① (清)朱昆田:《笛渔小稿》卷六,王利民、胡愚、张祝平、吴蓓、马国栋校点《曝书亭全集》,吉林文史出版社2009年版,第797页。
② (清)高层云:《笛渔小稿》序,《笛渔小稿》卷首,王利民、胡愚、张祝平、吴蓓、马国栋校点《曝书亭全集》,吉林文史出版社2009年版,第763页。
③ (清)张云章:《笛渔小稿》序,《笛渔小稿》卷首,王利民、胡愚、张祝平、吴蓓、马国栋校点《曝书亭全集》,吉林文史出版社2009年版,第763页。

长歌一篇，远胜拙作，因取前诗未尽之意，再成一歌》就采用了三、五、七、十一、十三字句相交错的句式：

> 诗人手襞乌丝笺，笺书细字如蚕眠。长歌和我蝴蝶句，笑看笔势何翩翩。此地离仙山，迢迢五千里。岂意黄梅天，破茧忽飞起。吴侬对此喜欲狂，前诗未悉请再详。春风一吹洞门暖，花间百万争飞扬。山中之人云是葛翁麻姑衣所化，天生瑰异非寻常。颜色羞雷同，各各矜文章。即如此蝶极奇丽，六足四翅头昂昂。须如郁金蕤，腹如古锦囊。绿如远山横秀黛，赤如初日升扶桑。黑如黟山万年松烟色抹漆，白如秦台一转丹粉光凝霜。莹如洋玻瓈，驳如番玛瑙。闪如紫毛毯，艳如金光草。活剥瑇瑁甲，生割孔雀屏。乱捽锦鸡趐，细簇翡翠翎。九张机，五色线，六铢衣，七华扇，顷刻容光看百变。纷飞飞寻仙，常绕白玉扉。伏怗怗作茧，齐黏乌桕叶。一年一度韶华转，定有神蛾来抱茧。此蝶虽飞啄蒝成，伴我衾枕久始生。众中文采有如此，不枉人呼凤皇子。江南虽好非尔家，可怜飘泊天之涯。黄葵花已尽，岂忍仍笼加。石楼铁桥山远水更远，崎岖风浪焉能返。我闻句曲巳字山，下有华阳洞，洞中一径直通朱明曜真之仙关。仙人来往于其间，蝴蝶蝴蝶放尔从此还。沈香薰尔像，色丝绣尔颜。生绡图尔形，渲染黄朱斑。滕王拓本大小海眼皆可删，未许轻狂野蝶夸妖娴。[①]

苏轼的诗气象宏阔，铺叙宛转，长于譬喻，用笔如舌，有一种变幻莫测的文采。朱昆田这首诗设博喻，用工笔，从形体、颜色、光泽、动态等方面穷形尽相地描摹罗浮蝴蝶，全方位地展示了蝴蝶的自然资质和形态。郁金蕤、古锦囊、洋玻瓈、番玛瑙、紫毛毯、金光草、瑇瑁甲、孔雀屏、锦鸡趐、翡翠翎等名词和莹、驳、闪、乱、细等形容词产生的万花筒般的画质效果，仿佛是开了一场绚丽的视觉盛宴。如此逞才使气，不怕说尽，不以繁富为累，显然又汲取了"苏诗的法乳"。

[①]（清）朱昆田：《笛渔小稿》卷十，王利民、胡愚、张祝平、吴蓓、马国栋校点《曝书亭全集》，吉林文史出版社2009年版，第821—822页。

朱昆田《题钱舜举〈春郊醉社图〉》一诗的句式同样是不拘常律：

> 坎坎鼓，蹲蹲舞。祈秋成，祀田祖。田祖醉，彻酒脯。速翁媪，将稚乳。相挽搂，来田头。草为茵，花为筹。酌大瓢，纷劝酬。日未落，饮不休。或蟠腹，或眲目，或拍手，或顿足，或招或携或追逐，或号或呶或趑趄。葫芦颈长盛余酒，茨菇叶香裹余肉。但愿一岁中，三十六雨七十二风，蝗虫入土一千尺，水旱不作村村丰。麦两歧，禾九穗，桑无附枝瓜并蒂。秋蠲租，夏放税，安眠不闻吏打门。家家尽作膨脖计，牲如山，酒如蔗，更率粗钱作秋社。①

作者一反前人常规写法，开篇连用 20 个三字句，既短小精练，读来琅琅上口，又显得气势磅礴，亲切有味。诗中所用的 10 个"或"字，把春社时农人喜遇丰年的那种情态刻画得活灵活现。接着，作者又匠心独运，采用长短参差的句式，自然贴切地把自己仁民爱物的情怀和"水旱不作村村丰"的美好愿望寄寓其中。

朱昆田雕镂造化的笔力还见于《题贾黄州〈百石图〉四十韵》。此诗竭尽想象夸诞之力，连用 28 个"有若"，使奇石怪岩无所遁形："有若熊豹踞，有若猨狙跔。有若牛奋角，有若羊垂胡。有若凤回咮，有若龙伸躯。有若睡鸂鶒，有若骞鹧鸪。有若蹲愁鸥，有若栖寒乌。有若芝菌顶，有若芙蓉跗。有若折竹节，有若枯松株。有若瘿在柳，有若瘤生榆。有若瓜瓠悬，有若花蕊敷。有若飘飘云，有若累累珠。有若佛髻撑，有若仙鬟扶。有若雷斧劈，有若神刀屠。有若女娲炼，有若秦皇驱，有若防风骭，有若王莽颅。"②这种铺陈博喻的汉赋体式，以阵容庞大的排比句群，开拓了审美想象空间，形成了"掀雷挟电，奋腾天地"的气势。

朱昆田还以奇逸浪漫的情怀，宏大奔放的气魄，奇伟瑰丽的语言，陆离光怪的意象，辅以夸张、比喻、通感等修辞手法，在九言体的《罗

---

① （清）朱昆田：《笛渔小稿》卷五，王利民、胡愚、张祝平、吴蓓、马国栋校点《曝书亭全集》，吉林文史出版社 2009 年版，第 789 页。
② （清）朱昆田：《笛渔小稿》卷九，王利民、胡愚、张祝平、吴蓓、马国栋校点《曝书亭全集》，吉林文史出版社 2009 年版，第 815 页。

浮蝴蝶歌》中构造了一个新鲜奇幻的视象世界：

> 我曾南游南海披图经，朱明之洞恨未探幽扃。一寸二寸花开菖蒲节，千个万个竹篆蝌斗形。巡山哑虎履尾亦不咥，修蛇毒虿焉敢来栖停。惟闻青羊黄麟雪花鹿，宝衢云术往往逢真灵。更有碧鸡五距雀五色，千年老鹤弹舌音泠泠。麻姑酿酒舀尽东海水，书邀王母昼下扶珠輧。云珰霞佩冉冉众仙集，九灵之箫一奏群山青。花前烂醉不复顾礼法，拍肩挹袂彼此相撩拎。烟裙雾袖一笑看尽裂，化为蝴蝶百万飞岭斜。蓬莱左肱上有田七亩，乱抽紫芝黄独参术苓。纷纷饮香吸露嚼琼蕊，一一黏枝裹叶悬金铃。五羊城边昔遇梁太史，喜获一双之茧浮归舲。蛮江春风未满五十日，雌雄并出光射船窗棂。惜无入神好手为图画，但见珠娘织锦梭珑玲。垂虹亭长昨岁客岭表，石楼千仞直上追飞狂。白藤笈中亦携凤皇子，远分一茧灿灿同华星。挂之红罗复帐近端午，谓已干死有若囊中萤。朝来忽闻簌簌破茧出，仰眠床上不觉神魂醒。陆离光怪更异昔所见，纵有孔雀局缩羞开屏。张如东洋折叠翡翠扇，掠如古洞扑鹿蝙蝠翎。绿毛倒挂无此好颜色，而况金花虫子红蜻蜓。何当粤客岁致茧百斛，一花一蝶绕我香茅亭。①

此诗开篇不写蝴蝶，而从南游南海、披阅图经发端，以对罗浮仙境的想象为全诗蓄积势能。朱明洞非常幽深，有着各种各样的神奇传说。《韵府群玉》卷十三曰："罗浮有深洞，幽邃旁达约数千里，号朱明洞。"《湖广通志》卷十一曰："朱明峰在岳庙后。《衡岳志》：昔有邝仙修真于此。一日，偶复游罗浮，骑牛入朱明洞，不复出。云此南岳前洞也。"屈大均《广东新语》卷三说："朱明洞者，尝有人缒下至五丈许，下视无底，日月星辰无不备，初有白云，须臾散漫五色。《茅君传》谓，其北与句曲洞天相通，中皆大道，可达林屋、岱宗。"诗人虽然没有身探朱明之洞，但这并不妨碍他展开天马行空般的想象，将洞天仙境写得光怪陆离。

---

① （清）朱昆田：《笛渔小稿》卷十，王利民、胡愚、张祝平、吴蓓、马国栋校点《曝书亭全集》，吉林文史出版社2009年版，第821页。

其纵情挥洒,睥睨万物,笔墨所及,上至王母、麻姑,下迄碧鸡、老鹤,意象纷呈,俱有飘逸飞动之势。"烟裙雾袖一笑看尽裂,化为蝴蝶百万飞姈摩"两句,将罗浮山蝴蝶漫山飞舞的奇景写得非常浪漫而具有震撼力。至于罗浮蝴蝶的庐山真面目,诗人仅用"张如东洋折叠翡翠扇,掠如古洞扑鹿蝙蝠翎"这两个比喻作描绘。与《晋民见和罗浮蝴蝶长歌一篇,远胜拙作,因取前诗未尽之意,再成一歌》之工笔描写相比,这里可以说用的是写意手法,主要是凸显罗浮蝴蝶身形之硕大、色彩之绮丽、飞翔之奇异。通过运用烘云托月的手法,将一首蝴蝶诗写得如此瑰奇宏廓,拔俗无类,说明这位文弱书生在文学创作上的活力还是相当强盛的。

第五节　亦欲窃比元江陵

朱昆田终生蹀躞垂翼,有志难伸,抒发个人的喜怒哀乐固然是真情的自然流露,但他接受的是儒家教育,关心民瘼也是他的士人人格的重要组成部分。《采桑女》《竞渡歌》等诗就显示了他对社会问题的关注。乐府体诗《采桑女》颇有白居易新乐府的遗韵:

> 采桑女,清且妍。盈盈才十五,鬟发初覆肩。生长村舍中,不识黛与铅。新春买得流年图,把蚕最好惟小姑。吴蚕三眠复三起,檠山看火屋角呼。采桑女,采桑宜及时。采多畏叶干,采少忧蚕饥。蚕不饥,齐上蔟,三日山头茧如犊,小茧作丝光比银,大茧作绵软胜茵。城中美人学歌舞,罗绮成堆视如土。霜风猎猎十月寒,采桑女儿衣仍单。[1]

这首诗篇无定句,句无定字,首句标其目,卒章显其志,语言质直明快,又富有情韵。全诗是对一个采桑女的生活的实录。这位15岁的农家少女,相貌清妍,不识铅华脂粉,终日采桑喂蚕,以供作丝作绵。时值霜风猎猎的十月,她身上衣衫仍很单薄。全诗未发一句议论,只用形

---

[1] (清)朱昆田:《笛渔小稿》卷八,王利民、胡愚、张祝平、吴蓓、马国栋校点《曝书亭全集》,吉林文史出版社2009年版,第809页。

象说话。"城中美人"与"采桑女儿"的对比,揭示了贫富两极分化的社会现实,表达了对采桑女的贫穷境遇的深深同情。

清代松江人过端午节,有在白龙潭举行龙舟竞渡比赛的习俗。这一天,白龙潭上,士女阗咽,鼓吹鼎沸,船上岸上,百戏纷呈,令人耳目不暇款接。朱昆田的《竞渡歌》是为讽喻竞舟失时而作的社会问题诗:

> 白龙潭,圆如镜,年年五月龙舟竞。市上纷纷走少年,未到五月先敛钱。今年龙舟更加样,担酒椎牛集丁壮。竞儿醉饱笑蓁龙,一一乘潮能趋涨。五月五日天气晴,空城倒巷奔吴伧。人头戢戢如束笋,人声隐隐如飞蚊。或聚如斗蚁,或散如惊麕。朱楼临水帘半开,红窗小舫连翩来。盘云髻滑金钗溜,窄袖衫轻白苎裁。琥珀光倾大小瓮,定州瓷盘出冰鳞。命缕新缠五色丝,香芦小裹九子粽。醉眼争看日端午,春雷填填闻打鼓。龙头卷晴波,龙尾搅素浪。吴绫翦作旗,蜀锦裁为障。竞儿把桨各竦听,疾徐恰与鼓声应。鼓声徐轻摏,缓棹闲以舒。鼓声疾长招,斡波无一失。忽然趁势眠水中,似欲入水寻龙宫。四围观者尽失色,蹶然而起何其雄。亦有好事者,买鸭投龙潭。鸭头乍没水,群龙争来捎。标竿一丈船心矗,直上竿头齐诧速。斜悬倒挂比猨猱,横身更以竿摩腹。复有快船纷如麻,名为护龙森矛叉。茸城侠少好身手,各逞长技交相夸。须臾日落龙舟卸,细柳缠头口瘖瘂。舟沉野港人始散,我闻此俗尤堪诧。此俗江湖传已旧,淫风最是吴人狃。枯槁忠臣不可招,婆娑少女安能救。今春连月雨不收,大小麦子皆无秋。急宜插秧向田头,何为辍耒事嬉游。当年元江陵,作诗讽竞舟。岳阳刺史贤,百舟一不留。我作此诗非夸称,亦欲窃比元江陵。①

中国古代以"竞渡"为题的长篇歌行大体可分为两大派,即"夸派""讽派"。夸派一般以欣赏的态度绘声绘色地夸耀龙舟竞渡的热烈喧闹。如唐代张建封的《竞渡歌》、刘禹锡的《竞渡曲》、明代邓雅的《竞渡

---

① (清)朱昆田:《笛渔小稿》卷二,王利民、胡愚、张祝平、吴蓓、马国栋校点《曝书亭全集》,吉林文史出版社2009年版,第771页。

歌》、孙承恩的《观竞渡歌》，都属于这一派。其实这一派在诗中也往往含有微讽，如张建封的《竞渡歌》将竞渡和官场争斗相比："吾今细观竞渡儿，何殊当路权相持。不思得岸各休去，会到摧车折楫时。"①刘禹锡的《竞渡曲》对竞渡有"风俗如狂"之评。孙承恩的《观竞渡歌》则提醒人们注意竞渡中的风波之险："龙舟出水倚屋舟，留取来岁还嬉游。嗟吁此曹真戏剧，快美傍观亦何益。莫言尔技真有神，江水无情不汝识。"②当然，这是劝百讽一。而"讽派"视竞渡为淫俗，着眼于批评社会上的浮靡之风。其典型代表是元稹的《竞舟》："楚俗不爱力，费力为竞舟。买舟俟一竞，竞敛贫者赇。年年四五月，茧实麦小秋。积水堰堤坏，拔秧蒲稗稠。此时集丁壮，习竞南亩头。朝饮村社酒，暮椎邻舍牛。祭船如祭祖，习竞如习雠。连延数十日，作业不复忧。君侯馈良吉，会客陈膳羞。画鹢四来合，大竞长江流。建标明取舍，胜负死生求。一时欢呼罢，三月农事休。岳阳贤刺史，念此为俗疣。习俗难尽去，聊用去其尤。百船不留一，一竞不滞留。自为里中戏，我亦不寓游。吾闻管仲教，沐树惩惰游。节此淫竞俗，得为良政不？我来歌此事，非独歌此州。此事数州有，亦欲闻数州。"③此诗以非审美性的叙事形态与议论成分为主体，语言上显得质木无文，而朱昆田的《竞渡歌》使用了许多具有诗性资质和画面感的语辞，故而更具视觉冲击力，其美学效果也更突出。

　　就主旨而言，朱昆田的《竞渡歌》与元稹的《竞舟》基本一致，正如朱氏自己所言"我做此诗非夸称，亦欲窃比元江陵"。不过，与元诗的不同之处在于，朱诗是夸讽结合，前夸后讽。这首叙事诗分两大部分。第一部分以奔放的笔触，铺叙白龙潭竞渡龙舟这一民间活动，将整个活动的过程如电影蒙太奇一般加以动态展现，特别是"竞儿把桨各竦听，疾徐恰与鼓声应""斜悬倒挂比猨猱，横身更以竿摩腹"等特写镜头捕捉了苴城侠少运动中的形象特征，令读者有身临其境之感。诗中描写的水乡健儿的抢鸭乐事也非常有趣，与草原汉子的"抢羊"活动有得一比。这

---

① （清）彭定求等编：《全唐诗》卷二百七十五，清康熙四十四（1705）至四十六年（1707）扬州诗局刻后印本。
② （明）孙承恩：《瀼溪草堂稿》卷二十，明孙克弘孙友仁刻本。
③ （唐）元稹：《元氏长庆集》卷三，《四部丛刊》本。

第一部分是夸中有讽，如以"束笋""飞蚁""斗蚁"比喻围观者，显然用了讥讽的笔调。第二部分从"舟沉野港人始散"开始，用"我闻此俗尤堪诧"领起议论，表达了诗人对忽农事而事嬉游的忧虑，同时也隐晦地讽刺当政者不知教化，不事劝课农桑。

  总的来说，朱昆田是一个富有感情的诗人，其诗歌多取材于个人的生活经历，抒写一介寒士的落拓之怀，以及思乡之情、诗友之谊，题画咏物也都工于藻绘，笔触灵动，而对于广阔的社会生活虽反映较少，却也不是毫不系怀。尤其值得一提的是，朱昆田诗歌那落花坠蕊般的语辞极富表现性，具有强烈的视觉性效果，是中国古典诗歌发展到烂熟阶段的产物。英国美学家T. E. 休姆在《语言及风格笔记》一文中说："诗歌永远是语言的先驱，语言的发展过程就是吸收新的比喻的过程"。[①] 朱昆田诗歌中比喻语词的陌生化、反常性和疏离感，无疑是汉语发展的新表征之一例。可惜的是他年未五十，竟以穷死。他在诗歌上的造诣未能方驾其父，创作生命短暂是一个重要原因。

[①] 中国社会科学院外国文学研究所外国文学研究资料丛书编辑委员会编：《新批评文集》，中国社会科学出版社1988年版，第274页。

第 六 章

朱嵩龄诗歌论析

朱嵩龄的《予斋集》现存诗歌约计120余首，所涉及的题材相当广泛，有送别赠答、雅集酬唱、山水纪游、咏物题画、思亲念友、览物兴怀、园居杂感、悼亡吊挽、岁时祝寿等。其中有不少流露出自然清淡的风致，但更多的是吐纳山川的才力富健之作。

第一节 山水清音

江浙山水是秀水朱氏家族山水诗的重要审美对象与描写对象。雁荡山与朱氏家族最有缘分，家族中的不少诗人从雁荡之游中获得了江山之助。朱国祚、朱大启曾游历雁荡，并有诗存集。朱大启还写有《台荡游记》。朱彝尊和朱彝爵曾经到过温州，拟游雁荡而未果。朱彝尊在《高太常蔷庵遗稿序》中说："予尝游永嘉，登华坛、青嶂诸山，遥望所谓芙蓉峰者，丰容窈窕，出没林表，思遂揽龙湫、雁宕之胜，并求先生之墓拜焉，而寒芜秋兔，山蹊尽塞，访之荛夫樵竖，而不可得矣。"[1] 可见他是因为道路难行又缺乏向导而未能前往。朱彝爵《拟游雁宕不果》诗云："风雨无端阻客舟，遥怜七十七峰头。几年旅宿随秋雁，不得春从雁宕游。"[2] 可见他是因为气候原因而未能一游雁荡。

朱嵩龄至少曾两游雁荡。乾隆二十年（1755），桑调元往游衡山，回想

---

[1] 王利民、胡愚、张祝平、吴蓓、马国栋校点：《曝书亭全集》，吉林文史出版社2009年版，第423页。

[2] （清）朱彝爵：《鹤洲残稿》，清乾隆刻本。

当年与朱嵩龄同游雁荡时的情景，作《感旧奉怀亡友朱予斋嵩龄，用杜公追酬故高蜀州人日见寄韵》云："君去尘寰不可作，弟畜无人泪横落。当时雁荡共猱腾，青山俯仰成今昨。"① 海宁人俞思谦曾经打算刊刻桑调元《台宕集》，"并欲雕予斋同游雁宕诗"，② 可惜这一计划未能成为现实。

朱嵩龄将雁荡之游作为净化自己的清凉剂，他在雁荡山留下的山水清音构成了《予斋集》山水诗的主体。朱嵩龄的雁荡之咏观景写生，随物宛转，风格清健雄奇，想象波诡云谲，体物的意趣很突出，主体意识也比较鲜明，表现出诗人感物畅神的创作主旨和善于捕捉山水特征的能力。如《老僧岩》就从对岩峰的自然形态的点染勾勒中，生发出审美质感和生命气息：

> 雨余苔髻翠鬅鬙，仿佛形模唤老僧。未拟打包行脚去，凭他横缠万年藤。③

雁荡山的奇峦怪石多以鸟兽人物之属命名。这种拟物肖人的命名法在文人雅士眼里是庸俗可笑的，但老僧岩确实是神情毕肖，令人不得不作此联想。老僧岩初名石佛峰，亦称接客僧，在浙江乐清县雁荡山东外谷。其形俨然一低眉偏袒的头陀，身披袈裟，朝东南方，宛然兀立，拱手迎客，旁有立石，如小沙弥附耳而谈。因此，自来咏老僧岩的诗多将石峰当作真头陀来描写，写其静立，写其无言。如宋陈求鲁《老僧岩》："面壁空山不计春，独留天眼阅风尘。须弥四九黄金相，化作头陀百丈身。"明温纯的《老僧岩》云："色相空山里，无言亘古今。"王士性的《老僧岩》云："苔衣深没胫，一定不知年。从君问息机，茫茫无始前。"清刘廷玑的《老僧岩》云："大得无生意，真成不坏身。兀然山口立，笑迎往来人。"桑调元的《老僧岩和予斋韵》云："老僧昧夏腊，终古雁山

---

① （清）桑调元：《衡山集》卷一，清乾隆间刻本。
② （清）桑调元：《秉渊复欲开雕予台宕集作此志感》自注，《毉甫续集》卷十九，清乾隆间刻本。俞思谦字秉渊，号潜山，著有《姑射山人诗钞》。
③ （清）朱嵩龄：《予斋集》卷二，上海图书馆藏清乾隆三十一年（1766）刻本。

口。露顶雪月寒，藉袈霜薛厚。屼然住着踪，孤寂安禅薮。"①朱嵩龄也是从具象的感受着笔，其《老僧岩》一诗抓住了雨后老僧岩草木茂盛的特点，申明老僧之所以有不动之身，是因为他有不动之心，而不是万年藤萝缠住了他。朱诗与陈诗、温诗、王诗的意旨相同，而形象性更为突出，其佛禅意趣也更堪玩味。由于融入了宗教的视角，其山水审美的境界就从肖物像人的俗人手眼，超越品味神韵的雅人深致，臻于澄怀味象的哲人胸次。

《予斋集》中从山峰的名称和形貌特征生发诗思的诗歌有10多首，大多切合山峰的物态形状特点，采用了拟人化、拟物化的表现手法，如《渔樵岩》《灵芝峰》《双笋》《果盒石》《大笔峰》《钟鼓岩》《象岩》《展旗峰》《双鸾峰》《观音髻》《笔架峰》《双髻峰》《一帆峰》《天柱峰》等。其中《龙鼻水》一诗最具代表性，展示了他描摹事物的长材：

龙何来，来此宅，山深洞窈暂尔潜。昏晓盘盘嘘气白，东溪浩森包混茫。龙欲归之若咫尺，乃甘蠖屈此深蟠。云灭云兴幻灵迹，有时雷雨昼晦冥。林邱倒摧石怒擘，跳珠散尽倏归来。返照千山万山赤，年来山田苦亢旱。高下千畦土龟拆，竟尔熟睡付不闻。空遣儿童祝蜥蜴。龙何来，来此宅。三寸之鳞不可批，肯覆春江作甘泽。既难藏，旧水漾。金沙复不拔，灵湫洗青壁。只滴涓涓鼻孔间，汇注寒潭映澄碧。胡为乎？一孔泉，一孔石。一孔通海眼，一孔结山脉。不疾亦不徐，泠泠自朝夕。应合十二时中三万六千息，安稳乖龙此地谪。石盆满泛清且香，无人知是琼瑶液。我行不索羊须珠，且酌天瓢净心魄。②

另外，《予斋集》中有部分诗歌创造了意态与形态交合的山水画面，沟通了自然天地与心灵世界，如《芙蓉峰》：

---

① （清）桑调元著，林旭文点校：《桑调元集》第4册，浙江古籍出版社2016年版，第1050页。
② （清）朱嵩龄：《予斋集》卷三，上海图书馆藏清乾隆三十一年（1766）刻本。

> 未至芙蓉村，遥望芙蓉峰。意态闲以远，亭亭烟翠重。嵌空秀䟫萼，色烂无春冬。于中辟三径，投老支吾筇。①

芙蓉峰位于西内谷和西外谷交界处的东岭北面。此峰高耸云霄，人们在很远的地方都能看到它的丰姿，明人何白有"江上百里见芙蓉"之句。《芙蓉峰》诗以遥望的视角，描绘了一幅芙蓉峰远望图，写实的意味很浓，同时也渗入了诗人的感觉体验。"意态闲以远"与其说是写峥嵘绚艳的芙蓉峰，毋宁说是写闲逸悠然的心境。

再如《谢公岭》在明丽的景色中追蹑谢公之踪，融入纵酒的潇洒、思古的寂寞：

> 天际浮云拥作关，身临绝壁出人间。当春杂蕊红攒谷，过雨飞泉白界山。琼液谁供千日醉，筇枝且趁一时闲。谢公游处苔花冷，终古风流不可攀。②

谢公岭是东内谷与东外谷的分界岭，相传因谢灵运开山至此而得名。诗人目既往还，心亦吐纳，既将春山飞泉表现得动静相宜，色彩纷呈，又透露出自我情感意识的流动。

就体裁而言，朱嵩龄的七古体山水诗最具艺术魅力，表现出一种昂藏清狂的意气。正如桑调元的《灵峰寺和予斋韵》所言："诗题醉语语尤颠，意气昂藏胜清醒。"③朱嵩龄的《罗汉洞》就是"语尤颠"的代表作：

> 灵峰寺西峰最灵，千寻碧玉穿青冥。半空窟宅涨云气，忽透日月光珑玲。或疑巨灵掌拇擘，不然女娲炼石留玲玎。或云巀岩飞动越葱岭，陡来震旦横空横。是谁开凿此云路，盘盘百折凌霄岄。扪萝蹋石抵洞口，水帘倒卷珍珠明。纵横错落万斛泻，非烟非雾当门

---

① （清）朱嵩龄：《予斋集》卷三，上海图书馆藏清乾隆三十一年（1766）刻本。
② （清）朱嵩龄：《予斋集》卷二，上海图书馆藏清乾隆三十一年（1766）刻本。
③ （清）桑调元：《弢甫续集》卷三，清乾隆间刻本。

屏。入帘仰见路一线,天梯可上无人经。奋身涉险比猱捷,蹑迹尽处开金庭。上覆芙蓉花千朵,钟乳下滴寒璊琤。白玉铺地不可唾,正昼奇草摇光晶。空壁四时泉不断,流商激徵声泠泠。传闻诺那此说法,映真八百跏趺听。争诧白毫光亘现,曾下尊者云中軿。纷纷讹语孰眼见,我自掬水湔吾缨。①

罗汉洞由灵峰和倚天峰间的裂罅组合而成,是雁荡山佛教第一洞天。洞口瀑布如珠帘倒卷,进洞仰视,可见一线台阶。走完这数百级台阶就抵达大殿,即诗中所谓"金庭"。洞内自洞背往下流有清泉,泉声泠泠,四时不断。据传说,唐初四川高僧诺讵那到雁荡山中结茅修禅,曾在罗汉洞说经。但朱嵩龄是一介儒生,而不是佛教信徒,所以他对罗汉洞的佛教景观和历史文化不感兴趣,着眼处只是清淙的泉水,表达的是自己的清逸理念。此诗开头用"千寻碧玉"的比喻状写灵峰之超拔孤秀,又用云气、光影的变化突出其灵幻奇异,接着用大胆的想象、夸张的手法和带有神话意蕴的词语推想洞壑之形成,用仰视的视角写出"天梯"之险,并竭力表现钟乳石给人的奇特感和泉流的音乐感,处处显示出诗人在造意和语言方面"尚奇"的特点。

朱嵩龄对雁荡景物的观察力和感受力在《冒雨观大龙湫》一诗中也有鲜明的体现。此诗采用全景式构图和游记性写法,仰观俯察,寓目辄书,在惊心动魄的诗境中表现了生命的律动,显示了作者开阔的胸襟和高妙的创作技巧:

> 雨中思濯大龙湫,呼仆急整蓑与笠。一条竹杖两芒鞋,荒崖滑滑冲泥入。涂迷欲问绝人行,但见饥鸦过百十。踏磴攀林溯涧溪,苍茫迥立忧思集。水欲落兮山忽折,山正回兮水流急。已过瑞鹿古寺基,溪边峭石俱壁立。纡回几曲愈渺茫,龙湫喷薄于中藏。天柱高峰塞溪口,转身喜见珠帘长。珠帘倒卷珠万斛,失势一落千丈强。灵境已获心开张,纵步不知荆棘荒。路穷山嘴更一转,陡闻动地雷硠磅。四顾茫然翻自失,举头忽见真龙出。半天风雨浩呼汹,势欲

---

① (清)朱嵩龄:《予斋集》卷二,上海图书馆藏清乾隆三十一年(1766)刻本。

翻动龙宫室。长江吹雪雪憪腾，直下海底回澜溢。解衣盘礴有谁能，濯足万里之流吾所必。跳泷喷沫势转雄，山根撞破开鸿蒙。万象离奇纷变幻，我欲比拟无由工。激灩银河水，挽之洗碧空。神鳌身转仄，溟渤横西东。擘开玉峡怒窘束，嵌空一道悬飞虹。盘涡小鼗沸，急霰回春风。雨余曦影出，碧白青黄红。眘然鸿涛春天风拔木，鬼神作使跂舞千蛟龙。奇绝平生此游好，不愁势猛山倾倒。隔潭飞泻鸣淙淙，余沥犹然溅衫袄。当年潭上有茅亭，亭中僧说止观经。恰是涅盘示寂处，直得一笑归苍冥。庐山瀑布甲天下，除是天台似者寡。我今到此得奇观，满面冰花洒复洒。欢游已极径言归，不须更策丹芳马。或言龙湫背可骑，我姑待彼来游者。①

大龙湫即能仁寺大瀑布，在西谷。其水源自绝顶之南、常云峰之北的夹坞中。该瀑布从高崖绝顶飞流直下，犹如天上银河望空倾泻，砰雷翻毂，随风回薄，变态百出，余沫随风飞扬，沾洒数里之外。此诗将往游大龙湫的过程和瀑布的景象一一写来。结构上，先扣题，写出雨中观瀑前的准备。从"荒崖滑滑冲泥入"到"纵步不知荆棘荒"，是移步换景的铺垫部分，选取了荒崖、饥鸦、峭石、高峰、荆棘等一系列意象，着力渲染观瀑途中环境氛围的荒凉孤清。其中对水帘谷瀑布的描写是为了烘托大龙湫这条"真龙"。从"路穷山嘴更一转"到"余沥犹然溅衫袄"，是对大龙湫富有立体感和动态效果的直接描摹，表现了大瀑布特有的空间美和氛围美。"半天风雨浩呼汹"写出了"大水从天上堕地，不挂着四壁，或盘桓久不下，忽迸落如震霆"②的壮观景象。"长江吹雪雪憪腾，直下海底回澜溢"形容瀑布飞落入潭，吹浪喷雪，犹如长江源头的雪流直冲海底，令读之者心神一快。在咏大龙湫的同类诗句中，这两句最为出色。"汉地倒泻三峡流，到此谁能定优劣"（楼钥《大龙湫》）不及其直观，"海风吹练白杲杲，雪花满面寒飕飕"（李孝光《龙湫行送轩宗冕归山》）逊其生动，"忽如玉女舞白纻，翠鬟长佩何翩跹"（施闰章

---

① （清）朱嵩龄：《予斋集》卷二，上海图书馆藏清乾隆三十一年（1766）刻本。
② （元）李孝光：《大龙湫记》，《五峰集》卷一，《景印文渊阁四库全书》，台湾商务印书馆1986年版。

《大龙湫歌》）无其阳刚,"乃是风水相摇荡,波回澜卷冰绡联"(袁枚《大龙湫》)难比磅礴。"万象离奇纷变幻,我欲比拟无由工",是说如此景象笔墨难以描述,后来阮元《大龙湫歌》中的"万象变幻那足比,若涉拟议旨非工"就脱胎于此。接下来作者把雨后瀑布上所出现的美丽彩虹描画得光影参差,生机勃勃,"碧白青黄红"五个颜色词连用成句,起了补色效应,点活了全诗的色调。而"奄然鸿涛春天风拔木,鬼神作使跋舞千蛟龙"两句,用传递奇思妙想的虚拟性意象表达了听觉和视觉感受。不过,诗人对如此悦耳悦目、悦心悦意的景色并不感到满足,因此有"当年潭上有茅亭"以下四句的想象生成和虚拟笔触。"茅亭"是指纪念高僧诺矩那的"矩那亭"。相传唐代初年,矩那尊者进山造塔建寺,后于大龙湫观瀑坐化,他的弟子在大龙湫潭左前方的高阜上建造了矩那亭。朱嵩龄来时,此亭已毁。"亭中僧说止观经"拈出了"止观"这种把握世界的思维方式。佛经说:"止能舍乐,观能离苦。"又说:"止能修心,能断贪爱。观能修慧能断无明。"① 但作者在这里并不是要指明一条超度人的阶梯,而是要借高僧勘破生死的微笑标举一种超脱的人生境界。最后八句将气势略为收敛作结。所谓"欢游已极径言归,不须更策丹芳马",是说作者对这次游玩极度满意,要打道回府,不再前往丹芳岭。丹芳岭在能仁寺的西边,是西内谷与西外谷的分界处。有人说龙湫之背、雁湖之顶还可上,朱嵩龄表示让别的游者去看,因为他认为大龙湫已为观止。这首诗在句式的总体节奏上是紧促急迫的,但又注意到张弛有度,诗中既有"涂迷欲问绝人行,但见饥鸦过百十"的荒寂情境,又有"雨余曦影出,碧白青黄红"的秀丽景色。就首尾完整、层次分明的章法,飞动峻急、一气贯注的笔势,以及豪放不羁、超然脱俗的情怀而言,在历代写大龙湫的七古中,此篇堪拔头筹。可惜由于朱嵩龄其人名声不彰,故而此佳作"养在深闺人未识",让袁枚、阮元等人的大龙湫歌领尽风骚。

朱嵩龄山水诗中的瀑布意象继承了李白诗歌水意象的特点,具有一种壮观的飞跃感。其诗形容瀑布多用"飞"字,如"其下悬飞涛,其上盘空翠"(《石梁》),"晴峦图草树,古涧走龙虹"(《灵峰寺》),"雁宕多奇瀑,飞飞故自佳"(《燕尾水》),"明日悬溪看瀑布,四山飞挂玉千

---

① (后秦)鸠摩罗什译:《成实论》卷十五,日本大正新修《大藏经》本。

条"(《能仁阻雨》),"雨剥丹青色,泉飞紫翠痕"(《罗汉寺》),"无端一夜蓬莱雨,飞落雁山山上头"(《笔架峰》),"隔潭飞泻鸣淙淙,余沥犹然溅衫袄"(《冒雨观大龙湫》),"青天白日梅雨飞,敞裘穿洞沾滴沥"(《灵峰寺呈弢甫》)。这些诗句奇气盘郁,词意清切,展现出一种万壑争流、千岩竞秀的诗境,表现出自由奔放的精神气质。

第二节　灵床哀韵

面临亲朋好友的死亡,绝大多数人都会产生一种悲伤痛苦的情绪,有人甚至会认为生如夏花之绚烂是一种过度奢华的过程。朱嵩龄的挽诗饱含了浓烈的亲情、友情及夺目的悲苦。如《招张浦山庚为先兄写遗像作》一诗中的思兄之情就表达得十分动人心魄:

> 我读脊令诗,酸楚涕沾衣。踯躅原头空怅望,兄去九京何时归。雁鸿有群,接翅层云。我独行断,呼天不闻。布被同居敝庐好,啜菽饮水开怀抱。不道人生有别离,相期聚首终难保。别离未久违音容,归来不见心忡忡。夜梦依稀接欢惊,须眉磊落神气雄。潦倒宁受尘埃蒙,双眸对弟青瞳瞳。闭眼宛在侧,开眼倏已空。泉台杳冥无路通,石烂海枯恨何穷。六博单行那堪掷,千场孤注悲填胸。呜呼吾兄今已矣,只许相逢图画里。西邻诗老工写真,凭仗传神如不死。兄兮兄兮,空使峥嵘骨相长留天地间,捧轴欷歔示犹子。①

此诗先从读《常棣》而酸楚写起,描述当日兄弟分别后的痛苦和思念,接着写梦中相会,然后以"泉台杳冥无路通,石烂海枯恨何穷"两句,作了大跨度的由生到死的跳跃,并把天人永隔的悲情推向极致。最后,以只能相逢于图画之中结撰此诗。全诗的立足点在一个"见"字,其脉络为:不见(分别)—见(梦中)—不见(死亡)—见(画中)。其实,见亦非见,梦与死都是虚幻,诗人的哀痛无法消释,只能与侄儿朱溥捧着遗像相对而泣。

---

① (清)朱嵩龄:《予斋集》卷一,上海图书馆藏清乾隆三十一年(1766)刻本。

杨载在《诗法家数》中说:"哭挽之诗,要情真事实。于其人情谊深厚,则哭之。无甚情分,则挽之而已矣。"① 朱嵩龄的好友陈廷彦身怀出世兼济的理想,因公殉职。朱嵩龄在《哭陈叔容廷彦》一诗中,抒发了彻骨锥心的悲伤,显示了其哀乐过人的天性:

> 呜呼陈君逸隽才,十年盐策分外台。年未四十忽奄逝,我来哭君攒悲哀。君家家在东山侧,渊源世好欣相识。咸春堂内受书时,英俊不弱渥洼姿。班生慷慨横意气,丈夫那肯老死拈毛锥。一鞭走入长安道,富贵应须致身早。才华震动公卿间,争欲识君与君好。忆昔辛丑当春正,风尘乍见寻鸥盟。三年旅邸意何密,携手同作江南行。江南才赋甲天下,判蹉兼掣淮纲马。淮南淮北拥传躯,堤工河工无时无。积劳成疾嗟不禄,海湄花落春何促。人皆有死君死官,生无亏兮死自安。嗟予偃蹇长如此,君每狂歌唤知己。与君一别倏三年,白月明明言在耳。论交贵在道义深,宁重挥霍床头金。忱吾尫羸万里别,蛮烟瘴雨交相侵。归来闻君泊邗水,鼓棹遄将渡扬子。隔江凶问陡然来,痛哭良朋今已矣。高堂此日才二毛,谁其养志增号咷。眼中伶俜弟与子,秋风激楚哀弦操。黄垆寂寂埋年少,凄凄繐帐风料峭。难凭只些一招魂,蒿里溟蒙酾酒吊。茧丝坚韧数程乡,君言嘱我我不忘。买藏行笥越两载,长途渺渺何由将。墓门挂剑剑光黯,灵床弹琴琴韵惨。凄凉未报秣陵书,茫茫今古同悲感。只今开笥泪汍澜,一匹争能拭面干。烧向泉台我心恻,交情不共寒灰寒。②

此诗具有很强的纪事性,开头四句领起悼亡之情。"君家家在东山侧"以下是对作者与逝者交往历史的闪回。"渊源世好欣相识"说明他们是世交,"咸春堂内受书时"回忆了少年时代一起读书的情景。"咸春堂"位于秀水县南门内毛家坊,是朱氏家族的祖宅。"班生慷慨横意气,丈夫那肯老死拈毛锥",写出了陈廷彦的人生追求。接下来写到了陈廷彦青年

---

① 见(清)何文焕辑《历代诗话》,中华书局 2004 年版,第 735 页。
② (清)朱嵩龄:《予斋集》卷二,上海图书馆藏清乾隆三十一年(1766)刻本。

时期的俊逸不凡:"才华震动公卿间,争欲识君与君好。"即使在陈廷彦名扬京城之际,他也没有因此而看不起幼时的朋友,"三年旅邸意何密,携手同作江南行",就很好地说明了这一点。"判鹾兼挈淮纲马"指出了陈廷彦所任的官职。据《两淮盐法志》记载,雍正八年(1730)六月,通州、泰州、淮安沿海因风潮遭灾,署淮安分司陈廷彦捐银三百两,先行抚恤。① 盐务、两淮纲马、堤工、河工等繁忙的公务使得陈廷彦积劳成疾,终致殒身。诗人高度赞扬了陈廷彦的一生,为其留下老母、弱弟、幼子而辞世痛断肝肠。诗末写到陈廷彦嘱托朱嵩龄的一件事,即请朱氏在广东程乡县为其购买当地出产的茧绸。因路途遥远,朱嵩龄买来茧绸后,在行箧放了两年,没能在陈廷彦活着时送到其手中,最后只好在陈氏墓前将茧绸烧成灰烬。"墓门挂剑剑光黯,灵床弹琴琴韵惨"两句,典出季札和张翰的故事,表白了诗人对逝者的信义与深情。诗的后半部分几乎字字泣血,使人几乎不忍读之。这首诗中途数次换韵,而读上去还是给人以一气呵成之感,其情感之丰沛、思致之深厚都是特别出众的。

自潘岳的悼亡诗建构起典范文本,后人的此类诗作鲜能不因袭其陈套。朱嵩龄代朋友写的《李君悼亡》就笼罩在潘诗的影子之中:

> 笑语分明在,参商成永暌。滔滔东海阔,黯黯暮云低。掩镜尘凝阁,辞条叶满溪。忘情惟太上,生死岂能齐。②

音容犹在,而幽明永隔。开头两句就能在潘诗中找到出处。"笑语分明在"本自潘诗"遗音犹在耳","参商成永暌"即"重壤永幽隔"之义。"滔滔东海阔,黯黯暮云低"用比兴手法,用宏阔的自然画面表现丧妻的哀恸。"掩镜尘凝阁"是睹物思人,脱化自潘诗"床空委清尘";"辞条叶满溪"是融情入景,脱化自潘诗"摧如叶落树",这两句也采用了常见的脱胎换骨之法。最后,诗人没有在哲学的层面寻求解脱,而是以对齐物论的否定,表明"死生亦大矣,岂不痛哉",表现出一种练达人情的理性态度。

---

① (清)王定安等纂修:《重修两淮盐法志》卷一百四十一,《续修四库全书》本。
② (清)朱嵩龄:《予斋集》卷三,上海图书馆藏清乾隆三十一年(1766)刻本。

朱嵩龄还有一首《叶孝子歌》叙述奴仆丧母的悲苦酸楚，写得单纯古朴，颇有情感力度：

> 孝子陈氏仆，不识一字书。事生与送死，礼数殊不疏。行年几四十，其母八十余。生来未周岁，父死母孀居。孤儿绕膝下，晨夕牵衣裾。既长事耕作，手足勤拮据。有饮不敢饮，美满提葫芦。有食不敢食，芬馨奉盘盂。嬉笑饷阿母，阿母颜色舒。问母何嗜好，瓶盎贮有余。问母何痛痒，手爪勤爬梳。依依怀抱间，不失赤子初。皇恩及老妇，肉帛遍方舆。扶将跪拜领，感叹动里闾。一朝母病卧，足不下阶除。恹恹母长逝，血泪沾衣袽。怀抱不放手，宛与生前如。乃主为经纪，殡殓葬邱墟。惘惘若有失，偃蹇成籧篨。天寒却衣被，俨然披麻苴。寝苫而枕凷，终夜闻号呼。感恩愿报主，枵腹往荷锄。释锄复悲号，悲号倒沟渠。见者多感泣，行人为踟蹰。陈生为余言，闻言良愧余。有恨抱终天，饮泣不得摅。孝子为人仆，吾宁敢忽诸。吾歌一阕群心倾，孝子叶姓才其名。①

孝子叶才自幼丧父，靠母亲抚育。他成人之后，为人奴仆，从事耕作，而奉母唯孝。一旦母逝，叶才悲号饮泣，血泪沾衣。此诗顺序写来，衍为长篇，为那个时代最底层百姓的情感波澜立此存照。

第三节　花香鸟语

朱嵩龄的咏物诗以歌行体和律诗为主，语言流丽华滋，对偶工整精切，注重表达自己的情感。其咏物诗的取材范围大体上可分为两类：植物和动物。而花草类植物占绝对多数，称得上"深心主卉木"（裴子野《雕虫论》）。朱嵩龄的咏物模式重在俯仰物理，寓兴传神，因物托志，正所谓"咏物隐然只是咏怀，盖个中有我也"（刘熙载《艺概》）。

康熙五十三年（1714）谷雨这一天，曝书亭园内朱昆田昔日种植的牡丹开得很繁盛，亭亭奕奕，光采辉赫，如张锦绣。朱嵩龄采摘牡丹插

---

① （清）朱嵩龄：《予斋集》卷三，上海图书馆藏清乾隆三十一年（1766）刻本。

在净瓶中，适逢其侄孙振祖拈来一枝兰花，于是，朱嵩龄将牡丹和兰花并置案头，并赋《甲午谷雨，曝书亭牡丹大放，摘供军持，适侄孙振祖拈兰一枝，因并置案头有作》：

> 暮春春色浓，百卉花尽坼。阶药斗芳菲，谷兰甘寂寞。臭味迥不同，出处遂远隔。同在春风中，各各树标格。十兄风度高，才大乃落魄。瑶榭开牡丹，红紫罨绣帟。不惜青铜钱，买栽池馆隙。手植迤至今，心赏想自昔。所以子若孙，珍重并爱惜。今年花较繁，亭亭复奕奕。如张锦绣段，光采罗辉赫。我来得纵观，雨露纷滋泽。采归插胆瓶，颜色朱曦射。儿曹雅好事，一枝兰忽摘。我取合并之，几案供朝夕。芬香各不减，相向情脉脉。岂必骋繁华，岂必耽幽僻。众爱吾亦收，众弃吾亦摭。未足分去留，同觇化工迹。伯父初归田，艺兰护文石。花时赋新诗，时有不速客。寓意毋凝滞，当前聊取适。我心亦复尔，饫眼宁别择。请莫笑不伦，秾淡资怡怿。①

诗中的"十兄"指朱昆田，"伯父"指朱彝尊。"不惜青铜钱，买栽池馆隙"，本自朱昆田的《张上舍盛夸亳州牡丹远过洛下，因赋十绝以纪，且订探花之约焉》其七"不妨数十千钱买，池馆栽看到子孙"。② 自宋代以后，文人以"冲淡"为审美的最高标格，于是，淡雅清幽的兰花成为花中君子，而雍容华贵的牡丹常被视作俗艳的代表。此诗中说："阶药斗芳菲，谷兰甘寂寞。"按照通常的构思，就是以俗丽反衬雅素，而朱嵩龄一反常规，在他那颇具近代性的审美眼光中，秾与淡没有上下之别，所以，他将牡丹和兰花并置案头，让繁华者与幽僻者脉脉相向，共吐芬芳。他对异质元素的兼容表现了审美胸襟的博大宏阔，其实也反映了他心态的复杂和人生的矛盾。他既自命清高又不忘功名，立志高远而又沉抑下僚。这种矛盾还可以通过对读下面两首诗感觉出来。

---

① （清）朱嵩龄：《予斋集》卷一，上海图书馆藏清乾隆三十一年（1766）刻本。
② （清）朱昆田：《笛渔小稿》卷二，王利民、胡愚、张祝平、吴蓓、马国栋校点《曝书亭全集》，吉林文史出版社2009年版，第773页。

抽叶及深秋，芳心分外幽。霜轻清韵出，月冷细香留。自有孤高意，宁怀寂寞愁。军持供砚北，逸兴倍悠悠。①

为学宁须让圣贤，功名要使垂青史。男儿矻矻志不休，区区富贵何足齿。花中富贵数牡丹，当春煊耀朱阑干。笙歌是处开华宴，才子篇章锦绣攒。九十于今才过半，春光未许花心散。花开花落常相推，呼朋莫负花前期。②

冬兰又名寒兰，产于浙江温州之瓯江沿岸一带到福建省境内。冬兰花色绚丽多彩，花香清雅久远，大多开花于十一月至二月，花期特别长，是寂寞寒冬时节不可多得的名花。其最大特点是叶型修长清瘦，符合现代人倾慕高挑身材的审美心态。但在古代，与春兰、夏兰、秋兰相比，一般爱兰者并不珍重冬兰。而冬兰孤高的寂寞，与朱嵩龄的生存状态和生命底色暗合，因此作者在所咏对象上注入了自己的情志，流露出孤芳自赏的意绪。《牡丹花蕊歌为楼子旭升作》开头四句表示男儿须当仁不让，名垂青史，不屑于区区富贵，可谓壮志豪言，但他实际的人生际遇与其理想相差甚远，他对牡丹的由衷欣赏透露出一种企慕富贵荣华的心理，散发着世俗享乐的气息。

朱嵩龄俗气的一面在《瞻园安石榴》一诗中也有表现：

园自前朝辟，花余此日繁。当空燃火树，倒影误桃园。卓午炎蒸气，皇穹雨露恩。戎戎映芳草，俯仰悼王孙。③

瞻园位于明中山王徐达赐第西偏，是徐达七世孙徐鹏举设计建造的园林，园中竹石卉木为金陵园亭之冠。清顺治二年（1645），该园成为江南行省左布政使署。此诗意在抒写历史沧桑感，但"皇穹雨露恩"这样的感恩献媚之语使人顿觉全诗骨气都尽，神韵皆空。

---

① （清）朱嵩龄：《予斋集》卷三，上海图书馆藏清乾隆三十一年（1766）刻本。
② （清）朱嵩龄：《予斋集》卷三，上海图书馆藏清乾隆三十一年（1766）刻本。
③ （清）朱嵩龄：《予斋集》卷二，上海图书馆藏清乾隆三十一年（1766）刻本。

作为一名下层官僚，朱嵩龄心中多少有着不平之气。其《树中草》怨思抑扬，含有不得志者的牢骚：

> 春风一以吹，广陌连烟碧。独有树中草，憔悴无颜色。芳兰当阶生，锄去不复论。奈何客土上，袅袅浮孤根？①

《树中草》是乐府旧题。梁简文帝、李白、张祜等都有同题之作。就诗的意旨而言，朱嵩龄此诗与李白《树中草》相近，都咏叹憔悴之草，说明托身客土、不得善地是造成生命困顿的原因。此诗写物理物情，实际上说的是人事世法。

如果说《树中草》发出的是"冠盖满京华，斯人独憔悴"的叹息，那么歌行体的《凌霄花歌》则以"枯木逢春犹再发"的烂漫意境，表达了"柳暗花明又一村"的欣悦：

> 草堂自昔多名花，凌霄的皪明丹霞。枝枝叶叶高百尺，清阴半亩相周遮。园荒树老繁华歇，索寞廿年枯不发。但看秃木掠层云，不见垂条映皓月。今年春雨何溟濛，根株忽然抽故蘖。荏苒上缘青梧桐，托身高处自得所，千朵万朵花茸茸。炎烟四涨日杲杲，能令暑退生凉风。千寻古木缠萝茑，绝少华柎空袅袅。独汝文章照眼明，红蕤焕烂扶桑晓。我愿兹花绵绵开我池上无已时，年年当暑树底铺簟浮金卮。②

草堂即鹤州草堂。此诗开篇点明花开处所，意在指出此凌霄花乃我家之花。李时珍称这种花附木而上，高数丈，故曰凌霄。《卉谱》曰："凌霄野生者，蔓才数尺，得木而上，即高数丈。蔓间须如蝎虎足，附树上甚坚牢。久者藤大如杯，春初生枝，一枝数叶，尖长有齿，深青色。开花一枝十余朵，大如牵牛花，头开五瓣，赭黄色，有

---

① （清）朱嵩龄：《予斋集》卷一，上海图书馆藏清乾隆三十一年（1766）刻本。
② （清）朱嵩龄：《予斋集》卷一，上海图书馆藏清乾隆三十一年（1766）刻本。

数点，夏中乃盈，深秋更赤。"①《尔雅翼》曰："此华亦弥络石壁，盛夏视之如锦绣。"② 朱嵩龄诉诸感性观照，描绘了凌霄花灿如明霞的色彩、缘木而上的习性。在"园荒树老繁华歇，索寞廿年枯不发"之后，凌霄花起死回生，令诗人惊喜不已。同样是附木而生，树中草当春而凋萎，凌霄花雨润而焕烂，能不令人慨叹？

朱嵩龄咏物诗最为厚重的承载见于《乌鸣》一诗。该诗也可以看作禽言诗，结构上类似贾谊的《鵩鸟赋》，它运用拟人手法将乌鸦人化，写了屋主人和乌鸦的对话：

> 屋旁乌作巢，屋头鸣无时。举屋咸不乐，叩齿攒双眉。昨夜魂梦恶，动足疑虑滋。计将尽尔逐，挟弹弯竹枝。乃有喙三尺，臆对哑哑词。啁啾百鸟鸣，谁为木石姿。结邻既相近，声息宜相知。比翼故有匹，伏卵宁无儿。求牡自应挚，呼雏自应慈。俦类既繁衍，意念还纷披。喜亦足欢笑，哀则多惨悲。恶声必反尔，好音宜和之。当风快飒爽，过雨嗟淋漓。喔嚅众所贱，慷慨言非私。吾自抒吾意，底事招人嗤。有舌非可结，物理宜细推。嗟哉难与校，任尔鸣噪为。③

诗中写道，乌鸦在屋旁做了一个窝，聒噪不已，屋主人全家都不高兴，"叩齿攒双眉"。况且屋主人做了噩梦，"动足疑虑滋"。于是，他们打算用弹弓驱赶乌鸦。不料，乌鸦有嘴，开口说话了，讲述了这样一番道理：鸟鸣是自然天性，万物皆有适性生存的权利。乌鸦希望屋主人对它不要另眼相看。诗中人与乌鸦的关系体现着人与世界的关系，反映出朱嵩龄对他人、对环境、对世界的态度。乌本异类，视若同群，表现的是仁人爱物的情怀。此外，《孤雏篇寄盛姊丈晴谷》采用叙事手法，以老鹄、孤雏比况人间的父母和子女，将人的情感移诸禽鸟身上，表现了那个时代孤儿幼子在生活中的栗栗危惧之状。

---

① 见（清）陈大章《诗传名物集览》卷十，清光绪十七年（1891）三余草堂刻《湖北丛书》本。
② （宋）罗愿撰，洪焱祖音释：《尔雅翼》卷三，清嘉庆十年（1805）虞山张氏照旷阁刻《学津讨源》本。
③ （清）朱嵩龄：《予斋集》卷二，上海图书馆藏清乾隆三十一年（1766）刻本。

第七章

朱稻孙诗歌论析

朱稻孙聪慧好学，少而能诗，一生勤于治学。晚年居家，曾追忆旧游，作《纪行绝句》二卷。又集早年诗作为《六峰阁诗》及续稿十七卷。六峰阁立于"竹垞"假山之上，朱稻孙用为斋名。六峰是指硖石、横山、及叕、史各两峰，共称六峰。此外，朱稻孙著有《拟古乐府》三卷，编有《烟雨楼志》四卷，订定《罗浮蝴蝶唱和诗》二卷，晚年所作多未得刻印，亦多不传于世。

阮元《两浙輶轩录》引《梅里诗辑》称："《六峰阁诗》四卷，乃其少壮所作。至老篇章未付枣梨，尚俟续辑。"[①]《六峰阁诗稿》卷一有《甲申三月园中桃花遇雪大兄图此景属题断句》一诗，这是此诗集之中有明确纪年的第一首诗。甲申即康熙四十三年（1704），是年朱稻孙23岁。《六峰阁诗》四卷现存康熙五十七年（1718）刻本和民国年间平湖葛昌楣重刊本。《六峰阁诗稿》刻本卷首有查慎行、张大受二序，查序曰：

> 秀水朱子稼翁为竹垞检讨之孙、西峻文学之子。自其少时，禀承庭诰，研味文章。……故其为诗，磊砢多英，寓怀蕴藉，宫商抗坠，句酌字斟，有肆好之风，无雕绘之习，信能继其家声者矣。曩挟其著述，薄游京师，受知于相国太仓公，荐入《春秋》经局，比暂假归。大暑中过余村居，出新刻《六峰阁诗稿》，属为弁语。昔危太仆序广信桂氏文集，以三世有集为儒林盛事，何幸于朱氏见之。余不文，既为检讨公校序《曝书亭全集》，而兼及西峻

---

① （清）阮元辑：《两浙輶轩录》卷二十一，清嘉庆刻本。

《笛渔稿》，今徇稼翁之请，复援笔书此。……稼翁年方壮学，业当日富，克其所至，何敢限之于诗！或者留未尽之年，或观其所成就，岂非幸事欤？故书以为序。初白老人查慎行纂，时年六十有九。

查慎行生于顺治七年（1650），69岁那年即康熙五十七年（1718）。张大受序曰：

> 昔者予与文盎唱和清溪之上，为《月波吹笛图歌》。既从（彝尊）先生问奇字，屡指示前贤为文章之法，或登高临深，酒酣高吟，从旁为之继声焉。吾友既早逝，（彝尊）先生亡亦数年，高风雅韵，如接几席，而人琴之感，泫然其两世。载览稼翁所作，鸿骞隼搏，气益猛而格弥上，豁然心开。惟自揣阅历既多，发与须尽白，忽忽殊自伤。览其诗而别今昔，并哀乐境触而情摇，有咏叹之不尽者矣。康熙乙未岁春二月己卯，匠门张大受日容氏题于京师椿树三条衚衕之居竢斋。

《六峰阁诗》的最初刊本刻于康熙五十三年（1714），因此该诗集之中不见京城所作。其所录之诗，多为朱稻孙家居时的作品。其时他常常和众文友往来酬答，分筹限韵，摹书观画，登临泛流，其间也曾出游江苏、安徽和浙江省内的一些地方，但每每所行不远。他的诗歌多用以唱和、赠别、纪游、咏史、咏物、题画、抒怀，此外还有一些磨砺诗艺的拟古诗，以及与诗友竞技逞才的联句诗。有限的活动范围拘囿了朱稻孙的生活视野，令他的诗题材较为偏狭，然而这并不妨碍他锤炼诗歌技艺。朱稻孙师法前人，务求广博，不拘一格，敢于大胆尝试多种诗歌样式，如一般人很少问津的六言、九言诗，他都有所染指。凭着聪颖的天资和深厚的艺术修养，他能对各种诗体驱驰自如，毫无生涩牵合之感。其诗一本"清醇雅正"的家法传统，又能自出机杼，概括而言，其诗风格可以说是"醇雅清丽"。

上海图书馆所藏《六峰阁诗稿》稿本收录了朱稻孙于康熙五十五年（1716）至六十年（1721）所作的诗稿。北京大学图书馆所藏《六峰阁诗稿》收录朱稻孙于乾隆十四年（1749）至乾隆十九年（1754）所作诗稿，为其疏老之作，其艺术性不像其少壮时的作品那样斐然可观。该稿封面书"娱邨老农六峰阁手稿真迹"，钤有八千卷楼珍藏善本印、嘉兴戴光曾鉴藏经籍书画印、吴县潘肃厚读书印、燕京大学图书馆藏书印，正文前页书"六峰阁手稿一卷，稿本。娱村老农朱稻孙稼翁。稻孙为西畯次子，得竹垞老人之教，能世其学。此本为稻孙乾隆己巳、庚午、辛未、壬申至甲戌所作，如客马氏小玲珑山馆诸诗，及谢卢雅雨盐使雕《经义考》一百卷之作，皆在焉。有'稻孙手书''娱村'两印。"① 胡玉缙撰、吴格整理《四库未收书目提要续编》著录此手稿曰："此集祇乾隆己巳、庚午、辛未、壬申至甲戌所作，为钱塘丁氏所藏手稿本。其诗不及乃父，而得乃祖彝尊之教，终为学有根柢，非挦撦者可比。中如《客马氏小玲珑山馆》诸诗及《谢卢见曾雕刻经义考》之作，犹想见骑鹤上扬州，极一时文采风流之盛也。其所作当不止此。李富孙的《鹤征后录》称其'诗格遒上，楷法在褚、欧间，犹工分隶'，然则稻孙盖以能书名矣。"从朱彝尊到朱稻孙，三代都以能书闻名。不过，朱稻孙除隶书得家法外，其他诸体不由家学，而是首先从汪士鋐问津，后又自取柳公权、米芾书帖晨夕临摹，遂自成一家。盛百二为朱稻孙撰《行略》，称其"小楷尤精"，顾玉亭的《题娱村稿》称稻孙"擅词章，妙言语，尤工八分小篆"，《扬州画舫录》则称稻孙"书法得唐人墓铭逸趣"。

第一节　世谊亲友之酬赠

朱稻孙年少的时候，其祖父朱彝尊已致仕家居。祖父的声望吸引了许多名流登门拜访，朱稻孙于其间"周旋函丈，言论风规，渐濡有素"②。名贤往来，自然少不了举觞酬答。朱稻孙的酬赠诗或见交谊，或诉衷肠，反映了他人际交往的各个侧面。

---

① （清）丁丙著，曹海花点校：《善本书室藏书志》第6册，浙江古籍出版社2016年版，第1605页。
② （清）张大受：《六峰阁诗稿序》，《六峰阁诗稿》康熙五十七年（1718）刻本卷首。

朱彝尊第一次罢官后留居京城，生活困难，多得宋荦照顾。到他晚年，宋荦来任江苏巡抚，开府江南14年，宏奖人才，成为江南诗坛总持，故而被江南士人争相推崇。严迪昌先生说："清朝前期诗坛，以六部九卿或方面大臣之尊而主持风雅，广事声气，足可以与王士禛后先媲美的，是宋荦。"① 康熙四十一年（1702）三月，宋荦、朱彝尊和拙庵智朴三人在苏州沧浪亭聚会，他们酬唱的诗作后来被拙庵和尚编成《沧浪高唱》诗集，画家高简又绘成图册。

宋荦论诗主张宗杜甫，尊韩愈，认为韩愈、苏轼、黄庭坚、陆游、元好问都是学杜而成家的。《漫堂说诗》论五古曰："余意历代五古各有擅场，不第唐之王、孟、韦、柳，即宋之苏、黄、梅、陆，要是斐然，而必以少陵为归墟。昔人诗评杜工部如周公制作，后世莫能拟议，盖笃论也。至杜之《北征》《咏怀》，韩之《南山》诸大篇，尤宜熟诵，以开拓其心胸。"论七古曰："上下千百年，定当推少陵为第一。"论五言排律曰："若夫浑涵汪茫，千汇万状，惟少陵一人而已。"论七律曰："独少陵包三唐，该正变，为广大教化主，生平瓣香，实在此公""学杜有得，即学苏学陆，无乎不可。"② 朱稻孙作五言排律《呈西陂先生四十韵》，就投宋荦之所好，带有学杜甫的痕迹，其风调和杜甫的《偶题》相近：

　　明季风一变，骚坛事已空。作者徒纷纷，绮丽难为工。先生起中州，风雅一滞蒙。读书入笈奥，化俗启鸿濛。健笔扛九鼎，硬语扫千雄。声施甦疲困，讽议发睿聪。劳民数召伯，启事推山公。岂惟国是赖，天与后学宗。所在树旗帜，群彦皆过从。大小材百五，受命如附庸。新诗一篇出，传钞胥陶镕。接武有才子，奏达甘泉宫。绣腹贾氏虎，骊珠荀氏龙。咸沐圣朝露，媲美梁园风。帝心乃简在，殊渥谁能同。引年北野北，高卧东山东。蒲萄上苑移，鱼麦西陂供。优游岁月迈，乡党礼让中。清德罕俦匹，宸翰重褒崇。君臣若鱼水，自古称难逢。翘首赴征召，安车行从容。忆昔吾祖交，惟公道义弘。渌水青雀舫，平畴玉花骢。赋诗秋霭动，把酒春阳烘。攟残补签帙，

---

① 严迪昌：《清诗史》，浙江古籍出版社2002年版，第538页。
② （清）宋荦：《西陂类稿》卷二十七，民国六年（1917）宋属棠重刻本。

嗜古考鼎钟。醇意玉田禾，高音商山桐。频年留吴关，胜事传华宫。
殷勤继朝夕，问遗周始终。长叹伤哉贫，永悲逝者踪。濩落忝厥祖，
艰难丁我躬。道远日仆仆，马瘏心忡忡。青袍渍血泪，白简生蠹虫。
遗书伫剞劂，幽宅靡丘陇。忽闻羽葆至，暖气消冰融。爱士信陵君，
指迷黄绮翁。大贤谊最高，贱子语易通。清芬花灼灼，余波溪溶溶。
拯旱云靉靆，嘘枯鱼喁喁。踵门敬请谒，独立仰岱嵩。提携驾橐哲，
蒭拂恩无穷。①

"作者徒纷纷，绮丽难为工"脱化自《偶题》"作者皆殊列，……馀波绮丽为""所在树旗帜，群彦皆过从。大小材百五，受命如附庸。新诗一篇出，传钞胥陶镕"诸句，渲染出宋荦秉持风雅之柄的热闹景象。"西陂"是宋荦在商丘故里建造的私家园林。"帝心乃简在，殊渥谁能同。引年北野北，高卧东山东。蒲萄上苑移，鱼麦西陂供。优游岁月迈，乡党礼让中。清德罕俦匹，宸翰重褒崇"诸句，点出了康熙帝赐宋荦禁苑葡萄，题写匾额、对联的殊渥，其本事见于朱彝尊的《西陂记》和宋荦的《漫堂年谱》。朱氏的《西陂记》曰："商丘宋公怀童时钓游之所，思筑圃于是。以其在郭之西，名曰西陂。顾未遑经始，先定池馆之目，曰渌波村，曰钓家，曰纬萧草堂，曰和松庵，曰芰梁，曰放鸭亭，各系以诗，都人士属而和焉。图之横幅者，王山人犟也。久而公之怀故土益甚，则命禹鸿胪之鼎写照，作《西陂鱼麦图》，取元结诗句，冀归老于江湖。记之以文者，邵上舍长蘅也。公巡抚江南久，简以驭吏，俭以示民，天子嘉其清德，藻舟所及，每见益亲。岁在昭阳协洽，驻跸江天寺。公入见，请曰：'昔宋臣范成大，居吴之石湖，臣尝履其地，见淳熙十五年赐书刊石尚存。臣家有西陂别墅，敢乞御书二字赐臣，不令石湖胜迹独存千古。'天子笑而书之。今岁旄蒙作噩，天子复书'鱼麦堂'以赐。至是，公拜宸翰，先后难悉数矣。公乃命子弟立石西陂之上，属其友秀水朱彝尊纪之。……抑闻之，公尝引年以请矣。天子给以禁苑葡萄一本，曰：'是果结实，然后请老。'今赐果之园，马乳且垂垂于架。公念主恩愈渥，不敢上陈。近复申以天语，双雕于堂柱，曰：'儿孙歌舞诗书内，乡党优

① （清）朱稻孙：《六峰阁诗稿》卷四，清康熙五十七年（1718）刻本。

游礼让中.'则仍未尝许公之归也。公虽欲舍政事之贤劳,享西陂鱼麦之乐利,愿岂得遽遂乎?虎丘之山可以对月,沧浪之亭可以赋诗,吾且随中吴父老,期公游衍于斯焉。若夫西陂之胜,姑听公之'乡党优游礼让中'可矣。"① "君臣若鱼水"本之于朱彝尊《题宋中丞〈迎銮集〉二首》"鱼水君臣古不如"。② 从"长叹伤哉贫,永悲逝者踪。……遗书仾剞劂,幽宅靡丘陇"诸语可知,朱稻孙此诗作于其祖父死后。其时朱稻孙生活困顿,情绪低落,而宋荦不忘提携照拂故人之孙,使得朱稻孙如沐春风,感激涕零。作为上呈权要的献纳之作,诗中自然有许多溢美之词,但就朱、宋之世交情谊来看,其对宋荦的颂扬和赞誉是由衷的,不能等同于那些折腰权门、祈求进身的献媚谄谀。

查慎行是朱彝尊的表亲和至交。朱稻孙对这位前辈极为敬重,曾去查慎行所居敬业堂拜访求教,其《过敬业堂话旧呈初白先生四首》写得洒脱而有情致,不求精工而自佳,诗云:

　　海陬不改旧林泉,醉客酣觞兴最偏。试数金门诸学士,谁能有录续《归田》?

　　不许知章独占之,鉴湖乞得慰相思。定知朵殿簪毫后,最忆芦塘放鸭时。

　　七尺乌篷片席来,先生一笑草堂开。相逢话及分携事,别语淋漓读几回。

　　孤苦心希续旧盟,无文濩落愧平生。年来到处伤行色,漂泊谁怜石曼卿。③

---

① 王利民、胡愚、张祝平、吴蓓、马国栋校点:《曝书亭全集》,吉林文史出版社2009年版,第654—655页。
② 王利民、胡愚、张祝平、吴蓓、马国栋校点:《曝书亭全集》,吉林文史出版社2009年版,第263页。
③ (清)朱稻孙:《六峰阁诗稿》卷四,清康熙五十七年(1718)刻本。

查慎行晚年筑初白庵以居，故又号初白。查氏进士及第后，任翰林院编修，入值内廷，当了康熙帝作诗的枪手。康熙五十二年（1713），查慎行借病致休，抛弃了清要的文学侍从之位。第一首的前两句写查氏归隐林泉后的豪兴，后两句则点出他急流勇退，无意荣华富贵的高风亮节。第三首前两句将客来主迎写得非常飘逸潇洒，后两句写共忆往昔的情景。此诗自注曰："戊子春，先生入都，先大父送行杉青闸口。值风雪交作，先大父诵'无将故人酒，不敌石尤风'二语送别。"查氏和朱氏的世交情谊非同一般，故而这首诗语语沉实，不作谀词。

龚翔麟和朱彝尊生前过往甚密。他和查慎行一样，是朱稻孙的前辈。朱稻孙曾造门探望，所作《过龚先生田居赋呈四首》表现了鲜明的时地特点和情感色彩：

庾信文章老，端宜赋小园。层轩开竹径，一水接篱门。著作堪资暇，渔樵得细论。南湖风景好，无异浣花村。

敢谏名何忝，闲居俗自乖。江山供岁月，冰雪净襟怀。帙散乌皮几，花明白玉阶。招朋成胜饮，不惜酒如淮。

湖庄红菡萏，山阁玉玲珑。选胜由来好，题名自不同。未殊高士隐，真有古人风。莫慰苍生望，难教卧谢公。

百里云亭路，经年引梦思。春风兰草径，秋雨豆花篱。游子伤漂泊，先生念别离。相逢诚不易，敢述苦辛词。①

这组诗格高韵雅，脉理相通，自然清婉。第一首首句直接取自杜甫《戏为六绝句》中成句"庾信文章老更成"，称赞龚翔麟老来弥高的文学造诣。第二句则点明龚氏所居。颈联写"小园"之疏快宜人。颔联中"著作""渔樵"对举，写出了龚氏退隐之后，著书遣日、渔钓自娱的风雅情趣。尾联以浣花村称美南湖，意在以杜甫比拟龚氏。

---

① （清）朱稻孙：《六峰阁诗稿》卷四，清康熙五十七年（1718）刻本。

龚翔麟不仅有古代高士之风,而且是一位积极用世的儒者,在朝期间有敢谏之名。康熙三十三年(1694),龚翔麟考选陕西道御史,疏劾大学士熊赐履、右通政张云翮、云贵总督赵良栋、侍郎赵士麟,无所避忌,颇得直声。官御史10年后乞归,闲居红函菡湖庄、玉玲珑山阁。第三首尾联笔锋陡转,不赞成龚氏效仿谢安高卧东山,希望他再入庙堂,匡时济世,以慰苍生。第四首归结到自己和龚先生的别离与相逢,并借满径春风兰草,一篱秋雨豆花,点染细节,烘托氛围,写得颇有生活实感。

曹雪芹的祖父曹寅,号荔轩,和晚年的朱彝尊交往颇多。那时朱稻孙陪侍在祖父身边,也得以"追随闻妙论,尽日恣洄沿"①。《六峰阁诗稿》中有《呈荔轩先生三首》《七夕前二日,奉陪荔轩先生天池泛舟即事》《秋杪过真州,同荔轩先生游郑氏园亭,奉和原韵》。这说明朱稻孙在祖父去世后,接续了和曹寅的友谊。《呈荔轩先生三首》即通过追述朱氏和曹氏的交情,以致其铭佩之衷:

忆昔西湖曲,时巡扈从年。偶因招野鹤,曾上总宜船。堤暗三千柳,茶烹六一泉。追随闻妙论,尽日恣洄沿。

频年邀老友,一舸溯真江。开阁倾重醖,招凉拓八窗。闲挥白羽扇,尽屏碧油幢。此日论交谊,千秋讵有双。

古道谁能及,惟公德最饶。麦舟怜故旧,枣木任镌雕。凤荷骈幪厚,今愁风雨飘。无文惭漠落,昂首望云霄。②

"忆昔西湖曲,时巡扈从年",回忆的是康熙四十四年(1705)、康熙四十六年(1707)玄烨第五、第六次南巡时的往事。当年,朱彝尊两度到杭州行殿朝见皇帝,得便和曹寅在西湖游船上畅谈终日。"总宜

---

① (清)朱稻孙:《呈荔轩先生三首》其一,《六峰阁诗稿》卷三,清康熙五十七年(1718)刻本。
② (清)朱稻孙:《六峰阁诗稿》卷三,清康熙五十七年(1718)刻本。

船"即西湖游船,是从苏轼"欲把西湖比西子,淡妆浓抹总相宜"的名句得名的。"六一泉"在孤山西南麓,是苏轼为怀念欧阳修而命名的。"堤暗三千柳,茶烹六一泉",可谓赏心乐事。"一舸溯真江"指康熙四十八年(1709)朱彝尊应邀至真州使院作客。"开阁倾重醖,招凉拓八窗",描绘的是曹寅、朱彝尊、李煦、李斯佺、朱稻孙在使院天池水榭纳凉饮宴的情形。"此日论交谊,千秋讵有双"两句,夸说朱彝尊和曹寅的交谊千古无双,也不是浮泛之词。张大受作有《书楝亭银台诗后》六首,其三云:"东南酬倡半耆英,寒碧邱南最系情。更洒曝书亭上泪,风流谁竞万年名。"① 由此可见,在当时士子的心目中,与曹寅感情最为深厚的江南耆英当数朱彝尊。《呈荔轩先生三首》其三所云"古道谁能及,惟公德最饶",也是基于事实而说的,不完全是客套话。"枣木任镌雕"是对曹寅资助朱彝尊刻印《曝书亭集》一事的追述。从"麦舟怜故旧"一句中,我们可以推知,朱彝尊去世时,曹寅有过赗赠助丧的善举。② "夙荷骈幪厚,今愁风雨飘",是说过去一向蒙曹公庇荫,而今天我又面临风吹雨打的窘境。"无文惭蓑落,昂首望云霄"两句,既自惭蓑落无文,反衬曹寅的凌云健笔和显耀地位,同时将打秋风的意图隐约道出,意存双关,出语得体。

祝寿是朋从交往的一大内容。朱稻孙的《桥下小轩对菊效陶呈匠门夫子》是一首兼带咏物的寿诗:

白如白玉英,黄如黄鹤翎。羊须晓珠碧,鱼尾断霞赪。种种各罗列,烂若蕃锦屏。金风一披拂,醖醁盈轩亭。矧届先生寿,称觞祝遐龄。小童舞翩跹,高歌音泠泠。招朋成雅集,不惜百觚倾。人生贵适意,不在务荣名。栽花桥下圃,吟诗池上亭。陋彼繁华子,

---

① (清)张大受:《匠门书屋文集》卷四,《四库未刊书辑刊》第八辑,第609页。
② "麦舟"之典出自宋代范纯仁以麦舟助石延年治丧的故事。宋惠洪《冷斋夜话》卷十:"范文正公在睢阳,遣尧夫于姑苏取麦五百斛。尧夫时尚少。既还,舟次丹阳,见石曼卿,问寄此久近。曼卿曰:'两月矣。三丧在浅土,欲丧之西北归,无可与谋者。'尧夫以所载舟付之,单骑自长芦捷径而去。到家拜起,侍立良久。文正曰:'东吴见故旧乎?'曰:'曼卿为三丧未举,留滞丹阳。时无郭元振,莫可告者。'文正曰:'何不以麦舟付之?'尧夫曰:'已付之矣'。"清嘉庆十年(1805)虞山张氏照旷阁刻《学津讨原》本。

日蹑王侯局。①

这位为《六峰阁诗稿》作序的匠门夫子张大受，字日容，嘉定籍，世居吴郡匠门，故号匠门，又号拙斋。少时从学于朱彝尊，为朱彝尊、汪琬、韩菼所推重。康熙四十八年（1709），张大受成进士，改翰林院庶吉士，散馆授检讨，官至贵州学政。著有《匠门老屋集》30卷。此诗前半部分咏菊，写得风华流丽，可惜流于一般，未见精彩；后半部分祝寿，虽有"矧届先生寿，称觞祝遐龄"这样的套话，却在难进易退之意上做文章，并鄙弃趋走王侯之门的华服少年，显示了诗人不谐于俗的个性。从"人生贵适意，不在务荣名"等语看来，此诗当作于张大受成进士之前。

查慎行、龚翔麟和曹寅都是朱彝尊的故交，朱稻孙造访呈诗，或表达敬慕之情，或传递称道之意，一方面源于对世交故谊的珍惜，另一方面也是一个通家晚辈致敬先达前辈的礼仪化行为。作为赠诗，难免有赞誉过当之处，但总体来看，这些诗是以前辈的身份、地位、才学为依据的。

从朱稻孙与同辈好友的酬唱中，更能看出他的日常生活情景和精神风貌。在他的同辈交游圈中，和他来往最密、酬唱最多的要数钱陈群。钱陈群，字主敬，又字集斋，号香树，又号修亭，晚号柘南居士，浙江嘉兴人。其祖父瑞征于康熙二年（1663）中举，康熙二十五年（1686），赴西安县县学教谕任。所著《忘忧草》，朱彝尊为之作序。陈群父亲纶光与朱彝尊亦有交情。钱陈群11岁时，朱彝尊、彭孙遹、李良年等因天下雨，阻于陈群堂叔钱尔复小园中。钱尔复邀大家赋《积雨诗》，钱陈群当即赋五古一首，中有"蚯蚓长于蛇，薜荔阴似鬼"之句，彭孙遹高兴地说："此子他日当以五古诗名世。"朱彝尊也说："他日当让出一头地。"康熙三十八年（1699），钱陈群举童子试第一。四十年（1701），举县试第一。四十一年（1702），以优贡生入国子监。初至京师，查慎行见其诗，击赏不置，称："吾浙诗人，当以钱子追配竹垞。"钱陈群曾于诗会中向徐嘉炎请益道："何以博耶？"徐嘉炎说："读古人文，就其篇中最胜

---

① （清）朱稻孙：《六峰阁诗稿》卷一，清康熙五十七年（1718）刻本。

处论之，久乃会通。"钱陈群后述于朱彝尊，彝尊说："华隐言是也。世安有过目一字不遗者耶？"钱陈群常举此言为读书之法。五十三年（1714），钱陈群中式顺天府乡试第29名。六十年（1721），中式会试第7名，殿试二甲第17名，改庶吉士，授编修。后官至刑部侍郎。著有《香树斋诗集》18卷、《香树斋诗续集》36卷、《香树斋文集》28卷、《香树斋文续集》5卷。朱稻孙和钱陈群是总角之交。朱稻孙作《九言赠柘南》概述了二人交往、性情之大略，倾吐了结屋偕隐的心曲：

> 东海仲子洵是人中豪，卓然独立斯世尘襟陶。十年伏枥未遇伯乐顾，视彼名利渺小如鸿毛。客前有论非古讵肯吐，读破万卷手自蝇头钞。峥嵘磊落下笔惊四坐，恍如江海月夜翻秋涛。年来席砚设我六峰阁，西窗翦烛对话忘深宵。有时牵拂三五素心至，竹边花底射覆同分曹。穷通得丧造化各有定，及时行乐勿谓徒嚣嚣。我生侘傺寒产思不释，一枝那得安稳栖鹪鹩。悲歌击筑慷慨复呜咽，欲起灵均泽畔吟《离骚》。尔我童初还往共晨夕，平生落落寡合无知交。天荒地老期我两人在，结个茅屋偕隐长由敖。①

钱陈群入国子监后，在京以抄书糊口，也藉此得以读到不少书，包括一些海内孤本。钱陈群早岁称诗，风力道上，是秀水诗派的奠基者。彭启丰《香树斋诗集序》曰："其取材之浩博，如观沧海，入珠宫，珍贝陆离，灿然夺目。……本朝文苑，若朱竹垞、彭羡门、高江村、曹倦圃诸公，皆著作斐然，而竹垞为最。今先生辉映后先，堪与之伯仲无疑也。"② 从"年来席砚设我六峰阁"以下，可以看到朱、钱二人结伴读书的生活剪影及其内心苦闷。这是一首分量很重、词气甚盛的九言体古诗。赞誉之词、侘傺之怀、慷慨之音、童年之忆，在夹叙夹议中如瀑流倾泻般涌出。

朱稻孙与钱陈群的相知相惜之情在一些短诗中也有流露，如《病起柘南过讯二首》其一云：

---

① （清）朱稻孙：《六峰阁诗稿》卷三，清康熙五十七年（1718）刻本。
② 钱陈群：《香树斋诗集》卷首，清乾隆间刻本。

晓起轩窗尚未开，一番风雨打青梅。故人怜我成孤寂，不惜冲泥踏屐来。①

时辰尚早，风雨刚过，诗人正处于孤寂难耐的当口，友人踏泥来探，真令人有空谷足音之喜。其《折杨柳歌送柘南之旌阳》更写得一往情深：

蒙陬春风吹，杨柳丝未垂。闻君有远役，送君水之涯。欲别不忍别，伫立难自持。赠行苦无物，但折杨柳枝。各有四方志，相见无定时。凭仗短枝条，记取长相思。②

因为"各有四方志"，就注定了好友之间的别离。在春风吹拂的日子里，将好友送上行舟后，作者自己却是"欲别不忍别，伫立难自持"，难分难舍的离愁别绪已经成了生命不能承受之重负了。这种离别之痛实缘于情谊之深，甚至可以说是骨肉之感。朱稻孙在《柘南复归村西旧居诗以送之》中说："留客惟鸡黍，联吟有弟兄。"③ 他与钱陈群是以兄弟相称的。

张敏求也是朱稻孙的意气相投的挚友。张敏求，字燮甫，号勖园，一号卜崖，安徽桐城人。乾隆六十年（1795）中举，又考取高宗纯皇帝实录馆誊录，部选江苏奉贤知县，前后凡两任。后丁父艰。服阕起复，选甘肃漳县知县。道光三年（1823），以目疾由漳县知县任上引退，侨寓兰州。其人师事刘大櫆，工诗古文，诗更为时人所重。著有《问花亭诗初集》8卷、《问花亭诗外集》2卷、《纪游诗草》2卷。方东树于《张大令勖园墓志铭》中曰："桐城固以文学雄江北，而枞阳自海峰先生以诗鸣于世，后起者凡数十辈，惟君与王晴园灼、朱芥生雅称尤名家。所著《问花亭前后集》，海内名流争归慕焉。"④ 张敏求居家未仕时，朱稻孙曾登门造访，写下一首渲染村居情调的《过访张敏求村居》：

---

① （清）朱稻孙：《六峰阁诗稿》卷三，清康熙五十七年（1718）刻本。
② （清）朱稻孙：《六峰阁诗稿》卷四，清康熙五十七年（1718）刻本。
③ （清）朱稻孙：《六峰阁诗稿》卷二，清康熙五十七年（1718）刻本。
④ （清）方东树：《考槃集文录》卷十，华东师大图书馆藏清光绪二十年（1894）刻本。

> 故人今住横塘北，此地从无热客经。一水静流当户碧，数峰遥对入檐青。闲时握管书蕉叶，兴到呼童倒酒瓶。往日结邻原有约，石湖许我共扬舲。①

诗中笔墨秀净，不用深语，而声情摇荡。颈联写眼前之景，自然入妙。颔联写出了张氏日常生活中诗酒自适的趣味，流露出欣羡之意。最后道出自己曾和张氏有卜邻泛舟的前约，虽或是戏言，自有一种散淡疏放的名士风流。朱稻孙另有一首《赠张敏求二十韵》：

> 钟王已不作，俗书蹈圈白。学童九千字，楷法罕授受。建州麻沙村，钱唐大街口。枣木光流传，字样杂苗莠。矧夫今之人，蛇蚓互结纽。九经误后学，谁将谬者纠。张君家吴关，姓源甘白后。弱龄写经苑，筋骨自颜柳。运腕意匠殊，人攻子墨守。一时局中书，八法独居首。在昔司业参，论堂日循诱。写书胜读书，斯言足不朽。君岂苗裔邪，何其等一手。忆予寓僧庐，是年岁在囿。班草莲花径，得此金石友。斜正划丁朋，锱铢辨庄牡。三载联绳床，结契洵非偶。高秋兹下榻，家集缮八九。村羹煮白鱼，园蔬剪青韭。淹留但闭关，且饮十日酒。②

唐代张参为国子司业，手写九经，常说读书不如写书。写书是抄书的意思。朱稻孙服膺张参之说，认为"斯言足不朽"。他觉得张敏求喜欢写书，大概是张参的后裔。

朱稻孙还有一部分写给堂兄弟、表兄弟的诗作，纯是真情流露。其《京口逢二十六弟以静感怀》写客里相逢的落拓情状，带有强烈的感情色彩：

> 潦倒相逢泪暗弹，津亭握手对寒晖。风扬峭壁孤帆出，浪卷平沙一雁飞。如此江山看亦好，等闲人物孰堪依。且拼烂醉垆头去，

---

① （清）朱稻孙：《六峰阁诗稿》卷四，清康熙五十七年（1718）刻本。
② （清）朱稻孙：《六峰阁诗稿》卷二，清康熙五十七年（1718）刻本。

与尔销愁任典衣。①

此诗气势流走,沉郁疏放,抒情真挚,写景入妙。诗末所称典衣换酒,烂醉垆头,乃诗人故伎,酒客常态,未见得朱稻孙、朱守葆二人真的阮囊羞涩,连喝酒的钱都掏不出来。

朱稻孙作《有所思寄怀周五表兄象益》写自己因离别的煎熬而失眠、消瘦,有浓厚的感伤意味:

> 长夜苦无寐,散步临阶墀。阶墀何所有,但见碧草滋。萋萋伤我心,于焉怀所思。忆昔君下帷,读书留芊陂。飞觞池南亭,涤砚亭北池。联吟共晨夕,三岁无乖离。河梁忽挥手,各在天一涯。闻寻仙翁洞,更历昭台基。词赋万人敌,经史恒自随。才名动辇毂,欢乐那可支。我生命不辰,轗轲多哀悲。孑然处蓬户,潦倒安所之。此情向谁诉,惟有夫君知。思君衣带缓,绵绵无已时。心飞蓟北门,凭仗长飞吹。②

长夜怀人,声情悲切。其所寄怀的对象周五表兄,名朱未,字象益,号潜叔,秀水诸生,周能察之子,朱彝尊外孙。寓居吴江。曾入江西巡抚白潢幕,后官云南试用知州。著有《童初公遗稿》《骖鸾集》《诗余》《福王谥法考》。《石濑山房诗话》曰:"潜叔本吴江人,幼孤。朱竹垞太史教诲成立,入秀水学。稍长,以能诗文、工笺注鸣。入都,馆大学士陈廷敬家,由是益知名。康熙癸巳(1713),诏举海内实学之士,副都御史李涛、侍郎郝林合疏荐举。未及用。雍正乙巳(1725),两江总督查弼纳荐称品端才练。时已援例授知州衔。又二年引见,命往云南试用。中道卒。"③

英国哲学家G.E.摩尔说过:"最有价值的东西是人的交往的乐趣和对美的东西的享受。"朱稻孙的酬赠诗多带有叙述性,记录了他在人际交

---

① (清)朱稻孙:《六峰阁诗稿》卷四,清康熙五十七年(1718)刻本。
② (清)朱稻孙:《六峰阁诗稿》卷三,清康熙五十七年(1718)刻本。
③ (清)潘衍桐辑:《两浙輶轩续录》卷五,清光绪十七年(1891)浙江书局刻本。

往中的见闻、体验、情绪和趣味。阅读其中富有深情的篇章，想象诗人宴席上交错的觥筹，也是一种美的享受。

第二节　山水田园之清吟

朱稻孙少时足迹不出江南，主要是随祖父往来于苏州、杭州、南京、仪征等地。33岁以后，他开始北上游幕，来往于京杭大运河一线。在旅途中，他写下了大量的山水纪行诗。比之他的酬赠诗，这部分诗写景如在眼前，且每多秀句，读之令人兴逸心怡。如《张玉涧先生招游候涛山观海》有云："明州山势到此穷，兹山特立复窿穹。天然设险一卷石，台郭临海何其雄。洪波朝夕撼不已，砰訇唫磕响春冬。登台回首景逾好，逶迤一水环如虹。东洋南海渺无极，争回激转连长空。泫泫汩汩奔牛马，十洲三岛想象中。群峰远近各罗列，碧天削出青芙蓉。我朝近来弛海禁，渔船买舶帆樯通。轻肭巨舰往还数，接鳞刷尾鱼贯同。"① 候涛山位于浙江省镇海县城东北三里处的甬江出海口，是镇海关隘、甬江咽喉。因为"潮汐出入可经"，波涛汹涌，骇浪滔天，故得"候涛"之名。古代文人雅士，常结伴登山听涛。明州即今宁波的古称。此诗首先写候涛山濒海特立，气势不凡。"台郭临海何其雄"，写的是候涛山上的威远城和山麓的靖海城。"洪波朝夕撼不已，砰訇唫磕响春冬"，写在一日之朝夕，一年之春冬，海波都汹涌澎湃，经久不息，但诗人似乎还嫌将海势渲染得不够，笔锋一转，来写身后的甬江："逶迤一水环如虹。"这一对比使境界全出，大海之浩瀚，甬江之秀丽，毕收眼底。接下来则又转写海景：望之无涯，波浪连天，如千万牛马奔腾，使人想象神话中的"十洲三岛"当在遥远的天际，群峰罗列，千姿百态，秀美奇异如"碧芙蓉"。候涛山地处海口，"商舶所经，百轸交集"，所以写完了自然海景，就将目光转向海上来往穿梭的渔船商舶。整首诗笔势俊健，机神飞动，用了搏虎之力。就其诗磅礴的气势而言，近于太白。而言情写景，务求尽致，正如查慎行在《六峰阁诗稿序》中所说的"有肆好之风"。②

---

① （清）朱稻孙：《六峰阁诗稿》卷四，清康熙五十七年（1718）刻本。
② （清）朱稻孙：《六峰阁诗稿》卷首，清康熙五十七年（1718）刻本。

朱稻孙山水纪行之诗,并非篇篇都写得波澜壮阔,光怪陆离。根据吟咏对象的不同,其诗风也有相应的变化,正所谓"其为物也多姿,其为体也屡迁"①,如《月夜度清流关》,有空山清磬之音,《江行》有御风缥缈之势。这里我们且看《晓起过磨盘山》一诗的晓行寒寂之状和峻岭奇崛之象:

> 高秋夜薄寒,欹枕听漏永。仆夫促治装,白露一庭冷。斜汉何漫漫,残星犹耿耿。出门揽余辔,取道磨盘岭。兹岭路迂回,峰峦叠相并。高下势崎岖,周遭千万顷。虽无竹石幽,饶有烟云景。我马蹀躞上,宛转凌绝顶。满山风飔飔,一步一猛省。得非五丁手,凿此穹窿境。十里穿羊肠,客怀靡所骋。回首望东山,朝曦射山影。②

古人长途跋涉,非到驿站无处安宿,故须"侵星赴早路"③。此诗开头写夜寒漏永,白露盈庭,斜汉漫漫,残星耿耿,点明了出行的时间。从"出门揽余辔"至"饶有烟云景",写早行山道中所见之景。放眼前望,山路迂回;举目观瞻,峰峦叠屏。山间朝雾迷蒙,别有一番情趣。诗的后半部分则写行旅风尘之感。"一步一猛省",显出行客睡意蒙眬之状,晓行情境立呈。"得非五丁手,凿此穹窿境",运用了"五丁凿山"的典故,侧写山之高峻。最后,终于走出了山路,其时已是"朝曦射山影"。此诗写旅情物状,既清新,又雄奇,可谓"刚健含婀娜"。

在中国古人那里,山水清景往往与隐逸情趣紧密联系。所以,当诗人们流连山水时,往往会想到终老林泉。朱稻孙也不例外,如他在《皋亭山夜泊》中就抒发了这种情怀:

> 挐舟夜泊皋亭山,山头霜叶纷斑斑。汲取清泉燃活火,坐对明

---

① (晋)陆机:《文赋》,《全上古三代秦汉三国六朝文》全晋文卷九十七,清光绪二十年(1894)黄冈王氏刻本。
② (清)朱稻孙:《六峰阁诗稿》卷二,清康熙五十七年(1718)刻本。
③ (南朝宋)鲍照:《上浔阳还都道中》,《八代诗选》卷九,清光绪十六年(1890)江苏书局刻本。

月看归鹇。桑枝几时营十亩，艇子何时占一湾？持杯未饮心已醉，欲结茅屋辞尘寰。①

皋亭山在钱塘江边。在一个秋天的傍晚，诗人系舟山下，看到了满山的斑斑红叶。接着汲清泉，燃活火，对明月，看归鹇，优哉游哉，意态闲雅。如此清景幽怀，使诗人萌发了归隐林泉的念头。于是酒尚未饮，心已先醉。同样是写景，比之前两首诗的气势磅礴和清新雄奇，这首诗显得娴雅幽淡，态浓意远。

朱稻孙作诗非常注重词句的锤炼，查慎行就说他"句酌字斟"。正是对字句的反复锤炼，使他的诗，尤其是写山水清景的诗，佳句叠出，如"细柳穿新月，长天散暮云"（《东湖夜泊》），"三曲红桥一水湾，孤亭寂历鸟间关"（《沧浪子》），"一水清流断，千峰翠色含"（《同诸君游净慈寺》）等，皆清新可诵。

如果说自然山水纯属造化的大手笔，那么田园风光则更多带有人的温情。在朱稻孙写景的诗中，也有一部分就是以田园这一人化的自然为吟咏对象的，不过这部分数量较少。兹举一首《过百花庄》：

独棹长泾入，徐听橹轧鸦。女桑风戾叶，官柳雪飞花。众鸟掠高树，群蛙吠浅沙。不知茅屋底，几日动丝车？②

此诗描绘了一个江畔水村的风光，富有季节感。女桑、官柳、飞鸟、蛙鸣，这些普通的乡村物象，显现出一派盎然生机。末尾"不知茅屋底，几日动丝车"一句，点染出丝绸之乡的本地风光。比之他的山水诗，这部分田园诗更见自然闲适之趣。

第三节　花鸟树果之咏赞

在《六峰阁诗稿》中，咏物诗有24首，约占全部诗作的十分之一，

---

① （清）朱稻孙：《六峰阁诗稿》卷二，清康熙五十七年（1718）刻本。
② （清）朱稻孙：《六峰阁诗稿》卷一，清康熙五十七年（1718）刻本。

数量不是很大，但命意和表现手法较丰富。其于所咏之物有欣羡者，如含桃、青梅、蚕豆、樱李、胡姬；有赏玩者，如蜡梅、雪梅、红梅、桐花、荷花、春雪、钓竿；有赞赏者，如十月牡丹、秋兰、紫荆；有怜惜者，如蟋蟀、蜻蛉、燕、芦雁；有同情者，如城、雁、帐、马、秋柳、双桐；有讥讽者，如螳螂；有寓理者，如棋、棋枰。其中大部分立意专主肖物，而不寓比兴，不及时事。如《蜡梅》云：

玲珑点点影参差，积雪初晴映小池。十月橙霜新摘后，一篱菊水乍冰时。香传冻雀依危砌，冷逐游蜂缀曲枝。折向胆瓶烦画手，岁寒图取慰相思。①

首联将蜡梅写得楚楚动人。颈联渲染季节氛围，相当别致。颔联以工笔添颊毫，堪称妙对。尾联以折枝画梅收束全篇，则平平无奇。此诗意在为蜡梅传神写照，别无深意。再如《蟋蟀二首》其二云：

豆花才过雨，际夜发清吟。耐可登床听，端宜敛步寻。冷盆收弱羽，小草动雄心。竹院愁凄咽，声声助玉碪。②

此诗虽然意义短浅，但于蟋蟀音声情状摹写得相当真切到位，尤其是"冷盆收弱羽，小草动雄心"一联，可称妙句。朱稻孙还有一部分咏物诗则寄予了身世萧条的感叹，如《秋柳和秦含真》云：

自唱骊驹动别筵，短枝萧瑟最堪怜。垂垂老去张思曼，袅袅愁深白乐天。转眼轻风度流水，惊心落叶响哀蝉。不须对景伤迟暮，即是春时已悯然。③

"垂垂""袅袅"既画出秋柳之态，又显出迟暮之人的愁思，叠字用

---

① （清）朱稻孙：《六峰阁诗稿》卷一，清康熙五十七年（1718）刻本。
② （清）朱稻孙：《六峰阁诗稿》卷二，清康熙五十七年（1718）刻本。
③ （清）朱稻孙：《六峰阁诗稿》卷四，清康熙五十七年（1718）刻本。

得相当警策。蜡梅、蟋蟀、秋柳等物象多见诸前人笔端,朱稻孙所咏虽然工巧,但新意无多。他的咏物诗中最有特色的,当是摹写一些比较罕见物象的篇什,如《咏十月牡丹和韵二首》,其一云:

> 荻干枫落忽偷新,又见姚黄配玉真。小雪乍晴争国色,浓霜乱点更精神。休论白帝能呈巧,似怨东君待饯春。寒日半笼风瑟瑟,先知野蝶正无因。[1]

牡丹花当令季节是春天,如今却在十月里开放了,诗人饶有兴味地为此奇景赋上一曲。首联直写在"荻干枫落"的季节里,姚黄、玉真等品种的牡丹花盛开了。颔联则写牡丹不畏寒天,勃然怒放的姿态。诗人取小雪和浓霜为背景,映衬牡丹的"国色"和"精神",对仗工稳,意境新奇。颈联则转入对牡丹十月盛开之事的思索。白帝是传说中的司秋之神,东君是司春之神。诗人想到牡丹盛开,非因秋天之故,而是催促春天快快到来。尾联是说,瑟瑟寒风中盛开的牡丹为野蝶提供了生活的凭借。周敦颐在《爱莲说》中说:"牡丹,花之富贵者也。"在以往的诗词中,牡丹总和娇贵而不堪风霜联系在一起。但此诗能出陈翻新,一洗牡丹的传统形象,赋予其不畏严寒的凌然风节,令人耳目一新。

嘉兴以产槜李闻名于世。朱彝尊曾作有《槜李赋》,朱稻孙《槜李》诗乃櫽括《槜李赋》而成。《槜李》诗云:

> 嘉树传吾土,《春秋》识旧名。岐枝须瓦著,饷客定囊盛。种自城隅失,根移寺下生。南人声价重,西子爪痕轻。味许颜回并,园应朱仲营。素心将奈别,冰齿爱瓜并。核小钻难入,肌丰劈易呈。情多沈家令,青玉喻分明。[2]

《槜李赋》所云"(槜李)载于鲁《春秋》之经",是指《春秋》所载"(定公十四年)五月,于越败吴于槜李"。杜预注曰:"槜李,吴郡

---

[1] (清)朱稻孙:《六峰阁诗稿》卷一,清康熙五十七年(1718)刻本。
[2] (清)朱稻孙:《六峰阁诗稿》卷二,清康熙五十七年(1718)刻本。

嘉兴县南醉李城。"赋中只述典故，而诗中更寓自豪之情。接着该诗极言槜李产果丰硕，分叉的枝条因硕果累累而不堪重负，需要以砖瓦支撑。"岐枝须瓦著"，即《槜李赋》所云"砖着树以分岐"。"种自城隅失，根移寺下生"，即《槜李赋》所云"自空城之芜没，迁净相之梵宇"，是说原产地古槜李城附近已经荒芜，不再种植槜李，而移种到嘉兴净相寺的槜李存活了下来。朱彝尊《槜李赋》序曰："府治西南二十里，旧有槜李城，今芜没。李，唯县东二十里净相寺有之。""西子爪痕轻"，即《槜李赋》所云："遇入吴之西子，臙脂之汇舟移。经纤指之一掐，量心赏之在斯。"相传当年西施去吴国，路过槜李城，吃槜李时指甲轻轻一掐，便永久性地留下了一个指爪痕。"味许颜回并，园应朱仲营"，化自《槜李赋》所云"价方高乎朱仲，种不让夫颜回"。这里是说槜李味美，应让"饭疏食饮水"的颜回品尝；槜李名贵，可与朱仲之珠媲美。《列仙传·朱仲》载："朱仲者，会稽人也，常于会稽市上贩珠。汉高后时，下书募三寸珠。仲读购书笑曰：'直值汝矣。'赍三寸珠诣阙上书。珠好过度，即赐五百金。鲁元公主复私以七百金，从仲购珠。仲献四寸珠，送置于阙即去。下书会稽征聘，不知所在。景帝时，复来献三寸珠数十枚，辄去，不知所之云。朱仲无欲，聊寄贾商。俯窥骊龙，扪此夜光。发迹会稽，曜奇咸阳。施而不德，历世弥彰。"[1]"素心将奈别，冰齿爱瓜并"，化自《槜李赋》所云"浆均玉乳之梨，品胜红云之柰"，[2] 言槜李果肉洁白，浆液甘美。末句用了《梁书·范云沈约列传》的典故，沈约"尝侍宴，有妓师是齐文惠宫人。帝问识座中客不？曰：'惟识沈家令。'约伏座流涕，帝亦悲焉，为之罢酒"[3]。又沈约《麦李》诗云："青玉冠西海，碧石弥外区。"[4] 诗中一方面言槜李为自己故土之物，正如齐之旧臣沈约难忘亡齐一样，自己对槜李的感情也是刻骨铭心的。另一方面，又化用沈约写麦李的诗句来喻槜李，表示自己对故土之物的深厚情意，如青玉一样分明可鉴。朱稻孙的诗很少堆砌典故，但这首诗是例外，因为诗中所

---

[1] （汉）刘向撰，（清）王照圆校正：《列仙传》卷上，明正统《道藏》本。
[2] 王利民、胡愚、张祝平、吴蓓、马国栋校点：《曝书亭全集》，吉林文史出版社2009年版，第47页。
[3] （唐）姚思廉撰：《梁书》卷十三，清乾隆四年（1739）武英殿刻本。
[4] （南朝梁）沈约：《沈隐侯集》卷五，明末刻《七十二家集》本。

用典故大多源自《槜李赋》。朱稻孙的一生都生活在他祖父的巨大身影之中，由此诗亦可窥见一斑。

朱稻孙的咏物诗大多数表现为清丽风格，《塞上杂咏和柘南》组诗则移笔墨于塞漠，量不弘而气盛。如《帐》语义挺拔，画面阔大，写得生气勃勃："牙帐屯军好，平沙大漠开。草中埋万灶，月底出层台。传箭遥防御，衔枚绝往来。边庭烽火息，枕簪不须哀。"①

朱稻孙咏物诗中比较有特色的是用类似赋的手法写作的《紫脱歌和凿坏夫子》：

> 朝从吾师谈群经，几案瞥见光玲珑。瓦盆石罅露紫脱，有若华盖张亭亭。摩挱数过叩所自，云是后圃所产移中庭。少焉示我歌一纸，体物详妍抑何美。归来插架考残编，历历图经皆可纪。伊昔炎帝勤农时，教民耒耨百谷滋。盛德所感著灵异，时则宇内呈神芝。乃知是物亦是瑶光星散彩，坚齿益目无不宜。味作甘辛，法用虀捣，带之辟兵，服之不老。丹砂金液同奏功，载在方书俾雠讨。石肉草木名不同，大都产自深山中。为种各有百二十，欲求须执一把吴唐花以入。山之神兮喜洋洋，玉英紫盖定相拾。肖物恒逼真，更仆难且陈。或结若人冠，或幻若人身，或高若宫阙，或圆若车轮，或岐若牛角，或隐若龙鳞。蠙珠吐华色，皎洁珊瑚出。海枝鳞峋叶，丹罗实翠鸟。月精云母名逾奇，九光五色餐尤好。由来实腹胜蔈苓，安得遍地生瑶草。连年旱潦伤疲瘵，千钱斗米和泥沙。似此仙卉岂易致，丰年瑞应诚堪夸。又闻德门亦挺出，珍重何异连理之木骈头花。吾师昔日持服坐苦冎，甘露藤花降者再。今看囷蠹长垓下，轶事崔家应并载。摭辞和长篇，急就笔莫宣。噫嘻骚人所赋三秀，无烦扪葛采山间，筠圃早已成芝田。②

"紫脱"是传说中的瑞草，据说王者行仁政则此草生。凿坏夫子即沈进之子沈翼。沈翼后圃长出一株紫脱，他将之移植到前厅，并且写了一

---

① （清）朱稻孙：《六峰阁诗稿》卷四，清康熙五十七年（1718）刻本。
② （清）朱稻孙：《六峰阁诗稿》卷二，清康熙五十七年（1718）刻本。

首《紫脱歌》。朱稻孙回到家中，遍考典籍，弄明白了紫脱为何物。诗中摹写紫脱之态，连用六个"或"字，显然是受了韩愈《南山诗》的影响。诗中用来比拟紫脱的物象光怪陆离，炳若缛绣，诗人如此辩雕万物，恣意逞奇，显然是受到了《楚辞》和汉大赋的影响。从这里可以看出，朱稻孙的咏物诗往往兼取众法，不拘一格。

第四节 娉婷美女之艳羡

秀水朱氏以诗书传家，以醇儒自命，但并非恪居礼法的道学门庭，其家族中不少才士多有风流韵事。朱彝尊年轻时与妻妹冯寿贞有过一段刻骨铭心的恋情，朱稻孙似乎也遗传了其祖的一些风流基因，创作了一些艳情诗。

顺治十七年（1660）春日的一天，朱彝尊和处士董𨱁进入山阴城内一个大宅院，去看名为彭山的一座孤丘，碰见三位靓妆女子。她们仪态大方，面对生人，没有惊慌躲避，令朱彝尊怦然心动。朱彝尊在《彭山即事》诗中说："谁家三妇艳新妆，静锁葳蕤春日长。一出浣沙行石上，飞来无数紫鸳鸯。"[1] 朱稻孙的《孤山书所见十二韵》也描写了偶遇的明艳女子，表现了他心理上"发乎情"的一面：

> 彼美诚明艳，娉婷自不凡。夷犹停细桨，牵拂入空嵌。巧绾城中髻，新裁杏子衫。承云舒小凤，却月缀双蟾。延伫波横送，绸缪意肯缄。纤腰行袅袅，素手出掺掺。笑指东西渡，争寻上下岩。惊鸿翩莫定，去燕语翻喃。曲径香风散，深林落照衔。红亭成别浦，渌水趁归帆。巫峡思通梦，湖山愿共监。相逢歌绝世，只少姓名劖。[2]

此诗写的是在杭州西湖孤山的一次邂逅。诗人似乎被眼前惊采绝艳

---

[1] 王利民、胡愚、张祝平、吴蓓、马国栋校点：《曝书亭全集》，吉林文史出版社2009年版，第94页。

[2] （清）朱稻孙：《六峰阁诗稿》卷四，清康熙五十七年（1718）刻本。

的女子深深迷醉了，一开口便赞叹道："彼美诚明艳，娉婷自不凡。"接着分别写她停船上岸的姿态，以及发髻衣着、头上饰品、眼中秋波、纤腰素手、笑语动作，风流摇曳，纤毫不落。而女子之美，诗人似乎还没说尽，又比之为翩然之惊鸿，喃语之去燕，力求形容出其神韵。然而美好的时刻总是太短暂，不知不觉已是"曲径香风散，深林落照衔"的傍晚时刻了，恋恋不舍的诗人只好踏上归舟。但是他依旧期待着能和女子在梦境相通，并一起终老湖山。至此，他还不知道那位女子的姓名。本诗的章法布局和意境创设源自曹植的《洛神赋》，甚至其中的一些语言，如"彼美诚明艳""惊鸿翩莫定"等，就脱化自曹植《洛神赋》中的"彼何人斯？若此之艳也""翩若惊鸿"。比较来看，曹植写的是梦境，而朱氏写的是实事。曹氏之作辞藻华美，而朱氏之作则明快秀丽。曹赋意境缥缈，朱诗风格浅切。朱稻孙学而能变，因袭而能自出机杼。

古代艳情诗多呈现出绮丽纤秾的风格特色，绮多伤质，纤则无骨，而朱稻孙的《美女篇》绮而有质，艳而有骨，刻画了一位只愿自我择婿、不愿嫁入豪门的南国少女：

南国有美女，如花妖且妍。十三学刺绣，颜色斗婵娟。十五学弹琴，铿锵调冰弦。十七学临书，八法多究研。时涤龙尾砚，闲擘乌丝笺。不穿罗与绮，不傅黛与铅。杏衫白练裙，飘飘若飞仙。亭亭绿杨外，红索架秋千。春光何淡荡，游冶遇少年。少年逞奇丽，宝马珊瑚鞭。狂思结同心，相看作比肩。遂将殷勤意，凭仗媒妁宣。黄金盖作屋，白玉琢作椽。朱门当大道，甲第如蝉联。日日听笙歌，夜夜开舞筵。明珠贯大秦，尺璧深于阗。但求彼见纳，不久驾云軿。媒妁前致辞，阿母随嫣然。转向女儿说，夫婿洵翩翩。屈指数富贵，莫与争后先。儿能入伊家，不用苦忧煎。美女泪如雨，阿母见何偏。儿本贫家女，生不簪翠钿。有婿我自择，经史须便便。儿操芝兰洁，儿心金石坚。繁华安足重，过眼同云烟。登楼复挥涕，顾影空自怜。①

----

① （清）朱稻孙：《六峰阁诗稿》卷三，清康熙五十七年（1718）刻本。

《美女篇》是乐府旧题，属《杂曲歌·齐瑟行》。朱稻孙此诗在总体结构及对女子艳美的描写上显然以曹植《美女篇》为范式。如"南国有美女，如花妖且妍"，本之曹诗所云"美女妖且闲"；"杏衫白练裙，飘飘若飞仙"，本之曹诗所云"罗衣何飘摇，轻裾随风还"；"朱门当大道，甲第如蝉联"，本之曹诗所云"青楼临大路，高门结重关"。但朱诗中的南国美女，不仅多才多艺，有较高的文化修养，而且节如芝兰，心似金石，有婚姻自主的意识，其清新的形象比曹植诗中的美女更为光彩照人。最后两句则写出了一个走在时代前面的女子的无奈和凄凉。

　　中国古代男性文人常会模拟女子口吻，创作一些闺怨诗。朱稻孙《怨诗二首》就是这样的代言体诗歌，其二云：

　　　　自是君情轻别离，非关妾意好参差。浮萍水上原无蒂，垂柳风前故有枝。野鸭低飞难逐队，山蚕作茧不成丝。幽怀沈结那堪说，肠断空歌决绝词。①

　　女主人公由爱生怨，由怨生恨，最后竟然要和恋人决绝。诗的颔联以无蒂的水上浮萍比喻寡情轻别的荡子，以有枝的风前垂柳比拟因独守空闺而改变心意的女主人公。颈联用"野鸭低飞难逐队"形容女主人公的孤独无依，用"山蚕作茧不成丝"说明她已经不再思念曾经的恋人。诗末则直言其"幽怀沈结"，难以言表。前人的闺怨诗固然写"怨"，但更多的是"慕"，且往往以闺中之人对远方游子的理解和体谅，来消释自己的寂寞孤苦。此诗则一反常法，以女主人公的决绝之词，来写她的爱情痛苦，可谓别出心裁。

　　此外，朱稻孙的《咏古十首同拙庵柘南》追怀古代美人的风流遗恨，词韵俱佳。其中，《西子》咏西施霸越吞吴，《虞美人》赞虞姬独守贞心，《梅妃》赏江采萍之颜色风华，《杨妃》伤杨玉环之命丧马嵬，《花蕊夫人》叹费贵妃之图画张仙，整组诗满是同情之语，而不为"祸水"之说，表现出史家的见识。

　　朱稻孙有关妇女题材的诗吐纳风流，藻思绮合，呈现出"哀艳"的

---

① （清）朱稻孙：《六峰阁诗稿》卷四，清康熙五十七年（1718）刻本。

色彩。析言之,"艳"表现为对美女容颜和品格的艳羡,对女子华美服饰和四时良辰美景的描写。"哀"则表现为情思的无由相通,分离的哀怜与忧伤。

第五节　醇雅清丽之风格

朱彝尊主盟的浙派诗歌"宗宋、主性情、重学问"①,崇尚"清醇雅正"的诗风。朱稻孙自幼涵濡其中,深受影响。总的来看,朱稻孙的诗歌也体现出了"醇雅"的一面,而没有"叫嚣以为奇,俚鄙以为正"②的情形。如其《出门不果自嘲》:

> 此生判行役,天意重飘零。去去梁间燕,依依水上萍。故乡何所恋,长路亦曾经。看剑悲心事,聊为醉醺醺。③

这是一首悲不遇的诗。一般人写此类诗,容易牢骚满纸,愤世嫉俗,流于叫嚣。朱氏此诗虽满纸悲情,但情感内敛,以"去去梁间燕,依依水上萍"喻自己飘零无着,复以"故乡何所恋,长路亦曾经"来化解自己失意思乡之情。最后以看剑自惜,借酒浇愁,重申自己不遇之事,语似平常道出,但悲慨之情尽在其中。

浙派秉承宋诗之传统,"重学问",于是作诗难免以学问为诗,大掉书袋,前举朱稻孙《檇李》诗,即是这一流风所致。但是总体来看,朱稻孙很少在用典上费精神,也很少佶屈聱牙的文词,故其诗发自性情,气韵自清。

虽然朱稻孙注重词句的锤炼,但没有流于雕绘之习。他反对明季以来诗坛追求绮丽的风气,曾在《呈西陂先生四十韵》中尖锐批评道:"明季风一变,骚坛事已空。作者徒纷纷,绮丽难为工。"可见,

---

① 张仲谋:《清代文化与浙派诗》,东方出版社1997年版,第4、79—84页。
② (清)朱彝尊:《曝书亭集》卷三八《叶李二使君合刻诗序》,王利民、胡愚、张祝平、吴蓓、马国栋校点《曝书亭全集》,吉林文史出版社2009年版,第438页。
③ (清)朱稻孙:《六峰阁诗稿》卷四,清康熙五十七年(1718)刻本。

他"清丽"诗风的形成，是在反拨诗坛"绮丽"诗风的过程中有意追求的结果。

朱稻孙诗的清丽风格依次：

首先，表现在物象的色彩选择上。他喜欢使用具有纯粹的赏目性的颜色词，以构成诗歌意象绚丽的色彩美和画面美。如写白云："白云自去鸟自还""青峦碧树白云铺""千山后山笼白云，白云近远迎斜曛"；写黄花："掩映黄花开曲径""菊有黄花色斩新""红叶黄花一路明""耐冷黄花应笑我""篱边耐冷同黄菊"；写碧草，特别是生长铺衍的碧草，如："伤心碧草滋""但见碧草滋""碧草迷人春日迟""暑气潜收碧草滋""似怪迷人碧草滋"；写青山："青山望如削""青山隔岸生""登阁面青山""卧看宅外青山""参差郭外绕青山"；写翠鸟："丹罗实翠鸟""翩翩来翠羽""朝看翠鸟飞，暮看翠鸟宿""翠羽中宵尚未知"；写红叶，特别是满山满林的红叶，如："红叶正撩乱""别看红叶满""红叶千山拥""红叶满林看未足""到日千林红叶满""红叶千林看最好""满林枫叶点霜丹"。如果视野中没有红叶，他也会吟道"霜薄未红叶""红叶落尽风雪深"。他还常常将亮丽的翠色和鲜艳的红色两两对举。如"翠禽堪入梦，红豆足相思""冷翠竹含粉，夭红桃始华""翠鸟一双看并浴，红蜻千万纵交飞""月下依然来翠羽，雪中讶许点红盐"。翠色象征生命和希望，具有纯净澄澈之气质，使人感到清新宁静；红色具有积极的情感色调，令人精神振奋；两种浓丽明艳的互补色的对立并置，形成感觉和情绪上的张力，使诗歌意象更加具体鲜明，气韵更加生动，情感表达更加丰沛饱满。意象群整体色泽的鲜艳夺目，在感知层面上反映出诗人的审美心理，支撑着其主体诗风的"清丽"。

其次，表现为语言明晰省净，多用白描手法描摹明丽风景，很少用典使事。如朱稻孙《侍大父游法螺庵》一诗也表现出他对于山水景物的细腻的感受性："杖履从游惯，看山到法螺。白云迷曲径，红叶落层阿。石激泉声细，风来鸟语多。探梅还有约，改岁拟重过。"① 法螺庵位于苏州天平山西北的寒山之上。上山的古道从修篁竹丛中百折而上，状如旋螺，所以山上的庵堂起名为"法螺庵"。山径旁涧水萦回，有石桥跨于涧

---

① （清）朱稻孙：《六峰阁诗稿》卷一，清康熙五十七年（1718）刻本。

水之上,名为"津梁渡"。据《寒山别业志》记载:赵宧光为葬父在寒山购地,选园建屋,兴建别业,后改为佛寺。赵宧光字凡夫,著有《说文长笺》《六书长笺》等。其妻陆卿子是文征明的孙女,能诗善画,和徐媛并称"吴门二大家",著有《考槃集》《云卧阁稿》《玄芝集》等。朱稻孙此诗不涉名贤往事,只从实景着笔。笔调灵动,著色鲜妍,如风行水上,自然成文,给人以清幽明丽之感。

朱稻孙诗喜使用自然意象,基本上不掉书袋,如《青山晚泊》在词语运用上铅华洗净,简择精切:

津吏警宵行,霜天刁斗鸣。一山高树出,两岸暮潮生。芦荻风重急,篷窗月渐明。更残眠未稳,起看客舟横。①

诗写一个秋日傍晚泊舟于青山脚下的闻见。颔联写山上高树用一"出"字,化静为动,给人以鲜明的感官印象;而"暮潮生"字,虽是熟字常语,倒也不可或缺。颈联写江畔风月,分别用了"重急""渐明",显示了时间的流程。尾联则颇有余味。全诗不用一典,直写闻见,无论是意象的选用,还是意境的营造,都如商籁之发,既老暗苍劲,又清爽古淡。

最后,表现为情致的清淳,心境的澄明。如《阻风燕子矶》含有一种俊逸可喜的风韵:"拍天翻白浪,行客尽停船。村酿双瓶注,江鱼细柳穿。离情风又阻,乡梦月将圆。且著登山屐,孤吟古寺前。"② 这首诗有着流动不滞的意脉。颔联不仅从细微的乡村风物中捕捉到美和乐趣,而且流露出骀荡的情致。颈联则在清丽舒徐之余加上了些略带黯淡色调的乡思离情。这是为最后两句的登高行吟,表现逸兴孤怀作一个顿挫,并没有多少沉重感。此诗以"阻风"为题,落脚处却在展现诗人不因半道滞留而沮丧的超然襟怀。

朱稻孙秉承了家族赋予的文化遗产,特别是汲取了来自祖父的丰富诗学营养,加上自己丰富的诗歌创作实践,其诗歌在反映自身经历和生活情趣方面达到了较高的艺术水准,不愧于"文学世家"的声名。

---

① (清)朱稻孙:《六峰阁诗稿》卷一,清康熙五十七年(1718)刻本。
② (清)朱稻孙:《六峰阁诗稿》卷一,清康熙五十七年(1718)刻本。

第 八 章

朱休承诗歌论析

朱休承《集益轩诗草》今存手抄本，藏于上海图书馆。就艺术水平而言，《集益轩诗草》中的赠答倡酬、游览行旅及题画之作，较诸其他题材更为出色，故分类论析如下。

第一节 赠答倡酬诗

所谓赠答倡酬诗，包括赋谢、奉贺、倡和、送别、留别等类诗歌，它们既是个人吟咏情性的工具，又是诗友情感互动的媒介，在古代文人的人际交往中起着润滑剂的作用，表现着诗歌创作的群体性效应。其创作心理机制可以用《文心雕龙·神思篇》所言"情往似赠，兴来如答"概括之。在《集益轩诗草》中，赠答倡酬诗是创作的大宗。它们纪交游、述情谊、怜风月、叙酬宴、道惜别，是作者社会交往的实录，是作者生平事迹的第一手信息来源。

由于《集益轩诗草》中的诗歌大多写于科场蹭蹬时期，所以朱休承的赠答倡酬诗不乏应试期间的应酬性辞令。乾隆十八年（1753），朱休承中举时，鄞县知县宋鉴分校秋闱，朱休承作《呈鄞县宋半塘明府》四首颂美其人，今录二首于此：

人杰钟山右，仙凫莅浙东。循名追汉吏，雅化本唐风。帘卷四明外，澜洄大海中。口碑森宇下，洋溢及邻封。

六艺秦燔后，百篇竟未全。古今文忽判，真赝世同传。辨误开来学，成书继昔贤。先人经义在，敢乞入重编。①

朱休承对士大夫的赞扬主要着眼于其人的清雅情趣和清明政绩，表彰其佳声美名。可贵的是，他是在事实的基础上发挥"美"的功能，而不是一味地"谀颂"。诗中称赞宋鉴的政声，并非虚誉。《汉学师承记》称宋氏"所至有政声，士民立生祠，颂遗爱焉"②。孙星衍的《宋半塘通守〈尚书考辨〉叙》说宋氏："所至能剖结疑狱，出怨抑，虽贫不取羡余，躬理赈务，有实惠，亦如君之治经可法于世云。"③

诗中于"辨误开来学，成书继昔贤"句下有自注云："前人攻古文尚书者，如旌川梅氏，山阳阎氏，并有尚书，闻公亦深疑古文辞而辟之，著有《古今文辨》。"山阳阎氏即宋鉴之师阎若璩，其专书即一代名著《古文尚书疏证》。旌川梅氏即梅鷟，其专书为《尚书考异》。其实，朱彝尊《经义考》论孔传之为依托，亦佐证分明。所谓《古今文辨》指的是宋鉴所著《尚书考辨》四卷。盛百二为此书作跋说："伪古文之失，至是书而益彰；真古文之美，得是书而益著。至于伏氏今文之出于屋壁，而非口授，则又发千古耳食者之蒙也。""先人经义在，敢乞入重编"句下有自注云："国朝自康熙中至今，说经者不下百余家。拟为广搜博访，辑成《续经义考》一编，附先太史书后，故及。"这里披露了朱休承补续《经义考》的工作，可惜其撰著已无传本行世。

一般来说，身份、遭际相似的诗人间结下的友谊有着更坚实、更密切的实质性内容。彼此之间的情感共鸣是他们赠答酬唱的原动力。如果说朱休承与朝廷大员的唱和诗作更具交际性、功利性的话，那么他和落拓者的酬答就更具有抒情性和人情美。乾隆二十三年（1758），朱休承再赴京师，先下榻于旅馆之中，和同里举人刘贡作伴，后寓居蔡西斋之宅。其《次韵和刘孝廉贡卧病之作》在真挚友情的抒写中寓有惆怅失意之感：

燕市知心有几何，故人握手慰蹉跎。车声九陌双轮疾，花事三

---

① （清）朱休承：《集益轩诗草》，上海图书馆藏手抄本。
② （清）江藩：《汉学师承记》卷二，生活·读书·新知三联书店1998年版，第16页。
③ 见（清）宋鉴辑《尚书考辨》卷首，《续修四库全书》本。

冬六出多。旅馆久拚贫作伴，愁身生怕病来磨。渔兄渔弟原相狎，待返寒江理旧蓑。①

两人均为科场失意之人，故能同声相应，同气相求，相濡以沫。《集益轩诗草》中有六首送张若垞、张苏田赴举的诗，诗中多表惜别之情和鼓励进取之意，显示了诗人在追求功名的热情中显示出来的自信和青春特质。如《送张若垞、苏田同归乡试，分得三江韵》劝勉道："阳关朝雨听三叠，健翮秋风奋一双。"《若垞、苏田南归乡试，即次留别诗韵》祝愿道："重来应向长安道，看遍春风树树花。"《送若垞南还乡试》期盼说："宝擅随和终长价，马逢良药定空群。何时重剪西窗烛，快读青钱入选文。"这些送别诗也是励志诗，它们以豪迈慷慨的意气相励以志，表达了诗人对友人青云直上的期许，也抒写了自身的抱负，反映了诗人的功名情结。

朱休承的长篇送别诗多基于私人情谊来抒发离愁别绪，因而昔时的交往、眼前的别意、未来的相思成为主要的内容。乾隆二十四年（1759）秋天，留滞京华多年的国子监贡生彭樗亭回故乡，朱休承所作《送彭樗亭还溧阳》充满哀婉凄伤之情：

去年秋月圆，逢君燕市情。欢然今年秋草碧，送君南浦心恻恻。秋去秋来疾若风，人生聚散信如蓬。谁知阅岁论交地，心许千秋一日同。忘年真得孔文举，会面时时相尔汝。感君奇字容问询，爱君书法长藏弆。老而未遇气愈扬，喜笑怒骂皆文章。吟坛酒坐一挥麈，解颐发覆针膏肓。为言留滞京华久，贡入成均岁在西。瘦妻稚子断消息，未晓饥寒无恙否。浩然计决便掉头，潞河十幅归帆抽。莼鲈要非张翰意，松菊暂拟陶潜休。我本悲秋复抱病，闻君欲去泪交迸。别前已作数日恶，别后相思几时定。答云我去君莫哀，明春携家当复来。客中努力但加饭，邮便还将尺素裁。囊空莫办都门饯，目送南飞一行雁。骊驹折柳不堪闻，西风萧萧愁煞人。②

---

① （清）朱休承：《集益轩诗草》，上海图书馆藏手抄本。
② （清）朱休承：《集益轩诗草》，上海图书馆藏手抄本。

这首五言古诗布局整饬，意亦周至。首先叙题起意，以"秋月圆"映衬相逢的欢愉和乐，以"秋草碧"喻指离情的弥漫绵延，通过意象的对比式组合，把去秋和今秋两个不同的时空互为对立，形成前后转换的关系，展示了诗人情感的流动过程。接着写知交之情，用大量篇幅描绘彭樗亭的性格和际遇，使整首诗更具感情张力。"瘦妻稚子断消息"两句以辛酸语点明彭樗亭还乡的缘由。诗人一听说自己的忘年之交要离开京华，就已涕泪交迸，情绪恶劣。而远行者反而倒过来用明年春天再相逢的前景劝慰送行者不要哀伤。"泪"意象凸显了诗人的惜别之怀。末尾四句以北雁南飞、西风萧萧的意象，勾起诗人的漂泊之感，最有触绪悲凉、黯然销魂的意味。

《集益轩诗草》中有一类以兴寄为主的赠答诗，表现出生命的冲动和人生的意欲，不失青年举子的昂扬之气。如《赠刘琴圃》在字里行间就盘旋激荡着一段落拓不羁的意气：

> 长安大道多贵交，轩车鼎鼎纷招邀。丈夫意气空自惜，眼底谁是漆与胶。吾乡刘君我鲍子，忆昔逆旅初相遭。念我途穷遇我厚，联袂归卧江之皋。桐川梅溪一水隔，别后未获浮轻舠。今年燕台秋九月，不期而遇快久要。开箱赠我锦绣段，古欢自比新知饶。形骸脱略露肝胆，往往谈剧连晨宵。看君昂藏骨相异，侠气突过三河豪。等闲一诺九鼎重，急难推解轻于毛。十千挟妓宴平乐，百万作戏呼卢枭。酒徒常满孟公座，入室那顾妻孥号。诗坛文阵更虎视，手撼山岳驱波涛。有时嫣然出丽句，八叉压倒冬郎逃。有时限语破鬼胆，玉川昌谷犹儿曹。天生此才信绝特，一蹴便合干云霄。胡为三十尚贫贱，偕余抢低游蓬蒿。囊空袤敝不得去，呫呫岁暮均无聊。逢人易白阮君眼，感遇竟瘦休文腰。功名笑比鲇上竹，况味绝类星悬匏。古来英雄分骯髒，作事难免儿童嘲。但须痛饮酒家酒，相与歌哭追荆高。①

此诗描绘了刘琴圃的侠徒面目，表现了其人抗节自立且不媚世的人

---

① （清）朱休承：《集益轩诗草》，上海图书馆藏手抄本。

格。诗中多胸臆语，兼有气骨，富有心理张力。"功名笑比鲇上竹"两句大有牢骚不平之意。诗末所云"古来英雄分骯髒"，不仅表达了诗人怀才不遇、委曲不伸的激愤，而且通过思考古今英雄的命运，实现了对人生失意的逃避和宣泄。在这首诗中，人们可以看出朱休承其时是一个感情激荡、血气方刚的诗人。

除人物描绘、情感抒发外，事件叙述也构成朱休承送别诗在章法上的重要因素。乾隆二十五年（1760）冬至日，朱休承在京华应冯樽之邀，与金蓉、夏耕心及朱休度小饮于冯鲍斋寓斋。其《庚辰至日，冯丈鲍斋招同金采江、夏耕心及舍弟梓庐小饮寓斋，因留宿，翼日复惠长句，奉酬二十韵》就具有叙事性和纪实性：

> 年年长至日，仆仆长安道。四顾多缁尘，素心孰相保。先生敦古欢，邸舍榻常扫。南烹荐北味，深杯注清醥。同岑四三辈，涎落快一饱。谓客毋庸归，闭关纵幽讨。青豆灯频挑，红泥炉共绕。初闻鼓鼕鼕，俄见月皓皓。褰帷窥阶墀，寒风忽如捣。怀哉于役人，秋半去江表。贤劳自昔然，言旋何由早。关河虽迢递，且喜霰雪少。蝉联语不休，欲寝天已晓。别后传新篇，风格一何老。悠悠念游子，切切恋朋好。循环读数过，悱恻盈襟抱。高张绿绮琴，筝琶齐压倒。黾勉裁报章，信宿乃脱稿。微阳此乍复，转眼岁之杪。有约颂盘椒，春厨重来扰。①

这首诗依次叙述了饮宴酬和活动，人、事、情历转而下，写出了亲友间的游从酬唱之乐，脉络连贯，层次分明。"青豆灯频挑"以下数句写出了节日小饮的场面气氛。"寒风忽如捣"用一转笔，引入对行役之人的怀念，见出诗人感情的深厚度。"捣"强调了风的强劲和突然。

朱休承的赠答倡酬诗牵扯着各种社会关系，呈现出丰富的人生镜像。虽然其中有应酬之作，但并非无病呻吟的羔雁之具，而是诗人情志款曲的坦诚流露，其作品从整体上为我们提供了了解诗人心态和个性气质的窗口。作者虽立足于现时的关节点，但又追忆过去，遥想未来，把友情

---

① （清）朱休承：《集益轩诗草》，上海图书馆藏手抄本。

的抒写和人生的体验结合起来，加强了此类诗歌的情感力度。诗中景物是普遍化的，而非个别化的。情语多于景语，语言平易流转而秀韵自具。

第二节　游览行旅诗

朱休承的纪游诗基本上都是近体律绝，从内容上可分为"游览""行旅"两类，两者都以自然景物作为审美对象，而又兼及诗人的人生感受。其游览诗以描绘景物为重，亦时发怀古之意兴；行旅诗以抒发感受为主，精彩处却在视觉观感的表现。其游览诗如《济南纪游二律和李耕麓夫子韵》之《大明湖》云：

> 玻璨千顷碧，巨浸压齐城。岸接龙楼丽，山临雉堞明。过桥人独立，倚棹感频生。边李流风远，骚坛迭主盟。[①]

这首诗开头描绘了碧波千顷、巨浸压城的画面，给人以气势恢宏之感，亦可见出彼时的大明湖水域比今天要壮阔得多。颔联推出岸接龙楼、山临雉堞的剪影，像是展示了一幅平远视角的山水画卷。"玻璨""碧""丽""明"等词强化了山光水色的晶莹质感。在前四句建构的富有张力的空间形态上，后四句感叹边贡、李攀龙已随风而逝，表现出新生代诗人面对诗坛跃跃欲试的姿态。

朱休承虽不信佛，但到寺院随喜时写些游寺诗，也是免不了的。这里不妨鼎尝一脔，看看他的《游悯忠寺》：

> 净域沿唐旧，精庐傍日开。早花明丈室，古柏暗香台。梵歇僧初定，云深客未回。林间残雪下，疑是鹤飞来。[②]

这首诗先从古寺的历史写起，说该寺是从唐朝遗留至今的。唐贞观十九年（645），唐太宗为了给东征高丽的阵亡将士荐福，下诏建造了此

---

① （清）朱休承：《集益轩诗草》，上海图书馆藏手抄本。
② （清）朱休承：《集益轩诗草》，上海图书馆藏手抄本。

寺。中和二年（882），悯忠寺遭火焚，重建后新添的观音阁盖得极高，民间谚语说："悯忠高阁，去天一握。""精庐傍日开"描写了寺内殿宇巍峨的景象。寺内还有唐松宋柏，遮天蔽日，所谓"古柏暗香台"是也。"香台"即悯忠台，又名"念佛台"，它建于高一米多的台基之上，周围设以砖栏。颈联接着写寺内梵钟初歇，僧人静心打坐，而客人未回。"云深客未回"一句源自贾岛《寻隐者不遇》。由此可知，朱休承此次游悯忠寺，还有访客的目的。诗的最后两句意在写古寺的幽深宁静，也兼有雪泥鸿爪之意。

朱休承的纪游诗写江南秀山丽水，多表现出一种纯粹的赏玩态度。他根本无意于从自然中寻找什么心理支撑点，因而诗中几乎没有感伤色彩。诗歌的语言也十分平易，很少雕琢。如《上巳后四日李谦初文招同金二采江游平山堂》，在随意抒写中展现了诗人快乐的心境，表现出一种闲散自适的情趣：

> 揽胜天涯忽见招，平生梦想遂今朝。万株松色迎青盖，十里波光引画桡。蜀井汲来烹茗好，江讴起处赏心饶。深杯频酌同沉醉，那问吴山几许遥。①

此诗开宗明义，以"揽胜"二字点明游平山堂的目的在于赏景，而非怀古或寄慨。从第二句可以看出，就平山堂而言，这是朱休承的处女游。"万株松色迎青盖，十里波光引画桡"一联，并置了两幅气韵生动的画面，表明了一个动态的游程。这说明此游是先乘车，然后乘船经瘦西湖抵平山堂的。"蜀井汲来烹茗好"这样的赞语，不是诗人主观意识的投射，而是客观事实的说明。蜀井在蜀岗上，井水最宜煎茶。秦观《次韵子由题蜀井》云："蜀冈精气湛多年，故有清泉发石田。乍饮肺肝俱澡雪，久窥杖屦亦轻便。炊成香稻流珠滑，煮出新茶泼乳鲜。"② 因此，朱休承到了蜀冈，也一定要烹茗品茶。平山堂之名取自"远望吴山与堂平"之意，所以诗末说游者沉醉，不问吴山，实际上是以渲染诗人们的魏晋

---

① （清）朱休承：《集益轩诗草》，上海图书馆藏手抄本。
② （宋）秦观：《淮海集》卷八，《四部丛刊》本。

风度的方式,落笔于此游的主景区。

朱休承游览诗大多表现出悠然自得的意趣。而乾隆十九年(1754)岁末在扬州创作的《雪后登梅花岭》则稍有不同,此诗色调清冷,意绪落寞。这和当时的时令以及诗人欲作归计而未决的心理状态是一致的。诗云:

> 登高穷远目,林气正霏微。绕郭千家静,迎寒一鸟飞。关山拥马路,簑笠钓鱼矶。莫定行藏迹,踟蹰计总非。①

开头从高处、远处落笔,写登临眼界,具有强烈的浑旷之感。次联俊爽,质净浑雅。"千家""一鸟"将读者的视线引到郭外和天空,开拓的空间更为辽远。"静""寒"二字给全诗染上了幽清淡远的风味。"关山拥马路,簑笠钓鱼矶"两句,则有方冬行役、整装就道之意。

尽管长途旅行常常需要水陆并举,不过作为嘉兴人,朱休承最熟悉、最常用的交通工具是舟船。其《毘陵道中口号》所云"水程历历记从头""大船小船系缆停",正是江南水上行的写照。朱休承的不少行旅诗都是从舟上的视角来写的。舟上视角直接造成了诗中画面的平行流动感和左右并呈的立体感。如《渡钱塘江》所云:"一水划东西,中流四望迷。轻船乘赤马,强弩忆明犀。潮落沙鸥集,天空浦树低。"《立秋日晓行舟中作》所云:"背郭扁舟去,浮烟两岸平。"《岁暮偕周莘野同舟归里率赋》所云:"清余两岸雪,重载半船书。"如此描绘,将舟行所见景物的特点清晰地呈现了出来。而其落笔之自然,境界之阔大,近于盛唐风格。

第三节 题画诗

诗画同源,都蕴含着人们的自然意识和生存哲学。题画诗的独特之处在于既要体现画作的意涵,又要融入作者的情趣。朱休承的题画诗能将画中景致与诗的文采以及赏画者的情志结合起来,互为表里。如其《题姚江黄孝廉璋〈秋山鼓琴图〉》就是这样一种辞丽而婉的佳作:

---

① (清)朱休承:《集益轩诗草》,上海图书馆藏手抄本。

白石清泉境最幽，弦桐一鼓万山秋。纷纷飞落平沙雁，应识斯人静者流。

远峰稠叠水弯环，画里分明是故山。懒客王门戴安道，西风只想掉头还。①

秋山萧瑟，石白泉清，逸士挥弦，平沙落雁。前一首诗通过描写画面形象传达出清秋寥落之意和山中静者之心胸。"纷纷飞落平沙雁"一句将古琴曲《平沙落雁》的乐境摹画出来，使人眼前仿佛看到一群秋雁横江而来，一齐飞落，羽声扑拍丛杂，哄然满耳。这是飞动之余势，静境中的闹境。诗中将影落寒潭的音乐境界和鼓琴秋山的绘画境界结合在一起，表现出"逸气横秋，旷而弥真"②的审美趣味。后一首诗反用王子猷雪夜访戴的典故，寄寓了一种故乡之思。

朱休承题画诗中有偏重于描绘画面者。如《题〈寒原较射图〉》使笔如画，具有强烈的视觉冲击力和生机勃勃的形象美感：

雪云淰淰屯寒郊，朔风猎猎鸣松梢。上有烂兮宫锦袍。兴来较射宁顾冷，翩翩四骑笼鞭鞘。獠奴趫捷好身手，泼马弯弧却向后。此时欲发尚未发，命中先驱意何狃。胡姬面似赤玉盘，紫骝高跨黄金鞍。张弓按辔整以暇，注目前头仔细看。笑伊不是穿杨伎，如我乃始堪一试。尽教驰突夸便利，少焉会须生愕眙。斯行方快我公意，归着锦袍取一醉。③

此诗的最大特点是把画境当真境来写，模糊了画与非画的界限。诗中摹写的"獠奴""胡姬"，栩栩如生，呼之欲出，读之似感塞上气息扑面而来。

---

① （清）朱休承：《集益轩诗草》，上海图书馆藏手抄本。
② （清）孔兴诱辑：《琴苑心传全编》，《历代古琴文献汇编·琴曲释义卷》下，西泠印社出版社2018年版，第903页。
③ （清）朱休承：《集益轩诗草》，上海图书馆藏手抄本。

有一类题画诗意在揭示原画的意趣，补充画面的未足之意，正如方薰《山静居画论》所说："高情逸思，画之不足，题以发之。"① 朱休承的题画诗时或采用缘画寄情、借物言志的手法，增添画面的内涵。如《题画白牡丹》即追求象外之旨的代表：

　　名花合唤粉丝君，横幅描来意不群。富贵只教平淡看，任他姚紫斗纷纷。②

白牡丹之"白"本来不过是形色上的特点，其画面意蕴有模糊性。题上"富贵只教平淡看，任他姚紫斗纷纷"的诗句，则意出笔墨之外，白牡丹不与姚紫、魏黄争妍的高风豁然明朗起来，可谓画依诗而意深。

朱休承评赞类的题画诗以《过钱萚石表叔书斋见所画墨梅率赋》为代表。此诗采取赋法，极力铺陈墨梅的逼真和画家技艺的精湛：

　　我家梅花溪，溪上梅千树。每到花时香满村，更逢晴日影交路。旅食春明三度春，春风眯眼多黄尘。巡檐索笑徒尔尔，骑驴踏雪空侁侁。盼不到庚岭头，飞不到孤山后。江南驿使又不来，一萼何缘落我手。问奇偶至翰林家，开帘瞥见玲珑花。清香扑鼻观，幽艳舒心芽。恍如置我清冰寒露之玉壶，泛我挂星贯月之仙槎。湘妃出水蛟背立，安得天风吹使入。花光摇荡看乍真，墨渖淋漓纸犹湿。画梅用墨格最强，疏疏密密各擅场。疏为杨无咎，密乃王元章。两公绘法入神品，何容观者烦雌黄。君不见西子容颜姣，浓抹淡妆态总好。况今能事兼两公，意匠经营岂草草。轮囷老根结，戛香柔条抽。花花自相间，枝枝自相樛。成阴结实势可待，仿佛翠羽声钩辀。使我对之爱玩不肯休，坐卧其下可以消百忧，须臾过眼云烟收。退归隐几忽梦游，梦逐梅花溪水流。③

---

① （清）方薰：《山静居画论》卷下，清乾隆三十七年（1772）至道光三年（1798）长塘鲍氏刻《知不足斋丛书》本。
② （清）朱休承：《集益轩诗草》，上海图书馆藏手抄本。
③ （清）朱休承：《集益轩诗草》，上海图书馆藏手抄本。

开头 12 句写自己与梅花的夙缘及睽离，意在蓄势。等到"开帘瞥见玲珑花"，便使人精神顿爽。此后数句抓住见画一瞬间以画为真的错觉，驰骋艺术想象，把前人诗中的"清冰寒露之玉壶"，以及神话中的"仙槎""湘妃""蛟背"一并拉来，渲染钱载画技的高妙、画境的超凡和墨梅生动的气韵。"画梅用墨格最强"以下评论画梅的疏密，指出杨无咎画疏梅，王元章画密枝，皆入神品，未可轩轾。"轮囷老根结"以下摹形绘状，神貌并取。此诗收尾比较讲究，即故意宕开一笔，写梦逐梅花，把诗歌的意境更推深了一层，堪称翻空而奇。

朱休承的题画诗还起着交际的作用。乾隆二十七年（1762），朱休承在曲阜和孔继涵、张埙等人结成了一个文艺小集团。冯登府说："伯承与东吴张瘦铜、山左孔荭谷，相为倚声之学，清和婉转，得之家传。"所谓"家传"当然是指浙西词派宗师朱彝尊的遗传。可惜的是，朱休承的词作未能传世。乾隆三十年（1765），张埙在京中举。就在张埙成为举人后不久，朱休承写了一组七绝《题张孝廉瘦铜〈竹叶庵图〉》，其一云：

翩翩词客产东吴，文采风流一世无。不是君身有仙骨，那教清梦到仙都。①

这幅《竹叶庵图》全名应作《梦游竹叶庵图》。竹叶庵是张埙的故居，他人至外乡，梦中往游故居，遂图而记之。朱休承为《竹叶庵图》题写这八首绝句，分明带有联络感情的功利性，也正因为有这种功利性，才为读者展示了当时文士生活的若干方面。组诗开头两句"翩翩词客产东吴，文采风流一世无"，起了总领全诗的作用，说明这组诗旨在描绘这位江南词客的文采风流。张埙 12 岁始咏初寒词，嗣响陈维崧，汪俊论江南少年之士，称他为"小迦陵"。《竹叶庵文集》有《红桐书屋拟乐府》2 卷和《林屋词》7 卷，其《林屋词》7 卷系其晚年据平生所作《碧箫词》5 卷、《春水词》2 卷、《荣宝词》10 卷、《瓷青馆悼亡词》2 卷删定而成。张埙早期在文坛是以词人的面目出现的，到乾隆三十五年（1770）才开始大量作诗。这也就是朱休承称张瘦铜为词客而不是诗人的原因。

---

① （清）朱休承：《集益轩诗草》，上海图书馆藏手抄本。

朱休承的题画诗数量不能算多，品类却如众花竞陈。或为画境而吟，或为画家而咏；或以虚作实，以假作真；或实中有虚，真中见画；或意在画外，别有发挥：读之令人悠然心会。其不足之处在于寄寓深远之作甚少。

第 九 章

朱休度诗歌论析

第一节 朱休度的诗学主张

从宏观上看，唐诗主言情，宋诗主说理，元、明两朝多宗唐，却失之于纤弱与模仿，成就不高。就康熙朝中后期诗坛而言，有一代正宗王士禛等标举唐音，有清圣祖为《全唐诗》作序，倡言宗唐。至乾隆朝，又有清高宗于《唐宋诗醇序》中扬唐抑宋。这种以唐诗为正轨的倾向导致"作诗者肥皮厚肉，少知厌薄，而佻巧滑熟之习，又从而中之"①。在此大背景下，秀水诗派开始追求生涩瘦硬的风格。金蓉镜的《论诗绝句寄李审言》自注曰："竹垞不喜涪翁，先公首学涪翁，遂变秀水派。萚石（钱载）、梓庐（朱休度）、柘坡（万光泰）、丁辛（王右曾）、襄七（诸锦），皆以生硬为宗。"②朱休度的《礼部侍郎秀水钱公载传》称钱载诗风："凌纸怪发，险入复入，横出复出，于古不名一家，更历万里游，壮观岳渎，吸灵奇之气而张之，故老益肆益硬。"③郭麐的《灵芬馆诗话》卷八说："竹垞尝言生平作诗不入大家，文不入名家，差堪自信，盖有激而云然。近时作诗者肥皮厚肉，少知厌薄，而佻巧滑熟之习，又从而中之，非有生涩苦硬以救之，恐日益第靡。朱梓庐先生休度，今之诗人之良药也，其诗不为俗语、熟语、凡近语、公家

---

① （清）郭麐：《灵芬馆诗话》卷八，清嘉庆二十一年（1816）孙均刻刻二十三年（1818）增修本。
② （清）金德瑛：《澹湖遗老集》卷二，民国十七年（1928）刊本。
③ （清）钱仪吉《碑传集》卷三六，钱仪吉、缪荃孙、闵尔昌、汪兆镛编《清代碑传全集》，上海古籍出版社1987年版，第203页。

语,戛然以响,潆然以清,撢石宗风,此其继别。先生自言极其分不过南宋、金源诸小家之一鳞半甲,虽其自谦,亦犹竹垞翁意也。"① 钱仲联在《三百年来浙江的古典诗歌》中说:"金德瑛进一步专法江西,以生硬为宗,钱载出而局面越加开拓。王又曾、万光泰、诸锦、祝维浩、汪孟胡、汪仲粉环绕在钱载的周围。钱载子世锡、王又曾子复,能传父学。朱休度接钱载之传,以授钱仪吉、泰吉兄弟。秀水诗派可说是盛极一时。"② 朱休度作为秀水派中起着承前接后作用的重要成员,效法钱载,实践着生涩瘦硬的诗风。

朱休度《放言一首答陈上舍》有言:"书贵瘦硬方通神,杜陵一语慧眼真""惟瘦乃硬肥则软""自唐中叶渐开放,犹闻柳书取骨颜取筋,未闻肠肥脑满为世珍"。③ 此论书法,其于诗风亦赏瘦硬风格。其《题〈东野集〉聊解前人小鱼蟛蟪之嘲》诗云:

> 霜清轹山骨,水清鉴石发。夜虫昼不鸣,冬花春不荣。径险无坦步,弦急无缓声。冰心岂发热,姜性岂作甘。有穷如东野,其诗固应寒。器量生是隘,遭逢复抑之。劲根迸石罅,那有秾华姿。格幽敌韩豪,词警异僧瘦。俗肠塞腥肥,争逐海畔臭。苦药美于回,痼疾藉以救。虽非万里流,沛然决江河。掬露以盥手,所珍不在多。④

清代诗坛在宗唐与宗宋的问题上争辩已久,而朱休度的诗歌更多地体现出宋诗的特征。其表侄吴修曾评价他的诗歌说:"翻唐入宋语自造,排比声律独得窍。"⑤ 在朱休度的诗中可以感受到宋诗的骨力。朱休度既重视诗歌的内容,也重视诗歌的形式,他曾与其宗弟子朱鸿写过

---

① (清)郭麐:《灵芬馆诗话》卷八,清嘉庆二十一年(1816)孙均刻刻二十三年(1818)增修本。
② (清)钱仲联:《三百年来浙江的古典诗歌》,《梦苕庵论集》,中华书局1993年版,第250页。
③ (清)朱休度:《小木子诗三刻》之《壶山自吟稿》卷下,清嘉庆汇刻本。
④ (清)朱休度:《小木子诗三刻》之《梓庐旧稿》,清嘉庆汇刻本。
⑤ (清)朱休度:《小木子诗三刻》卷首,清嘉庆刻汇印本。

《杜律双声叠韵表》，对杜甫诗的音韵有一番深入研究。他说："今细观老杜诗，乃无一句一字放过，又偏于不比之双字，不黏之单字，苦心斡救，参互配合，颠倒呼应，出神入化，洵有羚羊挂角、无迹可寻之妙，始知元微之推重杜诗排比声韵，虽太白不能历其藩翰者，正谓此。"① 朱休度作诗，于声调上也学杜甫。朱鸿说："始知先生诗调声韵，一一苦学少陵，无苟作者……知先生诗虽貌近宋金，而晚律之细，已入老杜之室。"② 从这些言语可以看出，朱休度对诗歌是极为用心的，无论是内容还是形式。杨蟠 17 岁时，曾到杭州书局向朱休度请教，朱休度除以读书敦行为勖外，还说："诗文虽小技，非深入甲里，不能工也。"③

朱休度为诗强调真性情，强调以学为诗，且此类追求在他看来并不矛盾。他在《检存旧诗述略》中说："盖余与诗，未尝无会悟，未尝无志趣，未尝无家教，未尝无师资友益，未尝无壮游之助，卒蹉跎以流于废。无他，动与愿乖，为饥驱，为病缠，为姿性弱不能强记以供属比，又为治举业苦役其心脾，课徒分其日力，或依幕勾管簿书，参详札奏，其事更与风雅殊。即时有篇什，不过坏补献酬，为人作嫁衣，替人歌哭，以作庆吊辞，未谋面以题人照，其诗徒徇一时悦俗，都嚣然无真性情语，往往脱稿即弃，听其散亡。冀他日杜门却轨，当痛读书，以沉研六艺之归。然后自运炉锤，磨洗以出之，庶无负师友诲，孰意其终于不振哉？"④ 这是朱休度留给我们的最能表现其诗歌主张的一段话。朱休度认为举业、应酬、贫困等都会影响诗歌的创作，使之"动与愿乖"，只有痛读书、研六艺、追风雅、抒真情才能写出好诗。朱休度认为学问是作诗的基础，他在《壶山自吟稿小引》中说："昔戴石屏以诗名世，犹自谓胸中无千百字书，如商贾乏货本，不能致奇货。"⑤

朱休度的诗歌创作正是对其主张的最好说明。朱休度博闻通识，

---

① （清）朱休度：《杜律双声叠韵表引》，《小木子诗三刻》之《壶山自吟稿》卷下，清嘉庆刻汇印本。
② （清）朱鸿：《跋》，《小木子诗三刻》之《壶山自吟稿》卷下，清嘉庆刻汇印本。
③ （清）杨蟠：《跋》，《小木子诗三刻》之《壶山自吟稿》卷下，清嘉庆刻汇印本。
④ （清）朱休度：《小木子诗三刻》之《梓庐旧稿》，清嘉庆刻汇印本。
⑤ （清）朱休度：《小木子诗三刻》之《壶山自吟稿》卷首，清嘉庆刻汇印本。

"遍览四部书，旁及卜筮、堪舆、珞琭、阴阳家言，皆得其要旨"①，而排比声律最精。纵观朱休度的诗歌，会发现他众体皆备，从三言、四言、五言、六言、七言到九言、杂言，均有涉猎，且均取得相当高的成就。

第二节 朱休度诗歌的题材

朱休度是秀水派的代表诗人之一。秀水派诗歌大多有着较为明显的馆阁气、翰苑气，这跟其成员的身份有关。钱陈群是康熙进士，官刑部尚书；金德瑛是乾隆元年（1736）状元，官左都御史；钱载是乾隆十七年（1752）进士，官礼部侍郎；汪如洋是乾隆四十五年（1780）状元，官云南学政；王又曾是乾隆十九年（1754）进士，官刑部主事；汪孟鋗是乾隆三十一年（1766）进士，官吏部主事；汪如藻是乾隆四十年（1775）进士；钱仪吉是嘉庆十三年（1808）进士，官工科给事中。该派人员为翰林出身，多为乾隆的文学侍从。我们知道乾隆为了弘扬"文治"，附庸风雅，作诗达4万余首，世称其诗为"清高宗体"。秀水派的诗人为迎合主上，不免粉饰太平，写了一些内容空洞的歌功颂德之作。钱载就是其中的代表，他多次充乡试、会试考官，曾奉命祭告陕西、四川岳渎及历代帝王陵。他创作应制、应景之作无疑是他的职业行为。

纵观朱休度的诗歌，会发现他的诗歌具有平民气，可谓秀水派中的特例。他能面对现实，积学储才，抒写真性情，没有阿谀奉承之作，也少有无病呻吟之诗。朱休度的诗歌在内容上较为丰富，其中特点明显的大致有三类，即恤人之作、题赠之作和杂感之作。下面对这三类诗歌作些分析。

一 恤人之作

长期沉沦下僚，使朱休度将眼光向下，观照底层百姓的悲惨生活，客观上使他在一定程度上成为底层百姓的代言人。朱休度监理敷文书院

---

① （清）钱仪吉：《衎石斋记事稿》卷八《山西广灵知县名宦朱君事状》，《续修四库全书》第1508册，上海古籍出版社1995年版。

时，与张纯初唱和道："豪门欢呼牺尊斗，贫子局缩鹑衣缬。人间苦乐物宁齐，世上炎凉态何屑。"① 前两句将豪门与贫子对举，反映阶级的不平等，称得上是杜甫"朱门酒肉臭，路有冻死骨"的翻版，后两句则是齐物论的社会版。

朱休度在见到百姓苦难时与之同悲，而在看到百姓生活有所好转时也与之同喜。这从《尉氏道中》可以看出：

去秋乘舟入汴城，滔天水势梦魂惊。重来相顾掀髯喜，麦浪风轻一碧平。

去年系船杨柳颠，今年折柳作马鞭。无复哀鸿鸣四野，更休硕鼠起中田。②

这两首诗用了对比的手法，将上年的水灾惨状与当年的田野春色相对照，并用"掀髯""折柳"的动作，表现了诗人喜看农村复苏的轻松心情。

在广灵任上，朱休度常深入民间，关心民生疾苦。乾隆五十五年（1790）春，朱休度过小关村，问及农事，恻然生悲，写下两首诗：

荒沟乱石不成村，颓土墙边破板门。怪道春来东作废，十家能有几家存。

逃丁弃地无人种，也有人存地复荒。借问山农何太懒，卖牛都已纳官粮。③

诗中记录了广灵县民生凋敝的状况。广灵本是贫瘠之地，当地有

---

① （清）朱休度：《至日雪张纯初用东坡聚星堂韵索和》，《小木子诗三刻》之《梓庐旧稿》，清嘉庆刻汇印本。
② （清）朱休度：《小木子诗三刻》之《梓庐旧稿》，清嘉庆刻汇印本。
③ （清）朱休度：《过小关村问农事恻然伤之口占二首》，《小木子诗三刻》之《壶山自吟稿》卷上，清嘉庆刻汇印本。

"穷山穷水穷财主"①的谚语。统治者的盘剥,更使得百姓苦不堪言。当地百姓在冬日无以为继,家中又没有什么值钱的东西可当,于是常将劳作的工具——锄头当钱,到快要耕种时又赎回。朱休度知道时下百姓需要的是休养生息,所以他说"政宁用拙存吾道"②。可为官者并不是只考虑百姓即可,还得应付上级。在为官的第二年,朱休度给王复回信说:"官符火急雪片下,十室空九空磬悬。肉无可剜疮无补,治丝已棼何术全。"面对雪片般的官符,朱休度即便想为民造福,面临的困难与阻碍也还是很多的。于是他的一腔苦水也只能向好友倾诉:"别写数篇寄君览,劳者有歌多忿悁。君其拉杂摧烧之,勿使苦语人间传。"③

大画幅展现社会生活的诗歌是朱休度诗集中最具价值的作品,也是朱休度超越其他秀水派诗人的特色所在。朱休度的学生杨蟠曾这样评价他:"先生喜盘硬语,不蹈袭前人一字,而闵闵有恤人之心,时溢于言外。虽元道州、韦左司不是过也。"④ 其《拟古诗为满洞子妻作》用散文化的笔调写了一个凄美的悲剧。乾隆五十二年(1787),在广灵县北山的羊圈村,满洞子与其妻因为贫穷,而又不忍分离,双双赴死。作者是在乾隆五十四年(1789)到广灵县任知县的,所以此诗应该是作者上任后得知这件事而写的。此诗是首成功的纪实性叙事诗。故事发生的时间、地点、人物,事情的起因、经过、结果,各要素一应俱全,在叙述中还运用了说白,篇末还有作者的议论。诗中描述了"父鬻其女夫鬻妻,三陌五陌得钱便相随"⑤的社会现状,揭露了盛世背后的百姓苦难,在一定程度上刻画出人物的性格特征,反映出人物的阶级属性,具有史诗的价值。

与《拟古诗为满洞子妻作》类似的还有《蚕开门行》《书蚕事》。这

---

① (清)朱休度:《示客有引》,《小木子诗三刻》之《壶山自吟稿》卷上,清嘉庆刻汇印本。

② (清)朱休度:《夏日放衙无事屡至新筑巽妙轩杂成四首》其一,《小木子诗三刻》之《壶山自吟稿》卷中,清嘉庆刻汇印本。

③ (清)朱休度:《代书诗答武陟王明府复》,《小木子诗三刻》之《壶山自吟稿》卷上,清嘉庆刻汇印本。

④ (清)杨蟠:《壶山自吟稿跋》,《小木子诗三刻》之《壶山自吟稿》卷下,清嘉庆刻汇印本。

⑤ (清)朱休度:《小木子诗三刻》之《壶山自吟稿》卷上,清嘉庆刻汇印本。

两首诗的素材来自诗人的心酸见闻。《蚕开门行》写的是，由于时节雨多，桑叶不够蚕吃，蚕多僵死，蚕娘在面对债主时，目瞪口呆，发出了"乃告债主，且勿懊恼，明当入城，有女卖女，无女卖儿，得钱便相了"①的感叹。《书蚕事》写早春时节，蚕多死，而桑叶是"青青养树颠"，于是主人只能"纷纷鬻蚕具，那复计明年"。② 一个下层官吏虽然无力解决这些社会问题，但能如此关注现实，记录底层人民的生活现状，已不愧为社会的良心。

朱休度即将离任广灵知县时，在《嘉庆元年春月，余将引疾归，县之人识与不识，累日纷纷恳留，且欲赴诉于上官。既慰禁之于中，转有愀然不乐者，口占二诗答焉。其词俚质，将使众共晓也。又示二绝》其二中写道："山农有食苦无衣，思救汝寒策未施。安得官家教纺织，叮咛留待后人为。"③ 诗中对自己的施政进行了反思，认为没有解决好百姓穿衣的问题，于是便以此诗叮咛后来者，希望继任者能教百姓纺织。一个即将离任的官员还能如此心系百姓，也算难得。

从朱休度的诗中，可以明显看出他这个"良心官"确实名副其实。那些忧国悯农的句子显示出他内心深处的柔软温润。如《辛亥春日俟宁居杂成五首》有句云："焚香默诵苏州句，邑有流亡愧俸钱。"《雨后叶芝谷邀同人明心寺小饮》云："揽胜情所惬，悯农心独懋。雨深麦穗稀，春寒桑叶嫩。及今转晴和，庶后免饥馑。"《闻秋塍移商邱令寄讯宋氏西陂》："近说黄河泛，堪悲绿墅秋。"《自断》云："秋登且恋他乡住，官罢还防乐岁饥。"《集杜题巽妙轩壁十首》其十云："无才逐仙隐，忧国愿年丰。"《忻州道中》云："暑雨连秋雨，横流遂莫支。长衢沉作港，深潦烂如糜。滑滑幽禽唤，跂跂瘦马疲。原田幸无恙，庶慰老夫饥。"《夏六月不雨，庚子占得伏吟课，当以丙午雨届，二十七日子时果雨且甚，诗以志喜》："但使齐民皆果腹，敢嗟长吏独空囊。"

作为一位封建社会的知识分子，朱休度不可能超越那个时代。他的诗歌对某些不合理的封建礼教难免有所肯定与赞赏。在他写的与"烈妇"

---

① （清）朱休度：《小木子诗三刻》之《俟宁居偶咏》卷上，清嘉庆刻汇印本。
② （清）朱休度：《小木子诗三刻》之《俟宁居偶咏》卷上，清嘉庆刻汇印本。
③ （清）朱休度：《小木子诗三刻》之《壶山自吟稿》卷上，清嘉庆刻汇印本。

相关的诗歌中就可以明显看到这一点。如《柘湖胡烈妇诗》云：

> 余生无倚着，之死独从容。地下随君子，人间贵女宗。风悲湖上草，月冷墓门松。多少往来者，请看马鬣封。①

这首诗描绘一妇女在丈夫死后，余生无倚，于是从容赴死。从"悲""冷"等字看出作者对这一现象也心存悲哀，但"人间贵女宗"表明了诗人赞赏的态度，最后一联甚至有让往来者向此烈妇学习之意。如果说这首诗多少还表现了作者对此种现象的痛心，那么《温烈妇诗》则更明显地表现了作者思想的局限性。这首叙事诗讲述一个妇人于中野刈黍，遭到一邻家子的求欢骚扰，妇人情急生智逃回家中，欲一死以表清白，家人劝阻，丈夫坦言为其报仇，但妇人还是投井自杀。面对这个受封建礼教毒害至深的妇人，作者的态度是"烈哉妇，勇有礼""烈哉妇，磨不磷，涅不淄"，还说其娘家与夫家"两村人，有光矣"②。虽然在诗歌最后，作者有用这个妇人来规正士子行为之意，但作者思想中的糟粕表露无遗。与之类似的还有："曒日有信誓，窨井无波澜。亡于礼之礼，行其心所安。"（《徐贞女诗》）这首诗有个小序说的是，徐贞女在丈夫去世后，立誓不改嫁，要尽心服侍公婆，村里人都"起哀起敬"，于是让作者写诗，以表彰其行。当然我们不能对朱休度要求过高，生活于封建社会的他肯定会有某些在现代人看来是落后的思想，这算是他的缺陷，却不是人生的污点。

二 朋友间的题赠诗

题赠诗是古代文人的交际工具，其中不乏相互吹捧的应酬之作。而朱休度的这类诗歌数量虽不多，但写得很有特色，有"借他人之酒杯，浇胸中之块垒"的意味。我们先来看看《宝刀引为萧县张君赋》所表现的千古文人英雄梦：

---

① （清）朱休度：《小木子诗三刻》之《梓庐旧稿》，清嘉庆刻汇印本。
② （清）朱休度：《小木子诗三刻》之《壶山自吟稿》卷上，清嘉庆刻汇印本。

秋屋夜半吹阴风,掣雷闪电光熊熊。肌寒生粟背生刺,玉龙三尺悬空中。当年张公气盖世,提刀转战摧群雄。迅扫妖芬东海东,顺风扬驾千艨艟。张公怒髪张双瞳,人命贱于花蟣螉。杀人如草非得已,霜威飈击开蕾聋。天清地宁櫜矢弓,升平久矣韬尔锋。百年风雨鸣出匣,至今腥恶闻蓊蓊。懦夫掩鼻不敢嗅,又况前驱决胆披肝胸。大食刀,春坊剑,不如此物精气腾长虹。曾向沧溟血深染,与人一心成大功。公孙宝之球贝同。索我作歌出示我,雪花新淬芒生茸。以手屈之圆作镜,铿然挺响鸣青铜。酒酣耳热摩挲起,明灯艳艳月溶溶。安得壮士奋臂回环舞,秋水飞泼氍毹红。①

这首诗称得上大篇决流,写得激越豪放,风格之异在朱休度诗集中为数不多。诗中回忆了萧县张君的战场英姿,将他与"懦夫"对比。其跌宕起伏的雄笔丽藻表现了作者企慕豪纵、追求快意的白日梦。由此看来,体赢气弱的书生也不乏强烈的主观意志。

朱休度常用赠诗的方式来表现他的教育理想与为文主张。从下面的两首诗中,可以略见一斑:

貌似野人胸万卷,学为先辈肩一灯。会凌绝顶穷千里,脚踏要从实地升。(《寄楼子上层方子元鹍各一首》其一)

文章有神诗有律,剪彩涂脂巧乱真。漫道阿胶难去浊,于今风雅要扶轮。(《小春送云陆庶常还馆三首》其二)

前一首表现了作者对后辈的勉励,特别是后两句,用平实的语言讲出了做人与做文的真理,胸可怀凌云壮志,行动却要脚踏实地。后一首表现了朱休度的文学主张,从中可以看出作者对"神"与"律"的追求,其实也就是言之有物与言之有法。对当时的"剪彩涂脂巧乱真"的文风,作者是持批判态度的,作者希望用"风雅"精神来规正此文风。这种文学主张不单在这一首诗中有所表现,从《检存旧诗述略》也可以看出,朱休

---

① (清)朱休度:《小木子诗三刻》之《梓庐旧稿》,清嘉庆刻汇印本。

度对"其事更与风雅殊"的己作不满意，于是"脱稿即弃，听其散亡"①。

三 日常生活的杂感之作

这一部分诗歌内容丰富，涵盖面广。作者将生活中的感怀与体悟化为诗句，践行了古人所说的"诗为心声"的艺术主张。其中的绝句艺术水平最高。

梁虚落月无栖燕，柳折悬风有蜕蝉。犹赚闲人来歇脚，乱红开剩满池莲。(《过废园观荷》)

烟阔江吞天，江渺烟没树。一叶浮碧空，记出瓜洲渡。(《写意江景》)

浅滩花鸭和群眠，深林鹁鸪啼晚烟。一阵盲风盲雨了，平湖开出卵青天。(《饮水轩偶得二绝》其一)

堤上虹桥桥上亭，挂罾桥下伺鱼听。月明唱起山歌调，一双白鱼跳出萍。(《月下扳罾亭子峙半塘稍偏右》)

这类诗歌多为清丽之作，景与情在作者笔下融合为一，达到了"一切景语皆情语"的效果，有唐绝句的影子。我们知道秀水派多学江西诗派，追求句法上的拗折险怪，遣词上的瘦硬生新。朱休度的部分诗歌也表现了这种追求，但他的诗也有清新流丽的一面。这跟朱休度学诗博采众长有关，蒋春雨在评论朱休度的诗歌《答客问诗》时曾说："真解脱语，乃知依样画葫芦非善学唐者。"② 朱休度的表侄吴宁曾说："余读先生少壮诗，古体奇横，不拘于方，近体语多清新。"③ 这句话点出了朱休度

---

① (清)朱休度：《检存旧诗述略》，《小木子诗三刻》之《梓庐旧稿》，清嘉庆刻汇印本。
② (清)朱休度：《小木子诗三刻》之《梓庐旧稿》卷上，清嘉庆刻汇印本。
③ (清)吴宁：《壶山自吟稿跋》，《小木子诗三刻》之《壶山自吟稿》附录，清嘉庆刻汇印本。

古体诗与近体诗的不同风格。

乾隆二十四年（1759）八月二日，朱休度抵江宁承恩寺寓舍，适逢阐上人于初一示寂，于是作《题白下阐上人〈南窗集〉》：

> 西竺僧先返，南窗我到迟。雪鸿空有迹，春茧独抽丝。一览诗终卷，三更月在枝。烟消钟磬断，想见苦吟时。①

"烟消钟磬断"五字是阐上人的诗句。这首诗音韵流畅，感情虽浓烈，却不张扬，给人内敛的感觉。此时作者只有 28 岁，正热衷于参加会试，但作者并没有被八股所束缚，仍然对诗歌有良好的感觉，仍能积极追求诗歌的艺术美。

再如《题〈官奴帖〉》诗云：

> 读古人书要辨疑，世间耳食最堪嗤。流传一纸官奴帖，李戴张冠未可知。②

这首题诗表现了作者读书的态度，贵在存疑辨疑，不能听信古人或他人言语文字，以免张冠李戴。

第三节　朱休度诗歌的艺术手法

秀水派诗风博大，取法多方。对秀水派的宗祖，历来争论颇多，其中在朱彝尊是否为秀水派的宗祖的问题上争论更多。"论者多黏于朱彝尊是否取法西江，是否为秀水派的宗祖，难免作皮相之论，且引钱锺书《谈艺录》为证。姑且不论钱锺书以为朱竹垞论诗不喜山谷，为诗则'颇学山谷'。如能从大处着眼，从学人而为诗人；从祛惑正弊，自树一帜的角度而言，则以竹垞为秀水初祖不难理解。"③ 秀水派的艺术特征从诗歌

---

① （清）朱休度：《小木子诗三刻》之《梓庐旧稿》卷上，清嘉庆刻汇印本。
② （清）朱休度：《小木子诗三刻》之《壶山自吟稿》卷中，清嘉庆刻汇印本。
③ 贺国强、魏中林：《论秀水派》，《深圳大学学报》（人文社会科学版）2007 年第 5 期。

形式上看表现为句法、用字的多变逞奇。在句法上，秀水诸家受宋诗以文为诗、以议论为诗、以学问为诗之风的影响，往往采用散文式的伸缩挫顿之法，运用复沓、叠用、对举等手法，同时有意识地运用一些虚字使得诗篇于浑灏之中生奇崛，盘旋之中见精深。朱休度有机敏灵活的形象思维，其诗歌也表现了他自己的个性风貌，下面稍加分析。

一 集句

朱氏家族向来注重经学、史学、文学，并以之教诲子孙，延续门第。他们认为应以经史为文学的根底，并将其作为教授子弟之法："凡学诗文，须根本经史，方能深入古人窔奥，未有空疏浅陋、剿袭陈言而可以称作者。"[①] 这使得朱氏子弟大多是学人与诗人兼于一身。朱休度博览群书，其诗歌中也有着明显的"以才学为诗"的现象，集句诗及借句入诗就是他表现才学的一种重要方式。

人们常将集句诗看成一种文字游戏，其实对于饱读诗书且能熟练运用者来说，集句诗也是一种抒情表意的文学样式。写作一首成功的集句诗与自铸其辞相比，前者更具难度。朱休度的集句诗在内容与音韵两方面显得流畅自然，使人读后觉得既不生搬硬套，又不矫揉造作。其代表作有《集杜五首寿家明府怀远公七十即送还里》《里翁有丧其孙而悼不已者索余为哀辞集楚词语一篇慰焉》《戏集唐人长短句当古别离曲》《春日归舟集唐》等。下面以《戏集唐人长短句当古别离曲》一诗为例试作分析：

寂寞江天云雾里_{杜甫}，满眼流光随日度_{元稹}。碧云芳草两依依_{韦庄}，落花不语空辞树_{白居易}。花落知多少_{孟浩然}，风暖闻啼鸟_{高弁}。早是伤春梦雨天_{韦庄}，春漏方残一声晓_{韦应物}。客有哀时失职而听者_{李白}，觉坐而思_{韩愈}，怒焉心如捣_{陶翰}。千里梦难寻_{温庭筠}，送客归远道_{韩翃}。杯衔欲别前_{韩愈}，无限青青草_{皇甫冉}。好花争奈夕阳天_{张泌}，天若有情天亦老_{李贺}。噫风尘澒洞兮_{杜甫}，东西南北贯休，皎皎之子兮自独立_{卢鸿}。实获吾心兮_{卢鸿}，之欲叹息_{李白}，春已去_{王建}，日已暮_{郎大}

---

① （清）杨谦纂：《朱竹垞先生年谱》，《曝书亭集诗注》，木石居石印本，第1页。

家，芳菲节<small>柳姬</small>，留不住<small>李尊</small>，迟美人兮不见<small>陈子昂</small>，共握手而相顾<small>徐坚</small>。终恐绊骐骥之足，不得展千里之步<small>任华</small>。欲访桃源入溪路<small>王昌龄</small>，桃花乱落如红雨<small>李贺</small>。侧身天地更怀古<small>杜甫</small>。会须一饮三百杯<small>李白</small>，酒不到刘伶坟上土<small>李贺</small>。①

作者集唐朝诗人的诗句，组合成一首别离曲，将古已有之的离别之情渲染得淋漓尽致。诗人并没有因为是集句，而忽略了诗歌意境的营造。此诗首先由"依依芳草""辞树落花""伤春梦雨""将残滴漏"组成了一幅暮春情景，从中透露出了一种淡淡的哀伤，为此后叙离别奠定基础。接着从主客两方面入手，既叙事，又抒情，将不忍别又不能不别的苦痛抒写得一唱三叹。其中既有"留不住"的悲愁，又有"展千里之步"的勉励，最后以酒送行，不由让人想起王维的《送元二使安西》。此诗饱含悲情，却不会让人感到伤心失望，反而有劝勉之意，不能不说是一首随言短长、收放自如的佳作。

我们还可看看《春日归舟集唐》："晓风芳草竟芊绵，画出清明二月天。行尽江南数千里，一村桑柘一村烟。"② 全诗四句分别集自张泌、韦庄、岑参、韩偓的诗，却结合得天衣无缝。全诗音韵和谐，取景远近结合，一幅江南早春图跃然纸上。

朱休度除了这些集句诗，还有许多借句入诗的作品。借句入诗即是将古人的诗句嵌入自己的作品。此手法前人也常用，而且还有许多点石成金的例子，如晏小山《临江仙》中的精华之句"落花人独立，微雨燕双飞"，即借自五代翁宏的《春残》。

在朱休度的诗中，这类借他人之酒杯，浇胸中之块垒的诗句也屡见不鲜。如：

花落知多少，更荒失浅深。（《赋得夜雨滴空阶》）

万物静观皆自得，纷纷扰扰有何凭。（《纷纷》）

---

① （清）朱休度：《小木子诗三刻》之《梓庐旧稿》，清嘉庆刻汇印本。
② （清）朱休度：《小木子诗三刻》之《梓庐旧稿》，清嘉庆刻汇印本。

曲终人不见，伫立意何穷。(《赋得目送归鸿》)

桃花细逐杨花落，一字吟安字字平。(《题鸿所撰杜律双声叠韵表三首》)

万物各有托，吾亦爱吾庐。(《为葛孝廉星垣追题葛翁眄怡书屋图》)

以上五联分别借用了孟浩然、程颢、钱起、杜甫、陶渊明等的诗句，意脉流畅自然。此类诗句的活用，加强了诗歌的表现力，达到言简意丰的效果。

二　炼字

古诗精简，所以诗人向来注意炼字，朱休度也不例外。受黄庭坚语言生新等主张的影响，朱休度非但炼字，而且追求新奇甚至陌生化的效果。他对动词、虚词、叠词的运用就有独到之处。动词、形容词作为诗歌中最有表现力的字眼，历来被诗人重视。我们可以从朱休度的诗中选择几例来看其炼字的功力。

晴野铺金色，春波逆水香。气蒸黄海阔，草护碧云凉。花直衔杯赏，根知皲味长。小园锄几棱，供得老夫尝。(《泛舟看菜花》)

作者在每句诗中嵌入动词，使诗歌变得很有动感。景色如此生机勃发，作者泛舟江面的闲适惬意也就跃然纸上。

几株离立粉墙东，衬起花光泼眼浓。吹倦南风停绣看，脸霞添映十分红。(《咏小庭一丈红二首》其二)

这首诗起句平平，整首诗只是表现诗人日常生活的一个小场景，可正是第二句中的"泼"字与"浓"字，使整首诗顿感活泼生动，将诗人即时的欣喜表现得含蓄又有韵味，特别是"泼"字，不知作者是不是经过了多番推敲，才最终落实到这个动词上，收到与"红杏枝头春意闹"类似的效果。此外还有"一派清风梳柳岸，满渠新涨刷柴门"（《初晴扶杖候园扉》），"闻鸡人卧雪，待鹤月侵门"（《寄题岳文学小罗浮山馆读书图》），"迷空三尺雾，歇树半湖烟"（《山轩咏雨》），"谁家先放鸭，几道水痕移"（《再宿山微明而起二首》其二）中，"梳""刷""卧""侵""迷""歇""移"等字的运用，使得这些诗句更耐人咀嚼。

三　虚词

古诗由于字数有限，特别是近体诗更为精简，应让每个字都发挥最大的功用，于是古人在诗中尽量少用虚词，甚至进行名词的叠加，温庭筠的"鸡声茅店月，人迹板桥霜"就是典型的例子。而朱休度不一样，他从不忌讳在诗中使用虚词，其诗中虚词的频繁使用，非但没有削弱诗歌的表现力，反而让诗歌有了不一般的韵味。

　　吁嗟乎县官之俗俗难医，县境之陋陋于夷。饿隶如鬼鞭之叫，逋粮如山责之疲。(《始游南山宝峰寺》)

　　行年老矣田园废，作吏劳哉坎壈缠。(《夏日壶山小集漫题十四韵同张广文郑尉诸人暨吾家阿同》)

　　先入之投甘若鸩，未谋而发燎于原。(《作吏二首答友》其二)

　　相观而善之谓摩，彼君子兮鲁何多。(《戏拟短歌行》)

　　噫！虿不生尾毒及人，彼蜥蜴者何从借汝之毒毒汝身。(《杂言五首》其二)

在这些诗句中，作者大胆地使用了虚词。当然这也是作者以文为诗、以议论为诗的表现。虚词的灵活运用，使诗歌的句法更富有变化，更为生动活泼，而且更有助于表达作者的思想。当然虚词的运用不当，会使诗歌的美感受到损坏，会流于直白寡味，但在朱休度的诗中并没有看到这个缺点。如"老矣生还乍，劳哉岁晚偏"（《岁晚》）这句诗，作者用了"矣"与"哉"，似乎让我们听到了已入暮年的作者在岁末的一声叹息，而且声韵上又显得自然流畅。

四 叠词

大量使用叠词是朱休度诗歌的特色。叠词的运用有助于诗歌形成一种回环反复的美。从朱休度的诗中可以看出，热衷于叠词的使用是在他的晚年。他的前期诗集《梓庐旧稿》中少见叠词。而《壶山自吟稿》与《俟宁居偶咏》中，叠词的使用比比皆是。

劳劳足生茧，斑斑首变黎。（《次山谷韵一首》）

远道绵绵违岁札，晓星落落故交人。（《偶次仇山村韵咏怀十首》其六）

青分个个尖尖叶，红夹戎戎灼灼花。（《有人赠夹竹桃一盆茂甚赋之》）

楼高画角声声咽，栅短红灯点点齐。（《试院弥封所杂成六首兼东内帘诸分校》其三）

泠泠素瑟沉幽意，切切寒蛩共苦吟。（《希昼》）

齿齿云根瑟瑟泉，浴凫拍拍鹭娟娟。（《夏日放衙无事屡至新筑巽妙轩杂成四首》其三）

这些叠词的使用，使诗歌的句式更活泼有趣，更显得流畅自然，同时也增添了铿锵的音韵。朱休度用叠词还有其独具特色的地方，他有时会在诗句节奏的连接处用上叠词，有些类似于顶针的用法。如下面这首《始游南山宝峰寺》就是如此：

一坞如兜向北东,中有如毳千万松。兜作佛坐坐衔月,毳作山衣衣满风。塞山诚壮体顽劣,不蕃草木山山童。谁料硐磳磈硊里,居然小窟藏琁珑。从山左臂盘盘入,忽入大痴图画中。岚浮翠暖丽如许,银海光刮金箆功。若移宝地置通邑,早夸胜概题名公。乃今埋没久无问,非尔县官谁则从。吁嗟乎县官之俗俗难医,县境之陋陋于夷。

这首诗的叠词与前面的例子都不一样,如"兜作佛坐/坐衔月,毳作山衣/衣满风""县官之俗/俗难医,县境之陋/陋于夷",作者将叠词用在了诗句节奏的连接处,别具一格,却也韵味悠长。

五 以文为诗

秀水派以韩愈、黄庭坚为宗,所以在他们的作品中,以文为诗的特点非常明显,朱休度的诗也是如此。如《信宿蒙古界值大风漫赋》:

大声撼起沙飞扬,蓬蓬勃勃疾莫当。顷刻涨满穹庐黄,粗沙撒豆细沙扬。扬空无际天茫洋,昏如千鲸吐雾黑。轰若万礮腾烟张。猛如深林众虎阚,旋若大海群龙翔。砰訇眩转无定方。簸车偃马屋排倒,况乃客行颠且僵。不辨人形不辨语,白昼索灯灯灭光。对面如鬼捉迷藏。朔方宅高土脉厚,冬冻入底阴拘阳。更少川流与分洩,噫气春奋宜躐狂。当发不发曰违候,郁为地震翻罗殃。南人骨脆输北强,见之缩颈有若懦卒临战场。急掩户冂塞窗空,沙飞落罅穿屋梁。喷满几席盈衣裳。冥冥灰洞填五窍,几乎鼻息出入妨。破毡冷炕草草煨,微火兜衾拳卧如处囊。吼枕无眠夜达旦,惝恍一梦还江乡。江乡何所有,春色铺花柳。浇面和风暖于酒。①

面对北地的狂风,作者运用比喻、排比、对比、顶真、叠词等手法,再加上长短不一的句式,使全诗显得澎湃飞扬。诗歌最后以描写南国的

---

① (清)朱休度:《小木子诗三刻》之《壶山自吟稿》卷上,清嘉庆刻汇印本。

和风丽日戛然而止，略显突兀，却在对比中让人对北地狂风有了更深刻的印象。当然朱休度的诗也有太过散文化的地方，如《过七里泷作》："左从天目山来脉可寻，右乃是金华仙洞之山阴。两山门处欲接不接划如沟，狭如巷，其下穿过江流深。……岂不愿消受眼福长此久留停。榜人摇摇不肯住，竟过钓台，且报先生我东去。"① 这些诗句相对而言太过随意而显平淡，削弱了诗的韵味。

六 以诗为文

朱休度长期深研易学和堪舆学，认为"六甲纳音非强配，五行化气要精研"②。他知广灵期间，研究了县城的山势布局。在准备离任时，作《又示二绝》云："木草涧东堪筑堡，庚来甲去水源源。阴阳宽抱民居利，巽向干山记我言。"诗后小注云："若移建县城于此处，尤得形胜。"③ 他认为将县城迁到涧东，更适合百姓居住。而为父母坟墓迁址，为自己的墓园豫盦选址，都是他学以致用的证明。像《纳音系辞三十首》《漫成答客问》《读易二首》这样的作品，其实是诗歌体式的易学、堪舆学论文。

七 幽默与自嘲

朱休度仕途不顺，晚年虽任知县，可为官清廉，因而一生贫困。他将生活的感受用自嘲、幽默的笔法写入诗歌，尽情地表现带着苦涩的微笑。如《扪虱》就有一种苦中作乐的情趣：

> 病久生虮虱，扪来清夜遥。细寻衣絮捉，频把案灯挑。犊鼻经年臭，鸡皮逐日消。尔肥我却瘦，底事不相饶。④

这首诗写一个老人在灯下捉虱子的情景，似乎有些不入大雅之堂，

---

① （清）朱休度：《小木子诗三刻》之《梓庐旧稿》，清嘉庆刻汇印本。
② （清）朱休度：《自题纳音系辞后》，《小木子诗三刻》之《壶山自吟稿》卷上，清嘉庆刻汇印本。
③ （清）朱休度：《小木子诗三刻》之《壶山自吟稿》卷下，清嘉庆刻汇印本。
④ （清）朱休度：《小木子诗三刻》之《壶山自吟稿》卷中，清嘉庆刻汇印本。

但作者写得这么津津有味,让我们不得不佩服其敢于表现的勇气。其实写诗就是表现一种心情,我们大可不必要求每首诗都要有什么社会意义,有时也别太介意是否有意义,这样或许可以从诗中发现更多乐趣。最后一句"尔肥我却瘦,底事不相饶",将诗的意趣推向了一个高峰。诗句中表现的那种信誓旦旦,让人不禁捧腹,这种故示愤激的调侃,又何尝不是洞彻世事后的平静和通达呢?

  瓦雨筛床泥溅门,坐眠何地把身存。却将书法从今悟,四壁条条屋漏痕。(《所中雨二首》其一)

  这首诗前两句用纪实的笔调写下雨天里作者住所的情况,四处漏雨,无处藏身。此场景与杜甫《茅屋为秋风所破歌》所言"床头屋漏无干处,雨脚如麻未断绝"有得一比。但诗歌的后两句没有将悲伤进行到底,没有在这样的惨状中自怨自艾,而是用自嘲、调侃的笔调化解了悲伤。看着墙头的条条漏痕,作者竟体悟到了书法的用笔精髓。这是一种不动声色的幽默。

又如《绝句二首》:

  圆凿何由入枘方,偶然相值漫相尝。小优扶作逢场戏,老女羞为新嫁娘。

  一官笑比空仓雀,八口行为枯肆鱼。便告妻儿将不信,几回停笔写家书。

  此诗抒写的是作者被授予山西广灵县知县一职后的随感。作者用"小优扶作逢场戏,老女羞为新嫁娘""便告妻儿将不信,几回停笔写家书"来表现自己的心情,从中可以体会到作者的自嘲、无奈以及对功名的些许淡泊。

  贫困是朱休度生活的常态,对此他也略施笔墨来表现。如他在《偶次仇山村韵咏怀十首》其四中有这么一联:"莫管人间厌腐儒,士贫合受鬼揶揄。"这里除受鬼、受他人的揶揄外,也有作者的自我解嘲。下面这二首诗表现了朱休度生活的贫困状态：

> 薄俸真鸡肋，烦文似猬毛。深知宜枉尺，悔未学操刀。悬室何堪恃，乞邻也觉劳。平生嗤画虎，世事肯教猱。地远身难脱，年衰病易牢。夜来乡梦断，刮枕塞风号。(《夜来六韵》)

> 无价辽参贵，高丽通贩便。配成补中剂，参以养荣煎。赴壑蛇难拔，遮风烛或然。漫愁偿药券，且待卖文钱。(《赊药》)

诗人在广灵当知县后，便常有"打秋风"者上门，诗人只有靠借贷来招待客人，难怪作者曾发出"为官都负寻常债"①的感叹。第二首写诗人晚年多病，而服高丽参颇有功效，可他又为药价发愁，于是发出了"且待卖文钱"的感叹，而卖文又能值几个钱呢？

八 民歌化

朱休度为诗倡风雅，求真情，反对替人歌哭，为人作嫁衣。从其诗中可以看出，他对民歌化的诗歌是有所追求的。这与他的生活经历有关系。他长期接近社会底层，对社会生活的真实状况了解较多，在诗歌创作中注意汲取民间文学的养分。这部分诗歌成了他区别于其他秀水派诗人的地方。

民歌当中有许多是歌咏男女恋情的，从《国风》到汉乐府，再到南北朝民歌均是如此。到后来文人加入民歌的创作队伍中，使民歌通俗性与艺术性并存，愈发显示其光芒。朱休度的某些诗歌也吸收了民歌的质素，如《湖上载雨晚归》云："背驮红日吹弹去，多少欸侬早进城。"《雨后过赵北口》："吴侬相顾喜，画出五湖天。"这些句子都使用了民歌中常用的吴方言词汇"侬"。朱休度接近民歌形式的作品虽然经过雅化，不太接近口语，但仍保留着某些民歌特质和江南水乡特色。且看其忧离伤别的《摇橹词》：

---

① （清）朱休度：《戏柬同所官》，《小木子诗三刻》之《壶山自吟稿》卷中，清嘉庆刻汇印本。

橹兮橹兮尔莫摇，伊伊轧轧使我闻之中心跳。舟师摇橹载郎去，地角天涯知何处。人言海无边，江无底，破帆坏桨不可知。恶风白浪惊人死。又云苏州二月桃李春，扬州三月烟花新。扬州苏州水边多丽人，撒钱如土情如水。漂流几辈人家子，橹摇郎去妾独眠。去时橹声在枕边，屋山鹊叫灯作蕊。昼卜夜卜年复年，春风津柳花飘雪。津往津来舟不绝。几时摇橹载郎归，饮舟师酒敲橹折。①

摇橹词本是一种民歌的表现形式。本诗属于传统的思妇题材。诗的前半部分细致地描绘了思妇的忧虑心理：她担心水路险恶，情郎遭难；又担心情郎在烟花三月到了扬州温柔乡后移情别恋。而后半部分则描写了思妇的期盼和哀怨。这位独守空闺的思妇是千百年来许多文人商旅之妻的一个缩影。钱世锡曾称此诗有"张王妙境"②。与之类似的思妇诗有《双轮曲》：

知君之去兮，双轮日转千万遍。望君之来兮，肠转如轮君不见。③

这首诗的体制和风格都有民间文学的烙印。其由五七言句式缀合而成的句式及语气词"兮"有着《诗经》和吴歌的痕迹。采用谐音双关和比兴手法是吴歌鲜明的特点。这使得吴歌的语言含蓄缠绵，清丽婉转。朱休度《采莼曲二首》采用了五言四句的吴声歌曲形式和女性口吻，体现了清新与晓白的民歌特色。其一云：

采莼莼丝滑，牵来脱手去。莼滑犹自可，郎心捉不住。④

这首诗使用同音异字的双关手法，以"莼丝"双关"纯思"，同时用

---

① （清）朱休度：《小木子诗三刻》之《梓庐旧稿》，清嘉庆刻汇印本。
② 见（清）朱休度《梓庐旧稿》，《小木子诗三刻》，清嘉庆刻汇印本。
③ （清）朱休度：《小木子诗三刻》之《梓庐旧稿》，清嘉庆刻汇印本。
④ （清）朱休度：《小木子诗三刻》之《俟宁居偶咏》卷下，清嘉庆刻汇印本。

"莼滑"引喻郎心滑，表现了女子对男子的不信任感。古代男女在爱情面前是不平等的，朝秦暮楚、始乱终弃并不被所有人认作恶习，于是便有了女子千年不变的吟唱。从《演五杂组三首》中同样可以窥见朱休度内心对妇女的温情：

五杂组，扬绣袂。往复还，秋千戏。不得已，倦拥髻。

五杂组，彩绳长。往复还，媒妁忙。不得已，褫襫郎。

五杂组，织锦诗。往复还，鸿雁期。不得已，长相思。①

此诗运用了《诗经》中的复章复唱的方法。可以把这组诗理解为一首诗分成三节。从游玩嬉戏的天真无邪，到媒妁提亲的春心萌动，再到鸿雁在云的无尽相思，三个蒙太奇式的镜头，串起了女子的成长过程，并将一个女子成长中的心理过程含蕴地表现出来。

长期以来，学界论及秀水派，多谈朱彝尊与钱载，而朱休度的诗歌不受重视，其诗歌成就没有得到充分的认同。就影响力而言，朱休度在秀水派中只能说是侧翼或偏师。但因为远离宫廷，没有应制赓歌的机会，没有模仿御制、上结主知的需要，所以朱休度的诗歌就作品思想内容的广阔和深刻而言，超越了钱载等其他秀水派诗人的雍容和贵之音。其艺术上的奔逸俊伟，可称穷追竹垞，正如钱大昕在致朱休度的信中所言："大雅宏达，本本元元，醁舫先生而后，真堪嗣响。至于研精声律，独得唐贤不传三昧，尤为穷极幼眇。"② 在秀水朱氏家族的诗人中，于声律一道最为精深的当数朱休度。如果将该家族的诗人按诗歌成就排个座次的话中，朱休度当在朱彝尊之后享有次席的位置，可称家族中嗣响竹垞的不二人选。朱休度在秀水派中所占有的突出地位，也应该得到新的认识和评价。

---

① （清）朱休度：《小木子诗三刻》之《俟宁居偶咏》卷下，清嘉庆刻汇印本。
② （清）朱休度：《小木子诗三刻》之《壶山自吟稿钱宫詹札》，清嘉庆刻汇印本。

第 十 章

朱声希诗词论析

朱声希著有《亚凤巢试帖》《山矾山房吟稿》《吉雨词稿》，现存诗词300多首。其遗著刻本仅见《吉雨词稿》，《海盐张氏涉园藏书目录》著录。钱泰吉《吉雨词稿序》称："吉雨之词则本诸竹垞太史，而心造独得，非余所能推阐也。"①

第一节　亚凤巢试帖

从乾隆二十二年（1757）开始，为了剔旧习，求实效，会试不试论、表、判，于第二场增试五言八韵律诗一首。是科诗题为《赋得循名责实得"田"字》，语出《邓析子·无厚篇》："循名责实，君之事也。"此后数年间，乡试、岁科试、拔贡试乃至童生试，都增试律诗。乡试、会试、考试贡生，以及生员岁考、科考等要求用五言八韵，童试用五言六韵，并且限用官韵，只限一字，为得某字，取用平声，用仄起格，诗内不许重字。所谓仄起格，即首句的前两字用仄声，次句前两字用平声。诗的前两联为"仄仄平平仄，平平仄仄平；仄平平仄仄，平平仄仄平"，以下各联依次循环往复。因第一句不用韵，所以只用八韵。试律诗"出题"是撷取经史及前人诗中的一句，或择取一个典故、成语。冒春荣在《葚原诗说》卷三中说："试题有用经史语者，有用时事者，有咏物者，有赋得

---

① （清）朱声希：《吉雨词稿》卷首，上海图书馆藏清道光年间抄本。

诗文句者，题虽不倖，而体则画一。命题限韵，多用题字。"① 试帖诗是命题而作，应试者敛才就法，思极于题，又受到考试时间的限制，往往不能自骋其才华，所以唐代的试帖诗很少能跻身于第一流诗作的行列。在科举考试制度的催生下，清人文集中留存的试帖诗数量甚多，在其中披沙拣金，亦有工者。王先谦的《国朝试律诗钞序》曰："经术盛于汉，书法盛于魏晋之间，骈俪盛于南北朝，古文之学盛于宋，词曲盛于元，制义盛于明，古近体诗，唐称盛焉。国朝兼之，而试律观止矣。"②

朱声希的《亚凤巢试帖》是由"赋得体"组成的试帖诗集，集子中的 59 首诗歌都摘取经部和集部的古人成句或成语为题，题首都冠以"赋得"二字。

以经部为出处的诗题有 9 道，约占诗题总数的 15%，其中，《诗经》2 道：《赋得春日迟迟得迟字》《赋得猗彼女桑得桑字》出自《豳风·七月》。《礼记》7 道：《赋得燕乃睇得巢字》《赋得遵鸿雁得秋字》出自《夏小正》，《赋得戴胜降于桑得桑字》《赋得鵙始鸣得阴字》《赋得腐草为萤得萤字》《赋得鞠有黄华得黄字》出自《月令》，《赋得竹小春得春字》出自《御制月令辑要》。

以集部为出处的诗题 50 道，约占诗题总数的 85%，其中，汉魏诗赋 3 道：《赋得卢橘夏熟得林字》出自司马相如《上林赋》，《赋得涉江采芙蓉得思字》出自《古诗十九首》，《赋得蓐收调辛得机字》出自曹植《七启》。六朝诗赋 6 道：《赋得春草碧色得春字》《赋得春水绿波得春字》《赋得春草绿波得波字》出自江淹《别赋》，《赋得曲水流觞得修字》出自王羲之《兰亭集序》，《赋得绕屋树扶疏得潜字》出自陶渊明《读山海经》，《赋得眼明囊得明字》出自梁简文帝《眼明囊赋》。唐代诗赋 23 道：《赋得雪圃乍开红菜甲得红字》出自韦庄《立春》，《赋得好雨知时节得知字》出自杜甫《春夜喜雨》，《赋得风花高下飞得花字》出自杜甫《寒食》，《赋得三眠蚕正熟得蚕字》出自李白《寄东鲁二子》，《赋得新梢才出墙得新字》出自杜甫《严郑公宅同咏竹》，《赋得原隰荑绿柳得荑字》出自谢灵运《从游京口北固应诏》，《赋得林迸穿篱笋》出自白居易《春

---

① 郭绍虞编，富寿荪校：《清诗话续编》，上海古籍出版社 1999 年版，第 1601 页。
② （清）王先谦：《虚受堂文集》卷三，上海图书馆藏清光绪二十六年（1900）刻本。

末夏初闲游江郭二首》，《赋得晴光转绿蘋》出自杜审言《和晋陵陆丞早春游望》，《赋得陂塘五月秋得秋字》出自杜甫《携妓纳凉晚际遇雨》，《赋得蛛网添丝屋角晴得晴字》出自杜甫《夏日》，《赋得槐花风处蝉得风字》出自贾岛《京北原作》，《赋得轻罗小扇扑流萤得萤字》出自杜牧《秋夕》，《赋得流云吐华月得流字》出自韦应物《同德寺雨后寄元侍御李博士》，《赋得冷露无声湿桂花得声字》出自王建《十五夜望月寄杜郎中》，《赋得八月灵槎欲上天得天字》出自唐顾况《送李秀才入京》，《赋得雁字得文字》出自陈陶《贺容府韦中丞大府贤兄新除黔南经略》，《赋得清风似雨余得余字》出自司空曙《立秋日》，《赋得蟹因霜重益金膏得霜字》出自皮日休《寒夜文晏》，《赋得老树饱经霜得经字》出自杜甫《怀锦水居止二首》，《赋得尝稻雪翻匙得尝字》出自杜甫《孟冬》，《赋得秋水长天一色得秋字》出自王勃《滕王阁序》，《赋得莺声细雨中得莺字》《赋得莺声细雨中得中字》出自刘长卿《海盐官舍早春》。宋诗13道：《赋得自锄明月种梅花得梅字》出自刘翰《种梅》，《赋得小楼一夜听春雨得花字》出自陆游《临安春雨初霁》，《赋得秉兰时节近清明得三字》出自张商英《和刘尉赤岸上巳》，《赋得三月春阴正养花得花字》出自欧阳修《三日赴宴口占》，《赋得水底笙歌蛙两部得蛙字》出自苏轼《赠王子直秀才》，《赋得麦陇风来饼饵香得香字》出自苏轼《南园》，《赋得银汉无声转玉盘得声字》出自苏轼《中秋月》，《赋得野径寻梅见小春得寻字》出自曾几《十月一日》，《赋得一点黄金铸秋橘得金字》出自苏轼《送杨杰》，《赋得家在江南黄叶村得村字》《赋得家在江南黄叶村得南字》出自苏轼《书李世南所画秋景》，《赋得髻重不嫌黄菊满得嫌字》《赋得手香新喜绿橙搓得搓字》出自苏轼《次韵苏伯固主簿重九》。清诗2道：《赋得樱桃初熟鸟争鸹得鸹字》《赋得五月新丝满市廛得新字》出自朱彝尊《鸳鸯湖棹歌》。

此外，《赋得花深忘却归来路得莲字》当来自宋代邹登龙《采莲曲》之"花深忘却来时路"。《赋得红叶黄花正零乱得秋字》当来自苏轼《台头寺雨中送李邦直赴史馆分韵得忆字人字兼寄孙巨源二首》之"红叶黄花秋正乱"。《赋得荷高入槛香得香字》的诗题出处不详。

朱声希生活于其中的乾、嘉、道三朝，出自经书的会试诗题占有很大比重，体现了其时重视经学的学术风尚。而《亚凤巢试帖》诗题出处相当狭窄。其以《诗经》为出处的诗题语出《豳风·七月》,以《礼记》为出处的诗题出自《夏小正》和《月令》。究其实,它与经学的尊崇无关,而与时令物候相关,不脱其吟风弄月的本质。

  清代历科会试出自史书的诗题有9道,这些诗题有为政治国、修身养性的原则,但反映时事背景更为鲜明直接。出自子书的历科会试题目有10道,反映了当朝皇帝崇尚学问的个人喜好。① 而《亚凤巢试帖》没有一道诗题出自史书和子书,而且其诗题基本上只和时令时景相关,显见得朱声希对于维持世教、兴道致治不太关心,对点缀升平、鼓吹休明不甚注重,也无意于游情四库,掇取僻典,他的兴趣只在刻画春花秋月。

  《亚凤巢试帖》中的诗题出自唐诗的最多,其中出自杜诗的有7道,出自宋诗的诗题有14道,其中出自苏诗的有9道,而出自清诗的诗题都来自朱彝尊的《鸳鸯湖棹歌》。从《亚凤巢试帖》的拟题倾向可以窥见朱声希的诗学宗仰。为了应对科考自是朱声希究心于试帖诗的主要动因,但把《亚凤巢试帖》中的诗题和当时会试诗题作一比较,就会发现朱声希研习这种"干禄字体"的体制与写作技巧,不仅出于功利性需要,而且寄托了自己的兴趣和好尚。

  《亚凤巢试帖》全由八股化的五言八韵排律组成,结构严谨,语言典雅,诗歌内容与题意环环相扣,写作技巧完美精致。这一诗集中,雨的意象比较丰富,如《赋得小楼一夜听春雨得花字》云:

    不住丁冬滴,檐前雨似麻。小楼听客夜,清响逗窗纱。断续鸣苔砌,悠扬洒柳衙。遥随残漏急,徐逐惠风斜。枝想芳催杏,波怜绿涨涯。篝灯明槛曲,香雾暗檐牙。渐觉蕉心碎,频惊旅梦赊。明朝春色霁,早卖巷深花。②

  这首五言八韵的排律是咏春雨的诗。命题出自陆游《临安春雨初霁》。首联破题,第二联承题,把"小楼一夜听春雨"这一句中的要紧字

---

① 杨春俏、吉新宏:《清代会试试帖诗题目出处及内容类型分析》,《晋阳学刊》2007年第2期,第112页。
② (清)朱声希:《亚凤巢诚帖》,上海图书馆藏清道光年间抄本。

拆散分布在两联内。三联以下类似八股的起比、中比和后比，渲染春雨的种种形态：春雨断断续续地鸣响在长着青苔的石阶上，悠扬地洒落在成行排列的柳树上。雨声时而随着将尽的漏壶滴水声急骤起来，雨丝时而慢慢地随着柔和的风斜飘起来。杏树渴盼着春雨的滋润，春雨催动着杏花早早开放，湖中的绿波也涨了起来……结联如束比，将未点之题字"春"点出。全诗句句写雨，一脉贯通，没有一字重复。除首联和尾联不对偶外，其余各联的对偶"铢两系称"。在用韵方面，严格遵守了"八戒"，没有出韵、倒韵、重韵、凑韵、僻韵、哑韵、同义韵和异义韵。

朱声希爱"莲"，曾取字莲桴，其诗中描写得最多的植物就是莲花。如《赋得荷高入槛香得香字》写荷高香远，委曲尽情：

翠盖拥红妆，高攀水槛旁。映来含粉艳，入处趁风香。徐度晶帘冷，频薰碧簟凉。亭亭当户牖，冉冉接陂塘。侧影朱鳞戏，圆阴白鹭藏。隔溪云欲烂，此地暑先忘。扑鼻清遥送，披襟爽远扬。北窗相对卧，一枕梦犹芳。①

首联直赋题事，题解了然。第一句点出荷之绿叶红花，第二句点出"高""槛"二字。第二联写题意，转到"香"字，全题要紧字眼在第一、二联处都已写出。五六句写"香"化实为虚，气流句外，但并未说尽。七、八、九、十句发挥"荷高"之意，虚实相错，炼而不涩。十一、十二句以旁衬虚衍为事。最后两句收束全题，不脱"香"字。

再看《赋得花深忘却归来路得莲字》在法度上下的水磨工夫：

迷却花间路，歌犹唱采莲。来时忘缭绕，归棹怅留连。渺渺随鸥泛，深深学蝶穿。四围香不断，一望翠无边。转忆曾经处，翻疑别有天。白苹遮渡口，紫蓼认溪前。影乱红云镜，舟回绿水烟。桃源同恍惚，意境两茫然。②

---

① （清）朱声希：《亚凤巢诚帖》，上海图书馆藏清道光年间抄本。
② （清）朱声希：《亚凤巢诚帖》，上海图书馆藏清道光年间抄本。

首句点题清楚明透，次联承前一联之意而畅足之。三联、四联推宕击题。五联前一句承上，后一句启下。六联、七联切定"深"字，气足神旺，使题无剩意。尾联以"忘却"之意绾合全诗，使笔有余情。

《赋得涉江采芙蓉得思字》则是一首法严体密、腴而不腐的采莲曲：

> 涉彼秋江上，红芙冒碧漪。亭亭波照影，采采藕牵丝。薄袂随风举，清香扑面吹。绿云低掩映，青盖乱纷披。落手频惊艳，褰裳早虑思。情深芳草岸，曲罢夕阳时。花自娇无语，人还信所之。恰看双翡翠，飞去钓鱼坻。[1]

首联落实题意，虽属凡笔套词，倒也不失尺寸。二至六联接迹元白，流走清圆，对采芙蓉的动作作了艺术化的叠加处理。结处寄托缠绵之思，余味曲苞。

朱声希写试帖诗，守定绳尺，以刻画精确、比附密切为能事，当然工巧有余而情韵不足，不可能像伫兴而就的诗作那样兴象高远、神气超妙。但作为一个在野文人，他以巧心妍手，自出清思，所作试律毕竟和雕镂工丽、唯求华美的应制体不同，基本上没有襞积涂饰之病。

第二节　山矾山房吟稿

作为一介寒士，朱声希的诗歌有乡野气、布衣感，而无缙绅气、富贵感。其《山矾山房吟稿》中的题画诗冲淡清雅，思亲怀友诗感情真挚，咏物诗细腻委曲，山水纪游诗明秀超逸。

朱声希时常与朋友唱和，有时还会参加亲友婚礼、寿辰等宴会，写些应景之作、奉承之语，但总体而言，他的酬唱诗情感比较真挚，格调相当清新。朱声希为人谦虚，与朋友唱和时多赞扬对方文采，而自称不善文辞。如赞叹朱鸿"君学满腹笥，君才凌云翮。问字乃吾师，耽书胜

---

[1] （清）朱声希：《亚凤巢诚帖》，上海图书馆藏清道光年间抄本。

左癖",而"愧我寡见闻"①,笑称自己是"诗肠久断客途中,自笑推敲句未工"②。其《汪艾塘大兄以同吴山尊叠用东坡岐亭诗韵吟稿见示,即用原韵,勉成一首,题其后》高度渲染了朋友文笔的精湛绝伦:

曲高自远音,味厚自多汁。耳食徒纷纷,如雨荷不湿。险韵诗斗豪,因难巧屡得。艳雪舞风回,野鹘翻云急。联吟胜韩孟,奚论杜荀鸭?乍读眼犹花,再读雾开幂。神随清吟清,暑忘赤日赤。摘藻各缘情,连篇缀狐白。想见兴酣时,高咏岸巾帻。笑我砚久焚,弹铗歌当泣。饥驱来此邦,口若唇补缺。怀中刺空磨,谁谓有此客。云篇喜相示,一扫俗垒集。③

汪艾塘,名庚,安徽全椒人。吴山尊号及之,安徽全椒人,乾隆进士,官拜学士,富才名,精鉴藏,擅山水、花卉、人物,为清代收藏大家。大概有一些人对汪庚的诗有讥评,所以诗中说"耳食徒纷纷,如雨荷不湿"。此诗称赞汪庚的吟稿善用险韵,因难见巧,并用"艳雪舞风回,野鹘翻云急"形容汪庚诗既飘逸又劲健的风格。"奚论杜荀鸭"是指汪诗不屑于东施效颦。李调元的《雨村词话》曰:"太白词有'云想衣裳花想容',已成绝唱。韦庄效之,'金似衣裳玉似身',尚堪入目。而向子諲'花想容仪柳想腰'之句,毫无生色,徒生厌憎。此皆李赤之于李白,黄乐地之于白乐天,杜荀鸭之于杜荀鹤,无赖之类所谓也。"④"笑我砚久焚"是谦称自己缺乏才华,"弹铗歌当泣"是说明自己生活的窘迫。

朱声希的《早春寄酬张云衢表兄二首》情真意切,思念之情溢于言表:

---

① (清)朱声希:《酬家云陆孝廉见赠之作即用其原韵》,上海图书馆藏《山矾山房吟稿》手稿本。
② (清)朱声希:《病起通州幕中诸友见和赠歌者之作因四叠前韵各酬二绝》,上海图书馆藏《山矾山房吟稿》手稿本。
③ (清)朱声希:《山矾山房吟稿》,上海图书馆藏手稿本。
④ (清)李调元:《雨村词话》卷一,张璋、职承让、张骅、张博宁编纂《历代词话》下,大象出版社2002年版,第1199页。

寄我新诗意味长，几回欲和奈枯肠。挑灯孤坐朦胧睡，短梦醒来月照梁。

春风树眇暮云深，料是相思同此心。记得别时曾有约，小窗梅雨候君临。①

张云衢是朱声希的表兄兼诗友，两人多有诗简往来。朱声希用"枯肠"一词表示自己文思枯竭，既是自谦，也是因为思绪万千而无从下笔。第二首诗从对方着笔，设想对方应当和自己一样"相思同此心"。结句"记得别时曾有约，小窗梅雨候君临"，与李商隐"何当共剪西窗烛，却话巴山夜雨时"有异曲同工之妙。此诗用挑灯孤坐、雨窗候友的剪影塑造了一位深情绵邈的抒情主人公形象。无论是对亲人还是对朋友，朱声希都是以赤子之心待之。故其所作思亲怀友诗大都表现出殷殷深情。

秀水朱氏家族通过同乡关系构建了一个游幕社交网络。朱声希凭借这个网络，一生多次出游，足迹曾至蓟北。出游的经历为朱声希体验感知各地山水和名胜提供了机会。朱声希的纪游诗将自然的清远之境，运化成诗词的明秀超逸之韵。其中游览庙宇时所作的诗歌，在超逸中带有禅意，具有空灵之美。

朱声希的纪游诗大部分与水有关，或是写旅途中遇雨，或是写泛舟湖上。这类诗词语言明秀，意境清远。如他与友人在月夜游湖时所作的《次同人澉湖望月韵》：

四围峰翠映湖中，明月遥看生海东。冰镜一轮浮水满，玻瓈千顷浸天空。田边曾照山人鹤，酒畔还思高士风。不枉人将西子比，清宵望里宛然同。②

澉湖秋月为古"澉川八景"之一，明弘治年间举人徐泰曾作《秋夜澉湖望月》："澉湖湖上桂花秋，海月当年满画楼。仿佛钱塘六桥夜，至

---

① （清）朱声希：《山矾山房吟稿》，上海图书馆藏手稿本。
② （清）朱声希：《山矾山房吟稿》，上海图书馆藏手稿本。

今人说小杭州。"① 喜欢月夜游湖的朱声希到此自然不会错过这一美景。颔联运用"冰镜""玻璃"两个意象，营造出澉湖月夜通彻明透的空明意境。"浮""浸"两个动词，使水天一色的景象更加鲜活。"田边曾照山人鹤，酒畔还思高士风"指的是明正德八年中秋夜，著名文人孙一元、许相卿等泛舟湖上，吟诗唱和一事。在漫漫水雾中见冰轮倏然破云而出，朱声希遥想古代高士曾在此赏月作诗，不禁与昔人产生了共鸣之感。此诗将广寒宫般的奇境与文人高士联系在一起写，扩展了此诗的时空意蕴。

朱声希心思细密，愁绪颇多，寄情山水时能让他暂且忘记烦忧，研修佛理则能让他得到更多的超脱。在拜谒佛教寺院时，他的感悟尤多。试看《夏日能仁寺僧房观奕》所参悟的人生哲理：

> 火伞张晴空，村流绕古寺。桥渡山门前，径穿云树际。云深棋响传，径曲僧房闭。寻幽叩禅扉，致身获福地。北窗面水开，修竹隔岸翠。中有二人奕，外无一尘事。炉香茗碗供，清簟疏帘缀。长昼消楸枰，静观得禅意。机动局已终，局开机已逝。输赢何足论，得失本如寄。证果知前因，即空悟真谛。因知诸法门，可作观奕例。移时坐蒲团，恍然非人世。但觉清风徐，浑忘赤日坠。林深晚钟催，林表暮蝉沸。归途野风盈，回首绿烟翳。②

嘉兴能仁寺位于新塍镇，建于梁天监二年（503），寺内殿宇宏伟，气势雄浑，"村流绕古寺"一句写出了其四周环水的环境特点。"云深棋响传"以有声写无声，"径曲僧房闭"化用常建《题破山寺后禅院》中"曲径通幽处，禅房花木深"之语写僧房的幽深。接着，诗人描绘了禅房的布局和摆设，突出清雅的氛围，为全诗意境的营造奠定了基础。"清簟疏帘缀"一句本自杜甫《七月一日题终明府水楼二首》所谓"清簟疏帘看弈棋"。"机动局已终，局开机已逝"颇有辩证思想，"输赢何足论，得失本如寄"则是悟道之语。

---

① （明）樊维城修，胡震亨纂：（天启）《海盐县图经》卷三，明天启四年（1624）刻本。
② （清）朱声希：《山矾山房吟稿》，上海图书馆藏手稿本。

在朱声希的《山矾山房吟稿》中有许多记载赏花、饮酒、养鱼、调鹤、浇蔬等生活闲趣的诗，从中可以看出朱氏在清贫的生活中不乏闲情逸致。《山矾山房吟稿》与莲花有关的作品有9首。《白莲》写了莲花的素淡之美，《种莲》突出了莲的君子风标。《观田中荷花漫成》集中表达了诗人喜爱莲花的原因："不烦雕饰娇无语，偶辱泥涂气自华。乱叶却怜连大芋，何殊美玉倚蒹葭。"这几句折射出一介贫士在穷途中的高洁情操。

第三节　吉雨词稿

朱声希不仅是终身寒微的布衣诗人，而且是一往情注的野逸词客。其家族以耕读传家，所以身处他乡的朱声希最牵挂的是亲人学习方面的问题。他思念中的亲人也多是读书吟诗的形象，如"故人今夜知何处，独酌酣吟书画船"[1]。重视亲人的学识，正是朱声希关心亲人的一种表现。朱声希送别词中的代表作《满庭芳·春暮送舅氏沈夏村先生之燕京》云：

寂寂闲居，迟迟春日，风定花落林扉。眼前有景，句愧谢家题。犹记史书徒取，邀宗悫赏爱儿时。垂杨岸，今偏相送，愁赋渭阳诗。

魂飞南浦外，孤帆影远，极目烟迷。但绿波渺渺，碧草萋萋，此去名高日下，怅陆杲不得追随。程遥计，驱车赵北，驿树早蝉嘶。[2]

词中的意象都是传统的离别意象，如杨柳、孤帆、蝉，这些意象的组合渲染出了离别时的凄寒和惆怅。"但绿波渺渺，碧草萋萋，此去名高日下，怅陆杲不得追随"数句，预言舅舅沈夏村此次去北京将获得极大的声誉，朱声希遗憾自己不能像"陆杲"一样追随。此处是借乡先贤"陆杲"的典故表示自己引舅氏为骄傲。陆杲是南朝齐梁时的文人。他的舅舅张融有高名，陆杲风韵举动和张融相似，当时人称道说："无对日

---

[1]　（清）朱声希：《思佳客·舟夜怀吴思亭表兄修》，《吉雨词稿》卷上，上海图书馆藏清道光年间手抄本。

[2]　（清）朱声希：《吉雨词稿》卷上，上海图书馆藏清道光年间手抄本。

古代人平均寿命低，致使有"人生七十古来稀"的感叹。正因如此，人们把"寿"列为五福之首。对一些古稀耄耋之人，人们会以各种形式进行祝福，于是乎寿诞之日的诗词联话极多，撰写祝寿诗词便成了重要的祝寿形式。从唐宋以后，祝寿活动日趋隆重，文人学士们更喜欢通过作贺词贺联等来凑一番热闹。嘉庆十二年（1807）春日，朱声希作《百字令》，预祝其二十五叔朱休甫七十大寿：

> 星辉南极，喜行开八秩，道南光照。笔阵词场声凤擅，老去尤工谐笑。谈接鸡窗，眉齐鸿案，乘兴还垂钓。香山游健，却抛鸠杖吟啸。　　本是紫桂舒芳，嘉辰揽揆，瑞献安期枣。恰值凤毛鸣鹿宴，鹤算添应早。春酒香浓，垂堂花暖，介雅歌声绕。群仙高宴，阿咸酹舞蓬岛。①

朱休甫字端仲，号竹庐。乾隆三年（1738）八月十一日生，邑庠生，著有《红豆庄诗词稿》。上阕第一句是对他的祝贺，接下来是对他才能和性格的描绘，写出了其叔在词坛上声誉夙著，谈吐幽默风趣，晚年还有垂钓逸性。朱休甫有一幅名为《范湖垂钓小景》的画像。下阕是对其叔寿宴热闹景象的设想。张炎《词源》卷下曾道出祝寿词的难处："难莫难于寿词，倘尽言富贵，则尘俗；尽言功名，则谀佞；尽言神仙，则迂阔虚诞。"② 朱氏的祝寿词只是最后一句借神仙来措辞，"阿咸"之典点出了作者与寿星的亲戚关系，算得上恰到好处。

嘉庆二十五年（1820）正月十一日，朱声希作《壶中天》，祝倪莲依亲家七十大寿：

> 脱簪老矣，问谁如若水，本来清健。皖口云中和岭表，早听循声传遍。最报中牟，猷分京兆，还被题舆荐。钓游归里，近年方遂初愿。　　赢得鸠杖吟扶，鹤湖棹泛，八秩开非晚。九十春光才过失，

---

① （清）朱声希：《吉雨词稿》卷下，上海图书馆藏清道光年间手抄本。
② （宋）张炎：《词源》卷下，清道光二十四（1844）金山钱氏刻《守山阁丛书》本。

恰值仙筹添算。绕砌芝兰。翔风松鹤，竞献流霞盏。诗陈介雅，堂檐梅正香绽。①

现有资料仅记载倪莲依曾任顺天府治中。从词的上阕可知，他还曾在安徽、山西、广东、河南等地任职，且官声甚佳。下阕连用"鸠杖吟扶""鹤湖棹泛""翔风松鹤"等意象，勾勒出倪莲依的老寿星形象。结句蕴祝颂于庭景描述之中，笔触清雅而自然。

《吉雨词稿》中，咏物词的比重最大，而尤以咏动植物居多。其咏物词大体上可以概括为两大类：一是浓妆淡抹，直写物象，巧言切状，如印之印泥；二是托物寓意，借题发挥，由此及彼，抒情言志。在他所选取的物象中，多是形体较小的动物，如蝶、莺、燕子、蛙、蝉、蜘蛛、萤等。这些意象都是生活中常见的，这也说明朱声希对周围的事物观察得比较细致。他总是将一个细小事物的颜色、形态等描写得毫芥毕现，同时又将一事物与另外的事物联系在一起综合描写，以突出一事物的个性。

植物如菊花、荷花、梅花、夹竹桃、荔枝、橄榄、佛手柑、雁来红、凤仙花等花草是他吟咏的重要对象，他把对所咏对象的整体性把握和动态有机描绘与主体向客体的精神渗透有机结合起来，展现了每一种植物的特性。在这些花草中，他尤其喜欢写菊花的淡雅、梅花的清幽。

除描写花草虫鱼外，朱声希还吟咏信封等物件。如借物写人的《金缕曲·信封》：

万种离愁绪。怕戋戋短才扶寸，难容如许。满纸长相思寄远，遮莫写来无数。恰都向此中囊贮。两面平安千里字，更重重小印旁添护。又奚用，蜡丸固。　鳞鸿幸托休迟误。怅匆匆欲言不尽，将缄还住。密约传来忙细认，早见簪花题处。想粘费玉纤亲抚。梦断白狼音忽至，喜关山迢递途无阻。函未启，目先注。②

---

① （清）朱声希：《壶中天·庚辰正月十一日寿活中倪莲依亲家七十》，《吉雨词稿》卷下，上海图书馆藏清道光年间手抄本。

② （清）朱声希：《吉雨词稿》卷下，上海图书馆藏清道光年间手抄本。

这首词着重写信封的承载功能。从开始害怕信封难以装载种种的离别愁绪，到后面"鳞鸿幸托休迟误。怅匆匆欲言不尽，将缄还住"，写出封信时的犹豫不决，担心把信寄出后还有话还没有说完。"密约传来忙细认，早见簪花题处。想粘费玉纤亲抚。"可见寄信的是一位女子，"忙细认"表达出了收到信时的激动兴奋之情。词中"白狼"指白狼山，是收信人的驻地。这首词短短的100余字，将写信前、写信时、弥缝时，以及收信过程中表现出来的担忧、惆怅、喜悦等心理变化过程刻画得淋漓尽致。

另外，朱声希的咏物词中有一大部分是咏节令物候的诗词。他特别注重时令的描写，喜欢借时令或某个季节出现的物象来抒发内心世界。春夏秋冬、阴雨晴晦的诸种意象之中，朱氏更多地着眼于春秋季节美好风景的描写。朱氏现存诗词有100余处出现了"春"字，出现"秋"字的也有近100处。"春"与"秋"对于中国古代文人士大夫来说，是一种有着浓厚文化积淀的社会与人生感悟的触媒，朱氏在描写"春"之丽、秋之"清"外，也以"春"与"秋"为时空背景来抒发自己的欣悦或感伤。

朱氏词作中直接出现"春"字的句子多写明媚和煦的景象，如《临江仙·社日坐雨》："人欢春饮剧，路滑醉扶回。"《沁园春·蝶》："飞去飞来，寻香寻艳，不放春光一刻闲。"《踏莎行·莺》："不关柳色漏春光。一声惊晓春先泄。"《满庭芳·春暮送舅氏沈夏村先生之燕京》："寂寂闲居，迟迟春日，风定花落林扉。"这些诗句显示了春天的生命力及其温暖融和，让人熏然如醉。

朱声希词作中出现"秋"的诗句给人一种宁静感或些许的伤感，如《南乡子》："碧簟无眠秋早逗，凄清。"《菩萨蛮·湖上晓望》："晓风堤柳凉秋霁，水光山色清如洗。"《满江红·九日登真如寺浮图》："向长空吟啸豁双眸，秋光迥。"《西江月·对月怀平甫弟随任云中》："云山望里弟兄心，顾影秋光冷浸。"《洞仙歌·南湖泛月》："向秋光流处，一任风吹镜中去。"《卜算子·黄叶》："秋老剩鸣蝉。"这些诗句写秋之清澄，具有一种恬静淡雅之气，表现出高度净化了的审美情趣。再如《菩萨蛮·湖上晓望》云：

晓风堤柳凉秋霁，水光山色清如洗。空翠扑湖西，一双白鹭飞。人家门外悄，早有人蹲钓。隔岭响穿烟，石桥乱落泉。

上阕中有"晓风""堤柳""水光山色""空翠""白鹭"，这一串景色的组合描绘出"清秋"的情韵氛围。下阕开头说秋日里门外少了喧闹嘈杂，又用湖边蹲钓者的剪影点染出生活气息。结尾写穿过云烟传来的隔岭泉声，在听觉上让人感受到秋天的清净和静谧。诗中意象的清新淡远和人的情绪的冲和闲静恰相呼应，耐人寻味。

朱声希用自己独特的审美体验感知南方的山水，解读江南名物，将自然的清远之境，运化成诗词的清新淡雅之韵。其纪游词不是浓墨重彩的金碧山水，而是淡淡的水墨画，其中又有百分之八十写的是乘舟泛湖。他尤为喜爱"池塘绿涨舟平岸，泥滑应愁识翠人"①的雨中游湖和"几误认寒广宫府，想天上何如此间游"②的月夜乘舟。

朱氏纪游词喜欢用翠绿和白色的事物作为基调，构成一幅恰似山水画的清淡意境。如《洞仙歌·雨霁泛湖》中的"湖山迷翠""碧蘸"与"云""白沙""飞鹭"就是翠绿和白色的搭配。朱氏使用的颜色词在微观层面除了概念义外还有一定的附加义。"白色"往往象征高洁无瑕、自由无羁和闲适自在，这在一定程度上反映出朱氏素洁的情怀。

中国有诗书画同源之说。诗画的结合产生了题画诗。随着词的发展，题画词也勃然兴起。《吉雨词稿》中有13首题画词，多是题山水画和花草画的。就描写方法而言，这些题画词大致可以概括为以下两种类型：一是侧重对画面的再现，即就画论画，对画中之境作出恰当的描述、概括或补充，如《天仙子·题〈石榴小幅〉》《春光好·题友人〈春日山居图〉》等；二是侧重对画面的升华，即描摹画面形态的同时，兼写赏画时的感受，如《清平乐·秋窗病起有以〈秋夜读书图〉索题漫赋以应》《题程翥堂上舍镕〈红药翻阶图〉二首》等。

朱声希题山水画的词呈现出来的是静谧的画面和冲淡的情怀，而不

---

① （清）朱声希：《泛舟郭外雨眺》，《吉雨词稿》卷下，上海图书馆藏清道光年间手抄本。
② （清）朱声希：《洞仙歌·南湖泛月》，《吉雨词稿》卷上，上海图书馆藏清道光年间手抄本。

是喧闹的场面和激动的情愫。如《春光好·题友人〈春日山居图〉》云：

> 峦翠暖，水烟晴。竹窗明。风外飞泉梦里声。有余清。对客无言花落。当轩窥影山青。小坐悠然心远处，白云生。①

春天的太阳暖暖地照着翠绿的山峦，水上飘着烟雾，竹制的窗户尤其地明亮。风外飞流的山泉声仿佛是梦里的声音，给人以静谧的感觉。"无言花落""窥影山青""白云生"更是写出了画中人的悠然心态。这首词运用简洁的笔触和凝练的语言写出了春日山居的悠闲，语言的画面感很强。

在题画词中，朱氏在描写画面时也会表露自己的情感，尤其是伤感。《题程裔堂上舍镕〈红药翻阶图〉二首》中的"不觉天涯春宴""惆怅留春无计"，写出了词人的伤春之情。《清平乐·秋窗病起有以〈秋夜读书图〉索题漫赋以应》则更着重于游离画作之外的情感表达：

> 风灯影颤，叶落疏林乱。一自秋声传赋遍，是处读书声满。吾怜病废吟哦，短檠空伴维摩。打睡更无童子，自推窗看明河。②

"风灯影颤，叶落疏林乱"，简短的九个字把秋夜的萧索描写了出来。图画中是热闹的读书景象，而此时身体染病的观画者自怨自艾，倍觉孤独寂寞。

在《摸鱼儿·和二十五叔自题〈范湖垂钓图〉》中，朱声希还抒写了看淡万事的高人情怀：

> 傍城隅镜光浮处，一奁平涵清水。五湖人逐扁舟往，何况妆台遗址。今古事，但试看，随波云影悠悠逝。帝乡莫至。算只合、延缘一竿闲把，聊尔托幽意。　新词句，水底螺纹争丽。阿咸那敢相拟。鹤洲鸳渚多渔唱。风便时，应吹至。孤棹舣，知野外忘机鸥鸟

---

① （清）朱声希：《吉雨词稿》卷上，上海图书馆藏清道光年间手抄本。
② （清）朱声希：《吉雨词稿》卷下，上海图书馆藏清道光年间手抄本。

来盟几。江湖满地,甚脱却尘拘,得鱼换酒,相与枕流醉。①

范湖又称范蠡湖,湖边有西施妆台。这首词侧重描写了看穿历史风云后,"得鱼换酒,相与枕流醉"的洒脱不羁情态。朱声希不是过多地描写画面,而是把画面作为抒情的载体,凸显画中主人翁的精神风貌。

古往今来咏花的诗词歌赋,以梅为题者最多,或咏其风韵独胜,或吟其神形俱清,或赞其标格秀雅,或颂其节操凝重。而朱氏却没有用大量的笔墨去赞赏梅花的独特品性,而是采用了别出心裁的手法,从一个异样的角度来描写梅花。他的《柳梢青》通过写四枝不同的梅花展现梅花由生到灭的生命周期:

紫蒂疏疏,梢头才缀。翛然尘隔,月地无人,霜禽偷眼,料应先识。 会须香绽花繁,且脉脉,韬真自惜。迟暮何伤,芳情本耐,不关寒勒。

又

伫月思量,九疑仙子,准备明妆。斗雪姿妍,迎风袂举,骨尚凝香。 情知玉不终藏。到此际,弥回寸肠。半面虽遮,全神早现,暗度虚廊。

又

缟衣寒搭,夜来窗外,微闻声霎。晓倚晴风,嫣然一笑,绕檐巡匝。 岂缘雀啅芳心,悄不觉,枝枝玉压。高卧空山,暗薰纸帐,胜烧金鸭。

又

翠羽鸣枝,陡惊梦断,已觉春迟。顾影仍疏,余芳欲落,可奈风披。 明年花岂愆期。莫笛里,声声咽悲。横幅先描,幽香重觅,

---

① (清)朱声希:《吉雨词稿》卷上,上海图书馆藏清道光年间手抄本。

岂待多时。①

词前有小序云:"宋杨补之有自题画梅四阕,一未开,一欲开,一盛开,一将残,风调清绝。寒宵无俚,偶次其韵,多见其不知量。可一笑也。"朱声希这四首词是杨无咎自题画梅四阕的次韵之作,分别写还没有开的梅花、将要开的梅花、盛开的梅花和将要凋残的梅花。第一首词不粘着于紫蒂本身,而是用拟人的手法,写未开之梅对自己盛开时节和凋残时节的想象。"霜禽偷眼,料应先识"化用自林逋《山园小梅》的名句"霜禽欲下先偷眼,粉蝶如知合断魂",意思是说白鹤如果偷看未开的梅花紫蒂,应该预先知道梅花有令人销魂的美。这是一种从侧面烘托的写法。第二首词也用了拟人的手法,将待开的梅花想象成一位准备梳妆打扮的九嶷仙子,正迫不及待地要在人前展现妍姿。第三首词写出了梅花悄悄盛开的情景,"霎""悄不觉"逼真地写出了梅花盛开的那一刹那。第四首写的是对残梅的感伤。这组词的妙处在于脱略形迹,着意传神,从梅花开放的不同阶段渲染梅花清妍高洁的神韵。其实,这种神韵就是词人清高人格的写照。

朱声希诗词总体上呈现出恬静淡雅的风格。其现存作品基本上都取材于个人生活,而不涉及时事政治。其创作成就不算显著。和朱彝尊这样的参天大树比起来,朱声希在家族文学生态圈中只能算草根文人,但作为秀水朱氏家族的后起之秀,他的作品为这个家族的文学景观添上了精彩的一笔。

---

① (清)朱声希:《吉雨词稿》卷上,上海图书馆藏清道光年间手抄本。

附　录

一　秀水朱氏家族科举仕官著述表

世系	姓名	字号	生卒年月	科举	仕官	著述
三世	朱恭	字文美，号月梅	（生卒年月失考）		以曾孙仕累赠光禄大夫兼太子太保、户部尚书、武英殿大学士	
四世	朱彩	号慕萱	成化十九年（1483）十月生，嘉靖二十一年（1542）二月卒		以子仕赠登仕郎，晋赠奉政大夫大夫、医院院使，以孙仕累赠通议大夫、资政大夫，晋赠光禄大夫兼太子太保、户部尚书、武英殿大学士	
五世	朱儒	字宗鲁，号东山	正德十年（1515）十月生，万历十九年（1591）九月卒		太医院朴医士、太医院吏目、太医院御医、修职郎、太医院院判、大医院院使、以子仕历赠通议大夫、资政大夫，晋赠光禄大夫、柱国少保兼太子少保、户部尚书、武英殿大学士	著有《立命玄主》《太医院志》，编有《医家四书》

(续表)

世系	姓名	字号	生卒年月	科举	仕官	著述
六世侍郎公派	朱国桢	字兆亨，号凤川	嘉靖二十二年（1543）四月生，万历二十二年（1594）四月卒	邑庠生	以子仕历赠文林郎、奉政大夫、中宪大夫、大中大夫，晋赠通议大夫、刑部左侍郎	
六世瑞寰公派	朱国祥	字冲宇，号瑞寰	嘉靖二十八年（1549）十二月生，万历二十二年（1594）十月卒	邑庠增广生	以嗣子仕赠承德郎，工部营缮司主事	
六世养浩公派	朱国礼	字兆嘉，号养浩	万历五年（1577）十月生，天启元年（1621）九月卒		太医院吏目	
六世太博公派	朱国祚	字兆隆，号养淳，别号介石	嘉靖三十八年（1559）八月生，天启四年（1624）十月卒	庠生、廪生，顺天乡试第19名，会试第204名，状元	翰林院修撰，会试同考官，廷试掌卷官，江西乡试正考官，皇长子经筵侍班官，左春坊左谕德兼侍读，左庶子兼侍读，礼部尚书兼东阁大学士，户部尚书，武英殿大学士	著有《介石斋集》20卷，《孝宗大纪》1卷，《册立仪注》1卷，编有《皇明百大家文选》17卷
月河派	朱大义	字宜山，号秦岩		郡庠生，无子嗣		
七世侍郎公派	朱大启	字君舆，号广原，初名应麒	嘉靖四十四年（1565）九月生，崇祯十五年（1642）六月卒	顺天府庠生，乡试副榜第1名，嘉兴府庠生，会试第65名，廷试三甲第16名，廷试三甲第75名	南昌府知府，文林郎，吏部验封清吏司主事，吏部验封清吏司郎中，吏部文选清吏司郎中，太常寺少卿，中宪大夫，太仆寺卿，大中大夫，大理寺卿，廷试读卷官，刑部右侍郎，左侍郎，通议大夫	著有《东曹笔疏》《考功记辑注》《曼箐轩集》

(续表)

世系	姓名	字号	生卒年月	科举	仕宦	著述
七世瑞襄公派	朱大烈	字君旸，号佑子	万历八年（1580）七月生，顺治元年（1644）七月卒	邑庠廪生，乡试副榜第2名，承父荫入太学	前军都督府都事，署经历司事，大仆寺协理东路寺丞，工部营缮司主事，协守东直门纪录，承德郎	
七世太博公派	朱大宽	初名大谟，字君籲，号忱子	万历六年（1578）十月生，崇祯九年（1636）六月卒	邑庠生，承父荫人太学	都察院照磨所照磨，经历司事，修职郎，署理都察院经历司，督府经历司都事，后军都督府经历司员外郎，摄大仆寺提督车藏协理京营马政寺丞，文林郎，工部营缮清吏司主事，承德郎，摄工部虞匠司豢，工部营缮清吏司员外郎，云南楚雄府知府	
七世太博公派	朱大猷	字君升，号广何，又号真悦	万历十年（1582）十月生，天启元年（1621）六月卒	邑庠生，乡试第59名，会试副榜第10名		
七世太博公派	朱大观	字君容，号秀颂	万历十二年（1584）九月生，崇祯十年（1637）九月卒	府庠生，承父荫人太学	左军都督府都事，后都督府经历，奉直大夫，南京工部员外郎，工部屯田司员外郎，郎中，奉政大夫，广西思恩军民府知府	

附　录　543

(续表)

世系	姓名	字号	生卒年月	科举	仕宦	著述
七世太傅公派	朱大洽	字君平，号修能	万历二十四年（1596）十月生，顺治四年（1647）十一月卒	府庠生，承父荫入太学	五军府京职	
七世太傅公派	朱大定	字君永，号寄畅	万历三十三年（1605）二月生，顺治三年（1646）七月卒		成都府管粮通判，重庆州知州，成都府同知，奉政大夫，南京尚宝卿	
七世养浩公派	朱大任	字君宏，号拙安	万历二十六年（1598）八月生，顺治五年（1648）十二月卒	邑庠廪贡生		
八世侍郎公派	朱茂时	字子葵，号葵石	万历二十三年（1595）七月生，康熙二十二年（1683）九月卒	钱塘县县庠生，嘉兴府庠生，承父荫入太学	国子监典簿，顺天府管粮通判，工部都水司主事署本部员外郎，提督张秋河道，贵州贵阳军民府知府	著有《河政纪》《北河纪略》《咸春堂遗稿》
八世侍郎公派	朱茂昭	字子藻，号藻水	万历二十七年（1599）六月生，顺治四年（1647）六月卒	邑庠廪生，承父荫入太学	南京都察院照磨，常州府通判，未赴职	著有《闲敞轩诗稿》
八世侍郎公派	朱茂陵	字子英	万历四十年（1612）十一月生，崇祯二年（1629）二月卒	邑庠生		

(续表)

世系	姓名	字号	生卒年月	科举	仕官	著述
八世侍郎公派	朱茂昉	字子旸，号山楼	万历四十三年（1615）四月生，康熙二十四年（1685）二月卒	廪生，承父荫入太学		著有《山楼诗稿》
八世侍郎公派	朱茂晭	字子光	万历四十六年（1618）七月生，崇祯十四年（1641）七月卒	府廪生，以例入太学		著有《石门遗稿》
八世侍郎公派	朱茂䎗	字子蓉，号东溪	天启四年（1624）九月生，康熙二十九年（1690）三月卒	秀水县廪生		著有《镜云亭集》《松溪唱和诗》《东溪草堂诗余》
八世瑞襄公派	朱茂曜	字子蕃，号惟木	万历三十年（1602）八月生，康熙五年（1666）九月卒	嘉兴府廪增广生，承本生祖荫入太学		著有《两朝识小录》《惟木散人稿》，编纂《征梦录》
八世太傅公派	朱茂晖	字子若，一字子茂，号晦庵	万历二十六年（1598）十二月生，康熙十四年（1675）六月卒	邑廪生	承祖荫授中书舍人，以嗣子仕敕赠征士郎、日讲官、翰林院检讨	著有《晦庵先生集》《蕨萁记》，辑有《禹贡补注》
八世太傅公派	朱茂曙	字子衡，一字子蔚	万历二十九年（1601）十二月生，康熙二年（1663）十一月卒	秀水县增广生		著有《两京求旧录》《春草堂遗稿》

(续表)

世系	姓名	字号	生卒年月	科举	仕宦	著述
八世太傅公派	朱茂曈	字子苣	万历三十年（1602）七月生，崇祯十五年（1642）十二月卒	嘉兴庠生		
八世太傅公派	朱茂晥	字子苖，号苜园，又号明农	万历三十五年（1607）正月生，康熙十一年（1672）五月卒	嘉兴县庠序增广生		著有《忠贞服劳录》《颛颐集》《猎碣考异》
八世太傅公派	朱茂暽	字子坴，号俞同	万历三十九年（1611）九月生，顺治十八年（1661）十月卒	府庠生		
八世太傅公派	朱茂晹	字子药，号药园	万历三十四年（1606）十一月生，康熙十六年（1677）九月卒	府庠生，以例入太学		著有《兰德录》《药园诗稿》
八世太傅公派	朱茂曔	字子庄，号旭序	万历四十六年（1618）八月生，顺治四年（1647）八月卒	府庠生，乡试第73名，会试三甲第169名，廷试三甲第180名	江西袁州府宜春县知县，乡试同考官	著有《春台考政》《绿雨庄稿》
八世太傅公派	朱茂暐	字子幸	天启三年（1623）七月生，康熙十九年（1680）八月卒	府庠廪贡生		

（续表）

世系	姓名	字号	生卒年月	科举	仕宦	著述
九世月河派	朱彝顨	字介臣	崇祯元年（1628）九月生，康熙四十一年（1702）七月卒	邑庠生		
九世月河派	朱彝珪	字端揆	崇祯十三年（1640）八月生，康熙三十五年（1696）六月卒	奉祠生		
九世月河派	朱彝瑄	字仲揆	顺治十四年（1657）六月生，康熙五十年（1716）七月卒		以孙仕貤赠修职郎、宁波府慈溪县学教谕	
九世月河派	朱彝赟	字周臣	顺治四年（1647）八月生，康熙四十九年（1710）闰七月卒	太学生	州同知	
九世月河派	朱彝璇	字舜臣	顺治十二年（1655）十一月生，康熙三十七年（1698）三月卒	邑庠武生，武乡试第49名		
九世月河派	朱彝瑠	字彦臣	康熙元年（1662）正月生，雍正五年（1727）九月卒	邑庠生		

（续表）

世系	姓名	字号	生卒年月	科举	仕宦	著述
九世侍郎公派	朱彝叙	字范臣	万历四十一年（1613）六月生，康熙二十八年（1689）九月卒	邑庠廪生，以选贡入太学		
九世侍郎公派	朱彝勋	字元臣	崇祯十六年（1643）十二月生，康熙十三年（1674）九月卒	邑庠生		
九世侍郎公派	朱彝爵	字宁臣，号芝腾	康熙七年（1668）正月生，四十七年（1708）七月卒	邑庠增广生，以例贡太学	杭州府学训导，以子仕毗赠修职郎、台州府太平县儒学教谕	著有《鹤洲遗稿》
九世侍郎公派	朱彝宪	字钦臣，号思原	天启元年（1621）十二月生，康熙三十三年（1694）正月卒	邑庠生，乡试副榜第7名		
九世侍郎公派	朱彝训	字光臣，邑庠生	天启三年（1623）五月生，康熙二十六年（1687）八月卒	邑庠生		
九世侍郎公派	朱彝典	字献臣，号怡园，又号遯叟	天启四年（1624）七月生，康熙三十年（1691）八月卒	府庠生		著有《集影阁稿》

(续表)

世系	姓名	字号	生卒年月	科举	仕宦	著述
九世侍郎公派	朱彝秉	字懿臣	天启五年（1625）十一月生，康熙三十二年（1693）八月卒	府庠生		
九世侍郎公派	朱克胜	初名彝抚，字裕臣	天启七年（1627）十月生，康熙二十三年（1684）六月卒	府庠生		
九世侍郎公派	朱彝中	初名彝建，字暎臣	顺治四年（1647）二月生，康熙五十四年（1715）六月卒	庠生		
九世侍郎公派	朱彝教	字迪臣，号敷五	天启七年（1627）十二月生，康熙四十三年（1704）十二月卒	邑庠生，乡试副榜第11名		
九世侍郎公派	朱彝宗	字虎臣	崇祯十年（1637）正月生，顺治十六年（1659）闰三月卒	邑庠生		
九世侍郎公派	朱彝鼎	字立臣，号笠樵	崇祯十五年（1642）三月生，康熙四十六年（1707）十月卒	嘉兴庠生		

(续表)

世系	姓名	字号	生卒年月	科举	仕宦	著述
九世侍郎公派	朱彝政	字孝臣，号仔庵	崇祯七年（1634）十二月生，康熙四十年（1701）九月卒	钱塘邑庠廪生，乡试第38名	内阁中书舍人	
九世侍郎公派	朱彝靖	字安世	崇祯十六年（1643）四月生，雍正三年（1725）二月卒	太学生		
九世侍郎公派	朱彝统	字仲长	顺治八年（1651）二月生，康熙二十年（1681）卒			著有《回文词》
九世侍郎公派	朱彝绾	字逸林	康熙元年（1662）十月生，乾隆二年（1737）卒	太学生		
九世瑞寰公派	朱彝又	字峻臣	天启五年（1625）十二月生，康熙四年（1665）二月卒	附庠生		
九世瑞寰公派	朱彝哲	字燠若	崇祯二年（1629）十一月生，康熙四十年（1701）二月卒	庠生		
九世瑞寰公派	朱彝睿	字风若	崇祯七年（1634）八月生，康熙十五年（1676）十一月卒	庠生		

(续表)

世系	姓名	字号	生卒年月	科举	仕官	著述
九世太傅公派	朱彝尊	字锡鬯，号竹垞，别署金风亭长，晚号小长芦钓鱼师	崇祯二年（1629）八月生，康熙四十八年（1709）十月卒	以布衣举博学鸿词科，召试钦取一等第17名	翰林院检讨，充明史纂修官，廷试读卷官，日讲官，江南副考官，紫禁城中骑马	著有《曝书亭集》80卷，辑有《日下旧闻》42卷，《经义考》300卷，《明诗综》100卷，《词综》36卷，以及《瀛洲道古录》《禾录》等
九世太傅公派	朱彝鉴	字千里	崇祯八年（1635）四月生，康熙四年（1665）四月卒			著有《彷在堂遗稿》
九世太傅公派	朱彝夰	字有舟，号花屿	崇祯六年（1633）六月生，康熙四十七年（1708）八月卒			著有《诗学绪余》《千字文蒙告》《有思居诗稿》
九世太傅公派	朱彝玠	字彦琛	崇祯十二年（1639）六月生，康熙三十七年（1698）十二月卒			著有《苎村诗稿》
九世太傅公派	朱彝器	字夏士	天启五年（1625）八月生，康熙七年（1668）八月卒	嘉兴府庠生		

(续表)

世系	姓名	字号	生卒年月	科举	仕宦	著述
九世太傅公派	朱彝辅	字巨臣	崇祯十二年（1639）二月生，顺治十七年（1660）九月卒			著有《竹岩偶吟》
九世太傅公派	朱彝卿	字重臣	崇祯十三年（1640）闰正月生，康熙十九年（1680）六月卒	太学生		
九世太傅公派	朱彝性	字近臣	崇祯十一年（1638）七月生，康熙六年（1667）十一月卒	杭州府庠廪生		
九世太傅公派	朱彝贞	字师臣	顺治十一年（1654）七月生，康熙二十五年（1686）七月卒	太学生		
九世太傅公派	朱彝悍	字名臣	康熙八年（1669）十二月生，雍正元年（1723）卒	奉祠生		
九世养浩公派	朱彝焕	字尧臣	顺治十四年（1657）正月生，雍正二年（1724）二月卒	奉祠生		

(续表)

世系	姓名	字号	生卒年月	科举	仕宦	著述
十世月河派	朱德远	字篆昂	顺治八年（1651）五月生，雍正四年（1726）卒	奉祠生		
十世月河派	朱叶封	初名德巍，字苍佩	顺治十一年（1654）八月生，康熙五十六年（1717）七月卒	嘉邑庠武生		
十世月河派	朱德峻	字又唐	康熙十八年（1679）九月生，乾隆十五年（1750）四月卒	邑庠武生		
十世月河派	朱德协	字岳符，号若愚	康熙三十年（1691）二月生，乾隆二十三年（1758）正月卒	太学生		
十世月河派	朱德基	字人恭	康熙二十五年（1686）正月生，乾隆五年（1740）闰六月卒	太学生		
十世月河派	朱德润	字东里	康熙三十一年（1692）九月生，康熙五十七年（1718）十一月卒	太学生	以子仕驰赠修职郎，宁波府慈溪县学教谕	

(续表)

世系	姓名	字号	生卒年月	科举	仕宦	著述
十世月河派	朱秉礼	初名德俊，字星占	康熙二十八年（1689）七月生，雍正十二年（1734）二月卒	邑庠生		
十世侍郎公派	朱建子	初名德一，字辰始	崇祯十四年（1641）六月生，康熙五十九年（1720）四月卒	仁和庠生，援例入太学		著有《阙里记》《史事纪原》《历代正闰考》《历代建元考》《丧服志注》《尚书管言》《禹贡汇注》《春秋占验》《明季遗书》《两浙人才考》《禾郡见闻记》《蜀行日记》《家乘》《鹤洲杂著》
十世侍郎公派	朱德遴	字人选，号简在	顺治十六年（1659）五月生，乾隆十四年（1749）十二月卒	邑庠生		著有《百拙斋诗稿》
十世侍郎公派	朱德遇	字汉冲	康熙二年（1663）生，雍正十三年（1735）卒	郡庠生，以例入太学		

(续表)

世系	姓名	字号	生卒年月	科举	仕宦	著述
十世侍郎公派	朱德辨	字履占	康熙三年(1664)十月生,康熙五十六年(1717)四月卒			著有《廿一史弹词笺辑》,辑有《历代改元纪事》《阅史随笔录》
十世侍郎公派	朱龙	初名德亨,字乾次	康熙六年(1667)七月生,康熙四十九年(1710)六月卒	邑庠生		
十世侍郎公派	朱魏云	初名德贞,字铭右,号诞书	康熙七年(1668)五月生,雍正五年(1727)五月卒	邑庠生		
十世侍郎公派	朱泓	初名德怀,字允兹,号无怀	康熙九年(1670)正月生,乾隆四年(1739)六月卒	海盐县学增广生		
十世侍郎公派	朱德馨	字孚上	顺治十二年(1655)九月生,康熙三十四年(1695)九月卒	嘉兴邑庠廪生		
十世侍郎公派	朱嵩龄	初名德可,字可之,号子斋	康熙二十六年(1687)六月生,乾隆十三年(1748)六月卒	海盐庠生、乡试第42名	台州府太平县儒学教谕	著有《子落集》《家乘》

(续表)

世系	姓名	字号	生卒年月	科举	仕宦	著述
十世侍郎公派	朱德昌	字开武	顺治十六年（1659）十一月生，康熙三十五年（1696）七月卒	邑庠武生		
十世侍郎公派	朱德谦	字天益	康熙九年（1670）闰二月生，乾隆十六年（1751）八月卒	太学生		
十世侍郎公派	朱德宣	字嘉言，号西音	顺治三年（1646）二月生，康熙四十九年（1710）七月卒	邑庠增广生		
十世侍郎公派	朱德宜	字嘉行	顺治六年（1649）六月生，康熙六十年（1721）十二月卒	奉祠生		
十世侍郎公派	朱德庆	字嘉余	康熙十三年（1674）十一月生，康熙四十八年（1709）十二月卒	太学生		
十世侍郎公派	朱德严	字慎先	顺治三年（1646）五月生，康熙四十六年（1707）卒	太学生		

(续表)

世系	姓名	字号	生卒年月	科举	仕官	著述
十世侍郎公派	朱德新	初名德允，字庭坚	顺治五年（1648）八月生，康熙五十七年（1718）十月卒	邑庠生		
十世侍郎公派	朱德黄	字登上	顺治九年（1652）十二月生，雍正五年（1727）八月卒	邑庠生，以例入太学		
十世侍郎公派	朱德容	字鉴韦	顺治十二年（1655）七月生，雍正十一年（1733）八月卒	府庠生		
十世侍郎公派	朱声远	初名德闻，字今闻	康熙二年（1663）十月生，康熙六十年（1721）四月卒	府庠生		
十世瑞襄公派	朱德舆	字行载，号幸存子	顺治三年（1646）十月生，康熙四十九年（1710）卒			著有《幸存子稿》
十世瑞襄公派	朱德机	字虞省，号江民	顺治十五年（1658）十月生，康熙六十一年（1722）十二月卒	太学生		著有《据梧遗稿》
十世大傅公派	朱昆田	初名掌各，一名得寿，字文盎，号西畯，小名阿㹏，大官	顺治九年（1652）八月生，康熙三十八年（1699）十月卒	太学生		著有《笛渔小稿》，编撰《三体摭韵》12卷

(续表)

世系	姓名	字号	生卒年月	科举	仕宦	著述
十世太傅公派	朱奎曾	初名德园，字黄宁，号澹游	顺治十五年（1658）四月生，乾隆六年（1741）十一月卒	太学生	授州通判	著有《澹游诗草》
十世太傅公派	朱薪田	初名德本，字良耜	康熙七年（1668）二月生，乾隆七年（1742）十二月卒	太学生		
十世太傅公派	朱石田	字鸿砚	康熙十年（1671）五月生，雍正八年（1730）卒	奉祠生		
十世太傅公派	朱德纯	字天暇	顺治六年（1649）十二月生，康熙四十九年（1710）四月卒	长洲庠生		
十世太傅公派	朱德素	字心一	康熙五年（1666）二月生，四十五年（1706）九月卒	太学生		
十世太傅公派	朱甫田	初名德表，字袭远，号在兹	顺治十七年（1660）十二月生，乾隆六年（1741）九月卒	太学生		著有《粤游草》
十世太傅公派	朱德公	字行庞	顺治十四年（1657）五月生，康熙四十一年（1702）正月卒	太学生	以例捐翰林院待诏	

(续表)

世系	姓名	字号	生卒年月	科举	仕宦	著述
十一世月河派	朱光聚	字元亮	康熙二十七年（1688）十一月生，乾隆十八年（1753）三月卒	奉祠生		
十一世月河派	朱廷凤	字圣威	康熙二十二年（1683）四月生，乾隆十八年（1753）正月卒	太学生		
十一世月河派	朱禾凤	字圣山	康熙三十三年（1694）十月生，乾隆二十一年（1756）五月卒	太学生		
十一世月河派	朱维馨	字芬远	康熙五十六年（1717）十二月生，嘉庆四年（1799）十一月卒	太学生		
十一世月河派	朱禾望	字蕙阶，号溃夫	雍正十一年（1733）正月生，嘉庆九年（1804）七月卒	太学生		
十一世月河派	朱本	初名丕浩，字根云，号充然	雍正十三年（1735）十月生，嘉庆六年（1801）八月卒	邑庠增广生，乡试第32名	大挑二等奉旨以教谕用，宁波府奉化学训导，温州府学训导，衢州府学教授，慈溪学教谕，慈溪知县，睢宁县知县，常州府通判，松江府通判	

（续表）

世系	姓名	字号	生卒年月	科举	仕宦	著述
十一世月河派	朱佑	初名丕正，字裕昆，号鹿泉	乾隆十五年（1750）正月生，道光八年（1828）八月卒	太学生		
十一世月河派	朱丕喆	字载黄	康熙五十年（1711）十月生，乾隆元年（1736）正月卒	太学生		
十一世月河派	朱丕让	字进三	康熙五十五年（1716）六月生，乾隆六年（1741）二月卒	太学生		
十一世月河派	朱丕文	字朴舍	康熙五十七年（1718）十二月生，乾隆十四年（1749）十二月卒	太学生		
十一世侍郎公派	朱丕武	字商严，号枚长	康熙元年（1662）八月生，雍正十三年（1735）四月卒	府庠增生		
十一世侍郎公派	朱丕麟	字协仲	康熙十四年（1675）五月生，乾隆十四年（1749）九月卒	太学生	考授州同知	

(续表)

世系	姓名	字号	生卒年月	科举	仕官	著述
十一世侍郎公派	朱丕咸	字叔昀，号书巢	康熙十九年（1680）八月生，康熙五十九年（1720）十二月卒	郡庠生，乡试第71名，会试第183名，廷试三甲第12名	即选知县	
十一世侍郎公派	朱丕显	字次猷，一字景西	康熙三十三年（1694）七月九日生，雍正二年（1724）八月二十八日卒	嘉兴庠生		
十一世侍郎公派	朱良相	字舜目	康熙三十五年（1696）十一月生，乾隆二年（1737）七月卒	嘉善庠生		
十一世侍郎公派	朱丕戬	字恺仲，号菊塍	康熙十六年（1677）四月生，雍正十二年（1734）正月卒	府学岁贡生	候选训导、文林郎，貤赠山西广灵县知县	著有《菊塍诗稿》《藕花居词稿》《洞庭湖棹歌》
十一世侍郎公派	朱丕戭	字弗园，号甡来。	康熙十八年（1679）十一月生，乾隆三年（1738）十二月卒	太学生	考授主簿	
十一世侍郎公派	朱丕戵	初名丕毂，字合人。	康熙二十一年（1682）八月生，雍正三年（1725）十月卒	府学廪生		

(续表)

世系	姓名	字号	生卒年月	科举	仕宦	著述
十一世侍郎公派	朱丕取	字载之	康熙二十四年（1685）十月生。乾隆二十二年（1757）十月卒	邑庠生		
十一世侍郎公派	朱源	初名丕盛，字源长，号鲁泉，又号晴江	康熙三十五年（1696）五月生，乾隆十四年（1749）九月卒	郡庠生，以例入太学	实录馆誊录、议叙得主簿、分发江苏试用、代理长洲知县、元和知县、如皋县主簿、修职佐郎	
十一世侍郎公派	朱丕植	字本知	康熙四十年（1701）三月生，乾隆十四年（1749）四月卒	邑庠生		
十一世侍郎公派	朱丕忠	初名丕忠，字进思	康熙三十五年（1696）九月生，雍正七年（1729）正月卒	邑庠生		
十一世侍郎公派	朱丕勋	字鄂班	康熙十四年（1675）十月生，康熙四十三年（1704）十二月卒	太学生		
十一世侍郎公派	朱丕勤	字斯安	康熙三十一年（1692）十月生，乾隆十三年（1748）九月卒	邑庠生		

（续表）

世系	姓名	字号	生卒年月	科举	仕宦	著述
十一世侍郎公派	朱溥	初名丕修，字敬伯，号镜堂	康熙四十九年（1710）五月生，乾隆三十年（1765）七月卒	太学生	捐道库大使	
十一世侍郎公派	朱丕邃	字宗廷	康熙三十九年（1700）四月生，乾隆二十年（1755）七月卒	郡庠生，以例入太学		
十一世侍郎公派	朱丕朗	字锡年，号融高	康熙五十二年（1713）八月生，乾隆十四年（1749）十二月卒	太学生		
十一世侍郎公派	朱丕富	字方合	康熙十二年（1673）十一月生，乾隆二十五年（1760）十月卒		覃恩给九品顶带	
十一世侍郎公派	朱丕诚	字修立	雍正七年（1729）十二月生，乾隆年同卒	邑庠生		
十一世瑞寰公派	朱丕襄	字吉思，号泉明，又号东轩	康熙二十年（1681）六月生，乾隆三十七年（1772）正月卒	嘉兴庠生		著有《白雪窝诗稿》

附 录　563

(续表)

世系	姓名	字号	生卒年月	科举	仕宦	著述
十一世太傅公派	朱桂孙	初名桐孙，字梧师，号岩客	康熙十一年（1672）二月生，康熙五十年（1711）二月卒	太学生		
十一世太傅公派	朱稻孙	字稼翁，号芋陂，晚号垠村	生于康熙二十一年（1682）十二月生，乾隆二十五年（1760）十二月卒	嘉兴府学附生，以例入太学	考授州判，荐充《春秋》馆、《子史菁华》馆纂修，聘修《浙江通志》，文林郎，陕西汉中府城固县知县	著有《六峰阁诗稿》《烟雨楼志》
十一世太傅公派	朱守棨	字以静，号乙圃	康熙二十二年（1683）八月生，乾隆三十二年（1767）十一月卒	太学生	考授职员	纂有《家乘》
十一世太傅公派	朱丕绪	字有恒	康熙十四年（1675）十二月生，卒年失考	太学生		
十二世大河派	朱振仁	字麟一，号厚斋	康熙四十七年（1708）六月生，乾隆三十七年（1772）八月卒		捐职县丞	
十二世大河派	朱斌	初名振章，字家玉	雍正五年（1727）正月生，乾隆十八年（1753）八月卒	邑庠武生		

（续表）

世系	姓名	字号	生卒年月	科举	仕宦	著述
十二世月河派	朱振鹭	字敏中	康熙五十三年（1714）四月生，卒年失考	嘉邑庠武生		
十二世月河派	朱麟	初名振英，字豫范	雍正六年（1728）四月生，卒年失考	嘉邑庠武生		
十二世月河派	朱端	初名振丰，字骏声，号心斋	乾隆二十四年（1759）二月生，嘉庆十一年（1806）九月卒	邑庠生		
十二世侍郎公派	朱胡考	初名振宗，字一峰，号椒圃	康熙三十三年（1694）十月生，雍正元年（1723）十月卒	平湖学增生		著有《椒圃诗稿》
十二世侍郎公派	朱树智	初名振华，字稼秋	康熙四十四年（1705）闰四月生，乾隆四十六年（1781）卒	太学生		
十二世侍郎公派	朱振	字厚余，号雷坡	康熙四十二年（1703）七月生，乾隆三十一年（1766）八月卒	太学生	以子仕仕赠修职郎，敕赠文林郎、山西广灵县知县	辑有《清江诗法》
十二世侍郎公派	朱振升	字用彬	雍正二年（1724）十一月生，嘉庆六年（1801）正月卒		覃恩给九品顶带	

附　录　565

（续表）

世系	姓名	字号	生卒年月	科举	仕宦	著述
十二世侍郎公派	朱振图	字河镜，号洒墨	康熙四十六年（1781）十一月生，嘉庆六年（1901）九月卒	府学岁贡生，太学生	宁波府学训导、修职佐郎	著有《洒墨斋诗稿》
十二世侍郎公派	朱振培	字敬涵，号叶岩	乾隆三年（1738）八月生，嘉庆二年（1797）八月卒	邑庠生		
十二世侍郎公派	朱振起	字方韩	雍正元年（1723）正月生，乾隆三十八年（1773）十月卒	邑庠生		
十二世侍郎公派	朱振安	字静涵	乾隆十六年（1751）五月生，道光元年（1821）七月卒		覃恩给九品顶戴	
十二世侍郎公派	朱振萃	初名振熙，字彦明，号晴川	雍正十三年（1735）四月生，乾隆五十九年（1794）十月卒		考授内阁供事	
十二世侍郎公派	朱辰应	初名振咸，字载坤，号清谷	雍正元年（1723）八月生，乾隆四十四年（1779）六月卒	邑庠生		著有《清谷文钞》《复旧录》《家谱稿》《家传》

(续表)

世系	姓名	字号	生卒年月	科举	仕宦	著述
十二世侍郎公派	朱佶	初名振域，字吉人，号蔼园	乾隆二十七年（1762）九月生，卒年失考	太学生		
十二世瑞襄公派	朱麟应	初名振麟，字梁在，一字潜起，号梧巢	康熙四十一年（1702）七月生，乾隆四十年（1775）十二月卒	邑庠廪生，以优行选贡，乡试第10名		著有《耘业斋诗词稿》
十二世瑞襄公派	朱振秀	字容容，号乐兮	康熙四十六年（1707）十月生，乾隆四十七年（1782）十二月卒	邑庠生		
十二世瑞襄公派	朱振飞	字南九，号后斋，又号诅雪	康熙五十年（1711）五月生，乾隆五十年（1785）三月卒	府庠增广生		著有《燕居如斋偶吟草》
十二世瑞襄公派	朱坤	初名振铭，字馨斋	雍正二年（1724）八月生，卒年失考	邑庠武生		
十二世太傅公派	朱振祖	字绳武，号香溪	康熙四十二年（1703）十一月生，乾隆十一年（1746）七月卒	太学生		著有《醽舫吟草》
十二世太傅公派	朱赐书	字自天，号敬斋	康熙四十四年（1705）十二月生，乾隆二十七年（1762）十一月卒		以子仕敖赠文林郎、陕西汉中府城固县知县	

(续表)

世系	姓名	字号	生卒年月	科举	仕宦	著述
十二世大傅公派	朱昌淳	字同初，号忆亭	雍正二年（1724）八月生，嘉庆某年正月卒		覃恩给九品顶戴	
十二世大傅公派	朱善继	字敬承	康熙五十二年（1713）正月生，卒年失考	太学生		
十二世大傅公派	朱鹏程	字上九	康熙五十五年（1716）五月生，卒年失考	太学生		
十三世月河派	朱容	字广庭，号裕堂	雍正九年（1731）九月生，嘉庆五年（1800）十二月卒	邑庠武生		
十三世月河派	朱休宏	字浦廷，号怀谷	雍正十一年（1733）十二月生，嘉庆十三年（1808）三月卒	太学生	捐卫千总	
十三世月河派	朱丰	初名休崁，字纪方	雍正十三年（1735）生，嘉庆八年（1803）六月卒	太学生		
十三世月河派	朱筠	初名休宸，字作求	乾隆二年（1737）六月生，嘉庆十四年（1809）八月卒	邑庠武生		

(续表)

世系	姓名	字号	生卒年月	科举	仕宦	著述
十三世月河派	朱休申	字甫友	乾隆十八年（1753）八月生，嘉庆十八年（1813）九月卒	太学生		
十三世月河派	朱休安	字尔定，号怡亭	乾隆二十三年（1758）二月生，道光六年（1826）八月卒		捐职从九品	
十三世月河派	朱休宇	又名珏，字集琛	乾隆十八年（1753）五月生，乾隆五十三年（1788）十二月卒		候选县丞	
十三世月河派	朱休元	字敬亭，号赟石	乾隆二十年（1755）十月生，嘉庆十四年（1809）九月卒	太学生		
十三世侍郎公派	朱休恒	字洪园，号枫渚	雍正五年（1727）九月生，乾隆五十八年（1793）	太学生		
十三世侍郎公派	朱休峨	字冠峰，号乂合	乾隆二十三年（1758）七月生，道光八年（1828）十月卒	郡庠生		

附　录　569

（续表）

世系	姓名	字号	生卒年月	科举	仕宦	著述
十三世侍郎公派	朱休榑	字宾日，号橐者	雍正七年（1729）十月生，嘉庆七年（1802）十月卒	邑庠生，以例入太学		著有《八法要录》
十三世侍郎公派	朱休霆	字介裴，号梓庐，又号小木子	雍正十年（1732）十月生，嘉庆十七年（1812）十月卒	邑庠生，乡试第33名	大挑二等，奉旨以教谕试用，安吉州学正，以教谕衔管嵊县学训导事，山西广灵县知县，护理大同府理事同知，文林郎	著有《梓庐旧稿》《俟宁自吟稿》《三天竺志》《石药记》《学海观涨录》，选有《史汉以来文章类要》《宋诗绝句》
十三世侍郎公派	朱休耀	初名休贞，字佑咸，号鉴哉	乾隆十七年（1752）七月生，道光四年（1824）四月卒	邑庠生		
十三世侍郎公派	朱休谷	字西成，号春乔	乾隆三十二年（1767）正月生，道光十五年（1835）四月卒	郡庠生		
十三世侍郎公派	朱朝珍	初名休深，字息园，号杏楼	乾隆三十八年（1773）八月生，道光二十七年（1847）五月卒	邑庠生	循例捐未入流，分发广西试用，补昭平县典史，泉州吏目，修职郎	

(续表)

世系	姓名	字号	生卒年月	科举	仕宦	著述
十三世侍郎公派	朱休瑾	字惟怀，号栗斋	乾隆二十九年（1764）十一月生，道光六年（1826）三月卒	邑庠生		
十三世侍郎公派	朱轩	初名休和，字棠怀	康熙五十八年（1719）十二月生，乾隆四十九年（1784）十一月卒	邑庠生		
十三世侍郎公派	朱休文	字履绥，号豹君	乾隆三十年（1765）十月生，嘉庆二十四年（1819）六月卒	郡庠生		
十三世侍郎公派	朱休闻	初名休成，字建勋，号雪圃	乾隆十四年（1749）十月生，乾隆三十五年（1770）九月卒			著有《桐影轩小稿》
十三世侍郎公派	朱休扬	字廷玉	乾隆十年（1745）三月生，嘉庆三年（1798）三月卒	邑庠生		
十三世瑞襄公派	朱基瑞	初名休震，字元起，号容堂	乾隆元年（1736）九月生，嘉庆十年（1805）四月卒	邑庠增广生		
十三世瑞襄公派	朱休誉	字怡声	乾隆五年（1740）闰六月生，四十四年（1779）五月卒	邑庠生		著有《云泉诗草》

(续表)

世系	姓名	字号	生卒年月	科举	仕宦	著述
十三世瑞寰公派	朱休甫	字端仲，号竹庐	乾隆三年（1738）八月生，嘉庆十五年（1810）二月卒	邑庠生		著有《红豆庄诗词稿》
十三世瑞寰公派	朱休瑞	字廷五，号辑堂	乾隆十六年（1751）三月生，道光四年（1824）七月卒	邑庠生		著有《来凤楼诗词稿》
十三世太傅公派	朱休承	字伯承，号育泉	雍正六年（1728）九月生，乾隆五十四年（1789）六月卒	邑庠生，乡试第3名，会试登明通榜第6名	挑选一等，奉旨以知县用，分发陕西，历署三水、武功、邰阳、富平、白水等县及西安府清军监捕同知事。城固县知县，乡试同考官	著有《居官随笔》2卷，《续经义考》40卷
世太傅公派	朱休奕	字永之，号梅崖				著有《醉茗词》
十三世太傅公派	朱休玉	字廷美，号琼山	乾隆二年（1737）十月生，道光元年（1821）六月卒	邑庠生		
十四世月河派	朱声钲	字羽凰	乾隆十年（1745）生，卒年失考		捐职从九品	

(续表)

世系	姓名	字号	生卒年月	科举	仕宦	著述
十四世月河派	朱声鹄	字立先	乾隆三十一年（1766）十一月生，嘉庆二十五年（1820）十月卒	太学生		
十四世月河派	朱声鸾	字乘辂	乾隆二十五年（1760）二月生，卒年失考		捐职从九品	
十四世月河派	朱声凰	字镜天	乾隆二十五年（1760）十二月生，嘉庆十二年（1807）八月卒		捐职从九品	
十四世月河派	朱声洪	字同称	乾隆四十九年（1784）八月生，嘉庆十七年（1812）五月卒	嘉邑庠生		
十四世月河派	朱声潮	字春帆	乾隆五十三年（1788）九月生，卒年失考	太学生		
十四世侍郎公派	朱声大	字宏远，号乐圃	乾隆四十七年（1782）七月生，道光十五年（1835）五月卒	郡庠生		
十四世侍郎公派	朱声五	字允和，号听鱼	乾隆五十四年（1789）八月生，道光二十一年（1841）十二月卒	郡庠增生		

(续表)

世系	姓名	字号	生卒年月	科举	仕宦	著述
十四世侍郎公派	朱声辈	字鸣九，号南樵	乾隆五十七年（1792）正月生，卒年失考	太学生	议叙八品职衔	
十四世侍郎公派	朱声希	初名声铿，字廉夫，一字莲桴，号吉雨	乾隆三十二年（1767）七月生，道光七年（1827）十二月卒	邑庠生	以子仕毗赠修职郎	著有《吉雨词稿》《亚凤巢试律》
十四世侍郎公派	朱声和	字熙伯，号宦巢	乾隆二十八年（1763）四月生，道光十一年（1831）二月卒	太学生	以子仕毗封登仕郎，江西宜春县巡检	
十四世侍郎公派	朱声廉	字敬民，号洌泉	乾隆三十二年（1767）九月生，道光二十年（1840）八月卒	太学生	捐授顺天府通州吏目	著有《洌泉吟稿》
十四世侍郎公派	朱声依	字平甫，号箕亭	乾隆三十五年（1770）七月生，道光十一年（1831）三月卒	郡庠生，以例入太学		
十四世侍郎公派	朱声树	初名声飒，字凤律，号黄舟	乾隆五十六年（1791）十月生，卒年失考	邑庠生		

(续表)

世系	姓名	字号	生卒年月	科举	仕宦	著述
十四世侍郎公派	朱声言	初名声礼，字斐伯，号兰如	嘉庆十二年（1807）十一月十二日生，卒年失考	太学生	由太学生循例捐府经历，分发陕西，朴陕西同州府经历，隶州州判，蒲城县知县，高明县知县	
十四世侍郎公派	朱声传	字雁使，号小楼	嘉庆十六年（1811）正月生，卒年失考	太学生	由太学生循例捐从九品，分发广东候朴潮巡检，署西宁县典史，新会县潮连司巡检，怀集县武城司巡检	
十四世侍郎公派	朱声骏	字文有	乾隆十年（1745）三月生，嘉庆三年（1798）五月卒	邑庠武生		
十四世侍郎公派	朱声谐	初名声正，字雅南	乾隆十三年（1748）十月生，嘉庆三年（1798）六月卒	嘉兴庠武生		
十四世侍郎公派	朱孚吉	字应中，号颖溪	乾隆六十年（1795）三月生，卒年失考		议叙九品职衔	
十四世侍郎公派	朱纶	初名咸吉，字大有，号少豹	嘉庆十八年（1813）四月生，道光二十七年（1847）五月卒	俏生		

(续表)

世系	姓名	字号	生卒年月	科举	仕宦	著述
十四世瑞襄公派	朱声颂	字仰苏，号裳江	乾隆四十年（1775）二月生，咸丰三年（1853）五月卒	府庠生		
十四世瑞襄公派	朱声鹭	字炳文，号桂严	乾隆四十七年（1782）二月生，卒年失考	邑庠生		
十四世瑞襄公派	朱声洋	字名字，号石泉	乾隆四十七年（1782）八月生，嘉庆二十年（1815）五月卒	邑庠生		
十四世瑞襄公派	朱声象	字立安，号梅岑	乾隆五十年（1785）七月生，道光四年（1824）四月卒	府庠廪生，乡试第54名		
十四世瑞襄公派	朱声谦	字怀益，号催田	乾隆四十四年（1779）八月生，道光十六年（1836）九月卒	天文生		
十四世大傅公派	朱墨林	字翰西，号寄园	乾隆四十五年（1780）五月生，嘉庆二十四年（1819）八月卒	邑庠生		

(续表)

世系	姓名	字号	生卒年月	科举	仕宦	著述
十五世月河派	朱忠朗	字文扬,号金波	乾隆五十八年(1793)三月生,道光二十六年(1846)三月卒	太学生		
十五世月河派	朱忠勋	原名忠涌,字殿臣,号湘帆	嘉庆三年(1798)七月生,卒年失考			
十五世侍郎公派	朱惟忠	原名忠乎,字省谋,号敬轩	嘉庆二十三年(1818)十月生,卒年失考	邑庠生	议叙从九品职衔	
十五世侍郎公派	朱忠咸	字成章,号诚斋	嘉庆十九年(1814)十月生,卒年失考		议叙从九品	
十五世侍郎公派	朱应櫆	原名忠模,字受百,号楷堂	嘉庆十四年(1809)十二月生,道光二十六年(1846)七月卒	邑庠生		
十五世侍郎公派	朱应沅	字洪年,号芹泉	道光元年(1821)九月生,卒年失考		议叙九品职衔	

(续表)

世系	姓名	字号	生卒年月	科举	仕宦	著述
十五世侍郎公派	朱荣	初名养王，字其桐，号欣甫	嘉庆七年（1802）七月生，卒年失考	嘉兴府秀水县学廪膳生、拔贡，朝考钦取二等第8名	奉旨以教职用，以教谕衔管金华县学训导事	
十五世侍郎公派	朱孚申	字旬先，号晴轩	乾隆五十二年（1787）十月生，道光二十七年（1847）十一月卒	天文生	江西宜春县黄圃司，万年县石头司、萍乡县安乐司巡检，署余干县县丞	
十五世侍郎公派	朱五辛	字廷锡，号盘谷	乾隆六十年（1795）八月生，卒年失考	邑庠生		
十五世侍郎公派	朱由庚	字笙六，号生白	嘉庆五年（1800）六月生，卒年失考	邑庠生		
十五世侍郎公派	朱有丁	字闻喜，号羹余	乾隆五十六年（1791）十月生，道光二十五年（1845）十二月卒	邑庠生	候选从九品	
十五世端襄公派	朱忠勋	字纪常，号紫亭	嘉庆八年（1803）六月生，卒年失考	邑庠生		

(续表)

世系	姓名	字号	生卒年月	科举	仕宦	著述
十五世瑞寰公派	朱绍奎	初名忠进,字聚五,号东陟	嘉庆十五年(1810)七月生,道光二十六年(1846)八月卒	邑庠增广生		
十六世侍郎公派	朱贞良	字静安,号湘溪	道光二十年(1840)四月生,卒年失考		议叙九品职衔	
十六世侍郎公派	朱贞禹	字铭之	道光九年(1829)七月生,三十年(1850)九月卒	邑庠生		
十六世侍郎公派	朱贞干	字植之,号薇生	道光十六年(1836)四月生,卒年失考	邑庠生		
十六世侍郎公派	朱惟黄	字炯麟,号仲宸	道光七年(1827)正月十八日生,咸丰二年(1852)八月二十九日卒	郡庠生		

二 秀水朱氏家族大事年表

时　　间		活动事迹
明代初年		始祖朱煜自吴江盛泽饭字圩迁至秀水商河荡南黄字圩，始入秀水籍
正德十年（1515）十月		朱儒生
嘉靖十一年（1532）		朱儒学医于杨石溪，易姓名为杨景龙
嘉靖十五年（1536）		朱儒娶16岁的秀水唐氏为妻
嘉靖二十九年（1550）		朱儒娶15岁的嘉兴王氏为侧室
嘉靖三十三年（1554）二月		朱儒北上京都行医，以医士的身份进入太医院
嘉靖三十五年（1556）三月		朱国祯补秀水县庠生
嘉靖三十八年（1559）八月甲子（9月26日）		朱国祚出生于嘉兴天官牌楼街故宅
嘉靖四十四年（1565）		朱儒供事会同馆，为各国陪臣远使看病，治疗1200余人
隆庆五年（1571）	正月	朱儒在礼部考试中获得第1名，授太医院吏目，供事圣济殿
	九月	朱国祥补秀水邑庠生
隆庆六年（1572）		朱儒以太医院吏目覃恩，授阶登仕佐郎
	七月	朱国祚进京
万历三年（1575）		朱国祚与申时行之子申用懋、申用嘉及申时行之甥婿李鸿从王国昌受业
万历四年（1576）		朱国祚补顺天府庠生
万历四年（1576）九月		朱儒以六年考满，升太医院御医
万历五年（1577）		刑部主事沈思孝因弹劾张居正"夺情"被廷杖八十，朱儒出手相救
	十二月	朱国祚在京城入赘于长洲何氏
万历六年（1578）	五月	朱儒以御医覃恩，晋阶修职郎
	十月	朱大竞生于京师
万历八年（1580）	四月	朱儒授奉议大夫 朱国祚以岁试第1名，成为廪生 朱大启补顺天府庠生
	五月	朱儒出任太医院院使

（续表）

时　间		活动事迹
万历九年（1581）十月		朱大启以科试第五补增广生
万历十年（1582）八月		朱国祚举顺天乡试第 19 名
万历十一年（1583）	二月	朱大启岁试第 2 名 朱国祚中 204 名，出于书三房工部都给中李廷仪之门
	三月十五日	朱国祚殿试中第一甲第 1 名
	三月十九日	朱国祚赴恩荣宴，率新进士们赴鸿胪寺习仪
	三月二十一日	朱国祚接受了朝服和冠带的赏赐
	三月二十二日	朱国祚率新进士拜表谢恩
	三月二十三日	朱国祚到国子监拜孔子，行释菜礼。经礼部奏请，皇帝命工部在国子监立石题名，朱国祚写了题名记
	三月二十七日	朱国祚授翰林院修撰
万历十三年（1585）	二月	朱儒因为太医院志书年久失修，"无从考其故典，至是公掌院事，复修辑成书"
	八月	朱大启举顺天乡试副榜第 1 名
万历十四年（1586）		朱大启补顺天府庠生
	正月	朱儒被召入文华殿东暖阁，为神宗诊脉
万历十五年（1587）	八月	朱国祚服阕北上，朱大启送至京口
	十二月	朱国祚至京城，补翰林院修撰
万历十六年（1588）	三月	神宗感寒疾，病情多日无起色，于是召朱儒到乾清宫西暖阁诊视。朱儒进药奏效
	五月	朱国祚以翰林院修撰考满，授阶儒林郎
	闰六月	朱国祚充起居馆编纂官
	八月	朱国祚充经筵展书捧敕官，纂修《孝宗敬皇帝实录》
万历十七年（1589）	二月	朱国祚充会试同考官 朱儒以太医院院使考满，晋阶奉政大夫
	三月	朱国祚充廷试掌卷官
	七月	朱儒新太医院碑，命朱国祚为题名
万历十八年（1590）	四月	朱国祚奉命册封周藩应城、东会两郡王

(续表)

时　间		活动事迹
万历十九年（1591）	六月	朱国祚借户科右给事中叶初春充江西乡试考官
	八月	朱大启中浙江省乡试副榜
	九月	朱儒卒于京师
万历二十年（1592）	四月	朱国祯、朱国祥和朱国祚护送父亲的棺柩回到嘉兴
万历二十一年（1593）		朱国祚以子姓日繁，定名号各16个字："大茂彝德，丕振休声。忠贞亮节，奕叶俊英。号曰君子峻行，吉人慎辞。端庄凝懿，渊嘿冲夷。"以次相传
万历二十二年（1594）	四月二十一日	朱国祯去世
	十月十八日	朱国祥去世
万历二十三年（1595）	三月	朱国祚至京师，补翰林院修撰
	七月	朱国祚进司经局洗马，负责掌印
	八月	朱国祚充皇长子朱常洛的经筵侍班官，位居诸讲官之上
	十二月	朱常洛赐给朱国祚一只玉杯，说是"玉质清洁，以比先生之德"
万历二十四年（1596）三月		朱国祚升为右春坊右谕德，兼翰林院侍讲，掌右春坊篆
		秀水县知县李培纂修《秀水县志》聘朱大启分纂
万历二十五年（1597）	三月	朱国祚升左春坊左庶子兼翰林院侍读
	八月	朱国祚偕叶向高同典南京应天府乡试
	十月	朱国祚升礼部右侍郎
	冬	朱大竞娶华亭徐氏为妻
万历二十六年（1598）	三月	朱国祚充廷试受卷官
	十月	朱国祚晋阶嘉议大夫
万历二十七年（1599）		朱国祚转礼部左侍郎
	五月	朱国祚充经筵讲官
	六月	朱国祚署礼部尚书篆

(续表)

时　间		活动事迹
万历二十八年（1600）		朱国祚以礼部左侍郎兼翰林院侍读学士代理尚书职务
万历二十九年（1601）	二月	朱国祚知贡举
	三月	朱国祚充廷试提调官
	七月	朱国祚以礼部右侍郎兼翰林院侍读学士考满晋阶通议大夫 朱大竞承荫入太学
	九月	朱国祚转礼部左侍郎，兼翰林院侍读学士 朱大启岁试第1名
万历三十年（1602）	二月	朱国祚充皇太子纳征礼副使，钦赐二表里 朱国祚为吏部右侍郎兼经筵日讲官
	十月	朱国祚回到嘉兴，租房居住
万历三十一年（1603）八月		朱大启又中浙江省乡试副榜
万历三十三年（1605）二月		朱大定出生
万历三十四年（1606）		朱大烈中乡试副榜第2名
万历三十五年（1607）		朱大启援例入太学
万历三十七年（1609）		朱大启以秀水籍举顺天乡试，中第65名
万历三十八年（1610）		朱大启会试中第16名，廷试为三甲75名，除江西南昌府推官
万历三十九年（1611）		朱大启署理南昌府知府
万历四十年（1612）		朱大猷乡试中第59名
	八月	朱大启充乡试同考官
万历四十二年（1614）九月		朱大启以南昌府推官考满敕授文林郎
万历四十三年（1615）	二月	朱茂晖补秀水县庠生
	七月	朱大启应广东聘，充乡试同考官
万历四十五年（1617）		朱大竞入都候选
	二月	朱大启以考选第1名，拟暂授礼部主事
万历四十六年（1618）七月		朱大启补为吏部验封清吏司主事

(续表)

时间		活动事迹
万历四十七年（1619）	二月	朱大启调吏部文选清吏司主事
	三月	朱大竞由荫生除授都察院照磨所照磨，署经历司事
	六月	朱大启升吏部考功清吏司员外郎
泰昌元年（1620）		朱大烈承本生父荫入太学
	八月	朱国祚升为南京礼部尚书，拜东阁大学士
天启元年（1621）	二月	朱大竞代理都察院都事厅都事一职
	四月	朱大竞以都察院照磨所照磨授阶修职郎
	五月	朱国祚还朝
	七月	朱国祚以礼部尚书兼东阁大学士覃恩晋阶资政大夫
		朱国祚被任命为总裁官兼提调玉牒
	九月	朱国祚加太子太保礼部尚书兼文渊阁大学士，晋阶光禄大夫
	十一月	朱大竞署理都察院经历司
天启二年（1622）	二月	朱国祚偕大学士何宗彦为会试主考官
	三月	朱国祚充廷试读卷官
	四月	朱大竞转任后军都督府经历司都事
	六月	朱大竞以后军都督府经历司都事，进阶文林郎
	七月	朱大竞摄前军都督府经历司篆兼掌宗人府经历司事
	十月	朱大竞升太仆寺提督库藏协理京营马政寺丞
天启三年（1623）	正月	朱国祚进少保兼太子太保、户部尚书，改武英殿大学士
		朱大定承父荫授中书舍人，未就职
	四月	朱国祚加少傅兼太子太傅，被准告老还乡
	十月	朱大竞迁工部营缮清吏司主事，授阶承德郎
天启四年（1624）	二月	朱茂时以科试第十食饩学宫
		朱茂晖以科试第十二补增广生
	四月	朱大竞摄工部清匠司篆
	十月二十五日	朱国祚卒

(续表)

时间		活动事迹
天启五年（1625）	四月	朱大启起吏部考功清吏司员外郎
	五月	朱大启调吏部文选清吏司员外郎
	六月	朱大启升吏部验封清吏司郎中
	九月	朱大启起吏部考功清吏司郎中 朱茂时以选贡入太学 朱茂晖授中书科中书舍人
	十一月	朱大启调吏部文选清吏司郎中
	十二月	朱大启以吏部文选清吏司郎中覃恩晋阶奉政大夫
天启六年（1626）	十二月二十九日	朱国祚葬于嘉兴城北十五里的思贤乡正水字圩百花庄
天启七年（1627）	七月	朱大竞补工部营缮清吏司主事
	九月	朱大启升太常寺少卿
崇祯元年（1628）	正月	朱大观授左军都督府经历司都事
	二月	朱大启晋阶中宪大夫 朱大竞以工部营缮清吏司主事，进阶承德郎
	九月	朱大启升太仆寺卿，摄添注少卿事
崇祯二年（1629）	四月	朱大观升后军都督府经历司经历
	八月	朱彝尊生
	十一月	朱茂曘补秀水邑庠生
崇祯三年（1630）	四月	朱大竞升工部营缮清吏司员外郎 朱大观以后军都督府经历司经历覃恩，晋阶奉直大夫
	七月	朱大观升南京工部虞衡清吏司员外郎
	十一月	朱茂曘以岁试第九补增广生
崇祯四年（1631）	四月	朱大烈授前军都督府经历司都事 朱大启以太仆寺卿考满晋阶大中大夫
	五月	朱大竞升云南楚雄府知府
	六月	朱茂时以恩贡生改荫入太学，部试录名第二

(续表)

时间		活动事迹
崇祯五年（1632）	九月	朱茂昐补秀水邑庠生 朱茂晒补秀水邑庠生
	十月	朱大烈升太仆寺协理东路政寺丞
崇祯六年（1633）十月		朱大启起升大理寺卿 朱茂时授国子监典簿
崇祯七年（1634）	三月	朱大启充廷试读卷官
	六月	朱茂时升顺天府管粮通判
	八月	朱茂时奉委摄顺天府推官事
	九月	朱茂时奉委兼摄宛平县篆
	十月	朱大启升刑部右侍郎
崇祯八年（1635）	三月	朱茂时升工部都水清吏司主事，兼都里六科廊
	四月	朱茂旸以例入太学
	五月	朱大烈起补太仆寺协理东路马政寺丞 朱大观起补南京工部屯田清吏司员外郎
	七月	朱茂时以工部都水清吏司主事考满，授阶承德郎
	八月	朱大启转刑部左侍郎 朱茂时升工部都水清吏司员外郎
	十月	朱大观升南京虞衡清吏司郎中
	十一月	朱大观以南京虞衡清吏司郎中考满晋阶奉政大夫
崇祯九年（1636）	二月	朱大观升广西思恩府知府
	六月	朱大竞卒
	八月	朱茂曔举浙江乡试第73名
崇祯十年（1637）		朱大治考授五军府京职
	三月	朱大启以正三品考满晋阶通议大夫
	五月	朱大烈升工部营缮清吏司主事
	九月	朱大观卒
崇祯十一年（1638）		朱大烈任协守东直门纪录
崇祯十二年（1639）		朱大定改授四川成都府管粮通判 朱茂时以考最擢贵州贵阳军民府知府

（续表）

时间		活动事迹
崇祯十三年（1640）		朱大烈敕授承德郎 朱茂曔中会试180名，廷试三甲第169名
崇祯十四年（1641）		朱大定署重庆州知州 朱茂曔选授江西袁州府宜春县知县 朱建子生
崇祯十五年（1642）		朱茂曔充乡试同考官 朱大定升成都府同知，诰授奉政大夫，未赴任
	六月二十二日	朱大启卒
崇祯十六年（1643）		朱茂曔报升南京兵部职方司主事，未赴任
崇祯十七年（1644）五月		朱茂曔升南京尚宝卿，不久归里
顺治元年（1644）七月二十八日		朱大烈卒
顺治二年（1645）		朱彝尊与归安县儒学教谕冯镇鼎之女冯福贞结婚 朱大定与虞廷陛、黄承昊在嘉兴起兵，抗击清军
顺治三年（1646）七月七日		朱大定殉难于杭州钱塘门外
顺治四年（1647）	六月	朱茂昭卒
	八月二十八日	朱茂曔卒
	十一月十一日	朱大治卒
顺治七年（1650）		朱彝尊与吴伟业、尤侗、徐乾学、邹祗谟、曹尔堪、毛奇龄等人定交
顺治八年（1651）		朱彝叙以选贡入太学 朱彝教中乡试副榜第11名
顺治九年（1652）八月二十六日		朱昆田生
顺治十一年（1654）		朱彝宪中乡试副榜第7名
康熙二年（1663）十一月		朱茂曙卒
康熙七年（1668）正月		朱彝爵生
康熙十一年（1672）八月		朱彝尊词集《江湖载酒集》编成 朱彝宪复中乡试副榜
康熙十二年（1673）		朱彝尊辑《词综》

(续表)

时　间		活动事迹
康熙十三年（1674）		朱彝尊作《鸳鸯湖棹歌》100首，谭吉璁和韵合刊，缪永谋等作序
康熙十四年（1675）六月二十九日		朱茂晖卒
康熙十六年（1677）		朱彝尊《竹垞文类》（二十六卷本）刊行，王士禛、魏禧为序
康熙十七年（1678）		朱彝尊词集《蕃锦集》成，柯维桢作序 朱彝尊《词综》编成，汪森增订并付刊，为30卷
康熙十八年（1679）	三月	朱彝尊博学鸿词科会试被录取，授翰林院检讨，入史馆纂修《明史》
	七月	朱彝尊《江湖载酒集》与李良年《秋锦山房词》、李符《耒边词》、沈暤日《栖西精舍词》、沈岸登《黑蝶斋词》、龚翔麟《红藕庄词》合刻于金陵，名《浙西六家词》，陈维崧作序 朱彝尊辑《瀛洲道古录》
康熙十九年（1680）冬		朱彝尊撰《明史·文苑传》及《嘉靖诸臣传》
康熙二十年（1681）	四月	朱彝尊充廷试读卷官
	七月	朱彝尊任江南乡试主考
	十月	朱彝尊增命为"日讲官起居注"八员之一
康熙二十一年（1682）十二月		朱稻孙生 朱彝尊《竹垞文类》（二十五卷本）刊成，高佑釲、颜鼎受作序
康熙二十二年（1683）	一月	朱彝尊召入南书房供奉，赐禁中骑马
	九月二十八日	朱茂时卒
康熙二十三年（1684）		朱彝政中乡试第38名
	一月	朱彝尊因携带楷书手私入禁中抄录四方所进图书，为掌院学士牛钮所劾，被"降一级"，谪官
康熙二十五年（1686）	春	朱彝尊《腾笑集》刊成。查慎行作序
	夏	朱彝尊辑《日下旧闻》《经义考》
康熙二十六年（1687）八月		朱彝尊《日下旧闻》42卷成
康熙二十七年（1688）九月		朱彝尊《日下旧闻》刻印竣工

(续表)

时　间		活动事迹
康熙二十九年（1690）		朱彝尊复职，补原官
康熙三十一年（1692）一月		朱彝尊复罢官
康熙三十二年（1693）		朱彝璇中癸酉科武乡试第49名
康熙三十五年（1696）		朱彝政考授内阁中书舍人
康熙三十八年（1699）		朱彝尊《经义考》300卷成，陈廷敬、毛奇龄为序 朱彝尊《曝书亭著录》8卷成
	十月二十一日	朱昆田卒
康熙四十一年（1702）四月		朱彝尊《明诗综》辑成，以所著《静志居诗话》附之。在苏州开刻
康熙四十三年（1704）十一月		朱彝尊《明诗综》雕刻竣工
康熙四十七年（1708）		朱彝尊《曝书亭集》80卷成，潘耒作序 朱彝尊编《两淮盐策书》20卷成
康熙四十八年（1709）	七月	朱彝尊《曝书亭集》开刻
	十月十三日	朱彝尊无疾而逝
康熙五十年（1711）		朱丕彧中乡试第71名
康熙五十三年（1714）		朱彝尊《曝书亭集》刊刻竣工，查慎行作序
康熙五十四年（1715）		朱稻孙荐充《春秋》馆、《子史菁华》馆纂修 朱丕彧中会试第183名，廷试三甲第12名，即选知县
康熙五十九年（1720）		朱嵩龄中乡试第42名
雍正元年（1723）八月二十九日		朱辰应生
雍正三年（1725）		朱彝尊葬于嘉兴百花庄其曾祖朱国祚墓南五里
雍正六年（1728）九月		朱休承生
雍正十年（1732）十月十九日		朱休度生

（续表）

时　间	活动事迹
雍正十一年（1733）	朱嵩龄除台州府太平县儒学教谕
雍正十二年（1734）正月初十	朱丕哉卒
雍正十三年（1735）十月二日	朱本生
乾隆元年（1736）	朱麟应郡县举博学鸿儒，未赴 朱稻孙应博学鸿词下第
乾隆二年（1737）	朱源考充实录馆誊录
乾隆七年（1742）	朱源议叙得主簿，分发江苏试用
乾隆九年（1744）	朱麟应以优行选贡
乾隆十五年（1750）	朱麟应中乡试第10名
乾隆十八年（1753）	朱休承中乡试第3名。朱休度中乡试第33名
乾隆十九年（1754）	朱休承入春闱，登明通榜第6名
乾隆二十五年（1760）十二月二十九日	朱稻孙卒
乾隆三十年（1765）	朱本中乙酉科乡试第32名
乾隆三十一年（1766）	朱休度大挑二等，奉旨以教谕用 朱休承挑选一等，奉旨以知县用，分发陕西
乾隆三十二年（1767）七月十六日	朱声希生
乾隆三十四年（1769）	朱休度署安吉州学正。不久，以教谕衔管嵊县学训导事
乾隆三十五年（1770）	朱休承授城固县知县
乾隆三十七年（1772）	朱休度征如杭州书局
乾隆三十八年（1773）	朱休度监理敷文书院
乾隆三十九年（1774）	朱休度监理紫阳书院
乾隆四十一年（1776）	朱休度俸满保举，旨以知县用，告养归里
乾隆四十三年（1778）	朱休度往杭州总局经理书画等事，并专撰《三天竺志》

(续表)

时　间	活动事迹
乾隆四十四年（1779）六月十七日	朱辰应卒
乾隆四十六年（1781）	朱本大挑二等，奉旨以教谕用 朱休度掌教剡川书院
乾隆四十七年（1782）	朱休度掌教金华丽正书院
乾隆四十八年（1783）	朱本以教谕衔补宁波府奉化学训导
乾隆五十二年（1787）	朱休承以病请告
乾隆五十四年（1789）	朱本起管温州府学训导事。朱休度选授山西广灵县知县
六月十三日	朱休承卒
乾隆五十六年（1791）	朱本署衢州府学教授事，不久补慈溪学教谕
乾隆五十七年（1792）	朱休度护理大同府理事同知
乾隆五十八年（1793）	朱振图选授宁波府学训导
嘉庆元年（1796）	朱休度回籍，敕授文林郎
嘉庆三年（1798）十二月	朱休度撰《豫盦述署》
嘉庆四年（1799）	朱本署本班截取知县 朱休度入志局纂辑郡志
嘉庆五年（1800）	朱本赴部引见，分发江苏试用，历署睢宁县知县、常州府通判、松江府通判事
嘉庆六年（1801）八月四日	朱本卒
嘉庆十七年（1812）十月二十七日	朱休度卒
嘉庆二十一年（1816）	朱声豫中乡试第54名
道光七年（1827）十二月十八日	朱声希卒
道光十七年（1837）	朱荣拔贡
道光十八年（1838）	朱荣朝考，钦取二等第8名，奉旨以教职用
道光十九年（1839）	朱荣以复设教谕衔，管金华县学训导事
道光二十二年（1842）	朱声言署高明县知县事 朱声传补广东新会县潮连司巡检
道光三十年（1850）	朱声传改发广西，补怀集县武城司巡检

三 秀水朱氏家世姻亲图

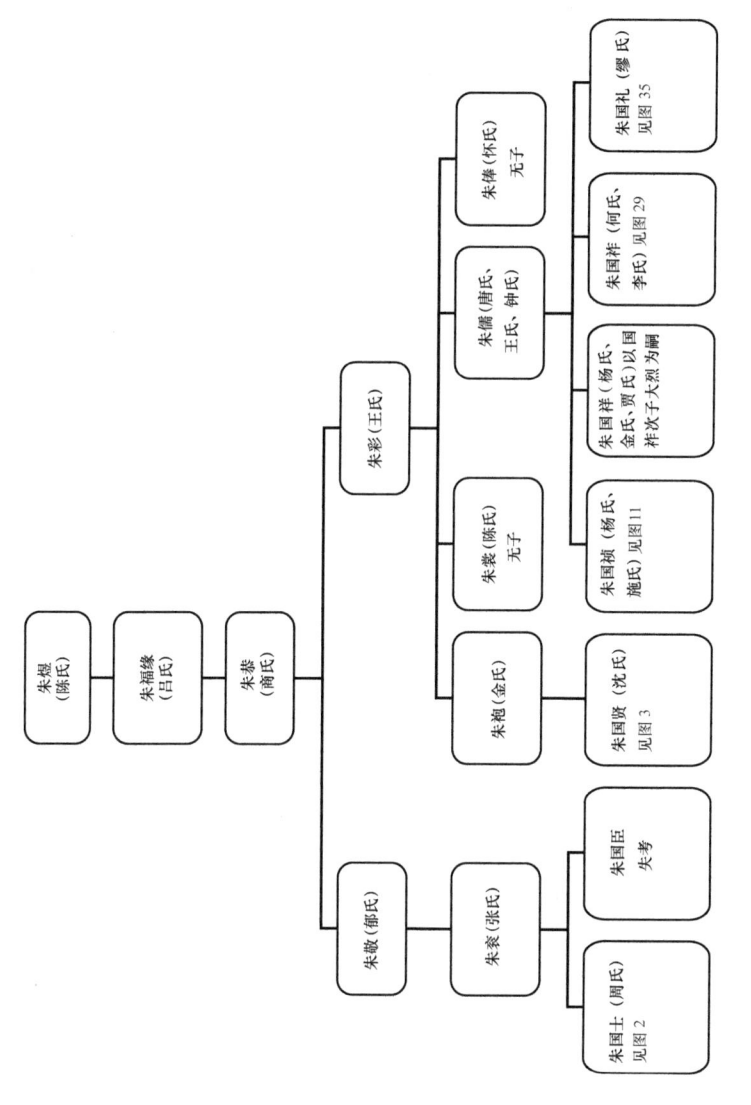

朱煜（陈氏）—朱福缘（吕氏）—朱恭（蔺氏）

朱恭（蔺氏）：
- 朱敬（郁氏）
  - 朱衮（张氏）
    - 朱国土（周氏）见图2
    - 朱国臣 失考
- 朱彩（王氏）
  - 朱袍（金氏）
    - 朱国贤（沈氏）见图3
  - 朱裒 无子（陈氏）
  - 朱储（唐氏、王氏、钟氏）
    - 朱国桢（杨氏、施氏）见图11
    - 朱国祥（杨氏、金氏、贾氏）以国祚次子大烈为嗣
    - 朱国祚（何氏、李氏）见图29
    - 朱国礼（缪氏）见图35
  - 朱傅（怀氏）无子

图一 秀水朱氏一世至六世

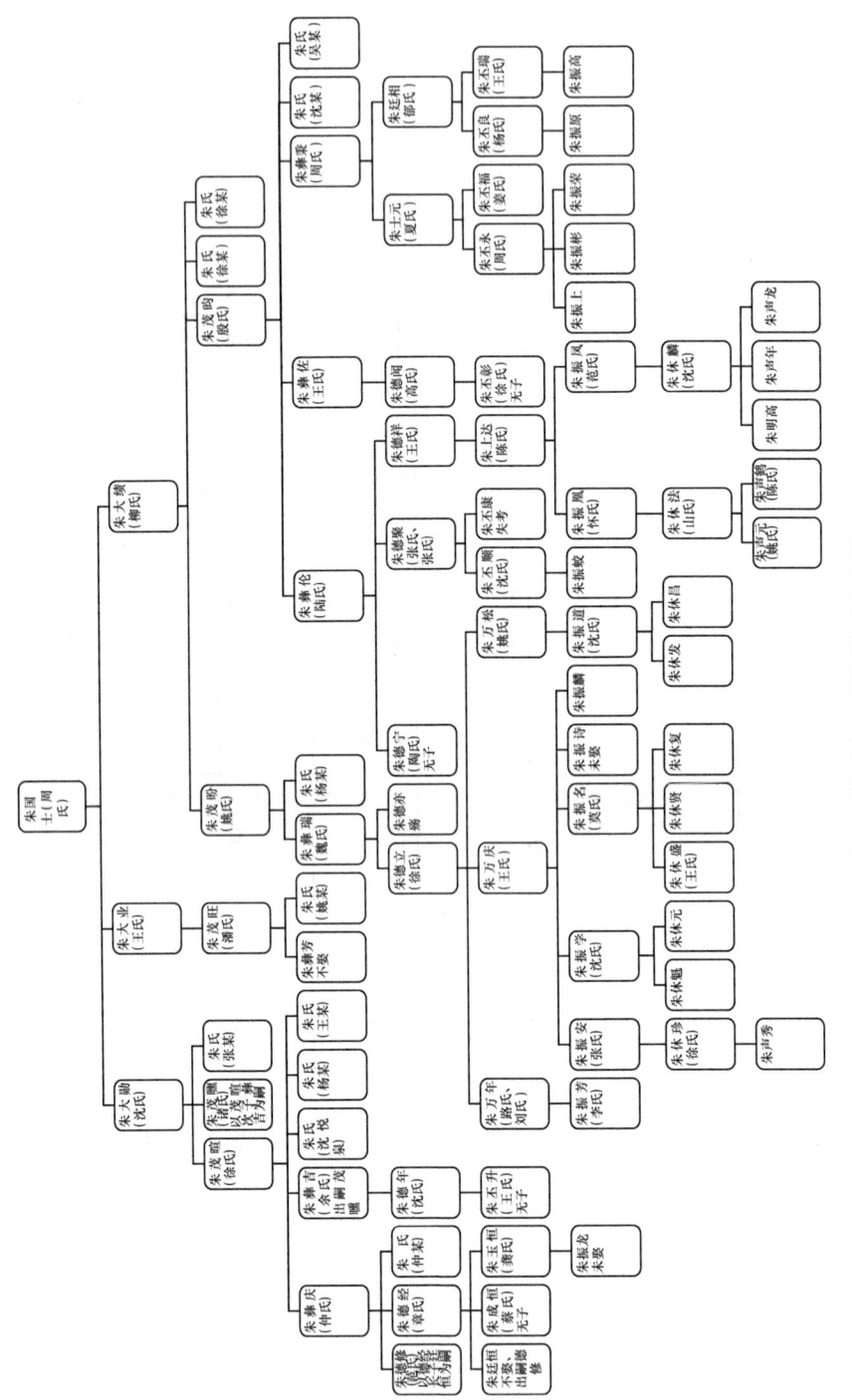

图二 世系表一水鸥桥西大分派

图三 世系表二 月河派

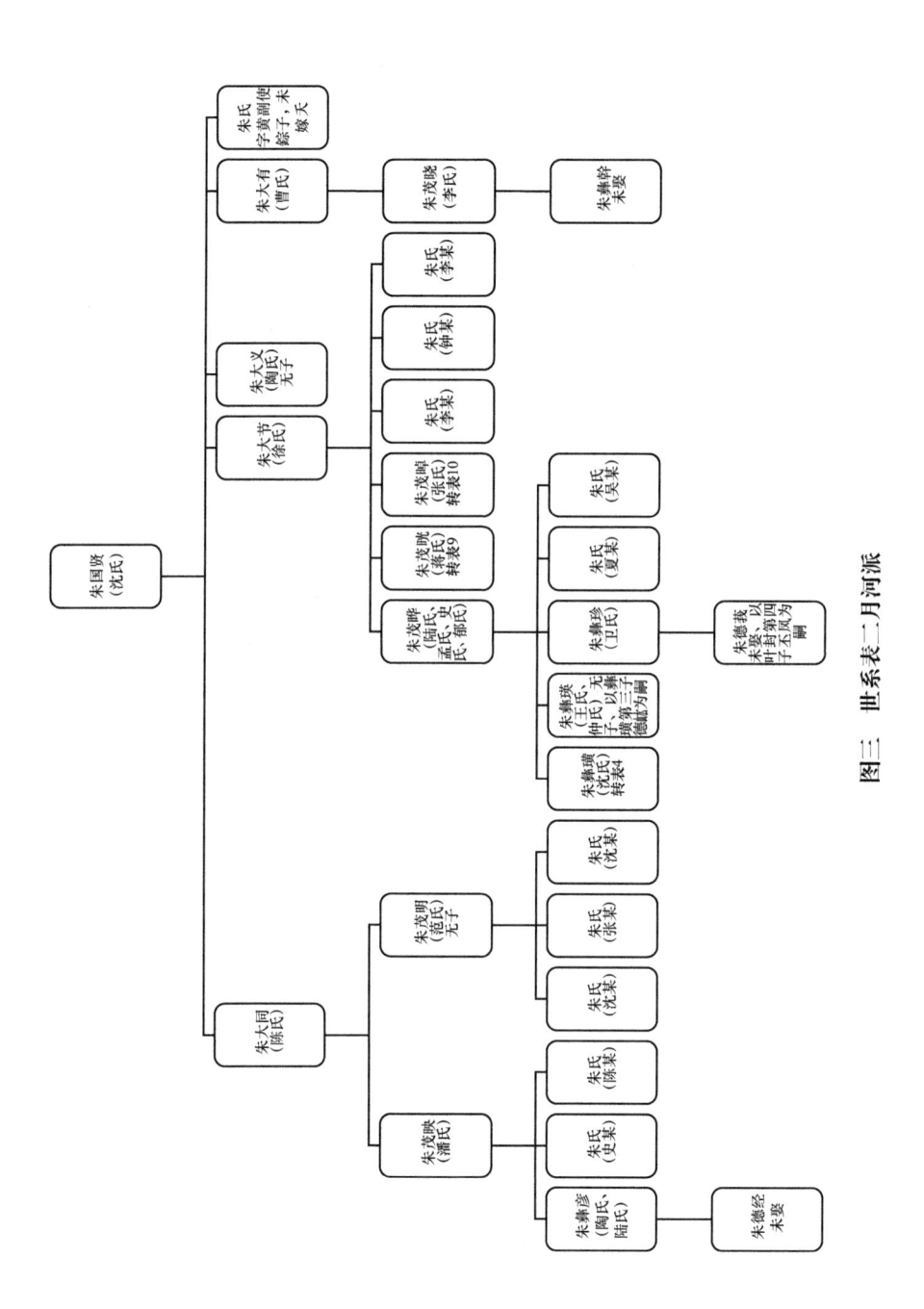

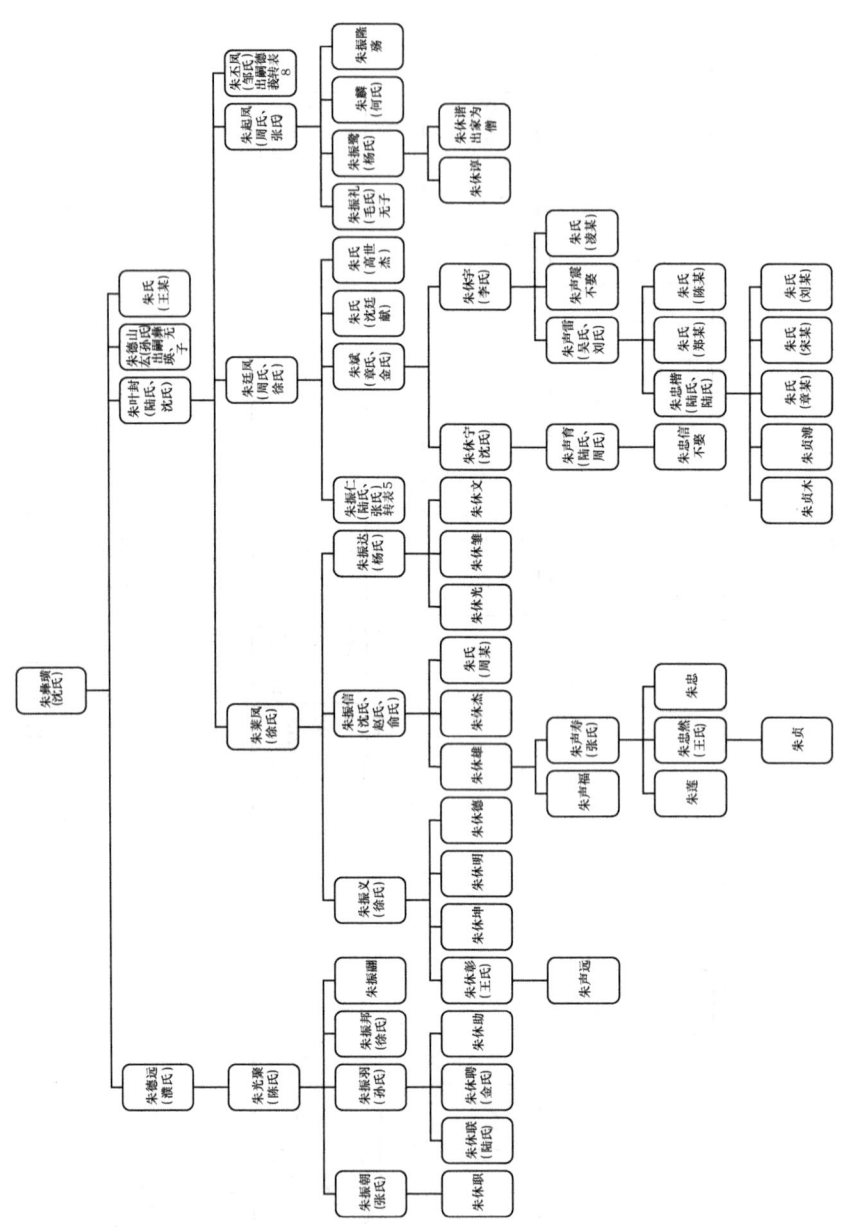

图四　世系表二 月河派奉山公第一支 1

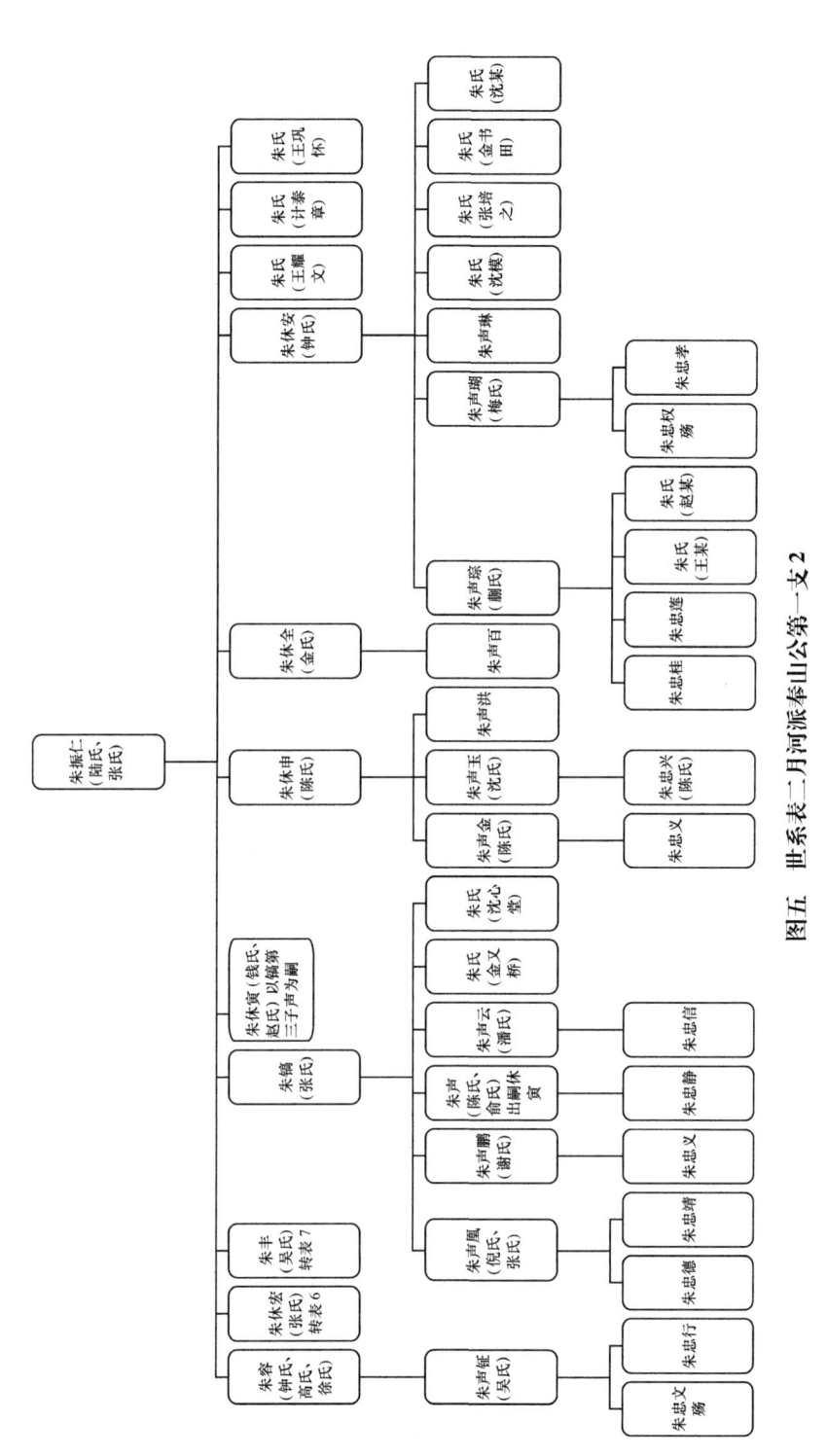

图五　世系表二月河派奉山公第一支 2

596　▶▶　秀水朱氏家族研究

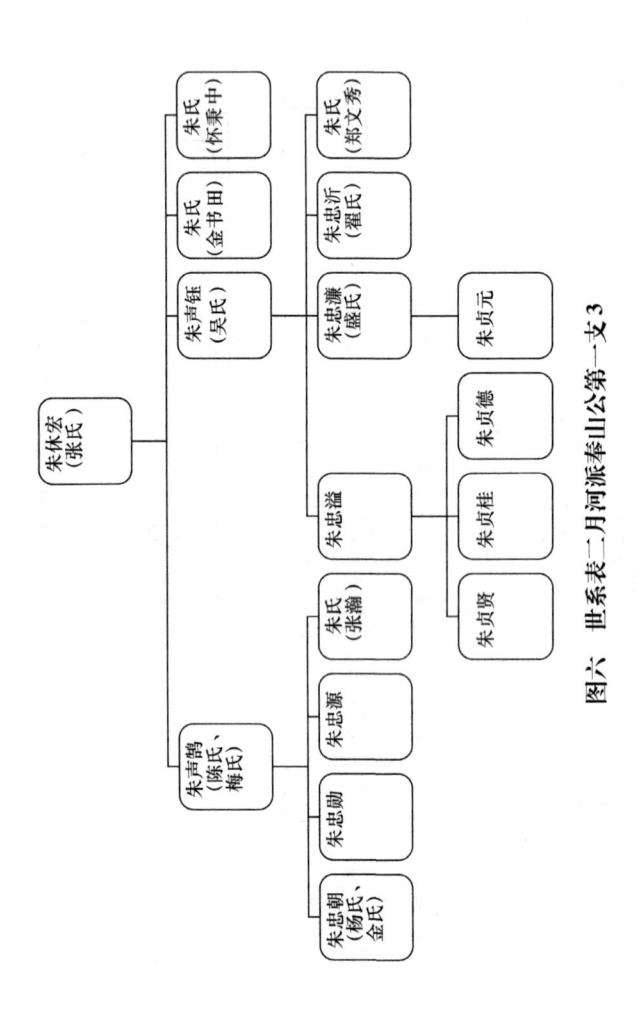

图六　世系表二 月河派奉山公第一支 3

附　录　◀◀　597

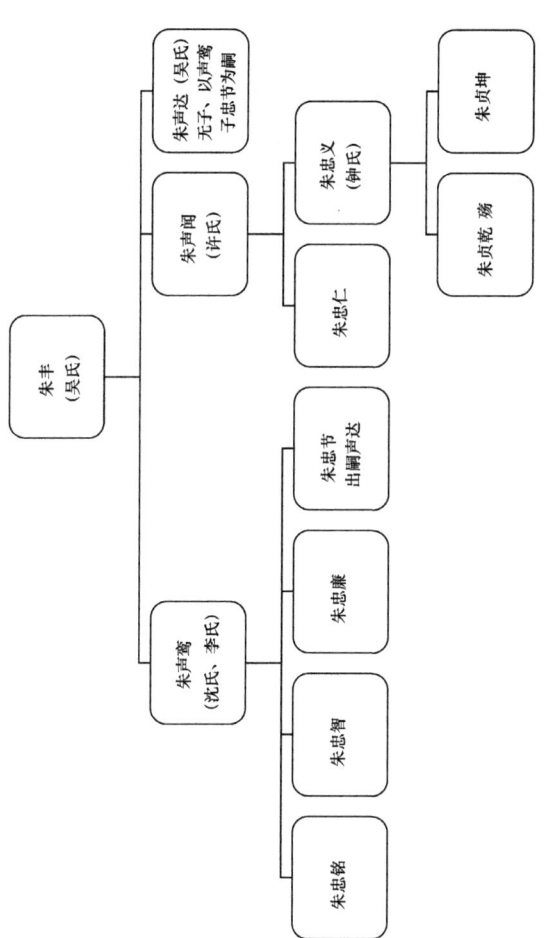

朱丰（吴氏）
├─ 朱声鸾（沈氏、李氏）
│   ├─ 朱忠铭
│   ├─ 朱忠智
│   ├─ 朱忠廉
│   └─ 朱忠节 出嗣声达
└─ 朱声闻（许氏）
    ├─ 朱声达（吴氏）无子，以声鸾子忠节为嗣
    ├─ 朱忠仁
    └─ 朱忠义（钟氏）
        ├─ 朱贞乾荡
        └─ 朱贞坤

图七　世系表二月河派奉山公第一支 4

598　▶▶　秀水朱氏家族研究

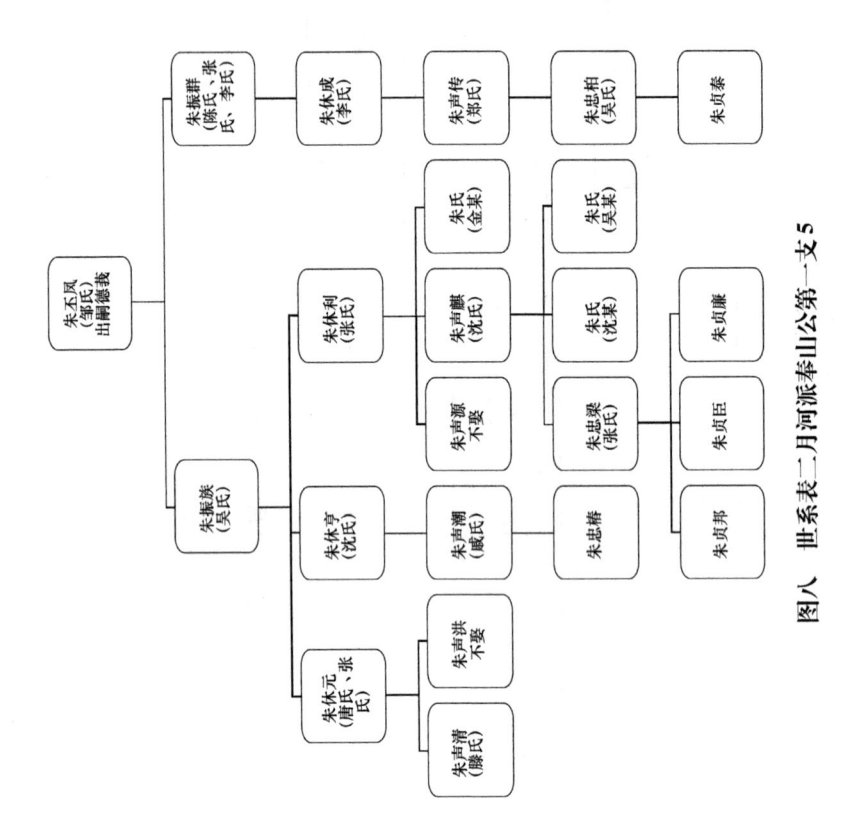

图八　世系表二月河派奉山公第一支 5

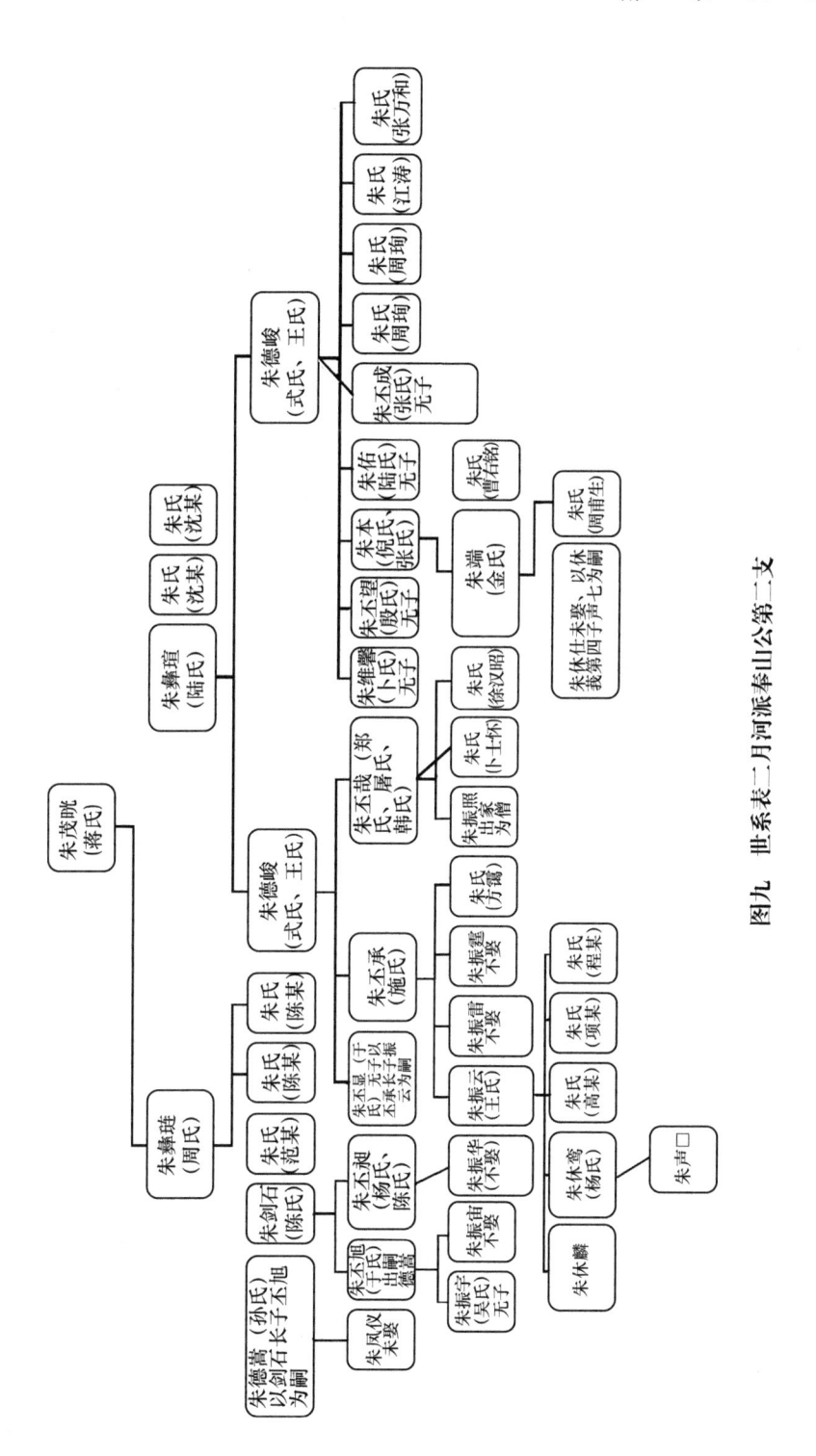

图九 世系表二 月河派奉山公第二支

600 ▶▶ 秀水朱氏家族研究

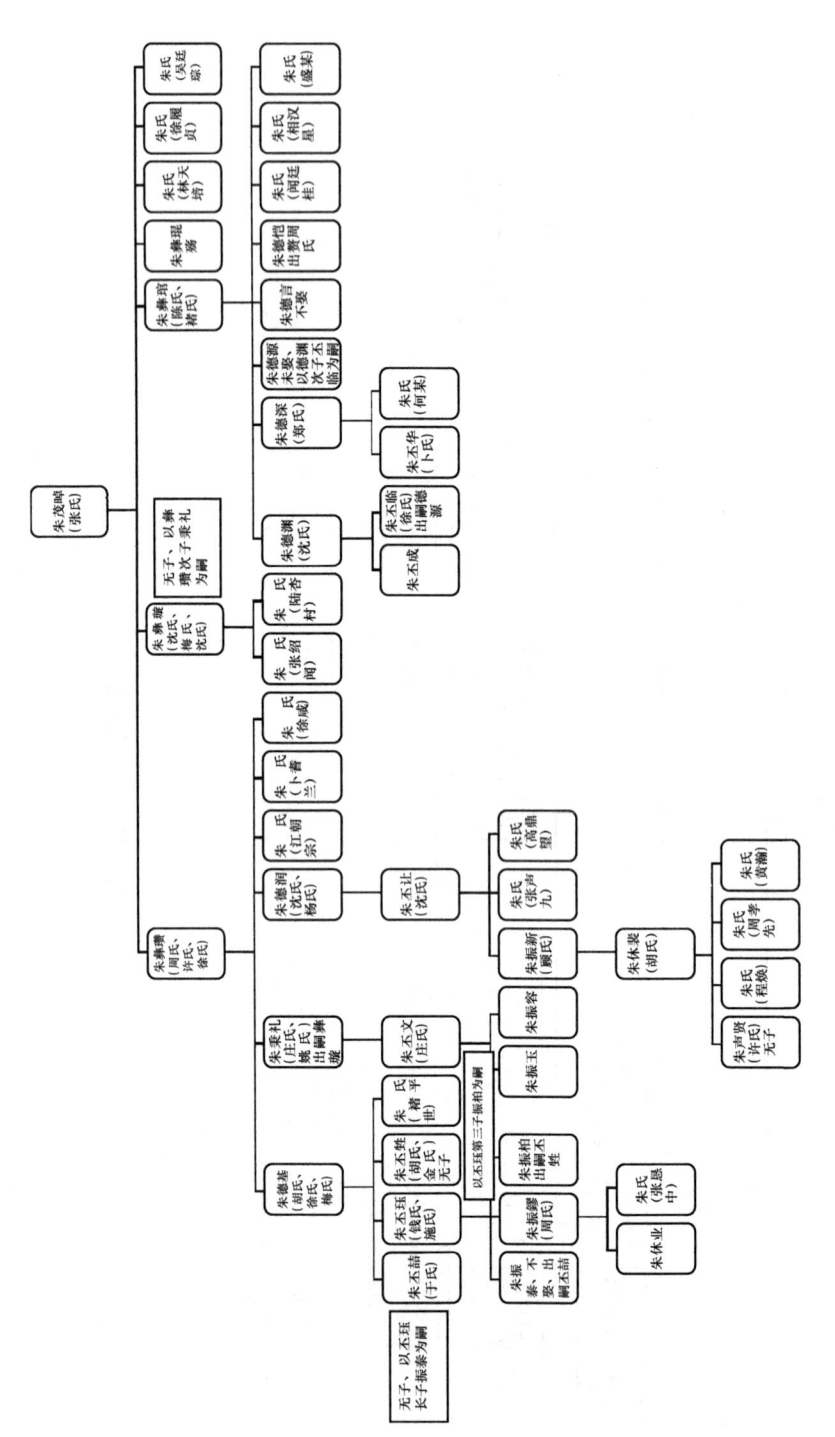

图十 世系表二月河派奉山公第三支

附　录　◀◀　601

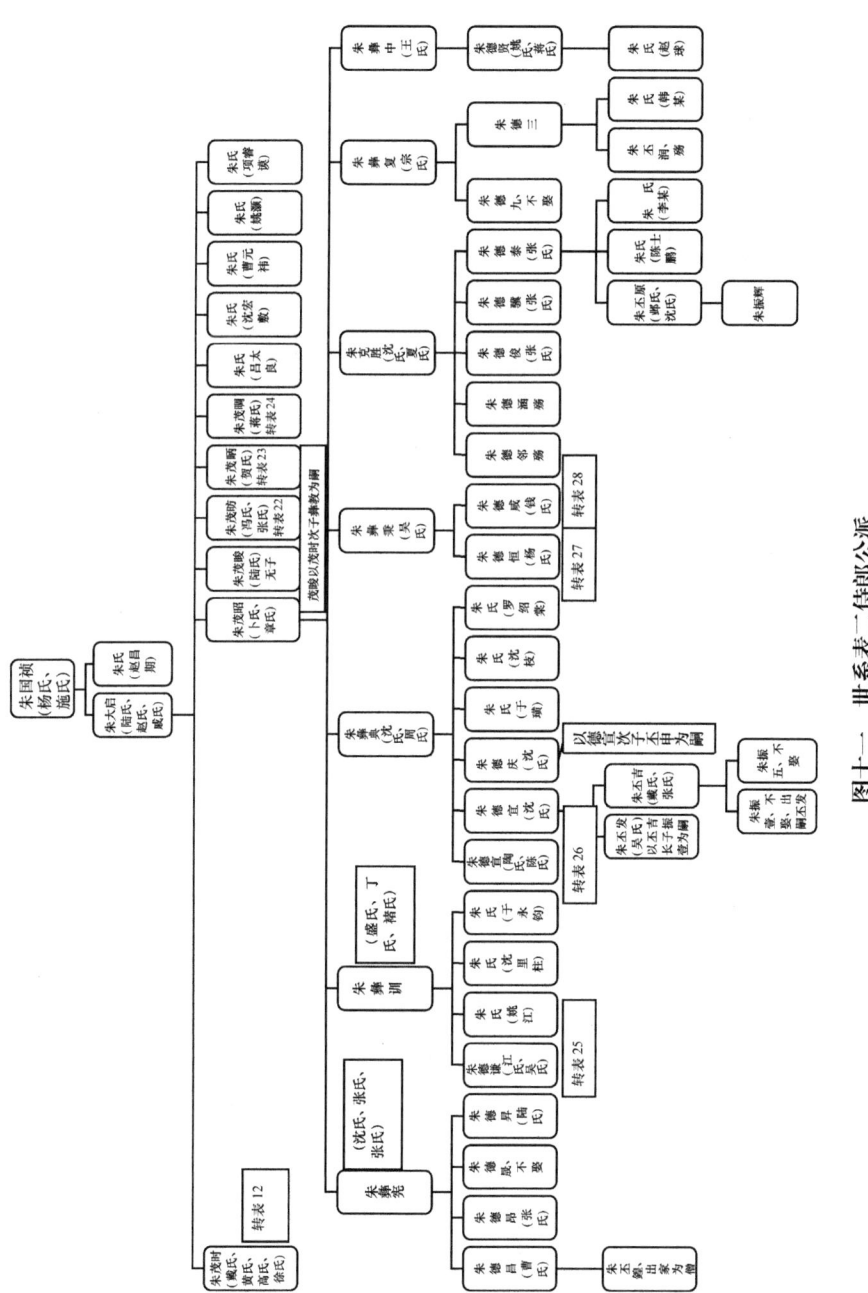

图十一　世系表二侍郎公派

602　▶▶　秀水朱氏家族研究

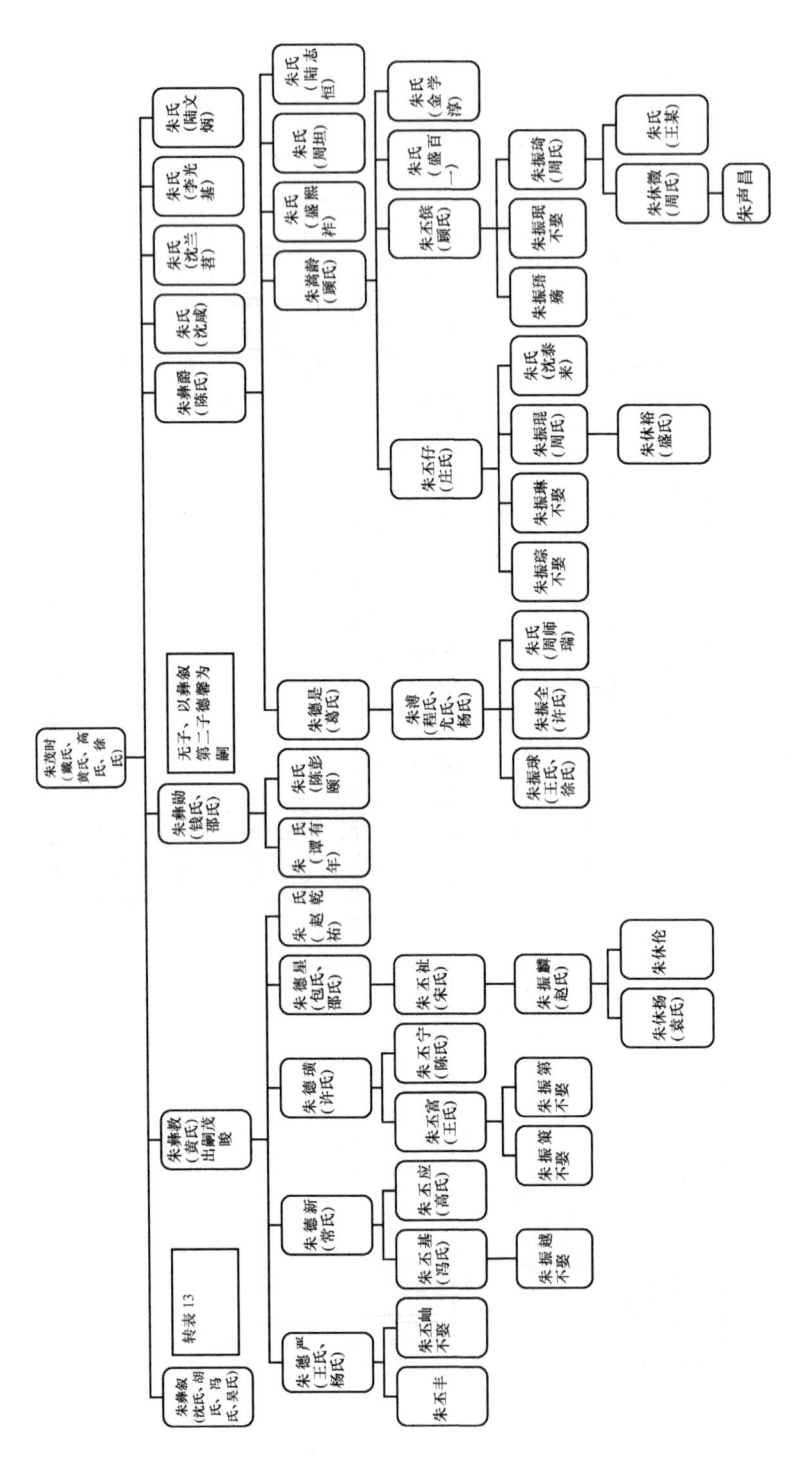

图十二　世系表三 侍郎公派少保公房长房南门第一支 1

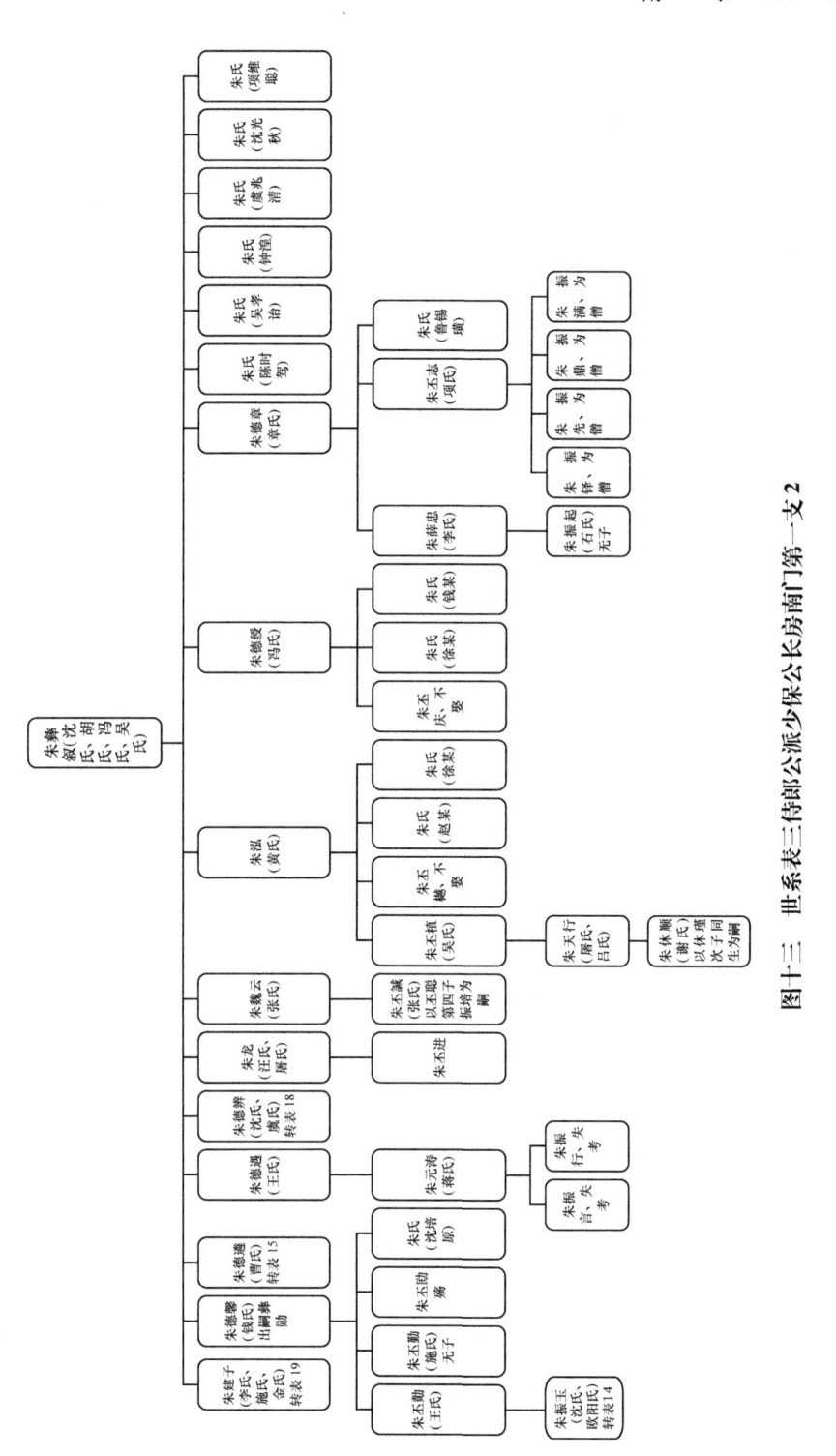

图十三 世系表三 侍郎公派少保公长房闹门第一支2

604 ▶▶ 秀水朱氏家族研究

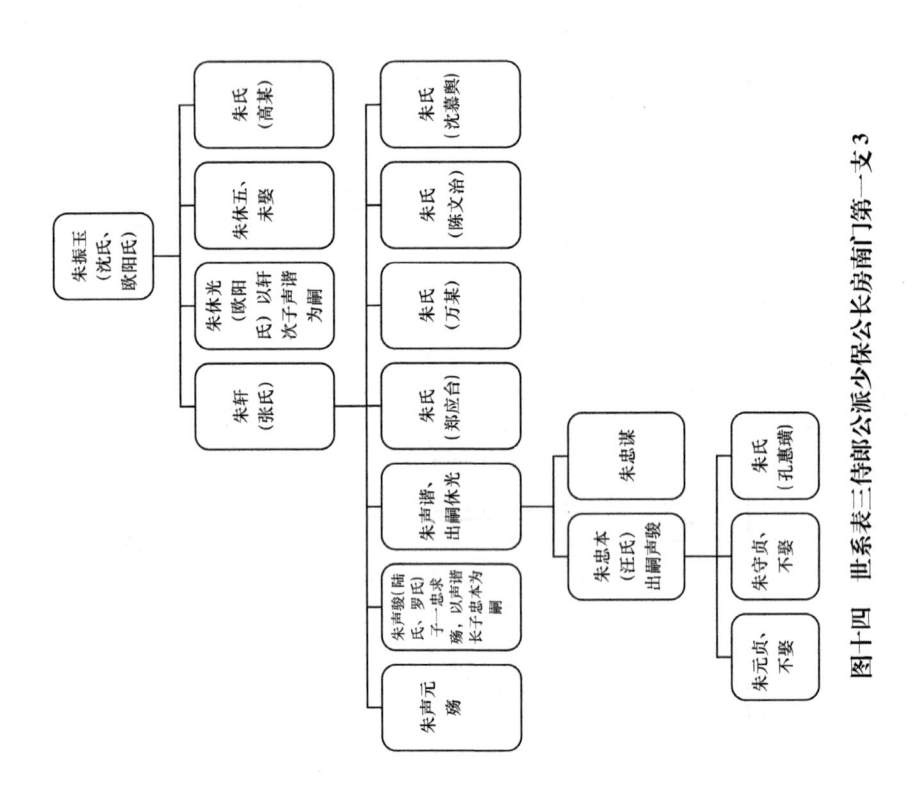

图十四 世系表三侍郎公派少保公长房南门第一支3

附　录　◀◀　605

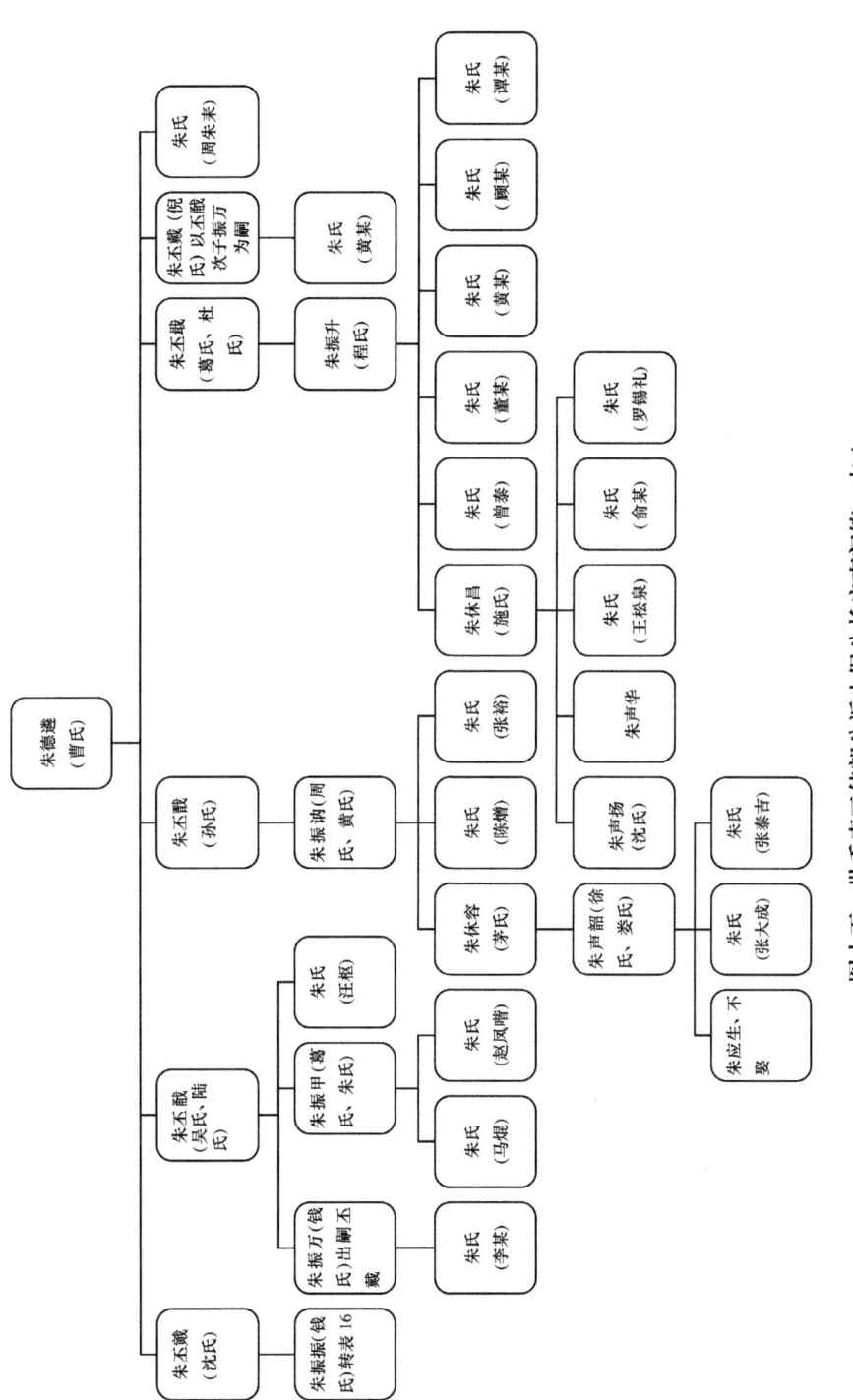

图十五　世系表三侍郎公派少保公长房南门第一支 4

606　▶▶　秀水朱氏家族研究

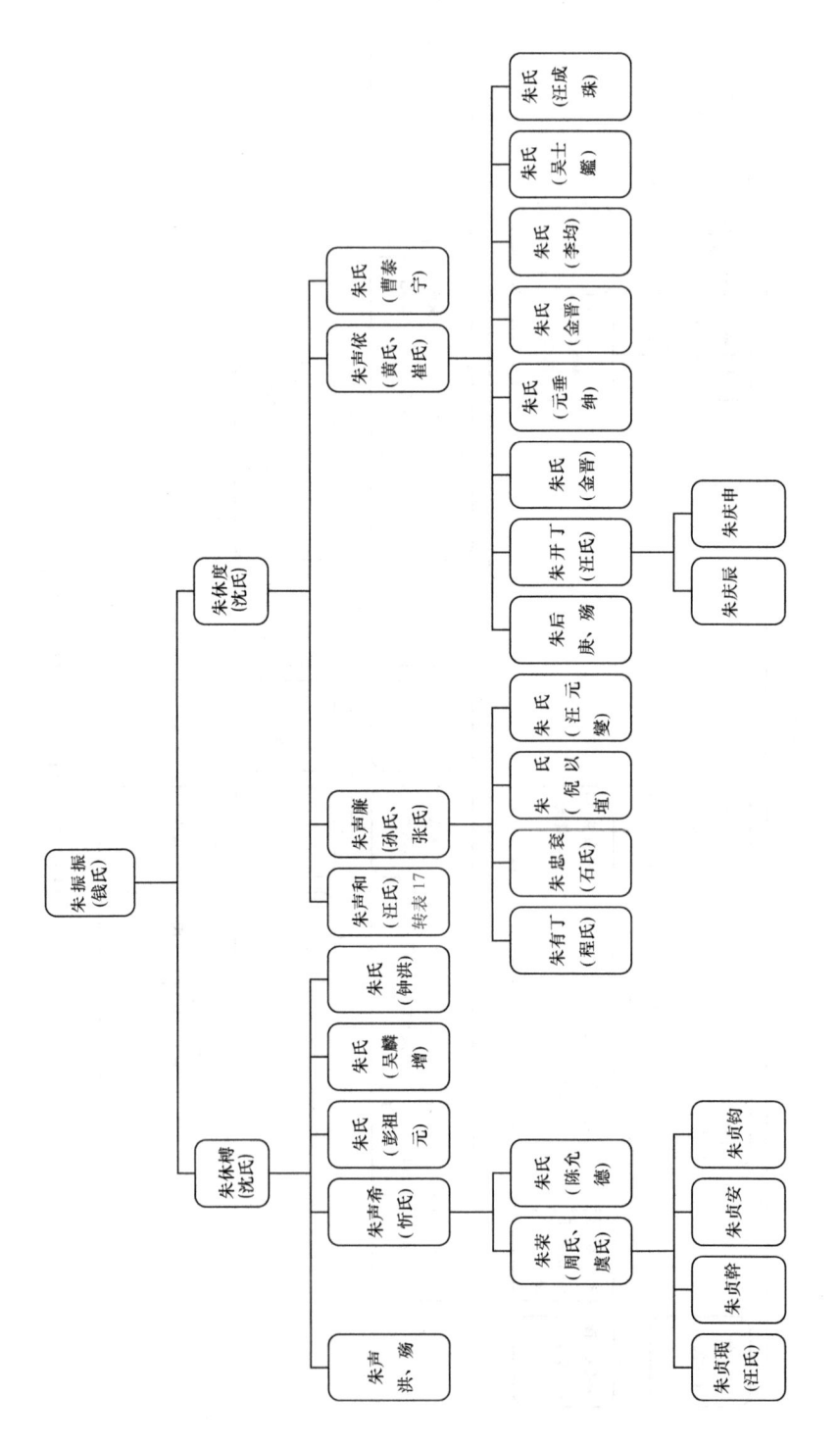

图十六　世系表三侍郎公派少保公长房南门第一支 5

附　录　◀◀　607

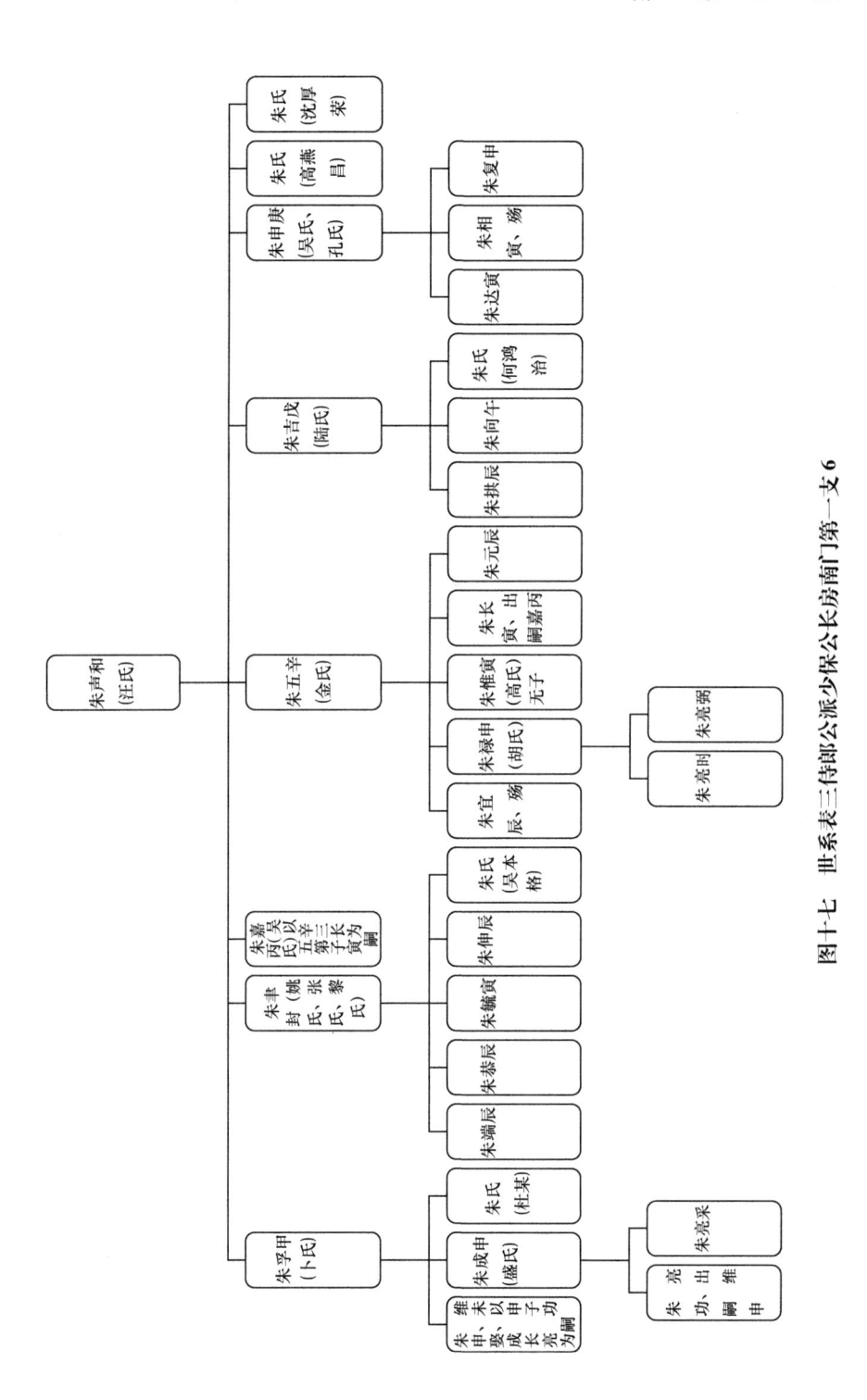

图十七　世系表三侍郎公派少保公长房南门第一支 6

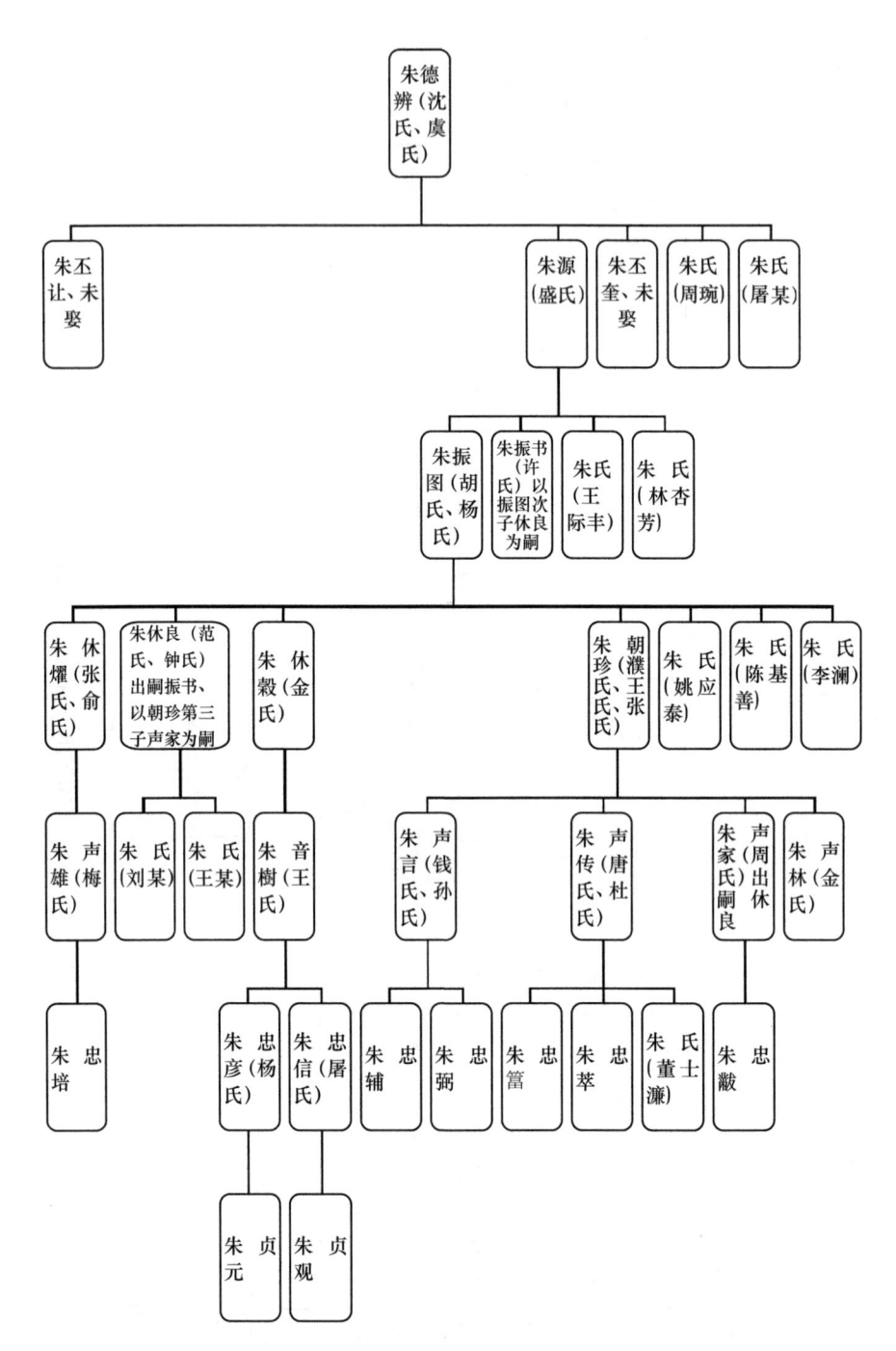

图十八　世系表三侍郎公派少保公长房南门第一支7

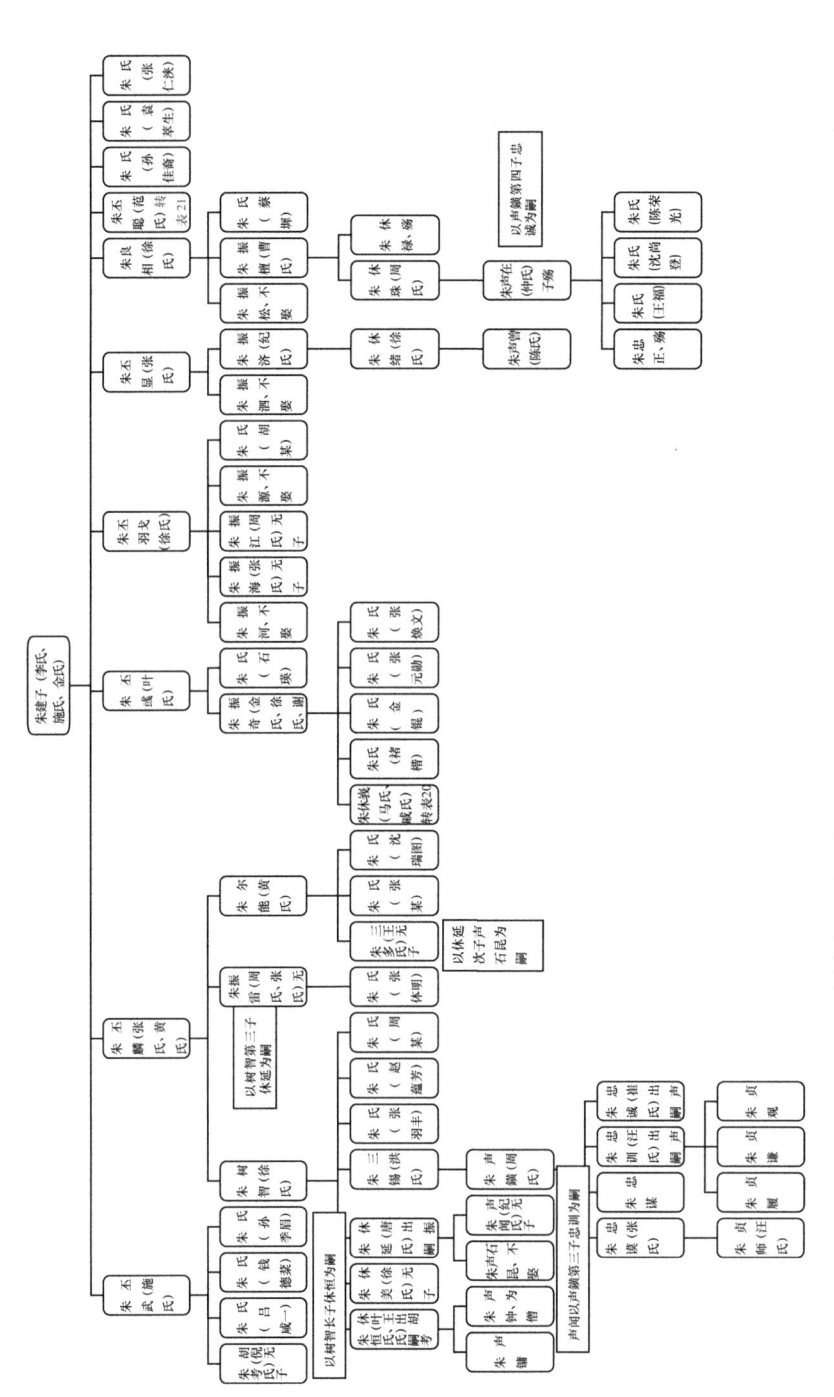

图十九 世系表三侍郎公派少保公长房南门第一支 8

610 ▶▶ 秀水朱氏家族研究

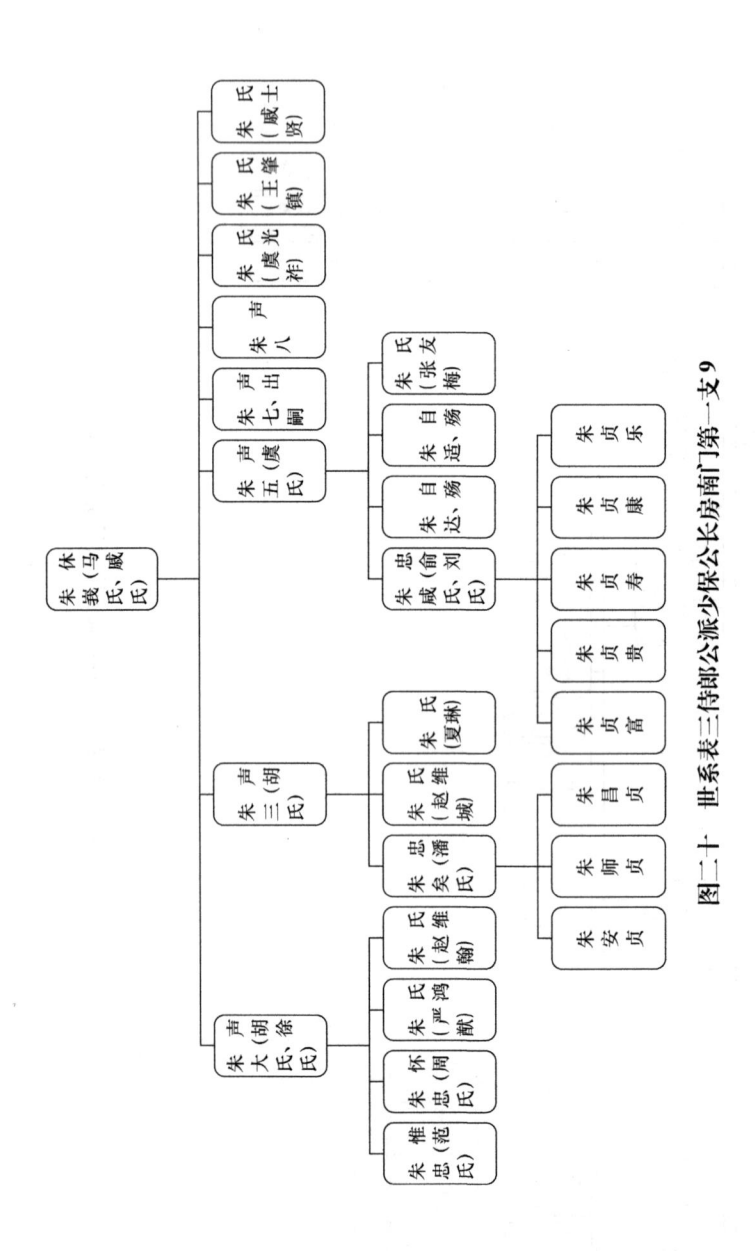

图二十 世系表三 三侍郎公派少保公长房闱门第一支 9

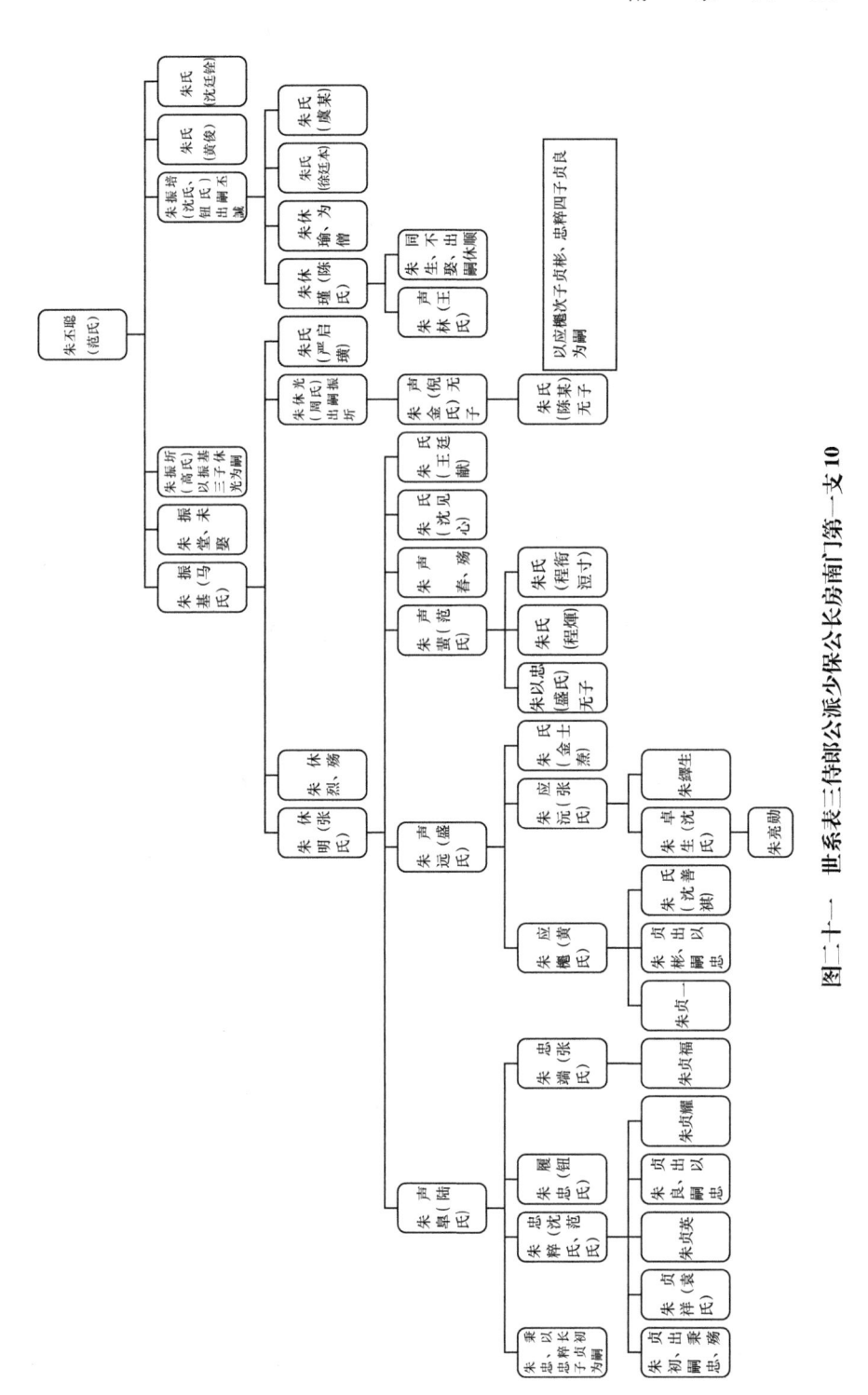

图二十一　世系表三侍郎公派少保公长房南门第一支 10

612　▶▶　秀水朱氏家族研究

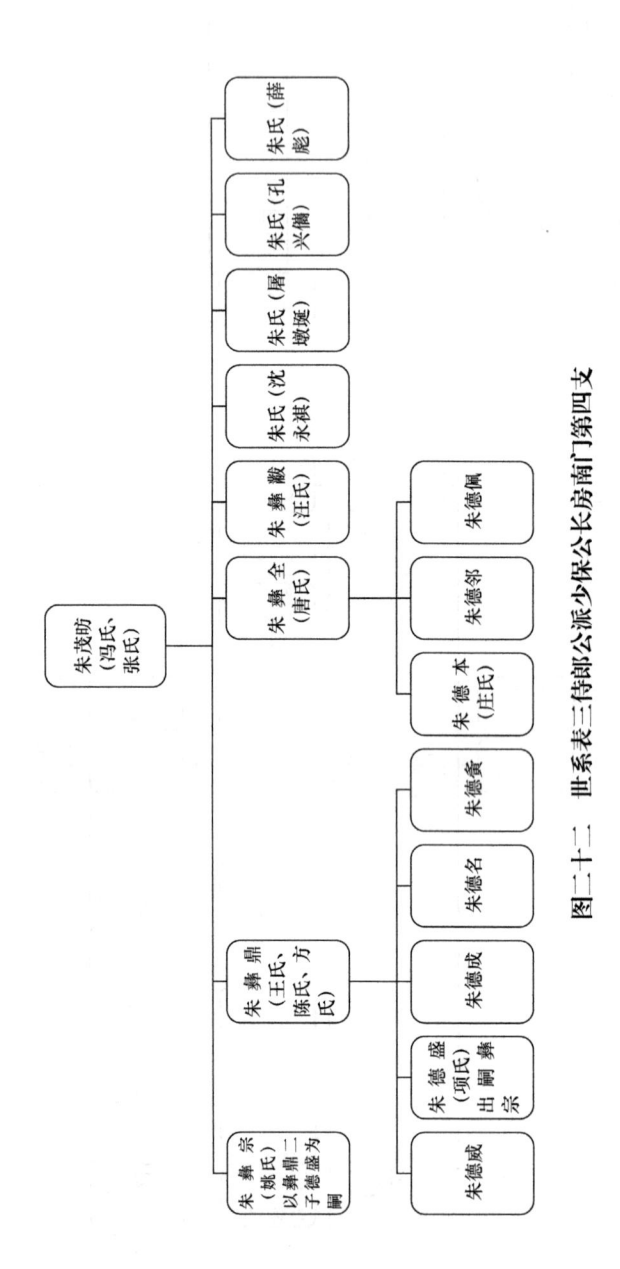

```
                                                               ┌─ 朱氏（薛彪）
                                                               ├─ 朱氏（孔兴儞）
                                                               ├─ 朱氏（屠墩延）
                                                               ├─ 朱氏（沈永淇）
                                            ┌─ 朱彝鞍（汪氏）──┤
                                            │                   
               ┌─ 朱彝全（唐氏）─────────────┼─ 朱德佩
               │                             ├─ 朱德邻
朱茂昉（冯氏、张氏）─┤                         └─ 朱德本（庄氏）
               │
               │                          ┌─ 朱德赟
               ├─ 朱彝鼎（王氏、陈氏、方氏）┼─ 朱德名
               │                          ├─ 朱德成
               │                          ├─ 朱德盛（项氏）出嗣彝宗
               │                          └─ 朱德威
               │
               └─ 朱彝宗（姚氏）以彝鼎三子德盛为嗣
```

图二十二　世系表三侍郎公派少保公长房南门第四支

附　录 ◀◀ 613

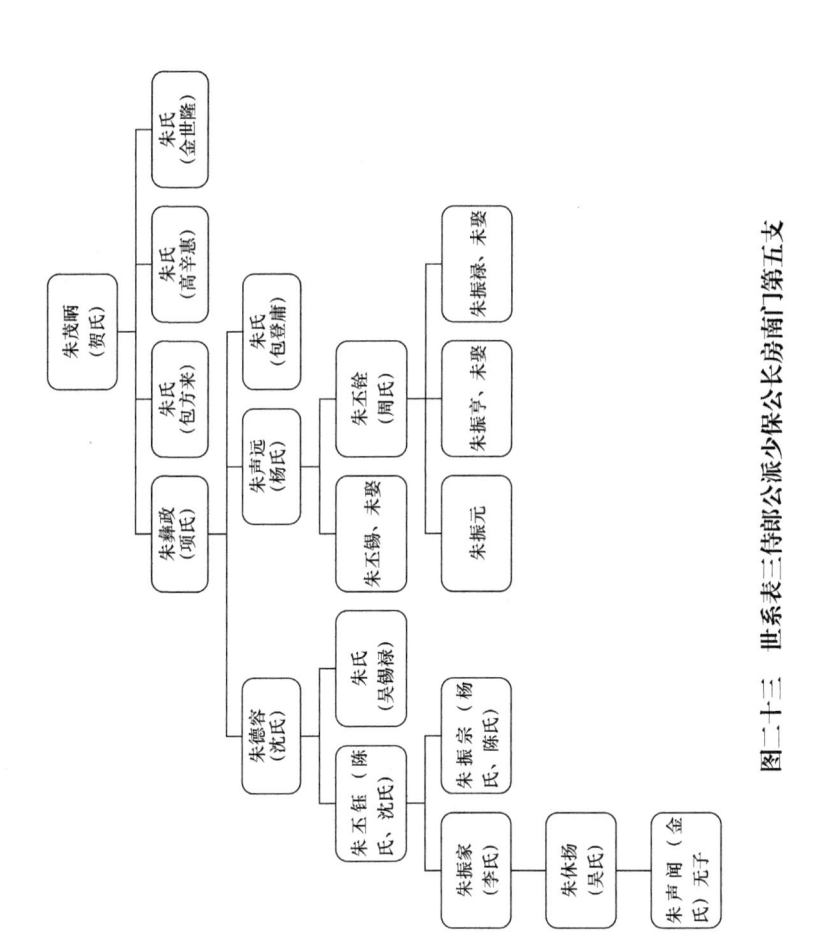

图二十三　世系表三侍郎公派少保公长房南门第五支

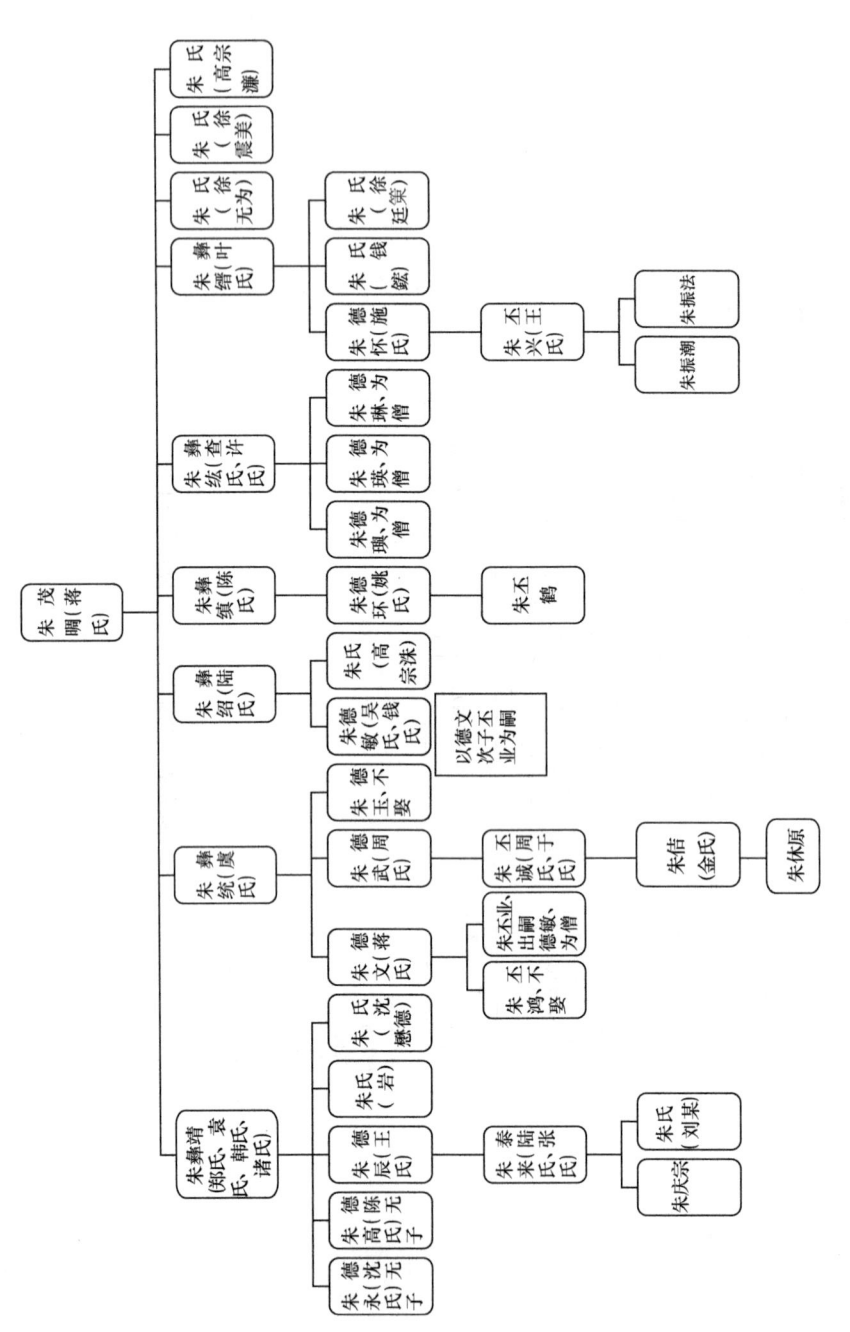

图二十四 世系表三侍郎公派少保公长房南门第六支

附录 ◀◀ 615

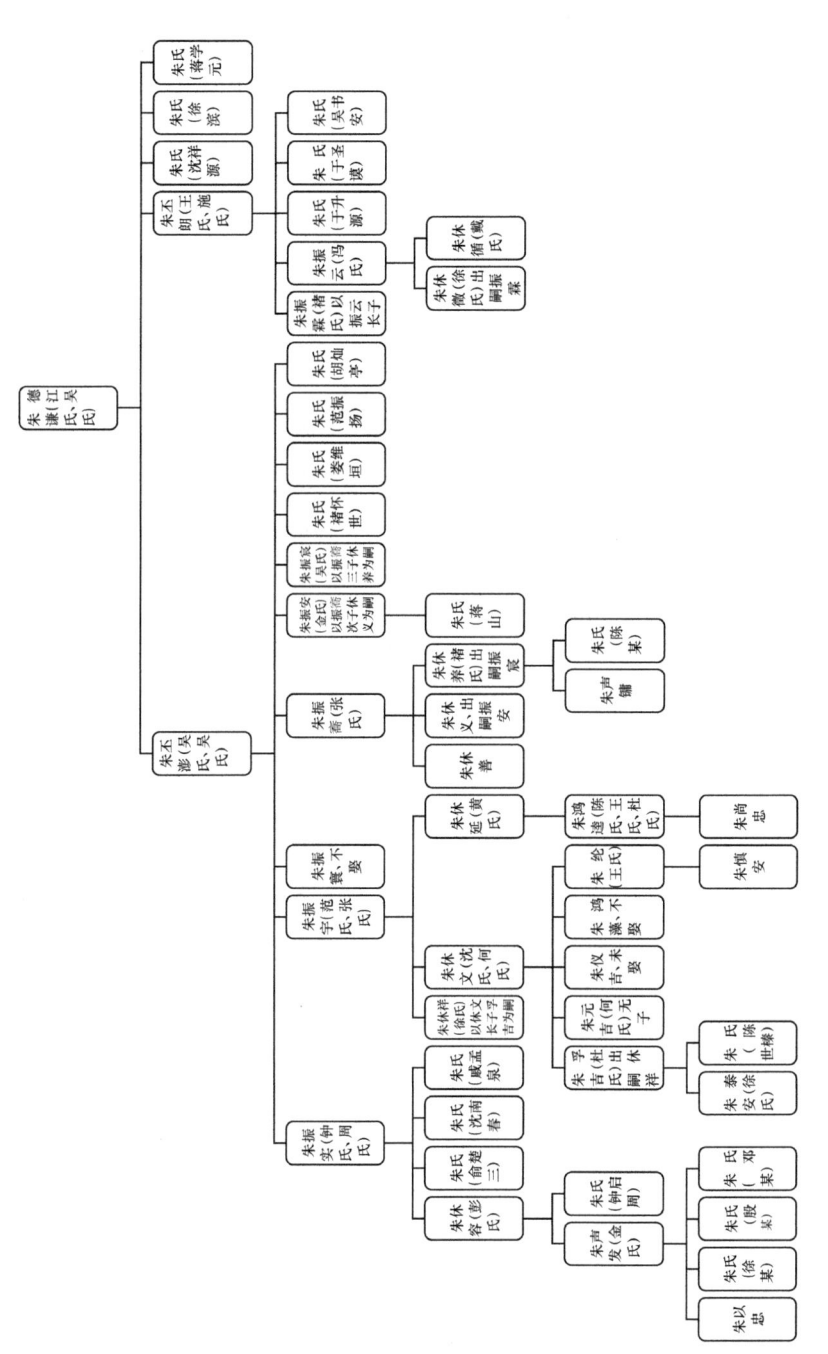

图二十五 世系表三侍郎公派少保公长房前门第二支1

616　▶▶　秀水朱氏家族研究

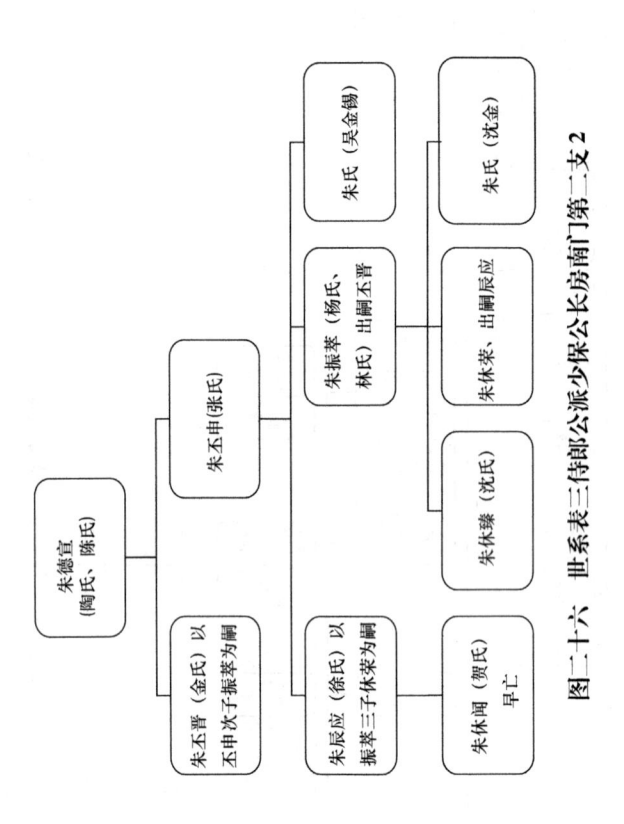

朱德宣（陶氏、陈氏）
├─ 朱丕晋（金氏）丕申次子振萃为嗣
└─ 朱丕申（张氏）
    ├─ 朱振萃（杨氏、林氏）出嗣丕晋
    │   ├─ 朱氏（吴金锡）
    │   └─ 朱氏（沈金）
    ├─ 朱休荣、出嗣辰应
    ├─ 朱休臻（沈氏）
    ├─ 朱辰应（徐氏）以振萃三子休荣为嗣
    └─ 朱休闻（贺氏）早亡

图二十六　世系表三侍郎公派少保公长房南门第二支 2

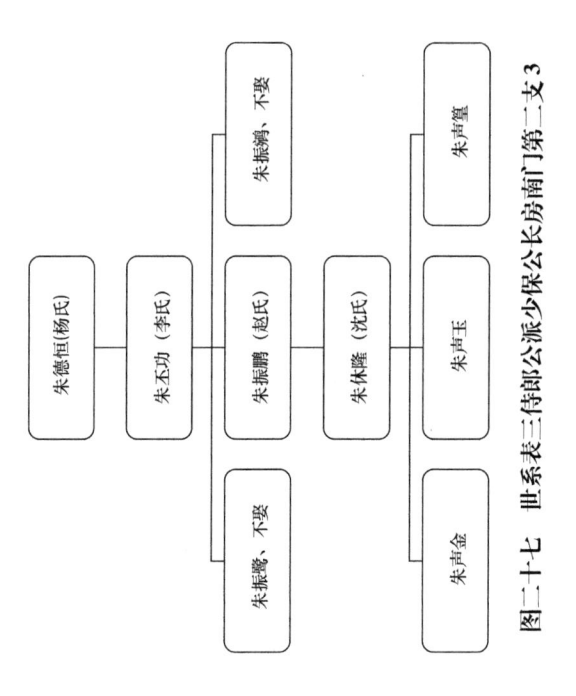

图二十七 世系表三侍郎公派少保公长房南门第二支3

朱德恒(杨氏)—朱丕功(李氏)—朱振鹏(赵氏)、朱休隆(沈氏)

朱振鹏(赵氏)：朱振鹃、不娶；朱振鹭、不娶

朱休隆(沈氏)：朱声堂、朱声玉、朱声金

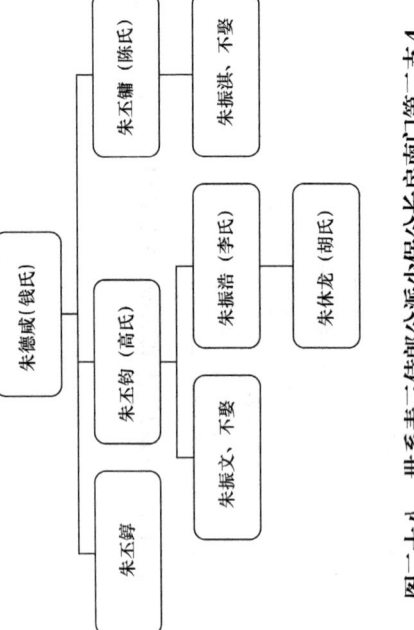

图二十八　世系表三侍郎公派少保公长房南门第二支4

族谱结构（基于图示）：

- 朱德咸（钱氏）
  - 朱丕算
  - 朱丕钧（高氏）
    - 朱振文，不娶
    - 朱振浩（李氏）
      - 朱休龙（胡氏）
  - 朱丕镛（陈氏）
    - 朱振洪，不娶

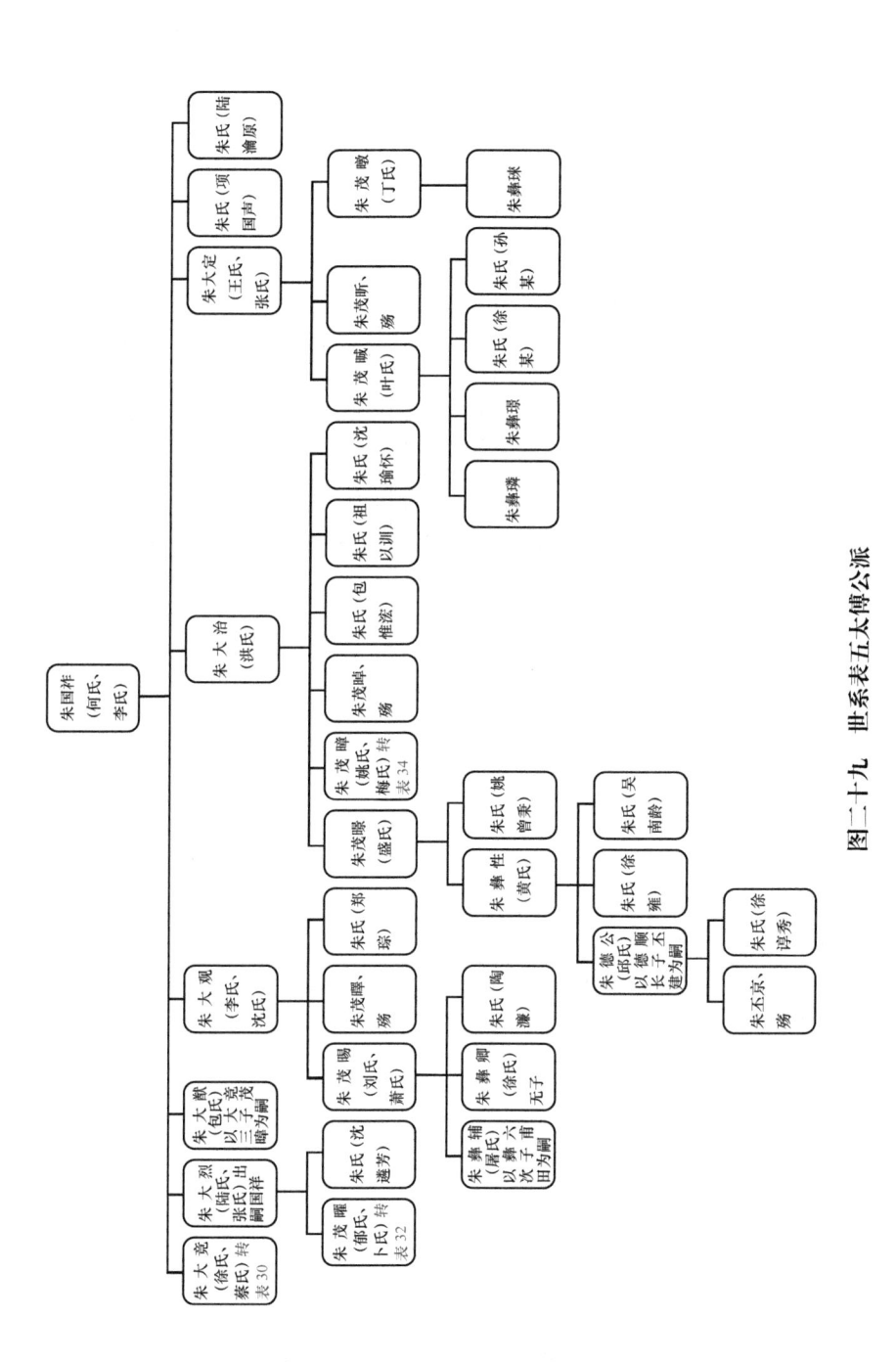

图二十九 世系表五太傅公派

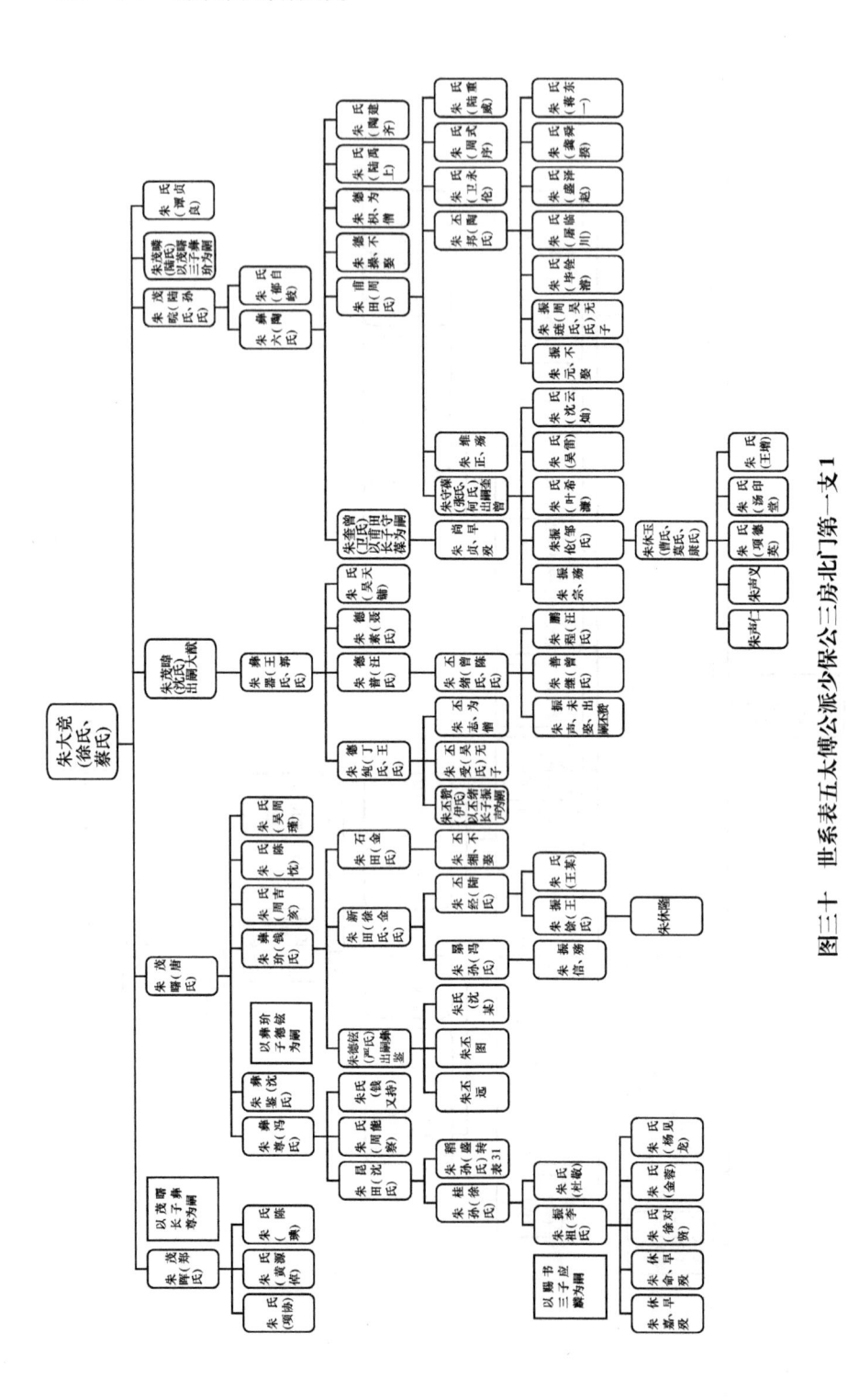

图三十　世系表五太傅公派少保公三房北门第一支1

附　录　◀◀　621

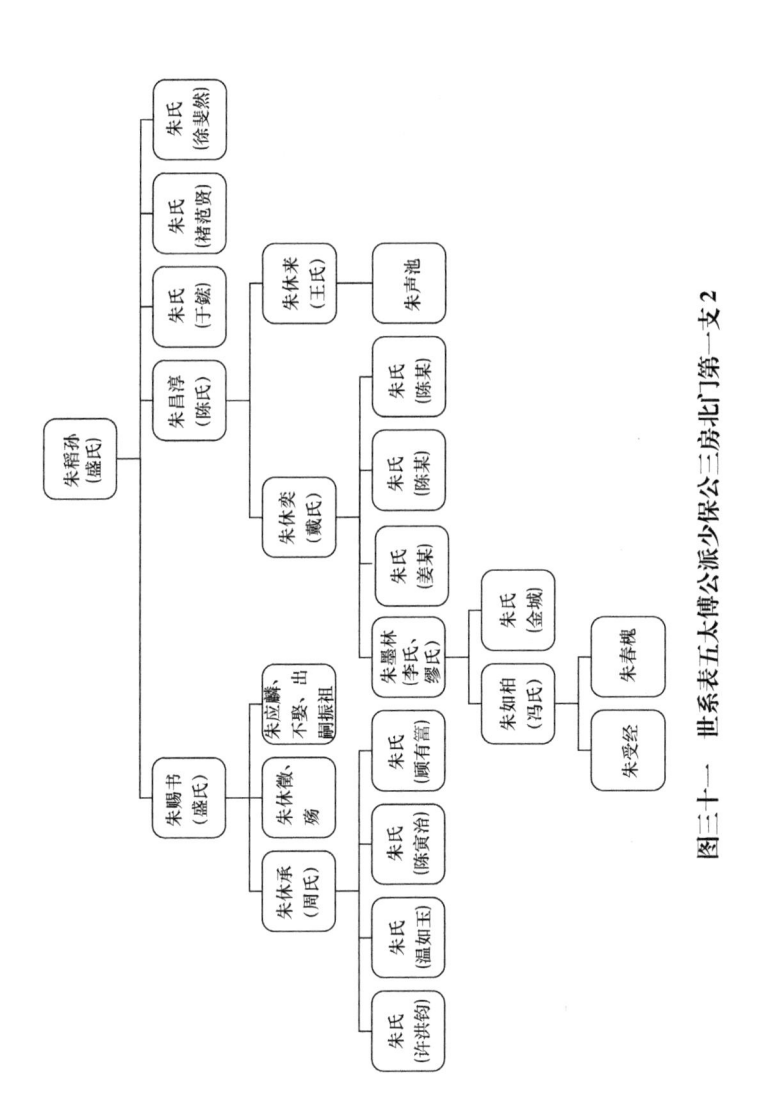

图三十一　世系表五太傅公派少保公三房北门第一支 2

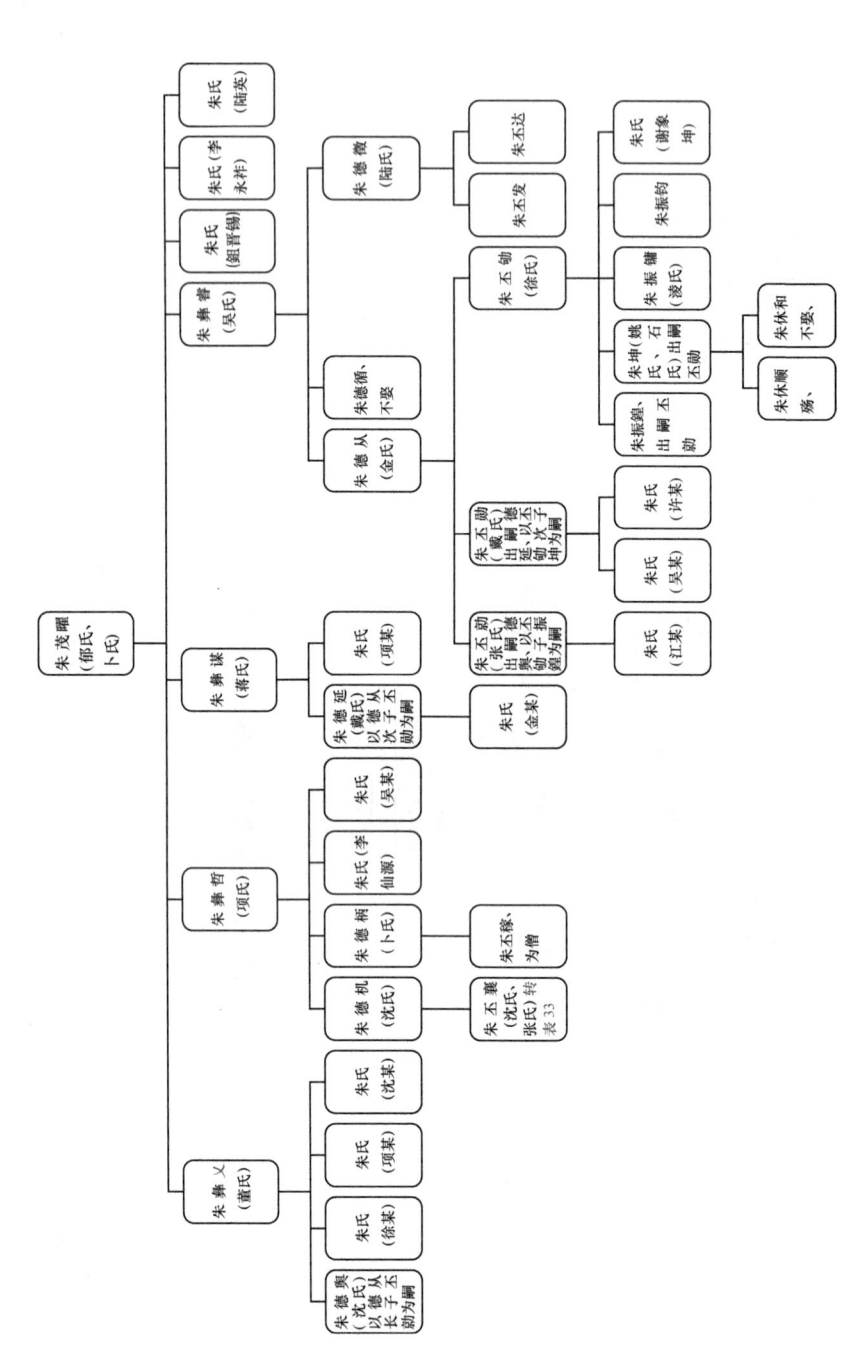

图三十二　世系表四瑞裳公派少保公二房 1

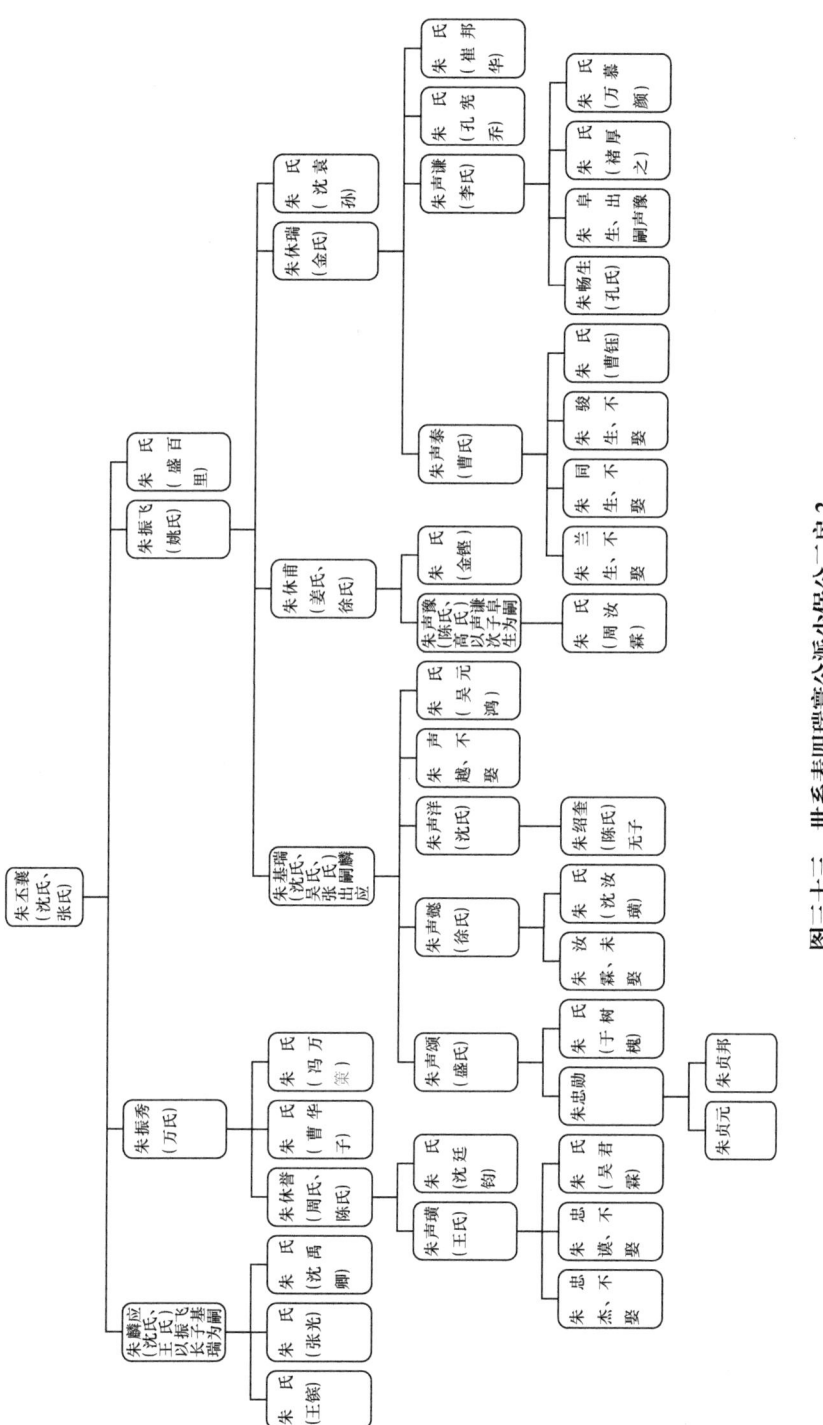

附录 623

图三十三 世系表四瑞裳公派少保公二房2

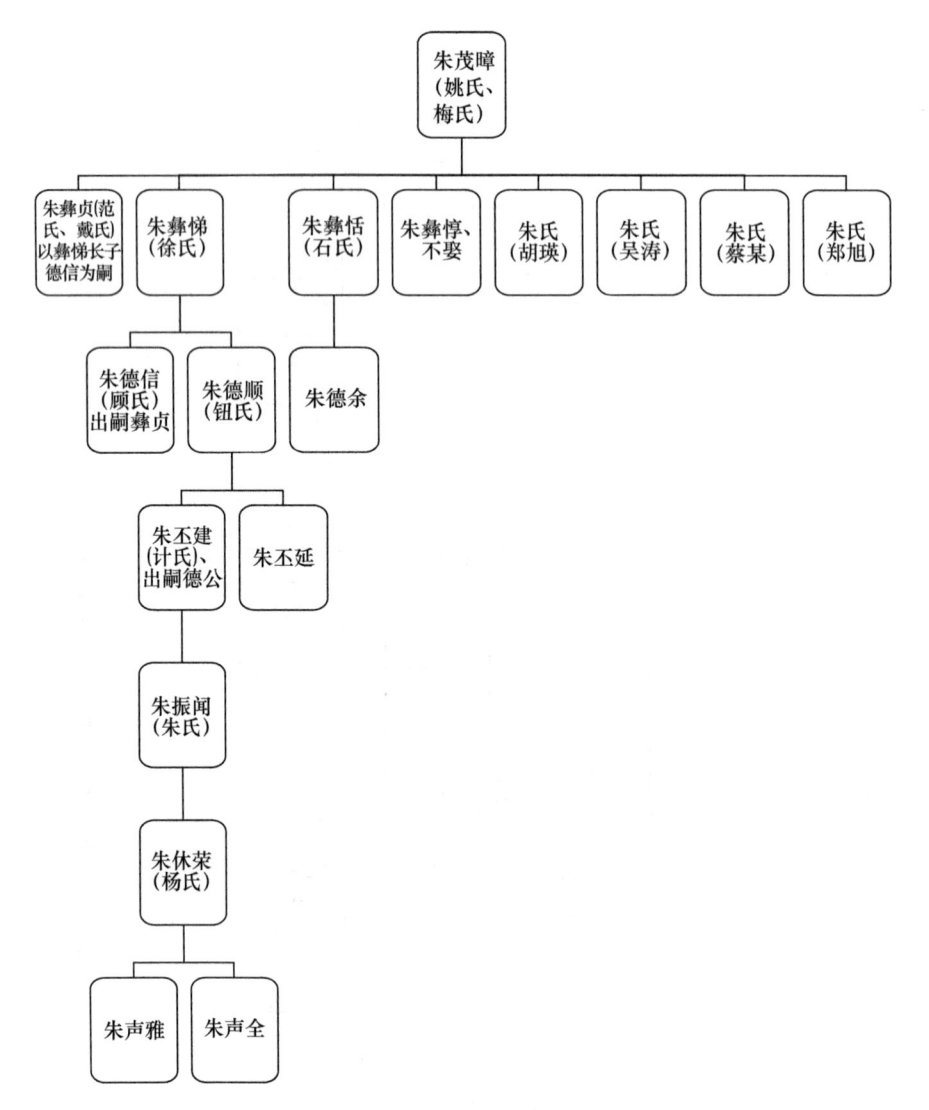

```
                          朱茂暲
                         (姚氏、
                          梅氏)
  ┌────────┬──────┬──────┼──────┬──────┬──────┬──────┐
朱彝贞(范  朱彝悌  朱彝恬  朱彝惇、 朱氏   朱氏   朱氏   朱氏
氏、戴氏)  (徐氏)  (石氏)  不娶   (胡瑛) (吴涛) (蔡某) (郑旭)
以彝悌长子
德信为嗣
          ┌────┐      │
        朱德信 朱德顺  朱德余
        (顾氏) (钮氏)
        出嗣彝贞
              ┌────┐
            朱丕建 朱丕延
            (计氏)、
            出嗣德公
              │
            朱振闻
            (朱氏)
              │
            朱休荣
            (杨氏)
            ┌──┴──┐
          朱声雅 朱声全
```

图三十四　世系表五太傅公派少保公三房北门第五支

附　录　◀◀　625

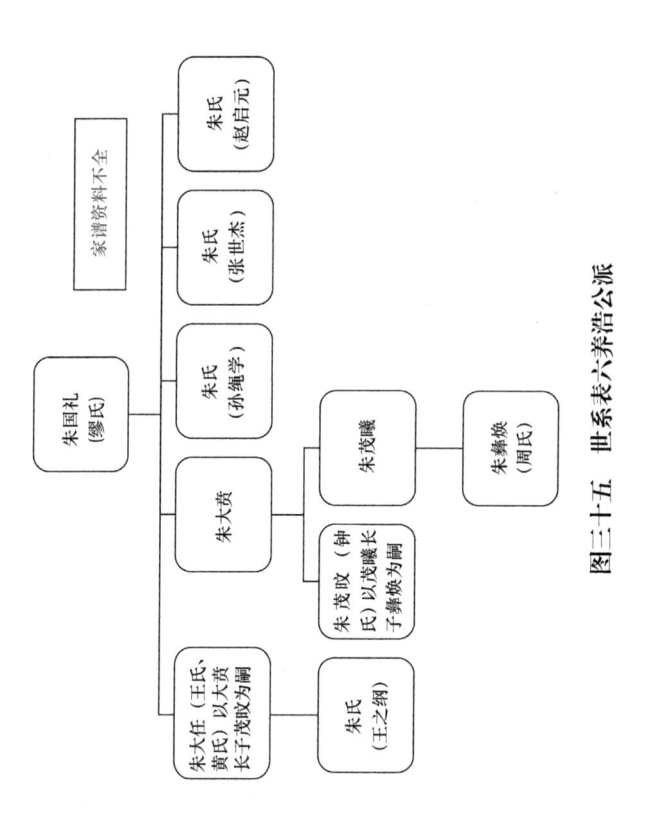

朱国礼（缪氏）
├─ 朱大任（王氏、黄氏）以大贲长子茂胶为嗣
├─ 朱氏（王之纲）
├─ 朱大贲
│   ├─ 朱茂胶（钟氏）以茂胶长子彝焕为嗣
│   └─ 朱茂曦
│   └─ 朱彝焕（周氏）
├─ 朱氏（孙缃学）
├─ 朱氏（张世杰）
└─ 朱氏（慰启元）

家谱资料不全

图三十五　世系表六莘浩公派

主要参考文献

（清）曹溶撰：《静惕堂诗集》四十四卷，清雍正三年李纬钧刻本。
（清）查礼撰：《铜鼓书堂遗稿》三十二卷，清乾隆查淳刻本。
陈国灿、奚建华：《浙江古代城镇史研究》，安徽大学出版社2000年版。
陈心蓉：《善择姻亲衍书香——明末清初秀水朱氏家族与嘉兴科举及藏书家族联姻考述》，《嘉兴学院学报》2017年第5期。
马大勇：《汪懋麟、曹贞吉、曹禾合论——兼谈"金台十子"的异名问题》，《中国诗学》第十辑。
邓之诚：《清诗纪事初编》，中华书局1965年版。
（清）方东树撰：《考槃集文录》十二卷，清光绪二十年刻本。
（明）高承埏撰：《自靖录考略》八卷，附补编一卷，王氏刊本，嘉兴市图书馆藏。
顾廷龙主编：《清代硃卷集成》，成文出版社1992年版。
（清）杭世骏辑：《词科掌录》十七卷，清乾隆道古堂刻本。
贺国强、魏中林：《论秀水派》，《深圳大学学报》（人文社会科学版）2007年第5期。
（清）胡昌基辑：《续槜李诗系》四十卷，清宣统三年白纸刊本。
胡玉缙撰，吴格整理：《四库未收书目提要续编》，上海书店出版社2002年版。
（清）全祖望撰：《鲒埼亭集》三十八卷，《四部丛刊》本。
嘉兴市志编纂委员会编：《嘉兴市志》，中国书籍出版社1997年版。
（清）江浩然笺注：《曝书亭诗录笺注》十二卷，乾隆刻本。
（清）李稻塍、李集编次：《梅会诗选》十二卷二集十六卷三集四卷附刻一卷，清乾隆三十二年村碧山堂刻本。

（清）李富孙注：《曝书亭集词注》七卷，嘉庆十九年嘉兴李富孙校经庼刻本。

（明）李培修、黄洪宪纂：（万历）《万历秀水县志》十卷，民国十四年金蓉镜据万历原刻本校补铅字印行。

（清）陆奎勋撰：《陆堂文集》二十卷，清乾隆间小瀛山阁刻本。

潘光旦：《明清两代嘉兴的望族》，商务印书馆1947年版。

（清）钱陈群：《香树斋诗集》十八卷，清乾隆十六年刻本。

钱海岳：《南明史》，中华书局2006年版。

（清）朱彝尊著，屈兴国、袁李来点校：《朱彝尊词集》，浙江古籍出版社1994年版。

（清）任之鼎修，范正辂纂：（康熙）《康熙秀水县志》十卷，康熙二十四年刻本。

（清）阮元辑：《两浙𬨎轩录》四十卷补遗十卷，清嘉庆刻本。

（清）桑调元：《衡山集》五卷，清乾隆二十一年修笈堂刻本。

（清）桑调元：《弢甫集》六十四卷，清乾隆间刻本。

（清）桑调元：《弢甫续集》二十卷，清乾隆间刻本。

佘德余著：《浙江文化简史》，人民出版社2006年版。

（清）沈季友辑：《檇李诗系》四十二卷，康熙四十八年敦素堂刻本，嘉兴市图书馆藏。

（清）盛百二撰：《柚堂笔谈》四卷，清乾隆三十四年潘莲庚刻本，山东省图书馆藏。

（清）盛枫撰：《嘉禾征献录》，《四库全书存目丛书》本。

（清）盛枫辑：《嘉禾征献录》五十卷，民国二十五年（1936）嘉兴金氏刻《檇李丛书》本。

《世家大族》课题组编：《"金平湖"下的世家大族》，中国文史出版社2008年版。

（清）孙福清编：《檇李遗书》，孙氏望云仙馆刊本，嘉兴市图书馆藏。

（清）孙银槎辑注：《曝书亭集笺注》二十三卷，嘉庆五年刻本。

（清）谭新嘉辑：《嘉兴谭氏遗书》，民国二十四年嘉兴谭氏承启堂刊本，嘉兴市图书馆藏。

（清）谭新嘉纂修，谭之标辑：《嘉兴谭氏家谱》，谭氏慎远义庄家刻本，嘉兴市图书馆藏。

王利民、胡愚、张祝平、吴蓓、马国栋校点：《曝书亭全集》，吉林文史出版社2009年版。

王利器：《耐雪堂集》，中国社会科学出版社1986版。

（清）王惟梅纂：《嘉兴府典故纂要八卷·续编八卷》，清乾隆五十四年环翠书屋刻本，续编为该书屋嘉庆四年刻本，嘉兴市图书馆藏。

（清）马维翰撰：《墨麟诗》十二卷，清雍正间刻本。

吴仁安著：《明清江南著姓望族史》，上海人民出版社2009年版。

吴肃森编校：《曝书亭词》，广东人民出版社1987年版。

（清）吴永芳修、高孝本等纂：《康熙嘉兴府志》，康熙六十年刊本，嘉兴市图书馆藏。

（清）忻虞卿原辑，张元济、葛嗣浵、金兆蕃、王甲荣等补辑：《檇李文系》，上海图书馆藏。

《秀水朱氏家乘》，清钞本，国家图书馆藏。

（清）许灿辑，（清）沈爱莲续辑：《梅里诗辑》二十八卷续辑十二卷，清道光三十年嘉兴县斋刻本，嘉兴市图书馆藏。

（清）许瑶光等修，吴仰贤等纂：《嘉兴府志》，光绪四年刊本，嘉兴市图书馆藏。

严迪昌：《清诗史》，浙江古籍出版社2002年版。

杨春俏、吉新宏：《清代会试试帖诗题目出处及内容类型分析》，《晋阳学刊》2007年第2期。

（清）杨谦纂：《曝书亭集诗注》二十二卷，民国间木石居校刊石印本。

（清）杨谦辑，李富孙补辑，余楱续补刊刻：《梅里志》十八卷，嘉兴市图书馆藏。

姚蓉：《明末云间三子研究》，广东高等教育出版社2004年版。

叶元章、钟夏选注：《朱彝尊选集》，上海古籍出版社1991年版。

（清）余霖辑刻：《梅里备志》，民国十一年阅沧楼刻本。

（清）袁国梓辑：《康熙嘉兴府志》，康熙二十年刻本，嘉兴市图书馆藏。

（清）张庚：《国朝画征录》二卷，清乾隆四年刻本。

（清）张庚撰：《强恕斋诗钞》四卷，清乾隆间刻本。

（清）张庚撰：《通鉴纲目释地纠谬》六卷，清乾隆十八年强恕斋刻本。

（清）张廷玉等撰：《明史》，中华书局1974年版。

张仲谋：《清代文化与浙派诗》，东方出版社1997年版。

（清）赵惟崶修，石中玉辑，吴受福续成：（光绪）《嘉兴县志》，光绪三十四年刊本，嘉兴市图书馆藏。

中国社会科学院外国文学研究所外国文学研究资料丛书编辑委员会编：《新批评文集》，中国社会科学出版社1988年版。

周祝伟：《7—10世纪杭州的崛起与钱塘江地区结构变迁》，社会科学文献出版社2006年版。

（清）朱辰应撰，（清）杨志麟辑：《清谷文钞》六卷，嘉庆元年刻本，上海图书馆藏。

（清）朱稻孙撰：《六峰阁诗稿》四卷，清康熙五十七年刻本。

（清）朱稻孙撰：《六峰阁诗稿》稿本，上海图书馆藏。

（清）朱稻孙撰：《六峰阁诗稿》手稿本，北京大学图书馆藏。

（清）朱桂孙、朱稻孙撰：《〈皇清钦授征仕郎日讲官起居注翰林院检讨祖考竹垞府君行述〉一卷，《丛书集成续编》本。

（清）朱建子辑、朱德遴重修：《秀水朱氏家乘编年志》，清钞本，存卷四，嘉兴市图书馆藏。

（清）朱茂时撰：《秀水朱氏日记》，上海图书馆藏。

（清）朱丕戬撰：《亚凤巢稿》，上海图书馆藏抄本。

（清）朱荣修撰：《秀水朱氏家谱》，清咸丰间刻本，存一册，国家图书馆藏。

（清）朱声希撰：《吉雨词稿》，清道光年间抄本，上海图书馆藏。

（清）朱声希撰：《山矾山房吟稿》，手稿本，上海图书馆藏。

（清）朱声希撰：《亚凤巢试帖》清道光年间抄本，上海图书馆藏。

《朱氏宗谱》一卷，清光绪六年刻本一册，吉林大学图书馆藏。

（清）朱守葆撰：《太傅文恪公（朱国祚）年谱》，稿本一册，上海图书馆藏。

（清）朱守葆纂修：《浙江秀水朱氏世系家谱》，不分卷，清乾隆抄稿本一册，吉林大学图书馆藏。

（清）朱嵩龄撰：《予斋集》六卷，清乾隆三十一年刻本，上海图书馆藏。

（清）朱嵩龄、朱守葆补辑：《秀水朱氏家乘》，不分卷，清乾隆二十八年刻本一册，嘉兴市图书馆藏。

（清）朱休承撰：《集益轩诗草》，手抄本，上海图书馆藏。

（清）朱休度撰：《小木子诗三刻》，清嘉庆刻汇印本。

（清）朱彝爵撰：《鹤洲残稿》，清乾隆刻本。

（清）朱彝尊编：《词综》三十八卷，康熙碧梧书屋本，金蓉镜批校本。

（清）朱彝尊编：《明诗综》一百卷，康熙四十四年六峰阁刊本。

（清）朱彝尊著，（清）翁之润辑：《曝书亭词拾遗》三卷，清光绪二十二年刻本。

（清）朱彝尊著，叶德辉编次：《曝书亭删余词》一卷、《曝书亭词手稿原目》一卷、《校勘记》一卷，光绪二十九年长沙叶氏刻本。

（清）朱彝尊编：《经义考》，康熙四十四年曝书亭刊本。

（清）朱彝尊：《静志居诗话》，人民文学出版社1990年版。

（清）朱彝尊：《南车草》一卷、《薇堂和章》一卷，嘉庆二十三年海宁蒋楷重刊本。

（清）朱彝尊：《曝书亭集》八十卷附录一卷，清康熙五十三年朱稻孙刻本。

（清）朱彝尊：《曝书亭手录文稿》不分卷，1996年天津出版社据北京大学图书馆藏稿本影印。

（清）朱彝尊：《曝书亭文稿》一卷，民国五年顺德邓氏风雨楼据手写本影印。

（清）朱彝尊：《潜采堂宋元人集目》一卷，民国二年上海神州国光社《古学汇刊第二集》铅印本。

（清）朱彝尊：《石柱补记》一卷，康熙四十一年吴兴郑元庆笺释刊本。

（清）朱彝尊：《腾笑集》八卷，上海古籍出版社1979年影印本。

（清）朱彝尊：《日下旧闻》四十二卷，康熙二十七年刊本。

（清）朱彝尊：《朱竹垞手写史馆稿传》一卷，民国四年顺德邓氏风雨楼据朱彝尊手稿本影印。

（清）朱彝尊：《朱竹垞文稿》不分卷，上海图书馆藏。

（清）朱彝尊：《竹垞老人尺牍》不分卷，清末旧钞本，上海图书馆藏。

（清）朱彝尊：《竹垞老人晚年手牍》一卷，上海书店出版社1994年影印本。

（清）朱彝尊：《竹垞文稿》不分卷，1996年天津出版社据北京大学图书馆藏稿本影印。

（清）朱彝尊：《竹垞文类》二十六卷，康熙二十一年重刊本。

（清）朱彝尊撰：《曝书亭集外稿》八卷，冯登府、朱墨林辑，道光二年朱墨林刻本。